A REPÚBLICA BRASILEIRA
1951-2010
de Getúlio a Lula

EDITORA AFILIADA

Dados Internacionais de Catalogação na Publicação (CIP)
(Câmara Brasileira do Livro, SP, Brasil)

Vieira, Evaldo
    A república brasileira : 1951-2010 : de Getúlio a Lula / Evaldo
Vieira. — São Paulo : Cortez, 2015.

    Bibliografia.
    ISBN 978-85-249-2361-6

    1. Brasil - Condições econômicas 2. Brasil - Condições sociais 3.
Brasil - História - República 4. Brasil - Política e governo - 1951-2010
I. Título.

15-05812   CDD-320.981

Índices para catálogo sistemático:
1. Brasil : História política   320.981

EVALDO VIEIRA

A REPÚBLICA BRASILEIRA 1951-2010

de Getúlio a Lula

A REPÚBLICA BRASILEIRA — 1951–2010: de Getúlio a Lula
Evaldo Vieira

Capa: de Sign Arte Visual, sobre tema "República Francesa", de 1871, criação de Godiva Accioly
Preparação dos originais: Solange Martins, Jaci Dantas
Revisão: Maria de Lourdes de Almeida, Alexandra Resende, Marcia Nunes, Marta A. de Sá
Índice Onomástico: Ariadne Escobar Branco da Silva
Composição: Linea Editora Ltda.
Coordenação editorial: Danilo A. Q. Morales

Nenhuma parte desta obra pode ser reproduzida ou duplicada sem autorização expressa do autor e do editor.

© 2015 by Evaldo Amaro Vieira

Direitos para esta edição
CORTEZ EDITORA
Rua Monte Alegre, 1074 – Perdizes
05014-001 – São Paulo – SP
Tel.: (55 11) 3864-0111 / 3611-9616
E-mail: cortez@cortezeditora.com.br
www.cortezeditora.com.br

Impresso no Brasil — setembro de 2015

À memória de
JOSÉ WILSON LESSA SABBAG
(1943-1969)

...Não há mais degenerada forma de governo do que aquela em que se considera mais nobre os mais opulentos. Que pode haver de melhor quando a virtude governa a república? Quando o que manda nos demais não é escravo de sua ambição?, ...oferecendo aos cidadãos sua própria conduta como lei?

M. T. Cícero (106-43 a.C.)

SUMÁRIO

Ao Leitor 17
Introdução 19

PARTE I

Capítulo I

O trabalhismo de Getúlio Vargas e as reivindicações populares, em seu segundo governo 33

A volta e a queda de Vargas 34

Os limites do nacionalismo econômico no segundo governo Vargas 49

O progresso social conforme o trabalhismo de Vargas 61
    Educação 62
    Saúde Pública 69
    Previdência e Assistência Social 75
    Habitação Popular 79

Capítulo II

O desenvolvimentismo de Juscelino Kubitschek e a criação do país do futuro ... 93

Da posse intranquila à defesa da ordem vigente ... 93

Juscelino e o apoio militar ... 110

Os caminhos do desenvolvimentismo juscelinista ... 112

O bem-estar social no governo de Kubitschek ... 133

Café Filho — Educação ... 133

Café Filho — Saúde Pública ... 134

Café Filho — Habitação Popular ... 135

Juscelino Kubitschek — Política Social ... 135

Juscelino Kubitschek — Educação ... 137

Juscelino Kubitschek – Saúde Pública ... 154

Juscelino Kubitschek – Previdência Social ... 160

Juscelino Kubitschek – Assistência Social ... 162

Juscelino Kubitschek – Habitação Popular ... 163

Capítulo III

Jânio Quadros e João Goulart: da moralização às reformas de base ... 180

Jânio e Goulart: dois mandatos interrompidos ... 181

A obra do governo dos Estados Unidos da América no golpe de 1964 e suas consequências ... 206

O caso do general norte-americano Vernon A. Walters ... 214

A luta contra o subdesenvolvimento 222

A justiça social conforme Jânio Quadros e
 João Goulart.. 232
 Educação.. 233
 Saúde Pública 244
 Previdência Social.. 251
 Assistência Social 252
 Habitação Popular 253

Capítulo IV

A ditadura de 1964 e as necessidades da população brasileira .. 269

O marechal na presidência da República: Castelo Branco e
 sucessores.. 270

Indicações sobre a ditadura de 1964: desenvolvimento para
 quem? 292
 Palavras e planos 292
 Expansão do capitalismo e preço da sobrevivência 299

Indicações sobre a ditadura de 1964: como ficaram as
 necessidades da população brasileira?.................................. 302
 Educação.. 302
 Saúde Pública 313
 Previdência e Assistência Social... 317
 Habitação Popular 320

Conclusão da Primeira Parte: do controle da política à política do controle dos brasileiros 332

PARTE II

Capítulo V

João Baptista Figueiredo: a democracia da força e a transação generalizada 337

A democracia decretada 338

Candidatos de oposição 338

A posse de Figueiredo 340

As reformas de Figueiredo 342

A sucessão de Figueiredo 350

As "Diretas-Já!" 351

O ato final da ditadura? 353

Os candidatos 353

O candidato Paulo Salim Maluf 353

Maluf e o candidato Tancredo Neves 354

O ato final: unificando velhas e novas expectativas 355

A oposição conciliadora e a precariedade social 355

Homens e obras 358

A inflação 362

A gerência da dívida externa: o FMI 364

Quem é responsável 365

Legado ditatorial 366

Educação 366

Saúde Pública 375

Previdência e Assistência Social 380

Habitação Popular 384

Capítulo VI

Tancredo Neves e José Sarney: das Diretas-Já! às Indiretas-Já!, conciliando a dívida social.... 390

A República de 1988: Tancredo Neves 390

    Uma esperança após outra... 390

    Uma morte espetaculosa 394

A República de 1988: José Sarney 396

A Constituição da República Federativa do Brasil (05/10/1988).... 401

Eleições diretas para presidência da República: 1989 408

As propostas econômicas de Tancredo Neves e José Sarney 413

    A gestão da dívida deixada pela ditadura militar, segundo
        Tancredo Neves.. 413

    Planos, programas, propostas de José Sarney 414

    Plano Cruzado 423

    Depois do Plano Cruzado 426

Legado do governo de José Sarney 427

    Educação... 427

    Alimentação 431

    Criança e adolescente.. 433

    Saúde Pública 437

    Previdência e Assistência Social.. 440

    Habitação Popular 443

Capítulo VII

Fernando Collor: a renovação vem de Alagoas.................................. 450

A renovação de Fernando Collor 451

O renovador 451

Eleitores de Collor 452

O estilo do renovador Fernando Collor 460

Municipalismo na "Nova República"... 469

Collor: relações inovadoras com o Congresso Nacional? 474

Melancólico fim do governo de Fernando Collor de Mello........... 478

Saneamento moral, confisco das contas bancárias e inflação 482

Legado do governo de Fernando Collor de Mello 491

Educação 491

Meio Ambiente 497

Alimentação... 499

Criança e adolescente 501

Saúde Pública 503

Previdência e Assistência Social... 505

Habitação Popular 507

Capítulo VIII

De Itamar Franco a Fernando Henrique Cardoso: da crise política ao choque capitalista... 515

A posse de Itamar Franco 515

A falência do Poder Legislativo, 1º Ato?... 525

Congresso Nacional de uma República? 525

Revisão constitucional? 530

Golpe no orçamento geral da República 534

Violência no meio político 539

Em torno do presidente do Congresso Nacional 541

Plebiscito sobre formas e sistemas de governo 542

Eleições de 1994 544

Desconfiança dos políticos e precipitação eleitoral 546

Vitória eleitoral de Fernando Henrique Cardoso em 1994 550

A posse de Fernando Henrique Cardoso 561

As greves contra as reformas constitucionais 569

A falência do Poder Legislativo, 2º Ato?... 572

Partidos políticos na "Nova República": o que são e o que fazem? .. 572

O manejo das votações no Congresso Nacional 575

A reeleição de presidente da República 578

Eleições de 1998.. 586

A segunda posse de Fernando Henrique Cardoso......................... 592

Confrontos e suspeitas 593

Confrontos.. 593

Suspeitas.. 595

Os últimos anos do governo FHC 599

Desencantos e ventos de "impeachment" 600

Comemorações de 500 anos de Descobrimento do Brasil 606

Providências para inibir a suspeita de corrupção, segundo Cardoso 608

Inflação, dívida externa, privatização, Plano Real 613

Itamar Franco — as condições do Plano Real 613

Fernando Henrique Cardoso — desastrosas reformas econômicas ... 634

Os legados dos governos de Itamar Franco e Fernando Henrique
Cardoso.. 655

Política social.. 655

Reforma do Estado e educação 662

Consequências gerais da reforma do Estado no campo educacional.. 669

Aposentadoria como atividade financeira 670

Capítulo IX

Luiz Inácio Lula da Silva e o Partido dos Trabalhadores (PT) 685

A posse de Luiz Inácio Lula da Silva 694

O Partido dos Trabalhadores (PT) 705

Coincidente opositório... 712

"Mensalão".. 716

Em torno do "mensalão" e demais investigações 721

A falência do Poder Legislativo, 3º ato?... 728

Rumo às eleições de 2006.. 736

A segunda posse de Luiz Inácio Lula da Silva 745

A candidata Dilma Rousseff 752

Eleições de 2010 e a vitória de Dilma Rousseff.............................. 754

Sob as feridas dos direitos recusados... 757

Os últimos anos do governo Lula 764

Fim da renovação contratual da dívida externa com o FMI,
aumento da renda e consumismo 767

Fim da renovação contratual da dívida externa com o FMI 776

Aumento da renda e consumismo 782

O legado do governo de Luiz Inácio Lula da Silva 794

**Conclusão da Segunda Parte: a "Nova República", o Brasil e
seus habitantes** 808

Referências 821

Índice Onomástico 833

Sobre o autor 847

As ilustrações resultaram de pesquisa iconográfica realizada no arquivo do jornal *O Estado de S. Paulo*, autorizada pela Agência Estado, entre os anos de 2008 e 2015.

Ao Leitor

Iniciada a pesquisa, ela recebeu a princípio o título de *Estado e miséria social no Brasil – de Getúlio a Geisel (1951-1978)*.

Com a sua continuação, a pesquisa ganhou ao longo do tempo, que não foi pouco, outras dimensões e outras matérias.

Dei-lhe o título **A República Brasileira – 1951-2010 (de Getúlio a Lula)**, porque reproduz não somente a conclusão da investigação como satisfaz seus objetivos propostos.

O leitor deverá notar que os quatro primeiros capítulos (a primeira parte) constituem o período do segundo governo Vargas ao fim do governo Geisel, enquanto os cinco capítulos restantes (a segunda parte) discorrem do governo Figueiredo ao governo Lula.

Por conseguinte, o livro examina a chamada República brasileira de 1951 a 2010, de modo a alargar a discussão dos elementos centrais do regime republicano, principalmente salientando a aplicação, ou não, das garantias fundamentais do indivíduo e da força da soberania popular, e a melhoria, ou não, das condições de vida no Brasil.

Agradeço o interesse e, mais do que isto, a deferência recebidos da Cortez Editora, durante a redação deste livro, de modo particular do Sr. José Xavier Cortez. Os agradecimentos estendem-se à Dra. Godiva Accioly, pela colaboração.

O Autor

INTRODUÇÃO

Esclarecimentos sobre o assunto e os conceitos

Convivendo-se e observando-se a situação de vida do brasileiro ao longo de diversos governos, é comum manifestar-se inquietação com as permanentes e progressivas dificuldades enfrentadas pela grande maioria da população. Promessas, planos, discursos, mudança de regime político, demonstrações de eficiência econômico-administrativa, propaganda, **tudo tem irrompido diante do povo brasileiro, sem trazer alento e melhoria da existência para aqueles que disto mais carecem a cada momento.**

Isso é República?

Partindo-se destas preocupações, evidentemente muito se pode pensar, seja em termos de soluções para as perenes crises anunciadas em toda ocasião propícia, seja até mesmo em relação aos limites de resistência de determinadas camadas mais humildes da população. Enfim, é possível também concluir que tudo isso não passa de simples fantasia, decorrente da tolice de quem não vê uma realidade muito venturosa e aprimorada aos poucos.

É irresistível olhar de frente a essência dessa tão peculiar e estranha República.

Naturalmente não se tem a pretensão de responder ao conjunto deste universo de perplexidades ou de certezas, mas tão somente passar por exame as condições de vida e as diferentes políticas sociais acaso adotadas pelos governos do Brasil, no período compreendido entre 1951 e 2010. No decorrer desta obra, por certo ainda despontarão as dimensões de certas crises nacionais e de determinados infortúnios que têm afligido grande parte dos brasileiros. Colocando de lado aquelas visões contraditadas pela própria experiência do dia a dia, esta exposição procurará enfocar principalmente algumas alterações ocorridas nas condições de vida no país, dentro do espaço de tempo já indicado.

Entende-se que a política social, um dos pontos centrais deste estudo, consiste numa estratégia utilizada pelo Estado brasileiro. Trata-se de estratégia voltada para o chamado desenvolvimento econômico e, consequentemente, para atuar na correlação de forças sociais, seguindo as determinações daquele desenvolvimento. Considera-se, portanto, que qualquer política social aplicada pelo governo representa de certa maneira as relações entre o Estado e a Economia, durante a época em questão. Assim como a política econômica, também a política social revela, em seu nível lógico e em seu nível histórico, as transformações havidas nas relações de apropriação econômica e no exercício da dominação política, presentes na sociedade brasileira.

Que elementos da política social e da política econômica justificam a afirmação de que se vive numa República no Brasil?

Compondo uma unidade, tanto a política econômica quanto a política social podem expressar mudanças nas relações entre as classes sociais ou nas relações entre distintos grupos sociais, existentes no interior de uma só classe. De outra parte, através de ambas as políticas, é possível evidenciar-se a atuação do Estado no sentido de incentivar e ampliar o capitalismo monopolista no Brasil. Porém, embora constituindo um todo, elas formalmente se distinguem e às vezes dão a enganosa impressão de que tratam de coisas bem diferentes.

Acompanhando perspectiva fragmentadora e um tanto abstrata da realidade social, a política social tem servido no Brasil para designar diretrizes referentes à Educação, à Saúde, à Previdência

Social, às condições de Trabalho e de Lazer, à Habitação e à Assistência Social. Por vezes, certas formulações de política social estão absolutamente desligadas de qualquer teoria política e de qualquer determinação histórica.[1] *Neste* livro, em que se analisam as várias políticas sociais porventura postas em prática pelos governos brasileiros de 1951 até 2010, visa-se tratar da vida econômica e da vida política, mas sobretudo de algumas mudanças verificadas nas condições de vida no país. Consideram-se aqui tais condições a partir das áreas da Educação, da Saúde Pública, da Habitação Popular, da Previdência Social, da Assistência Social, da Alimentação, da Criança e do Adolescente e da Segurança.

No Brasil, a que se dirige esta exposição, não se pode falar de política social sem se remeter à questão do desenvolvimento econômico. No âmbito do capitalismo, tal desenvolvimento representa transformação quantitativa e qualitativa das relações econômicas, decorrente de processo de acumulação particular de capital. A situação favorável a este desenvolvimento é gerada não somente pela denominada iniciativa privada, mas também pela atuação do governo.[2] Portanto, sendo fundamental a participação do Estado brasileiro no processo de desenvolvimento econômico, facilmente se percebe a relevância das várias políticas adotadas por ele, em especial no econômico e no social.

Tal Estado tem-se organizado através de Constituições que instituíram os chamados três poderes (Legislativo, Executivo e Judiciário), ao menos durante a República. Assim, inspiradas em muitos elementos pertencentes ao ideário da liberal-democracia, estas Constituições comumente consagraram a presença dos três poderes independentes e harmônicos da República, bem como em geral aderiram ao princípio da soberania popular, ao regime representativo e à noção de federação. Ora, muito já se disse acerca do desrespeito a estes preceitos constitucionais, e também a outros tantos, ao longo da História Republicana do Brasil. É preciso ressaltar, no entanto, que de qualquer modo a prática revelou a supremacia do Poder Executivo sobre os Poderes Legislativo e Judiciário, principalmente depois de 1930.

No Brasil, sobretudo os anos posteriores a 1930 assistiram a uma produção teórica de origem variada, cujo tema central eram as reformulações do Poder Executivo. Na verdade, tais obras não passavam de resposta intelectual à situação política nacional, caracterizada pelo predomínio bem marcante do Poder Executivo. Dizia-se que este Poder constituía um dos componentes mais importantes da República, funcionando, por isto mesmo, como um elemento privilegiado de avaliação das condições do Estado. Ultrapassada a época de superioridade do Poder Legislativo, afirmava-se que as novas condições históricas e sociais conduziram ao fortalecimento do Executivo. E, para confirmar isto, mostrava-se que, mesmo na Inglaterra e nos Estados Unidos, a irrupção de conflitos acabava por dar poderes extraordinários a ele, aliás também normalmente vitorioso em seus atritos com o Legislativo e com o Judiciário.[3]

No caso brasileiro, a própria evolução histórica (em cujo âmago quase sempre esteve presente a crise de hegemonia) levou à primazia do Executivo, em particular depois de 1930. De um lado, as **Constituições republicanas de 1891, 1934, 1937, 1946, 1967, 1969 e 1988** estabeleceram invariavelmente os três poderes do Estado. De outro lado, deu-se a pregação ideológica em favor da supremacia do Executivo. A verdade é que ele encontrou meios, legítimos ou não, para quase monopolizar os centros de decisão e para obrigar o cumprimento de suas deliberações. Em certas ocasiões, o Poder Executivo tomou suas decisões e exigiu sua execução, submetendo-se a uma Constituição nascida de órgão popular representativo e sujeitando-se aos princípios da legalidade da administração e da garantia dos direitos e liberdades fundamentais. Porém, isto não tem sido a situação rotineira no Brasil republicano.

Em virtude da enorme capacidade de ação por parte do Executivo, inclusive quando o Poder Legislativo está em funcionamento, ao falar-se do governo, normalmente se quer referir às funções executivas. Afinal, uma resolução originada do Legislativo apenas poderá realizar-se plenamente ao harmonizar-se com o gosto, os interesses, a conveniência ou a intenção do Poder Executivo, que se compõe de órgãos técnico-administrativos e que possui recursos humanos e materiais, capazes de concretizar qualquer decisão. Acrescente-se a isto o fato de que este Poder concentrou ainda notáveis possibilidades de deliberação. <u>Assim, o governo, como tem sido entendido o Executivo</u>, criou e cria condições básicas para o processo de acumulação privada de capital, regulando e agindo juntamente com a chamada iniciativa particular.

Especialmente a partir de 1930, o governo brasileiro exerceu seu forte domínio não somente no âmbito da política econômica, como também no campo da política social, alargando cada vez mais seus recursos para operar nessas áreas. No que diz respeito à política social, se concebeu e se pôs em prática aos poucos um conjunto de instrumentos legais, com a finalidade de permitir que as camadas populares conseguissem reclamar perante o Estado a satisfação de seus direitos. Até mesmo aquilo que se vinha denominando (com inexatidão) **"questão social"** transfigurava-se em questão legal. Desta maneira, o que aconteceu com a política econômica, em certo sentido igualmente se deu com a política social. Também neste campo, o governo muniu-se de apoio jurídico, de amparo financeiro e de toda uma burocracia habilitada a manipular novos objetivos, novos procedimentos e novas técnicas.

Com o correr dos anos, tal **burocracia governamental**, voltada para a formulação e para a aplicação da política econômica e da política social, tornou-se pouco a pouco mais complexa. Tendo-se avolumado quantitativamente, através de organismos de todos os níveis de importância dentro do Poder Executivo, esta burocracia veio a receber ainda eflúvios da **mentalidade tecnocrática e científica, a fim de exibir maior modernidade e eficiência.** Pode-se dizer, portanto, que a superioridade do Executivo se fez acompanhar da ampliação da burocracia responsável pela elaboração e pela execução da política social, e também da política econômica, cuja importância parecia a cada dia mais evidente.

Obedecendo aos fins fixados nesta Introdução, um estudo como este não pretende, não acha necessário nem consegue analisar todas as peculiaridades da política social e da política econômica ao longo dos anos estudados. Por certo, durante a exposição poderá ser notada uma sequência histórica, sobretudo destinada a permitir melhor discussão de alguns aspectos da política econômica e da política social, talvez aqueles que venham a pôr um pouco mais às claras as condições de vida no Brasil republicano, dentro do espaço de tempo já escolhido. Por conseguinte, não há o desejo de alcançar a reconstrução histórica de forma acabada, nem mesmo de conjugar todos os elementos por vezes fundamentais para isto.

Este livro certamente apresenta acontecimentos e ideias, dentro de uma sequência histórica, com o propósito, enfim, de tratar especialmente de algumas modificações havidas nas condições de vida dentro do país, de 1951 até 2010. Para tanto, ele se detém nas áreas da Educação, da Saúde Pública, da Habitação Popular, da Previdência Social, da Assistência Social, Alimentação, Criança e Adolescente e Segurança. Naturalmente, a necessidade de abrir outros horizontes, para explicação das tendências presentes em tais áreas, impediu que se ficasse apenas nas discussões, nas deliberações e nos resultados referentes a elas. Assim, pois, além disto, no decorrer da exposição alude-se a matéria bem variada.

De uma parte, dentre outros pontos, fala-se de lutas políticas, de partidos políticos, de eleições, de tentativas de golpe de Estado, de consumação de golpe de Estado, de chefes militares e de discursos principalmente presidenciais ou ministeriais, bem como se remete às relações entre classes sociais ou entre grupos distintos dentro da mesma classe. De outra parte, em meio à temática particularmente extensa, mencionam-se medidas econômicas, planos, consequências de suas aplicações e reações a eles.

O universo histórico dessa exposição cinge-se ao período compreendido entre 1951 e 2010. Indiscutivelmente, existem inúmeros motivos para começar-se antes de 1951 e para avançar-se além de 2010.

Uns talvez optariam por principiar em 1930, data tida como fundamental nas pesquisas de caráter sócio-histórico. Não são desconhecidas as múltiplas razões para isto, das quais se destacam as profundas transformações ocorridas na sociedade e no Estado brasileiros. Alguns ainda porventura elegeriam o ano de 1945 para iniciar análise deste tipo, porque sem dúvida aí aconteceu o advento da nova fase de liberal-democracia no Brasil, com todos os ingredientes populistas e nacionalistas mais ou menos divulgados. Neste caso, não se pode negar a procedência das alegações relacionadas com tais fatos, e também com outros tantos.

Igualmente, há volumosa justificativa para se ultrapassar a marca de 2010, embora no período examinado se inclua o golpe de Estado de 1964, verdadeiro prenúncio de tempos bem diferentes em quase todos os aspectos da realidade brasileira. É óbvio que muita coisa ocorreu depois de 2010, e o que ocorreu tem relevância, em qualquer ângulo de análise. Também aqui não se pode recusar a validade dos argumentos neste sentido.

Todavia, a escolha do espaço de tempo compreendido entre os anos de 1951 e de 2010 não decorreu somente da exigência de delimitar-se determinado período, estabelecendo-lhe proporções razoáveis para ser estudado. A escolha se deu ainda em virtude das particularidades da época, em especial favorável a um estudo desta natureza. No final de janeiro de 1951, tinha início o segundo governo de Getúlio Vargas, num momento de grande vitalidade do populismo, do nacionalismo e das pressões das camadas populares sobre o poder político. Regressava assim Vargas à chefia do Poder Executivo, **agora por meio de eleição**, usufruindo de alianças articuladas no passado e valendo-se da força das reivindicações de grande parte da população, sobretudo urbana, **apesar de seus 15 anos anteriores de ditadura**.

O ano de 1951 exprimiu, portanto, um dos instantes mais significativos do populismo no Brasil, naquela ocasião manejado com sucesso por seu principal idealizador, em ambiente dominado pelas regras da liberal-democracia. Tal ano significou igualmente o começo de novo surto de nacionalismo econômico e, acima de tudo, a tentativa de responder às necessidades populares, manifestadas particularmente nos centros urbanos. Percorrendo certos aspectos dos governos de Juscelino Kubitschek, de Jânio Quadros, de João Goulart, de Castelo Branco, de Costa e Silva, de Emílio Garrastazu Médici, de Ernesto Geisel, de João Baptista Figueiredo, de José Sarney (Tancredo Neves), de Fernando Collor, de Itamar Franco, de Fernando Henrique Cardoso, de Lula da Silva, este estudo segue até o ano de 2010. Esta data já marca o início do governo de Dilma Rousseff, diretamente nascido da gestão anterior. A esta altura, pois, percebem-se as novas orientações da ditadura de 1964, do monetarismo e das privatizações de Fernando Collor de Mello e de Fernando Henrique Cardoso, da estabilização econômica e das compensações sociais do governo Lula da Silva.

Enfim, deve-se notar que a exposição privilegia sobretudo a análise de conjunturas, sempre que possível mostrando situações históricas bem definidas, onde se relacionam distintos grupos sociais. Tais situações, no entanto, constituem espaços de tempo um pouco breves, embora revelem **elementos estruturais**, presentes no processo de desenvolvimento histórico do Brasil, porquanto inexiste conjuntura sem estrutura e vice-versa.

Palavras sobre a exposição

Quem deseje levar adiante um estudo como esse, tem naturalmente de enveredar por caminhos nem sempre tranquilos e de empreender tarefa nem sempre fácil. Afinal, descrever acontecimentos e ideias de forma clara e coerente, para realizar a análise pretendida, às vezes representa esforço apenas relativamente bem-sucedido.

Apesar disso, pretende-se apresentar uma exposição tão ordenada e compreensível quanto possível, lançando-se mão de textos de mais variada espécie. De um lado, são utilizados livros, artigos, pesquisas e demais escritos, normalmente voltados para o assunto em exame, ou de algum modo capazes de esclarecer-lhe certos pontos. De outro lado, vale-se de uma série de documentos, tais como relatórios, planos, manifestos, atos, discursos e entrevistas, em geral produzidos ou orientados pelas mesmas pessoas comprometidas com a situação ou com a questão em análise, servindo-se bastante de periódicos.

É preciso lembrar que, às vezes, muitas dessas pessoas reproduzem com alguma fidelidade o modo de pensar, de sentir e de agir de seus grupos sociais. Tomando-as como meras formuladoras de ideias, como meras arquitetas de decisões, ou como meras inspiradoras de planos, seria o caso de parar na simples anotação dos seus traços peculiares e isto pareceria bastar. Considera-se aqui, no entanto, tais pessoas como expressão de um grupo social, que se pode revelar também por intermédio delas, como sujeitos plurais.

Eis aí fundados motivos por que, em inúmeras oportunidades, apela-se para citações às vezes amplas. Longe de se elaborar uma montagem de textos, o que acima de tudo se busca é dar vigor à exposição, permitindo que pessoas significativas se apresentem durante a evolução do trabalho. Este estudo comporta nove etapas, sem contar-se a presente Introdução e as Conclusões, nas quais se expõem igualmente as interpretações de seu autor. Na primeira etapa, são examinados alguns aspectos da luta política e da política econômica, delineados ao longo do segundo governo de Getúlio Vargas, visando a recolher em seguida as principais diretrizes e os resultados marcantes de sua política social. Na segunda etapa, o mesmo se faz com relação ao governo de Juscelino Kubitschek, enquanto na terceira etapa também se repete igual orientação para os governos de Jânio Quadros e de João Goulart. Na quarta etapa do estudo, ainda se torna a realizar o mesmo quanto aos governos de Castelo Branco, de Costa e Silva, de Emílio Garrastazu Médici e de Ernesto Geisel, agora em linhas mais gerais, todos oriundos do golpe civil-militar de 1964. Na quinta etapa, o governo de João Baptista Figueiredo dá por concluída, ao menos em parte, a ditadura. Há certamente ligação entre estes governos militares. Nas outras etapas seguintes ainda é examinada a autodenominada "Nova

República", inaugurada em março de 1985, com os governos Sarney, Collor, Itamar, Fernando Henrique e Lula. Em continuidade, pretende-se encaminhar determinadas conclusões sobre o período compreendido entre 1951 e 2010.

Talvez ainda se deva explicar outros aspectos relativos à exposição, a ser feita ao longo desse estudo.

Busca-se prioritariamente a análise de cada governo, pretendendo-se mostrar as condições de vida, em particular da maioria da população brasileira. Portanto, procura-se sobretudo determinar a forma de apropriação econômica e de dominação política em vários governos. Isto justifica a opção pelo exame de períodos governamentais, muito mais fundamentados nos Poderes da República (especialmente no Executivo e no Legislativo, e por fim no Judiciário), do que apenas em acontecimentos e em datas. Disto, não se pode concluir que os movimentos sociais, que os sindicatos, que principalmente o povo, enfim, estejam ausentes. Não é isto.

Ao contrário, eles se apresentam durante a exposição ora com maior, ora com menor realce. A linguagem usada pelo poder político dá o retrato a cada momento das massas populares, conforme lhe interessa. O Estado exprime as lutas sociais, altera-se em decorrência dos antagonismos sociopolíticos, embora possa vir a fornecer outra impressão. Por exemplo: as mudanças nas propostas de política social e de política econômica não constituem somente dádivas estatais. Tais mudanças respondem, na maioria das ocasiões, a incontroláveis reivindicações populares.

Este estudo visa a apontar as peculiaridades dos diversos governos. Refere-se ao trabalhismo de Vargas, ao desenvolvimentismo de Juscelino, à moralização de Jânio, e outros, não se importando em saber qual seria o verdadeiro trabalhismo, o verdadeiro desenvolvimentismo, a verdadeira moralização... Menciona-se a ditadura de Vargas a partir de 1930, mas indiscutivelmente o interesse central está em expressar as especificidades de seu segundo período de governo, em novo momento histórico, aliás início desta obra. No âmbito das diferenças, por exemplo, note-se desde logo que os trabalhadores não são sempre tratados da mesma maneira em cada governo. Note-se ainda que o nacionalismo sofre muitas transformações, desfigurando--se, a ponto de passar por desconhecido em várias situações. Quanto à manipulação dos dados e à dificuldade para obtê-los, cumpre dizer que eles se originam de fontes oficiais, extraoficiais ou, ao menos, confiáveis, conforme a documentação e os periódicos levantados.

Notas

1. Cf. Vieira, Evaldo A. Estado e política social. *Revista Educação & Sociedade*. (2), p. 82-3.

2. Cf. Ianni, Octavio. *Estado e planejamento econômico no Brasil (1930-1970)*, p. 6.

3. Cf. Motta Filho, Cândido. *O poder Executivo e as ditaduras constitucionais*, p. 7, 14, 15, 26, 27, 30, 36, 41, 42, 47, 52, 53, 57, 60, 81-3, 95-7, 101, 102, 111-3, 148, 149, 152.

PARTE I

A soberania nacional é a coisa mais bela do mundo, com a condição de ser soberania e de ser nacional.

– *Machado de Assis*

Capítulo I

O trabalhismo de Getúlio Vargas e as reivindicações populares, em seu segundo governo

Confissões do deputado golpista **Carlos Lacerda** sobre suas atividades na década de 1950.
Sobre Getúlio Vargas confessou Carlos Lacerda:

> *Aí que eu fui ao Canrobert, no Edifício Montese, e disse: "General, os senhores precisam fazer esse homem renunciar, para o País voltar à normalidade. Já, agora, é irreversível, quer dizer, é impossível voltar atrás. Ou ele fica no poder, e se torna ditador, e vai mergulhar esse País num banho de sangue, porque nós vamos resistir, ou ele renuncia e o País retorna à normalidade. O País está parado há quase um mês". Foi aí que ele me disse: "Não, eu não vou ajudar a botar tanque na rua, como no 29 de outubro, para depois sermos chamados de fascistas. Desta vez, só com moções de toda a parte. Só se vier para o Exército, assim, tudo quanto é moção. Todo mundo pedindo, até o Clube de Regatas do Flamengo". Eu disse: "Não seja por isso". Movimentei uns amigos do Flamengo e consegui uma moção, que até hoje eu não sei como é que conseguiram. Uma moção do Clube de Regatas do Flamengo, pedindo a renúncia do Getúlio e levei junto com um bando de coisas.*

Sobre a eleição presidencial de 1955, que elegeu Juscelino Kubitschek, confessou Carlos Lacerda:

No 11 de novembro de 1955, época do episódio do Tamandaré, eu era golpista num certo sentido. É a mesma coisa que em 64. Eu era a favor de um golpe que evitasse o golpe por via eleitoral.

A volta e a queda de Vargas

A eleição de 3 de outubro de 1950 deu a Getúlio Vargas 48,7% da votação total, promovendo-o à Presidência da República com quase maioria absoluta dos votos. Apesar disto, sua posse nem sempre foi inquestionável. Logo a UDN levantou a dúvida de que a Constituição de 1946 impunha ao candidato vencedor a maioria absoluta dos votos na eleição presidencial, procurando principalmente o amparo da imprensa e dos militares. A posse de Vargas ocorreu, no entanto, a 31 de janeiro de 1951, quando sucedeu ao general Eurico G. Dutra no cargo de presidente da República, depois de sua vitória ter sido proclamada pelo Tribunal Superior Eleitoral. Da parte dos militares, mesmo com as adesões à contestação da UDN, Vargas recebeu sustentação do Clube Militar, beneficiando-se também com a neutralidade do general Dutra e das Forças Armadas. **Afinal, já ao nascer, a candidatura de Getúlio fora admitida pelos militares, ao menos segundo as palavras do general Góes Monteiro.**

Regressava Vargas, assim, à Presidência da República, cujas funções exercera ditatorialmente, durante o período compreendido entre 1930 e 1945. Neste período, as camadas mais humildes da população brasileira tinham visto surgir, **controladamente**, a possibilidade de reclamar perante o Estado o cumprimento de seus direitos.

A inexatamente chamada "questão social" tornara-se questão legal, sobretudo em virtude do aparecimento da legislação trabalhista, uma das principais preocupações de Getúlio por ocasião de seu primeiro governo. Afastado do poder em 1945, Vargas recobrou em 1951 a liderança das massas populares, pretendendo ocupar o novo cargo em nome delas. Naturalmente, a partir de 1945 as condições reais de exercício da direção do Estado tinham-se alterado profundamente, de modo especial devido ao envolvimento das massas populares na luta política, gerando forte pressão sobre o poder.

Sem dúvida, os anos posteriores a 1945 acabaram mostrando que a participação das camadas populares no jogo político realizado nas cidades determinou maior aprimoramento no mecanismo de conservação do poder. Por isto, já não bastava a solução de compromisso que fora concebida após 1930, quando então o Estado passou a significar o equilíbrio entre interesses de inúmeros grupos sociais. Já não era suficiente a imagem do chefe da nação, construída depois de 1930, em que ele parece situar-se acima dos demais, agindo de forma relativamente autônoma. Já não satisfazia aos novos tempos o mero reconhecimento do papel político das massas populares estabelecidas nas regiões urbanas. Embora o populismo ainda perdurasse muito além de 1945, aceitando as pressões populares e manipulando seus anseios em nome da ordem instituída, parece claro que as alianças partidárias experimentavam o impacto causado pela crescente força das reivindicações dos trabalhadores.

Com o fim do Estado Novo, portanto, a atuação das massas populares das cidades passa a ser muito mais significativa do que em qualquer outra época anterior, dando destaque aos líderes populistas. Democratizando-se o país em 1945, depois da longa ditadura getulista, a vida política continuava sustentando-se principalmente em dois partidos (PSD e PTB), criados por Vargas. De um lado, o PSD expressava um certo agrarismo, no qual se salientavam a defesa de uma postura conservadora e a política de clientela. De outro lado, o PTB buscava representar os reclamos dos trabalhadores das zonas urbanas. Gerados de cima para baixo e alimentados pela influência pessoal de seu idealizador, estes partidos de origem getulista poucas vezes deixaram de estar presentes no poder, entre 1945 e 1964. Juntamente com uma pluralidade de outros partidos, dos quais se separa a UDN, tanto o PSD quanto o PTB compuseram a trama partidária, normalmente alcançando grandes sucessos eleitorais.[1]

É preciso notar, no entanto, que essa trama partidária se comprometera totalmente com a pressão das massas populares, agora mais livres para agir e para apoiar o seu líder eventual. A cada momento, tratava-se então de rearticular a correlação de forças dos grupos sociais, participantes da luta pelo poder. Daí a importância de líderes populistas como, por exemplo, Adhemar de Barros, Getúlio Vargas e depois Jânio Quadros e João Goulart. Procurava-se sobretudo o estabelecimento de pactos entre partidos, visando à vitória nas eleições. Porém, mesmo com a habilidade e a improvisação dos líderes populistas, tais pactos se tornavam cada vez mais fugazes, à medida que era necessário controlar o vigor das solicitações populares ou aceitá-las como bandeira de luta. Entendem-se desta maneira as preocupações de Getúlio, no que diz respeito à sua sustentação partidária, inspirando dois partidos de orientação bastante diversa: o PSD e o PTB. Particularmente com relação às massas trabalhadoras, Vargas nada tinha a reclamar, mesmo se levando em conta o auxílio de Adhemar de Barros na eleição de 1950. De fato, nesta eleição os trabalhadores devem ter respondido à sua convocação.

Notem-se os resultados da eleição presidencial de 1950 em dois redutos expressivos quanto à concentração de trabalhadores, em virtude de maior industrialização: São Paulo e Rio de Janeiro. Em São Paulo, Getúlio obteve quase três vezes mais votos (925.493) do que o segundo colocado, Eduardo Gomes (357.413), ficando com seis vezes mais votos do que o terceiro colocado, Cristiano Machado (153.039). Assim, se em São Paulo recebeu quase um milhão de votos, que significava perto de um quarto da votação nacional, no Rio de Janeiro manteve-se aproximadamente a mesma tendência eleitoral a favor de Getúlio Vargas, pois alcançou mais do que o dobro dos votos de Eduardo Gomes (378.015 contra 169.263).

A REPÚBLICA BRASILEIRA — 1951–2010

Em que pese, portanto, a influência de alianças partidárias ou de líderes populistas como Adhemar de Barros, o certo é que Vargas ressurgia no papel de porta-voz de todos os trabalhadores brasileiros. Pessoalmente comprometido com eles, dava a impressão de não possuir outras vinculações, ao menos quando lhes falava.[2] Embora pretendesse sempre definir os limites de ação das massas populares, controlando seus ímpetos reivindicatórios e canalizando-os para os órgãos estatais, Getúlio progressivamente lhes dedicava maior atenção, cuidando de prestar-lhes conta quando podia.

No próprio dia de sua posse no cargo de presidente da República, já tratava de manifestar sua crença no povo, como princípio e fim do poder político, apelando ao mesmo tempo para a solidariedade das classes.

O Governo não é uma entidade abstrata, um instrumento de coerção ou uma força extrínseca da comunidade nacional. Não é um agente de Partidos, grupos, classes ou interesses. É a própria imagem refletida da Pátria na soma das suas aspirações e no conjunto das suas afinidades e lealdades. É a emanação do povo e, como tal, o servo da sua vontade, o provedor das suas necessidades, a força humanizada e sensível que preside às relações e ao desenvolvimento da sua vida social no sentido da cooperação e da harmonia das classes e dos interesses.[3]

De acordo com as palavras de Vargas, o Governo precisava estabelecer relações diretas com os trabalhadores, seja para ouvir as suas dificuldades, seja para solicitar-lhes colaboração, visando a saná-las. Daí a permanente procura de um tom coloquial em suas manifestações voltadas à população, como se não passassem de uma parte da conversação entre ele e o povo. Sobre a situação crítica das camadas populares, dizia Getúlio:

As centenas de cartas, como os apelos diretos e constantes, que me chegam diariamente de todos os pontos do país e de todas as camadas sociais, principalmente das classes pobres e menos favorecidas, revelam a compreensão unânime de que não é possível continuarmos na trilha que vinha sendo palmilhada e na qual se havia substituído o governo de todos pelo governo de alguns.[4]

O contato direto e permanente com o povo é um dos lemas do meu Governo. Bem conheço as dificuldades com que se defrontaram sempre os pequeninos e os humildes, quando possuem interesses a preservar, ou direitos a defender. As longas filas, as caminhadas improfícuas pelos corredores das repartições públicas, os apelos que se perdem sem achar eco, a complicada burocracia administrativa, que retarda processos e fatiga a paciência das partes — tudo isso são entraves que, se não impossibilitam de todo os esforços dos que se sentem lesados pelas autoridades administrativas, pelo menos os tornam improfícuos, porque a solução, quando vem, chega sempre muito tarde.

Para remediar essa situação, determinei fosse criado um serviço especial de queixas e reclamações para atender o povo.[5]

A referência às dificuldades das massas urbanas de condição modesta marca grande parte de seus discursos, ao longo dos anos de seu segundo e último governo. Todas as ocasiões, especialmente as principais datas, como o Dia do Trabalho, o Dia da Independência, o Natal e o Ano Novo, representam momentos de diálogo com o que chamava de povo. E, ao aludir às suas vicissitudes, procura condicionar o advento da democracia à existência de satisfatória situação social para todos. Eis o que Vargas falava aos trabalhadores, a respeito do salário mínimo, da valorização do trabalho e da democracia:

Acabo de assinar, diante de vós, a nova lei de salário mínimo. (...) Chegaram os trabalhadores ao ano de 1951 com os mesmos salários-mínimos que lhes assegurei no meu Governo, há mais de oito anos, enquanto, em torno deles, a vida se ia tornando cada vez mais difícil e mais cara.[6]

Não foi olvidado, porém, o aspecto fundamental dessa magna tarefa em que estamos empenhados que é o da valorização do trabalho. Sabeis como me preocupa a elevação do padrão de vida do trabalhador brasileiro, o que só se torna exequível mediante uma solução harmônica e corajosa dos nossos problemas econômicos.[7]

Não teremos estabelecido os verdadeiros alicerces da democracia enquanto existirem casas sem pão e sem lume, populações desvalidas a vegetarem como rebanhos humanos, ou como legiões de fantasmas sem vida. O governo não pode nunca perder o contato com as grandes realidades sociais, pois sabe que a miséria é um mar de ressentimentos e um fermento constante de inquietação.[8]

Sem dúvida, o jogo político de Getúlio encontra um de seus fundamentos na dificuldade das massas populares constituírem uma classe, com certo grau de unidade e com aptidão para ficar responsável pelas tarefas governamentais. Aliás, a própria menção a massas populares revela a realidade de inúmeras pessoas, situadas em camadas social e economicamente inferiores da sociedade capitalista existente no Brasil. Embora flagrantemente indefinidas, massas populares passam a significar a realidade de tais pessoas, em particular por causa da impossibilidade de atuarem satisfatoriamente dentro dos padrões de classe, com certa homogeneidade e com capacidade de gerir a máquina estatal, de acordo com seus interesses. Ora, estes impedimentos obrigaram tais grupos a recorrerem a mediadores, dos quais Vargas não somente foi o primeiro, ainda durante o período de 1930 a 1945, como também procurou exercer a mediação com competência e devotamento. Por isto, na posição de árbitro, Getúlio dá ao poder a sua imagem, personalizando as relações com a massa de trabalhadores, em especial quando busca sua colaboração ou quando pretende controlá-la, em razão de seus compromissos políticos. Deste modo, em fevereiro de 1951, conclamava os trabalhadores para cooperarem com o governo, repetindo tal convocação constantemente.

Quero que o Povo seja os olhos e os ouvidos do Governo. As portas da Presidência da República estão abertas aos vossos conselhos, críticas e reclamos. Não sou mais do que o representante e porta-voz das massas trabalhadoras unidas em torno da bandeira de luta e de esperanças que juntos desfraldamos.

O Povo representa a linha constante e invariável das minhas preocupações e absorve a cada instante todos os meus cuidados e desvelos. Libertá-lo do medo e da necessidade, assegurando-lhe melhores condições de vida e maior participação nos bens e frutos do trabalho, é o rumo, a direção e o programa de meu Governo. O Povo será o agente fiscalizador, o supremo juiz, o tribunal inapelável não só dos meus atos e decisões, como da conduta pública e da probidade funcional dos meus auxiliares diretos, e ainda de todos os crimes, abusos e extorsões dos que pretendem explorá-lo ostensiva ou disfarçadamente.

(...) Sou e serei sempre um dos vossos: confundido no anonimato do esforço coletivo, nivelado no serviço comum e desinteressado da Pátria, e apenas diferenciado na graduação e na soma dos encargos e das responsabilidades. Na vossa companhia suporto os sacrifícios da jornada porque me recompensais com a medida de fé sem a qual fracassam todas as empresas humanas.[9]

Precisamos contar, para isso, com a colaboração espontânea e decidida do proletariado. Cada minuto que se subtrai ao trabalho da produção é prejudicial à economia de todo o país.[10]

Por outro lado, Vargas não se descuidava da manutenção da ordem social vigente, dentro da qual podia conservar sua liderança política. Neste sentido, também se dirigia às massas populares, aconselhando-as a limitar seus movimentos e protestos. Sempre que possível, porém, levava às Forças Armadas a sua palavra de confiança, com a intenção de demonstrar a justeza e a segurança de sua proposta trabalhista. Esforçava-se, portanto, por convencer as Forças Armadas de que o caminho correto era o trilhado por ele.

Aos trabalhadores recomendava:

Já me conheceis de muitos anos. Sou inimigo das soluções apressadas, das improvisações de fachada. Quando virdes que as medidas que vos prometi tardam um pouco, nunca imagineis que fostes esquecidos. Esperai, confiantes, que o Governo que foi eleito pelo vosso sufrágio tem convosco um compromisso de honra, que será levado a termo custe o que custar e doa a quem doer.

Não precisais de greves ou apelos a recursos extremos; nem vos deixeis levar por agitadores e perturbadores da ordem, que vos engodam com ideologias que encobrem ambições de outra natureza.[11]

A paralisação, ainda que momentânea, do trabalho, as greves que se prolongam por dias, ou por horas, são forças vitalizantes que se perdem — é mais um atraso na consecução dos nossos objetivos. Que os trabalhadores confiem no Governo, certos de que as suas justas aspirações serão atendidas, depois de afastadas as dificuldades mais sérias.[12]

Raciocinava para as Forças Armadas:

Mas não bastam os recursos das armas: são igualmente necessárias novas leis sociais, capazes de cortar pela raiz as origens do mal e reparar as injustiças causadoras de revoluções. O Governo tem a firme convicção de que se impõe o aperfeiçoamento constante de uma justiça social e de uma ordem social, onde sejam eficazmente eliminados os argumentos de uma propaganda e de um credo, que só prosperam onde há miséria, fome, padecimentos, e desigualdades chocantes na condição dos homens. Os processos de exploração do trabalho, que não cogitam de justa repartição dos seus frutos, também constituem séria ameaça à segurança nacional. Esta exige, para sua plena garantia, um combate sem tréguas à ignorância, ao sofrimento e à opressão.[13]

A ação política de Getúlio baseava-se então na conciliação de forças diferentes, que sobressaíam na luta pelo poder. Ao menos até 1952, por exemplo, através da tentativa de conseguir a participação da UDN, Vargas procurou compor seu governo de tal modo que nele estivessem também presentes alguns representantes de setores conservadores. Assim, seguindo sua orientação tradicional, enquanto cumpria seu intento de ajustar-se com a UDN, aliás um projeto fracassado, ele alimentava o apoio recebido das massas de trabalhadores.

A crise recrudesceu a partir do segundo ano de governo. Os grupos políticos de linha conservadora rejeitaram qualquer acordo com Getúlio, tendo em Carlos Lacerda um de seus principais porta-vozes, com seus convites às Forças Armadas a fim de porem fim ao que chamava de preparativos para nova ditadura getulista. Às Forças Armadas se inquietavam com controvérsias e até com rivalidades em torno do Acordo Militar Brasil–Estados Unidos, do projeto da Petrobrás, do pedido de envio de tropas brasileiras à Coreia, da expansão do movimento popular e das eleições no Clube Militar. Por sinal, juntamente com a renúncia do general Estillac Leal ao Ministério da Guerra, a perda das eleições naquele Clube significou um dos primeiros abalos no suporte militar do governo.

O próprio general Góes Monteiro, um dos idealizadores do golpe de 1937 e ex-ministro da Guerra no final do Estado Novo, afirma que, "nos começos de 1953, era grande e geral o descontentamento", em particular nas Forças Armadas, onde especialmente a oficialidade menos graduada "cada vez mais se sentia em dificuldades de vida". Por outro lado, carece de consideração o papel da Escola Superior de Guerra como aparelho ideológico no interior das Forças Armadas. Criada em outubro de 1948, tal Escola se tem destinado à formação de "elites civis e militares", capazes de ponderar sobre problemas de segurança nacional. Parece certo, no entanto, que o conceito de segurança nacional se transfigurou ao longo da década de 1950, conforme se verifica nos Regulamentos de 1949 e de 1954, da Escola. A princípio, um conflito total entre o Ocidente e o Oriente implicaria uma aliança dos países ocidentais, liderados pelos Estados Unidos, com a finalidade de combater o comunismo. Sobretudo desde a Guerra da Coreia, soma-se outra hipótese: a do "inimigo interno", na qual o comunismo figura como manipulador e incentivador dos conflitos sociais, existentes na sociedade brasileira.

Ora, diante de tão forte oposição conservadora e de tão grave situação militar, o avanço das massas populares vinha montar o quadro político da crise do governo de Vargas. O contingente de trabalhadores cresceu durante os anos 1950, com a ampliação do processo de industrialização. O estado de São Paulo é um excelente exemplo disto: em 1950, possuía 24.519 estabelecimentos industriais, com uma população de 484.844 operários, passando em 1960 a 56.383 estabelecimentos, com 969.112 trabalhadores. Portanto, não somente em termos numéricos como também do ponto de vista da mobilização, as massas populares progrediram. Um pouco mais livres na atuação sindical e um pouco mais libertos do controle governamental dos salários, os trabalhadores passaram a manifestar abertamente suas insatisfações, ultrapassando por vezes os limites da habilidade de Getúlio e colocando-o em condições embaraçosas perante a contundente oposição partidária e militar. Se durante os dois primeiros anos do governo de Vargas o movimento operário não apresentou grandes atividades grevistas, a partir de 1953 registram-se expressivas greves em São Paulo e no Rio de Janeiro, alcançando até repercussão nacional.

Ainda em 1953, a crítica situação econômica aflorou claramente, com maior inflação, com maior desequilíbrio do balanço de pagamentos e com a queda da produção industrial, acrescentando-se também a tudo isto as reclamações contra o confisco cambial, imposto pelo governo ao setor de exportação agrícola. Às voltas com a magnitude das remessas de lucro ao Exterior e com o disciplinamento do capital estrangeiro no Brasil, Getúlio tenta ao mesmo tempo uma malfadada política de estabilização econômica. Na verdade, premido por delicadas condições na economia, pouca possibilidade tinha ainda de interferir eficazmente na exacerbação da luta política, em virtude da maior tensão no relacionamento dos grupos sociais, aptos a pressionarem o poder.[14] Sem viabilidade de encontrar saída para a crise e sem grandes resultados em suas solicitações aos trabalhadores, Vargas ainda assim procura inclinar-se para o lado das massas populares, falando sobre a necessidade de serem preservados os sindicatos. Apesar de mais ou menos constituir uma rotina, em suas manifestações à população, a referência à organização das massas, em especial aos sindicatos, sem dúvida tal menção ganhou mais força no período final do governo getulista. Eis o que dizia sobre tal assunto aos trabalhadores em 1954:

> Mas a minha tarefa está terminando e a vossa apenas começa. O que já obtivestes ainda não é tudo. Resta ainda conquistar a plenitude dos direitos que vos são devidos e a satisfação das reivindicações impostas pelas necessidades. Tendes de prosseguir na vossa luta para que não seja malbaratado o nosso esforço comum de mais de vinte anos no sentido da reforma social, mas, ao contrário, para que esta seja consolidada e aperfeiçoada.
>
> (...) Para vencer os obstáculos e reduzir as resistências é preciso unir-vos e organizar-vos. União e organização deve ser o vosso lema.
>
> Há um direito de que ninguém vos pode privar, o direito do voto. E pelo voto podeis não só defender os vossos interesses, como influir nos próprios destinos da Nação. Como cidadãos a vossa vontade pesará nas urnas. Como classe, podeis imprimir ao vosso sufrágio a força decisória do número. Constituís a maioria. Hoje estais com o Governo. Amanhã sereis o Governo.[15]

> Meu sacrifício vos manifesta unidos, meu nome será a vossa bandeira de luta.[16]

O golpe final no já cambaleante governo de Vargas aconteceu na noite de 5 de agosto de 1954, com o chamado **"crime da rua Toneleros"**, no Rio de Janeiro. Este ano se iniciara de forma bastante dura para Getúlio. Uma sucessão de acontecimentos em 1954 marcou a fragilidade progressiva do governo. O **Manifesto dos Coronéis**, por exemplo, repelia o comentado aumento de 100% do salário mínimo a ser proposto pelo ministro do Trabalho, João Goulart, e protestava contra a corrupção na área pública, embora a sua principal causa aparecesse como sendo a exigência de mais verbas para equipamentos e salários aos militares, em fevereiro de 1954. Em abril, um novo ataque importante da oposição: anuncia-se que Getúlio esteve negociando, secretamente, com Perón, presidente da Argentina, a realização de um suposto acordo, que envolvia também o Chile, com a finalidade de

Presidente GETÚLIO VARGAS

Getúlio Vargas na segunda presidência (1951-1954), depois de 15 anos de sua ditadura (1930-1945), aqui com antigo auxiliar e generais. A segunda presidência foi interrompida em 24/08/1954, por seu suicídio. Escolhido por meio de eleição direta, reajustou o salário mínimo em 100% e criou o BNDE (Banco Nacional de Desenvolvimento Econômico), o Banco do Nordeste, o IBC (Instituto Brasileiro do Café), a Petrobrás, a CACEX (Carteira de Comércio Exterior) do Banco do Brasil enfrentar a política norte-americana. Em maio, as eleições para a nova diretoria do Clube Militar deram outra vitória à oposição ao governo, dentro das Forças Armadas.

Vargas perambulava entre uma medida e outra, procurando manter-se no poder. Em fevereiro de 1954, por exemplo, destituiu o ministro do Trabalho, João Goulart, parecendo fazer concessão aos adversários de seu governo, à medida que isto sugeria o abandono do aumento de 100% no salário mínimo vigente, aumento defendido pelo ministro. Por outro lado, no dia 1 de maio, Getúlio noticiava aos trabalhadores o aumento de 100%, louvando a atuação de Goulart. Ao mesmo tempo, apesar da escalada da oposição civil e militar, normalmente contrária à pregação nacionalista do presidente da República, este enviava em março a mensagem anual ao Congresso, carregada de forte nacionalismo, apontando as raízes da inferioridade do Brasil no comércio internacional.

Finalmente, o denominado "crime da rua Toneleros", em 5 de agosto, veio minar inteiramente a capacidade de resistência de Vargas. Afinal, um atentado causador da morte de um oficial da Aeronáutica, no qual ainda se ferira Carlos Lacerda, figurava como o evento mais propício para a completa intervenção dos militares na crise governamental. Assim, pois, desde a investigação do crime até a determinação da amplitude das responsabilidades dele decorrentes couberam sobretudo a membros das Forças Armadas. **Daí os efeitos do atentado chegarem a proporcionar ambiente para manifestos, como os de 22 e 23 de agosto, em que influentes militares solicitavam a renúncia de Getúlio, somando-se às críticas da oposição civil, liderada pela UDN.** A resposta à pressão exercida sobre o poder foi o **suicídio de Vargas em 24 de agosto de 1954.** Um obstinado jornal oposicionista revelava sua surpresa diante da resolução do presidente pois, segundo tal diário, "a ninguém podia ocorrer que o sr. Getúlio Vargas, tão cioso de sua vida, fosse sacrificá-la só por ter sido derrotado num lance dramático".[17]

Ora, a luta pelo poder havia atingido o auge, depois de alguns anos de periódicas tentativas de criação de condições para um desfecho fatal, onde se extirpariam as veleidades do trabalhismo getulista e os eventuais arroubos da participação popular. Passando além de qualquer limite, a investigação do atentado da rua Toneleros conduziu a uma situação insustentável para Vargas. Noticiava-se que, na reunião de sócios do Clube da Aeronáutica em homenagem ao oficial morto no atentado, fora "pedida a prisão preventiva de Lutero Vargas" (filho do presidente da República), acrescentando-se que "o mandante foi Lutero". Ainda se informava que a aludida reunião assistiu a "intensas vibrações cívicas nas censuras ao Governo". Recebido entusiasticamente, Eduardo Gomes declarava naquela ocasião, referindo-se à vítima do crime:

> No sacrifício desta vida destemerosa se está simbolizando a devoção militar às liberdades mais caras à nossa civilização cristã. E é essa própria civilização que ficou atingida, como nós, na substância mesma da sua grandeza e da sua fé, com a quebra de padrões da convivência, sem os quais não pode sobreviver nenhuma nação organizada.[18]

De outra parte, setores civis mais extremistas da oposição entregavam uma mensagem ao ministro da Guerra, general Zenóbio da Costa. Nesta mensagem, "pela democracia, contra a corrupção", era-lhe dirigido "apelo angustioso e veemente no sentido de, impondo seu prestígio e sua autoridade, defender as liberdades públicas e os próprios preceitos constitucionais, levando o sr. Getúlio Dornelles Vargas a renunciar ao cargo de presidente da República", pois o "atual ocupante do Palácio do Catete, embora legalmente eleito e ainda dentro do seu período constitucional, está moral e juridicamente impedido de governar o Brasil".[19] Falava-se na "pretendida renúncia do presidente da República, que aliás foi divulgada, pela meia-noite, como coisa certa".[20] O próprio Carlos Lacerda, alvo principal do atentado e líder radical da UDN, chegou a dar esclarecimentos sobre a divulgação da proposta de renúncia presidencial.

> Aí que eu fui ao Canrobert, no Edifício Montese, e disse: "General, os senhores precisam fazer esse homem renunciar, para o país voltar à

normalidade. Já, agora, é irreversível, quer dizer, é impossível voltar atrás. Ou ele fica no poder, e se torna ditador, e vai mergulhar esse país num banho de sangue, porque nós vamos resistir, ou ele renuncia e o país retorna à normalidade. O país está parado há quase um mês". Foi aí que ele me disse: "Não, eu não vou ajudar a botar tanque na rua, como no 29 de outubro, para depois sermos chamados de fascistas. Desta vez, só com moções de toda a parte. Só se vier para o Exército, assim, tudo quanto é moção. Todo mundo pedindo, até o Clube de Regatas do Flamengo". Eu digo: "Não seja por isso". Movimentei uns amigos do Flamengo e consegui uma moção, que até hoje eu não sei como é que conseguiram. Uma moção do Clube de Regatas do Flamengo, pedindo a renúncia do Getúlio e levei junto com um bando de coisas. Foi aí que começou o noticiário da TV, dos rádios, dos jornais, do *Estado de S. Paulo* exigindo a renúncia, eu e assim por diante.[21]

A morte de Vargas, portanto, coloca-se como o primeiro momento de negação da presença das massas populares no jogo político, assim como representa uma agressão profunda ao projeto econômico de cunho nacionalista, durante a vigência do regime instituído pela Constituição de 1946. O fim do governo getulista significou, acima de tudo, a liquidação do período de alianças partidárias razoavelmente estáveis, existentes desde 1945. Agora, em agosto de 1954, se revelava a grande intensidade das forças conservadoras que faziam oposição ao poder. Revelavam-se também os embaraços para manejar os trabalhadores, um tanto mais libertos das amarras estatais, quando mais não seja em virtude da própria necessidade de Getúlio encontrar apoio em sua luta pela manutenção do cargo de presidente da República. O sistema partidário, fundamentalmente herdado do Estado Novo, sobretudo em razão de os principais partidos da coligação vitoriosa nas eleições da Presidência em 1945, em 1950 e em 1955 (PSD e PTB) nascerem da inspiração getulista,[22] sofreu forte abalo com o suicídio de Vargas. Tal suicídio, no entanto, forneceu também novo alento àquela aliança, embora tenha sido um alento muito breve.

Os limites do nacionalismo econômico no segundo governo Vargas

Embora a eleição de Getúlio se tenha realizado basicamente através dos mesmos partidos que lançaram o general Dutra à Presidência da República, é certo que a política econômica teve diferente orientação. Com Vargas, o Estado atuou mais fortemente sobre o sistema econômico-financeiro, em especial por causa do velho estilo assumido durante o Estado Novo e de novas solicitações da ocasião, todos avivados na campanha eleitoral e em discursos posteriores à posse. Considere-se também que cada um dos diversos grupos sociais, particularmente nas regiões mais industrializadas do Brasil, desejava um tipo bastante peculiar de relação entre o Estado e as atividades econômico-financeiras, o que exigia um outro sentido para a ação governamental.

Posto como **intermediário** entre as massas populares e as camadas dominantes da sociedade, Vargas teve de conjugar esforços para tentar cumprir suas promessas e para sanar problemas econômico-financeiros legados a ele. Portanto, a par dos conflitos políticos capazes de agitar o governo, deparava-se com a necessidade de melhorar o abastecimento nas grandes cidades, de conter a inflação, de equilibrar o balanço de pagamentos, de incrementar os setores de energia e de transporte, modernizando ainda a tecnologia no país. Tratava, pois, de um conjunto de questões econômicas tão conflituosas como as relacionadas com o jogo político.

O desequilíbrio no balanço de pagamentos restringia a capacidade de importação, impedindo a expansão da indústria, que carecia de equipamentos e de matérias-primas vindas do exterior. Além disso, pode-se dizer que nem esta limitada capacidade de importar servia inteiramente ao aumento da produção, pois boa parcela das compras no exterior consistia em alimentos e em combustíveis, como o trigo e o petróleo. Ainda assim, Getúlio se voltou para a ampliação do crescimento industrial e para a diferenciação das atividades econômicas no Brasil, preocupando-se também com os setores tradicionais da economia, a fim de que eles não atalhassem os caminhos da industrialização. Então, se de um lado se impunha o controle do balanço de pagamentos em razão principalmente da necessidade de industrializar, de outro lado se tornavam imprescindíveis o combate à inflação, por causa sobretudo das tensões sociais decorrentes dela, e ainda a elaboração de um esquema de investimentos apto a trazer proveitos sociais e econômicos.

Por tudo isso, o governo getulista precisou intervir vigorosamente no domínio econômico, apresentando em 1951 o "Plano Nacional de Reaparelhamento Econômico (Plano Láfer)", cujos recursos procederiam do "Fundo de Reaparelhamento Econômico", que seria dirigido pelo Banco Nacional do Desenvolvimento Econômico (BNDE), criado em 1952. De certa maneira inspirado pela Comissão Mista Brasil-Estados Unidos, o Plano propunha investimentos em indústrias básicas, nos setores de transporte, de energia, de frigoríficos e na agricultura, durante 5 anos. Geravam-se novas condições para o crescimento e para a diversificação da economia brasileira. Notem-se, por exemplo, as instituições fundadas por iniciativa governamental, ao longo dos anos de 1952, 1953 e 1954: Banco do Nordeste do Brasil (BNB), Superintendência do Plano de Valorização Econômica da Amazônia (SPVEA), Banco Nacional do Desenvolvimento Econômico (BNDE), Petróleo Brasileiro S/A (Petrobrás), Plano Nacional de Eletrificação e Centrais Elétricas Brasileiras S/A (Eletrobrás).

Desde os primeiros meses de seu governo, Vargas preconizou o desenvolvimento como objetivo a ser alcançado, a fim de que se superassem as dificuldades econômicas mais sérias e então fossem dominadas as inquietações sociais mais perigosas à ordem pública. Os seus apelos em nome da reconstrução econômico-social não excluíam de modo algum a iniciativa privada. Ao contrário, confiava na experiência e nos valores desta iniciativa, destacando-lhe a importância na obra do desenvolvimento.

> Internamente, já se está fazendo o financiamento à produção agrícola e industrial em larga escala — e muito hão de lucrar com isso as classes produtoras de todo o país. (...) Sem perturbar os valores da iniciativa

A REPÚBLICA BRASILEIRA — 1951–2010

privada, o meu governo tem em vista um plano de reconstrução econômico-social, que visa à criação de riqueza, não para uns poucos
privilegiados, mas para o beneficiamento geral da coletividade, a fim de
que se obtenha uma repartição mais equilibrada e proporcional dos
frutos do trabalho.[23]

A severidade e a firmeza da política financeira do Governo já estão
dando resultados sensíveis. Temos recebido continuamente propostas
de várias firmas estrangeiras para montar fábricas no Brasil e transferir para aqui as suas organizações industriais. Essa procura do nosso
país já é um reflexo da confiança no Governo; e a vinda do capital e dos
técnicos estrangeiros abrirá, sem dúvida, uma nova era para o nosso
desenvolvimento econômico.[24]

Juntamente com a valorização do empreendimento particular,
apoiado pela ação governamental e dirigido para o bem-estar social,
Getúlio concentrava-se no estímulo à produção. Segundo ele, o aumento da produção ofertaria as condições indispensáveis para se
conseguir a importação de mercadorias mais necessárias ao país, além
de reduzir o grau de dependência econômica do exterior. Uma maior
produção de bens teria ainda a vantagem de elevar o consumo, fazendo com que a maioria da população brasileira pudesse desfrutar deles.
Ao aludir ao problema do crescimento da produção, Vargas ocupava-
-se também com todo o conjunto das atividades econômicas, propondo a criação de indústrias de base, incentivando a expansão da indústria de bens de consumo e procurando fortalecer a agricultura e a
pecuária, pois a exportação fundamentava-se quase totalmente no
fornecimento de gêneros alimentícios (e de matérias-primas) aos
países industrializados.

Criticando as importações, durante o governo de Dutra, de mercadorias já fabricadas no Brasil, Getúlio elogiava a coragem dos industriais nacionais por terem enfrentado a concorrência externa,
mantendo em geral o ritmo da produção e inovando os equipamentos.

Vargas era bastante cuidadoso com a política de comércio exterior.
Para ele, a indústria nacional exigia proteção governamental perante

a concorrência do exterior, ao menos enquanto a indústria brasileira não pudesse competir com a dos outros países desenvolvidos. Conforme dizia, pregar a defesa da indústria nacional não passava nada além da orientação seguida pelas mesmas nações industrializadas, ao longo de seu desenvolvimento. Não bastava, no entanto, a simples proteção da indústria. Era imprescindível a fundação de indústrias de base, destinadas a assegurar o abastecimento de matérias-primas e de máquinas às outras empresas, pois somente desta maneira as indústrias nacionais de bens de consumo teriam condições de evitar os empecilhos externos e de ampliar a sua produção.

Ainda um elenco de providências complementares se tomava inadiável para a consecução da política getulista de desenvolvimento econômico. Ele mencionava, por exemplo, a melhoria do ensino técnico-profissional, a absorção pelas empresas de emigrantes especializados, medidas com a finalidade de aprimorar a produção, a necessidade de reduzir os custos das mercadorias e facilidades de assistência técnica.[25] Tal esforço voltado para o crescimento econômico visava acima de tudo, segundo parece, ao controle da inflação e do custo de vida, diretamente atuantes sobre as massas populares. Portanto, ao mesmo tempo em que procurava dar à economia brasileira (em especial à indústria) meios para expandir-se, anunciava que não se toleraria a elevação do custo de vida.

> O Governo procurará, antes de tudo, frear o alto custo de vida, estabelecendo um justo preço para os gêneros de primeira necessidade, e detendo com medidas enérgicas, o avanço inflacionista. Será preciso rever os tabelamentos de última hora, os reajustamentos improvisados de salários, que visaram tão somente a interesses particulares ou de grupos, sem atender às conveniências gerais. Urge adotar providências que assegurem efetivamente ao trabalhador das cidades alimentação adequada, transporte fácil e habitação barata.[26]

> Durante os anos de 1951 e 1952 fomos ainda atingidos pelas perturbações causadas na economia internacional pelo impacto da guerra da

Coréia. No Brasil, a necessidade de maiores exportações determinou repentinas altas de preço no mercado interno... Outra grande dificuldade foi a estiagem, que mais ou menos intensamente, alcançou boa parte do nosso território, atingindo igualmente a Argentina, e em consequência, os suprimentos de trigo que recebemos da nação vizinha. (...) Para dar estabilidade ao nosso processo de desenvolvimento econômico, é fundamental o combate à inflação. Neste sentido se impôs a racional compressão das despesas públicas.[27]

Em que pesem os cuidados de Getúlio com o custo de vida, a tendência altista predominou, embora se registre alguma variação. Por exemplo, o custo de vida no Rio de Janeiro (Distrito Federal na época), de 1949 para 1950, sofreu um aumento médio de 6%, enquanto na mesma cidade, no período de 1952 a 1953, o índice do custo de vida elevou-se em 11%. Ainda assim, o crescimento do custo de vida no Rio de Janeiro e em São Paulo ocorreu de forma bastante comedida, se comparado com as variações havidas no final da década de 1950 e nos primeiros anos da década de 1960. No que diz respeito aos salários, verifica-se uma inclinação para forte aumento. Em 20 anos, Vargas estabeleceu quatro elevações do salário mínimo no Brasil: em julho de 1940 (Cr$ 240,00 mensais), em dezembro de 1943 (Cr$ 380,00 mensais), em janeiro de 1952 (Cr$ 1.200,00 mensais) e em julho de 1954 (Cr$ 2.400,00 mensais). Tais aumentos ganham importância, ao considerar-se que em 20 anos (de 1940 a 1960) houve seis alterações no salário mínimo, das quais Getúlio promoveu três, em dois períodos de exercício da Presidência da República, além de ter fixado o primeiro.

Depois de mais de 8 anos, pois o governo de Dutra nada fez neste sentido, Vargas em 1952 passou o salário mínimo de Cr$ 380,00 para Cr$ 1.200,00. Em 1954, de novo determinou outra elevação, mudando de Cr$ 1.200,00 para Cr$ 2.400,00, num aumento de 100%. Nem mesmo este crescimento substancioso do salário mínimo conseguiu pôr os trabalhadores na indústria em boa situação. **Na realidade, os aumentos do salário mínimo proporcionados pelo go-**

verno getulista destinaram-se somente a restituir uma parcela do poder aquisitivo perdido após 1943. Isto parece claro, entendendo--se o ano de 1940 (quando se fixou pela primeira vez o salário mínimo) como base, igual a 100. Constata-se que o salário real dos trabalhadores na indústria atinge 104 em 1943, descendo para 90 em 1946, para 87 em 1949, para 64 em 1952 e para 58 em 1955.[28]

Este foi um dos aspectos da situação econômica brasileira que obrigou Vargas a apresentar um programa de combate à inflação (Plano Aranha), em outubro de 1953. Já havia, sem dúvida, desde 1952, severa condenação à elevação dos preços das mercadorias no primeiro ano do governo de Getúlio. Dizia-se que, para enfrentar o aumento dos preços, "apenas aumentou o salário mínimo, que só atinge a parte muito pequena da população". Subira no Rio de Janeiro, por exemplo, o preço de inúmeros produtos, tais como a carne (de Cr$ 12,00 em 31/1/1951 para Cr$ 25,00 em 31/1/1952), a manteiga (de Cr$ 32,00, em 31/1/1951 para Cr$ 48,00 em 31/1/1952), o leite, os ovos, os fósforos, o cafezinho, os calçados, roupas e medicamentos. Também ficaram mais caros os aluguéis de casa, bem como as passagens de bondes, de ônibus e de trens. Um exame do primeiro ano do governo de Vargas indicava como único possível êxito o "recuo das emissões". Colocando em dúvida até mesmo este resultado, ressaltava que as reservas cambiais quase chegaram ao fim, enquanto se registrava um déficit de 3 bilhões de cruzeiros na balança comercial, sem formar-se estoques importantes em gêneros de primeira necessidade. E concluía-se a análise do primeiro ano de governo: "Fala-se em empréstimos para a compra de trigo. Devemos comer pão a crédito, pois as divisas foram gastas na importação de artigos dispensáveis".

Vinha, portanto, o programa de combate à inflação de 1953 responder a condições críticas da economia, prometendo restrição de crédito e novo sistema de controle cambial. Mas as medidas adotadas a partir do referido programa transformaram-se em motivos de outras objeções, principalmente por parte dos representantes da oposição. Para eles, faltava ao presidente da República "um pensamento próprio sobre a economia e as finanças do país", pois por mais de dois anos acompanhou o esquema financeiro de Horácio Láfer, depois mudando radicalmente para outro, de Oswaldo Aranha, novo ministro da Fazenda. Porém, se é verdade que a grande maioria dos produtos teve seus preços aumentados, torna-se necessário destacar que tal elevação procedeu moderadamente. Observando-se o conjunto dos três anos iniciais do governo getulista (31/1/1951 a 31/1/1954), e utilizando-se uma lista de gêneros de primeira necessidade, que fora exposta com a finalidade de contestar a política econômica vigente, constata-se um crescimento dos preços do açúcar, da banha, do café, da cebola, da farinha de trigo, do feijão preto e do toucinho defumado, em torno de 28% a 50% no Rio de Janeiro, durante aquele período. Embora haja mercadorias que sofreram aumento de preço de até 100% nos três anos do governo de Vargas, como o arroz amarelão, o bacalhau e o macarrão, elas não constituem mais de um terço da lista.[29]

Debatendo-se na luta pela expansão da economia, em particular da indústria, e na contenção do custo de vida, o presidente da República procurava levar adiante sua proposta nacionalista. Firmava-se cada vez mais na meta da autonomia econômica, a ser alcançada pelo Brasil, segundo pensava.

Em 1951 expunha ao Congresso Nacional suas ideias acerca do capital estrangeiro:

A carência de capitais nacionais, impossível de suprir-se sem sacrifício dos níveis de vida, reclama um crescente influxo adicional de capitais estrangeiros. (...) São os países exportadores de capitais que podem tomar as medidas mais eficazes para facilitar as inversões em países como o Brasil. Contudo, é intento do meu Governo facilitar o investimento de capitais privados estrangeiros, sobretudo em associação com os nacionais, uma vez não firam interesses políticos fundamentais do nosso país. O capital dos imigrantes deve, em particular, ser objeto de facilidades especiais. O esforço enérgico e sistemático de desenvolvimento econômico será um fator de confiança para o capital privado alienígena [negritos meus].[30]

Ainda no primeiro ano de governo, por ocasião das comemorações da Independência e do Ano Novo, enfatizou o problema da emancipação econômica e as consequências da evasão de divisas:

A independência econômica não se adquire necessariamente com a independência política — é tarefa lenta e difícil, que se arrasta por muitos decênios, que às vezes se retarda por séculos e cujo êxito final depende de inúmeros fatores, alguns imprevisíveis, outros condicionados aos fenômenos gerais da organização mundial. (...) A independência econômica é um eterno processo de desenvolvimento, uma sucessão de ciclos que se ampliam, que não raro se renovam, e que parecem desconhecer qualquer termo final [negritos meus].[31]

Sem dúvida, precisamos incentivar o capital estrangeiro e assegurar-lhe o retorno dos juros, dividendos e do próprio capital, em percentagem razoável. Nunca, porém, nessa voragem de dilapidação do patrimônio nacional, que acarretou para o país duas graves consequências. A primeira foi a de permitirmos a transferência para o exterior de lucros resultantes da aplicação de verdadeiros capitais nacionais... (...) A segunda consequência dessa inépcia administrativa foi a de sobrecarregar as gerações presentes e futuras com dívidas e compromissos injusta e indevidamente assumidos pelo Brasil, o qual terá de pagar quantia muitíssimo superior à que recebeu... [negritos meus][32]

No entanto, à medida que o governo de Getúlio se aproximava do final do terceiro ano, com o agravamento da situação política e com a dificuldade de estabelecer uma política satisfatória referente ao capital estrangeiro no Brasil, o presidente tornava-se mais direto, no que diz respeito às empresas de outras nacionalidades, localizadas aqui.

Devo dizer aos srs. que, até certo ponto, nesse propósito estou sendo sabotado, por interesses contrários de empresas privadas que já ganharam muito no Brasil; que têm em cruzeiros duzentas

vezes o capital que empregaram em dólares, e continuam transformando os nossos cruzeiros para emigrá-los para o estrangeiro a título de dividendos. Em vez de os dólares produzirem cruzeiros, os cruzeiros é que estão se transformando em dólares e emigrando para o estrangeiro [negritos meus].[33]

É indiscutível o acolhimento da iniciativa privada, e ainda da iniciativa privada estrangeira, por parte de Vargas. Se bem que o capital de outros países devesse respeitar o patrimônio e os interesses políticos do Brasil, dava a impressão de crer no auxílio a ser prestado por ele, principalmente quando se juntava a capitais nacionais. Aliás, dentro das condições econômicas da época, nem seria possível prescindir de capitais estrangeiros, sobretudo se desejasse estimular o desenvolvimento econômico. Neste sentido, Getúlio defendia não só a aplicação do capital de outras nacionalidades no Brasil, como ainda garantia vantagens a ele, dentro de percentagens aceitáveis.

A emancipação econômica seria obra do trabalho e de capitais brasileiros, ao menos no princípio com a ajuda do capital estrangeiro. Pelo fato de os investimentos externos figurarem como apoio, seria impossível admitir, segundo Vargas, compromissos nacionais indevidamente contraídos, bem como transferência para fora do país de lucros oriundos de capitais nacionais. **Getúlio entendia a emancipação econômica como um perene processo de desenvolvimento, e sua noção de industrialização abrangia o desenvolvimento econômico. Portanto, realizar o desenvolvimento econômico suscitava o desígnio de emancipação econômica do Brasil, além de significar predominantemente industrializá-lo. A trajetória ideológica de Getúlio mostrava então que a industrialização conduziria diretamente ao surgimento de um capitalismo nacional, com a consequente emancipação econômica da nação.**

Na realidade, agora em seu segundo período de governo do Brasil, exercendo a Presidência da República de acordo com as regras da liberal-democracia, Vargas já não podia apegar-se às formulações do nacionalismo autoritário, defendendo "um governo forte num país organizado através de princípios corporativos". Além disso, o momento histórico não lhe fornecia condições de manejo de um Poder Executivo vigoroso, e então sua ideologia do nacionalismo se converteu num ideário mais restrito. Restava-lhe unicamente lutar pela preservação dos instrumentos vitais da economia da nação, concentrando dentro dela tais recursos econômicos. A ideologia do nacionalismo, preconizada por Getúlio, vertia apenas determinadas diretrizes da política econômica, capazes de salvaguardar os interesses fundamentais da nação, neste setor.

Mesmo diante da pertinácia do presidente da República, que teimava em expor, em defender e em realizar, quando era possível, seus projetos de nacionalismo econômico, não faltaram estorvos à ação governamental. Se, sem dúvida, houve mobilização política em favor do nacionalismo de Vargas, gerando novas possibilidades de atuação do governo na área econômica, é também indiscutível que tal nacionalismo descontentava os grupos mais conservadores da sociedade brasileira e os grupos estrangeiros aqui fixados. Para os setores ligados aos investimentos externos no Brasil, eram causas de preocupação sobretudo a presença do nacionalismo econômico no governo getulista, a intervenção estatal na economia, uma certa resistência ao alinhamento automático à política das potências ocidentais e até mesmo o apoio das massas populares à orientação do poder. E pode-se contar como um fator a mais no conjunto da crise econômica do governo de Vargas, prejudicando principalmente seu programa de estabilização da economia, a posse em janeiro de 1953 do novo presidente dos Estados Unidos, D. D. Eisenhower.

A partir de 1953, colocou-se em prática uma política externa norte-americana duramente anticomunista, que exigia dos países carentes de investimentos a criação de um ambiente favorável aos capitais privados, oriundos dos Estados Unidos. Além disto, com relação ao Brasil, a política externa norte-americana reagia desfavoravelmente perante a campanha e a concretização do monopólio estatal do petróleo, e também diante dos altos preços do café. Por fim, as relações econômicas entre os dois países se arrefeceram com a desativação da Comissão Mista Brasil-Estados Unidos.[34] Todas estas vicissitudes da política internacional brasileira afetaram bastante as precárias condições econômicas existentes no país. As novas exigências para a inversão de capitais externos afligiram o governo getulista, como se constata nas palavras de Oswaldo Aranha, ministro da Fazenda:

> **O capital estrangeiro pede garantias para entrar no país, garantias maiores para nele permanecer e ainda maiores para sair... O capital estrangeiro no Brasil, salvo raras exceções, tem-se instalado e crescido de modo a quase impedir o crescimento e o desenvolvimento do capital brasileiro** [negritos meus].[35]

Embora a nova política externa norte-americana tenha agravado a situação econômica do Brasil em 1953, gerando dificuldades para o programa de estabilização da economia, não se pode dizer que foram pequenas as inversões de capital proveniente dos Estados Unidos na época. Os investimentos diretos dos norte-americanos no Brasil, no período compreendido entre 1950 e 1954, cresceram aproximadamente 63%, passando de 644 mil para um milhão e cinquenta mil dólares. Tais aplicações de capital se concentraram principalmente na indústria (com aumento em torno de 88%) e no comércio (com aumento em torno de 76%), pouco se interessando pelos serviços públicos (com aumento por volta de 8,7%), no espaço de tempo indicado. É claro que estes investimentos, assim como os de outros países, recebiam recompensa nada desprezível. Um exemplo disto está no fato de que, entre 1949 e 1952, enviou-se para o exterior a quantia de 173 milhões de dólares, relativos aos lucros do capital estrangeiro no país. Aliás, num exame da entrada e da saída de recursos econômicos no Brasil, verificou-se que em 14 anos (de 1939 a 1952) somente no ano de 1947 o resultado foi positivo. Ou seja, apenas neste ano a entrada superou a saída de recursos, enquanto em todos os outros anos do período apontado a saída prevaleceu.

Portanto, se havia o ingresso de capitais externos, o peso da remessa de lucros e do repatriamento destes capitais não era fácil de suportar. Ao contrário, obrigava o governo a por vezes sacrificar seus propósitos e a delimitar sua ação. Acrescentem-se a tudo isto as bruscas quedas da venda de café no exterior em 1954, e é possível apreciar o empenho solicitado do governo de Vargas. Enfrentando ameaçadora crise política e buscando superar a difícil fase da economia brasileira, ele assistia também à diminuição das vendas de café no mercado internacional. Por exemplo, se nos primeiros sete meses de 1953 venderam-se 4,1 milhões de sacas de café para outros países, houve uma queda considerável nos primeiros sete meses de 1954, com a procura de apenas 2,9 milhões de sacas, representando a redução de perto de 30% das vendas fora do país. Observe-se ainda a diminuição da exportação de café em agosto de 1954, mês do auge da crise do governo getulista: foram vendidas 145 mil sacas do produto, quando em agosto do ano anterior se exportaram 860 mil sacas.[36]

Enfim, as perspectivas tornaram-se cada vez mais melancólicas em termos de economia exterior, devido aos paupérrimos resultados alcançados no setor. Combatendo a elevação do custo de vida e não conseguindo remover os obstáculos prejudiciais ao desenvolvimento econômico (desde os decorrentes do combate à inflação até os advindos do investimento estrangeiro e do mercado externo), Vargas resistia à demolição de suas aspirações de emancipação da economia brasileira. É verdade que as condições sócio-históricas pouco cooperavam com o presidente da República, especialmente no que diz respeito às suas formulações do nacionalismo econômico. Mas é preciso ressaltar que a inviabilidade deste nacionalismo, e do próprio governo getulista em continuar, não se explica apenas pelas dificuldades oriundas da crise econômica interna e pelos embaraços nascidos do investimento estrangeiro. Explica-se sobretudo através da enorme capacidade de pressão sobre o poder instituído, atingida pelos grupos mais conservadores da sociedade brasileira, frontalmente contrários ao nacionalismo econômico e à participação das massas populares no jogo político, mesmo segundo o estilo getulista. Se bem que por pouco tempo naquela época, a mobilização política em benefício do nacionalismo de Vargas sofreu o impacto da agitação do radicalismo conservador.

O progresso social conforme o trabalhismo de Vargas

As manifestações do presidente da República, referentes à política social, ganhavam normalmente a designação de **"progresso social"** ou de **"bem-estar social"**, numa evidente preocupação com a chamada **"paz social"**. Havia, sem dúvida, especial atenção de Getúlio neste campo, conforme se pode constatar pela persistência em aludir aos temas de política social em seus discursos e em suas mensagens. Aliás, os problemas relativos ao progresso social embrenhavam-se nas discussões de outros assuntos, em geral aparecendo como meta final de seu governo. A leitura das manifestações de Vargas ao país dá a impressão de que inúmeras providências tomadas, ou apenas programadas, visavam ao dito bem-estar social, ainda que tivessem aparência distinta à primeira vista. O combate à exploração do povo, a constante prestação de contas à população quanto às medidas a serem postas em vigor, as advertências aos especuladores e até a solidariedade com os necessitados, ocupavam amplos espaços de seus pronunciamentos aos trabalhadores. Ao falar-lhes, pretendia comumente pôr à mostra sua atuação a serviço das massas populares.

> Em relação a nós mesmos, nosso escopo consiste em promover o progresso social, maior bem-estar para a coletividade, melhores condições de vida para os necessitados e desprotegidos da fortuna, realização enfim da democracia de conteúdo humano trazendo benefícios concretos para o povo.[37]

> Não pode a Nação suportar por mais tempo os atuais índices de vida de suas classes desfavorecidas, quando países menos dotados em suas potencialidades geográficas têm conseguido elevá-los a níveis mais consentâneos com a condição humana.[38]

> **Consoante as diretrizes que integram o programa do Governo, criei, no Ministério do Trabalho, Indústria e Comércio, pelo decreto nº 30.020, de 29 de setembro de 1951, a Comissão Nacional de**

Bem-Estar Social, com a finalidade de promover os estudos e as providências indispensáveis à estruturação de uma política tendo por objetivo a melhoria das condições de vida do povo brasileiro. [negritos meus][39]

Reafirmando suas obrigações com as massas populares, renovava suas esperanças de aliviar-lhes a situação:

> Assumi um compromisso com o povo que me elegeu: o de lutar pela melhoria das condições de vida, o de assegurar ao trabalhador, especialmente ao povo humilde e sofredor das cidades e dos campos, o eficiente amparo dos poderes públicos, a fim de se obter a estabilidade econômica, a justiça social e o bem-estar de cada um, contra a ganância, contra a ambição de lucros excessivos, contra todos os fatores do encarecimento da vida.
>
> Essa promessa, tantas vezes reiterada nos meus discursos da campanha eleitoral, tantas vezes afiançada pelo meu passado de homem público e por tudo o que fiz em benefício do trabalhador, é para mim um compromisso sagrado e um motivo constante de preocupações.[40]

Educação

No que diz respeito, portanto, à valorização da condição humana no Brasil, é importante atentar, por exemplo, para o ideário e para as realizações de Vargas quanto à Educação. Em 1952, referindo-se ao ensino primário, ele dizia que em certos Estados brasileiros aproximadamente 75% da população em idade escolar não chegava a ter vagas para estudar, enquanto em outros Estados entre 60 e 70% da população em idade escolar ficava excluída daquele ensino. Assim, só em poucos Estados a falta de vagas era inferior a 50% da população necessitada de atendimento escolar. Por outro lado, embora a zona rural concentrasse em 1952 perto de 70% das crianças brasileiras, somente 38% destas crianças estavam matriculadas no curso primário. Para Getúlio, tal situação decorria em parte da carência de prédios escolares adequados e da falta de professores habilitados. **Das 28.302 escolas destinadas ao ensino primário, apenas 4.927 eram públicas, devendo-se lembrar que unicamente 70% daquelas escolas foram construídas para fins educacionais.**

Propunha-se então o presidente da República a buscar solução para os problemas do ensino primário, em particular na zona rural, através de convênios com os Estados, a fim de ajudar na ampliação da rede escolar. Indicava também a necessidade de promoverem-se cursos de atualização e de aperfeiçoamento de professores primários, além de sugerir que o ensino normal influísse com maior eficácia na formação dos novos professores. Neste sentido, tencionava construir outras 45 escolas normais, no interior e em regiões sem elas. De acordo com Getúlio, para resolverem-se as deficiências do ensino primário, era preciso igualmente reaparelhar os transportes e melhorar as vias de comunicação, incentivando ao mesmo tempo o saneamento e o aumento de produção de mercadorias fundamentais à vida. Procurava, de outra parte, mostrar que a Campanha de Educação de Adolescentes e Adultos Analfabetos fora ativada por todo o país.

Mesmo diante de condições tão desalentadoras no ensino primário, o presidente avançava em seus planos, admitindo que o acesso gratuito da população ao ensino secundário deveria ser entendido como dever do Estado. E não ficava por aí. Achava que o Estado tinha obrigação de incentivar, principalmente por meio de bolsas de estudo, o desejo de todos os (denominados por ele) menos favorecidos, aptos a ultrapassar os limites da instrução primária, quando não houvesse escolas apropriadas a eles.

> A ascensão das massas aos bens da civilização material deve ser acompanhada de uma elevação correspondente de seu nível de educação, pois disso dependem o equilíbrio e a harmonia de sua integração social.[41]

Não há dúvida de que, segundo o pensamento de Vargas, o aprimoramento educacional das massas populares apenas poderia servir à paz social, à manutenção da ordem pública, dentro da sua preocupação geral de evitar conflitos. No ano de 1952, ele destacava a simplificação dos programas, com a finalidade de amenizar a sobrecarga na mente dos estudantes, como uma das mais importantes providências já tomadas pelo seu governo, relativamente ao ensino secundário. Quanto a este nível de ensino, ressaltava o empenho governamental em orientar e em fiscalizar os estabelecimentos particulares, bem como estimulava a expansão de educandários ligados ao secundário.

Getúlio considerava que o desenvolvimento econômico, em especial a industrialização, não carecia apenas de capitais nacionais e de capitais estrangeiros. Carecia também da formação de técnicos de nível médio e de nível superior, além de exigir um constante treinamento de operários qualificados. A esta altura, enfatizava o papel do SENAI (Serviço Nacional de Aprendizagem Industrial) pelo crescimento do número de matriculados e pela preparação de uma equipe de professores, de instrutores e de administradores voltados para o ensino industrial. Acreditava, enfim, na criação de cursos de curta duração a serem ministrados pelo SENAI e na concessão de bolsas de estudo para jovens operários, como duas medidas básicas destinadas à ampliação do ensino industrial.

Quanto ao ensino superior, a política educacional do governo getulista salientava o grande valor dado ao trabalho universitário e à elevada especialização. Esta política procurava demonstrar que se tornava imprescindível a formação de cientistas, capazes de elaborar novos conhecimentos com os quais se construiria a emancipação econômica do país. A partir destes pressupostos, em 1951 se instalou a Comissão de Aperfeiçoamento do Pessoal de Nível Superior — Capes (visando a suprir deficiências de equipamento técnico e científico) e se estabeleceu o sistema federal do ensino superior (sendo então nomeados professores catedráticos, diretores, docentes auxiliares e pessoal administrativo das escolas superiores da rede federal). Finalmente, Vargas expressava confiança em que fosse baixada uma lei de bases e diretrizes da educação nacional, revisando a legislação iniciada em seu primeiro período de governo e fornecendo ao país um conjunto de normas disciplinadoras do crescimento educacional. Privilegiava, pois, a definição de uma orientação geral para a educação.[42]

Não se pode dizer que o panorama apresentado por Vargas, quanto à Educação na época de seu segundo governo, revelasse alguma coisa além do desalento, ainda que se tratasse de um quadro traçado do ponto de vista do poder, e de quem já governara ditatorialmente o Brasil por 15 anos. Afastava-se do ensino primário normalmente bem mais da metade da população em idade escolar. As crianças brasileiras da zona rural pouco tinham a ver com as atividades educacionais. Faltavam instalações escolares, professores habilitados e nem se toca com profundidade na produção de material didático. Muito menos poderiam ser satisfatórias as condições de trabalho e de vida, oferecidas aos professores, de modo particular em termos de remuneração. Certamente tal panorama do ensino primário não se desvinculava de outros quadros, pertencentes ao ensino normal, ao ensino secundário, ao ensino superior e à alfabetização de adultos.

Se não se pode negar a profusão de planos a serem cumpridos e de medidas já tomadas pelo segundo governo getulista, também não se pode deixar de salientar a fragilidade das soluções encaminhadas, principalmente diante da precária situação da Educação, como o próprio presidente havia observado. Apontava soluções como: ampliação da rede escolar, cursos de atualização e de aperfeiçoamento, campanhas de alfabetização, bolsas de estudo, simplificação de programas, fiscalização de instituições escolares e outras de igual natureza. Representam providências um tanto esparsas, dependentes das peculiaridades de cada Estado brasileiro que acabava, em última análise, sendo o executor de tal política educacional, segundo os seus interesses. Por outro lado, cabe, acima de tudo, a Vargas uma compreensão mais larga da questão educacional. Ainda que suas propostas estivessem voltadas para o futuro, ele considerava que os problemas da educação se relacionavam com a melhoria dos transportes e das estradas, com o aumento do saneamento e da produção de alimentos básicos à população. Sobretudo Getúlio falou, e apenas falou, que o Estado reconhecia e assumia a obrigação de fornecer escolas a todos, transformando a Educação num dever estatal e num direito de cada indivíduo, ao menos até o ensino médio.

Os anos do segundo governo getulista foram dominados por duas tendências, quanto às **despesas públicas globais com o ensino**. A partir de 1950, as despesas públicas com o ensino tiveram um ritmo de crescimento superior ao das despesas públicas gerais. Tal tendência se interrompeu em 1954, pois em 1953 a percentagem dos gastos públicos com o ensino alcançou o ponto mais alto (11,7%) de aumento, em relação às despesas públicas globais. Em seguida, verifica-se nesta relação um menor crescimento, de ano a ano, correspondente ao ensino: em 1954 (10,4%), em 1955 (9,1%) e em 1956 (7,6%). Num outro ângulo, é interessante considerar as **despesas públicas com o ensino primário, médio e superior**. Partindo de preços constantes de 1948, nota-se que entre 1948 e 1956 as despesas públicas com o ensino tiveram um aumento de 43,8% no ensino superior, de 35,4% no ensino médio e de 20,8% no ensino primário. Relativamente aos gastos do governo federal, as atividades de educação e de pesquisa consumiam em 1950 o montante de 9,50% das despesas da União, enquanto os setores com maior participação nelas eram a administração geral (32,30%), a defesa nacional (26,94%), os transportes e comunicações (18,56%). Ora, **já em 1955 é possível observar forte redução dos gastos federais com as atividades de educação e de pesquisa**, que passam a tomar parte nas despesas da União com apenas 5,96%, enquanto os setores mais contemplados nestas despesas continuam sendo os mesmos indicados antes. Porém, **em 1955 é outra a sequência dos maiores gastos federais**: a defesa nacional (29,28%), a administração geral (27,35%), transportes e comunicações (17,15%).

No que diz respeito aos alunos inscritos no primeiro ano do curso primário e as suas possibilidades de irem adiante em seus estudos, até chegarem ao curso superior, cabem algumas indicações relativas ao segundo período getulista. Antes do início do governo, em 1950, sempre utilizando números aproximados, verifica-se que unicamente 16% dos alunos matriculados no primeiro ano do curso primário no Brasil atingia o quarto ano do mesmo curso. O processo de exclusão no ensino brasileiro tornava-se ainda mais rigorosa em outras etapas: daqueles estudantes que ingressaram no primeiro ano do curso primário, apenas 3% deles alcançava o último ano do curso médio e só 1,5% deles ingressava no curso superior. Já em 1953, em pleno terceiro ano de governo de Vargas, a situação não se alterara muito para melhor. Dos alunos inscritos no primeiro ano do curso primário, perto de 17% chegava ao quarto ano deste curso, ao passo que aproximadamente 3% deles resistia até o último ano do curso médio e 1,7% deles entrava no curso superior.

O ensino primário no Brasil, de 1950 a 1954, passou por um crescimento de 15% de matrículas iniciais e por um aumento de 16% de unidades escolares, apresentando o percentual de 1,7% na elevação da quota de alfabetização (36,7% para 38,4%), ao longo dos anos mencionados. No ensino médio, ocorreu ampliação do número de matrículas iniciais predominantemente no curso normal e no curso secundário, durante a gestão de Getúlio. Assim, considerando-se o ano de 1949 como base, igual a 100, observa-se que o índice de matrículas iniciais mudou de 133 (em 1951) para 194 (em 1954) no curso normal e que o mesmo índice passou de 120 (em 1951) para 152 (em 1954) no curso secundário. Embora os cursos comercial e agrícola tenham elevado os seus índices de matrículas iniciais (respectivamente de 105 para 135, e de 92 para 117) entre os anos de 1951 e de 1954, de forma mais vagarosa ainda do que nos outros dois cursos anteriores, parece indiscutível o **medíocre crescimento de matrículas iniciais no curso industrial**. De fato, mesmo se levando em conta o interesse manifestado por Vargas quanto a este curso, o número daquelas matrículas foi pequeno, alterando o índice de 101 (em 1951) para 103 (em 1954). Aliás, tanto o ensino primário quanto o ensino médio revelaram, em seu conjunto, tímido avanço para um governo que assumia a Educação como um dever estatal, ao menos nestes dois níveis de ensino. De outra parte, a trajetória do ensino superior não se encaminhou totalmente em direção aos objetivos fixados por Getúlio, que o via como um formador de cientistas em todas as áreas. Antes pelo contrário, as matrículas no ensino superior durante o governo getulista demonstraram maior aumento em poucas áreas (administração pública e privada; estatística; direito; veterinária; filosofia; ciências e letras). As matrículas em certas áreas do ensino superior exibiam crescimento irrisório (como em medicina e em agricultura), havendo até mesmo diminuição de matrículas (como em engenharia especializada e em farmácia).

Sem transformar substancialmente a Educação no Brasil, e até mesmo mantendo determinados logros, parece ter restado ao governo de Vargas o mérito de incrementar as despesas públicas globais com o ensino. Ainda que as despesas públicas gerais com o ensino se tenham concentrado particularmente no ensino superior e no ensino médio, em detrimento do ensino primário, é necessário destacar tal fato significativo. Trata-se, no entanto, de mérito relativo, pois os gastos federais com a Educação caíram no governo getulista, assim como o processo de exclusão no ensino brasileiro sofreu mínima diminuição. Também não se pode dizer que houve mudanças muito expressivas em termos de matrículas iniciais no ensino primário. Muito menos importante foi a elevação da quota de alfabetização ao longo do governo de Getúlio, com crescimento aproximado de 1,7%. Sem dúvida, o ensino médio e o ensino superior progrediram moderadamente quanto às matrículas, embora nem sempre dentro das pretensões do presidente da República.[43]

O panorama da Educação revelava-se sombrio, e então se utilizava o desgastado rótulo de "crise do ensino". Um jornal da época tem a intenção de retratar a difícil situação do ensino, dizendo que "a escolaridade média da criança brasileira é das mais baixas do mundo: um ano e quatro meses". E acrescentava: "a escola secundária falha, em parte, porque já falhou, antes dela, a escola primária". Denunciavam-se a existência de "erros de linguagem e ortografia", a "incapacidade de expressão lógica", a grande reprovação em matemática, apontando-se também o fato de que "os estabelecimentos de ensino secundário se sobrecarregam com uma tarefa que não é sua — alfabetizar — se não sempre no sentido de comunicar o alfabeto e suas combinações, ao menos no sentido de ensinar a compreensão dos textos lidos". Afinal, a questão fundamental era posta no referido jornal, seguida da resposta:

> Qual a natureza das raízes da estranha condição do ensino secundário brasileiro? Ela é, sem sombra de dúvida, mais social do que pedagógica, se é que estamos preparados para admitir que os problemas da educação e ensino são substantivamente sociais e só adjetivamente pedagógicos.[44]

Saúde Pública

Acompanhando o projeto getulista de valorizar a condição humana no Brasil, torna-se imprescindível apreciar as ideias e a atuação de Vargas no que diz respeito à Saúde Pública. Não só a educação, como também a Saúde Pública recebia dele considerável explanação. Em 1952, ele salientava que as questões relacionadas com a saúde reproduziam a situação econômico-social do país, admitindo que a solução destas questões nasceria do desenvolvimento brasileiro, evitando, portanto, lembrar de sua anterior ditadura de 15 anos no Brasil. Para Getúlio, a parcela da renda nacional destinada à conservação da saúde da população era igual à dos países desenvolvidos no momento, sendo isto para ele um paradoxo. Raciocinando economicamente, chegava à conclusão de que tal equiparação (entre o Brasil e os desenvolvidos da época, em termos de aplicação na Saúde) não poderia manter-se "quanto aos investimentos de maior influência sobre o progresso real do país".

Portanto, no setor da Saúde Pública, dentro das circunstâncias vigentes, bastavam os recursos que vinham sendo empregados pelo governo, apenas se dando melhor planejamento e melhor coordenação das atividades sustentadas por eles. Então, segundo entendia Vargas, era suficiente distribuir recursos orçamentários aos serviços de saúde seguindo estritamente a escala de prioridade, sempre se levando em conta as necessidades do desenvolvimento econômico. Parece claro que o objetivo principal do governo getulista, relativamente à Saúde Pública, consistia em continuar o trabalho sanitário, alargando as medidas de prevenção e de assistência. Apoiando-se no Serviço Especial de Saúde Pública, que elaborara amplo programa para ação na área, Getúlio propunha-se a combater as falhas referentes à nutrição, ao saneamento, à assistência médica e à educação sanitária do povo brasileiro. Por sinal, o papel do Serviço Especial de Saúde Pública ganhava maior importância ainda para o presidente, em razão de seu auxílio ao ensino de enfermagem, seja no campo financeiro, seja na organização de novas escolas.

As grandes campanhas sanitárias, promovidas no Brasil, representavam certamente o centro das atividades do governo federal, conforme pensava Vargas. Neste sentido, expõe as realizações passadas e os projetos futuros. Em 1952, destacava o combate à doença de Chagas, à malária, à febre amarela, à peste, às verminoses, ao tracoma e à bouba. Através destas campanhas, e de outras como as de erradicação das doenças venéreas e da tuberculose, Getúlio queria abrir novas possibilidades de intervenção governamental no campo da Saúde Pública, nos anos vindouros. Quanto à tuberculose, por exemplo, eram distinguidos como iniciativas importantes, realizadas pelo poder público no ano de 1951, principalmente o fornecimento de equipamentos a vários sanatórios, a construção de novas clínicas especializadas e a fundação do Instituto Nacional do B. G. G. Mas sobretudo por meio da Campanha Nacional Contra a Tuberculose é que se desejava liquidar com esta doença no Brasil, concentrando-se assim maior confiança na concretização dos objetivos da Campanha. Da mesma maneira acontecia com o câncer. Embora se intensificasse a edificação de outras instalações destinadas a atender casos desta doença e se propusessem convênios relativos a ela a serem assinados com vários Estados, a Campanha Contra o Câncer ganhava do governo getulista uma dimensão superior. Portanto, as campanhas constituíam instrumento de aglutinação de atividades programadas para atacar determinada doença, figurando ainda como alternativa poderosa e rápida na luta contra ela.

Juntamente com as campanhas, Vargas manifestava a confiança em outras providências, tais como a educação sanitária (especialmente por meio do Serviço Nacional de Educação Sanitária); a fiscalização e a profilaxia dos portos e dos aeroportos (em particular através do Serviço de Saúde dos Portos); a proteção à maternidade e à infância (com a cooperação do Fundo Internacional de Socorro à Infância). Completavam o conjunto de propostas relativas à Saúde Pública, apresentadas pelo governo em 1952, a criação de estabelecimentos hospitalares e o aprimoramento dos existentes. Havia certas moléstias, como as doenças mentais, que davam a impressão de sugerirem ao presidente da República uma única solução geral: a construção de hospitais e de ambulatórios, e também a ampliação dos em funcionamento.[45]

O segundo período da administração de Vargas contribuiu com certeza no expressivo crescimento das despesas federais com a Saúde Pública, as quais subiram de 1,32% (em 1950) para 5,45% (em 1955) do conjunto dos gastos da União. Assim, apesar da brusca redução das despesas federais com as atividades de educação e de pesquisa, registra-se grande elevação de gastos com as medidas de saúde, constituindo aumento de mais de quatro vezes no período compreendido entre 1950 e 1955. **É preciso notar que as despesas com a Saúde Pública, realizadas pelos Estados, pelo Distrito Federal e pelos Municípios, não acompanharam a tendência do governo federal.** De 1951 a 1954, os gastos com a saúde mudaram de 7,5% para 7,63% do total das despesas dos Estados e do Distrito Federal. Este pequeno crescimento igualmente se verifica no âmbito dos Municípios, onde os gastos com a saúde aumentaram de 3,57% para 3,98% do total das despesas, ao longo dos anos de 1950 a 1954.

No caso do Serviço Especial de Saúde Pública, houve diminuta elevação de perto de 9% nos recursos postos à sua disposição, na passagem do governo de Dutra (1950) para o governo de Vargas (1951). Diga-se também que em 1952 tais recursos sofreram decréscimo de pouco mais de 0,1%, que toma vulto ao se considerar a desvalorização da moeda, de um ano para o outro. Ora, o Serviço Especial de Saúde Pública voltava-se sobretudo para o saneamento do Vale do Amazonas, para o preparo de profissionais especializados em Saúde Pública e para a colaboração com o Serviço Nacional da Lepra. Preocupou-se ainda com atividades gerais da área, instalando serviços de saúde em numerosos municípios dos Estados de várias regiões do país. Apesar das críticas feitas aos programas do Serviço Especial de Saúde Pública, é indiscutível a relevância de seus objetivos. Mas o significativo crescimento das despesas federais no setor, durante a administração de Getúlio, certamente não decorreu de progressivos investimentos no Serviço Especial de Saúde Pública, como se pode ver nos montantes a ele destinados em 1951 e 1952 (respectivamente, Cr$ 80.595.000,00 e Cr$ 80.514.000,00).

Quais foram então os resultados do aumento das despesas federais com a Saúde Pública, mesmo se levando em conta as parcas inversões de recursos por parte dos Estados, do Distrito Federal e dos Municípios? No período compreendido entre 1951 e 1954, em 38 cidades da área de atuação do Serviço Especial de Saúde Pública, as quais pertenciam aos Estados do Amazonas, Pará, Paraíba, Pernambuco, Bahia e Minas Gerais, verifica-se que a mortalidade geral diminuiu em 28 delas, tendo aumentado em 10 cidades. Na década de 50, ocorreu uma alteração nos grupos de causas de mortes em algumas capitais brasileiras, conforme se constata na distribuição percentual nos anos de 1950 e 1959. Tomando-se 8 capitais do Brasil, observa-se que o destaque assumido pelas doenças infecciosas e parasitárias (20,6%) como grupo de causas de mortes em 1950, é substituído pelo crescimento da incidência (18,3% em 1950 para 22,4% em 1959) das doenças do aparelho circulatório. Portanto, se incontestavelmente o segundo governo de Vargas não compreendeu todo este espaço de dez anos, do mesmo modo não se pode afirmar que ele não tenha participado desta nova trajetória, iniciada em 1950, quanto aos grupos de causas de mortes em capitais.

Em relação à mortalidade infantil, basta que se examine o que se passava também em capitais brasileiras, entre 1951 e 1953. De 21 capitais, 13 delas apresentavam um coeficiente de mortalidade in-

A REPÚBLICA BRASILEIRA — 1951-2010   73

fantil que ficava em torno de 100 a 200 mortes até um ano de idade, por 1.000 nascidos vivos. Na verdade, naqueles anos tal coeficiente alcançava a incrível faixa de mais de 500 mortes até um ano de idade, por 1.000 nascidos vivos, nas cidades de Natal e de Fortaleza. Por conseguinte, os limites máximos do coeficiente de mortalidade infantil nas capitais, no período de 1951 a 1953, chegavam às vezes a ser alarmantes. Apenas a capital de São Paulo revelava coeficiente de mortalidade infantil, até um ano de idade, que se colocava abaixo de 100 mortes por 1.000 nascidos vivos.

O fantasma da morte rondava a infância brasileira, pois os coeficientes expostos por capitais, como Salvador e Teresina, indicavam 3 crianças mortas antes de completar um ano, em cada 10 nascidas vivas. E em Natal e Fortaleza, tal coeficiente apontava 5 crianças mortas antes de atingir o primeiro ano de existência, em cada 10 nascidas vivas. Trata-se, é bom relembrar, de um panorama da mortalidade infantil nas capitais do Brasil, onde os informes mais aparecem. O que pensar então da mortalidade infantil em outras cidades do interior do país ou na zona rural?

Porém, o governo de Getúlio parece ter obtido sucesso em algumas campanhas levadas a efeito na época, conseguindo colher a retribuição à confiança depositada nelas. Por exemplo, a Campanha Nacional Contra a Tuberculose certamente resultou em relativo êxito, ao reduzir em 52% a taxa de mortalidade por tuberculose nas capitais brasileiras, entre 1950 e 1954. No caso da luta contra a malária, também se constatam diminuições dos coeficientes de mortalidade por esta doença em algumas capitais. Assim, entre 1950 e 1955, em Manaus e em Belém houve queda respectivamente de 63% e de 69,5% nos coeficientes de mortalidade por malária. Já em São Luiz e em Salvador, na mesma época, apontou-se queda respectivamente de 94,4% e de 90% nos coeficientes de mortalidade por malária. Quanto ao combate à doença de Chagas, as atividades começaram em 1950, antes do início do segundo governo de Vargas. Neste ano, principiaram os trabalhos de lançamento de BHC nos locais infectados, com a inauguração no Rio de Janeiro de uma fábrica pertencente ao Ministério da Saúde, destinada a produzir aquele produto. Durante a administração getulista, a luta contra a doença de Chagas levou ao expurgo, com BHC, de mais de meio milhão de casas. Em que pesem as críticas válidas referentes à falta de recursos, à descontinuidade na aplicação dos projetos governamentais e até à eficiência dos expurgos domiciliares (no caso da doença de Chagas), certas campanhas conseguiram atenuar situações capazes de pôr em dúvida a própria existência da dignidade humana.

Aliás, basta passar por exame a mortalidade proporcional para habitantes de 50 anos e mais, comparando alguns países em 1950 com algumas capitais brasileiras em 1957, a fim de se pintar um quadro das condições de sobrevivência no Brasil, inclusive num período em que o governo de Getúlio já se esgotara. Assim, em 1950, 6 países (Inglaterra, Suécia, Suíça, Nova Zelândia, Holanda e Estados Unidos) apresentavam taxas de mortalidade proporcional que variavam entre 83,1% e 74,3% para pessoas com 50 anos e mais. No Brasil, sete anos depois, em 1957, a Capital da República (Rio de Janeiro) tinha taxa de mortalidade proporcional de 41,3% para pessoas com 50 e mais anos, enquanto Recife possuía a taxa de 22,0% e Teresina chegava à inacreditável taxa de 14,4%. Embora os dados disponíveis para capitais brasileiras sem dúvida absorvam o resultado de doenças adquiridas na zona rural (onde por vezes há falta de tratamento adequado), ainda assim aquelas taxas denunciam situações gerais de precariedade ilimitada. Por exemplo: na Capital da República (Rio de Janeiro) em 1957, 58,7% de sua população morria antes dos 50 anos, enquanto em Recife 78% das pessoas faleciam antes daquela idade. Então em Teresina, a percentagem de mortos antes dos 50 anos atingia 85,6% em 1957, o que chega a ser passível de dúvida, tamanha a aberração.[46]

Portanto, como na Educação, o governo getulista optou por uma intervenção mais setorial, segundo as necessidades mais prementes da Saúde Pública. Ocorreu, como se viu, expressivo crescimento das despesas federais com as atividades de saúde e determinadas campanhas sanitárias alcançaram resultados importantes. Mas, como o próprio presidente da República ressaltou, tudo na área da Saúde

Pública parecia não ter ido além do restabelecimento de prioridades, atacando-se normalmente problemas mais graves. Não se pode dizer que houve alterações substanciais em termos de mortalidade infantil, principalmente fora do Centro-Sul. Tais alterações também não aconteceram com a mortalidade em geral.

Previdência e Assistência Social

Por sinal, medidas puramente setoriais são indicadas para a Previdência e Assistência Social, bem como para a Habitação Popular. Inexiste na segunda administração de Vargas qualquer preocupação com transformações globais, que atinjam a essência da política social. Encontram-se, ao contrário, decisões particulares a cada questão crucial, acaso surgida nas várias áreas daquela política. No que diz respeito à Previdência e à Assistência Social, é importante notar que de fato prevalecem soluções de acordo com as carências do setor, embora neste caso mais se valorize o atendimento individual. Na Saúde Pública, certas atividades são programadas com a finalidade de controlar determinados malefícios, cuja repercussão se dá em nível coletivo. Já em se tratando da Previdência Social, o atendimento individual predomina, o que justifica o fato de Getúlio considerá-la "a principal forma assistencial, de caráter público", no país.

Getúlio não se cansava de repetir que a legislação brasileira referente ao Trabalho e à Previdência Social constituía obra "das mais avançadas do mundo", construída "sem entrechoques de classes, sem lutas e sem violências". Claro!, em ambiente de cruel repressão, de tortura e censura aos meios informativos, acompanhada de propaganda intensamente manipulatória da população. Por representar quase inteiramente um feito de seu primeiro governo a partir de 1930, a legislação trabalhista e previdenciária assumia sempre para Vargas um papel singular no conjunto de suas realizações. Além do mais, segundo ele, tal legislação figurava como um momento de antecipação governamental ao clamor dos trabalhadores brasileiros, como se antes de 1930 não existissem rumorosas reivindicações populares ou não aparecessem líderes capazes de encaminhar leis em defesa do trabalhador. Numa pretensa paralisação do processo histórico (tentativa nada incomum no Brasil), onde tudo aparentava ter começado em 1930, o presidente da República normalmente lembrava à população seu esforço em prol da legislação trabalhista e previdenciária. Para ele, depois de 1930 o seu governo sondou as necessidades populares, venceu o egoísmo do que chamava de "classes privilegiadas", gerando não apenas um sistema de leis de proteção ao trabalhador da zona urbana, como ainda uma aceitação definitiva dos direitos relativos ao Trabalho e à Previdência Social.

Em maio de 1952, Vargas renovava sua promessa de alargar a legislação trabalhista e previdenciária, alcançando também os trabalhadores dos campos. Entendia, porém, que a proteção ao trabalhador rural trazia consigo questões atinentes à reforma agrária, ao seguro agrário, ao serviço social rural, as quais igualmente precisavam de soluções. Em vista disto, a administração getulista considerava que se deveria elaborar legislação específica, quanto ao Trabalho e à Previdência Social, para a população dos campos. Ainda nesta época, o presidente da República tocava outra vez na sua intenção de conceder aposentadoria com salário integral a todos que contassem mais de 55 anos de idade, ou que possuíssem mais de 35 anos de serviço. Acrescentava, no entanto, que mesmo em outros casos o benefício jamais poderia estar abaixo do salário mínimo de cada região brasileira.

Com relação ao conjunto da Previdência Social, o próprio Vargas salientava sua profunda importância para aproximadamente 12 milhões de pessoas (3 milhões de segurados e seus respectivos dependentes) em 1952, ao indicar novas medidas para a área. Diga-se logo, conforme já se fez antes, que tais medidas somente realimentavam as instituições previdenciárias existentes, sem qualquer alteração fundamental. Assim, elas se voltavam para os Institutos de Aposentadoria e Pensões, para as Caixas de Aposentadoria e Pensões e para outros serviços. Estes órgãos da Previdência Social praticamente absorviam toda a atenção e os recursos do governo, mas se encontram ainda alguns projetos para a área. Dentre estes projetos, destacavam-se a elaboração da Lei Orgânica da Previdência Social, a reestruturação do Departamento Nacional da Previdência Social, o aprimoramento dos técnicos deste Departamento e a total integração das Carteiras de Acidentes do Trabalho nas instituições da Previdência Social.

Conforme pensava Getúlio, as melhorias no Departamento Nacional da Previdência Social justificavam-se sobretudo pelas importantes funções de controle exercidas sobre os Institutos e as Caixas de Aposentadoria e Pensões, conferidas a tal Departamento pela legislação em vigor na ocasião. De outra parte, a incorporação definitiva das Carteiras de Acidentes do Trabalho nas instituições previdenciárias tornava-se necessidade inadiável, pois até então estas Carteiras eram implantadas aos poucos, não estando presentes em todos os órgãos da Previdência Social. Era, no entanto, na promulgação de uma Lei Orgânica da Previdência Social que se depositavam todas as esperanças de reforma do sistema previdenciário. Através da Comissão Nacional de Bem-Estar Social, pertencente ao Ministério do Trabalho, Indústria e Comércio, o governo de Vargas pretendia realizar os estudos da Lei Orgânica, seguindo uma série de princípios básicos. Alguns destes princípios consistiam no seguinte: substituição das leis vigentes pela Lei Orgânica, uniformizadora dos benefícios, da arrecadação e da administração; definição do âmbito da Previdência Social, incluindo nela todos os que exercem atividade remunerada, exceto os trabalhadores rurais, os domésticos e os funcionários públicos; supressão dos segurados facultativos; igualdade do plano de benefícios para todas as profissões.

Mesmo com tais projetos, parece certo que as atividades dos Institutos e das Caixas de Aposentadoria e Pensões, assim como as de outros serviços, despertavam maiores cuidados, principalmente por causa do atendimento direto aos trabalhadores urbanos, com influência no processo de produção. A administração getulista procurava então demonstrar os crescimentos havidos no setor de benefícios, de assistência médica e de arrecadação em cada um dos Institutos e em cada uma das Caixas. Apontavam-se algumas realizações, em geral representando ampliação e reaparelhamento de ambulatórios e de hospitais, ou mais raramente abertura de novos ambulatórios. Um dos serviços oferecidos pela Previdência Social era o Serviço de Assistência Médica Domiciliar e de Urgência — SAMDU, organizado em 1945. Por meio dele, levava-se o socorro médico à casa do segurado, para atendê-lo ou para atender seus dependentes em casos de premência, em cidades como o Rio de Janeiro (Distrito Federal), Niterói e São Paulo. Constituindo a primeira tentativa real de unificação dos serviços assistenciais da Previdência Social o SAMDU colocava-se como um dos mais importantes recursos oferecidos por ela, sendo assim motivo de destaque para o governo de Getúlio. Juntamente com as atividades da Previdência Social, existiam várias modalidades de Assistência Social, de caráter particular, público ou semipúblico. Aí se localizavam especialmente os asilos, os hospitais, as associações, que recebiam dotações de acordo com as possibilidades financeiras do país, em cada ano.

Dentro do âmbito da Assistência Social, distinguia-se a atuação do Serviço de Alimentação da Previdência Social — SAPS, da Legião Brasileira de Assistência — LBA, do Serviço Social da Indústria — SESI e do Serviço Social do Comércio — SESC, embora Vargas apresentasse também a expansão de uma forma de assistência onde não havia necessidade de contribuição por parte do beneficiário. Tratava-se do que ele denominava de "abono familiar", destinado às famílias numerosas, a fim de estimular a natalidade e de proteger os filhos. Confiante em que a defesa das famílias era uma das bases do progresso da sociedade brasileira, o governo federal concedera em 1951 cerca de 88.322 abonos (compreendendo 765.295 dependentes), para casais com mais de 8 filhos. Segundo o presidente da República, o aprimoramento do "abono familiar" viria no momento em que ele atingisse famílias com menor número de filhos, tendo continuidade e sendo recebido rapidamente.

Habitação Popular

A área da Habitação Popular relacionava-se em parte com a Previdência Social. **A orientação era no sentido de fazer com que os Institutos e as Caixas de Aposentadoria e Pensões construíssem casas para vender aos seus associados, e não somente para alugá-las.** No que dizia respeito ao valor do aluguel das residências pertencentes aos Institutos e às Caixas, Getúlio sempre voltava às determinações baixadas em 1943, durante o seu primeiro período de governo, pelas quais os aluguéis deveriam ser reduzidos ao mínimo indispensável à remuneração do capital aplicado na construção das casas, respeitando o nível salarial dos associados. Tais determinações chegavam à dispensa do aluguel do imóvel, quando o associado ou sua viúva e filhos houvessem-no habilitado por 20 anos consecutivos. Assim, tornava-se mais ou menos rotineira o alerta do presidente da República quanto aos aumentos indevidos de aluguéis por parte de certos Institutos e Caixas, desrespeitando os direitos de seus contribuintes. As Carteiras Imobiliárias, vinculadas aos Institutos e Caixas de Aposentadoria e Pensões, eram os órgãos responsáveis na área pelo financiamento ou pela construção de residências. Em 1951, por exemplo, promoveram o surgimento de mais de 8.000 casas ou apartamentos, tendo planejado perto de 20.000 residências para 1952, a serem edificadas pelas próprias instituições previdenciárias ou por meio de financiamento.

Sobre a Habitação Popular, o governo de Vargas se declarava favorável a uma ação em nível nacional, incluindo a zona rural. Tal ação deveria combinar recursos públicos e privados, pautando-se por um planejamento. Cabiam à Comissão Nacional de Bem-Estar Social, ligada ao Ministério do Trabalho, Indústria e Comércio, não somente o levantamento das necessidades habitacionais no Brasil, como ainda o estudo das soluções para elas. Havia, no entanto, um outro instrumento valioso no campo da Habitação, de que a administração getulista se utilizava com a finalidade de aliviar a falta generalizada de residências. Era a Fundação da Casa Popular, cujos recursos provinham do recolhimento da taxa de 1% sobre as operações imobiliárias. Ao longo do ano de 1951, o governo federal sobretudo procurou fazer com que a Fundação recebesse o montante correspondente àquela taxa, normalmente retido pela maioria dos Estados, responsáveis pela sua arrecadação. Neste mesmo ano a Fundação da Casa Popular concluiu 667 unidades, além de 87 outras residências edificadas em convênio com Institutos e Caixas de Aposentadoria e Pensões. Em 1952, estavam programadas 560 novas casas a serem construídas pela Fundação, além de outras 43 residências construídas por meio de acordo com Institutos e Caixas.

Ora, é imprescindível apreciar a força de todas estas medidas relativas à Previdência e à Assistência Social, assim como à Habitação Popular. Antes de mais nada, chama a atenção o crescimento previsto das despesas referentes ao pagamento de benefícios (aposentadoria, pensões, auxílio-doença etc.) e à assistência médica, de 1951 para 1952. Por exemplo, para um dos maiores institutos da época, o IAPI (Instituto de Aposentadoria e Pensões dos Industriários), calculava-se um aumento das despesas em torno de 12% no setor de benefícios e de 26% no de assistência médica, de 1951 para 1952. Deve ser salientado que, quanto aos benefícios, o IAPI passava por diminuição do ritmo de crescimento, pois entre 1950 e 1951 dera-se uma elevação de perto de 42,5% nas despesas do setor, enquanto no período de 1951 a 1952 se estimava um aumento aproximado de 12%. No caso do IAPC (Instituto de Aposentadoria e Pensões dos Comerciários), esperava-se crescimento das despesas em torno de 23,5% no setor de benefícios e de 75,7% no de assistência médica, de 1951 a 1952. No que diz respeito aos benefícios, constata-se que o IAPC seguia em sentido contrário ao do IAPI. Entre 1950 e 1951 houve no IAPC menor crescimento dos gastos do setor (20%) do que entre 1951 e 1952, quando foram orçados um pouco mais altos (23,5%). Inicialmente, salienta-se a patente desarticulação no conjunto das previsões das atividades previdenciárias, já que cada Instituto ou Caixa mais ou menos trilhava sua própria orientação.

E, porém, o exame da receita e da despesa gerais de toda as instituições de previdência social (exceto o IPASE), entre os anos de 1951 e 1952, que esclarecerá ao menos em parte a amplitude da ação previdenciária. A simples comparação entre um ano e outro, quanto à receita e à despesa daquelas instituições, põe às claras o exíguo aumento calculado para 1952, incapaz de atender às necessidades da Previdência Social no país. De fato, apesar das manifestações de Vargas demonstrando permanente preocupação com a área, estimava--se pequeno crescimento em torno de 15,5% para a receita total, e de 12,5% para a despesa geral, no conjunto das instituições previdenciárias de 1951 para 1952. Como se não bastasse a corrosão pelo processo inflacionário dos recursos destinados à Previdência Social, existia também o já costumeiro débito do governo federal, a ser pago aos Institutos e Caixas. Sem dúvida, Getúlio falava sempre em liquidação definitiva deste débito, tendo solicitado vários estudos com tal finalidade. Mas é certo que, entre 1950 e 1951, a dívida federal com as instituições previdenciárias cresceu por volta de 45,5%. Para se ter ideia do volume do débito, basta dizer que em 1950 ele representava só para o IAPI a perda anual de juros no montante de Cr$ 230.000.000,00. Na área da Assistência Social, as subvenções concedidas pela administração getulista a entidades particulares, públicas ou semipúblicas, durante o ano de 1951, bem mostram que também aí o aumento foi muito pequeno. Confrontando-se os auxílios fornecidos pelo governo federal àquelas entidades, em 1950 e em 1951, verifica-se que ocorreu o diminuto crescimento aproximado de 0,62%, enquanto nos dois últimos anos da gestão de Dutra (1949 e 1950) a elevação das subvenções chegou perto de 12,3%. Diga-se, no entanto, que Vargas pretendia ativar a área da Habitação, segundo se depreende do plano de investimentos na Fundação da Casa Popular. Estava prevista uma série de contribuições públicas para esta Fundação, ao longo de 10 exercícios a partir de 1952; perfazendo um total de mais de 1 bilhão de cruzeiros.[47]

O que interessa, certamente, é ir além da simples exposição de propósitos e de medidas, feita por Vargas. No caso da Previdência Social, também se persistia no mesmo caminho já traçado na década de 1930 pelo próprio Getúlio, então na ditadura do primeiro governo. Atendia-se ao indivíduo isoladamente, sobretudo se ele era trabalhador urbano, empregado de uma empresa. Tal fato se torna ainda mais claro quanto à assistência médica, fornecida pela Previdência Social. Examinada em profundidade e postas de lado as boas intenções, não é exagerado dizer que a meta central da assistência médica se resumia em dar ao paciente condições de regresso o mais depressa possível a seu serviço. Em vez de olhar para a sua situação geral de vida, a assistência médica cuidava de devolvê-lo brevemente ao trabalho, a fim de voltar a participar do processo produtivo.

Portanto, a Previdência Social cumpria seu papel, socorrendo as massas de trabalhadores urbanos, mas ao mesmo tempo pacificando-as, ao evitar que elas viessem a intervir livre e organizadamente nos conflitos políticos. Aliás, no que diz respeito ao domínio estatal sobre o operariado urbano, através da Previdência, deve-se lembrar que os Institutos de Aposentadoria e Pensões foram constituídos como autarquias, que tais Institutos se basearam também em princípios do corporativismo, e que enfim estavam todos sob a égide da ideologia da "paz social". Por um lado, como autarquias, os Institutos de Aposentadoria e Pensões tiveram de sujeitar seus recursos a maior controle governamental. Por outro lado, como produtos do ideário corporativista, o presidente de qualquer das instituições previdenciárias (Institutos e ainda as Caixas de Aposentadoria e Pensões) precisava ser nomeado pelo presidente da República, ficando o órgão colegiado de cada uma delas composto de igual representação de empregados e de empregadores. Na época, a Previdência Social abrangia parte relativamente pequena dos habitantes do país, mas parte muito significativa em termos de pressão sobre o poder. Assim, em 1952, ela assistia cerca de 19% da população brasileira, por meio de 30 Caixas e de 5 Institutos de Aposentadoria e Pensões. Embora tivesse alargado seu campo de atuação desde os seus primórdios, ao longo do segundo governo de Vargas a Previdência Social continuou a proteger unicamente a população ativa das cidades, excluindo os trabalhadores rurais. Havia, porém, outros excluídos. Mesmo fazendo parte da população ativa das cidades, as instituições previdenciárias não cobriam os empregados domésticos, os profissionais liberais e os trabalhadores autônomos, além de não

A REPÚBLICA BRASILEIRA — 1951–2010

atingirem também os funcionários civis e militares, que possuíam o seu próprio regime previdencial.

Como sempre acontecera, em última instância a Previdência Social era sustentada pelas contribuições de toda a população trabalhadora do Brasil. Ela é que sofria descontos em seus salários, ela é que comprava mercadorias e serviços (em cujos preços os empregadores descarregavam sua parte) e ela é que pagava impostos (de onde o governo federal extraía sua porção para aplicar nas instituições previdenciárias). Apesar de tudo, na segunda administração getulista houve crescimento razoável da Previdência Social. De 1951 a 1954, por exemplo, o valor médio dos benefícios (aposentadoria por invalidez, auxílio-doença, pensão, auxílio-natalidade, aposentadoria por velhice e auxílio-funeral) pagos pelo IAPI aumentou aproximadamente 59%, em todo o país. Num período de 6 anos (de 1950 a 1955), no qual se inseriu a segunda gestão de Getúlio, o total de contribuintes das instituições previdenciárias elevou-se de mais de 25%, enquanto o número de aposentados por invalidez e por velhice subiu quase 101%, e o de pensionistas atingiu a nada desprezível percentagem de perto de 57%. A partir de tais dados, relativos a benefícios, verifica-se que neste campo a ampliação do grupo de favorecidos ocorria bem mais aceleradamente do que o crescimento do corpo de contribuintes da Previdência Social.

O presidente da República deu inúmeras demonstrações inequívocas de sua preocupação com a melhoria da Previdência Social, mesmo sem alterar suas bases. O **novo Regulamento Geral dos Institutos de Aposentadoria e Pensões** baixado em 1954 bem mostrava este fato. Por ele, todos os Institutos passavam a oferecer assistência médica aos seus contribuintes e ainda aos familiares deles. Entre outras providências, o Regulamento concedia a possibilidade de a aposentadoria e a pensão, em certas circunstâncias, chegarem até o valor integral do salário do empregado. Vargas acatava, portanto, determinadas reivindicações referentes ao regime previdencial, repetidamente expostas pelas massas trabalhadoras, em especial de São Paulo. **A própria imprensa da época punha às claras as dificuldades presentes no aprimoramen-**

to das instituições previdenciárias. Se, de um lado, o governo federal não pagava as quotas de contribuições devidas à Previdência Social, acumulando dívidas equivalentes a um terço do orçamento nacional; de outro lado, existia a dívida dos empregadores.

Os Institutos de Aposentadoria e Pensões figuravam indiscutivelmente como os maiores coletores de poupança do país naquele momento, tendo neste particular mais importância do que as Caixas Econômicas. Daí o desinteresse em cumprir as suas obrigações com as instituições previdenciárias, desinteresse manifestado em geral por parte da União e governos estaduais, por parte da maioria do Congresso Nacional e por parte dos empresários. O certo é que, a cada oportunidade, recorriam à Previdência Social, buscando obter vantagens. A tudo isto, se deve acrescentar o vigor da oposição ao governo getulista, revelado também no setor previdencial. Para se imaginar a força oposicionista, basta tomar o caso da Confederação Nacional da Indústria, que impetrou mandado de segurança contra a nova regulamentação dada, em 1954, aos Institutos de Aposentadoria e Pensões. Segundo tal Confederação, existiam várias ilegalidades no Regulamento. Ela contestava desde a autorização para os Institutos devassarem a escrita das empresas até o cancelamento do teto para as contribuições à Previdência Social, anteriormente fixado em Cr$ 2.000,00. Ela resistia bastante, sem dúvida, ao novo Regulamento, rejeitando ainda a obrigatoriedade de contribuição previdenciária pelos diretores, gerentes e sócios de firmas coletivas, o que, a falar a verdade, não era demais.[48]

Como se pôde ver, Vargas tomava medidas dominantemente setoriais na Educação, na Saúde Pública, na Previdência e Assistência Social. Medidas setoriais também aconteciam na área da Habitação Popular, onde a situação dava a conhecer um quadro impressionante, conforme se observa em alguns informes da época. Mesmo antes da segunda gestão de Getúlio, em pesquisa sobre a habitação em São Paulo, dirigida pelo Padre Lebret no ano de 1947, chegou-se à conclusão de que "os casebres são ocupados por uma população sem dúvida muito pobre e mal-educada, que vive de recursos casuais, em um estado de absoluta falta de higiene, às vezes com uma cozinha rudimentar comum a diversas famílias". E tal pesquisa colocava como elemento essencial "a desigualdade na repartição das superfícies habitáveis: habitações terrivelmente superpovoadas e miseráveis vizinham palácios suntuosos". **Já em 1950, na então Capital da República (Rio de Janeiro), existiam 186.000 favelados, representativos de 1/13 dos habitantes de toda a cidade.** Os favelados do Rio de Janeiro formavam uma população superior a 11 capitais estaduais do país, estando composta sobretudo de homens entre 20 e 39 anos de idade, de maioria negra. É importante ressaltar que a grande parte dos favelados cariocas trabalhava especialmente na indústria e em serviços diversos, como lavagens de roupa, empregos domésticos e diversões.

Nesse mesmo ano de 1950, revelou-se haver no Brasil perto de 10 milhões de domicílios particulares (37% nas cidades e 63% fora delas), dos quais nada menos de 7 milhões eram construídos com madeira, com pau a pique ou com algo semelhante. Não existiam mínimas condições de conforto e de higiene, pois apenas 16% do total de domicílios ocupados no país possuía, naquela ocasião, água encanada; 25% deles tinha iluminação elétrica e 33% era dotado de aparelho sanitário, achando-se somente 6% dos aparelhos ligados à rede coletora geral. Em 1950, calculava-se a carência habitacional em torno de 2,4 milhões de casas para todo o Brasil. **Com o crescimento das principais cidades brasileiras, cada vez mais se configurava a triste opção para o trabalhador urbano: morar em favelas sobre os morros, mais no centro, bem próximo de seu emprego; ou então despender diariamente 4 a 5 horas, indo para a sua ocupação e voltando para o subúrbio, onde ele residia de modo nem sempre diferente do que vivia o favelado.**

A administração getulista remediou esta crise habitacional, apesar dos obstáculos políticos e econômicos. É bom notar a evolução da construção civil no país, cujo crescimento parece aceitável no período, indicando até o aumento de pouco menos de 63% de habitações com 50 m² cada uma, de 1953 para 1954. Aliás, quanto ao desempenho da construção civil, deve-se mencionar também a diminuição do seu ritmo de expansão, de 1954 em diante. O governo de Vargas movimentou a área da Habitação Popular através dos Institutos e das Caixas de Aposentadoria e Pensões, e também por meio da Fundação da Casa Popular. Nesta área, o presidente da República ainda queria uma atuação em nível nacional, reunindo recursos públicos e privados. Ele levou então as Carteiras Imobiliárias dos Institutos e das Caixas a edificarem moradas nas várias regiões brasileiras, para vender aos seus associados, e não apenas para alugá-las. Por exemplo, em 1951 tais Carteiras Imobiliárias propiciaram a construção de mais de 8.000 casas ou apartamentos. Ao longo deste mesmo ano, a Fundação da Casa Popular terminou 667 unidades, além de outras feitas em convênio. No Distrito Federal (Rio de Janeiro), porém, esta Fundação apresentou resultado bem superior, ao levantar cerca de 1.300 residências destinadas à população necessitada. Nem por isto se pode falar que a carência habitacional foi atacada em profundidade. De fato, supria-se a falta de moradias com providências tímidas, seguindo a premência do momento.[49]

Conclusão do capítulo

Vai-se retirar, a partir daqui, a conclusão do capítulo. A princípio, chama a atenção o significado da morte de Getúlio Vargas. Seu suicídio representou o primeiro momento de negação da presença das massas populares no jogo político, dentro do regime instituído pela Constituição de 1946. O fim do governo getulista deixou às claras a impossibilidade de continuar a mobilização até mesmo controlada das massas, segundo orientava o próprio presidente da República. Ainda ficava mais evidente que a índole golpista da oposição radical excitava-se perante qualquer manifestação independente dos trabalhadores, aliás condenada por ela também em seus supostos indícios. A massa trabalhadora achava-se um pouco mais liberta das amarras estatais, enfrentando como podia os ditames da classe dominante. A ocasião apresentava sérios empecilhos para contê-la, em decorrência da luta política que ia atingindo o auge. Não é despropósito dizer que expressivos contingentes das camadas populares apoiaram Vargas em seu supremo esforço visando à conservação do cargo de Chefe de Estado, e apoiaram por livre exercício de escolha ou em resposta às convocações presidenciais. A morte de Getúlio criou condições favoráveis à continuação da aliança PSD/PTB nas eleições presidenciais de 1955, repetindo o que já se dera em 1945 e em 1950.

O exame do segundo período getulista, porém, não pode deixar de lembrar os estorvos para a aplicação de uma política econômica de cunho nacionalista ao Brasil da época. Vargas ofereceu resistência à derrubada de seus anseios de emancipação da economia brasileira. Mas, aos poucos, tais anseios se foram tornando inviáveis em virtude da crise econômica interna, dos embaraços nascidos do capital estrangeiro e, acima de tudo, por causa da enorme capacidade de pressão sobre o poder instituído, alcançada pelos grupos mais conservadores da sociedade brasileira. De um lado, o radicalismo conservador agitava-se com as formulações e com as realizações nacionalistas do presidente da República. De outro, temia a participação das massas populares no jogo político, mesmo dentro do estilo getulista. **Este estilo era marcado pela mobilização controlada pelas palavras, pelas promessas verbais de Vargas e pela máquina estatal, assentado na política econômica de caráter nacionalista e na política social de natureza trabalhista.** Cerceada a ação governamental pela grave situação que se foi criando gradativamente, a política social sofreu também os tropeços da política econômica.

Neste sentido, a política social do segundo governo de Getúlio Vargas reduziu-se a um conjunto de deliberações predominantemente setoriais na educação, na saúde pública, na habitação popular, na Previdência Social e na Assistência Social. Inexistia qualquer preocupação mais profunda com transformações gerais, que alcançassem a essência da política social. Vargas baixou decisões particulares a cada questão importante e urgente, surgida no âmbito da política social. Sem meios de concretizar até mesmo todas as suas promessas neste campo, o presidente da República dedicava-se a remediar casos mais aflitivos. Distante de medidas estruturais em sua atuação governamental, Getúlio só veio a melhorar as condições de vida da população carente, no Brasil, através de algumas providências dispersas de política econômica e de política social. Embora pregasse a melhoria das condições de vida dos necessitados, procurando reuni-los em torno de si, ele não avançou além das soluções de momento.

Atingida esta fase do trabalho e estudado o governo getulista nos aspectos aqui considerados relevantes, passa-se para a etapa seguinte. Nesta, vai-se concentrar a análise no governo de Juscelino Kubitschek.

Notas

1. Cf. Lacerda, Carlos. As confissões de Lacerda. *Jornal da Tarde*, de *O Estado de S. Paulo*, 31 maio 1977, p. 9, 12 (grifos do texto); Weffort, Francisco C. *Sindicatos e política, p. 2;* Weffort, Francisco C. *O populismo na política brasileira*, p. 23, 51-3, 61; Skidmore, Thomas E. *Brasil: de Getúlio Vargas a Castelo Branco (1930-1964)*, p. 108, 110, 134-6; Coutinho, Lourival. *O general Góes depõe...*, p. 495, 496 (os dados completos das obras encontram-se nas Referências Bibliográficas).

2. Cf. Skidmore, Thomas E. cit., p. 108; Dulles, John W. F. *Getúlio Vargas:* Biografia política, p. 317; Horowitz, Irving L. *Revolución en el Brasil*, p. 105.

3. Vargas, Getúlio. *O governo trabalhista do Brasil*, v. I, p. 28, 29 (Discurso pronunciado no Palácio Tiradentes em 31/1/1951).

4. Ibid., p. 51 (Discurso irradiado do Palácio Rio Negro pela Agência Nacional em 2/3/1951).

5. Ibid., p. 58.

6. Ibid., v. 2, p. 57, 58 (Mensagem de Natal em 24/12/1951).

7. Ibid., p. 31 (Discurso pronunciado durante as comemorações do IV Centenário da Fundação da Cidade de Vitória em 8/9/1951). Ver tam-

bém: p. 445 (Discurso pronunciado na abertura da V Conferência dos Estados da América em 17/4/1952).

8. Ibid., v. 1, p. 52 (Discurso irradiado do Palácio Rio Negro pela Agência Nacional em 2/3/1951).

9. Ibid., p. 47-8 (Discurso pronunciado no Estádio Maracanã em 18/2/1951).

10. Ibid., v. 2, p. 66 (Discurso do Ano Novo em 31/12/1951).

11. Ibid., p. 60 (Mensagem de Natal em 24/12/1951).

12. Ibid., p. 67 (Discurso do Ano Novo em 31/12/1951).

13. Ibid., p. 89 (Discurso pronunciado no Almoço de Confraternização das Forças Armadas em 5/1/1952).

14. Cf. Sodré, Nelson W. *História militar do Brasil*, p. 323-31; Coutinho, Lourival. cit., p. 526; Oliveira, Eliézer R. de. *As Forças Armadas*: política e ideologia no Brasil (1964-1969), p. 21-3; Simão, Azis. *Sindicato e Estado*, p. 45; Weffort, Francisco C. *Sindicatos e política*, p. 6, 7, 8, 10, 12; Skidmore, Thomas E. cit., p. 135, 136, 139, 140, 141, 145, 146, 150, 158.

15. Vargas, Getúlio. O Dia do Trabalho — O discurso pronunciado pelo sr. presidente da República no Palácio Rio Negro. *Jornal do Comércio*, 2 maio 1954. Ver também: Vargas, Getúlio. cit., v. 2, p. 455, 456, 459 (Discurso pronunciado durante as comemorações do Dia do Trabalho em 1/5/1952).

16. Vargas, Getúlio. Pormenores sobre o suicídio do sr. Getúlio Vargas: O Manifesto. *O Estado de S. Paulo*, 25 ago. 1954.

17. Cf. Sodré, Nelson W. cit., p. 351-354; Skidmore, Thomas E. cit., p. 163-79; Pormenores sobre o suicídio do sr. Getúlio Vargas. *O Estado de S. Paulo*, 25 ago. 1954.

18. Capturar e punir os autores materiais e intelectuais do crime da rua Toneleros... *O Jornal*, 11 ago. 1954.

19. Moral e juridicamente impedido de governar o Brasil. *Correio da Manhã*, 19 ago. 1954.

20. A crise político-militar que o país vem atravessando, nascida com o atentado... *Correio da Manhã*, 24 ago. 1954.

21. Lacerda, Carlos. As confissões de Lacerda. *Jornal da Tarde,* de *O Estado de S. Paulo*, 31 maio 1977, p. 9. Grifo do texto.

22. Cf. Souza, Maria do Carmo Campello de. *Estado e partidos políticos no Brasil (1930 a 1964).* p. 83, 105, 106, 108, 109, 113, 122, 146, 147; Skidmore, Thomas E. cit., p. 106, 108, 109, 184, 186, 234, 235; Weffort, Francisco C. cit., p. 18, 49, 55.

23. Vargas, Getúlio. Reconstrução econômico-social. *Folha da Manhã*, 20 maio 1951 (Discurso pronunciado em São José dos Campos em 19/5/1951).

24. Vargas, Getúlio. cit., v. 1, p. 367 (Discurso pronunciado através do Noticiário Radiofônico da Agência Nacional em 5/7/1951). Ver também: v. 2, p. 191, 192, 193 (Mensagem ao Congresso Nacional em 1952); Vargas, Getúlio. O 11 aniversário do atual governo. *Jornal do Comércio*, 19 fev. 1953.

25. Vargas, Getúlio. cit., v. 1, p. 161, 191, 192, 193 (Mensagem ao Congresso Nacional em 1951).

26. Ibid., p. 45 (Discurso pronunciado no Estádio Maracanã em 18/2/1951).

27. Vargas, Getúlio. O 11 aniversário do atual governo. *Jornal do Comércio*. 1º fev. 1953.

28. Cf. *Conjuntura Econômica*. jan. 1951, p. 67; jan. 1954, p. 124; Baer, Werner. *A industrialização e o desenvolvimento econômico do Brasil*, p. 110, 122; Ianni, Octavio. *Estado e planejamento econômico no Brasil* (1910-1970), p. 119, 120. Ver também: *Desenvolvimento & Conjuntura*. dez. 1958, p. 107; dez. 1960, p. 83-90.

29. Cf. Em que deu a eleição do sr. Getúlio Vargas. *Diário de Notícias*, 31 jan. 1952; Balanço. *Correio da Manhã*, 21 fev. 1952; Em que deu a eleição do Sr. Getúlio Vargas. *Diário de Notícias*, 31 jan. 1954.

30. Vargas, Getúlio. cit., v. 1, p. 252 (Mensagem ao Congresso Nacional em 1951).

31. Ibid., v. 2, p. 17, 18, 19 (Discurso pronunciado na "Hora da Independência" em 7/9/1951).

32. Ibid., p. 72-3 (Discurso do Ano-Novo em 31/12/1951).

33. Vargas, Getúlio. O último discurso do presidente da República em Curitiba. *Correio da Manhã, 22* dez. 1953. Ver também: Vargas, Getúlio. Não tolerará a corrupção e o favoritismo. *Correio da Manhã,* 8 set. 1953.

34. Cf. Venâncio Filho, Alberto. *A intervenção do Estado no domínio econômico,* p. 109, 172, 184, 195, 196, 270, 276, 277, 328; Vieira, Evaldo. *Autoritarismo e corporativismo no Brasil.* p. 84-5, 107; Ianni, Octavio. cit., p. 109-13, 115-7, 120-2, 136, 183-5; Skidmore, Thomas E. cit., p. 116, 122, 124, 145, 150-3; *25 anos de economia brasileira,* p. 229, 233.

35. Pereira, Osny D. *Multinacionais no Brasil,* p. 41.

36. Moura, Aristóteles. *Capitais estrangeiros no Brasil,* p. 28-30, 70; Baer, Werner. cit., p. 52-3; Pereira, Osny D. cit., p. 42.

37. Vargas, Getúlio. cit., v. 1, p. 35 (Discurso pronunciado no Itamarati perante as Missões Especiais em 1/2/1951).

38. Ibid., p. 300 (Mensagem ao Congresso Nacional em 1951).

39. Ibid., v. 2, p. 426 (Mensagem ao Congresso Nacional em 1952).

40. Ibid., v. 1, p. 307 (Discurso irradiado do Palácio Rio Negro pela Agência Nacional em 7/4/1951).

41. Ibid., v. 2, p. 375 (Mensagem ao Congresso Nacional em 1952).

42. Ibid., v. 2, p. 369, 371-82 (Mensagem ao Congresso Nacional em 1952). Ver também: v. 1, p. 46, 165, 271-7, 328, 381, 382, 385-9, 393-6.

43. Cf. *Desenvolvimento & Conjuntura,* set. 1957, p. 65, 68; set. 1959, p. 93; out. 1959, p. 87; fev. 1964, p. 52; jan. 1967, p. 77; Baer, Werner. cit., p. 302. Ver também: *Desenvolvimento & Conjuntura,* maio 1958, p. 60; out. 1966, p. 63; Sá, Nicanor Palhares. *Política educacional e populismo no Brasil,* p. 53-4, 86; Cunha, Luiz Antônio. *Educação e desenvolvimento social no Brasil.* p. 132; Ribeiro, Maria Luísa Santos. *História da educação brasileira (organização escolar).* p. 102-3.

44. Cf. Crise do ensino — Aspecto da crise geral no Brasil. *Jornal do Commercio,* 29 nov. 1953.

45. Vargas, Getúlio. cit., v. 2, p. 350-62, 364 (Mensagem ao Congresso Nacional em 1952). Ver também: v. 1, p. 45, 260-2, 264-70.

46. Cf. Baer, Werner. cit., p. 302, 304-5; *Desenvolvimento & Conjuntura*, out. 1961, p. 80-2, 84-5; jul. 1961, p. 92-3; Cupertino, Fausto. *População e saúde pública no Brasil*, p. 79, 80; Guimarães, Reinaldo (org.), *Saúde e medicina no Brasil*, p. 46, 65, 68, 79; Mello, Carlos Gentile. *Saúde e assistência médica no Brasil*, p. 29.

47. Vargas, Getúlio. cit., v. 2, p. 399-410, 416-18 (Mensagem ao Congresso Nacional em 1952); p. 444-5 (Discurso pronunciado na abertura da V Conferência dos Estados da América em 17/4/52); p. 461-3 (Discurso pronunciado durante as comemorações do Dia do Trabalho em 1/5/52). Ver também: v. 1, p. 285-91, 295-6, 313-5, 329.

48. Cf. Possas, Cristina de A. *Saúde, medicina e trabalho no Brasil*, p. 232, 252, 257, 259; Malloy, James M. Previdência social e classe operária no Brasil. *Estudos Cebrap*, n. 15, p. 121-2; *Desenvolvimento & Conjuntura*, fev. 1959, p. 123; *Conjuntura Econômica*, jan. 1957, p. 77-9; 35 instituições de previdência no país. *O Tempo*, 23 mar. 1952; Atrasados também os empregadores nas parcelas que lhes cabe pagar, *Diário de S. Paulo*, 10 mar. 1954; Trará melhoria substancial nos benefícios aos segurados, *Diário da Noite*, 15 maio 1954; Em defesa da ordem económica e da própria ordem jurídica, *Diário de Notícias*, 4 jun. 1954. Ver também: Barros, Alberto da Rocha. *Origens e evolução da legislação trabalhista*. p. 50, 54-5.

49. Cf. *Conjuntura Econômica*, maio 1952, p. 34, 37-8, 40; *Desenvolvimento & Conjuntura*, fev. 1959, p. 113; ago. 1959, p. 103-4; Lebret, Rev. P. J. L. *Sondagem preliminar a um estudo sobre a habitação em São Paulo*, p. 52; Guedes, Joaquim. Problemas da habitação e planificação do Brasil. *Tema 2*, out. 1965, p. 2; Serran, João Ricardo. *O IAB e a política habitacional brasileira*, p. 35.

Capítulo II

O desenvolvimentismo de Juscelino Kubitschek e a criação do país do futuro

Juscelino Kubitschek fala das relações com os Estados Unidos durante seu governo:

> Deus louvado, não estamos em desacordo com nenhum ponto essencial com a nação norte-americana, embora muitas coisas precisem ser discutidas...

Da posse intranquila à defesa da ordem vigente

No dia 3 de outubro de 1955, Juscelino Kubitschek elegeu-se presidente da República com 3.077.411 votos. A vitória eleitoral de Juscelino representava 36% da votação geral, que era uma percentagem bem menor do que a alcançada por Getúlio em 1950 (49%) e por Dutra em 1945 (55%). De fato, na eleição presidencial de 1955 ocorrera grande divisão de votos entre os candidatos, ficando Juscelino com 36% da votação total, enquanto Juarez Távora chegava a 30%, Adhemar de Barros atingia 26% e Plínio Salgado recebia apenas 8% dos sufrágios. A Vice-Presidência da República tinha sido conquistada por João Goulart, através de votação (3.591.409) superior à obtida por Kubitschek. Mas a diferença entre Goulart e Milton Campos, o segundo colocado na eleição para vice-presidente, era inferior à diferença havida entre Juscelino e Juarez Távora. O que se pode, desde logo, apontar é o sucesso renovado da coligação PSD/PTB, que outra vez conseguia eleger sua chapa, composta de Juscelino Kubitschek e João Goulart. Não têm faltado explicações para o êxito eleitoral desta aliança partidária. No caso específico de ambos, procura-se demonstrar a influência do suicídio de Vargas na debilitação da UDN e no fortalecimento da coligação PSD/PTB. E mais: se isto é verdade, deve-se acrescentar que a morte de Getúlio abriu caminho para seus herdeiros, num momento em que o conservadorismo radical da oposição civil e militar conseguia praticamente atalhar o percurso do seu segundo governo. Além disto, a aliança PSD/PTB com certeza possuía outros motivos para perdurar, em meio às investidas da oposição exaltada. Dentre estes motivos, encontra-se a preservação das vantagens decorrentes do controle dos órgãos estatais, que levava os dois partidos a porem de lado as eventuais dissensões.

Por volta de abril de 1955, tanto o PSD quanto o PTB já se uniam em prol da chapa Juscelino-Jango, visando à conquista da vitória nas eleições para presidente e vice-presidente da República, a realizar-se em outubro do mesmo ano. Ora, a UDN, como principal partido oposicionista, contava apenas com o apoio das agremiações pequenas, do tipo do PDC e do PL, não lhe restando assim muitas condições de sucesso numa competição eleitoral com a coligação PSD/PTB. A transformação, portanto, do jogo político somente poderia acontecer, do ponto de vista dos udenistas e de seus aliados, através do veto à candidatura de Juscelino-Jango por parte dos militares. Recorria a

UDN assim a um recurso que, aos poucos, lhe parecia o mais satisfatório, dentre os existentes em seu surpreendente arsenal de soluções para a política brasileira. Nascida no ambiente ameno do pensamento liberal, a UDN foi revelando em meio a derrotas eleitorais sua outra faceta antidemocrática. Combinava então atitudes de difícil compreensão do ângulo da ideologia partidária, pois por um lado defendeu o monopólio estatal do petróleo, lutou contra a cassação de mandatos de deputados comunistas e, por outro lado, combateu o intervencionismo do Estado na economia, acabando por tornar-se o arauto das denúncias de infiltração comunista na esfera pública. E daí não é exagero indicar várias tendências golpistas no interior da UDN, das quais aqui merece destaque aquela que repelia todo o legado de Vargas, inclusive Juscelino Kubitschek e João Goulart. Portanto, um veto militar à candidatura de ambos afigurava-se para ela o primeiro momento de intervenção mais ampla das Forças Armadas na vida política brasileira.

Em 31 de janeiro de 1956, Kubitschek tomava posse como presidente da República e Goulart assumia o cargo de vice-presidente. Na realidade, se a vitória eleitoral dos dois candidatos deveu-se principalmente à pertinácia de ambos e à máquina do PSD e do PTB, é certo que a posse dos eleitos somente aconteceu por vontade e obra do grupo militar liderado pelo general Henrique Teixeira Lott. Os candidatos vencedores percorreram um caminho repleto de percalços, antes e sobretudo depois do triunfo no pleito. As vicissitudes principiaram tão logo Café Filho passou a ocupar a Presidência da República em virtude do suicídio de Vargas, de quem era o sucessor legal, e mesmo anteriormente à existência de qualquer candidatura para a eleição presidencial de 1955.

Já em setembro de 1954, setores civis mais extremistas dos partidos conservadores sustentavam a proposta antidemocrática do adiamento das eleições para renovação do Congresso Nacional, a ocorrer em outubro daquele ano. Embora tal adiamento não se tenha consumado, novos obstáculos foram interpostos, particularmente com a finalidade de coibir os avanços da aliança PSD/PTB. Em 1955, chefes militares tentaram evitar candidaturas partidárias, o general Canrobert Pereira da Costa (chefe do Estado-Maior do Exército) sugeriu em discurso sua oposição à candidatura Juscelino-Jango e, acima de tudo, levantou-se o protesto contra tal candidatura, quando ela recebeu apoio do PC. Ainda durante o ano de 1955, depois da eleição de ambos, estabeleceu-se de novo o debate em torno da legalidade da posse dos vencedores e da ilegalidade dos votos comunistas, porventura dados a eles. Outra vez, como já acontecera com Getúlio Vargas, sobretudo a UDN defendia o ponto de vista de que a Constituição de 1946 exigia da chapa eleita a maioria absoluta de votos no pleito presidencial, que aliás ela não tinha conseguido. Kubitschek e Goulart eram também acusados de violação da lei, à medida que teriam eventualmente se beneficiado da votação dos comunistas. Mais um passo adiante na escalada golpista e passou-se a preconizar um "regime de exceção" para o país, entregue naquele momento às desventuras de mais uma crise. **Novembro de 1955 retrata bem o conjunto de decisões tomadas pelo general Lott, então ministro da Guerra, visando especialmente a criar condições para a posse dos eleitos.** A verdade é que novembro começou com um presidente da República (Café Filho), em razão de doença substituído por outro (Carlos Luz), por sua vez afastado pelos militares dirigidos pelo ministro da Guerra. Enfim, o mês terminou quando já existia novo presidente (Nereu Ramos), o qual empossou Juscelino em janeiro de 1956, durante vigência de estado de sítio e depois de ter escapado da tentativa de retorno ao poder, empreendida por Café Filho. **Um dos líderes radicais da UDN, Carlos Lacerda,** opinou sobre os acontecimentos precedentes à posse dos candidatos vencedores, procurando explicar o sentido da oposição feita a eles.

Relembrava então a proposta do adiamento das eleições parlamentares de outubro de 1954:

> Nessa altura dos acontecimentos, quando nós, de certo modo, conspirávamos para ver se forçávamos o Café Filho a adiar as eleições, **éramos** no Exército uma minoria, mas uma minoria muito atuante, que eram

A REPÚBLICA BRASILEIRA — 1951–2010

esses famosos coronéis do Canrobert. Na Aeronáutica era quase unânime. A Marinha sempre ficou muito menos politizada, ficou muito mais por fora. (...) Eu sugeria, sobretudo, o adiamento das eleições. Isso para destraumatizar a opinião pública, quer dizer, deixar que ela voltasse a uma certa normalidade; que ela esquecesse um pouco a tragédia do suicídio de Getúlio; que se desmontasse a máquina do Ministério do Trabalho, a máquina do peleguismo sindical que o Café Filho manteve intacta.[1] [negritos meus]

Falava sobre a tese da necessidade de maioria absoluta de votos no pleito presidencial:

Aí eu comecei a defender a tese, primeiro, da maioria absoluta, para ver se tentávamos, através dela, evitar uma eleição de uma pequena maioria que entregasse o país de volta àquelas forças que o tinham levado a todas essas crises. O Aliomar Baleeiro e alguns outros aderiram a essa tese, mas muitos da própria UDN não aceitaram. E, vamos dizer a verdade, o povo sentiu que era uma manobra em cima da eleição, quer dizer, era uma manobra para mudar a 'regra do jogo', depois do jogo começado. E evidentemente não pegou.[2]

Remetia-se ao significado do "regime de exceção", também apregoado por ele na época:

Eu o chamava de "regime de exceção" por ser um regime de transição, durante o qual seriam feitas reformas que permitissem ao país entrar num regime democrático mais autêntico: eleições de verdade, com o povo mais receptivo ao raciocínio do que à emoção.[3]

Aludia à sua atuação durante os eventos de novembro, que vieram a criar condições propícias à posse de Juscelino e de Jango:

No 11 de novembro de 1955, época do episódio do Tamandaré, eu era golpista num certo sentido. É a mesma coisa que em 64. Eu era a favor de um golpe que evitasse o golpe por via eleitoral. Porque aquela eleição, na minha opinião, era um golpe, era a volta da máquina, era o uso da máquina existente para coonestar, por via eleitoral, o golpe permanente que havia contra o país.[4]

As proposições de Carlos Lacerda e de seus aliados feriam certamente, como se pode constatar no depoimento acima, os princípios basilares do regime e da convivência política, impostos pela liberal-democracia. A tais manifestações declaradamente golpistas respondia Juscelino Kubitschek com profissão de fé democrática, defendendo a ordem instituída e aos poucos se fazendo respeitar pela firmeza e pela habilidade na aplicação da lei. Ele ofertava ao país, além de sua intensa simpatia pessoal, um projeto otimista de desenvolvimento, que entendia ser capaz de levar o Brasil a seu grande futuro. Nem mesmo pesadas acusações afastavam-no da pregação em favor do respeito à Constituição de 1946 e em louvor dos benefícios do desenvolvimento. Carlos Lacerda, por exemplo, denunciava Kubitschek "como recebedor de favores e causador de prejuízos ao Banco do Brasil, por via de sua influência política à frente do Banco Comercial da Capital da República".[5] E, em meio a inúmeros ataques, Juscelino transfigurava-se em mensageiro da legalidade, do progresso e da esperança.

A legalidade e a manutenção da ordem representaram preocupações permanentes ao longo do governo de Kubitschek, e até antes mesmo de sua posse:

> Sou um homem desarmado, mas como o Sr. ministro da Guerra, não recuarei um passo na defesa da legalidade.[6]

> Estou consciente antes de tudo de que o destino do meu governo se confunde com o próprio destino do regime. Não o proclamo por vanglória nem para obter complacências, mas para assinalar um fato e caracterizar responsabilidades.[7]

Não confundo o poder com a violência, nem a autoridade com a força bruta, pois isto não é do meu estilo de governar, nem da minha natureza humana... Mas não tolero, de modo nenhum, a desordem no país, nem admitirei qualquer atentado à dignidade do Estado, representada essencialmente no princípio de autoridade.[8]

Também a **esperança no futuro de grandeza nacional** constituiu assunto constante nas manifestações juscelinistas:

A primeira afirmação que faço de candidato à Presidência da República é de que muito espero e muito confio no Brasil. Ninguém, nenhuma voz fatal terá o poder de inocular-me o veneno do desânimo, da descrença, do pessimismo. (...) Poupou-me Deus o sentimento de medo, como me poupou a arrogância e a vaidade: saberei, por isso, enfrentar com decisão tranquila os obstáculos que se apresentarem.[9]

Se alguma coisa, aliás, nos falta, é termos consciência exata de que somos irremediavelmente um grande país. Não podemos convencer os outros dessa realidade quando não estamos dela convencidos.[10]

Temos o dever de não consentir que o encontro com o grande destino do Brasil seja eternamente postergado. Temos o dever de não consentir que a distância que medeia entre o nosso estágio de desenvolvimento e o dos países industrializados e poderosos aumente de maneira perigosa para o nosso futuro.[11]

O programa político de Juscelino, portanto, assentava-se na conservação da ordem legal da época e na confiança no futuro de grandeza nacional para o Brasil, comumente apresentadas através de um clima onde o otimismo era difundido por atacado e a varejo. Tais pressupostos ideológicos vinham acrescidos de outros tantos, como a consolidação do regime democrático, o alinhamento com o chamado "mundo livre", a inevitabilidade do auxílio do capital estrangeiro ao país e o desenvolvimentismo. Por sinal, a panaceia do desenvolvimento aflorava quase sempre durante o exame de qualquer dificuldade nacional, apresentado pelo presidente da República. Nem mesmo situações mais críticas, às vezes denunciadas por fatos mais ou menos evidentes, levavam-no a relegar o desenvolvimentismo. A título de exemplo, pode-se considerar a questão das denominadas "populações mais esquecidas e deserdadas", envolvendo no caso a própria concepção de "justiça social". Para Kubitschek, o povo brasileiro já percebera a inutilidade das críticas vazias e das restrições aos investimentos, que não viriam a conceder os direitos fundamentais a uma "legião de párias sem nenhum horizonte, a não ser o da pobreza mais completa e desumana". Ora, se isto podia ser certo, tal não acontecia com a solução indicada para transformar as condições precárias em que viviam as "populações mais esquecidas e deserdadas". Na verdade, Juscelino lançava mão do vago recurso do desenvolvimentismo também para vencer as difíceis condições de vida daquelas populações, como se estivesse utilizando um instrumento rápido, eficaz e sobretudo definido. Sendo coisa do futuro e exibindo eficiência discutível, o desenvolvimento para Kubitschek atingia ainda tal amplidão que nele tudo cabia. Esta ideologia, no entanto, de acordo com o ponto de vista presidencial, servia como alternativa capaz de encaminhar a "legião de párias" para melhores dias, embora suas necessidades fossem imediatas. Servia igualmente como caminho para a justiça social, pois representaria "o único meio de que dispomos para chegar a esse fim", apesar de já se registrarem naquela ocasião mobilizações contrárias à aplicação de sua política econômica, devido às repercussões danosas em especial para as massas populares.[12] O desenvolvimentismo juscelinista servia, enfim, como trajetória para "o encontro com o grande destino do Brasil", o que não era pouco, a bem da verdade.

As condições adversas em que se sucederam a campanha eleitoral e a posse, bem como o cumprimento do ordenamento jurídico vigente com certa habilidade e vigor por parte do presidente da República, contribuíram bastante para que ele viesse a proclamar o advento da estabilização do regime democrático no Brasil, a partir de seu governo. Nos idos de 1958, após as eleições, anunciava o que deu a entender

A REPÚBLICA BRASILEIRA — 1951-2010

como sendo a tranquila ousadia de declarar realizada uma de suas fundamentais metas políticas. Esta meta "consistia em não permitir que se reproduzissem pronunciamentos indevidos, perturbações e ameaças todas as vezes que se verificavam eleições". Especialmente em 1960, ao estar-se findando seu governo e por ocasião do pleito presidencial, reiterava a conquista desta meta, festejando os progressos na consolidação do regime democrático, à medida que a eleição não passava por transtornos decorrentes do "pretexto de corrigir erros da vontade popular". Prestando conta de sua gestão, Kubitschek dizia que ela ofertara "plena afirmação das liberdades outorgadas pela Carta Magna e garantias integrais para o exercício da cidadania".

Naturalmente, a reabilitação da democracia no Brasil constituía tarefa bem mais considerável, pois carecia ao menos de fixá-lo entre as nações do dito "mundo livre" e também de prepará-lo para receber a ajuda do capital estrangeiro. No entender de Juscelino, "pertencemos nós brasileiros a um certo sistema, que é o do mundo livre e o da democracia". Parece claro que o alinhamento do país com o Ocidente, ao basear-se nas "afinidades naturais", pressupunha especialmente a colaboração do capital externo, oriundo das principais potências do capitalismo. Kubitschek repetiu com poucas variações a ideia de que cada país, quando está empreendendo sua luta pelo desenvolvimento, também deve receber o apoio necessário das nações mais evoluídas economicamente. Tal raciocínio era exposto às vezes até mesmo com certa agressividade, sobretudo quando a séria situação econômica do Brasil exigia, como no caso do rompimento das relações com o Fundo Monetário Internacional — FMI, em junho de 1959. Nesta oportunidade, ressaltava que "não necessitamos apenas de conselhos, embora os aceitemos com prazer quando convenientes, mas de cooperação efetiva e dinâmica, e que essa cooperação é altamente rentável a quem se dispuser a ajudar-nos".

Exatamente dentro desta linha de pensamento se inseria a proposta da Operação Pan-Americana — OPA, desencadeada por Juscelino de modo especial a partir de junho de 1958. Por esta época, ele remeteu uma carta ao presidente dos Estados Unidos, D. D. Eisenhower, solicitando-lhe a revisão da política norte-americana referente aos países da América. Kubitschek anunciava então seu propósito de ver examinadas as realizações em prol dos ideais pan-americanos, o que recebeu pronto apoio de Eisenhower, ao manifestar-se "encantado de que Vossa Excelência haja tomado a iniciativa neste assunto". O presidente brasileiro defendia o direito de opinar e de colaborar para o melhor entendimento entre os países americanos, normalmente destacando a extrema importância do pan-americanismo na superação do subdesenvolvimento. Sem dúvida, partindo destas alegações, Juscelino ia direto aos apelos fundamentais, dirigidos especialmente aos Estados Unidos. Pedia mais investimentos, mais assistência técnica, maior proteção do preço dos produtos primários e maior aperfeiçoamento dos organismos financeiros internacionais. Não se pode dizer que ele tenha alcançado tão rápida adesão às suas solicitações por parte dos norte-americanos, quanto foi a aprovação verbal de Eisenhower. Logo, o Secretário de Estado, J. F. Dulles, rejeitou as sugestões feitas por Kubitschek, esclarecendo que elas representavam excessivos encargos para os Estados Unidos, além de fugirem à orientação norte-americana de incentivar a aplicação de capitais particulares no exterior, em substituição às inversões de capitais públicos.[13] O próprio Dulles adiantava ainda a receita necessária à obtenção de capitais privados, de origem norte-americana. Segundo ele, sobretudo a América Latina devia: autorizar o ingresso de capitais, principalmente para o financiamento privado da exploração de petróleo; oferecer maiores garantias aos capitais aplicados; proporcionar perspectiva de retorno de lucros razoáveis; e assegurar o repatriamento de capitais e de lucros. Apesar disto, as reiteradas convocações à ajuda do capital estrangeiro ao país, em especial do capital norte-americano, normalmente estiveram entre os objetivos da Operação Pan-Americana — OPA.

Portanto, o ideário político de Juscelino baseava-se na manutenção da ordem legal, na consolidação do regime democrático, no alinhamento com o denominado "mundo livre", na inevitabilidade do auxílio do capital estrangeiro ao Brasil e no desenvolvimentismo.

Tudo isto em geral vinha embalado com o invólucro da fé na futura grandeza nacional. Nos últimos anos da administração juscelinista, não faltaram elogios às suas realizações. O presidente da República era pródigo em exaltar seu sucesso no governo. Dizia que, no final de seu mandato, em virtude das obras de infraestrutura, presentes no Plano de Metas e de fato concretizadas, "o Brasil será um país com todos os requisitos para completar o seu extraordinário surto industrial, nas bases mais modernas".[14] No que diz respeito às obras empreendidas durante a gestão de Kubitschek, é bom ressaltar a efetiva colaboração dada pelo Congresso Nacional, acima de tudo pela aliança PSD/PTB, que facilitou bastante seu encaminhamento no legislativo. A maioria situacionista na Câmara dos Deputados e no Senado Federal, composta principalmente de parlamentares do PSD e do PTB, mas também de parlamentares de outros partidos como o PTN e o PRT, representou inestimável sustentáculo às medidas presidenciais. Porém, talvez seja importante dizer que a coligação PSD/PTB auxiliou o governo juscelinista, sem abdicar dos interesses exclusivos de cada partido. Mesmo apoiando no Congresso Nacional as iniciativas do presidente da República, tal coligação passava por momentos tumultuados quando se tornava iminente a apresentação de qualquer projeto mais particular a um dos dois partidos ou a setores de um deles, não estando previsto nas diretrizes governamentais. Por isto, em meio a significativa fragilidade, parece imprescindível saber a quem servia o forte apego àquelas diretrizes, demonstrado pela aliança PSD/PTB.

Afinal, Kubitschek não revelava mais do que um anêmico fervor trabalhista, aliás em situações bem favoráveis e esparsas. Dizendo-se seguidor dos princípios cristãos, combatendo o que chamava de "onda do materialismo agressivo e bárbaro", ele encontrava a solução para o "problema social" apenas na Doutrina da Igreja. Por sinal, esta Doutrina o inspirava também na desaprovação do **divórcio**. Com relação aos trabalhadores, desde a fase da campanha presidencial declarou-se protetor de suas conquistas e prometeu-lhes constante aprimoramento delas. No calor da luta política, na qual procurava chegar à Presidência da República, Juscelino imediatamente se identificou com o legado de Getúlio Vargas e foi mesmo mais adiante: afirmou que originariamente pertencia à classe trabalhadora. Muito embora falasse em certas ocasiões desta sua origem humilde, certamente não proclamou providências muito inovadoras, objetivas e rápidas, voltadas para o atendimento das carências da massa de trabalhadores da época.[15]

Eis o que dizia sobre a defesa do trabalhador:

Considero defender os trabalhadores em primeiro lugar garantir-lhes o trabalho. (...) Considero defender os trabalhadores sanear e dignificar a moeda, dar-lhe valor aquisitivo certo. (...) Considero defender os trabalhadores ajudá-los a melhorar sempre a produtividade e aumentar a produção... .[16]

Aludia ainda a suas promessas e ao seu interesse pelo trabalhador:

E a esses valorosos brasileiros não faltará também o presidente da República que na campanha política já anunciava, proclamava e afirmava que o problema social, iniciado pela lendária figura de Getúlio Vargas, jamais seria esquecido. Não cairia das minhas mãos a bandeira do trabalhador brasileiro.[17]

O trabalhador brasileiro compreendeu que, nesta hora do mundo, desenvolvimento e justiça social significam a mesma coisa; que não haverá destino nenhum para si mesmo, para a sua família, para sua classe, num país atrasado...[18]

Ora, tais discursos se caracterizavam por expor alguma coisa de vago e de aleatório na matéria, substituindo as medidas específicas às necessidades dos trabalhadores daquele momento por proposições gerais e comuns. Portanto, trata-se de vislumbrar os interesses em jogo na coligação PSD/PTB, que amparava a ação governamental. No caso do PTB, por exemplo, é preciso encontrar outros motivos para a sua participação na aliança, além da ligação com esse trabalhismo oco do presidente da República. Através da composição do ministério, pode-se notar a distribuição das áreas de influência de ambos os partidos. O PSD ocupava o Ministério da Fazenda, o das Relações Exteriores, o da Justiça, e o da Viação e Obras Públicas. Assim, pois, do ponto de vista geral, o PSD participava da formulação da política econômica e da manipulação de muitos empregos e de grandes verbas. Para um partido como o PSD, fundado na oligarquia, no ruralismo, no localismo e na distribuição de cargos, a capacidade de exercer poder burocrático e de inspirar a política econômica do país constituía, sem dúvida, valiosa recompensa pelo apoio ao governo. Por seu lado, além do vice-presidente, o PTB obteve por certo tempo o Ministério da Agricultura, e sempre o do Trabalho, Indústria e Comércio, agindo então nos órgãos da Previdência Social e nos sindicatos. Embora a força do PTB canalizasse as reivindicações populares para dentro do Ministério do Trabalho, realizando civilizado controle principalmente de greves e dos salários, não é nada desprezível a presença deste partido dentro do governo juscelinista, como retribuição pela sua tarefa. Havia, por conseguinte, outras razões do auxílio do PTB ao desempenho governamental, distintas do superficial trabalhismo do presidente da República.

É possível afirmar-se, com certo grau de segurança, que a política econômica e a política social de Kubitschek não contrariavam qualquer grupo de expressão na luta política. De uma parte, a situação social e econômica no campo era mantida incólume, livre de projetos do tipo da Reforma Agrária, devido ao veto do PSD (com a aprovação dos oposicionistas da UDN e de outros partidos). De outra parte, as populações das cidades recebiam os benefícios de leis amenas. A estas populações urbanas dirigiam-se aumento dos vencimentos do funcionalismo público, prorrogação de Lei do Inquilinato, criação de Fundo de Assistência, organização de Serviço de Assistência e de Seguro Social, abono provisório, reajustamento automático de aposentadorias e pensões, às vezes com algum toque trabalhista. Tal conciliação de interesses entre o PSD e o PTB, comumente estendida a outros grupos políticos, não perdurou além do governo de Juscelino, em cujo período já despontavam sinais evidentes de divergência.

Uma política econômica voltada para a aplicação de grandes capitais, principalmente externos, acabou por restringir muito o espaço de atuação do pequeno empresário, premido pela falta de recursos, pela presença da inflação e pelo fantasma da decadência. Do ponto de vista político, o avanço dos grandes capitais durante a administração de Kubitschek consumiu pouco a pouco a aliança fundamental à sustentação do governo, mantida entre o PSD e o PTB, gerando condições para futura crise nas instituições estatais. Veja-se o exemplo do PTB. Sua expansão eleitoral dentro do país e a vigorosa penetração das reivindicações populares no interior do Estado brasileiro, por meio da relativa influência do vice-presidente da República (João Goulart) e dos órgãos sindicais, conferiram aos trabalhistas apreciável poder no jogo político. Invadindo os redutos eleitorais especialmente do PSD, o PTB seguiu em frente, buscando alcançar participação mais ampla na condução do governo.

É preciso dizer, portanto, que a ruptura da coligação PSD/PTB reproduziu de certa maneira as transformações sociais decorrentes sobretudo da política econômica de Juscelino. Porém, o novo papel assumido pelo PTB (ainda com a ajuda do PC) não foi o único fator de dissolução do acordo entre aqueles dois partidos. Na parte derradeira da gestão juscelinista, também apareceram grupos compostos de políticos pertencentes a diferentes partidos, tais como a **Ação Democrática Parlamentar** (formada por representantes do conservadorismo radical, envolvendo então determinados setores da UDN) e a **Frente Parlamentar Nacionalista** (reunindo membros do PSB, do PTB, do PSD e até da UDN). Além do funcionamento desta Frente, que ocasionava maior enfraquecimento sobretudo da já precária coesão interna dos partidos em coligação, entravam em cena outras manifestações da organização popular, onde se destacavam as **Ligas Camponesas**. Tais Ligas vinham repudiar e combater no Nordeste a arcaica situação agrária, fundada no latifúndio e na feroz exploração do trabalho rural, gerando por sua vez fortes temores e reações contrárias das alas conservadoras, existentes em quase todos os partidos permitidos pela legislação da época. **Por sinal, as Ligas Camponesas ainda**

A REPÚBLICA BRASILEIRA — 1951–2010

expressavam, à sua maneira, o vigor assumido pelos sindicatos rurais, a partir de 1959. Ao PSD restou a aproximação dos grupos ligados à UDN. A princípio, numa caminhada lenta (conforme se verifica na candidatura de Jânio Quadros à Presidência da República); depois, estes dois partidos chegam à franca união (para fazer de Castelo Branco um novo presidente, em 1964), ficando o PSD com o cargo de vice-presidente, através de José Maria Alkmim.[19]

Portanto, o que desde logo se pode considerar, quanto ao governo de Kubitschek, é o adequado desempenho político do presidente da República e a sustentação parlamentar dada a ele, sem se esquecer da marcante presença das Forças Armadas. **Criando condições favoráveis à posse dos candidatos eleitos (Juscelino e Goulart) e participando intensamente da administração juscelinista, em particular o grupo militar liderado pelo general Henrique Teixeira Lott ainda colocou as Forças Armadas dentro de suas específicas funções constitucionais. Assim, teve de enfrentar manobras golpistas, motins militares e outras questões de indisciplina.** Antes mesmo da sua posse na Presidência da República, Kubitschek se dirigia às Forças Armadas, ressaltando seu grande valor como "instituições básicas em nossa organização nacional" e expressando seu apreço por elas. Mas imediatamente anunciava sua posição referente às Forças Armadas, pela qual elas deveriam conduzir-se "fora e acima das competições partidárias". Tal atitude relativa aos militares se mantém do começo ao fim do período juscelinista.

> Ninguém, nenhuma intriga logrará desviar as nossas Forças Armadas do seu papel glorioso, que é o de garantir a lei e zelar pela integridade e pelo respeito que o país deve merecer não só do estrangeiro, mas também de seus próprios filhos.[20]

> Devo acentuar que a preservação da ordem interna, pelas Forças Armadas, constituiu fator precioso dessa tranquilidade, por que tanto ansiava o nosso povo.[21]

Nesta ocasião, a Escola Superior de Guerra já assumia uma postura crítica a respeito das vigentes instituições políticas do Brasil, por lhe parecerem incapazes de resolver as questões originadas do desenvolvimento econômico e da segurança nacional. Apesar de às vezes suas proposições coincidirem com as do presidente da República em matéria de relações exteriores, a Escola Superior de Guerra produzia no interior das Forças Armadas uma ideologia bem mais ampla. Aludia, por exemplo, ao envolvimento do Brasil com o "mundo livre", representado pelos principais países capitalistas do Ocidente. Por outro lado, sugeria a preparação integral para o conflito entre Democracia e Comunismo, não desconsiderando intervenções na situação político-institucional. Em vista disto, tudo leva a crer que a fidelidade aos princípios presidenciais, no que dizia respeito às Forças Armadas, ocorreu em virtude da autoridade e da habilidade de Kubitschek, mas também em razão do comprometimento de coeso grupo militar com seu governo.

Afinal, não foram poucas as dificuldades nesse campo, durante a fase juscelinista. Um conjunto de acontecimentos bem demonstra a dimensão de tais dificuldades na área militar: a rebelião de Jacareacanga; a prisão de oficiais da PM por assinarem memorial para a reabilitação desta polícia; entrega da espada de ouro ao general Lott nas comemorações do aniversário do 11 de novembro; denúncia por este general da existência de plano conspiratório entre altos oficiais das Forças Armadas; crise na Aeronáutica que levou à nomeação do brigadeiro Francisco de Assis Corrêa de Mello para a direção deste ministério; punição por indisciplina de 80 oficiais da Aeronáutica e a rebelião de Aragarças. Embora sempre recorrendo à anistia aos rebeldes depois de dominá-los, o presidente da República deparou em algumas ocasiões com uma oposição militar bastante audaciosa e insistente. No caso da rebelião de Jacareacanga, realizada em 1956, está clara a rejeição da herança de Getúlio Vargas que, segundo os revoltosos, aparecia na vitória de Juscelino e de Goulart, ocorrida nas eleições presidenciais de 1955. Neste sentido, um dos mais expressivos participantes desta rebelião manifestava a necessidade de "prosseguir na obra de redenção iniciada em agosto de 1954, não se devendo permitir que Lott e seu dispositivo impedissem por mais tempo a ascensão dos legitimamente habilitados a ocupar o Poder". Tais propósitos também ressurgiram em parte na justificativa da rebelião de Aragarças. Tal revolta teve origem no ambiente de desalento, no qual viviam alguns militares, em virtude da renúncia de Jânio Quadros à sua candidatura à Presidência da República, em 1959. Para estes militares, a renúncia (aliás, depois reconsiderada) cortava qualquer possibilidade legal e pacífica de acabar com a corrupção, "institucionalizada há 29 anos", conforme diziam.

Para superar atos de indisciplina e sublevações dentro das Forças Armadas, em certas oportunidades até mesmo com o fim de alterar resultados indesejáveis das eleições, Kubitschek escorou--se sobretudo no grupo militar mais obediente ao general Lott, principalmente com base no Exército. Como ministro da Guerra, o general Lott lançou sua influência sobre o governo juscelinista, sobressaindo-se não apenas na manutenção da disciplina militar como ainda na defesa dos demais aspectos da ordem vigente no país. **O grupo militar de apoio à ação governamental, portanto, não se limitou a cumprir as tarefas relacionadas com a segurança do Brasil.** À medida que a gestão de Juscelino ia atendendo aos interesses das Forças Armadas, aumentava a presença dos militares em cargos de outra natureza, em geral levados pela adesão ao desenvolvimentismo do presidente da República. Deve ser lembrado que no período juscelinista **as despesas militares chegaram a 23% de toda a despesa federal.** Também se deve considerar que, além dos postos militares, membros das Forças Armadas ocuparam cargos na administração civil do governo de Kubitschek, desde chefia de ministérios, interventoria, direção de Territórios, presidência de empresas estatais de mais variada espécie, até a presidência de diversos Conselhos e Comissões, a simples participação neles e em grupos de estudo, de trabalho e de execução.

Juscelino e o apoio militar

Um dos setores ativados no governo juscelinista foi o serviço de inteligência. Já havia o Conselho de Defesa Nacional, organizado em 1927 e destinado à repressão política interna. O presidente Eurico Gaspar Dutra, em 1946, instituiu o Serviço Federal de Informações e Contra-Informações — SFICI, pelo decreto-lei n. 9.775-A, o qual só se tornou realidade com Juscelino Kubitschek.

Em 1956, Kubitschek autorizou funcionários a irem aos Estados Unidos da América conhecer o funcionamento de um órgão de informações. Eram eles o coronel de infantaria Humberto de Souza Mello, o major de cavalaria Geraldo Knack, o delegado José Henrique Soares e o capitão Rubem Bayma Denys, que no retorno ao Brasil montaram o SFICI. Portanto, o SFICI já operava quando Juscelino modificou o Conselho de Segurança Nacional, pelos decretos ns. 44.489-A de 15 de setembro e 45.040 de 6 de dezembro de 1958.

Além de alguns militares citados acima, muitos outros altos dignitários posteriores ao golpe de 1964 frequentaram o SFICI, como o coronel Ednardo D'Ávila Mello (chefe), o coronel Golbery do Couto e Silva (chefe de gabinete do Conselho de Segurança Nacional, a quem o SFICI se subordinava) e o tenente-coronel João Baptista Figueiredo. Com o golpe de 1964; o coronel da reserva Golbery do Couto e Silva criou o Serviço Nacional de Informações — SNI, incorporando o SFICI e transfigurando-o em órgão de inteligência da ditadura militar, agindo num Estado de exceção, como instrumento de combate aos opositores.[22]

Em suma, com o amparo parlamentar e com a proteção da parte das Forças Armadas leal a ele, o governo de Juscelino pôde resistir e vencer as conturbações provocadas pela oposição civil e militar, em especial por aqueles setores oposicionistas mais radicalizados. Tais setores comumente fugiam às regras de convivência da liberal-democracia então estabelecida no país, e apelavam para manobras golpistas. Esta capacidade de dominar situações perigosas ao regime igualmente se revelou em outros momentos da administração juscelinista. Note-se o exemplo das chamadas **"Marchas da Produção"** contra a política cambial do governo, organizadas pelos cafeicultores em maio de 1957 e em outubro de 1958, ambas barradas pelo Exército. Quanto ao movimento trabalhista, a orientação governamental consistia em garantir-lhe relativa liberdade de ação, sobretudo no que se referia às reivindicações econômicas e políticas apresentadas através de sindicatos. Sem dúvida, tal orientação existiu durante a maior parte da gestão de Kubitschek. Mas é preciso dizer que, apesar da inegável influência do vice-presidente da República (João Goulart) e de seus aliados nas questões trabalhistas, o governo procurava normalmente estabelecer relações diretas com os sindicatos, combinando o oferecimento de diálogo com uma maior ou menor iminência de repressão aos desobedientes.

Tome-se o caso da **greve dos 400 mil operários em São Paulo**, sucedida em outubro de 1957. Pouco antes de seu começo, o ministro do Trabalho, Indústria e Comércio (Parsifal Barroso) esteve nesta cidade, realizando conversações com dirigentes operários e empresariais. Como este ministro não conseguiu chegar a um acordo entre eles, a greve irrompeu. Porém, já no terceiro dia de paralisação do trabalho falava-se numa possível intervenção federal no Estado de São Paulo e a polícia foi posta ostensivamente nas ruas. A estas medidas seguiram-se outras, que vinham definir terminantemente os limites consentidos da mobilização operária. Mais uma vez, a greve se dirigiu para o esgotamento, sem alcançar satisfatoriamente seus objetivos. Assim como antes, a eventual pressão das massas populares logo sugeria a necessidade de mantê-la dentro do espaço delimitado pelo poder político. **Portanto, o populismo admitia os reclamos dos trabalhadores e concordava com a influência deles sobre as alianças partidárias, mas preferia colocá-los a distância. Jogava com suas pretensões em nome da ordem vigente e impedia que eles aprofundassem sua participação na luta política.** A administração juscelinista não assegurou nada além disto às massas trabalhadoras das cidades. Nos campos, ela ficou dentro de seus compromissos políticos. **Um dos** líderes das Ligas Camponesas, Francisco Julião, referindo-se à construção de Brasília, observava que seus

> **edifícios foram alicerçados, no sacrifício de centenas de milhares de camponeses, no quinquênio Juscelino Kubitschek, que não teve uma palavra de esperança sequer para o campesinato...**[23]
> [negritos meus]

Finalmente, com tudo isso, não se deve esquecer de que o período de Kubitschek já recebeu o rótulo de "Anos de Confiança", dado por Thomas E. Skidmore. E logo surge a pergunta: confiança de quem? Evidentemente, muitos confiaram nele. Mas é preciso acrescentar que só houve confiança para aqueles que embarcaram, por qualquer motivo, na ideologia do desenvolvimento, segundo o figurino apregoado pelo presidente da República. Por outro lado, sem cair na tentação da nostalgia, quando se anuncia reiteradamente a estabilidade política daquele período, é preciso levar-se em conta o que ela significou. Esta relativa estabilidade política, existente durante o governo de Kubitschek, decorreu de um pacto sobretudo entre latifundiários, empresários e determinados dirigentes sindicais, que conseguiram razoável acolhimento de seus interesses e da ideologia desenvolvimentista dentro de certa porção da população brasileira. Tratava-se de pacto garantido pela confiança e pela eficiência dos militares liderados pelo general Lott. Pensando nisto, já aí se pode falar em prenúncio de desagregação do poder civil, tamanha a importância assumida por membros das Forças Armadas em vários setores do governo.

Os caminhos do desenvolvimentismo juscelinista

Um exame de alguns aspectos da política econômica da gestão de Juscelino Kubitschek acaba levando também à consideração de diretrizes já traçadas ao longo do governo de Café Filho. Após o suicídio de Vargas em agosto de 1954, o vice-presidente Café Filho prestou juramento como presidente da República. Em novembro de 1955, em virtude de doença foi substituído por Carlos Luz (presidente da Câmara dos Deputados), que logo se afastou da Presidência da República por imposição dos militares. Por fim, seu sucessor nesta, Nereu Ramos (presidente do Senado), empossou Kubitschek em janeiro de 1956. **Portanto, entre Vargas e Juscelino, Café Filho foi o presidente da República com maior permanência no cargo, chegando a encaminhar nova orientação à política econômica do país.**

Muito se divulgou sobre o caráter transitório e sobre as vacilações da administração de Café Filho, por vezes com base nas suas próprias palavras. É óbvio que seu governo foi transitório em decorrência das circunstâncias da posse na Presidência da República. Igualmente são claras as vacilações governamentais acima de tudo diante do momento político e da execução da política econômica. Isto não impossibilitou que Café Filho tencionasse pôr em prática uma série de medidas em diversos setores públicos, nem evitou que tomasse decisão de grande importância no âmbito da política econômica. Ele manifestava a aspiração de conter o surto inflacionário, de impulsionar o desenvolvimento econômico e de abrandar os excessos do intervencionismo estatal, embora não desprezasse certo protecionismo para os produtos brasileiros de exportação. Ainda pensava em lançar mão de providências de cunho monetário e fiscal para ordenar a economia brasileira, bem como destacava a necessidade de aprimorar a prestação de assistência técnica e financeira aos municípios. Da mesma maneira, interessava-se pelo projeto de lei referente à taxação dos lucros excessivos, preconizando também inovações na elaboração do orçamento federal.

Em meio a esta profusão de propósitos, Café Filho intercalava outros tantos, nem sempre relacionados entre si, e às vezes bem ambíguos. Quanto à política social, por exemplo, propunha a reforma do sistema previdenciário e manifestava interesse em **pagar aos Institutos da Previdência Social a dívida do governo federal**. No que dizia respeito à administração pública, preocupava-se com o Plano de Classificação de Cargos, que incluía funcionários civis e militares da

União. Em nome da autenticidade dos resultados das urnas, falava em reforma da lei eleitoral. E não se esquecia dos trabalhadores. De um lado, revelava a vontade de disciplinar o direito de greve e, de outro lado, acenava com a esperança de ver solucionado o problema da participação dos empregados nos lucros das empresas. Ora, indiscutivelmente no conjunto da análise realizada pelo governo predominava a gravidade da situação econômica do Brasil, cujo déficit orçamentário em 1954 deveria alcançar 14 bilhões de cruzeiros. Café Filho então aludia ao rumo a ser seguido:

> Convém esclarecer que o governo não descura do problema econômico. A situação no exterior como no interior não permite pensar em novos investimentos de vulto. Cumpre atender, com prioridade, aos graves pontos de estrangulamento da economia nacional, criados pelas distorções inflacionárias e o consequente desvio, para investimentos imobiliários e gastos suntuários, de recursos que deveriam ter sido encaminhados, entre outros objetivos, para os sistemas ferroviário e marítimo, bem como para a produção elétrica. (...) Para isso, além de outras medidas, prosseguem os entendimentos com o Banco Internacional de Reconstrução e Desenvolvimento e, em menor escala, com o Exim-bank dos Estados Unidos da América.[24]

Apesar de sua pouca duração e de perder-se num grupo de variadas propostas para o país, a gestão de Café Filho foi firme na definição de uma linha mestra para a política econômica. Mesmo com sérios percalços na sua execução, ficou evidente que, a partir daí, se rompeu com a política econômica de cunho nacionalista, propugnada por Vargas até o seu suicídio. E talvez se possa afirmar que Kubitschek alargou e esmerou um tipo de política econômica, cujos fundamentos já tinham sido lançados por Café Filho. Este presidente da República nomeou, a princípio, **Eugênio Gudin** como ministro da Fazenda, que se manteve neste posto de agosto de 1954 a abril de 1955. O novo ministro cuidou logo de reabilitar o Plano de Oswaldo Aranha, elaborado durante o período getulista com a finalidade de combater a inflação. Agora, porém, o programa anti-inflacionário somava-se à decisão de abrir a economia brasileira ao capital estrangeiro, permitindo-lhe sobretudo incentivos especiais. Tal era o significado da **Instrução n. 113 da Superintendência da Moeda e do Crédito — SUMOC**, de 17 de janeiro de 1955, assinada por seu Diretor Executivo **(Octávio Gouvêa de Bulhões)**, a partir das convicções do ministro da Fazenda (Eugênio Gudin). O chamado incentivo especial aos investidores externos aí queria dizer, antes de tudo, a concessão às empresas estrangeiras da faculdade de importar sem cobertura cambial. Mas em distintos momentos, outorgou-se ao capital externo outros tantos privilégios, como por exemplo o deslocamento das exportações para o mercado livre, a diminuição de câmbio para as remessas de lucros e as facilidades dadas às empresas estrangeiras pelas instituições oficiais de crédito.

Eugênio Gudin marcou a passagem do grupo de **juristas burocratas** para o grupo de **economistas burocratas**, em termos de política econômica, posicionando-se, na política, como um liberal conservador. Gudin defendeu a não intervenção estatal na economia, mesmo no caso do subdesenvolvimento. Realmente, aplicou princípios clássicos às economias subdesenvolvidas. Cria na existência de pleno emprego e não na existência de desemprego na economia brasileira, **avizinhando-se da ortodoxia monetária do Fundo Monetário Internacional — FMI**. Assim se colocava como opositor teórico dos desenvolvimentistas brasileiros de orientação nacionalista, propugnando pelo controle da inflação de custos decorrentes de aumentos de salários e pela redução de excesso de demanda, que repercutia na expansão do crédito e em déficits orçamentários públicos. Rejeitava o planejamento e evitava o aumento de tributação.

Octávio Gouvêa de Bulhões, como Eugênio Gudin, transportou para o Brasil o pensamento de economistas de outros países, organizando órgãos regulatórios monetários, principalmente a **Superintendência da Moeda e do Crédito — SUMOC, precursora do Banco Central do Brasil**. Sugeria sobretudo a estabilidade monetária, o combate à inflação, o benefício ao capital estrangeiro, a limitação da empresa estatal, certo planejamento e algum protecionismo, reforçando a tendência agrícola da economia brasileira e opondo-se a providências industrializantes. Com diferenças, Eugênio Gudin e Octavio Gouvêa de Bulhões foram vistos como os líderes dos pensadores neoclássicos no Brasil da época, embora Roberto Campos tenha sido igualmente um dos ilustres cultores do pensamento ortodoxo conservador, nos anos de 1950 e depois deles.

O sucessor de Eugênio Gudin no Ministério da Fazenda, José Maria Whitaker, pouco fez, consumindo seus esforços no abrandamento da política monetária até então praticada. Porém, consumiu-os sobretudo na apresentação da proposta de reforma cambial elaborada por ele, aliás um intento que não passou nem no Ministério de Café Filho. O substituto de Whitaker como ministro da Fazenda foi Mário Câmara, praticamente continuador da tendência precedente, voltada para a atenuação da política monetária. Tudo isto merece ser lembrado, ao menos para realçar o fato de que somente em agosto de 1957, já em pleno governo de Kubitschek, a lei das tarifas aduaneiras acabou apenas com o privilégio da remessa de lucros ao exterior, através de benevolentes taxas de câmbio. Nada mais se alterou com o governo de Juscelino Kubitschek. As demais trilhas abertas ao capital estrangeiro, no período de Café Filho, medraram na política econômica da gestão juscelinista, ganhando novo vigor e novas dimensões.[25] Nesta gestão, falou-se em fortalecer o capital nacional, mas indiscutivelmente o maior empenho se dirigiu para a conquista de investimentos externos, em particular de auxílio dos Estados Unidos. Pouco depois do pleito de outubro de 1955, altos funcionários norte-americanos regozijavam-se com "a notícia de que o presidente eleito do Brasil, Juscelino Kubitschek, deu garantias de seu desejo de aumentar o nível econômico de seu país". A bem da verdade, no que se referia à ajuda norte-americana, Juscelino vagueou de uma opinião a outra. Confiava e depois desconfiava, para em seguida tornar a acreditar na boa vontade dos Estados Unidos, com relação ao desenvolvimento latino-americano (e principalmente ao brasileiro), por sinal fundamento da Operação Pan-Americana — OPA.

> Deus louvado, não estamos em desacordo com nenhum ponto essencial com a nação norte-americana, embora muitas coisas precisem ser discutidas...[26]

> Com os Estados Unidos, é com a maior satisfação que registro um nítido revigoramento de nossas relações, que, num plano de renovada franqueza e cordial compreensão, passam a corresponder a nossa tradicional amizade.[27]

> Não há dúvida de que os Estados Unidos... têm cooperado com os países americanos. Entretanto, é preciso que se diga com toda a franqueza não ter sido até agora suficiente essa cooperação já que a América Latina continua imersa em claros círculos viciosos de estagnação econômica. (...) Atribuir aos investimentos privados o papel de iniciar o desenvolvimento, ou de acelerá-lo suficientemente nos seus estágios primários, só poderá levar às imensas frustrações que hoje caracterizam o corpo socioeconômico latino-americano.[28]

Mas, naturalmente, no tempo da administração juscelinista, a procura de novas inversões de capital estrangeiro fazia-se acompanhar dos encantos gerados pela planificação econômica e pelo desenvolvimento. Bem antes de sua escolha para presidente da República, ainda em maio de 1955, Kubitschek ressaltava que "nada se pode fazer sem planificação", proclamando-a um assunto de sua preferência, já bastante mencionado por ele nos pronunciamentos. Também no fim do primeiro ano de governo, em discurso perante a Escola Superior de Guerra, de novo dizia da importância de planificar, destacando que nenhuma nação conseguiria dar solução a seus problemas, sem o planejamento. A apologia da planificação perdurou por toda a sua gestão, a ponto de anunciar em 1960 que não desmereceu da expectativa criada pelas metas apresentadas por ele. Na oportunidade, em meio a elogios às obras governamentais, Juscelino louvava igualmente o fato de, pela primeira vez, haver um plano nacional em execução no Brasil. Segundo o presidente da República, ao término de sua administração, o país poderia concluir a industrialização em bases mais modernas, ficando a construção de Brasília como o ato inicial da revolução do desenvolvimento.

O **Programa de Metas do Presidente Juscelino Kubitschek** combinava recursos públicos e privados na realização de seus projetos, os quais deveriam concretizar-se em épocas distintas, uns ainda dentro de seu governo e outros 5 a 10 anos mais tarde. Tal Programa continha 30 setores tidos como prioritários, para onde se concentrariam maciços investimentos. Os 30 setores estavam distribuídos da seguinte forma: 5 metas para energia, 7 metas para transportes, 6 metas para alimentação e 12 metas para indústria de base. Procurando atingir estas metas, por meio da execução de obras e através da ampliação ou do estabelecimento de indústrias e de serviços essenciais, Kubitschek visava acima de tudo a promover o "equilibrado desenvolvimento econômico do país". Para tanto, um dia depois de sua posse na Presidência da República, em 19 de fevereiro de 1956, ele criou o **Conselho de Desenvolvimento**, destinado a desempenhar a função de coordenador das atividades decorrentes do Programa de Metas. Além do financiamento interno das metas, o qual em estimativa de 1958 para seis anos (de 1956 a 1961) comprometia o orçamento federal (39,7%), o orçamento dos Estados (10,4%), algumas entidades públicas (14,5%) e recursos pertencentes a empresas privadas ou a sociedades de economia mista (35,4%), o governo juscelinista incentivava a entrada de capital estrangeiro no Brasil.

Afinal, em 1958 calculava-se em um bilhão e trezentos milhões de dólares a aplicação necessária de capital externo para a consecução do Programa de Metas, que já recebera oitocentos e trinta e oito milhões de dólares no biênio 1956/1957. Em se tratando de um plano dominantemente econômico, com a finalidade de "dotar o país de uma infra e superestrutura' industrial e modificar sua conjuntura econômica", não há dúvida de que o Programa de Metas se reduziu bem a isto. Aliás, ele se reduziu a isto, concedendo na meta 30, um mínimo interesse ao que denominou de "social", ao mencionar a formação de pessoal técnico.

Dizia o Programa de Metas:

A conclusão é simples: a infraestrutura econômica deve ser acompanhada de uma infraestrutura educacional e, portanto, social.

A meta constitui propriamente um Programa de Educação para o Desenvolvimento.[29]

Na realidade, não se pode negar que, com o Programa de Metas, o Brasil veio a construir, como se diz, "uma estrutura industrial integrada", através de renovada atuação do Estado no campo econômico. Tal acontecimento tem sido repisado com muita frequência. Mas deve-se acrescentar que, com isto, o âmbito do chamado tratamento técnico se dilatou demasiadamente, transformando-se inúmeros problemas de cunho político em meros artifícios fornecidos pelo tecnicismo. Portanto, parece certo que, com o apoio da aliança política responsável pela manutenção do governo juscelinista, o Programa de Metas constituiu *uma* resposta brasileira às propensões do capitalismo mundial da época. E mais: significou sobretudo reduzir o desenvolvimento econômico apenas à industrialização, sem se preocupar com a emancipação econômica ou com muitas questões políticas, sufocadas pelo tecnicismo.

O desenvolvimentismo do presidente da República funcionou como antídoto para todos os males nacionais, apregoado por ele e por seus adeptos, que às vezes não pouparam esforços para requintar tal ideologia. E é justo reconhecer a elevada dedicação de alguns no cumprimento desta tarefa. Afinal, Kubitschek habitualmente falava de desenvolvimento, no período de sua eleição e ao longo de seu governo, chegando a dizer que "o desenvolvimento do Brasil é uma condição ligada a nossa sobrevivência". Procurava demonstrar de várias maneiras as vantagens do desenvolvimento, apelando até mesmo para o poder da fé.

> O desenvolvimento, na medida em que se acelera, reduz os conflitos internos do sistema econômico-social e dilui a força reacionária e egoísta dos interesses estabelecidos. A certeza de que haverá eventualmente o bastante para todos, elimina a necessidade que se apresenta aos indivíduos nas economias estagnadas, de lutar ferozmente pela posse de migalhas e facilita a prática da justiça social.[30]

> Precisamos crer que ninguém é bastante forte para desviar o Brasil de seu caminho, que nenhuma influência maléfica será capaz de impedir o surto de nosso desenvolvimento.[31]

Esta construção ideológica do desenvolvimento encontrou no Instituto Superior de Estudos Brasileiros — ISEB um de seus centros mais expressivos, no que dizia respeito à sua produção, ao seu aprimoramento e à sua divulgação. Criado em 14 de julho de 1955 pelo presidente Café Filho, tal Instituto existiu até o dia 13 de abril de 1964, quando foi abolido pelo então presidente Paschoal Ranieri Mazzili, no poder em virtude do golpe de Estado de 1964. O Instituto integrava o Ministério da Educação e Cultura, subordinando-se diretamente ao próprio ministro. Enquanto durou, o ISEB apresentou momentos distintos, quanto à temática preferida pela maioria de seus membros e às tendências ideológicas dominantes entre eles. Em meio a enormes tropeços decorrentes de conflitos internos, das radicalizações e das defecções, presentes em sua existência, ele somente veio a sucumbir através de um ato de força. É possível afirmar, no entanto, que o ISEB se salientou principalmente durante as gestões de Juscelino Kubitschek e de João Goulart.

O ideário do desenvolvimentismo juscelinista recebeu críticas dentro do Instituto, mas sem dúvida as adesões a esta ideologia tomaram vulto e marcaram época. Do muito que se tem falado e escrito sobre o ISEB, aqui merece atenção o real sentido de grande parte das explicações dadas à concepção de desenvolvimento, geradas no campo de influência do Instituto. Para tais explicações, o pensamento desenvolvimentista revestia-se dos critérios de veracidade e de objetividade,

■ Presidente JUSCELINO KUBITSCHEK

Juscelino Kubitschek (1956-1961), conhecido como JK, desfilando durante a construção de Brasília, acompanhado de seu séquito. Construiu a nova capital federal, Brasília, lançou o Plano Nacional de Desenvolvimento (Plano de Metas) e ampliou o mercado interno. Financiou a construção da indústria automobilística e da indústria naval, ampliando a indústria pesada, as usinas siderúrgicas e as usinas hidrelétricas, criando ainda a SUDENE (Superintendência de Desenvolvimento do Nordeste). Em seu governo, o incentivo à indústria automobilística e às rodovias, em irrecuperável prejuízo das ferrovias, causou grande mal ao País, que seria mais bem servido por rede ferroviária. Transmitiu aos governos posteriores inflação elevada, queda de salários e enorme dívida externa para a época.

assumindo ao mesmo tempo o caráter de *práxis*. A nível lógico, partia-se do pressuposto de que, na efetivação do desenvolvimento brasileiro, a aliança de classes aconteceria política e ideologicamente. Garantida, portanto, em nível lógico a paz social, representada pela ausência de luta de classes e de perigosa luta ideológica, bastava somente vislumbrar o significado da prática respectiva. Assim, em nível histórico, concedia-se ao desenvolvimentismo a força capaz de incentivar e de provocar a industrialização. Entendendo-se a ideologia do desenvolvimento como dominante no país, entendia-se simultaneamente que os interesses básicos das massas populares já estavam representadas nela, pondo-se de lado a possibilidade de estas massas terem um projeto próprio para satisfazer suas carências. Por conseguinte, a aliança de classes, o desaparecimento de graves antagonismos ideológicos e a firme crença no desenvolvimento conduziriam tranquilamente à industrialização do Brasil.

O ISEB, apesar disso, não se transformou em simples arauto do governo juscelinista e da classe dirigente da ocasião, como poderia ser pensado em algum momento, a partir de qualquer compreensão mais simplista daquele órgão. Sua produção intelectual foi variada e deve-se atentar para o fato de que o Instituto gozou de relativa autonomia perante o Estado. Mesmo visto desta maneira, porém, não se pode negar que pregou o desenvolvimento econômico do país, dentro do capitalismo e às vezes até dentro do capitalismo nacional. Tal exaltação do desenvolvimento aparecia em escritos onde os critérios de verdade se fundamentavam nos princípios científicos. Mas, transfigurando-se em ciência sem sê-lo realmente, revelando-se de forma variada e fazendo uso de sua relativa autonomia diante do Estado, nem por isto o pensamento desenvolvimentista do ISEB se distanciou muito da doutrina desenvolvimentista de Kubitschek, em particular em determinados pontos essenciais. Um e outro diluíam as diferenças de classe em nome das necessidades de todo o país. Ambos restringiam à mera industrialização e ao intenso aumento de produtividade a concepção de desenvolvimento. Ambos queriam dizer que o desen-

A REPÚBLICA BRASILEIRA — 1951–2010

volvimento apenas deveria ocorrer dentro do domínio da lei, com patrões e empregados resolvendo pacificamente seus litígios, através de instituições criadas para esta finalidade. Tratavam, enfim, de uma ideologia da ordem, destinada a inspirar a industrialização do Brasil.[32] De sua parte, Juscelino procurava empreender seu projeto industrialista, orientado para diversas regiões do território brasileiro, até mesmo para aquelas que dispunham de condições mais difíceis para isto. De acordo com ele, a industrialização envolvia crescente elevação de produtividade.

Nos primeiros meses de governo, Kubitschek declarava:

Ocorreu-me agora outra promessa da campanha eleitoral — e como não renego as promessas feitas e as transformo fielmente em compromissos, reafirmo a minha ideia de fazer de uma região centro do Nordeste um outro Estado de São Paulo. Aproximação nada arbitrária ou fantástica. E a fiz com o pensamento na capacidade de industrialização do Nordeste... .

Enquanto na parte final de sua gestão, continuava a repetir:

Aos que pensam que o Brasil deve parar a fim de pôr a casa em ordem, respondo que nosso país deve arrumar a casa produzindo, trabalhando, exigindo de seus filhos um esforço mais racional e um maior rendimento de produção.[33]

A esta altura, seria o caso de se verificar as repercussões da política econômica do governo juscelinista. Levando-se em conta a comparação entre três décadas (de 30, de 40 e de 50), constata-se peculiar crescimento do valor da produção em geral nas duas últimas. Para se ter ideia deste crescimento, basta considerar-se o ano de 1940 com o índice igual a 100, ficando então o ano de 1950 igual a 189 e o ano de 1960 igual a 314. Observada desta maneira, desde logo se nota que, com referência à década de 1930, a expansão do valor da produção em geral no Brasil foi mais de dois terços maior nos anos 1940 e quase o mesmo se deu nos anos 1950. A peculiaridade, porém, encontra-se no aumento do valor da produção industrial daquele período (1940 = 100, 1950 = 186, 1960 = 291), que praticamente acompanha a elevação do valor da produção em geral.

Isso aparece na administração de Juscelino Kubitschek. Ao longo dela, não há dúvida de que os índices de crescimento real do Brasil se apresentaram os mais altos e estáveis da década de 1950, excetuando-se o primeiro ano de sua gestão. Partindo de baixo índice de crescimento real em 1956 (que se fixou em 1,9), Kubitschek conseguiu elevá-lo a mais de 6,0 nos outros anos de seu governo, alcançando até o índice de 7,3 em 1959. Tal sucesso se revelou na indústria automobilística, uma de suas criações celebradíssimas pelo presidente da República, onde o total de veículos fabricados no país aumentou mais de 4 vezes (de 30.700 a 133.078), entre 1957 e 1960. As companhias mistas, também conhecidas como empresas estatais, em geral não ficaram fora do ímpeto expansionista da economia brasileira da época. Entre 1956 e 1959, as empresas estatais passaram de 3,9% a 6,3% da renda gerada no setor industrial. Ainda neste espaço de tempo, os bancos públicos elevaram sua participação de 39% a 53% da renda gerada no setor financeiro. Apenas ocorreu um declínio no caso das empresas estatais de transporte, as quais de 7,4% em 1956 caíram para 5,7% da renda do setor em 1959.

Igualmente a gestão de Juscelino foi bem-sucedida no apoio recebido do capital estrangeiro, a fim de suprir suas necessidades de investimento. Tal auxílio se mostrou inexpressivo em 1955 (ano anterior a sua posse) e em 1956 (ano do início de seu governo), quando só 29 milhões de dólares entraram no Brasil durante todo esse tempo. Mas a inversão externa de capital avolumou-se a partir de 1957, chegando a atingir 522 milhões de dólares em 1960. É importante ainda atentar para os recursos estrangeiros que se destinavam à concretização do Programa de Metas. Havia 30 metas no referido Programa, distribuídas pelas áreas de energia, transportes, alimentação e indústria de base, que continha em si na última meta a educação para o desenvolvimento. Destas metas, entre os anos de 1956 e 1958, por exemplo, o capital externo se concentrou sobretudo na indústria de base e nos transportes, vindo em seguida no interesse dos investimentos oriundos do exterior a área de energia e, em último lugar, a de alimentação. Não se registrou qualquer aplicação de capital estrangeiro diretamente na educação. Também no que diz respeito aos lucros declarados pelas sociedades anônimas do setor industrial, pode-se assinalar franco crescimento ao longo da administração de Kubitschek. Em 1956, 3.794 empresas industriais indicavam 16,9% de lucros sobre o seu capital, ao passo que, em 1958, 3.432 empresas iguais apontavam 24,9% de lucros, enquanto em 1960, 2.642 das mesmas empresas anunciavam 29,7% deles.

Ora, esse festival de triunfos econômicos, normalmente expostos com grande alarde e com muito mais pormenores pelo presidente da República, não se instalou sem surgirem outras realidades menos exultantes. Aliás, até mesmo os mencionados lucros declarados pelas sociedades anônimas do setor industrial são passíveis de reparos, pois não se pode desconhecer que o aumento de tais lucros nascia também de pressões altistas, provocadas pelas grandes empresas, especialmente pelas de cunho monopolista. Parece haver coincidência, nesta época, entre a aceleração da velocidade das altas dos preços e o crescimento dos lucros declarados pelas sociedades anônimas do setor industrial. Não se reduzia unicamente a isto a crítica da política econômica de Kubitschek. Note-se a manifestação contra a desnacionalização das empresas brasileiras em 1958, por parte da própria Confederação Nacional da Indústria. Suas alegações se baseavam em acontecimentos reputados muito graves, de acordo com o entendimento dela. Eram eles "a quebra dos princípios protecionistas" do setor industrial do país, a importação de máquinas que poderiam ser fabricadas no Brasil e a concorrência das corporações estrangeiras com as nacionais, as primeiras aproveitando-se do "favor do custo cambial para sua maquinaria", através de "gastos de divisas".

Em se falando de oposição ao governo, então a situação despontava acima de tudo desfavorável para Juscelino. Dois artigos oposicionistas de orientações bastante diferentes entre si, apresentavam certos aspectos do que intitulavam de legado do governo juscelinista. Por exemplo, um deles (de janeiro de 1960), tratando da inflação do período, colocava a sua causa fundamental na "emissão descontrolada do papel-moeda", cujo meio circulante pulou de 69 bilhões para mais de 156 bilhões de cruzeiros, elevando-se acima do dobro durante quatro anos da gestão de Kubitschek (de 1956 a 1959). Por seu lado, o outro artigo (de agosto de 1960) **punha às claras o significado verdadeiro do desenvolvimentismo, através dos compromissos bancários do Brasil no estrangeiro, lembrando apenas as obrigações nas quais o governo federal tomava parte. O total da dívida com o exterior alcançava um bilhão e quinhentos e sete milhões de dólares, a serem pagos pelo país da seguinte maneira, ainda no final da administração juscelinista e depois dela:** 364 milhões de dólares em 1960 (último ano de sua gestão), 331 milhões em 1961, 271 milhões em 1962, 234 milhões em 1963, 177 milhões em 1964 e finalmente 130 milhões de dólares em 1965. Tratava-se de panorama nada animador para os brasileiros, apesar dos arroubos desenvolvimentistas do presidente da República e de seus partidários.

Mas as dificuldades econômicas se revelavam também nos motivos apresentados para a renúncia de, ao menos, dois ministros da Fazenda, pertencentes ao governo de Kubitschek. Quando este governo se iniciou, coube a José Maria Alkmim aquele Ministério, o qual ocupou até junho de 1958. Ao deixá-lo, Alkmim sofreu duras críticas porque a ele se atribuíam responsabilidades por não ter conseguido mais financiamentos internacionais, por permitir a elevação da taxa de inflação e pelo crescente déficit no balanço de pagamentos. Seu sucessor como ministro da Fazenda, Lucas Lopes, permaneceu neste posto até julho de 1959. Logo após a sua posse, com o amparo de uma assessoria, Lucas Lopes formulou um programa de estabilização, visando a atingir sobretudo a estabilização monetária, para que o desenvolvimento se cumprisse dentro de boas condições socio-econômicas. Supunha-se que tal programa de estabilização deveria estar em harmonia com o Programa de Metas. A realidade mostrou a impossibilidade disto.

O próprio presidente da República acabou por escolher caminho contrário à proposta estabilizadora, ao romper as negociações com o Fundo Monetário Internacional (FMI), em junho de 1959. Decidindo-se pela continuação do Programa de Metas, ele pôs de lado os argumentos anti-inflacionários de Lucas Lopes, que deixou o cargo em julho de 1959. O novo ministro da Fazenda, **Sebastião Paes de Almeida**, acompanhou o presidente da República até o final de seu mandato, atuando de acordo com a preferência presidencial em matéria de economia.[34] Estas incoerências demonstravam a presença de notáveis estorvos na realização da política econômica de Juscelino, da qual também não estava ausente um certo palavrório favorável ao controle da inflação, em especial quando ele aludia ao desenvolvimento. **Isto se vê claramente na "Comunicação Conjunta de Julho de 1956", firmada pelo "Export--Import Bank" e pela Missão Econômica Brasileira, dirigida por Lucas Lopes.** Aliás, em se falando de desenvolvimento, não se propalava apenas a necessidade de dominar a inflação, mas ainda a necessidade de capitalizar o Brasil, sobretudo através de facilidades fornecidas ao capital estrangeiro.

> O "Export-Import Bank" e a Missão Econômica Brasileira concordam que a adoção de meios capazes de controlar a inflação se reveste de ainda maior urgência e importância, em face das perspectivas recém--abertas financeiras e externas ao programa econômico do presidente Juscelino Kubitschek. (...) O "Export-Import Bank" tem manifestado interesse no desenvolvimento industrial do Brasil e estuda com particular atenção as metas de produção industrial que fazem parte do programa de desenvolvimento do presidente Kubitschek. O "Export-Import Bank" tem ciência de que grande parte do programa industrial será realizado por empresas particulares.[35]

Art. 76 — De conformidade com as normas estabelecidas pelo Conselho da Superintendência da Moeda e do Crédito, a Carteira de Comércio Exterior poderá autorizar o licenciamento de importações sem cobertura cambial, que correspondam a investimentos de capital estrangeiro no país, sob a forma de capital de participação, representados por máquinas e equipamentos que se destinem à montagem de unidade industrial ou, excepcionalmente, à complementação ou modernização de empresa já em funcionamento.[36]

Outros aspectos da política econômica, levada adiante na gestão juscelinista, em seguida carecem de algum destaque. Verifique-se o caso das importações brasileiras no período. Entendendo-se sempre o ano de 1957 com o índice igual a 100, observa-se que a importação de petróleo bruto aumentou muito pouco (passando de 91,8 para 102,4), decrescendo tanto a importação de seus derivados (indo de 117,6 para 100,3), como a de gêneros alimentícios (exceto o trigo) e de bebidas (regredindo de 94,7 para 62,7), ao longo da fase que vai de 1956 a 1960. Dentro de iguais critérios, o que mais se importou nestes anos foram acima de tudo máquinas, equipamentos, veículos e acessórios (cujos índices mudaram de 58,3 em 1956 para 101,4 em 1960), assim como o trigo (cuja importação se elevou de 102,3 em 1956 para 140,2 em 1960). Por outro lado, devem ser registradas também as tendências exportadoras, manifestadas pela economia brasileira da época. Entre 1957 e 1959, os maiores compradores dos produtos do Brasil no exterior, levando-se em conta a percentagem baseada no valor em dólar, concentravam-se num grupo de países, como os Estados Unidos (41,3%), a Alemanha (6,8%), a Grã-Bretanha (6,7%) e a Argentina (6,6%), dentre outros menos relevantes, que aqui adquiriam sobretudo café (57,9%), cacau (5,6%), madeira (3,9%), açúcar (3,7%) e minério de ferro (3,3%).

Talvez nem valha a pena analisar mais detidamente as diferenças constatadas no intercâmbio comercial entre o Brasil e os demais países. Parece tão claro o fato de que aqui se compravam principalmente produtos do setor agrícola e do setor extrativo, enquanto se buscavam lá fora em particular mercadorias fornecidas pelo setor industrial, além do trigo, que diversos países do mundo ofereciam. Isto não tem sido mais do que segredo de polichinelo, cansativamente sugerido. Porém, assim mesmo, cabe nesta oportunidade a lembrança da progressiva queda dos preços médios do café no mercado de Nova York. Posto como o melhor produto brasileiro de exportação na época, seus preços médios se aviltaram. Com o índice 100 em 1954, o preço médio do café em Nova York passou a 74 no ano de 1956 (no início do governo jus- celinista), descendo até o índice 47 no ano de 1960 (ao encerrar-se tal governo). Eis o que se pode denominar de brilhante negócio para os outros; troca-se café, a preços médios deteriorados, contra especial- mente produtos industriais, a preços médios em elevação.

Os chamados "anos JK" expõem a sua face mais cruel quando se toca em determinados pontos relativos à distribuição da renda. O recenseamento de 1960 apontara o total de 70.119.071 pessoas no país e, por exemplo, mostrava também que a população remunerada se compunha apenas de 19.728.056 brasileiros. Meditando sobre tal censo, logo se verifica quão pequena era a população remunerada, nada condizente com os suspiros desenvolvimentistas do presidente da República. Mas o quadro torna-se mais pungente ao deter-se na distribuição da renda desta população capaz de receber alguma coisa. Tomando-se como linha divisória o maior salário mínimo vigente (Cr$ 6.000,00) na época do censo (1959-1960), chega-se à triste conclu- são de que somente 29,67% da população remunerada ganhava Cr$ 6.001,00 ou mais do que isto, enquanto os 70,33% restantes no máximo atingiam o valor do salário mínimo. Ora, esta enorme parte dos que mal alcançavam o valor do salário mínimo teve de conviver, além de tudo, com a tendência altista do custo de vida, existente du- rante a administração de Kubitschek.

Já em 1959, quase no final de seu governo, acontecia a mais violenta alta do custo de vida desde o término da Segunda Guerra Mundial. Isto se evidenciou, por exemplo, na elevação do custo de vida em São Paulo e no Rio de Janeiro (Distrito Federal até abril de 1960 e depois Estado da Guanabara). Para se apreciar tal crescimento, considera-se o ano de 1948 com o índice do custo de vida igual a 100. Em São Paulo, cujo índice era 292 em 1956, ele passou a 550 no ano de 1959. No Rio de Janeiro, o aumento do custo de vida ficou ainda mais flagrante nesta fase pois, se o índice era 313 em 1956, ele atingiu 580 no ano de 1959. Portanto, no espaço de tempo de 9 anos (1948 a 1956), o custo de vida subiu quase 2 vezes (192 pontos) em São Paulo, e ultrapassou 2 vezes (213 pontos) no Rio de Janeiro. Ao longo de 4 anos (1956 a 1959) da gestão de Juscelino, o custo de vida cresceu mais de 2 vezes e meia em São Paulo (258 pontos) e no Rio de Janeiro (267 pontos). Talvez não seja exagero ponderar que aí está também um ângulo do desenvolvimentismo, ofertado por Kubitschek aos brasileiros, em particular a aquela imensa maioria que mal chegava a perceber o valor do salário mínimo vigente.

Aliás, eis um ângulo do desenvolvimentismo juscelinista igualmente de especial interesse, aqui mencionado nos dois principais centros urbanos do país. Indiscutivelmente, na época muito se aludia na imprensa à alta do custo de vida. É o caso de uma publicação, ao apresentar lista comparativa dos preços dos gêneros de primeira necessidade. Para esta publicação, a lista "dá uma ideia exata do que tem sido a 'meta' do custo de vida". No Rio de Janeiro, aumentara o preço de inúmeros produtos, tais como o feijão (de Cr$ 10,00 em 1956 para Cr$ 80,00 em 1959), a batata (de Cr$ 8,00 em 1956 para Cr$ 25,00 em 1959), o arroz (de Cr$ 13,00 em 1956 para Cr$ 35,00 em 1959), a manteiga (de Cr$ 74,00 em 1956 para Cr$ 190,00 em 1959), o charque (de Cr$ 42,00 em 1956 para Cr$ 110,00 em 1959), a carne (de Cr$ 40,00 em 1956 para Cr$ 100,00 em 1959), a banha, os ovos, o pão e o leite. De outra parte, a oposição ao governo condenava da mesma forma a inclinação altista do custo de vida. Em cada oportunidade que se abria, tal assunto era debatido, como na resposta ao discurso do presidente da República, no qual ele comemorava o quarto aniversário de sua posse. As reais intenções oposicionistas nem sempre primavam pelo respeito aos princípios da liberal-democracia do regime instituído.

A REPÚBLICA BRASILEIRA — 1951–2010

Ainda assim, deve-se levar em conta as declarações de um deputado da UDN ao refutar as afirmativas presidenciais naquela ocasião, ressaltando que **Juscelino Kubitschek "esquecera do indivíduo — a grande vítima do seu governo, pois lhe dera em quatro anos quarenta de sofrimentos"**.

No que diz respeito aos **salários**, constata-se a propensão para reiterados aumentos. Durante a administração juscelinista, três elevações do salário mínimo foram autorizadas no Brasil: em agosto de 1956 (Cr$ 3.800,00 mensais), em janeiro de 1959 (Cr$ 6.000,00 mensais) e em outubro de 1960 (Cr$ 9.600,00 mensais). Tais aumentos ganham certa importância, quando se atenta para o fato de que, até então, Kubitschek estabeleceu o maior número de alterações no salário mínimo num só período governamental. Em 20 anos (de 1940 a 1960), promoveu três modificações no valor do salário mínimo, permitindo o aumento de 1956 depois de mais de 2 anos, pois os governos entre ele e Vargas nada fizeram neste sentido. Nem mesmo este crescimento expressivo do salário mínimo, geralmente em torno de 60% em cada uma das elevações realizadas, colocou os trabalhadores urbanos em situação tranquila. Diante da vertiginosa subida do custo de vida, quando muito os aumentos salariais conseguiam reparar as perdas sofridas no poder aquisitivo de certa parcela dos trabalhadores, por sinal aqueles que chegavam a receber influência das mudanças do salário mínimo. Quem possivelmente conquistou algo mais em termos salariais, acima das altas do custo de vida, comumente figurava como operário qualificado, a serviço das novas indústrias, nascidas sobretudo da política econômica de Juscelino.[37]

Inegavelmente, ele se esforçou por implantar novas condições propícias à expansão e à diversificação da economia brasileira. Para isto, o governo juscelinista veio a intervir intensamente no domínio econômico e; mais ainda, aprimorou a máquina administrativa. Atuou dentro da burocracia oficial já existente e fugiu de conflitos abertos com interesses já tradicionais, sobretudo representados no Congresso Nacional. Mas gerou, por outro lado, o que tem sido chamado de **administração paralela**. Então, muitos dos velhos órgãos administrativos continuavam reservados aos interesses dos antigos grupos dominantes, fervorosos adeptos da política de clientela. A administração paralela procurava dar dinamismo ao processo econômico, sem contrariar suas raízes tradicionais. Desta maneira, tal administração se utilizava de uma parte das instituições pertencentes à burocracia pública de antes da posse de Kubitschek, tais como a CACEX (ligada ao Banco do Brasil), o BNDE e a SUMOC. O caráter inovador da administração paralela, no entanto, assentava em órgãos novos, executivos ou de assessoria, tais como os Grupos de Trabalho (por exemplo: o nº 1, que cuidava da revisão das leis concernentes à energia elétrica); os Grupos Executivos (por exemplo: o Grupo Executivo da Indústria Automobilística — GEIA, o Grupo Executivo de Assistência à Média e Pequena Empresa — GEAMPE; o Conselho de Desenvolvimento; o Conselho de Política Aduaneira — CPA; a SUDENE, dentre outros. Esta renovação de determinados setores da administração do Estado fez-se acompanhar de "avassalador empirismo", a tal ponto que não chegou a "libertar-se do sistema de esperar a ocorrência dos problemas para então tentar resolvê-los de qualquer modo". Exemplificando, diz-se que "o sucesso da indústria automobilística, em certo momento, foi empanado pela escassez de chapas de aço e borracha".[38]

Isso, por sinal, igualmente sucedia com Juscelino. No que lhe diz respeito, em suas manifestações ao país o presidente da República perambulava de um ponto a outro, ao mencionar a inflação, o custo de vida, o salário mínimo e a crítica das diretrizes econômicas de seu governo. No curso de sua gestão, Kubitschek andou entre promessas e desabafos.

Em 1956, anunciava:

> O meu ideal de governo, e que atingirei, é estabilizar dentro de alguns meses os novos salários e os novos preços, não permitindo mais daí por diante que continue a crescer e desdobrar-se em outras etapas corridas o volume da onda inflacionária. E a batalha contra a inflação é a minha batalha por excelência, é a batalha do meu governo.[39]

A REPÚBLICA BRASILEIRA — 1951–2010

Em 1959, desafogava-se:

Em primeiro lugar, é de meu dever salientar que não temos o triste privilégio ou o monopólio do custo de vida em alta. De certa maneira, em todos os países do mundo, a começar pelos mais afortunados e poderosos, o mesmo fenômeno se observa.[40]

Mas em 1960, no fim do seu período presidencial, ocupava-se com o que agora achava essencial:

Essa realidade leva à conclusão de que a inflação que atravessamos não tem importância; o que importa é produção.[41]

Excluídas as denominadas habilidades ou improvisações presidenciais, tão decantadas em muitas páginas de admiradores, os rumos da política econômica de Juscelino Kubitschek aí estão. Encaminharam-se várias metas programadas (em geral, dirigidas à realização de grandes obras e à maciça capitalização do Brasil, particularmente através do investimento estrangeiro), mas despontaram também outras situações, bem menos apregoadas. Estas situações indesejáveis se exprimiam, antes de tudo, nas precárias condições de vida da maioria da população brasileira. E o que é mais dramático, o desenvolvimentismo do presidente da República encontrava nestas patéticas condições de vida sua razão de ser, embora na realidade viesse a agravá-las em inúmeros aspectos fundamentais.

O bem-estar social no governo de Kubitschek

Café Filho — Educação

Antes de se ponderar sobre aspectos da política social da gestão de Juscelino Kubitschek, também aqui é bom se tocar nas diretrizes estabelecidas por Café Filho. Ele apontou inúmeras carências da população brasileira, às quais propunha imediatas decisões a serem tomadas pelo governo federal. Para se ter ideia, vejam-se algumas delas. No âmbito da **Educação**, o presidente Café Filho fixou objetivos para o ensino primário, para o ensino médio e para o ensino superior, além de outras deliberações na área. Quanto ao ensino primário, pretendia criar novas escolas especialmente na zona rural e incentivar o preparo de professores. No que dizia respeito ao ensino médio, falava em fornecer à juventude uma **educação integral**, ao mesmo tempo em que defendia a ampliação da rede escolar e acenava com a possibilidade da assistência direta do governo federal às escolas, aos professores e aos alunos. O ensino superior não ficava atrás em matéria de promessas. Desejava consolidar as instituições universitárias já existentes e disciplinar os auxílios a elas. Do mesmo modo, não se descuidou de outras atividades educativas, como por exemplo a **Campanha Nacional de Educação de Adultos**, prevendo a instalação de 15.300 novos cursos em seu prosseguimento.

Café Filho — Saúde Pública

Café Filho se deparava igualmente com as questões de **Saúde Pública**. Lembrava que o Ministério da Saúde fora montado em 1953, a partir do desmembramento do antigo Ministério da Educação e Saúde. Era, portanto, recente. Mesmo assim, entendia que as atividades voltadas para a solução dos problemas sanitários já haviam avançado além do permitido pelos recursos nacionais, embora estas atividades ainda nem correspondessem ao conjunto das exigências do país. Entre as medidas adotadas por ele neste campo, ressaltava o início da elaboração do **Código Nacional de Saúde**. Mas o presidente da República revelava interesse por muitos outros pontos da Política Social. Note-se o caso da **Previdência Social**. Tratando dela, Café Filho chamava a atenção para as condições insatisfatórias das instituições previdenciárias, principalmente do ponto de vista econômico-financeiro. Segundo dizia, o seu governo teve de tomar decisões visando à contenção das despesas e à melhoria da eficiência nos serviços prestados. Não ficava, porém, só aí. Ia adiante. Por exemplo: **manifestava a vontade de controlar e de pagar a dívida federal com as entidades previdenciais**; queria rever e atualizar o projeto de Lei Orgânica da Previdência Social, naquela época em tramitação no Congresso Nacional.

Café Filho — Habitação Popular

A área da Habitação Popular também mereceu observações presidenciais. **Café Filho mostrava a difícil situação financeira da Fundação da Casa Popular, sobretudo em virtude de não lhe terem sido concedidas as dotações orçamentárias de 1953 e de 1954, no montante de Cr$ 340.000.000,00. Sua crítica se dirigia em parte à administração getulista, anunciando que a Fundação não recebera naqueles dois anos as contribuições devidas pela União.** Tais contribuições estavam substituindo a taxa de 1% sobre o valor das operações imobiliárias, cobrada até então com a finalidade de gerar recursos para a Fundação da Casa Popular. Consumida a contribuição de 1952, a Fundação somente podia dispor do pagamento realizado pelos compradores das moradias, tendo assim de reduzir seu ritmo de trabalho. Neste sentido, no ano de 1954 se pôde registrar apenas 491 residências construídas pela Fundação da Casa Popular, cifra que o presidente da República pretendia superar de longe, em 1955.[42]

Juscelino Kubitschek — Política Social

Esta ladainha de Café Filho, onde desfiava uma sequência entediante de empecilhos ao governo e de compromissos com o povo, avolumou-se no período juscelinista. Aí, a tudo isto se somaram a esperança e o desenvolvimentismo de Kubitschek. No **Programa de Metas**, ele privilegiou quase unicamente alguns aspectos da economia brasileira, pois os 30 setores tidos como prioritários para os investimentos repartiam-se pelos seguintes tópicos: energia, transporte, alimentação e indústria de base. Na meta 30 do seu Programa, ele deu ínfima relevância ao que chamou de "social", quando aludiu à formação de pessoal técnico. Não se pode afirmar, no entanto, que Juscelino poupou entusiasmo e palavras com a política social. **Afinal, ela também integrava seu universo ideológico, presidido pela noção de grandeza nacional, pelo desejo de preservar a ordem vigente e pelo desenvolvimentismo.** Preocupava-se com "o objetivo de estimular o desenvolvimento econômico planificado do país e promover o bem-estar generalizado do povo".

Ao principiar seu governo em 1956, dizia:

> O programa de política social deve, portanto, ser delineado e executado em consonância com o planejamento do desenvolvimento econômico.[43]

Apesar disso, cabe notar, antes de mais nada, que Kubitschek alterou muito superficialmente os órgãos relacionados com a execução da política social em sua época. Ele conservou em linhas gerais o que recebeu dos governos anteriores neste domínio, principalmente a partir de Getúlio Vargas. Ainda outro ponto merece destaque desde logo: é uma certa desatenção com os temas de política social em seus discursos. Os problemas relativos a ela não constituíam assunto dos mais preferidos de Juscelino, em suas principais manifestações à população brasileira. Nestas manifestações, somente raras vezes tocou em matéria referente à política social. Sua temática de maior predileção girava em torno, por exemplo, da legalidade, da manutenção da ordem, do desenvolvimento, da esperança no futuro de grandeza nacional, da Operação Pan-Americana — OPA, da ajuda norte-americana, da elevação do custo de vida, de suas realizações governamentais e, às vezes, do trabalhismo e do papel das Forças Armadas no Brasil.

A REPÚBLICA BRASILEIRA — 1951–2010

Quanto à política social, o desinteresse expresso por Kubitschek torna-se ainda mais evidente em outro lugar, no Programa de Metas. Como se viu, aí então aquelas questões ligadas a ela se converteram em quase nada, somente estando claramente mencionadas na meta 30, ao citar a formação de pessoal técnico. Embora tudo isto ocorresse, o presidente da República parecia reservar um espaço para tratar da política social. É nas Mensagens ao Congresso Nacional que se vão encontrar muito entusiasmo e muitas palavras dele, concernentes a tal campo.

Juscelino Kubitschek — Educação

No que diz respeito, portanto, à valorização da condição humana no Brasil, é importante reparar no ideário e nas realizações de Juscelino no caso da Educação. No início de sua administração em 1956, ele se propunha a "assistir a todos os tipos de escolas necessárias à formação do homem" e indicava os dois princípios norteadores da ação transformadora do seu governo: a descentralização administrativa e a flexibilidade dos currículos.

Nessa época, ao analisar a situação do ensino superior, Kubitschek voltava sua atenção primordialmente para as desmedidas federalizações dos estabelecimentos universitários. E mais: de acordo com ele, era preciso impedir de imediato o que denominava de "expansão numérica dos institutos de ensino superior do tipo tradicional". Somente depois disto é que o governo poderia empreender a renovação da Universidade brasileira, através do preparo de professores cada vez mais especializados e da formação de uma elite cultural bastante qualificada. Em 1958, o presidente da República esclarecia com maior rigor suas ideias acerca da superação dos "institutos de ensino superior do tipo tradicional", ao sugerir que a vida universitária fosse marcada pela separação entre escolas dirigidas à ciência aplicada e escolas interessadas na ciência pura. Sua preocupação com o ensino superior de ciência aplicada se destacou em várias ocasiões, como se pôde verificar em 1960, quando relatava a criação de alguns institutos no âmbito da agricultura e da veterinária (Instituto de Economia Rural, da Universidade Rural; Instituto de Genética, da Escola Superior de Agricultura "Luiz de Queiroz" da Universidade de São Paulo; Instituto de Mecânica Agrícola, da Universidade do Paraná; Instituto de Tecnologia Rural, da Escola de Agronomia da Universidade do Ceará).

Por sinal, a alusão à **educação técnico-profissional** estava sempre presente nas reflexões e nos projetos presidenciais para os diversos níveis de ensino. Na verdade, unia-se invariavelmente a outras tantas medidas propostas pelo governo. No caso do ensino médio, Juscelino em 1956 dava prioridade ao urgente encaminhamento da mocidade para as chamadas escolas técnico-profissionais, onde se formariam empregados qualificados que se destinariam aos inúmeros setores da produção econômica. Nesta linha de raciocínio, ele acrescentava que os estudantes de tais escolas poderiam atingir a Universidade por meio da Lei de Equivalência do Ensino Médio, gerando especialistas de mais alta categoria. Portanto, a educação técnico-profissional assumia importância ímpar em seu pensamento, pois ele a colocava como "o processo educativo específico para a integração do homem na civilização industrial". Mesmo quando se dedicava a um ramo do ensino médio, porventura mais apropriado a alunos interessados em chegar até a Universidade, como acontecia com a escola secundária, não fugia à sua obsessão pela educação profissionalizante.

Não resta dúvida de que, em 1956, Kubitschek falava em instalar no país uma organização educacional com maior liberdade e com maiores possibilidades de expansão, principalmente no ensino secundário. Além do mais, também reconhecia a premente necessidade de aprimorar professores, técnicos, administradores e inspetores daquele nível de ensino. Isto, porém, não representava tudo. Ao contrário, consistia apenas numa parte de suas considerações sobre o ensino secundário. A outra parte dizia respeito a vários aspectos, entre os quais sobressaía a exagerada atração exercida pela escola secundária. Segundo anunciava o presidente da República em 1958, esta escola absorvia perto de 75% dos estudantes de nível médio. E então ele logo denunciava a incapacidade de a organização educacional levar a juventude para tipos de ensino mais condizentes com o desenvolvimento econômico do Brasil. Via grande utilidade em preparar técnicos de nível médio, para irem trabalhar na indústria, no comércio, na agricultura e mesmo no magistério primário. Em vista disto, Juscelino queria deixar os estudos predominantemente intelectuais a quem possuísse tal vocação, remetendo os demais alunos para outros cursos e evitando a **enorme quantidade** de candidatos à Universidade. Louvando-se em sua informação, só 10% dos inscritos no curso secundário caminhava até o ensino superior, enquanto 90% dos estudantes deste curso parava antes. O interesse pela educação profissionalizante transparecia no fato de, entre 1957 e 1959, os recursos financeiros do ensino industrial em nível médio terem-se multiplicado por 4, em virtude de decisão governamental.

O ensino primário acompanhava mais ou menos igual orientação. Passava, é claro, por certas pretensões já comuns e sempre reiteradas: **"tornar acessíveis as escolas públicas primárias a toda a população e melhorar as condições do ensino nelas ministrado"**. Em seguida, Kubitschek lembrava que também o ensino primário precisava educar para o trabalho. É bem verdade que tal assunto de 1956 depois foi relegado a segundo plano, com relação ao ensino primário. Assim, em 1958, ele se importava sobretudo com os 10 mil prédios edificados até aquele momento de sua gestão, através do Fundo Nacional do Ensino Primário. Importava-se ainda com a ampliação da escolaridade para 6 anos, com a melhoria da formação dos professores de nível primário e com o aperfeiçoamento deles. No curso do terceiro ano de seu governo, Juscelino formulou algumas ideias mais precisas sobre a erradicação do analfabetismo no Brasil. **Dizia ele que a elevada percentagem de 50% de analfabetos na população do país feria a vocação nacional para o desenvolvimento. A despeito disto, conforme pensava, a ação governamental não deveria abranger imediatamente os analfabetos de todas as regiões brasileiras, e sim deveria atingi-los "em áreas limitadas".** Para o presidente da República a abolição do analfabetismo só poderia começar por aí, porque os recursos existentes na época seriam melhor aplicados naquele ensino capaz de formar mão de obra qualificada para as empresas. A luta contra o analfabetismo, portanto, não assumia papel tão prioritário, como às vezes se imagina. De qualquer maneira, Kubitschek expunha certos informes dignos de nota, acerca do desempenho da Campanha de Erradicação do Analfabetismo em 1959. Aludia, por exemplo, à alfabetização de 8.900 alunos acima de 15 anos de idade, ao preparo de 425 professores especializados e à formação de 350 professores para atuar na zona rural. Discorria também sobre seus projetos relativos ao combate ao analfabetismo em 1960, destacando a instalação de 300 rádios-escola com a finalidade de ensinar os habitantes do interior.

Aliás, Juscelino reivindicava o auxílio do capital particular para alimentar as atividades educacionais, especialmente as voltadas à alfabetização. De acordo com ele, tais atividades não poderiam ficar apenas como obrigação do Estado. Mas, quanto a esta questão, tudo andava meio sem rumo. Em 1956, Kubitschek tencionava dar ajuda federal à iniciativa privada na Educação. Em 1958, solicitava recursos particulares para o ensino, "em proporção cada vez maior". E, em 1960, mostrava o funcionamento da sua Campanha Nacional de Educandários Gratuitos, cujo número de ginásios iria aumentar de 108 (em 1956) a 350 (em 1960). Ele vagava, por conseguinte, entre o auxílio federal à escola privada, o apelo à iniciativa particular para investir na Educação e a expansão da escola pública. Em meio a tudo isto, ainda sugeria alterações no projeto da Lei de Bases e Diretrizes da Educação que tramitava no Congresso Nacional; descobria uma filosofia de educação no Programa de Metas; cria que a melhora da situação dos trabalhadores determinava maior apuro na ação educativa; e entusiasmava-se com o crescimento das verbas para a Educação durante seu período governamental.[44]

> Ao conjunto de metas em que foram fixadas as diretrizes estruturais de meu plano de governo deveria necessariamente corresponder uma filosofia de educação, destinada a preparar o país para o desenvolvi-

mento consequente à execução daquele plano. (...) A ascensão das classes trabalhadoras, por força das benéficas providências de nossa legislação social e também por imperativo de evolução brasileira nas áreas mais favorecidas, reclamava educação de nível mais elevado, sobretudo de caráter ocupacional e técnico. (...) Em 1956, o total das verbas destinadas à educação, pelo orçamento elaborado antes do meu governo, subia a pouco mais de quatro bilhões de cruzeiros. Em 1960, esse montante foi elevado para quase dezessete bilhões. E pela primeira vez, com esse montante, se cumpriu a letra do dispositivo constitucional, que manda destinar o mínimo de dez por cento da receita orçamentária para as despesas com a Educação.[45]

Mesmo se levando em conta essa série de propalados avanços, não se pode dizer que os panoramas apresentados por Café Filho e por Juscelino Kubitschek quanto à Educação, na época de seus governos, denunciassem algo além de promessas e de tropeços. Note-se que aqui se tratava de um quadro traçado do ponto de vista do poder. No entender de Café Filho, a Educação precisava receber novas escolas, mais professores, possibilidade de aprimoramento deles e melhor ordenação de verbas encaminhadas às instituições educacionais. Também não faltava a surrada programação de mais cursos na Campanha Nacional de Educação de Adultos. Já na visão de Juscelino, a Educação carecia de beneficiar-se da descentralização administrativa, da flexibilidade dos currículos, do controle das federalizações, da limitação do crescimento da escola tradicional e da valorização do ensino técnico-profissional. Conforme Kubitschek, o campo educacional necessitava ainda de novas escolas, de mais professores, de condições de aperfeiçoamento deles, de ampliação da escolaridade para 6 anos e de lutar contra o analfabetismo. Então se conclui, a partir das alegações de ambos os presidentes da República, que faltavam instalações escolares e professores habilitados, não se mencionando com profundidade as questões relativas à produção de material didático. Com certeza, nem poderiam ser satisfatórias as condições de trabalho e de vida ofertadas aos professores, de modo especial em matéria de remuneração.

Esse quadro naturalmente afetava todos os níveis de ensino, com as variações presentes no ensino primário, no ensino médio, no ensino superior e até na alfabetização de adultos. Sem dúvida, houve muitos projetos a serem cumpridos e muitas medidas tomadas pelos governos de Café Filho e de Juscelino. Mas, a despeito disso, os projetos e as medidas eram pouco vigorosos, para não dizer anêmicos, sobretudo diante da delicada situação da Educação. O próprio Kubitschek divulgara esta situação, ao apontar a **elevada percentagem de 50% de analfabetos na população do país**. Além do mais, os projetos e as medidas acabavam sendo um tanto esparsos e dependentes das peculiaridades de cada Estado brasileiro que, em última análise, cumpria a função de executor de tal política educacional, seguindo os seus interesses. **Juscelino deu bastante prestígio à educação técnico-profissional**. Soube ele fazer o Estado reconhecer e assumir a obrigação de proporcionar escolas a todos, acompanhando a mesma orientação getulista. Se, porém, ainda seguiu Vargas ao conceber a Educação como um direito de cada indivíduo, divergiu dele ao propor que o dever estatal de oferecê-la à população carecia de apoio do capital privado. Em outras palavras, o dever estatal era metamorfoseado em apelo para a iniciativa particular, a quem o presidente da República ajudou, a quem pediu auxilio e a quem forneceu bom ambiente de atuação, ao expandir a escola pública em lugares pouco atraentes a ela.

O governo juscelinista principiou no momento em que as despesas públicas com o ensino já não possuíam um ritmo ascensional de crescimento, embora fosse um ritmo superior ao do aumento das despesas públicas gerais. Na realidade, depois de 1953, verificou-se nesta relação um menor crescimento, de ano a ano, correspondente ao ensino: em 1954 (10,4%) e em 1955 (9,1%). Em 1956, ano da posse de Kubitschek na Presidência da República, a percentagem dos gastos públicos com o ensino caiu ainda mais, representando somente 7,6% de aumento, em relação às despesas públicas globais. Relativamente aos gastos do governo federal, as atividades de educação e de pesquisa consumiam em 1955 o montante de 5,96% das despesas da União, enquanto os setores com maior participação nelas eram a defesa nacional (29,28%), a administração geral (27,35%), os transportes e comunicações (17,15%). Ora, já em 1960 é possível observar ínfima elevação dos gastos federais com as atividades de educação e de pesquisa; que passam a tomar parte nas despesas da União com 6,10%, enquanto os setores mais contemplados nestas despesas continuam sendo os mesmos indicados antes. Porém, em 1960 é outra a sequência dos maiores gastos federais: a administração geral (36,28%), a defesa nacional (21,01%), os transportes e comunicações (19,34%).

No que diz respeito aos alunos inscritos no primeiro ano do curso primário e a suas possibilidades de irem adiante em seus estudos, cabem algumas indicações relativas ao período juscelinista. Antes do início do governo, em 1955, sempre utilizando números aproximados, verifica-se que unicamente 19% dos alunos matriculados no primeiro ano do curso primário no Brasil atingia o quarto ano do mesmo curso. **Já em 1960, no derradeiro ano da gestão de Juscelino, a situação não se alterara muito para melhor. Dos alunos inscritos no primeiro ano do curso primário, perto de 23% chegava ao quarto ano deste curso. O processo de exclusão no ensino brasileiro tornava-se ainda mais rigoroso em outras etapas: dos estudantes que ingressaram no primeiro ano do curso primário em 1954, apenas 3,5% deles alcançava o último ano do curso médio.**

Outras indicações referentes ao quadro educacional na época de Kubitschek merecem destaque. O número de alunos por professor no ensino primário abaixou um pouco, passando de 35,3 alunos por professor em 1955, para 33,0 alunos por professor em 1960, o que revelava uma tendência bem favorável ao aprimoramento das aulas. Tal proporção parecia excelente no ensino médio, mesmo com a mínima elevação de 11,7 alunos por professor em 1955, para 12,4 em 1960. No que tocava ao ensino superior, a relação era exageradamente boa, indo até o abuso ao diminuir de 5,8 alunos por professor em 1955, para 4,2 em 1960. **Diga-se de passagem que o ensino médio e** principalmente o ensino superior acolhiam quem escapava de qualquer maneira do processo de exclusão, podendo usufruir assim de amplo contato com o professor. Eis aí uma das facetas antipopulares da Educação do período. No ensino primário, além do maior número de alunos por professor, ocorria de forma espantosa a desqualificação do magistério. Embora isto se apresentasse também no nível médio e no nível superior, é no ensino primário que se encontravam inúmeros professores sem escola normal, a tal ponto que eles representavam aí a percentagem de 48% do corpo docente em 1955. Depois de 4 anos de governo, Juscelino só os reduziu para 46%, o que é bastante insuficiente, tendo em vista as exigências do país naquele momento e a cantilena do desenvolvimentismo.

O ensino primário no Brasil, de 1955 a 1960, passou por crescimento de 29% do total de matrículas. Entre 1955 e 1958, este mesmo ensino aumentou de 20,1% de unidades escolares, apresentando o percentual de 6,7% na elevação da quota de alfabetização (38,8% para 45,5%), ao longo dos anos mencionados. No ensino médio, ocorreu ampliação do total de matrículas na base de 51,8%, durante o espaço de tempo compreendido entre 1955 e 1960. Esta ampliação de matrículas se dirigiu no sentido de privilegiar o curso normal e o curso secundário. Assim, considerando-se o ano de 1949 como base, igual a 100, observa-se que o índice de matrículas iniciais mudou de 212 (em 1955) para 274 (em 1958) no curso normal e que o mesmo índice passou de 165 (em 1955) para 201 (em 1958) no curso secundário. Embora o curso comercial tenha elevado o seu índice de matrículas iniciais (de 149 para 198) entre os anos de 1955 e de 1958, de forma mais vagarosa ainda do que nos outros dois cursos anteriores, parecem indiscutíveis o medíocre crescimento de matrículas iniciais do curso industrial e a diminuição de matrículas iniciais no curso agrícola. De fato, mesmo se levando em conta o interesse manifestado por Kubitschek quanto à educação técnico-profissional, não é difícil vislumbrar neste campo relativo insucesso. No curso industrial, ainda com os recursos financeiros destinados a ele, o número daquelas matrículas foi pequeníssimo, alterando o índice de 108 (em 1955) para 109 (em 1958). No curso agrícola, o número das matrículas iniciais foi sendo reduzido, mudando o índice de 113 (em 1955) para 102 (em 1958). Aliás, tanto o ensino primário quanto o ensino médio revelaram, em seu conjunto, progresso acanhado para um governo que assumia a educação profissionalizante nos dois níveis, como uma das condições de atingir o futuro de grandeza nacional, sobretudo por meio do desenvolvimento.

De outra parte, a trajetória do ensino superior não se encaminhou totalmente em direção aos objetivos fixados por Juscelino, que o via através da separação entre escolas voltadas para ciência pura e escolas interessadas na ciência aplicada, com claríssima preferência pelas últimas. O total das matrículas no ensino superior, entre 1955 e 1960, registrou o crescimento de 30,1%. As matrículas no ensino superior, neste período, demonstraram maior aumento em algumas áreas (administração pública e privada; engenharia especializada; estatística; filosofia, ciências e letras; ciências econômicas, contábeis e atuariais; agronomia). As matrículas em certas áreas do ensino superior exibiam crescimento irrisório (como direito, odontologia, veterinária e, acima de tudo, medicina e farmácia), havendo até mesmo diminuição de matrículas (como em cursos superiores de agricultura).

Sem transformar na essência a Educação no Brasil, e até mesmo mantendo determinadas deformações e numerosos enganos no domínio do ensino, restou à administração juscelinista o empenho em incrementar levemente os gastos federais com as atividades de educação e de pesquisa. Embora as despesas federais com o ensino e com a investigação tenham na verdade registrado elevação, tudo o mais se deu de forma um tanto distante das aspirações do presidente da República. Atribui-se à sua gestão este diminuto mérito, pois as despesas públicas com o campo educacional continuaram caindo, assim como o processo de exclusão no ensino brasileiro sofreu insignificante abrandamento. Também não se pode afirmar que aconteceram mudanças muito alentadoras em termos do total de matrículas no ensino primário. Não muito importante foi o crescimento da quota de alfabetização ao longo do governo de Kubitschek, com o aumento em torno de 6,7%, entre os anos de 1955 e 1958. Indiscutivelmente, o ensino médio progrediu satisfatoriamente quanto ao total de matrículas, com especial realce para o curso normal e para o curso secundário. O ensino superior definiu-se na era juscelinista por um avanço no total de matrículas pouco acima do assinalado para o ensino primário. Ademais, tem de ser recordada a baixa redução de 2% de professores sem escola normal, atuando no ensino primário, na época de Juscelino.[46]

Cumpre advertir que certa imprensa daquela ocasião oscilava entre denunciar, de um lado, omissões e deficiências educacionais, e gabar-se, de outro lado, com propalados projetos ministeriais. Tal se dá, por exemplo, ao se analisar a relação das prefeituras municipais com as escolas primárias. Perguntava-se como as prefeituras teriam capacidade de sustentar o ensino elementar, particularmente na zona rural. E, a respeito disto, enumeravam-se determinados aspectos considerados básicos para o funcionamento bem-sucedido da escola primária: facilidade de escolha das aulas pelo professor; fiscalização imediata do andamento das atividades educativas; certeza do comparecimento regular do mestre; enfim, ordenados condizentes com o indiscutível valor do trabalho docente. Sabendo desta situação, o que certamente surpreende é a quantidade de 25 mil professores primários sem emprego em São Paulo, de acordo com informes de 1955.

Apenas a título de esclarecimento, pondere-se sobre o caso dos exames vestibulares para ingresso no curso superior. Na **Universidade de São Paulo**, por volta dos 4.000 estudantes secundários registrados para conquistar uma vaga, perto de 1.000 lograram aprovação, em 1958. Nada mais se precisa dizer, a fim de se comprovar o desajustamento entre o ensino médio e o ensino superior. Já no último ano da administração de Kubitschek, um Delegado Permanente do Brasil na UNESCO, dava a público a informação de que **"o governo tem feito muito menos do que a Constituição lhe impõe como obrigação"**, o que bem contrariava os enfáticos pronunciamentos do presidente da República.

Outra aberração agitada em publicação diária residia no confuso emprego das verbas destinadas à ação educacional no Brasil. De fato, além das verbas utilizadas pelo Ministério de Educação e Cultura, havia também uma infinidade de cursos mantidos pela União no Ministério da Guerra, no Ministério da Marinha, no Ministério da Aeronáutica, no Ministério das Relações Exteriores, no Ministério da Agricultura, no Ministério do Trabalho e Previdência Social, no Ministério da Justiça, no Ministério da Saúde, no Ministério da Fazenda, no Instituto Brasileiro de Geografia e Estatística — IBGE, no Departamento de Administração do Serviço Público — DASP, na Polícia Militar do Estado da Guanabara, na Superintendência do Plano da Valorização da Amazônia, na Comissão do Vale do São Francisco, na Fundação Getúlio Vargas e no Instituto Brasileiro de Administração Municipal. Portanto, custeando múltiplas atividades educacionais fora do âmbito do Ministério da Educação e Cultura, o governo federal promovia também periodicamente cursos na Petrobrás, no Banco do Brasil, na Superintendência da Moeda e do Crédito — SUMOC , na Companhia Siderúrgica Nacional, na Companhia Vale do Rio Doce, na Legião Brasileira de Assistência — LBA, no Serviço Nacional do Comércio — SENAC e no Serviço Nacional da Indústria — SENAI. Ante tão confessada prodigalidade da gestão juscelinista, causou desconfiança a alegação oficial de sempre: **não há recursos para a Educação**. Nem os homens de boa vontade repousavam tranquilos com esta evasiva.

O ministro da Educação e Cultura, Clóvis Salgado, injetava nas veias da população brasileira a ambiguidade presidencial, referente ao ensino público e ao ensino particular, amenizando as dolorosas inconsistências educacionais com borrifos de otimismo e com projetos para o futuro. Segundo o ministro da Educação e Cultura, "o homem do campo não foi esquecido", "embora seja difícil atrair o filho do agricultor para as escolas, com elementos que o convençam". Dito isto no princípio de 1959, parece que ele não tocou em elementos fundamentais, de convencer jovens a estudar, sobretudo os acostumados com a vida rural. Afinal, pouco depois, no mesmo ano, por exemplo, Clóvis em entrevista reconhecia que **"só temos escolas primárias para a metade das crianças de 7 a 14 anos, assim mesmo em 2 e 3 turnos"**.

E mais questionado, mais disse o ministro da Educação e Cultura na mencionada entrevista:

> ... a União está assumindo os encargos do ensino superior, extremamente caro, deixando o ensino primário, mais barato, aos Estados e Municípios. Atitude lógica também do ponto de vista educacional: a escola primária deve ser local; a superior, formadora das elites dirigentes, deve ser nacional (...) E a escola é a maior instituição democrática. Na mão exclusiva do Estado, poderia tornar-se instrumento de opressão.[47]

Nas manifestações ministeriais, entrevê-se que o ensino primário (o mais ligado aos habitantes dos campos) colhia para si muitas palavras de carinho e de compreensão. Na realidade, no entanto, além das contribuições dos estados e dos municípios, o ensino primário se submetia a viver de auxílios residuais porventura ofertados pela União, mantendo-se em delicada situação, conforme se viu há pouco. A despeito de tal fato, o ministro Clóvis Salgado se dedicava a inovações na Educação, ao divulgar que o governo de Kubitschek encaminhara ao Congresso Nacional o projeto de reforma do ensino médico, o projeto de reforma do ensino de enfermagem e o projeto de Diretrizes e Bases da Educação Nacional. **A respeito destas Diretrizes e Bases da Educação Nacional, diga-se logo que sua tramitação demorou 13 anos, da apresentação ao Congresso Nacional do projeto em novembro de 1948 por iniciativa de Clemente Mariani (então ministro da Educação e Cultura), até sua transformação em lei, em dezembro de 1961. Não seria sensato levantar a questão das Diretrizes e Bases da Educação Nacional sem lembrar que, mais ou menos ao mesmo tempo, se deu ainda o surgimento de considerável movimento, a Campanha em Defesa da Escola Pública.** Uma e outra aconteceram, em grande parte, no período juscelinista.

O universo da Educação se revelava desolador, não somente em virtude das poucas realizações em prol das condições de ensino, como por causa dos embates travados em torno da fixação das Diretrizes e Bases da Educação Nacional, e inclusive da Campanha em Defesa da

Escola Pública. O projeto de Diretrizes e Bases da Educação Nacional, aprovado pela Câmara Federal, nasceu de imprevista mudança de sentido, tomando-se como ponto de partida o preparado em 1948. Ao longo dos anos de discussão das Diretrizes e Bases da Educação, o primeiro momento consistiu no confronto entre a tendência centralizadora (inspirada na Carta Outorgada do Estado Novo) e a tendência federativo-descentralizadora (nutrida pela Constituição de 1946). Ambas buscavam o seu predomínio no projeto. O segundo momento começou com o aparecimento do **substitutivo do deputado Carlos Lacerda**, depois dos vários reparos feitos no projeto inicial, em diversas oportunidades. Tal substitutivo de Lacerda se concentrou no ataque ao monopólio estatal da Educação e na defesa das instituições privadas de ensino. Determinados pontos deste substitutivo não surgiram ao acaso. O próprio ministro Clóvis Salgado deu a conhecer um documento completo sobre as Diretrizes e Bases, do qual se sobressaíam duas alterações: o direito primordial da família de promover a educação e acompanhá-la de perto; e o estabelecimento dos recursos para as atividades educativas.

O substitutivo do deputado Carlos Lacerda encontrou inúmeros prosélitos. Por meio dele, o projeto de Diretrizes e Bases da Educação Nacional passava a determinar obrigatoriedade do ensino primário (com punição aos pais ou aos responsáveis por conservarem os filhos fora das escolas) e até a incentivar a educação de excepcionais. Os lacerdistas temiam que a Educação continuasse sempre atrelada ao Estado, justificando sua suspeita através de possíveis remanescentes da ditadura estadonovista. Sem dúvida, eles receavam principalmente a deturpação dos dois objetivos do substitutivo do deputado Carlos Lacerda: a descentralização e a liberdade do ensino. Em meio às muitas inferências geradas pelos objetivos traçados pelo substitutivo, avultava o direito de a família provocar e seguir de perto a educação de seus filhos. Por sinal, tal direito também aparecia numa das propostas do ministro Clóvis Salgado, bem reforçada por Carlos Lacerda.

Houve cerrada contestação ao projeto de Diretrizes e Bases da Educação Nacional, inspirado por esse deputado, assim como se

intensificou a Campanha em Defesa da Escola Pública. Em julho de 1959, o "Manifesto dos educadores — mais uma vez convocados", redigido por Fernando de Azevedo, deixava bem evidente o grande valor da educação e da escola públicas:

> ... a educação pública é a única que se compadece com o espírito e as instituições democráticas, cujos progressos acompanha e reflete, e que ela concorre, por sua vez, para fortalecer e alargar com seu próprio desenvolvimento. (...) A escola pública, cujas portas, por ser escola gratuita, se franqueiam a todos sem distinção de classes, de situações, de raças e de crenças é, por definição, contrária e a única que está em condições de se subtrair a imposições de qualquer pensamento sectário, político ou religioso.[48]

De sua parte, entre diversas considerações, em janeiro e fevereiro de 1960, Florestan Fernandes expunha um argumento devastador das preocupações lacerdistas com a descentralização e com a liberdade de ensino. Mostrava que o substitutivo do projeto de Diretrizes e Bases continha uma visão de educação sobretudo oposta à democratização escolar. Denunciava, antes de mais nada, a oposição privilegiada das escolas particulares, tanto confessionais quanto meramente mercantis, que se achava embutida no substitutivo de Lacerda. A resistência ao projeto de Diretrizes e Bases extravasou para outros domínios, em particular aos diretamente atingidos: educadores, mestres e alunos, que tiveram inestimável veículo de divulgação em várias publicações. É o caso dos jornais que difundiram objeções às proposições lacerdistas. Em janeiro de 1960, os representantes estudantis, aludindo à aprovação pela Câmara dos Deputados do substitutivo referente às Diretrizes e Bases da Educação Nacional, protestavam "contra o desvirtuamento do projeto original, que coloca em grave risco o sistema brasileiro de educação pública". E havia mais: para os estudantes, o projeto merecia "a mais decidida repulsa, em virtude de modificar a tendência imperante, desde a Proclamação da República, de acelerar a democratização do ensino e da cultura através da escola pública".

Não ficavam, porém, os representantes estudantis limitados a estes aspectos. Queriam descobrir o real significado da formação do Conselho Federal de Educação e de Conselhos Estaduais de Educação. Segundo eles, tais Conselhos mostravam o desejo de "instalar oficialmente a ingerência das escolas particulares na orientação da política federal de Educação e na administração do sistema nacional de Educação!". E os estudantes acabavam chegando a denunciar que "prevalece uma orientação suicida, de franco favoritismo da escola particular em todos os níveis de ensino".

Nessa mesma linha de raciocínio, a representação dos alunos da Faculdade de Filosofia, Ciências e Letras da Universidade de São Paulo, em fevereiro de 1960, acompanhava mais ou menos as acusações já expostas sobre o projeto de Diretrizes e Bases, embora cuidasse de mais uma delas: a representação dos alunos era contra "os artigos que regulamentam os exames de suficiência". Para tais alunos, a permissão concedida pelas Diretrizes e Bases ao chamado **"registro precário"** somente oferecia um futuro desesperançoso ao ensino primário e ao ensino médio. Concluíam então que a "defesa da qualidade do ensino deve começar pela base". Ocorreram outras rejeições, agora a partir de docentes de instituições superiores de ensino, como se vê no **"Manifesto de professores da Faculdade de Filosofia de S. J. do Rio Preto contra o projeto de Diretrizes e Bases"**, redigido por Wilson Cantoni. O "Manifesto de Rio Preto" percorria igual argumentação dos documentos anteriores, mas destacava determinados pontos com muita limpidez. Por exemplo: pelo **"Manifesto de Rio Preto", o projeto de Diretrizes e Bases figurava como "fortalecimento de um ensino de classe e, em alguns casos, de casta, com o dinheiro arrecadado do povo brasileiro..."**. Como se fora arrolamento de imperfeições das Diretrizes e Bases, o "Manifesto de Rio Preto" dava ao conhecimento público algumas críticas fundamentais ao projeto: ele não colocava o ensino primário de forma gratuita e obrigatória, violando a Constituição de 1946; ele não dizia quais eram as diretrizes pedagógicas do ensino primário, médio e superior, perdendo-se apenas em generalidades sobre o assunto; ele não se comprometia em extirpar o analfabetismo da metade da população brasileira; ele conservava "a estrutura colonial do ensino médio"; nem pretendia criar um sistema nacional e público de ensino técnico-industrial etc.

O combate contra as Diretrizes e Bases da Educação Nacional nunca deixou de anunciar a possível influência negativa para o ensino do país. Fernando de Azevedo, de novo, em princípio de 1960 voltava à carga contra o projeto de Diretrizes e Bases, àquela altura já aprovado pela Câmara dos Deputados. Não desistia de indicar os malefícios do projeto, demonstrando que ele "instalará a desordem e o desperdício nas escolas particulares, alargando o caminho, já aberto, à mercantilização do ensino privado...". Fernando de Azevedo dirigia a atenção igualmente a outro significado do projeto, relativo à utilização de fundos públicos. Previa com toda a clareza o esbanjamento dos dinheiros pertencentes ao Estado e, em virtude deste fato, antevia a falência do ensino oficial.

Não era outro o caso de Florestan Fernandes, na mesma época, ao se referir à aprovação das Diretrizes e Bases. Ele revelava o papel legislativo do "Projeto Lacerda" no Congresso Nacional daquele tempo, ao sugerir que "o 'Projeto Lacerda' nasceu de intuitos estratégicos". Afinal, "levou tão longe o favoritismo à escola privada", acabando por "servir, forçosamente, como peça de composição".[49] O próprio Florestan Fernandes afirmava que a Campanha em Defesa da Escola Pública brotara da "indignação provocada" pelo projeto de lei sobre as Diretrizes e Bases da Educação Nacional. Em se tratando da mencionada Campanha, explicava suas prioridades, tornando-as bem evidentes. Conforme pensava, a explanação acerca destas prioridades poderia convencer, ao menos em parte, a população brasileira da necessidade de preservar a escola pública. De início, era preciso assegurar "a qualidade e a eficácia do ensino", através da escola pública. Ela possuía condições de receber qualquer pessoa, oriunda de qualquer camada social, sem nenhum tipo de segregação econômica, ideológica, racial, social ou religiosa. Porém, isto não bastava. A Campanha em Defesa da Escola Pública pretendia livrar o governo dos "interesses particularistas na esfera da educação", e acima de tudo

A REPÚBLICA BRASILEIRA — 1951–2010 153

levar a opinião pública a inquietar-se com as questões educacionais do país, "independentemente do seu saber ou prestígio". Antes mesmo desta manifestação de Florestan Fernandes em defesa da escola pública, **já no mês de fevereiro de 1960, Wilson Cantoni definia com certo rigor os estorvos ao funcionamento satisfatório da escola pública, ao asseverar que "os adversários da escola pública querem a liberdade da escola porque não a querem na escola".**

E **Wilson Cantoni** sustentou mais em sua análise favorável à escola pública:

> ... os valores educativos da escola pública e leiga se fundamentam em um sistema aberto de verdades humanas não absolutas, e, como tal, modificáveis historicamente. (...) A política básica da educação pública e leiga é garantir ao máximo a liberdade de consciência, que é considerada como a condição indispensável para a liberdade de pesquisa e de ensino, pois é a liberdade de pesquisa e de ensino que vai garantir o progresso do conhecimento.[50]

Está-se, pois, diante de duas situações distintas. É patente a separação entre o desejado pela gestão juscelinista no âmbito da educação e o ideário presente na crítica ao projeto de Diretrizes e Bases da Educação Nacional, assim como na Campanha em Defesa da Escola Pública. De acordo com Juscelino Kubitschek e seu ministro da Educação e Cultura, naquele momento ficava-se apenas com muito otimismo e com a remessa ao Congresso Nacional de alguns projetos educacionais, como as Diretrizes e Bases. Além disto, pairava no ar a hesitação em torno da clara opção pela escola pública ou pela escola particular, ao menos em termos de atuação governamental. Longe de tal universo, as proposições a respeito da Educação e as reivindicações no interior da luta contra o projeto das Diretrizes e Bases são qualitativamente diferentes. O que dizer então das formulações básicas da Campanha em Defesa da Escola Pública, empreendida também na época de Kubitschek? Somando-se às veementes condenações ao substitutivo lacerdista do projeto de Diretrizes e Bases da Educação

Nacional, a Campanha em Defesa da Escola Pública veio a destacar a extrema superioridade deste tipo de Escola, diante da Educação oferecida pela iniciativa particular.

Juscelino Kubitschek – Saúde Pública

Seguindo o projeto juscelinista de valorizar a condição humana no Brasil, não se pode pôr de lado a avaliação das ideias e da ação de Juscelino no que diz respeito à Saúde Pública. Não só a Educação, como ainda a Saúde Pública recebia dele importantes alusões em seus documentos. Em 1956, ele explicava que unicamente em 1953 surgira o Ministério da Saúde, separando-se do então denominado Ministério da Educação e Saúde. Com tal fato, os problemas sanitários pertencentes ao campo de atividades governamentais cabiam ao recente Ministério da Saúde, cuja finalidade central consistia em impedir o aparecimento de doenças e em alongar a vida. Para o presidente da República, esta finalidade constituía a essência de todo o programa de Saúde Pública; ocupando-se com questões de maior conveniência aos habitantes do país, como a morbidade e a mortalidade. Neste ponto, segundo ele, as populações da zona rural careciam de grande atenção, por ter colhido menos proveito dos avanços da medicina.

O programa de Kubitschek, relativo à Saúde Pública, expunha diversos tópicos fundamentais, no primeiro ano de sua administração (1956):

I — Ação decisiva na luta contra as endemias rurais: doenças de massas...

II — Continuação, sem desfalecimento, da Campanha contra a Malária...

III — A Campanha Nacional contra a Tuberculose continuará a merecer todo o apoio...

IV — Estudo da situação da assistência médico-hospitalar, principalmente das comunidades menos favorecidas, para organização de um plano orgânico geral...

V — Execução de uma política de alimentação.

VI — Continuidade dos planos de saneamento dos núcleos de população mais densos...

Em verdade, não, houve profundas transformações em matéria de Saúde Pública, apesar da reiterada boa vontade expressa pelo presidente da República. A título de exemplo, tome-se o ano de 1958, a fim de se examinar a situação da Saúde Pública no Brasil. **Inexistem significativas distinções entre o que prometia em 1956 e o que divulgava em 1958, a não ser quanto ao número de páginas dedicadas ao tema, bem maior no começo de sua administração.** Em outras palavras, Kubitschek prestava contas em 1958 do que modestamente se fizera em sua gestão, até aquela ocasião. De novo, não deixou de apontar a ação governamental no campo do saneamento e do combate às doenças de massas, antes de tudo em virtude da destruição da força de trabalho, tanto nas cidades como no interior do país. Lamuriava-se com a falta de médicos e com a ausência de serviços de saúde em inúmeras localidades. Portanto, sua preferência recaía invariavelmente na melhoria das condições de saneamento das diversas regiões brasileiras, no maior investimento de capital na assistência de saúde e, de modo particular, na eliminação de determinadas doenças transmissíveis.

A malária, a bouba, a varíola, a tuberculose e a lepra formavam um grupo de doenças transmissíveis, às quais Juscelino envidava todos os seus esforços para extingui-las. Querendo acabar com elas, cria na maior eficácia dos recursos oficiais, liberados para tal fim. Depositava grande fé nos planos internacionais destinados a erradicá-las. E via a possibilidade dos próprios habitantes tomarem consciência de sua gravidade. Em 1958, no caso da malária, por exemplo, confiava no auxílio técnico e financeiro das organizações internacionais e no sincero apoio do governo dos EUA. Relativamente à lepra, esperava que um "novo sistema de trabalho" levaria ao domínio desta enfermidade "em futuro próximo".[51] Já se disse anteriormente que Kubitschek pouco se dirigia à política social, em seus pronunciamentos à população do país, prevalecendo neles outros assuntos. Nos poucos discursos proferidos a respeito das questões de saúde, ele compelia as Faculdades de Medicina a abrirem mais vagas. Defendia a medicina preventiva e condenava os altos custos do trabalho realizado pelos médicos. A atividade médica se prendia ao projeto de desenvolvimento nacional, que Juscelino afirmava estar pondo em execução. Em vista disso, recomendava a difusão de uma medicina adequada ao Brasil, "tanto mais quanto certos problemas são particularmente nossos, da nossa terra e da nossa gente". Daí, a profusão de planos relacionados à saúde, em geral visando à promoção de campanhas e de serviços permanentes.

Mas não é demais dar a conhecer o que mais importava ao presidente da República:

> **Admirável gente, a brasileira, que assolada por tantos males — o abandono, as doenças, a miséria, a ignorância — ainda guarda, no fundo do ser, reservas infinitas de força física e de vigor mental! Quem diria possível a façanha de Brasília? (...) Medicina e alimento operaram a prodigiosa transformação: corpos castigados pela rispidez da terra, dobrados pelas privações e sofrimentos, ergueram-se resolutos e dispostos, numa luta sem trégua, dia e noite, para dar ao Brasil, em três anos, sua Capital definitiva.**[52] [negritos meus]

Dirigindo-se aos médicos de São Paulo, oferecia-lhes preciosos conselhos:

> Com o patrimônio profissional de que sois depositários e que tendes sabido aumentar constantemente, temos elementos positivos para iniciar a obra de recuperação física e mental das populações desamparadas... .[53]

Ninguém, pelo menos ante tal ideário juscelinista, pode recusar-lhe propósitos louváveis quanto à Saúde Pública, embora sempre os sujeitando às suas metas desenvolvimentistas, sintetizadas especialmente na construção de Brasília. O período de administração de Kubitschek, porém, reduziu as despesas federais com à Saúde Pública, as quais desceram de 5,45% (em 1955) para 4,62% (em 1960) do conjunto dos gastos da União. Assim, além da mínima elevação (0,14%) das despesas federais com as atividades de educação e de pesquisa, registrou-se sofrível redução de gastos com as medidas de saúde (0,83%), no período compreendido entre 1955 e 1960. É preciso levar em conta que as despesas com a Saúde Pública, efetivadas pelos estados, pelo Distrito Federal e pelos municípios, não acompanharam a tendência do governo federal. De 1955 a 1960, os gastos com a saúde aumentaram mais de duas vezes e meia no total das despesas dos Estados e do Distrito Federal. Este moderado crescimento igualmente se verificou no âmbito dos Municípios, onde os gastos com a saúde subiram mais de duas vezes, entre 1955 e 1960.

No ato inaugural de transformação do Serviço Especial de Saúde Pública em Fundação, dando origem à FSESP, um jornal da época consignava as palavras de alta autoridade que não deixava por menos em seus louvores a aquele órgão. Dizia ele: "Os ilustres fundadores da Fundação SESP plasmaram uma instituição em condições de propiciar serviços de saúde pública em nível profissional dos mais elevados em qualquer parte do mundo". Pondo à margem os arroubos retóricos dos chefes mais entusiasmados, é imprescindível valorizar as finalidades da Fundação Serviço Especial de Saúde Pública, apesar das críticas feitas aos seus programas. E mais do que isto: é necessário saber quais foram os resultados das inversões de recursos por parte dos Estados, do Distrito Federal e dos Municípios, embora tenha ocorrido queda das despesas federais com a Saúde Pública. No período compreendido entre 1957 e 1959, em 71 cidades da área de atuação da Fundação Serviço Especial de Saúde Pública, as quais pertenciam aos Estados do Amazonas, Pará, Paraíba, Pernambuco, Alagoas, Sergipe, Bahia, Minas Gerais e Espírito Santo, comprova-se que a mortalidade geral diminuiu em 43 delas, tendo aumentado em 28 cidades. Em 1959, já se consumara uma alteração nos grupos de causas de mortes em determinadas capitais brasileiras, de acordo com distribuição percentual. Tomando-se 8 capitais do Brasil, observa-se o destaque assumido pelas doenças do aparelho circulatório (22,4%) em 1959, bem distinto do que ocorrera nas décadas de 1940 e de 1950. Até então, o predomínio cabia a outro grupo de causas de mortes: doenças infecciosas e parasitárias, tanto em 1940 (27,3%) quanto em 1950 (20,6%). Sem dúvida, a gestão juscelinista tomou parte nesta alteração qualitativa dos grupos de causas de mortes, por causa do saneamento ou, ao menos, pelo maior tempo de exercício do poder presidencial nos anos de 1950.

Em relação à mortalidade geral por mil habitantes, basta que se examine o que se passava também em capitais brasileiras em 1958. Neste ano, só São Paulo exibia coeficiente de mortalidade geral abaixo de 10,0 mortes por mil pessoas. Outras capitais (Porto Alegre, Belo Horizonte, Salvador e Aracaju) ficavam em torno de 14,0 e 17,7 por mil, enquanto Natal atingia 28,1 e Fortaleza alcançava o coeficiente de 36,4 mortes por mil habitantes. O contraste aparecia mais patente ao se comparar tais dados com o conjunto de certos países, como eram os casos da Argentina (8,9 mortes por mil) e do Canadá (9,0 mortes por mil), isto em 1950, oito anos antes dos informes brasileiros acima registrados. **Meditando-se acerca da mortalidade geral no Brasil, repare-se no pouco valor dado à existência humana aqui, bem como não se deve pôr de lado a tremenda discrepância havida entre as diversas regiões do país.** A própria capital de São Paulo não representava motivo de qualquer entusiasmo, na análise por exemplo da mortalidade infantil. Com toda categoria de constituir o maior centro industrial nacionalmente reconhecido, São Paulo ostentava a pequena diminuição de 23,6 crianças mortas por mil nascidos vivos, de 1955 (que tinha 86,5 crianças por mil vivas) a 1960 (que tinha 62,9 crianças por mil vivas). Com certeza, esta paisagem sombria da Saúde Pública se estendia por todo o território brasileiro. **Paisagem sombria ainda mais gritante apresentava a chamada esperança de vida dos habitantes no período de Juscelino, e até pouco depois dele.** Em 1957, determinadas capitais marcavam a vida média, em anos, do seguinte modo: no Rio de Janeiro (Distrito Federal) os seus habitantes deviam viver em média 54,9 anos; em Vitória existiriam em média 39,2 anos; em Goiânia eles poderiam chegar em média a 37,5 anos. Ora, em 1950, sete anos antes, a população inglesa vivia em média 69,7 anos, enquanto na Suécia e na Nova Zelândia vivia-se em média 70,3 anos. A esperança de vida na capital de São Paulo, entre 1959-1961, mostrava que em média apenas 31,7 pessoas alcançavam 40 anos e que em média somente 16,6 indivíduos tinham o privilégio de comemorar 60 anos de existência. Diante disto, as fantasias jusceli-nistas de alongar a vida caíam por terra. **Se, de fato, se pretendia controlar a mortalidade, é bom dizer que nada foi feito de expressivo, mesmo se levando em conta as pretensões de Café Filho e, em especial, de Juscelino Kubitschek.**

*

Apesar de os dados disponíveis para capitais brasileiras realmente absorverem o resultado de doenças contraídas no meio rural (onde na maioria das vezes há falta de tratamento eficaz), ainda assim aquelas taxas acusam situações gerais de indiscutível indigência social. O presidente Kubitschek dera grande importância à erradicação das doenças de massas e pregou o fortalecimento de várias campanhas, sobretudo da malária e da tuberculose. **Sua administração parecia ter obtido sucesso em algumas campanhas levadas a efeito naquela ocasião, conseguindo conquistar bons resultados decorrentes de seu empenho.** Por exemplo, a Campanha Nacional contra a Tuberculose se converteu em êxito, ao diminuir a 147 casos de mortalidade por tuberculose a cada 100.000 habitantes, em quase todas as capitais brasileiras, entre 1955 e 1957. No caso da luta contra a malária, também se constatam diminuições dos coeficientes de mortalidade por esta doença em algumas capitais. Desta maneira, entre 1955 e 1960, em Manaus e em Belém houve queda respectivamente de 71,5% e de 77% nos coeficientes de mortalidade por malária. Já em São Luiz e em Salvador, na mesma época, apontou-se respectivamente aumento de 68% e queda de 89% nos coeficientes de mortalidade por malária.

Quanto ao combate à doença de Chagas, os serviços de Saúde Pública realizaram o expurgo, com BHC, de mais de dois milhões de casas, de 1955 a 1960.

*

Há críticas válidas relacionadas à falta de recursos, à descontinuidade na execução dos projetos governamentais e até à eficácia dos expurgos domiciliares (no caso da doença de Chagas). Repugna a mortalidade ainda bem alta, ou o crescimento da presença da malária em São Luiz, ou então outros aspectos de Saúde Pública na gestão juscelinista.[54]

Como no governo anterior, Kubitschek agiu através de intervenção de cunho setorial, conforme as carências do momento. Não se compara a Vargas, porém, em termos de compromisso com as massas populares, principalmente no que diz respeito à Política Social. Na época de Juscelino, reduziram-se as despesas federais com a Saúde Pública, no conjunto dos gastos da União. Tanto na Educação, quanto na Saúde Pública, não se descobrem providências mais essenciais, visando a transformações globais nestas áreas. Aliás, em nenhuma área da Política Social isto acontece. No caso da Saúde Pública, notam-se deliberações particulares a cada questão penosa, conforme ia surgindo. Por sinal, na Educação e na Saúde Pública, as atividades são destinadas a dominar questões penosas, cuja influência ocorre no nível coletivo. Já no campo da Previdência e da Assistência Social, predominam soluções voltadas mais para o atendimento individual, ao passo que no âmbito da Habitação Popular existem decisões de repercussão social, à medida que procura acomodar famílias de trabalhadores.

Juscelino Kubitschek – Previdência Social

A Previdência Social se colocava, para Juscelino, em estreita relação com as áreas de Assistência Social e de Habitação Popular. Ao dirigir sua atenção para a Previdência Social, ele se interessava pelos Institutos e Caixas de Aposentadoria e Pensões, mas também pelos serviços de assistência e de habitação. Em 1956, no primeiro ano de sua gestão, o presidente Kubitschek aludiu à Previdência Social, expressando preocupação com a contínua elevação do débito do governo federal com as instituições previdenciárias. Conforme informação presidencial, esta dívida aumentou de 17 bilhões de cruzeiros (em 31 de dezembro de 1954) para 24 bilhões de cruzeiros (em 1956). Desta maneira, tais instituições previdenciais consumiam toda a receita arrecadada, através da sua administração, de seus benefícios e de sua assistência; pouco ficava, portanto, para o bom atendimento à população que se servia deles. E, além do mais, os Institutos e Caixas de Aposentadoria e Pensões não conseguiam realizar a capitalização de suas reservas. Citava o caso do IAPI (Instituto de Aposentadoria e Pensões dos Industriários), com quem a União alcançou o débito de Cr$ 13.873.905.262,70, no exercício de 1955, retirando-lhe as condições para arcar com suas despesas e até obrigando-lhe a desfazer dos próprios bens. Também em 1956, lamentava o presidente da República a impossibilidade de fundir, devido a entraves burocráticos, os serviços médicos das instituições previdenciárias com o Serviço de Assistência Médica Domiciliar de Urgência — SAMDU. Para ele, tal integração, se realizada, daria origem ao Serviço de Assistência Médica da Previdência Social — SAMPS, com recursos mais amplos e com maior campo de atendimento médico.

No ano de 1958, já no terceiro ano do governo juscelinista, a situação econômica e financeira da Previdência Social piorara. O débito acumulado da União subiu para 43 bilhões de cruzeiros, enquanto as dívidas das empresas privadas chegavam a 16 bilhões de cruzeiros, deixando os órgãos previdenciais em posição precaríssima. Perante tal quadro desolador, Juscelino se contentava, por um lado, em forçar a votação da Lei Orgânica da Previdência Social, em tramitação no Congresso Nacional. Ao mesmo tempo, por outro lado, mergulhava num mar de números, a fim de demonstrar o desempenho da área previdenciária.

Em 1958, concentrando-se na atuação do IAPI, dizia por exemplo que ele atendera 1.054.717 pessoas, garantindo-lhes vários benefícios, como aposentadoria por invalidez, aposentadoria por velhice, auxílio-doença e pensão por morte. Outras 243.017 pessoas receberam do IAPI benefícios diferentes, como o auxílio para funeral e o auxílio-maternidade. Atentando para o movimento hospitalar do IAPI, Kubitschek apontava as cifras de 32.400 internações devido a inúmeras enfermidades, de 25.900 internações em maternidade e ainda 2.600 internações em sanatórios. Já o SAMDU, órgão de proteção urgente da Previdência Social, estendera-se por todo o país, descentralizando suas atividades de amparo aos filiados aos Institutos e Caixas, por meio da multiplicação de postos locais. Juscelino parecia satisfazer-se com o funcionamento do SAMDU, cujos serviços gerais se elevaram em 70% entre 1956 e 1958.

Juscelino Kubitschek – Assistência Social

Dentro do âmbito da Assistência Social, salientava-se em 1956 a atuação do Serviço de Alimentação da Previdência Social — SAPS, cuja finalidade consistia em melhorar as condições de subsistência da família operária. O SAPS, no entanto, deveria ir além do fornecimento de refeições a preço reduzido. Deveria também orientar a educação alimentar, formar médicos especializados, nutricionistas e assistentes visitadoras de alimentação. O SAPS tinha igualmente a incumbência de manter Postos de Subsistência para venda de produtos alimentícios a baixo preço. O presidente da República chamava a atenção para o crescimento do SAPS, pois passou de 301 Postos de Subsistência (em 1956) para 451 (em fins de 1957). Ao se encerrar o ano de 1957, o SAPS possuía ainda 20 delegacias regionais, 18 agências locais, 39 armazéns distribuidores, 30 restaurantes, 20 autosserviços, 2 escolas de visitadores de alimentação e 1 granja.

Como no governo getulista, a administração juscelinista manteve o "abono familiar" destinado às famílias numerosas. Era uma forma de assistência onde não havia necessidade de contribuição por par-

te do beneficiário. Kubitschek autorizou até 1958 concessão de 107.433 abonos às famílias numerosas, cabendo a maior parte à Região Nordeste, que absorveu 53,15% do total. Reconhecia, porém, o presidente da República a necessidade de revisão dos abonos, em virtude do desgaste do seu valor, quase irrisório.

Juscelino Kubitschek – Habitação Popular

A área da Habitação Popular relacionava-se em parte com a Previdência Social. Conforme diretriz presidencial, os órgãos previdenciários precisavam complementar a ação da Fundação da Casa Popular, destinada a construir moradias a todos os carentes da habitação, independentemente de serem ou não beneficiários de qualquer Instituto ou Caixa de Aposentadoria e Pensões. Para o governo federal, a questão da Habitação Popular era prioritária, reclamando planejamento e deliberações de emergência. Tal governo propunha em 1956 a união de forças, a longo prazo, no campo habitacional, por parte de todos os poderes executivos (federal, estadual e municipal) e da iniciativa particular. No decorrer de 1958, Juscelino dava a impressão de estar contente com o esforço do IAPI, ao concluir 704 residências e ter em andamento outras 950 casas populares. Passando por exame o desempenho da Fundação da Casa Popular, ele acabava por classificá-lo de "verdadeiramente excepcional" no ano de 1957, porque até abril de 1958 ela entregaria à população necessitada o total de 11.831 moradias, em 182 localidades de 18 Estados, sem contar o Distrito Federal (Rio de Janeiro). Na cidade de Brasília, ainda em construção, a Fundação da Casa Popular iniciara a edificação de 1.000 residências.[55]

Ora, é importante avaliar a força de todas estas medidas relacionadas com a Previdência e a Assistência Social, bem como com a Habitação Popular. O que interessa é avançar além da mera apresentação de intenções e de providências, partidas de Kubitschek. No caso da Previdência Social, as mudanças geralmente eram circunstanciais. Manteve-se a mesma organização previdenciária da era getulista. Atendia-se o trabalhador urbano, empregado de uma empresa; e a assistência médica cuidava do paciente a fim de devolvê-lo logo ao trabalho. O domínio sobre o operário exercia-se também através dos Institutos de Aposentadoria e Pensões, constituídos como autarquias e guiados pelo corporativismo. Por um lado, isto significava que, como autarquias, Institutos e Caixas tinham de submeter seus recursos ao controle governamental. Por outro lado, inspirados na doutrina corporativista, a direção de cada instituição previdenciária compunha-se de igual representação de empregados e de empregadores. O regime previdencial punha de lado os trabalhadores rurais, os empregados domésticos, os profissionais liberais e os trabalhadores autônomos, todos excluídos da Previdência Social. Por princípio, tal regime afastava igualmente os funcionários civis e militares, possuidores de estatuto próprio.

Enfim, para se ter ideia mais abrangente, basta recordar que se conservou as linhas gerais das instituições previdenciárias existentes no segundo período getulista, embora Vargas e Juscelino expressassem momentos diferentes do Brasil, especialmente devido ao maior compromisso de Getúlio com o conjunto da Política Social. Kubitschek, no entanto, atualizou determinados pontos concernentes à Previdência. Num país de tradição inflacionária, de nada valia a contribuição dos empregados até o teto de 2 mil cruzeiros mensais, que Vargas tinha elevado para 2.400 cruzeiros em junho de 1954. Na realidade, até mesmo este montante era irrelevante, pois boa parte dos empregados recebia salário maior do que esta importância. Em agosto de 1956, a administração juscelinista alterou o limite máximo de contribuição, fixando-o no nível de 3 vezes o salário mínimo e abandonando o critério de certo valor absoluto.

Embora se leve em conta o processo inflacionário, sobressaía o crescimento do total de benefícios fornecidos no Brasil pela Previdência Social, que subiu em 57,5%, no espaço de tempo compreendido entre 1955 e 1957. De qualquer maneira, tais benefícios sociais não representavam nada de excepcional. A disponibilidade das instituições previdenciais para conceder benefícios parecia bem re-

A REPÚBLICA BRASILEIRA — 1951–2010

165

duzida, tão reduzida quanto a própria renda individual dos brasileiros. Talvez seja o momento propício para retomar características existentes no governo de Vargas, que em linhas gerais também se repetem aqui. Desde sua origem, e principalmente ao longo dos anos posteriores, a Previdência Social se manteve por meio das contribuições de toda a população trabalhadora do país. Os descontos saíam de seus salários, e era ela que adquiria mercadorias e serviços (em cujos preços os empregadores incluíam sua parte da contribuição previdenciária). Além do mais, os trabalhadores pagavam impostos (de onde o governo federal retirava, ao menos um pouco, sua porção para investir nas instituições previdenciais). Deve-se lembrar, em seguida, outro fato. Sem dúvida, os Institutos de Aposentadoria e Pensões funcionavam como grandes coletores de poupança do Brasil, naquela ocasião. Não havia empenho em liquidar seus débitos com a Previdência Social, normalmente por parte da União e governos estaduais, por parte da maioria do Congresso Nacional e por parte dos empresários. Ao contrário, existindo condições favoráveis, apelavam aos Institutos e Caixas com o propósito de conseguir favores.

Não é por acaso que houve reivindicações baseadas no direito de os contribuintes fiscalizarem o emprego dos tributos pagos ao Poder Público, e em particular controlarem a aplicação de seus recursos entregues à Previdência Social. As críticas se tornaram tão insistentes e irrefutáveis que Kubitschek, em 1960, assinou decreto destinado a saldar parte (mais de 40 bilhões de cruzeiros) do débito do governo federal com as instituições previdenciárias, cujo total chegava perto de 80 bilhões de cruzeiros. O pagamento se faria pela transferência, para a Previdência Social, das ações das empresas de economia mista, ações que excedessem a 51%. Com isto, sem perder o controle das empresas estatais, porque a União manteria os 51% de suas ações, dava-se início ao acerto de contas com os Institutos e Caixas. Mas o presidente da República ia mais adiante em suas medidas nesta questão. Além da transferência das ações das empresas de economia mista (Companhia Vale do Rio Doce, Companhia Hidrelétrica do São Francisco, Companhia Siderúrgica Nacional, Companhia Nacional de Álcalis, Fábrica Nacional de Motores e Petrobrás) para a Previdência Social, o governo juscelinista pretendia acabar com a dívida inteira (aproximadamente 30 bilhões de cruzeiros), mediante a amortização de 1 bilhão de cruzeiros por ano.

Era época em que a Lei Orgânica da Previdência Social estava por entrar em vigência. Já de princípio, o ministro do Trabalho e da Previdência Social, Fernando Nóbrega, apressava-se em delimitar a contribuição do governo federal na área, pois para ele "a utilização de fundos públicos em proporção muito elevada pode emprestar ao sistema um caráter de verdadeira espoliação dos demais cidadãos que concorrem para o Erário Público sem auferir qualquer benefício". **Existia, portanto, o desejo de restringir a participação governamental na manutenção das atividades previdenciais, liquidando os débitos e diminuindo os novos investimentos. Esse era o intento predominante no momento em que Juscelino Kubitschek sancionou, em 26 de agosto de 1960, a Lei Orgânica da Previdência Social, determinando de imediato sua regulamentação. De fato, tal regulamentação foi feita rapidamente, sendo assinada em 19 de setembro de 1960.**

Bem diferente do que se possa imaginar, a Lei Orgânica da Previdência Social (lei nº 3807/60) constituiu o resultado final de acidentado percurso de 13 anos. Sua existência remonta ao "Projeto de Lei Orgânica da Previdência Social", inspirado pelo deputado Aluísio Alves em 1947, de onde se extraíram vários substitutivos. O primeiro substitutivo foi apresentado em 1949, o segundo em 1952, os quais se incorporaram ao projeto juscelinista de 1956, gerando por fim a proposta definitiva de Lei Orgânica da Previdência Social, aprovada em 1960. A nova lei veio acabar com a diversidade de documentos orientadores das instituições previdenciárias. Assim, a Lei Orgânica aprovada pôs fim à antiga pretensão de 1941, quando já se cogitava de uniformizar a legislação previdenciária. Talvez esta uniformização represente a maior conquista da Lei Orgânica da Previdência Social.

Resultante dos vários anos de discussão e de alguns substitutivos, ela mostrou logo lacunas e incoerências. Veja-se o caso dos chamados **segurados obrigatórios**. Segundo dizia a lei, todas as pessoas que exercessem atividade remunerada no território nacional, deveriam integrar-se à Previdência Social. Na realidade, isto não passava de desconversa, **pois dela estava excluída a população mais numerosa: os trabalhadores rurais**. De outra parte, a Lei Orgânica colocou-se numa posição conservadora, **omitindo uma definição clara e firme do seguro por acidentes do trabalho**. E mais: ela continuou sustentando a contribuição tríplice e igual dos empregados, dos empregadores e do governo federal, aliás deixando a organização administrativa da Previdência Social sob o controle dos representantes destes três tipos de contribuintes. **Tudo funcionava como se estivesse esquecida a altíssima dívida dos Poderes Públicos e dos empregadores com a área previdencial. Finalmente, a Lei Orgânica da Previdência Social postergava uma parte de seus antigos objetivos (a universalização, a uniformização e a unificação), determinando somente a uniformização dos benefícios aos segurados.**

Em que pesem tais insuficiências, a nova lei consagrava o fornecimento de meios adequados de manutenção aos beneficiários, devido à idade avançada, tempo de serviço, incapacidade, desemprego, prisão ou morte do trabalhador. Também facultava auxílio financeiro e prestação de serviços em virtude de doença para todos os vinculados à Previdência Social. **Os segurados eram os titulares de empregos remunerados e seus dependentes, salvo os funcionários civis e militares da União, dos Estados, dos Municípios, dos Territórios, os empregados domésticos, os trabalhadores rurais, os servidores autárquicos, os profissionais liberais e os trabalhadores autônomos.** O custeio da Previdência Social, de acordo com a Lei Orgânica, se fazia pelo desconto de 8% do salário do segurado (antes ele oscilava entre 3% e 8% do valor do salário, conforme a instituição), não podendo ultrapassar cinco vezes o valor do maior salário mínimo do país. As empresas contribuíam para a Previdência Social com percentagem igual à de seus empregados (ou seja: 8%). O governo federal saiu aliviado com a Lei Orgânica, pois se obrigava apenas a cobrir despesas de pagamento de pessoal e de administração geral, devendo ainda arcar com os eventuais desequilíbrios orçamentários no campo da Previdência Social. Imagine só: nem isto a União cumpriu, pondo em má situação financeira as instituições previdenciárias.[56]

Talvez um dos domínios da política social mais relegados pelo juscelinismo consistisse na Habitação Popular. Ao longo de sua administração, a crise habitacional não conseguiu ser até mesmo atenuada suficientemente. Notícias da época dão conta de que as condições habitacionais das massas populares compunham espetáculo comovente. Isto não deve colocar as situações anteriores à gestão de Kubitschek como momentos paradisíacos da área da Habitação Popular. Mas, para quem respirava desenvolvimentismo, à maneira do presidente da República, não é aceitável o ínfimo desempenho neste campo. Em 1960, depois de mais de 4 anos de governo de Juscelino, o Brasil possuía 70.967.185 habitantes e perto de 13.490.653 habitações ocupadas, significando 5,2 pessoas por moradia. Trata-se de taxa bastante favorável ao governo, se não se atentasse para o tamanho das casas, para a desigual distribuição da população nestas residências e se fosse esquecida a tremenda diferença de material de construção e de uso entre elas. Ora, percebe-se logo a existência de moradias utilizadas por inúmeras pessoas e de outras reservadas apenas a 2 ocupantes. Rapidamente também saltam à vista as distinções qualitativas das construções das moradias computadas: umas, resplandecendo em luxo; outras, meros casebres, verdadeiras agressões à dignidade humana.

É bom notar o estado da construção civil no país, aliás em franco decréscimo, conforme se verifica em certo período presidencial de Juscelino Kubitschek. A construção civil no Brasil indicava a queda de pouco menos de 4,1% de habitações com 50 m² cada uma, de 1956 para 1957. Levando-se em consideração qualquer tipo de residência, a falta delas aumentou aproximadamente de 7%, na mesma época, no Distrito Federal (Rio de Janeiro). Nesta cidade, tal tendência se agravou, pois a edificação de moradias também caiu de 9.680 para 7.824, de setembro de 1957 a setembro de 1958, representando redução de 19,2% na oferta de novas casas. Em consequência disto, em 1958 o valor das locações elevou-se mais rapidamente no Rio de Janeiro, seguindo a trajetória do ano anterior.

Com todo o desenvolvimentismo e o otimismo do presidente da República, pouco se realizou no âmbito das condições habitacionais no Brasil. No ano de 1960, 79% das habitações não possuía água encanada em todo o território nacional. Igualmente, no país inteiro 61% não alcançara a dádiva de ter instalações elétricas e, mais ainda, 49% não chegara a obter sequer instalações sanitárias. Na capital da República (Rio de Janeiro), em setembro de 1960 existiam 337.412 pessoas faveladas, quantidade de habitantes bem próxima da quantidade de habitantes de Curitiba, e superior por exemplo à população de outras capitais, como Goiânia, Brasília, Manaus, São Luís, Teresina, Niterói, Vitória e Maceió. Os favelados cresceram 99,3% no Rio de Janeiro durante a década de 1950, enquanto o restante dos habitantes da cidade aumentou somente de 35%.[57] Não há dúvida de que tal situação habitacional figurou, em parte, como herança recebida por Kubitschek, mas é sempre bom recordar que ele governou durante o maior espaço de tempo nos anos 1950, que de qualquer maneira usufruiu de certa estabilidade política e que escolheu outras prioridades, normalmente pomposas obras, consumidoras de enormes capitais e de inestimável energia humana.

Conclusão do capítulo

Daqui já se pode extrair a conclusão do capítulo. Antes de tudo, deve-se salientar o fato de que Juscelino também abriu às massas populares a possibilidade de participar na luta política de então. Cumpre ressaltar, no entanto, a existência de limites bem definidos para esta participação, limites muito mais estreitos do que os concedidos no período getulista. Em nome da ordem vigente, o governo juscelinista delimitara o espaço consentido para a mobilização dos trabalhadores, embora chegasse a admitir suas reclamações e até a concordar com a influência deles sobre as alianças partidárias. Como orientação geral a respeito da massa trabalhadora, preferia divagar à vontade sobre seus problemas gerais, pondo à margem suas necessidades diárias e imediatas. O presidente da República normalmente se dirigia a todo o povo, a todas as camadas da população, exprimindo em algumas situações um comedido entusiasmo trabalhista, às vezes fundamentado na Doutrina da Igreja. Mas houve momentos de afoiteza, quando carecia do apoio das massas populares. Nestas ocasiões, até se identificou com o legado de Getúlio Vargas, ou então dizia pertencer originariamente à classe trabalhadora.

Esta manobra com os trabalhadores criou condições para se construir o que tem sido chamado de estabilidade política naquela época. De fato, Kubitschek alcançou relativa estabilidade política, nascida principalmente do acordo entre latifundiários, empresários e certos dirigentes sindicais, que viram resguardados seus interesses e que adotaram a ideologia desenvolvimentista, por sinal em expansão no interior de vários grupos da sociedade brasileira. Existem, porém, dois pontos fundamentais a serem lembrados aqui. **Primeiramente**, o acordo conseguido por Juscelino era assegurado pelo crédito e pela eficiência dos militares comandados pelo general Lott. **Em segundo lugar**, mesmo com pacto e com proteção militar, o governo juscelinista tomou o caminho que conduziu a significativas demonstrações de tolerância e de liberdade com os governados.

O exame da gestão de Kubitschek revelou de imediato a extrema valorização da política econômica, em prejuízo da política social. Os rumos da política econômica do presidente Juscelino foram traçados por diversas metas programadas, dirigidas sobretudo para a construção de grandes obras e para intensa capitalização do Brasil, em particular por meio do investimento estrangeiro. Na verdade, a política econômica preponderou sempre, no tempo de Kubitschek, sobre a política social, como se observa até em seus pronunciamentos ao país. As metas econômicas do governo federal não só conviveram com precárias condições de vida da maioria da população brasileira, como ainda permitiram ocultá-las, através da febre desenvolvimentista.

A REPÚBLICA BRASILEIRA — 1951-2010

Formou-se um círculo pungente: o desenvolvimento vinha para acabar com as precárias condições de vida. Mas, em certo sentido, às vezes terminava por agravá-las e daí, dizia o presidente da República, tornava-se imperioso maior desenvolvimento.

A esta altura da exposição, cabe notar que a administração juscelinista mudou muito pouco a organização responsável pela aplicação da política social. Afinal, como ela não constituía algo predileto no conjunto da gestão de Juscelino, manteve no geral o que herdara dos governos anteriores neste campo, em especial desde Getúlio Vargas. A política social vivia unicamente de uma série de decisões dominantemente setoriais na Educação, na Saúde Pública, na Habitação Popular, na Previdência Social e na Assistência Social. Não aconteceu qualquer tentativa de transformações mais profundas, capazes de alterar substancialmente a política social. Kubitschek orientou suas decisões para casos de emergência, mais ou menos passageiros. Talvez se possa indicar a Lei Orgânica da Previdência Social e sua Regulamentação como ato de maior peso realizado por ele no âmbito da Política Social. Durante o governo juscelinista — é bom lembrar —, desenvolveu-se em grande parte a Campanha em Defesa da Escola Pública, como resposta autêntica ao projeto da Lei de Diretrizes e Bases da Educação Nacional.

Completada mais esta fase do trabalho, caminha-se para nova etapa. Nela, a análise se vai dirigir para os governos de Jânio Quadros e de João Goulart.

Notas

1. Cf. Kubitschek, Juscelino. O presidente Juscelino Kubitschek em Santos, *A Gazeta*, 30 jan. 1957; Lacerda, Carlos. As confissões de Lacerda, *Jornal da Tarde*, de *O Estado de S. Paulo*, 1º jun. 1977, p. 11.

2. Ibid., p. 11.

3. Ibid., p. 11.

4. Ibid., p. 12.

5. Lacerda, Carlos. O banqueiro Kubitschek e seu dinamismo, *Tribuna da Imprensa*, 8-9 jan. 1955.

6. Kubitschek, Juscelino. Juscelino responde a Lott: não há pacto com o PC, *Diário Carioca*, 18 ago. 1955. Ver também: Kubitschek, Juscelino. Juscelino: vida digna para o trabalhador, *Diário Carioca*, 12 fev. 1955; Kubitschek, Juscelino. Ninguém faz favor a São Paulo colaborando com o trabalho dos paulistas antigos e heroicos conquistadores de terras para o Brasil, *A Gazeta*, 10 jul. 1957; Relato de Kubitschek sobre 3 anos de sua administração, *O Estado de S. Paulo*, 19 fev. 1959; Kubitschek, Juscelino. Reprimirá o Governo Federal quaisquer atos de terrorismo, *O Estado de S. Paulo*, 13 nov. 1959; Kubitschek, Juscelino. Kubitschek diz que ninguém tolerará qualquer pausa na marcha pelo desenvolvimento, *O Estado de S. Paulo*, 24 dez. 1960.

7. Kubitschek, Juscelino. Estou consciente de que o destino do meu governo é o próprio destino do regime, *Correio Paulistano*, 27 maio 1956.

8. Kubitschek, Juscelino. Não tolero desordem no país nem admito qualquer atentado à dignidade do Estado, *O Globo*, 2 jun. 1956.

9. Kubitschek, Juscelino. Poupou-me Deus o sentimento de medo, *Correio da Manhã*, 2 jan. 1955.

10. Kubitschek, Juscelino. O presidente Juscelino Kubitschek em Santos, *A Gazeta*, 30 jan. 1957.

11. Kubitschek, Juscelino. Não temos o monopólio do custo de vida em ascensão, *O Estado de S. Paulo*, 13 mar. 1959. Ver também: Kubitschek, Juscelino. Dentro de 40 anos será o Brasil uma das nações líderes do mundo, *A Gazeta*, 3 mar. 1959; Kubitschek, Juscelino. Se é crime ambicionar a grandeza de seu país, não escondo este meu crime, *Diário da Noite*, 19 fev. 1960.

12. Kubitschek, Juscelino. Juscelino: paz política e respeito à paz social, *O Tempo*, 16 out. 1955; Kubitschek, Juscelino. Discurso de 19 de maio aos operários da nova capital, *O Estado de S. Paulo*, 3 maio 1960.

A REPÚBLICA BRASILEIRA — 1951–2010   173

13. Kubitschek, Juscelino. Examina o presidente as últimas eleições no país, *O Estado de S. Paulo*, 29 out. 1958; Kubitschek, Juscelino. Instalada a sessão legislativa do Congresso: derradeira mensagem de Juscelino Kubitschek ao Congresso, *Folha de S.Paulo*, 16 mar. 1960; Kubitschek, Juscelino. Kubitschek dirige-se à nação: Consolidado o regime democrático, *O Estado de S. Paulo*, 1º out. 1960; Kubitschek, Juscelino. Fixada a posição do Brasil na política internacional, *O Estado de S. Paulo*, 20 dez. 1956; Kubitschek, Juscelino. Queremos caminhar com todos os povos da América animados pelo espírito da operação Pan-Americana, *Correio Paulistano*, 18 jun. 1959; Kubitschek, Juscelino. Homenagem da coletividade norte-americana a Kubitschek, *O Estado de S. Paulo*, 25 mar. 1960; Kubitschek, Juscelino. Íntegra do documento enviado a Eisenhower, *O Estado de S. Paulo*, 7 jun. 1958; Eisenhower, D. D. Integra da carta de Eisenhower, *Jornal da Manhã*, 11 jun. 1958; Kubitschek, Juscelino. Reivindicações do Brasil na política pan-americana, *O Estado de S. Paulo*, 21 jun. 1958; Minifie, James. Negativa a reação dos EUA ao discurso de Kubitschek, *O Estado de S. Paulo*, 22 jun. 1958.

14. Kubitschek, Juscelino. Se é crime ambicionar a grandeza de seu país, não escondo este meu crime, *Diário da Noite*, 19 fev. 1960. Ver também: Kubitschek, Juscelino. Íntegra do texto da nota de Kubitschek, *O Estado de S. Paulo*, 21 ago. 1958; Kubitschek, Juscelino. Presidente reclama a atenção dos EUA, *Jornal do Comércio*, 13 nov. 1959; Kubitschek, Juscelino. O presidente inaugura a reunião econômica elogiando sua política, *O Estado de S. Paulo*, 27 jul. 1960; Kubitschek, Juscelino. Relato de Kubitschek sobre 3 anos de sua administração, *O Estado de S. Paulo*, 19 fev. 1959.

15. Kubitschek, Juscelino. Não recuarei da defesa da legalidade. *Diário Carioca*, 18 ago. 1955; Kubitschek, Juscelino. Fixada a posição do Brasil na política internacional, *O Estado de S.Paulo*, 20 dez. 1956; Kubitschek, Juscelino. Entrevista coletiva do sr. Juscelino Kubitschek à imprensa, *Jornal do Comércio*, 21 maio 1955; Kubitschek, Juscelino. Juscelino: vida digna para o trabalhador, *Diário Carioca*, 12 fev. 1955; Kubitschek, Juscelino. Identificado Juscelino com o trabalhador, *Diário Carioca*, 20 abr. 1955.

16. Kubitschek, Juscelino. Juscelino: vida digna para o trabalhador, *Diário Carioca*, 12 fev. 1955.

17. Kubitschek, Juscelino. Kubitschek: não é mais possível limitar o Brasil à faixa litorânea, *O Jornal*, 24 abr. 1960.

18. Kubitschek, Juscelino. Discurso de 19 de maio aos operários da nova capital, *O Estado de S. Paulo*, 3 maio 1960.

19. Cf. Benevides, Maria Victoria de M. *O governo Kubitschek* — Desenvolvimento econômico e estabilidade política, p. 59, 61, 65-6, 68, 70, 72, 76, 80, 82, 92, 102, 109, 111, 114-5, 124, 127, 131, 139, 270-4, 283; Souza, Maria do Carmo C. de. *Estado e partidos políticos no Brasil (1930 a 1964)*, p. 146-7; Weffort, Francisco C. *O populismo na política brasileira*, p. 32; Skidmore, Thomas E. *Brasil: de Getúlio Vargas a Castelo Branco (1930-1964)*, p. 187-8; Benevides, Maria Victoria de M. A "União Democrática Nacional". Um Partido em Questão, *Caderno Cedec*, n. 1, p. 38-9, 50; Weffort, Francisco C. Democracia e movimento operário: algumas questões para a história do período 1945/1964. *Revista de Cultura Contemporânea* (2): 8-9, jan. 1979.

20. Kubitschek, Juscelino. A nação já está dando demonstrações de impaciência e cansaço, *A Gazeta*, 28 nov. 1956; Kubitschek, Juscelino. Juscelino: paz política e respeito à paz social, *O Tempo*, 16 out. 1955.

21. Kubitschek, Juscelino. Instalada a sessão legislativa do Congresso: derradeira mensagem de JK ao Congresso, *Folha de S.Paulo*, 16 mar. 1960. Ver também: Kubitschek, Juscelino. Kubitschek diz que ninguém tolerará qualquer pausa na marcha pelo desenvolvimento, *O Estado de S. Paulo*, 24 dez. 1960.

22. Cf. Sodré, Nelson Werneck. *História militar do Brasil*, p. 364; Oliveira, Eliézer R. de. *As Forças Armadas*: política e ideologia no Brasil (1964-1969), p. 25-6; Carneiro, Glauco. *História das revoluções brasileiras*, v. 2, p. 505, 519-20, 526; Benevides, Maria Victoria de M. *O governo Kubitschek* — Desenvolvimento econômico e estabilidade política, p. 148-9, 154-5, 157, 159, 161-2, 165, 171, 179, 180, 185, 187, 274-6, 278, 281, 285; Sfici, o vovô X — 9 da Abin, *O Estado de S. Paulo*, 21 set. 2008. Ver também: Young, Jordan M. *Brasil 1954/1964*: fim de um ciclo civil, p. 39.

A REPÚBLICA BRASILEIRA — 1951–2010

23. Cf. Benevides, Maria Victoria de M. cit., p. 277, 281; Weffort, Francisco C. Democracia e movimento operário: algumas questões para a história do período 1945/1964, *Revista de Cultura Contemporânea* (2): 8, jan. 1979; Weffort, Francisco C. *Sindicatos e política*, p. 10, 13, 20-1; Munhoz, Fábio A. Sindicalismo e democracia populista: a greve de 1957. *Caderno Cedec*, n. 2, p. 22, 26-7; Julião, Francisco. *Que são as ligas camponesas?*, p. 14.

24. Café Filho, João. *Mensagem ao Congresso Nacional* — 1955, p. 14, 18, 25, 27, 72.

25. Cf. Ferreira, Luís Pinto. *Capitais estrangeiros e dívida externa do Brasil*, p. 228-9; Skidmore, Thomas E. cit., p. 181, 199-202; Bielschowsky, Ricardo. Eugênio Gudin (1886-1986); Saretta, Fausto. Octavio Gouvêa de Bulhões (1906-1990); Madi, Maria Alejandra Caporale. A vanguarda do pensamento conservador: as ideias econômicas de Roberto Campos (1917-2001). In: Szmrecsányi, Tamás; Coelho, Francisco da Silva (Orgs.). *Ensaios de história do pensamento econômico no Brasil contemporâneo*. São Paulo: Atlas, 2007.

26. Kubitschek, Juscelino. O presidente Juscelino Kubitschek em Santos, *A Gazeta*, 30 jan. 1957. Ver também: Kubitschek, Juscelino. Juscelino: paz política e respeito à paz social, *O Tempo*, 16 out. 1955; Interesse pelo programa de Juscelino nos Estados Unidos, *O Jornal*, 6 nov. 1955.

27. Kubitschek, Juscelino. Mensagem de Ano-Novo do presidente da República, *O Estado de S. Paulo*, 19 jan. 1960.

28. Kubitschek, Juscelino. O presidente inaugura a reunião econômica elogiando sua política. *O Estado de S. Paulo*, 27 jul. 1960. Ver também: Kubitschek, Juscelino. Presidente reclama a atenção dos EUA, *Jornal do Comércio*, 13 nov. 1959.

29. *Programa de Metas do Presidente Juscelino Kubitschek*, p. 9-11, 13-4, 17-20, 95; Kubitschek, Juscelino. Entrevista coletiva do sr. Juscelino Kubitschek à imprensa, *Jornal do Comércio*, 21 maio 1955; Kubitschek, Juscelino. Fixada a posição do Brasil na política internacional, *O Estado de S. Paulo*, 20 dez. 1956; Kubitschek, Juscelino, Se é crime ambicionar a grandeza de seu país, não escondo este meu crime, *Diário da Noite*, 19 fev. 1960.

30. Kubitschek, Juscelino. O presidente inaugura a reunião econômica elogiando sua política, *O Estado de S. Paulo*, 27 jul. 1960. Ver também: Kubitschek, Juscelino. Examina o presidente as últimas eleições no país, *O Estado de S. Paulo*, 29 out. 1958; Kubitschek, Juscelino. Juscelino: paz política e respeito à paz social, *O Tempo*, 16 out. 1955.

31. Kubitschek, Juscelino. O presidente Juscelino Kubitschek em Santos, *A Gazeta*, 30 jan. 1957.

32. Cf. Lessa, Carlos. Quinze anos de política econômica, *Cadernos do Instituto de Filosofia e Ciências Humanas*, n. 4, p. 50-1, 65; Toledo, Caio Navarro de. *ISEB*: fábrica de ideologias, p. 178-81, 184-90; Franco, Maria Sylvia Carvalho. O tempo das ilusões. In: Chaui, Marilena; Franco, Maria Sylvia Carvalho. *Ideologia e mobilização popular*, p. 155-6, 164; Cardoso, Miriam Limoeiro. *Ideologia do desenvolvimento — Brasil*: *JKJQ*, p. 211-2. Ver também: Bierrenbach, Maria Ignês Rocha de Souza. *Componentes políticos do planejamento social*, p. 51-5.

33. Kubitschek, Juscelino. Estou consciente de que o destino do meu governo é o próprio destino do regime, *Correio Paulistano*, 27 maio 1956; Kubitschek, Juscelino. Mensagem de Ano-Novo de Kubitschek, *O Estado de S. Paulo*, 19 jan. 1959.

34. Cf. Baer, Werner. *A industrialização e o desenvolvimento econômico do Brasil*, p. 71, 95, 107; Villela, Annibal. As empresas do governo brasileiro e sua importância na economia nacional (1956/60). In: Sherwood, Frank P. *Empresas públicas*, p. 200; Guimarães, Alberto P. *Inflação e monopólio no Brasil*, p. 96; *25 anos de economia brasileira*, p. 132; *Desenvolvimento & Conjuntura*, abr. 1960, p. 27; fev. 1966, p. 118-9; mar. 1958, p. 1-3; Skidmore, Thomas E. cit., p. 216-8, 223-4; As verdadeiras metas de JK, *Mundo Ilustrado*, 16 jan. 1960, p. 32; O espólio financeiro do governo Juscelino, *Correio da Manhã*, 2 ago. 1960.

35. Comunicação conjunta de julho de 1956. In: Moura, Aristóteles. *Capitais estrangeiros no Brasil*, p. 363, 367.

36. Decreto n. 42.820, de 16 dez. 1957. In: Moura, Aristóteles, cit., p. 372.

37. Cf. *25 anos de economia brasileira*, p. 179; Baer, Werner, cit., p. 36, 122; Guimarães, Alberto P., cit., p. 153; *Desenvolvimento & Conjuntura*, ago.

A REPÚBLICA BRASILEIRA — 1951–2010 177

1966, p. 21-2; fev. 1961, p. 117-8; Ianni, Octavio. *Estado e planejamento econômico no Brasil (1930-1970)*, p. 171; As verdadeiras metas de JK. *Mundo Ilustrado*, 16 jan. 1960, p. 32; Metas que não foram divulgadas — 40 anos de inflação em quatro, *Correio da Manhã*, 6 fev. 1960. Ver também: Gudin, Eugênio. A grande palhaçada, *Diário de S.Paulo*, 5 nov. 1960; As realizações do governo Kubitschek e a carestia, *Diário Popular*, 21 jan. 1961.

38. Cf. *Desenvolvimento & Conjuntura*, nov. 1959, p. 3; Benevides, Maria Victoria de M., op. cit., p. 214, 224-5, 229, 231, 233.

39. Kubitschek, Juscelino. Não tolero desordem no país nem admito qualquer atentado à dignidade do Estado, *O Globo*, 2 jun. 1956.

40. Kubitschek, Juscelino. Não temos o monopólio do custo de vida em ascensão, *O Estado de S. Paulo*, 13 mar. 1959.

41. Kubitschek, Juscelino. Longa exposição do presidente sobre seus 4 anos de governo, *O Estado de S. Paulo*, 6 fev. 1960.

42. Café Filho, João. *Mensagem ao Congresso Nacional — 1955*, p. 158, 161, 178-9, 180, 201-2, 205.

43. Kubitschek, Juscelino. *Mensagem ao Congresso Nacional — 1956*, p. 157.

44. Kubitschek, Juscelino. *Mensagem ao Congresso Nacional — 1956*, p. 197, 200, 203-4, 208, 210-2, 216; Kubitschek, Juscelino. *Mensagem ao Congresso Nacional — 1958*, p. 245, 247-50, 252, 254; Kubitschek, Juscelino. Aula inaugural do presidente Kubitschek na Escola de Medicina de Belo Horizonte, *O Estado de S. Paulo*, 6 mar. 1960; Kubitschek, Juscelino. Longa exposição do presidente sobre seus 4 anos de governo, *O Estado de S. Paulo*, 6 fev. 1960.

45. Kubitschek, Juscelino. Aula inaugural do presidente Kubitschek na Escola de Medicina de Belo Horizonte. *O Estado de S. Paulo*, 6 mar. 1960.

46. Cf. *Desenvolvimento & Conjuntura*, set. 1957, p. 65; set. 1959, p. 93; out. 1959, p. 87; fev. 1964, p. 52; out. 1966, p. 63; jan. 1967, p. 77; Baer, Werner, cit., p. 302; Berger, Manfredo. *Educação e dependência*, p. 186, 191-2. Ver também: Cunha, Luiz Antônio. *Educação e desenvolvimento social no Brasil*, p. 132; Romanelli, Otaíza de O. *História da educação no Brasil (1930/1973)*, p. 75, 87.

47. Salgado, Clóvis. Da escola pública, direi que é mais democrática, *O Metropolitano*, 12 abr. 1959; Salgado, Clóvis. Projetos importantes relativos à educação, *Jornal do Comércio*, 26 fev. 1959.

48. Azevedo, Fernando de. Manifesto dos educadores — mais uma vez convocados. In: Barros, Roque Spencer Maciel de (Org.). *Diretrizes e bases da educação nacional*, p. 74.

49. Cf. Educação no Brasil, no Estado e na Capital de São Paulo, *A Gazeta*, 12 jun. 1955; Bloem, Rui. Vestibulares: sinal de alarma, *Folha da Manhã*, 26 mar. 1958; Projeto de Carlos Lacerda prega revolução democrática no ensino do país, *Tribuna da Imprensa*, 26 dez. 1958; O quadro estatístico desolador da posição educacional do país. *Correio da Manhã*, 30 jul. 1960; Dispersão de recursos e norma básica na educação brasileira, *Tribuna da Imprensa*, 3 set. 1960; Condenado pelos estudantes o projeto de diretrizes e bases aprovado pela Câmara, *O Estado de S. Paulo*, 29 jan. 1960; Mestres e alunos condenam o substitutivo Lacerda no projeto diretrizes e bases, *Diário da Noite*, 19 fev. 1960; Azevedo, Fernando de. Lei que arvora em sistema a comercialização do ensino, *Folha de S. Paulo*, 3 fev. 1960; Fernandes, Florestan. Em defesa da escola pública. In: Barros, Roque Spencer Maciel de (Org.). *Diretrizes e bases da educação nacional*, p. 111, 114; Cantoni, Wilson. Manifesto de professores da Faculdade de Filosofia de Rio Preto contra o projeto de "Diretrizes e Bases". In: Barros, Roque Spencer Maciel de (org.), cit., p. 198; Carvalho, Laerte Ramos de. As diretrizes e bases: breve história. In: Barros, Roque Spencer Maciel de (org.), cit., p. 203, 212; Fernandes, Florestan. Análise e crítica do projeto de lei sobre diretrizes e bases da educação nacional. In: Barros, Roque Spencer Maciel de (org.), cit., p. 218.

50. Cantoni, Wilson. Querem a liberdade da escola porque não a querem na escola. In: Barros, Roque Spencer Maciel de (org.), cit., p. 124-5; Fernandes, Florestan. Objetivos da campanha em defesa da escola pública, *O Estado de S. Paulo*, 24 maio 1960.

51. Cf. Kubitschek, Juscelino. *Mensagem ao Congresso Nacional — 1956*, p. 175, 195-6; Kubitschek, Juscelino. *Mensagem ao Congresso Nacional — 1958*, p. 21, 272-3, 276.

A REPÚBLICA BRASILEIRA — 1951–2010   179

52. Kubitschek, Juscelino. Discurso de S. Exa. o sr. Presidente da República, Dr. Juscelino Kubitschek de Oliveira, por ocasião da instalação do II Congresso da Associação Médica Brasileira, em Belo Horizonte. *Revista da AMB*, 6(1), p. 13-5, fev. 1960.

53. Kubitschek, Juscelino. Banquete e entrega de comendas, *O Estado de S. Paulo*, 15 out. 1959.

54. Cf. Baer, Werner, cit., p. 302, 304-5; *Desenvolvimento & Conjuntura*, fev. 1959, p. 112; jul. 1961, p. 92, 93; out. 1961, p. 84-5; Cupertino, Fausto. *População e saúde pública no Brasil*, p. 39, 46; Mello, Carlos Gentile. *Saúde e assistência médica no Brasil*, p. 27, 29; Guimarães, Reinaldo (Org.). *Saúde e medicina no Brasil*, p. 68, 79; Do mais alto nível técnico os serviços de saúde pública no Brasil, *A Gazeta*, 7 jul. 1960.

55. Kubitschek, Juscelino. *Mensagem ao Congresso Nacional — 1956*, p. 165, 168, 170-1, 175; Kubitschek, Juscelino. *Mensagem ao Congresso Nacional — 1958*, p. 228, 230, 233, 237, 238-9.

56. Cf. *Conjuntura Econômica*, jan. 1957, p. 79, 80-1; *Desenvolvimento & Conjuntura*, fev. 1959, p. 123; Precisa o governo entregar a direção dos institutos aos Contribuintes, *Diário de S. Paulo*, 8 jun. 1956; JK assina decreto que amortiza cerca de 50 bilhões de dívida da União para com os Iapês, *Folha de S.Paulo*, 29 jul. 1960; O Ministro do Trabalho falou no Senado sobre a Previdência Social, *Correio da Manhã*, 28 jan. 1959; Kubitschek sanciona a Lei de Previdência e elogia Lott e Jango, *O Estado de S. Paulo*, 27 ago. 1960; Kubitschek ressalta a importância da Lei da Previdência, *O Estado de S. Paulo*, 20 set. 1960; Assis, Armando de Oliveira. Previdência Social — Aspectos gerais da lei orgânica brasileira. *Revista de Estudos Socioeconômicos*, 1 (10111), p. 31-5, set.-dez. 1962; Malloy, James M. Previdência social e classe operária no Brasil, *Estudos Cebrap*, n. 15, p. 127; *Desenvolvimento & Conjuntura,* out. 1966, p. 78-9; Possas, Cristina de A. *Saúde, medicina e trabalho no Brasil*, p. 264. Ver também: Santos, Wanderley Guilherme dos. *Cidadania e justiça*, p. 33.

57. Cf. Guedes, Joaquim. Problemas da habitação e planificação do Brasil. *Tema* 2, out. 1965, p. 3, 5; Serran, João Ricardo. *O IAB e a política habitacional brasileira*, p. 35; *Desenvolvimento & Conjuntura*, fev. 1959, p. 113, 115; set. 1965, p. 80; dez. 1961, p. 77, 81.

Capítulo III

Jânio Quadros e João Goulart: da moralização às reformas de base

Jânio Quadros, em "Manifesto ao povo brasileiro", na sua renúncia em agosto de 1961: uma tentativa de golpe de Estado?

> *Se permanecesse, não manteria a confiança, e a tranquilidade, ora quebradas e indispensáveis ao exercício da minha autoridade. Creio, mesmo, que não manteria a própria paz pública. (...) Nessa hora, penso nos pobres e nos humildes. É muito difícil ajudá-los.*

Opinião da Embaixada norte-americana sobre João Goulart:

> *Goulart tem se rodeado de uma sucessão de ministros e de conselheiros imediatos, muitos deles medíocres, interesseiros de pouca ou nenhuma competência administrativa. (...) Goulart parece ser um político extremamente sagaz; porém, é limitado em ética e integridade. Ele tem falhado em demonstrar capacidade de liderança ou lidar com os problemas enfrentados pela nação. (...) Nós devemos reconhecer o fato de que há séria possibilidade de que antes do fim do período de Goulart em janeiro de 1966, acontecimentos venham a levar o Brasil além do ponto de retorno*

com o estabelecimento de um regime hostil aos interesses dos Estados Unidos. [Brazil — Country Internal Defense Plan — coordenação do embaixador norte-americano, Lincoln Gordon. Rio de Janeiro, março de 1964, apud Fico, 2008, Anexo II]

Jânio e Goulart: dois mandatos interrompidos

No ano de 1959, a composição de deputados federais de cada partido na Câmara Federal, para todo o Brasil, expressava a seguinte ordem: em primeiro lugar, o PSD com 113 deputados federais; em segundo, a UDN com 68 deputados; em terceiro, o PTB com 65 deputados; em quarto, o PSP com 27 deputados; em quinto, o PR com 16 deputados; e em último lugar, os demais partidos com 36 deputados. Mesmo se colocando em segunda posição, quanto ao número de deputados federais, desde 1945 a UDN perdera todas as eleições presidenciais para a aliança PSD/PTB. Os debates no interior da UDN tornaram-se cada vez mais impetuosos, ao tratar dos candidatos à presidência e à vice-presidência da República, no pleito de 1960. Após reiteradas derrotas em eleições destinadas ao preenchimento de tais cargos, este partido no momento acabou por escolher como candidatos, respectivamente, Jânio Quadros e Milton Campos. Se Milton Campos figurara sempre como partidário da UDN, isto não acontecia com Jânio Quadros, excepcional vencedor de pleitos eleitorais e fugaz frequentador de partidos políticos. Foi vereador à Câmara Municipal de São Paulo, deputado estadual e prefeito municipal de São Paulo, principalmente como membro do PDC. Chegou a governador do estado de São Paulo, com o apoio sobretudo do PTN e do PSB. Fez-se deputado federal pelo estado do Paraná, através do PTB.

Em 3 de outubro de 1960, Jânio Quadros elegeu-se presidente da República, substituindo Juscelino Kubitschek neste cargo. Já em abril de 1959, o PTN apresentava o nome de Jânio para candidato à Presidência da República, candidatura depois assumida pelo PDC, pelo PL e pela UDN. O percurso até sua escolha para dirigir o país caracterizou-se por prolongadas disputas partidárias. Delas, destacam-se a competição com Juracy Magalhães na convenção da UDN para sair candidato por este partido, e em especial o conflito em torno da definição do seu companheiro de chapa. De fato, Jânio aparecia como candidato à presidência também pela UDN, mas não havia acordo partidário sobre o nome do candidato à vice-presidência da República. A solução arrumada por Jânio foi a renúncia à sua candidatura, em novembro de 1959.

Em meio às várias razões proclamadas por ele, afirmava:

> Na trama de susceptibilidades, de frustrações, de suspeitas, que se tecia ao meu derredor, não tinha eu maneiras para ultrapassar a campanha eleitoral, e, se por milagre a ultrapassasse, não exerceria a chefia da Nação com o desembaraço e a segurança indispensáveis.

Em 5 de dezembro de 1959, em carta ao governador do estado de São Paulo, Carvalho Pinto, ele regressava:

> Reconsidero a posição que assumi e concordo em comparecer às eleições do ano vindouro com firmeza e lealdade, que correspondem às esperanças da nossa gente. (...) Não será quando mais se adensam as trevas sobre a terra que nos recusemos, embora com as nossas pobres luzes, à tarefa ingente de espancá-las.[1]

Conforme solicitara Jânio Quadros, os partidos coligados em prol de sua candidatura (UDN, PL, PTN e PDC) foram avisados de seu retorno, e os udenistas firmaram-se em Milton Campos para concorrer à vice-presidência da República. Com isto, a UDN entendia que a sua

A REPÚBLICA BRASILEIRA — 1951–2010   183

chapa estava dotada de dois políticos capazes de conduzi-la à vitória na eleição presidencial. O próprio deputado Carlos Lacerda conta: "quando o Otávio Mangabeira meteu na cabeça que o Jânio Quadros era o homem, o primeiro desses políticos a dizer isso foi o Otávio Mangabeira — 'é a única chance que nós temos de eleger um candidato' —, combinou-se um comício".[2] Porém a candidatura de Jânio extravasava as fronteiras partidárias. Havia o Movimento Popular Jânio Quadros, formado de pessoas sem partido, tendo grande influência na difusão do janismo durante a campanha presidencial. Ainda existia comitês locais "Jan-Jan", cuja finalidade residia em pedir aos eleitores para votarem em Jânio Quadros como presidente e em João Goulart como vice-presidente da República, embora este pertencesse à chapa contrária. O pleito de 3 de outubro de 1960 consagrou os propósitos dos comitês "Jan-Jan", dando a Jânio Quadros a percentagem de aproximadamente 48,5% (5.671.528) da votação total, elevando-o à presidência da República com quase maioria absoluta dos votos. Em segundo lugar, ficou o marechal Henrique Teixeira Lott (da aliança PSD/PTB), com pouco mais de 32,7% dos votos e, em terceiro lugar, colocou-se Adhemar de Barros (PSP), com pouco menos de 18,8% dos sufrágios. A vice-presidência da República tinha sido conquistada de novo por João Goulart (da coligação PSD/PTB), com 41,7% da votação geral. Na disputa eleitoral, em segundo lugar se colocava Milton Campos, que alcançara pouco menos de 38,8% dos votos. Em último lugar, vinha Fernando Ferrari com 19,5% dos sufrágios. Cumpre destacar que, com o sucesso de Jânio Quadros, candidato também da UDN, nem ela, nem Carlos Lacerda levantaram a dúvida de que a Constituição de 1946 exigia do vencedor a maioria absoluta dos votos na eleição presidencial, como fizeram anteriormente com Getúlio Vargas, quando foram derrotados.[3]

Jânio tomou posse em 31 de janeiro de 1961, ocupando a partir daí a presidência da República, até 25 de agosto do mesmo ano. Seu substituto no cargo foi João Goulart, empossado em 7 de setembro de 1961, após inúmeros conflitos, remediados em parte pela adoção do regime parlamentarista. No período governamental de Jânio Quadros, prevalecera um ideário já amplamente divulgado durante sua campanha eleitoral. As bases deste ideário se centralizavam em alguns temas, como a moralização e a austeridade na vida pública; o aperfeiçoamento da democracia; e o desenvolvimento econômico de forma mais equilibrada. Mesmo antes de assumir o poder, ele já propagara bastante estes pontos de sua ideologia.

Por exemplo, Jânio afirmava, sobre a moralização e a austeridade:

Todos os abusos e todos os crimes que possam ter sido cometidos, a despeito *destes* apelos, serão, oportunamente, denunciados à Nação, e os atos respectivos revogados, sem prejuízo da rigorosa apuração das responsabilidades.

Sobre a democracia:

Percorri a estrada legítima e, por isso, a Justiça Eleitoral do meu país mais uma vez proclama esta verdade simples: A democracia só se define, só se afirma e consolida-se através do sufrágio. É o direito alto, que faz os cidadãos respeitáveis e as nações poderosas e permanentes.

Sobre o desenvolvimento econômico:

Não tenho dúvidas de que o ritmo de desenvolvimento econômico é compatível com a estabilização monetária e vou mais além: pretendo intensificar a taxa de crescimento da nossa produção e, ao mesmo tempo, estabilizar o nível geral de preços. (...) Não creio que se possa hoje contestar o papel fundamental da indústria no desenvolvimento econômico brasileiro. (...) A situação da agricultura não é favorável, sendo de urgente necessidade a modificação do panorama atual... .[4]

Porém, a gestão janista principiara com perspectivas mais largas. Ao ocupar a presidência da República, em seu discurso inicial, Jânio pregou a democracia, a moralização, a liberdade sindical, o direito de greve (dentro da ordem social), a conservação das liberdades, a promoção do bem-estar social e a independência da política externa. Criticou a situação da dívida externa, o balanço de pagamento, a elevação do custo de vida, a crise de autoridade e de austeridade. Inquietava-se com o pagamento da dívida externa ao longo de seu governo e, por fim, assegurou ao proletariado e aos humildes o direito de lutar dentro do regime democrático.[5] Lançando tal programa bem auspicioso, ainda acentuava periodicamente a profissão de fé na democracia, na liberdade, no nacionalismo, nas reformas e na estabilidade político-social. Para ele, tanto a democracia quanto a liberdade se expressavam através da legalidade. Chegou a asseverar que a Constituição definia a sua política. Conforme dizia, era impossível transpor-se a "linha da legalidade" e esclarecia sua concepção de democracia: "a democracia dinâmica e concreta, que rasgue para todos os mesmos horizontes, sobretudo para os humildes, para os proletários".

Em meio a este conjunto de proposições, o presidente Jânio Quadros aludia à necessidade de afirmar a soberania nacional e de apresentar nova política de "desenvolvimento global" para o país. Pretendia seguir firme orientação nacionalista a respeito da remessa de lucros para o Exterior e da política de minérios. Apesar de suas intenções, entendia que recebera "um governo do país em aparente normalidade política", pois a vigente estabilidade político-social encontrava-se em perigo, devido à embaraçosa situação econômica e financeira do momento. Tornava-se, portanto, urgente uma série de reformas. Ele mencionou inúmeras: a reforma cambial para estimular as exportações; a reforma relativa ao combate ao abuso do poder econômico; a reforma relacionada com a remessa de lucros para o Exterior; a reforma do imposto sobre a renda; a reforma bancária; a lei antitruste; a lei de reforma agrária; a reforma do ensino universitário; a reforma dos códigos; e a reorganização da estrutura das instituições sociais. O presidente da República atentava também para a exigência de elaborar-se logo um plano de emergência, capaz de servir de base para futuro plano quinquenal. Tais providências constituíam o que denominava de reformas estruturais.

A temática reformista representou assunto mais ou menos frequente nos pronunciamentos janistas, em particular de março a julho de 1961. A **reforma agrária** figurava como séria medida a ser tomada pelo governo. Antes mesmo de sua vitória eleitoral, Jânio assim se manifestou:

> O importante é impedir que a exagerada concentração territorial e o baixo grau de aproveitamento da terra impeçam a utilização do solo em benefício comum.

Mas prontamente cuidava de explicar melhor sua concepção de reforma agrária:

> O preceito constitucional que garante o direito de propriedade deverá ser, outrossim, respeitado.

Desejava, portanto, reformular a situação do campo, acompanhando os preceitos constitucionais. A mudança neste setor surgiria através "de um estatuto da terra", que viesse a favorecer o desenvolvimento rural, a proteção aos trabalhadores agrícolas e a defesa dos proprietários de minifúndios. Ao analisar o caso das **Ligas Camponesas**, considerava-as como fator relevante. Para ele, tais Ligas indicavam a urgente necessidade de dar-se início à reforma agrária. Só com esta reforma se evitaria a agitação, "que se infiltra e envenena, nas próprias fontes, justas reivindicações". Apesar disto, quando questionado, Jânio apelava para a protelação das reformas, dizendo que viriam a seu tempo, que viriam com prudência, embora com firmeza.

Na verdade, a administração janista procurava distanciar-se do governo anterior e de certos políticos, até mesmo vinculados a ela. O governo juscelinista sofreu críticas veladas desde a posse de Jânio. As críticas se dirigiam sobretudo à situação econômica do Brasil, deixada por Kubitschek. Jânio fustigava Juscelino, apesar de lhe poupar a imagem perante o público. Neste sentido, responsabilizava seu antecessor pelo déficit compreendido entre 200 e 240 bilhões de cruzeiros. Jânio aconselhava a continuação do desenvolvimento, mas acusava Kubitschek pelos desequilíbrios que teria de aguentar possivelmente nos seus dois primeiros anos de gestão. Em seus discursos, porém, Juscelino era descrito como aquele que "logrou consolidar, em termos definitivos, no país, os princípios do regime democrático". Dizia que ele não tinha culpa pelas irregularidades, nem sempre decorrentes de seus atos. Quanto ao vice-presidente Goulart, não é demais destacar que sua participação era evitada nas decisões governamentais, como aconteceu com outros membros de sua equipe. Jânio, no entanto, enviou Goulart à China, como observador pessoal do presidente, a fim de iniciar o intercâmbio entre os dois países.

Percebem-se, desde logo, várias características do desempenho janista no poder. A princípio, constata-se o alto grau de personalismo do presidente da República, à medida que tudo girava em torno dele. Outro traço marcante aparece na ambiguidade existente em seus pronunciamentos e atos governamentais. Basta, por exemplo, recordar-se as promessas feitas ao proletariado, aos trabalhadores e aos humildes, por ocasião de sua posse. Dias depois dela, Jânio Quadros solicitava, em especial aos trabalhadores, um crédito de confiança por um ano, durante o qual seria exigido muito sacrifício. Em julho, esclarecia um dos significados do sacrifício pedido aos assalariados, ao mesmo tempo em que se colocava como seu protetor.

> O operariado brasileiro não se dispõe a ser novamente ludibriado com aumentos nominais de salários. Dizer o contrário é levantar nesta hora, a bandeira das falsas reivindicações, seria obra de inimigos da classe.

Por essas palavras, todo o rol de prerrogativas de início asseguradas à massa de assalariados reduzia-se a sonhos do futuro, os quais eram anunciados em tom paternal. Tem-se a impressão de que os trabalhadores possuíam um tal conselheiro, esquecido das carências mais imediatas de quem labuta para viver. Controlar o salário, mesmo por motivos mais singelos, quer dizer antes de tudo impor a suspensão de todos os demais direitos previstos pelo próprio Jânio. É claro que a massa trabalhadora acabava reagindo contra a estagnação salarial, que repercutia sobre seus outros direitos, aliás anteriormente proclamados em todo o país, pelo presidente da República.[6]

Os dois pontos mais essenciais da ideologia janista consistiam, por um lado, na luta pela moralização e pela austeridade; e de outro lado na política internacional. A proposta de moralizar o Brasil ressurgia permanentemente. Visando a impor determinados preceitos éticos na utilização dos fundos públicos, o presidente da República de pronto criou cinco comissões de inquérito na SPVEA, no IBGE, no IAPM, no IAPB e na COFAP, as quais deveriam passar a funcionar no prazo de 10 dias. Jânio Quadros obrigou também os órgãos da Previdência Social a depositarem o seu dinheiro no Banco do Brasil, a quem cabia enviar mensalmente os extratos das referidas contas ao Ministério do Trabalho e ao Gabinete Civil da Presidência da República.

A moralização janista alcançou também outros domínios, tais como: o GEICON, o IAPFESP, ainda proibindo o uso de qualquer apresentação ou recomendação para ocupar cargos na burocracia pública, inclusive estabelecendo penalidades. O presidente Quadros procurava aproximar-se dos governadores, pois assim estaria atento às questões estaduais e para as soluções dadas a elas. Segundo pensava, "só a ciência local, imediata" já justificava o chamado **"Encontro de Governadores"**, porque permitia verificar "a direção desses recursos" aplicados pelos estados. **O desejo presidencial de manter atitude austera dentro da administração pública atingia até mesmo os militares, como se observa em passagens de um memorando de sua autoria.**

> Doa a quem doer, custe o que custar, as irregularidades serão apuradas até o fim. Pela primeira vez, neste país, não só os humildes serão punidos. Os ricos e poderosos também pagarão pelos seus erros.

Dirigindo-se aos ministros militares, solicitava:

1) Levantamento dos ministros econômicos do nosso país no Exterior, servidores à disposição direta desses ministros, valor das despesas em dólar com esse pessoal, sugestões para drástica redução...
(...) 2) Levantamento dos adidos militares (Exército, Marinha e Aeronáutica) do país, no exterior.[7]

Este estilo peculiar de exercer o poder e este ideário tão carregado de moralidade somavam-se à realização de complexa política internacional. Com relação à política externa, Jânio Quadros preconizava a solidariedade do Brasil com o Ocidente e a obediência aos compromissos internacionais, ajustados anteriormente. Falava em "fundamentos econômicos" da sua nova política exterior, através dos quais demonstrava a necessidade de alargar as relações com os países afro-asiáticos e com os países comunistas. Em defesa do princípio da autodeterminação dos povos, opunha-se a qualquer ataque ao regime comunista de Cuba. Proclamava, portanto, a orientação de negociar com todos os países, embora renovasse constantemente a vocação ocidental dos brasileiros.

Nascido o Brasil de uma corrente histórica profundamente cristã, somos membros natos do mundo livre. (...) A posição ideológica do Brasil é ocidental e não variará. O reconhecimento dessa verdade, porém, não exaure o conteúdo de nossa política exterior.[8]

Não via nos conflitos ideológicos a impossibilidade de convivência com todos os países, a qual até mesmo contribuiria para o desarmamento mundial. Sua política internacional levou-o a manifestar aos Estados Unidos temor com a ação norte-americana contra o governo e o povo cubanos, por ferir os preceitos de igualdade e de soberania das nações. Esta mesma política internacional encaminhou-o a uma posição favorável a países, como a Iugoslávia, a Índia e o Egito, que naquele momento abriam um terceiro mundo, distante das divergências entre norte-americanos e soviéticos.

Verifica-se que os Estados Unidos queriam entender a política externa de Jânio: colocavam-no, ao mesmo tempo, como adepto do neutralismo e como aliado. Aliás, logo nos primeiros meses da administração janista, ela estabeleceu relações com a Bulgária, a Romênia e a Hungria, apoiando ainda a entrada da China Comunista na Organização das Nações Unidas — ONU. Foi adiante ainda, ao convidar o presidente Tito, da Iugoslávia, a visitar o Brasil. Em sua formulação da política internacional, o presidente da República chegou até a aceitar a possibilidade de manter relações com a URSS e de rompê-las com a China Nacionalista. No interior da Organização dos Estados Americanos — OEA, o governo brasileiro era contrário a qualquer medida contra o regime cubano de Fidel Castro.

Mas os norte-americanos apreciavam este conjunto de decisões tomadas pelo Brasil, considerando-o mera concessão a um setor da opinião pública do país. Não julgavam, portanto, como aproximação com as potências comunistas. Jânio, na verdade, punha-se às vezes entre pontos opostos, dizendo-se partidário, por um lado, do Ocidente e, de outro, admirador do neutralismo. O caso de Cuba bem demonstra isto, pois simultaneamente aconselhava os democratas ocidentais (onde se incluía) a entenderem melhor o sentido da Revolução Cubana, tido por ele como uma advertência, a exigir o máximo de tolerância. Assim, os norte-americanos procuravam amenizar a ação janista na política externa, conforme revelava o Embaixador Adlai Stevenson, ao notar que tal ação representava somente o desejo de "afirmar sua independência política" e de manejar cuidadosamente os grupos esquerdistas do Brasil.

De sua parte, Jânio Quadros esperava dos Estados Unidos o auxílio à América Latina e a todos os povos subdesenvolvidos, através de atitude anti-imperialista e anticolonialista. Suas solicitações se dirigiam também a Cuba. Por exemplo: ao condecorar o ministro cubano Ernesto "Che" Guevara, pediu rapidez nos processos de liberação

Presidente JÂNIO QUADROS

Jânio Quadros (posse em 31/01/1961, renúncia em 25/08/1961), exibicionista e dramático, aqui mostra sua oratória contundente aos ouvintes. Pregou a moralização da administração pública e o combate à corrupção, apelidado de o "homem do tostão contra o milhão" e de "varre, varre, varre vassourinha, varre, varre a bandalheira"... Pôs em prática a Política Externa Independente e a Política de Autodeterminação dos Povos, reprovada pelos Estados Unidos da América e pelos brasileiros conservadores, civis e militares. Para combater a inflação crescente durante o governo de Juscelino Kubitschek, utilizou-se de uma Política de Austeridade, congelando salários, restringindo crédito, combatendo a especulação e controlando os gastos públicos.

Presidente JOÃO GOULART, ao centro

João Goulart, conhecido como Jango, na foto cercado do primeiro-ministro Tancredo Neves (D), de populares e sindicalistas. Eleito pela segunda vez vice-presidente da República, com a renúncia de Jânio Quadros se tornou presidente constitucional do Brasil de 07/07/1961 a 1º/04/1964, quando foi deposto por um golpe civil/militar, apoiado pelo governo dos Estados Unidos da América. Em seu governo, buscou o controle do déficit público e da inflação alta, apresentando o Plano Trienal para manter a política desenvolvimentista e realizar as Reformas de Base, contendo medidas econômicas e sociais de caráter nacionalista. Antes do golpe militar, as propostas de Goulart estavam bloqueadas no Congresso Nacional e seu governo achava-se desgastado pela crise econômica, pela oposição dos militares e por órgãos da imprensa.

A REPÚBLICA BRASILEIRA — 1951–2010

de aproximadamente 150 asilados na embaixada brasileira, em Havana. O próprio ministro das Relações Exteriores do Brasil, Afonso Arinos, encaminhou apelo de clemência a Fidel Castro, em nome de 44 contrarrevolucionários a serem julgados em Cuba.[9]

Não é exagerado afirmar que quase todo o conjunto da política janista foi contestado, imediatamente e até com veemência. Para se fazer ideia, basta lembrar que, no início de fevereiro de 1961, a oposição (sobretudo o PSD e o PTB) admitia ser difícil qualquer entendimento com o presidente da República. Já nesta época, existia ambiente de muita tensão entre Jânio e as bancadas majoritárias do Congresso Nacional. Tal maioria congressista falava em criar Comissão Parlamentar de Inquérito, paralelamente às Comissões de Sindicância constituídas pela Presidência da República, com a finalidade de apurar irregularidades nos órgãos públicos. Tratava-se, com isto, de esvaziar a autoridade dos investigadores presidenciais, reduzindo a força das revelações feitas ao público. Afinal, entendia o Congresso Nacional que cabia a ele a tarefa de fiscalizar o Poder Executivo, e não o contrário. A oposição congressista não concedia a Jânio a imparcialidade imprescindível para conduzir as investigações. No interior do Congresso Nacional, cuidou-se de formar um "ministério" de oposição, capaz de orientar o bloco majoritário no combate às atividades da administração janista. O mais interessante, porém, é que, entre os próprios antigos partidários de Jânio Quadros, aparecem manifestações de descontentamento com ele, conforme se pode verificar através da atuação de um grupo de deputados udenistas.

Há pouco mais de uma semana depois da posse, o deputado Abelardo Jurema, líder do PSD, acusava Jânio de "estabelecer o monopólio da honestidade", como se ela só existisse no âmbito do Poder Executivo. O vigor da oposição, de outra parte, pode ser observado nas palavras do líder do bloco oposicionista, deputado San Thiago Dantas, ao analisar dois decretos do governo. Um decreto destituía servidores e outro suspendia novas nomeações, durante um ano. A respeito deles, dizia o mencionado deputado:

> Pela primeira vez, na Câmara dos Deputados e no Senado, uma maioria se declara em oposição ao governo federal e por conseguinte, um novo tipo de funcionamento do sistema político terá de ser posto em execução nos próximos anos. (...) Para isso, é necessário, acima de tudo, que dentro desta Casa, mais do que nunca, robusteçamos o "espírito de corpo"...[10]

Porém, o presidente Jânio não dispensara apenas servidores admitidos depois de 19 de setembro de 1960, e proibira nomeação de pessoal no âmbito do Poder Executivo da República. Foi mais além. Mesmo antes de tais atos, também no mês de fevereiro de 1961, ele fixou novo horário para o funcionalismo federal, que agora passava a trabalhar das 8h30 às 11h30 e das 14 h às 18 h, enquanto antes os funcionários estavam obrigados a um único turno de atividades, diretamente das 11 h às 17 h. Em maio, Jânio não mais permitiu o funcionamento dos **jóqueis clubes nos dias úteis**; e em junho, regulou a prática de **jogos lícitos, facultados por lei**. Desde o princípio de seu período de governo, voltou-se para a chamada **moralização da família**. Veja-se o caso do controle da propaganda comercial, proposto em abril, com a finalidade de **proteger a cultura e os bons costumes na televisão**. Em junho, disciplinou a **presença de menores de 18 anos nos programas de rádio e de televisão**.

Tais exemplos denunciam com certa clareza por onde andava o presidente da República, em sua concepção de moralidade. À medida que se punha acima dos partidos políticos, como se investisse na figura de Chefe de Estado desatento ao sistema representativo de governo, Jânio se deparava com enérgica oposição no Congresso Nacional. Em matéria de críticas ao governo federal, os parlamentares oposicionistas estavam à vontade, tamanho o conjunto de deliberações a serem debatidas. A oposição majoritária defendia Juscelino Kubitschek, mas contestava Jânio Quadros, por colocar em risco o regime com suas atitudes, por sua política externa, por utilizar militares em cargos civis nas sindicâncias e por premeditar intervenção civil e militar nos estados da Federação. Em junho de 1961, deputados

A REPÚBLICA BRASILEIRA — 1951–2010

oposicionistas lançaram **manifesto**, imputando-lhe a responsabilidade de estar "tramando um golpe contra o regime". Ainda alegavam, em meio a outras irregularidades, que ele violou direitos, através da **intervenção no Clube Militar, da censura em uma Rádio e da investida contra os estudantes de Recife**. Resta considerar, no entanto, que já em março nem o líder da UDN, nem a liderança do governo na Câmara dos Deputados, comprometiam-se inteiramente com a defesa da atuação janista.

Tem-se a impressão de que as relações entre o presidente Jânio e a UDN eram bastante intranquilas. Em maio de 1961, ele esclarecia em entrevista que:

> "Muito me honra se se registra coincidência entre os objetivos da UDN e os do governo, mas os objetivos do governo não são traçados pela UDN, e não são traçados por qualquer partido em particular. (...) O próprio governo é o resultado de uma coligação partidária e há nele também homens sem filiação partidária".[11]

Instalava-se assim Jânio Quadros nas alturas inacessíveis do Poder Executivo, cujo superior propósito consistia em tentar incorporar em si todos os anseios do país. Especificamente no que dizia respeito à UDN, principal partido da aliança responsável pela sua candidatura vitoriosa, ela não demorou a manifestar desde logo seu desinteresse, e até seu repúdio, pelos caminhos às vezes tomados pelo presidente da República. Um deputado udenista admitia o apoio a ele por ocasião da eleição, mas agora lhe acrescentava restrições, pois isto "não quer dizer que aceitemos ou devamos aceitar todas as suas decisões". No Rio de Janeiro, em agosto de 1961, a **Comissão Reestruturadora do Movimento Popular Jânio Quadros** unia-se também à série de condenações da política presidencial. Portanto, até mesmo uma organização ligada diretamente ao presidente da República não lhe poupava críticas. Um dos membros do **Movimento Popular Jânio Quadros**, daquela cidade, resumia suas ideias ao seguinte:

> Assisti ao comício de encerramento da campanha do Sr. Jânio Quadros, e ouvi de sua própria boca a afirmação de que os pobres viveriam melhor no seu governo. Mas, vejo agora que, no terreno da contenção do custo de vida, vamos pelo mesmo caminho do Sr. Juscelino Kubitschek.[12]

Principalmente certas publicações da imprensa atacaram de imediato o desempenho de Jânio Quadros na Presidência da República. Aludiam a milhares de pessoas decepcionadas com o seu Ministério, "embora tivessem nele votado". Procuravam comprovar que ele representava algo "inofensivo aos grupos econômicos, inofensivo aos trustes". Tais jornais declaravam que "a mudança pregada pelo então candidato não é a mesma desejada pela classe trabalhadora, pelo Povo brasileiro". A condecoração de Ernesto "Che" Guevara, oferecida por Jânio, ocasionou o repúdio de alguns jornais da grande imprensa, excitou a perplexidade de diversos parlamentares e motivou até mesmo o protesto da **Cruzada Brasileira Anticomunista.**[13]

A resposta janista à enérgica oposição, às críticas contundentes e ao próprio desgaste de sua imagem de líder político nacionalmente consagrado, foi a renúncia em 25 de agosto de 1961. Em sua **"Mensagem ao povo brasileiro"**, Jânio Quadros ressaltava, em particular:

> Fui vencido pela reação e, assim, deixo o governo. (...) Sinto-me, porém, esmagado. Forças terríveis levantaram-se contra mim e me intrigam ou infamam até com a desculpa da colaboração. Se permanecesse, não manteria a confiança, e a tranquilidade, ora quebradas e indispensáveis ao exercício da minha autoridade. Creio, mesmo, que não manteria a própria paz pública.

Despedindo-se de auxiliares, Jânio explicou-lhes:

> Deus é testemunha dos esforços que fiz para governar bem, sem ódio nem rancores. Nessa hora, penso nos pobres e nos humildes. É muito difícil ajudá-los.

A decisão de Jânio Quadros surpreendeu o povo brasileiro, e até o governador Carlos Lacerda, que acabara por se tornar seu adversário, lamentou a atitude presidencial. E mais: o governador da Guanabara assegurava a manutenção do regime democrático, mesmo naquele momento inesperado.[14] Encerrava-se desta maneira o sonho do sedutor da pequena burguesia, cujo moralismo encontrava no janismo seu representante maior. Não só ela, mas especialmente seus membros viam nele o símbolo da segurança, à maneira de um casto cavaleiro, acima dos partidos políticos e capaz de varrer a corrupção no Brasil. Sua boa nova trazia uma mensagem auspiciosa para as complicações econômicas e para as incertezas políticas. Pouco importa perscrutar o âmago das explicações oferecidas por Jânio para sua renúncia. Importa sim que 5.671.528 eleitores caíram por terra, com seus votos dados a ele. Ficar nos esclarecimentos é perder-se em infinitas suposições. Por exemplo, o deputado Pedro Aleixo, líder do governo na Câmara dos Deputados, ouviu do então presidente da República várias declarações de renúncias. Ainda acrescentou: "o Congresso nem sequer teve oportunidade de recusar qualquer projeto que lhe haja sido enviado pelo governo e reputado indispensável para a realização de profundas reformas programadas". Para Pedro Aleixo, "muitas das explicações estão em contradição com as razões constantes do documento que fundamenta a renúncia e com o próprio comportamento do Sr. Jânio Quadros na vida pública".

O ideário do janismo baseava-se num líder autoritário, embora com a faculdade de pôr em prática a justiça, a começar pelo propalado desejo de restringir os privilégios. Individualista, radical e tumultuado, expressava o descontentamento da pequena burguesia,[15] mas também a atitude carismática, exigida pelas massas populares em seu irracionalismo diante do poder. Aliás, estas massas buscavam a mudança sociopolítica através dele, sem ter visão mais ou menos lúcida de sua classe social.

A renúncia de Jânio Quadros conduziu a impasse político--militar. Neste impasse, houve várias mudanças de posição, no espaço de poucos dias. Note-se o caso do PSD. Seus líderes, a princípio, tomaram atitude contrária à posse do vice-presidente, João Goulart. Tentaram impedir-lhe a entrega da Presidência da República, sugerindo nova eleição presidencial. Logo depois, o PSD veio a declarar, de maneira solene, que era fiel à Constituição e garantia a posse legítima de Goulart no exercício do cargo de presidente da República.

Com a saída de Jânio, o governo federal passou a ser exercido interinamente por **Ranieri Mazzilli**, antes presidente da Câmara dos Deputados. **Mazzilli manifestou-se sobre a posse de Goulart, afirmando que os chefes das Forças Armadas revelavam "absoluta inconveniência, por motivos de segurança nacional, do regresso ao país do vice-presidente João Goulart".**

Goulart chegou, portanto, à presidência da República através do esforço do Congresso, do apoio sindical de São Paulo, do pronunciamento da Igreja Católica em Porto Alegre e em São Paulo, e da mobilização dirigida pelo governador do Rio Grande do Sul, Leonel Brizola. Outras vozes se levantaram em seu favor, como a de Juscelino Kubitschek e a de Carvalho Pinto, na época governador do estado de São Paulo. Ainda se valeu da sustentação militar do III Exército e da sua "confiança nas Forças Armadas Brasileiras".

Por ocasião da demissão de Jânio Quadros, Goulart se encontrava no exterior (China Comunista), cumprindo solicitação presidencial. Em sua vida política, como ministro do Trabalho do segundo governo getulista, como vice-presidente de Juscelino Kubitschek e de Jânio Quadros, Goulart se tinha caracterizado como um discípulo de Vargas, obediente à "Carta Testamento". Aliás, ao longo de todo o seu governo, a imagem de Getúlio está presente como o grande inspirador das massas populares. Neste sentido, Goulart se considerava um líder democrático, identificado com os trabalhadores e defensor de melhores salários para eles. A respeito de Juscelino Kubitschek, ele elogiava a construção de Brasília e o espírito empreendedor do antigo presidente. Suas relações, porém, com Jânio Quadros eram distantes e nem sempre amistosas. Por exemplo: cumprimentou-o no começo da administração janista, mas logo depois protestou contra seu envolvimento nas sindicâncias promovidas pela mesma administração.

A REPÚBLICA BRASILEIRA — 1951–2010

Em seu empenho para ser presidente da República, Jango concentrou seus apelos na solução originada no Congresso Nacional, pois se colocava "como soldado deste Congresso". E daí nasceu o meio para superar o veto militar à sua posse. Foi o Parlamentarismo, admitido pelos ministros da Marinha, da Guerra e da Aeronáutica:

1 — As Forças Armadas apoiam e prestigiam integralmente o presidente Ranieri Mazzilli;

2 — As Forças Armadas dão todo o apoio ao Congresso Nacional;

3 — As Forças Armadas acatam a deliberação do Congresso Nacional, com a promulgação da emenda constitucional, que institui o sistema parlamentar de governo;

4 — As Forças Armadas, em consequência, asseguram as garantias necessárias ao desembarque nesta Capital, nesta data, do presidente João Goulart... [negritos meus]

O Congresso Nacional transformara-se em centro de decisões, capaz de forjar recurso constitucional para a crise. **Chamou-se de crise o conjunto de obstáculos criados pelos opositores, com a finalidade de obstruir a posse de João Goulart na Presidência da República, conforme lhe assegurava a Constituição de 1946.** Jango aceitou constrangidamente o sistema parlamentar de governo, anunciando que agiria de acordo com o Primeiro-Ministro, e que criaria um Ministério de coalizão. Ao mesmo tempo, deixou claro que uma de suas primeiras medidas seria propor plebiscito referente ao Parlamentarismo, para saber o veredicto popular acerca dele. João Goulart tomou posse no dia 7 de setembro de 1961, perante o Congresso Nacional, em Brasília, indicando Tancredo Neves como Primeiro-Ministro. O sistema parlamentarista de governo se manteve até 6 de janeiro de 1963, quando o plebiscito trouxe de volta o Presidencialismo. E assim Goulart exerceu plenamente as funções da Presidência da República a partir desta data, sendo expulso do poder devido ao golpe de 31 de março de 1964.[16]

Desde sua posse em 1961, a ideologia janguista não mudou de acordo com as situações. Aludiu sempre a Getúlio Vargas, aos trabalhadores, à legalidade, às liberdades públicas, à democracia, à Constituição e sobretudo às reformas de base. Ao assumir o governo federal, já apresentara boa parte do seu ideário, cujos aspectos econômicos giravam em torno do desenvolvimentismo, da emancipação econômica, da planificação, do aumento de exportações e especialmente da valorização da agricultura. A respeito da política externa, defendia a autodeterminação dos povos, criticando a utilização de fabulosas somas na produção e na manutenção de armamentos, em vez de se dirigirem à Saúde, à Educação e ao Bem-Estar. O presidente da República, recém-empossado, acreditava no "alto nível de educação política do povo brasileiro", beneficiando assim a harmonia nacional e permitindo "imediatas conquistas na marcha do desenvolvimento econômico do país e principalmente no campo da justiça social". Acima de tudo, ele parecia colocar a conservação da ordem instituída.

> ... sempre constituiu minha principal preocupação empreender todos os esforços em benefício da pacificação geral da família brasileira, mesmo que isto acarretasse até o sacrifício de um mandato que por duas vezes o povo diretamente me conferiu, inclusive no último pleito. (...) Assumi o governo da República para cumprir rigorosamente um mandato, embora em termos diferentes daquele que me fora conferido pelo povo em eleições livres. (...) Conheci a nova emenda quando cheguei a Brasília.[17]

Em que pese as esparsas alegações em contrário, nota-se na atuação política janguista considerável respeito pela conduta pautada na lei. Foram inúmeras as suas manifestações contrárias aos extremismos, assim como procurava realizar desapropriações legais e ressaltar o final de seu mandato, conforme disposição constitucional. Não escondia seu desejo de "manter a ordem pública e proporcionar o entendimento entre as classes". No que diz respeito às desapropriações de acordo com a legislação vigente, parece claro que Goulart confiou na lei como base da reforma agrária, ao dizer que "lograremos êxito no combate legal pela reforma agrária...".

Houve, sem dúvida, a pregação janguista pela alteração da Constituição. Esta pregação consistiu em reiteradas análises sobre a necessidade de conceder-se poderes constituintes ao novo Congresso Nacional, a ser eleito em 1962. Tal Congresso, para o presidente da República, caminharia para as reformas de base, abrandando as exigências da Constituição vigente. Mesmo no fim de seu governo, voltava-se ao Congresso Nacional, "a fim de lhe pedir o exame das diretrizes aqui formuladas, para as modificações do texto constitucional visando à consecução pacífica e democrática das reformas de base".[18] Essas reformas sobretudo queriam dizer a reforma bancária, a reforma administrativa, a reforma tributária e a reforma agrária. A reforma bancária compunha-se da criação do Banco Central e do Banco Rural, este último destinado a dar crédito ao trabalhador do campo. A reforma administrativa visava a dar maior dinamismo e eficiência à organização burocrática do Estado brasileiro. A reforma tributária deveria ser instrumento justo e coerente com as necessidades da Fazenda Pública, levando em conta não só a dimensão econômica, como também os reflexos político-sociais. Já a reforma agrária precisaria essencialmente diminuir ao mínimo o seu custo financeiro, através de legislação capaz de permitir a desapropriação com fim social, evitando de qualquer forma a prévia indenização em dinheiro. Em se tratando de expropriação de terra, a Constituição de 1946 exigia depósito antecipado do pagamento, o que impedia a ampliação da reforma agrária proposta por Jango.

O presidente da República dava sentido bastante extenso ao que denominava de "reformas de profundidade na estrutura do país". Isto significava reformas de base e sempre se alargava. Assim aconteceu com a reforma eleitoral que, aos poucos, passou a ser reivindicada por Goulart, incluindo-se no rol de seus projetos. Para ele, a reforma eleitoral era necessária, "a fim de que o povo, o operário, possa participar efetivamente do Parlamento, que é em última análise quem decide os destinos do nosso país". Um outro tema de crescente interesse para Jango foi o **direito de associação**. Era o caso das Ligas Camponesas. Para Goulart, elas surgiram "porque a lei e as autoridades" não permitiram a criação de outras entidades para a defesa dos direitos do homem do campo.

Grande parte do esforço do presidente da República consumia-se com a crítica à oposição. Maior empenho teve de aplicar no controle dos oposicionistas, a partir de 1963. Condenava quem pretendia "criar crises artificiais", quem aparecia como "falsos democratas", quem vai ao "extremo de levar, para o exterior, os seus propósitos impatrióticos de sabotagem...". Aliás, esta última menção falava da atitude do governador da Guanabara, **Carlos Lacerda**, que se havia manifestado sobre assuntos internos do Brasil ao *Los Angeles Time*. **Tal entrevista, somada às agitações sindicais e às articulações de esquerda e de direita contra o governo federal, acabou por gerar pedido de estado de sítio em outubro de 1963, cujo documento depois foi retirado do Congresso Nacional.**[19]

A oposição teimou sempre em apresentar o presidente da República como algo perigoso ao Brasil. Para ter-se ideia, um **Manifesto da UDN** oferecia aproximadamente as críticas feitas à administração janguista: hiperinflação, caos, exagero em remuneração, novos salários mínimos, corrupção administrativa, cizânia nas Forças Armadas, ação ilegítima dos sindicatos, inutilidade das reformas do governo e mudança dos termos das reformas. A oposição a João Goulart tornou-se mais atuante, durante seu governo, ao longo do ano de 1963, embora ela não fosse nada desprezível antes. **Note-se, porém, que neste ano era maior a veemência dos líderes da UDN (Pedro Aleixo e Adauto Cardoso), de Roberto de Abreu Sodré (presidente do Diretório Regional da UDN em São Paulo), de Eugênio Gudin, de Aliomar Baleeiro, de Cunha Bueno, de Carlos Lacerda, em seus ataques à orientação governamental.**[20]

O acometimento contra a Presidência da República envolvera outros aspectos dignos de nota. Observa-se a força do **Instituto Brasileiro de Ação Democrática — IBAD**, que elaborava listas de candidatos a deputados e a governadores a serem favorecidos nas eleições de

1962, por meio de recebimento de expressivas remessas de dinheiro. Tais candidatos se definiam como ferrenhos opositores das diretrizes janguistas. O governo federal fechou o IBAD em 1963. Nas últimas horas de seu governo, o próprio Jango procurava mostrar que "o IBAD, os interesses econômicos, os grandes grupos nacionais e internacionais não têm competência para julgar os atos do presidente da República". Outro organismo crescentemente acionado pela oposição foi o **Instituto de Pesquisas e Estudos Sociais — IPES**, que passava por exame "as reformas básicas propostas por João Goulart e a esquerda, sob o ponto de vista de um técnico-empresário liberal". Oculto debaixo da aparência de organização de caráter educativo, o IPES coordenava larga campanha política, ideológica e militar, contrária ao governo do país.

Inúmeras entidades, criadas rápida e ardilosamente, lançaram-se na derrubada do poder constituído, contra quem ainda se organizaram as chamadas **"Marchas da Família, com Deus, pela Liberdade". A própria contribuição estrangeira (Estados Unidos) esclareceu-se em documentos já publicados**. Principalmente alguns deles se referiam à presença de **Força-Tarefa de Porta-Aviões** nas vizinhanças de Santos (SP) e a insistentes pedidos de informação sobre a resistência militar ou política ao regime de Goulart, provindos de Washington, nos dias do golpe de Estado de 1964.[21] A resistência política acabou-se definindo especialmente em torno dos então governadores da Guanabara, de Minas Gerais e de São Paulo (**Carlos Lacerda, Magalhães Pinto e Adhemar de Barros)**, que uniram todos os seus recursos contra a continuação da política janguista. A resistência militar se deixou entrever, a princípio, nos primeiros passos dados pelo general **Castelo Branco,** chefe do Estado-Maior do Exército, desde o final de 1963, visando a organizar os oposicionistas ao governo federal. **Aliomar Baleeiro, um dos líderes da oposição, aludiu às atividades do general Castelo Branco nesta época:**

> **Aconselhou-nos a que o Congresso perseverasse em sua resistência dentro dos métodos legislativos, fechando Jango num círculo de ferro**.[22] [negrito meu]

Afinal, veio o golpe de Estado de 31 de março de 1964, cujas condições tinham sido criadas pela grave situação político-militar, transformando o presidente João Goulart em asilado político no Uruguai. As explicações para a revolta contra a ordem estabelecida encontram-se em vários manifestos da ocasião, marcando normalmente alguns pontos.

O iniciador da ação militar em 1964, general Mourão Filho, concluía seu Manifesto à Nação e às Forças Armadas, afirmando:

> ...conclamamos a todos os brasileiros e militares esclarecidos para que, unidos conosco, venham ajudar-nos a restaurar o Brasil, o domínio da Constituição e o predomínio da boa-fé no seu cumprimento.[23]

Outros motivos foram expostos também pelo general Carlos Luís Guedes, nos primeiros momentos do golpe de Estado:

> Que as reformas venham, que venha tudo aquilo de bom a que o nosso povo tem direito. Mas através da ação patriótica do Congresso... .[24]

Acontece, porém, que o Congresso Nacional passou a sofrer cassação de mandatos e suspensão de direitos políticos dos parlamentares. A partir do dia 10 de abril de 1964, o Comando Revolucionário cassou deputados, senadores, governadores, prefeitos, militares, desembargadores, embaixadores e demais ocupantes de funções de natureza pública. De novo, o presidente da Câmara dos Deputados, Ranieri Mazzilli, assumiu a Presidência da República, que havia sido declarada constitucionalmente vaga. Coube-lhe passar o cargo ao general Castelo Branco, eleito pelo Congresso Nacional em 11 de abril de 1964, que tinha como vice-presidente José Maria Alkmim, líder do PSD.

O Congresso continuava, portanto, a funcionar, embora mutilado pela cassação de mandatos e pela suspensão de direitos políticos. Diversos intérpretes do golpe de Estado de 1964 destacaram o

A REPÚBLICA BRASILEIRA — 1951-2010

"esvaziamento do poder civil", para explicar a queda de Jango. O "esvaziamento do poder civil" teria acontecido em 1964, seja pelo distanciamento geográfico entre Brasília e outras Capitais, seja em virtude do sentimentalismo do presidente da República. O isolamento de Brasília e as emoções presidenciais pouco dizem da essência dos fatos. **O importante é que o Congresso Nacional se manteve com os representantes civis que organizaram, apoiaram ou festejaram de alguma maneira o golpe de Estado.** Tal Congresso, juntamente com várias instituições civis há muito criadas e alimentadas pelos setores dominantes, não vacilou em dar nova direção à sociedade brasileira. Esta nova direção utilizou militares e tecnocratas, mas nasceu de profundos interesses nacionais e internacionais do capitalismo. **Já não se justifica a análise de cunho individualista, baseada de qualquer forma em traços pessoais de João Goulart, ou de quem quer que seja, como queriam adeptos do "esvaziamento do poder civil" em 1964.**[25]

Os acontecimentos de 1964 puseram fim ao projeto das reformas de base do período janguista, eliminando ao mesmo tempo a denominada política de massas, vigente até então no Brasil. O golpe não se reduziu a mera operação político-militar, com a finalidade de expulsar o presidente da República. Consistiu também em ampla e prolongada campanha de convencimento da população brasileira, acima de tudo de sua camada média. Principalmente se condenou o esquema de reformas de Jango, cujos efeitos figuravam apenas como tímidos e parciais, em termos de conquista para as massas trabalhadoras.

Enfim, de Jânio Quadros a João Goulart, o povo do Brasil ansiou por ver posta em prática a justiça social, a começar pela diminuição dos privilégios. Ambos os mandatos presidenciais se interromperam, retirando de cena as promessas da moralização janista e as esperanças do reformismo janguista.

A obra do governo dos Estados Unidos da América no golpe de 1964 e suas consequências

Martha K. Huggins, em seu livro *Polícia e política*, ofereceu exposição de um dos aspectos da participação dos Estados Unidos no golpe de 1964, traçando algumas de suas sequelas. Contou ela que, com o fim da aliança soviética-norte-americana e com demonstrações claras da Guerra Fria, sucederam de um lado o enfraquecimento da "purificação das polícias nazifascistas" e, de outro, o fortalecimento das forças policiais anticomunistas, reconduzindo os simpatizantes do nazismo e do fascismo a cargos nas forças internas de segurança. Não demorou que os Estados Unidos da América submetessem a ajuda econômica norte-americana à sua segurança internacional. Para obter tal ajuda, logo os países foram obrigados a consentir o treinamento de suas polícias pelos norte-americanos, segundo a determinação do presidente Harry Truman, em 1947, conhecida como **"Doutrina Truman"**:

A política dos Estados Unidos iria

apoiar os povos livres que estão resistindo às tentativas de subjugação por minorias armadas ou por pressões externas.

Além de consentirem o treinamento de suas polícias pelos norte--americanos e de fortalecerem suas forças de segurança contra o comunismo, cada país deveria realizar seu desenvolvimento econômico por meio da ajuda técnica de consultores norte-americanos. Por conseguinte, o **Ponto Quatro** dirigiu sua ajuda técnica à Ásia, ao Oriente Médio e à América Latina e, no caso específico desta última, a ajuda foi autorizada de acordo com a posição relativa dos países em uma escala de "pressão subversiva", de zero a cem, como aconteceu com o Brasil em 1952, que atingiu noventa e cinco pontos. O **Ponto Quatro** consistiu no apoio norte-americano aos países acossados pelo comunismo, mediante a ajuda técnica às reformas na agricultura, na saúde, na administração pública, aí envolvendo o treinamento policial.

A REPÚBLICA BRASILEIRA — 1951–2010

No que diz respeito ao Brasil, a atitude dos Estados Unidos para com o comunismo era às vezes desaprovada. O presidente Juscelino Kubitschek acreditava que o desenvolvimento econômico exprimia a melhor estratégia do progresso no Brasil, ajuntando:

> (...) a repressão policial não é o meio para se mudar a opinião de um homem;
>
> (...) o modo de derrotar o totalitarismo de esquerda [é] combater a pobreza onde quer que se encontre;
>
> (...) o problema do subdesenvolvimento terá que ser resolvido se se quiser que os países latino-americanos sejam capazes de resistir à subversão de maneira mais eficiente, e servir à causa ocidental,

razão por que Kubitschek propunha sobretudo a chamada "Operação Pan-América", um tipo de "Plano Marshall" para a América Latina.

Diante do desinteresse do presidente Juscelino Kubitschek e do vice-presidente João Goulart por tomarem providências, o governo norte-americano instigava ampla campanha de informação anticomunista, a fim de sensibilizar o anticomunismo das Forças Armadas. Daí a insistência do governo norte-americano em auxiliar os governos da América Latina em fazer **leis de segurança nacional**. O comandante da polícia na capital federal, na época o Rio de Janeiro, **Amaury Kruel** (depois general), em 1958 foi aos Estados Unidos observar a coordenação de operações policiais. Sobre o modo de proceder de **Amaury Kruel**, escreveu Martha K. Huggins:

> Velho amigo dos Estados Unidos, em 1943 Kruel passara três meses em treinamento militar no Forte Leavenworth, no Estado de Kansas. Fizera parte de um grupo de onze oficiais do Exército brasileiro ali treinados, aprendendo a "substituir os métodos franceses de luta pelos métodos dos Estados Unidos", o que significava reduzir uma "estratégia dependente da luta de trincheiras [e] ... defesa maciça, [substituindo-a pela guerra de] movimento rápido e audacioso... altamente motorizado,...[reservando-se] papel bastante reduzido para a cavalaria".

O relacionamento de Kruel com os Estados Unidos deve ter-se tornado ainda mais estreito quando se tornou chefe da Seção de Inteligência da Força Expedicionária Brasileira (FEB), (...) No final da década de
1950, já não mais chefiando seus soldados contra um inimigo externo,
Kruel assumiu o controle das forças policiais do Rio de Janeiro e aprimorou sua capacidade de agir com eficácia contra criminosos comuns
– percebidos como um inimigo interno que então surgia. (...) Em todo
caso, para aperfeiçoar o sistema policial do Rio de Janeiro, Kruel escolheu a dedo um grupo de polícia especial, integrada pelos "homens
corajosos", assim chamados devido à sua disposição de morrer em
perseguição aos bandidos cariocas. (...) Os caçadores de bandidos de
Kruel não atuavam fora da instituição policial formal. Eram membros
de um órgão oficialmente instituído e burocraticamente paralelo, o
"Serviço de Diligência Especial" – uma unidade especializada dentro do "Esquadrão Motorizado" da polícia civil, que era uma unidade
de patrulha motorizada, popularmente conhecida como "E. M.". (...)
O "esquadrão da morte" secreto de Kruel pode assinalar o início de
uma nova degenerescência desses grupos "informais" oriundos do
aparelho policial formal.

Dos funcionários de segurança interna, alunos na International
Police Academy — IPA, mais de 50% eram latino-americanos e um
deles, o coronel do Exército Moacir Coelho, foi um dos fundadores
no Brasil do Serviço Nacional de Informações — SNI, tendo também
dirigido a Polícia Federal. Foram estagiários do Office of Public
Safety — OPS o general Riograndino Kruel e o tenente-coronel Amerino Raposo Filho, ao passo que o general Luís de França Oliveira
("que consta da lista de torturadores documentados apresentada pelo
grupo 'Brasil Nunca Mais'") recebeu contribuição desta organização
norte-americana. Por ocasião da doença e do afastamento do presidente Costa e Silva, e também da posse da junta militar formada de
representantes do Exército, Marinha e Aeronáutica, em setembro de
1969, o Office of Public Safety — OPS-Brasil informou os Estados
Unidos de que, comparada com a mudança no governo, "há... uma

A REPÚBLICA BRASILEIRA — 1951–2010

reação pública muito mais ardorosa à... vitória do Brasil sobre o Paraguai na classificação para... a Copa Mundial de Futebol de 1970". Quando a ditadura decretou a introdução no Brasil das penas de banimento, de prisão perpétua e de morte, o Office of Public Safety — OPS-Brasil limitou-se a considerá-las um "passo na direção da eliminação mais eficiente do terrorismo", sendo as novas leis "aplicáveis a uma gama variável de atos 'subversivos' contra o governo".

Em debate secreto do Senado dos Estados Unidos, no ano de 1971, acerca das políticas e programas norte-americanos no Brasil, narrou Martha K. Huggins:

> ...o senador republicano liberal por Nova York, Jacob Javits, perguntou a Richard Helms, diretor da CIA [Agência Central de Informações]: "O senhor, ou o órgão que o senhor dirige, considera que, se se realizasse uma eleição nacional e o [general] Médici fosse candidato, ele seria eleito?" Helms respondeu: "Provavelmente sim". A seguir, Javits descreveu o Brasil como "uma relativamente tensa ditadura monolítica consentida". "Completamente aturdido [sic]", o senador J. William Fulbright (democrata de Arkansas) pediu a seu colega que esclarecesse "a semântica [de] 'ditadura consentida'". Helms aparteou dizendo que: "Se amanhã alguém fizesse eleições livres no Brasil, a gente iria... [ter] o mesmo cara [Médici] como presidente". Fulbright ainda não conseguia engolir o oxímoro "ditadura consentida", mas estava "perfeitamente disposto a aceitar... que esse é o sistema [político] que se adapta ao temperamento peculiar e ao grau de maturidade política [dos brasileiros]..." De fato, até mesmo Fulbright "duvid[ava] que [os brasileiros] pudessem produzir algo melhor" do que Médici.

> Ao admitir, em 1971, que a violência do governo brasileiro contra os terroristas "equivale a uma guerra santa", o diretor da CIA [Agência Central de Informações] explicava que essa violência não era "nada de novo no Brasil", porque, na visão de Helms, "em algumas regiões, particularmente no Nordeste [do Brasil], a violência é tida como um meio tradicional – e muitas vezes bastante respeitável – de punição. Em

muitas áreas rurais, os espancamentos e, em casos extremos, os tiros da polícia e até mesmo de proprietários de terra locais constituem há muito tempo um dos métodos favoritos para manter as classes inferiores em seu lugar... Enquanto esse tipo de tratamento não resulta em mortes, o populacho rural mantém-se indiferente".

Além de treinamento de policiais e militares, os Estados Unidos da América igualmente demonstraram, com relação ao Brasil, como se pôde entrar no gabinete do presidente constitucional, João Goulart, sem autorização, estando ele ainda dentro do território de seu país. Demonstraram ainda como é possível acontecer inúmeros episódios no Brasil, sem que o povo, a base da democracia propagada pelos Estados Unidos, tenha *logo* conhecimento e condições de agir. Um desses episódios mais significativos achou-se na forma como "os notáveis" do Brasil respeitaram a terra em que nasceram, e na forma como entenderam a dignidade e a honra.

Não há dúvida de que esta participação dos governos dos Estados Unidos no golpe de 1964 no Brasil, e em suas consequências, não significou a participação de todo o povo norte-americano nem sequer a participação de toda administração pública norte--americana.

Carlos Fico, em seu livro *O grande irmão*, recolheu fontes primárias fundamentais a propósito das relações entre o governo norte-americano e a ditadura brasileira, oriundas da embaixada norte-americana, no Rio de Janeiro e depois em Brasília, cobrindo os governos de Castelo Branco (1964-1967), de Costa e Silva (1967-1969) e de Emílio Garrastazu Médici (1969-1974), mais documentos do Arquivo Nacional dos Estados Unidos.

Dentre os pontos essenciais para compreender a intervenção norte-americana no Brasil, não devem ser excluídos os informes transmitidos ao governo norte-americano por **Robert Bentley**, terceiro secretário da embaixada norte-americana em Brasília. Relata Carlos Fico:

A REPÚBLICA BRASILEIRA — 1951–2010

O jovem Robert Bentley conhecia praticamente todos os deputados federais e senadores, e com os parlamentares da UDN tinha extrema familiaridade. Ele havia chegado a Brasília em março de 1963, para atuar no "escritório da embaixada" em Brasília. Tratava-se de um escritório de representação mantido graças ao milionário orçamento da grandiosa missão americana no Brasil, que até 1965 envolvia **2 mil pessoas e um dispêndio anual de algumas dezenas de milhões de dólares**. Em 1963, com 24 anos, coube ao terceiro secretário o acompanhamento dos parlamentares de UDN "e outros partidos na direita", já que o primeiro secretário havia reservado para si o partido governista (PTB) e o segundo, o também atraente Partido Social Democrático (PSD). Bentley impusera-se conhecer todos os "seus" 182 deputados e senadores. (...) Nos últimos dias de março, Bentley praticamente vivia no Congresso Nacional e, a partir do dia 29, ele realmente ficou lá dia e noite, telefonando periodicamente para o escritório da embaixada para relatar o que se passava. Naquele dia 2, ele havia decidido ir para casa, de madrugada, depois que **Auro de Moura Andrade** declarou a vacância, mas, segundo seu relato, **Luís Viana Filho** o segurou pelo braço e disse: "Vem conosco: vamos ao Planalto". Nervoso, ele acompanhou o deputado udenista e futuro chefe do Gabinete Civil. Em suas memórias, porém, Luís Viana diz que se surpreendeu quando, acendendo fósforos para iluminar as escadas escuras do Planalto, viu o jovem secretário. (...) **"Invadir o palácio presidencial às 3 de manhã e proferir o juramento de posse faz de Ranieri Mazzilli o presidente do Brasil?", perguntava-se Bentley."** [negritos meus]

De qualquer jeito, veja-se o que o terceiro secretário da embaixada norte-americana em Brasília, Robert Bentley, afirmou e transmitiu a Washington. Ele afirmou em depoimento de 14 de maio de 2007:

Foi um ambiente de muito contato e intimidade. Lembro um dia – diz Bentley – em que almocei com o presidente do Senado, tomei chá com o [presidente do] Supremo e um café com o chefe do Secretariado Técnico da Presidência — **com visita informal de Goulart**. Fiquei efetivamente a conhecer todos os deputados e senadores da minha "área" e uma boa parte dos outros... (...) A embaixada em Brasília estava com linha aberta para o Rio e [o] Rio, com linha para Washington. A pergunta de Washington foi se a posse era legal. Descrevi outra vez o que tinha [se] passado. Perguntaram de novo se a mudança de presidente era legal e se os Estados Unidos deviam reconhecer o novo regime. **Eu disse que pensava que o que eu vi tinha toda a forma legal**. Disseram para eu ir dormir. **Quando voltei à embaixada, umas 12 horas depois, os EUA já tinham reconhecido o novo regime no Brasil.** [negritos meus]

Robert Bentley transmitiu a Washington respectivamente em 3 de abril de 1964:

Às 3 h da manhã, os parlamentares se agruparam fora do prédio do Congresso para a curta caminhada até o Planalto, o palácio presidencial. O presidente escolhido, **Mazzilli, foi levado até o Planalto em um carro literalmente coberto por homens armados. A procissão solene de congressistas foi barrada no palácio presidencial por apreensivos guardas portando metralhadoras que não sabiam o que estava acontecendo. Os parlamentares os convenceram a deixá-los prosseguir e então entraram no palácio pelas escadarias da parte de trás, que eles tiveram alguma dificuldade para localizar (a porta da frente estava trancada e eles não quiseram quebrar o vidro). Quando a maior parte dos parlamentares abarrotou o escritório do terceiro andar, o presidente Ranieri Mazzilli tinha acabado de ser empossado pelo presidente do Supremo Tribunal Federal, Ribeiro da Costa. Eram 3h30 da manhã de 2 de abril. O arremate final havia sido dado ao golpe de estado.** [negritos meus]

Por outro lado, o subsecretário de Estado em Washington, George W. Ball, na função de secretário interino de Estado naquela madrugada do dia 2 de abril de 1964, ao receber a notícia da posse de Ranieri Mazzilli na presidência da República do Brasil, por meio do terceiro secretário Robert Bentley e do embaixador Lincoln Gordon, remeteu telegrama praticamente reconhecendo o governo Mazzilli:

> "Eu enviei um telegrama ou emiti uma declaração que teve o efeito (...) de reconhecer o novo governo. **Goulart não estava totalmente fora do país e eu estava me arriscando.** Mas funcionou belamente e foi muito efetivo. Foi o tipo de coisa que marcou um momento para o fim do Sr. Goulart." [negritos meus]

O mencionado livro de Carlos Fico, *O grande irmão*, trouxe ao leitor não só valiosos documentos sobre o golpe de 1964 no Brasil, como também descrição e comentário do desempenho de "homens públicos" brasileiros na colaboração com o governo dos Estados Unidos da América, como a título de exemplos o governador mineiro Magalhães Pinto e o famoso jurista liberal Afonso Arinos de Melo Franco. A respeito deles, expõe Carlos Fico:

> Ora, como se sabe, **Afonso Arinos de Melo Franco** — que fora ministro das Relações Exteriores de Jânio Quadros e do governo parlamentarista de Brochado da Rocha, ainda em 1963, sob a presidência de Goulart – foi nomeado secretário estadual pelo governador **Magalhães Pinto**, dois dias antes do golpe, precisamente com o propósito de negociar o reconhecimento do governo provisório, conforme ele próprio confessou em seu segundo volume de memórias: "em fins de março, Magalhães enviou ao Rio **Osvaldo Pierrucetti**, em avião especial, para buscar-me. Eu seria nomeado secretário de Governo, com o fim especial de obter, no exterior, o reconhecimento do estado de beligerância, caso a revolução se transformasse em guerra civil demorada, como justificadamente receávamos". Afonso Arinos prometeu voltar ao tema no terceiro volume de suas memórias mas, quando o publicou, disse que considerava desnecessário fazê-lo, silenciando. É de se notar que a recusa dos participantes em tratar do assunto provavelmente se deve ao grotesco da situação em que esses homens se envolveram, pois não enaltece a biografia de ninguém ajudar a depor o governo consti-

tucional de seu país (ainda mais tendo servido a esse governo como ministro das Relações Exteriores) com o auxílio e segundo as diretrizes de potência estrangeira interessada.[26] [negritos meus]

De fato, nada disso foi necessário, pois o terceiro secretário da embaixada norte-americana no Brasil, Robert Bentley, o embaixador Lincoln Gordon e o secretário interino de Estado, George W. Ball, haveriam de acompanhar e de intervir no golpe de 1964, consumando--o e reconhecendo-o internacionalmente.

Resta saber como seriam identificados e chamados, em outros países, esses brasileiros comprometidos com a deposição do presidente e do governo constitucionais de seu país.

O caso do general norte-americano Vernon A. Walters

O nome do general norte-americano, Vernon A. Walters, conservou-se em moda por longos anos no Brasil, nos jornais, nas revistas e televisões, noticiando sua presença culta, elegante, de fino trato, e costumeiramente visto como amigo, guia ou herói para alguns brasileiros.

O marechal João Baptista Mascarenhas de Moraes, chefe da Força Expedicionária Brasileira — FEB (agosto de 1943 — julho de 1945), durante a Segunda Guerra Mundial na Itália, em seu livro *A FEB pelo seu comandante*, mencionou Walters. Em 5 de agosto de 1944, a FEB foi incorporada ao V Exército dos Estados Unidos da América, "que vinha tendo brilhante atuação militar desde a Campanha da África". Incorporada ao V Exército norte-americano, a FEB possuía poucos militares com conhecimento da língua inglesa, como por exemplo o tenente--coronel, Humberto de Alencar Castelo Branco, chefe da 3ª Seção do Estado Maior.

No livro, as alusões do general Mascarenhas de Moraes a Vernon Walters dizem respeito à sua função de intérprete. De fato, Vernon A. Walters, um poliglota, construiu a carreira militar, alcançando o posto de general dos Estados Unidos, como tradutor de outras línguas para o inglês, ora como treinador em interrogatórios de prisioneiros de guerra, ora como intérprete para militares e políticos de outras nacionalidades em contato com a língua inglesa. Pontificou nas reuniões internacionais de cúpula, servindo como tradutor especial para vários presidentes dos Estados Unidos, chegando à diretoria da Agência Central de Informações — CIA.

Conforme o livro do marechal Mascarenhas de Moraes, ora visto como intérprete, ora denominado como oficial de ligação do Exército norte-americano, o capitão Vernon Walters participou da comitiva do marechal em dezembro de 1943, na sua visita ao Norte da África e à Itália; em seguida, já major, Walters estava em sua comitiva em setembro de 1944, na visita ao major-general Willis Crittenberger, comandante do IV Corpo de Exército dos Estados Unidos, ao qual a FEB se reuniria.

No tocante ao general Vernon A. Walters, não há mudança de função tanto no livro de Mascarenhas de Moraes quanto no detalhado livro *A verdade sobre a FEB – Memórias de um chefe de Estado-maior na campanha da Itália*, escrito pelo marechal Floriano de Lima Brayner. **Neste livro, Lima Brayner revelou outro ângulo da aproximação de Walters com a FEB:**

> O Oficial de ligação junto do Comando brasileiro era o Maj. Vernon Walters, o prodigioso intérprete que falava corretamente oito idiomas, inclusive o português, sem sotaque algum. O Maj. Walters também se avizinhava dos dois metros de altura. Sua dedicação, quase filial ao Gen. Mascarenhas, impressionava a todos, pelo alto sentido de cooperação e incessante operosidade. Jovem oficial, católico praticante e da mais perfeita religiosidade, o seu espírito de renúncia, ao servir o Chefe brasileiro, tinha aspectos comoventes, da mais rigorosa disciplina.

Em outras páginas do livro, como chefe de estado-maior, no posto de assessor imediato do comandante geral da FEB, general Mascarenhas de Moraes, o coronel Lima Brayner relatou ainda:

... Ninguém estava ao seu lado [do general Mark Clark, comandante do V Exército norte-americano] para falar em nosso nome. Naturalmente, não seria o Maj. Vernon Walters, americano, que tomaria a defesa dos nossos interesses, pois ele percebia bem o que os seus Chefes queriam da tropa brasileira. Não iria contrariá-los.

E ainda:

Tendo como intermediário e único oficial de ligação o Maj. Walters, que nutria pelo Gen. Crittenberger uma veneração filial e ilimitada humildade, a FEB não tinha expressão de vontade. Cumpria ordens, que vinham por escrito e eram debulhadas em português, pelo inteligente e sagaz Major americano. De 9 de novembro de 1944 a 22 de fevereiro de 1945, data em que Monte Castelo caiu em nossas mãos, os dias se contaram dramaticamente, em circunstâncias às vezes inenarráveis. E, com certeza, jamais serão contadas.

... O Maj. Walters sentiu o peso de sua responsabilidade como intérprete. Usou de todos os recursos de sua sagacidade e inteligência para desbastar a aspereza eventual da linguagem. Conhecia bem os dois Chefes. Não podia, entretanto, exagerar a deformação da linguagem, pois o Chefe do Estado-Maior Divisionário [FEB] conhecia o idioma inglês.
— Eu vim aqui, afirmava Crittenberger, para dizer-lhe que empreguei tropa brasileira porque não tinha tropa americana ao meu alcance.
Mascarenhas replicou:
— Diga ao Gen. Crittenberger que, quando empregou tropa brasileira em condições normais, ela soube sempre corresponder à confiança de seus chefes.
Crittenberger insiste:
— Nem sempre foi assim. No último ataque, na zona de Monte Castelo, uma companhia brasileira, empregada no eixo de Abetaia, correu diante de um simples tanque inimigo.
Era uma referência direta aos ataques dos dias 24 e 25, em que a tropa brasileira foi desastradamente empregada, sob o comando de um Coronel Americano, que não demonstrou capacidade.
O Gen. Mascarenhas não gostou e reagiu:

A REPÚBLICA BRASILEIRA — 1951–2010

— Diga ao general que ele não está bem informado. De fato a Companhia do III/6º RI, que atacava no eixo de Abetaia, devia ser levada ao objetivo na esteira de uma Seção de tanques americanos. Entretanto, um desses tanques pousou em cima duma mina alemã que, ao explodir, destruiu as lagartas do engenho americano. Este ficou imobilizado no terreno. Os outros tanques não quiseram prosseguir no acompanhamento da tropa brasileira, já agora se defrontando com uma Seção de tanques alemães dotados de canhões de 88 mm, que martelava intensamente as nossas formações e os próprios tanques americanos, provocando inúmeras baixas do nosso lado. Nenhuma infantaria desacompanhada poderia prosseguir naquelas condições. Retirou-se em perfeita ordem, para as suas posições iniciais.

*

Logo após a vitória dos Aliados, e por conseguinte da Força Expedicionária Brasileira — FEB, em maio de 1945, sobre a Alemanha nazista, Vernon Walters foi transferido para o Rio de Janeiro (na época capital do Brasil). Sua nomeação para o posto de adjunto do adido do Exército na embaixada norte-americana no Rio foi interpretada por Walter como "uma sequência lógica, uma vez que [ele] conhecera tantas figuras preeminentes do Exército brasileiro na Itália".

Permaneceu na embaixada dos Estados Unidos da América, no Rio de Janeiro, até 1950. Porém, de junho de 1962 em diante, foi outra vez transferido como adido militar para o Brasil, aí permanecendo por quatro anos e meio.

Em seu livro de memórias denominado *Missões silenciosas*, o general Vernon A. Walters narrou episódios acontecidos com ele no Brasil depois de 1962, relevantes à compreensão do golpe de Estado de 1964, como se segue:

O Embaixador Lincoln Gordon, que eu conhecera durante meu tempo no Plano Marshall e que agora desempenhava as funções de embaixador no Brasil, solicitara minha colaboração, preocupado com a situação política brasileira, na qual os militares seguramente desempenhariam papel de relevo. (...) Ao chegar ao Rio fui, para minha surpresa, recebido por treze oficiais-generais brasileiros que tinham servido comigo na Itália. É claro que, na guerra, eles não tinham posto tão elevado.

A primeira conversa do general Vernon Walters com o embaixador norte-americano, Lincoln Gordon, em seu retorno ao Brasil, em 1962:

...Descreveu-me a situação política no Brasil, que se deteriorava dia a dia, não só do ponto de vista dos progressos comunistas, mas também quanto ao esfriamento das relações com os Estados Unidos, e concluiu:
— De você quero três coisas: primeiro, desejo saber qual a posição das Forças Armadas; segundo, se tenho possibilidades, através de você, de exercer qualquer influência nesse terreno; terceiro, e principalmente, não quero ser surpreendido.
Ao longo dos anos, depois dessa demonstração de liderança, tenho muitas vezes pensado nele, sempre com admiração.

Realmente, o embaixador Lincoln Gordon e o general Vernon Walters foram os principais artífices estrangeiros do golpe de Estado de 1964, no Brasil. Note-se a seguir.

Encontro do embaixador Gordon e do general Walters com o presidente João Goulart:

O embaixador me apresentou e a seguir descreveu a crise cubana e mostrou as fotos dos mísseis soviéticos instalados em Cuba. Goulart as examinou com muito interesse e eu chamei-lhe a atenção para a proximidade de dois tanques de combustível, que só são reunidos quando vão ser utilizados. O presidente olhou para o embaixador e perguntou:
— Por que os senhores não arrebentam tudo o que há nessa ilha?
Gordon replicou que isto causaria a morte de milhões de inocentes, coisa que absolutamente não faríamos.

— Mas — insistiu Goulart — o que significariam essas perdas, em face de uma única vida norte-americana?

A seguir, o embaixador solicitou ao presidente que orientasse os delegados brasileiros no sentido de apoiarem as iniciativas dos Estados Unidos na ONU [Organização das Nações Unidas] e na Organização dos Estados Americanos [OEA], tendo Goulart prometido que o faria.

Sobre a atuação de Walters no Brasil, na época do governo João Goulart, que logo seria destituído:

1)

Tive todas as facilidades para visitar no Brasil numerosas unidades, pois o adido militar brasileiro goza, nos Estados Unidos, dessa mesma regalia. Quase sempre era recebido muito cordialmente, sendo raras as manifestações de frieza. Eu me mantinha geralmente em atitude formal, exceto quando estava a sós com velhos amigos que revelavam suas preocupações por verem o país tendendo para ser o que eles chamavam "outra Cuba".

2)

— Walters, há um sujeito lá fora, que, por cinco mil dólares, se compromete a dar cabo de Goulart. O que você acha?

Ressalvei que, como estrangeiro, não me cabia dar opinião, mas, como princípio, eu não acreditava nesse tipo de solução, primeiro, porque era contra a lei de Deus; segundo, contra a lei dos homens; e terceiro, porque não resolvia o problema. Qualquer que seja o assassinado, é geralmente substituído por alguém ainda mais fanático.

3)

Nessa época, eu frequentava a casa de Castelo Branco e conversávamos a respeito da China, da URSS, dos Estados Unidos ou da Europa, **rara-**

mente a respeito da situação política brasileira. Na noite de 13 de março de 1964, eu me encontrava em sua residência, assistindo pela televisão ao comício que Goulart realizava em frente ao Ministério da Guerra. Por toda a parte se viam os emblemas com a foice e o martelo. O tom dos discursos era inflamado. Castelo Branco desligou a televisão e disse com ar grave:

— Este homem, quando terminar seu mandato, não vai passar o governo. [negrito meu]

4)

Comecei a recear que os adversários da esquerda tivessem um problema de calendário. A revolução não poderia ser desencadeada durante o Carnaval, nem, muito menos, na Semana Santa e certamente fracassaria se ocorresse no dia 1º de abril, "dia dos bobos". A Páscoa, naquele ano, caía a 30 de março. Sobrava apenas o dia 31. Foi essa especulação que transmiti a meus superiores, sabendo que nos Estados Unidos se estudava um plano contingente, para o caso de um levante no Brasil. A verdade era que o mundo se polarizara em dois campos opostos e qualquer governo falharia se não se preparasse para enfrentar todas as eventualidades. O plano norte-americano para esse caso tomou o nome-código de **Brother Sam**. [negrito meu]

5)

No último dia de seu mandato [do presidente Castelo Branco], ele me convidou para jantar. Alertei-o de que isso poderia ser explorado por seus adversários. Ele sorriu e comentou:

— Eles já me acusaram, porque meu primeiro almoço como presidente foi com você. Agora, o que podem dizer é que o último jantar também foi.

Verifica-se que as relações do general Vernon Walters com o presidente Castelo Branco, e com outros militares de alta patente do

Exército brasileiro, prolongaram-se por muitos anos, pois elas remontavam à Força Expedicionária Brasileira — FEB, na Segunda Guerra Mundial, até os últimos dias do governo castellista, e mesmo até depois dele, ou seja: de 1943 a 1967.

Tais relações não constituíam relações comuns. Pelo contrário, essas relações adquiriram alto interesse para os brasileiros e para o entendimento do golpe de Estado de 1964. Elas se referiram aos contatos entre o general Walters, um membro da Agência de Informações das Forças Armadas norte-americanas (Defense Intelligence Agency) e futuro diretor-adjunto da Agência Central de Informações — CIA, e o presidente Castelo Branco, ex-chefe do Estado-Maior do Exército brasileiro, um dos planejadores e organizadores do golpe de 1964, primeiro presidente da ditadura.

O general Vernon A. Walters e o general Humberto de Alencar Castelo Branco mantiveram relações recíprocas a serem examinadas à luz dos interesses dos Estados Unidos no Brasil, visto que tais interesses entranharam o Brasil no quadro da "guerra fria" entre norte-americanos e soviéticos, alinhando o país dentro da política e do capitalismo estadunidenses.

Em seu livro, Walters fala de tudo, mas não deixa de gratificar o leitor com indicações de seu trabalho no serviço norte-americano de informações, no Brasil e fora dele.

Em 1986, quando o general Vernon Walters era embaixador dos Estados Unidos na Organização das Nações Unidas — ONU, ele veio ao Brasil e "advertiu" que se não fosse modificada a lei brasileira de reserva de mercado na área de informática, o governo norte-americano aplicaria sanções ao país. Em suas palavras: "Esperamos que se possa encontrar uma solução para evitar coisas às quais ambos os países não desejam chegar". Uma frase tão enfática levou o senador Pedro Simon a comentar: "...não somos nós que vamos mudar o estilo dos americanos de agir. Que eles não são diplomatas, não são".

A luta contra o subdesenvolvimento

Os períodos presidenciais de Jânio Quadros e de João Goulart representaram dois momentos distintos da expansão do capitalismo no Brasil, aqui entendida como desenvolvimento. Estes governos constituíram fases bastante conturbadas, em razão das contradições socioeconômicas, oriundas da época de Juscelino Kubitschek. Os fatos políticos acontecidos durante as administrações de Jânio e de Jango denunciaram a impossibilidade de resolver as contradições deixadas por Kubitschek. Tanto Jânio Quadros, quanto João Goulart, buscaram em vão transpor inconsistências políticas, econômicas e sociais, através da conciliação entre ideologia nacionalista e capitalismo internacional. Pretenderam vencer o que denominavam de subdesenvolvimento (compreendido como etapa inferior de capitalização), lançando mão de medidas desenvolvimentistas, aptas a acelerar a acumulação do capital no Brasil.

> Em sua campanha eleitoral, Jânio colocava o Brasil como área subdesenvolvida, onde seria praticamente impossível desencadear o processo de desenvolvimento sem a participação do Estado na coordenação de esforços, visando a elevar a renda *per capita*.

Desde o princípio de sua gestão, o presidente Quadros ressaltou a importância da recuperação econômico-financeira, juntamente com a recuperação em outros campos, tais como o da política social e o da administração. Queria implantar no país o "desenvolvimento global", considerando que os desequilíbrios somente eram suportáveis nos dois primeiros anos. Chamava a atenção para o fato de que, ao longo do governo juscelinista, o produto real *per capita* aumentou apenas 3,5% ao ano. De acordo com Jânio, embora relativamente elevadas, estas taxas de crescimento acabaram por mostrar a insuficiência do esforço destinado a "reduzir o nosso atraso econômico", feito naquela época. Porém, sua confiança no desenvolvimento econômico parecia indiscutível, pois admitia que o Brasil tinha mais condições de crescer dentro do grupo dos países capitalistas, do que qualquer outro. Mas esta crença no desenvolvimentismo chocava-se com suas previsões de déficit no orçamento do país, em torno de 200 bilhões de cruzeiros, em 1961.

Aliás, segundo a visão janista, as maiores dificuldades se revelavam no Norte e no Nordeste. Quanto a estas duas regiões brasileiras, cria bastante no desempenho da Superintendência do Desenvolvimento do Nordeste — SUDENE, cujo diretor era Celso Furtado. Dela, o presidente mesmo fala, com entusiasmo:

> Minha fé na SUDENE é ilimitada; e no homem que a dirige, e no grupo que com ele trabalha. (...) No que respeita ao prestígio, dei e estou dando ao órgão toda a autoridade que é possível imaginar.

Querendo concretizar seu desenvolvimentismo, Jânio prontamente indicava a necessidade de se elaborar planos diretores, para lugares onde se apresentassem diferenças regionais. Ele chegou mesmo a tocar em planificação geral para o Brasil. Inicialmente desejou realizar o plano de emergência, que ofertaria subsídios ao plano quinquenal, ambos voltados a disciplinar recursos e investimentos para o país.[27] Ao lado destas providências, valorizava também a ampliação das exportações tendo-a como "uma imposição dos brios e da soberania nacionais". Esta ideia foi normalmente apresentada, aparecendo como uma das diretrizes da administração janista. Por sinal, sua justificativa para a concretização do intercâmbio comercial com a URSS estava baseada na necessidade de exportar. Declarava o presidente da República:

> O Brasil precisa, urgentemente, vender tudo o que possa produzir. Esse é o nosso grande esforço, a nossa primeira meta.

Tratava-se, pois, de política econômica dirigida, em primeiro lugar, à exportação de produtos brasileiros, um motivo a mais para se dar nova orientação às questões de câmbio. De fato, a séria situação financeira e cambial do país levou o governo de Quadros a assumir outro procedimento, conforme as instruções 205 e 206, baixadas pela Superintendência da Moeda e do Crédito — SUMOC. Com isto, importação e exportação de mercadorias caíam no mercado livre, sem qualquer subsídio. Em março de 1961, o presidente da República manifestou-se veementemente contra o câmbio de custo, que chamava de "câmbio de favor" e que agredia toda a população brasileira. No seu entendimento, precisava restaurar a verdade cambial, tornando compatível o custo de câmbio com a desvalorização interna do cruzeiro. Os resultados se dariam sobretudo nos aumentos dos preços. Mas seriam, para Jânio, aumentos imediatos e suportáveis pelo povo. Nos primeiros dias de abril de 1961, Jânio voltava a explicar a repercussão de suas medidas referentes ao câmbio: a instrução

> 204 é um oitavo deste aumento do custo de vida. (...) A 204 foi baixada por mim. Os que me precederam, os que estiveram aqui antes de mim redigiram a 204. Eram o dólar e as moedas estrangeiras o valor que a 204 confessa. Pagavam a diferença do preço do petróleo, pondo as mãos no bolso de todos (...) e assim faziam com o trigo, com o papel de imprensa.

Aí estava uma política econômica de caráter predominantemente anti-inflacionário, com profundas consequências para as massas populares, que o presidente Jânio se propunha a defender. O fundamento desta política localizava-se na elevação dos preços das mercadorias, como ele mesmo elucidou. O combate contra a inflação somava-se à fidelidade ao processo de industrialização. No final do governo, Quadros proclamava que a indústria caminhava "no sentido da nossa absoluta emancipação", desde que as indústrias de base aqui se instalassem e aqui prosperassem. Sua vontade de capitalizar também se dirigia à agricultura. A receita janista seguia mais ou menos esta direção: deviam

A REPÚBLICA BRASILEIRA — 1951–2010

225

o capital e a tecnologia moderna ser introduzidas em grande escala, para o que o Poder Público há de ampliar o crédito ao agricultor e fornecer-lhe a assistência técnica necessária.

Muitos dos assuntos lembrados desde o começo da administração janista apareceram em forma de sucesso, no final. O caso das questões agrícolas é esclarecedor. Temas da agricultura, longamente repetidos antes, despontavam como êxitos nos últimos dias do janismo. Assim, naquele momento, o Banco do Brasil assistia ao pequeno sitiante com seu crédito; havia preços mínimos para os produtos; existiam armazéns; diversificavam-se as exportações.[28] Neste quadro, em que se inseriam felizes resultados, os aumentos de preço dos produtos ao consumidor deveriam ser enfrentados com salários nem sempre reajustados. O governo de Jânio Quadros se opôs ao aumento nominal de salário, por contribuir para a aceleração do processo inflacionário e por constituir elemento de instabilidade dos assalariados. Tendo esta posição perante o problema salarial, tal governo discutia-o:

...de acordo com os mais lídimos princípios da justiça social, mas sem permitir que a valorização do trabalho possa importar em desestímulo aos empreendimentos do capital.

E então, tocar em custo de vida significava desesperança, pois pouca coisa se fez para contê-lo, além de simples denúncias. Estas denúncias se fundavam na reiterada pretensão governamental de combater "a elevação crônica de preços". No fim da gestão de Quadros, já se podia notar progressiva elevação do custo de vida, em especial dos gêneros alimentícios e do vestuário, lenta ou bruscamente. Por exemplo: no Rio de Janeiro, entre os meses de fevereiro e maio de 1961, no comércio a varejo, o café e o açúcar sofreram acréscimos brandos, respectivamente de 4% e de 5%. Mas, já no início do governo janista, o arroz manifestou elevação mais rápida de 8% na mesma cidade e nos mesmos meses, enquanto o pão aumentou o preço em 35%. Jânio Quadros cuidava de conter os salários, sem conseguir controlar a subida do custo de vida.[29]

A política econômica de João Goulart não foi menos conturbada do que a de seu antecessor. O período de Goulart aprofundou as contradições políticas e sociais já existentes, gerando o golpe de Estado de 1964. Continuou, porém, valorizando o desenvolvimentismo e manteve a tentativa de conciliação entre ideologia nacionalista e capitalismo internacional. Acima de tudo, quis vencer o subdesenvolvimento do Brasil, combinando medidas anti-inflacionárias com a luta pelas reformas de base. Perdeu-se na ambiguidade de suas providências de política econômica. Em 1962, Jango acreditava que seria possível o desenvolvimento harmônico do país, dando melhores condições de vida principalmente às populações do campo. Notava, no entanto, "graves deficiências e omissões no processo do desenvolvimento econômico-social", aqui em curso.

O ideário do janguismo propunha um outro ponto fundamental: a contenção do custo de vida. Em inúmeras ocasiões, Goulart se referiu ao urgente dever de evitar sua elevação, pelo menos quanto aos alimentos de primeira necessidade, apesar de na realidade estar ocorrendo o contrário. No princípio de 1963, teve de jogar com as esperanças e com as medidas futuras, ao tratar do aumento do custo de vida. Pensava que tais medidas cortariam a subida dos preços, fazendo com que os operários deixassem de se interessar apenas pelos aumentos de salário. Partindo para providências de combate à elevação dos preços, empenhando-se na estabilização econômico-financeira, e negociando até mesmo com o capital estrangeiro para atingi-la, assim mesmo o presidente da República nunca esquecia o problema da emancipação econômica. Equívocos à parte, ele se punha na conquista da emancipação econômica do Brasil, pois não seria possível que os produtos nacionais fossem canalizados para outras terras sem qualquer consentimento.

E raciocinava para a população:

> Não preciso dizer-vos que povo sem emancipação econômica é povo sem liberdade política... .

A REPÚBLICA BRASILEIRA — 1951–2010

·João Goulart ressaltava a estreita ligação entre emancipação econômica e superação do subdesenvolvimento. Para ele, o país deveria contar consigo mesmo para vencê-lo. Deveria aumentar continuamente as exportações e selecionar os investimentos estrangeiros, de acordo com a combinação de interesses do aplicador externo e do Brasil. Neste esforço para derrotar o subdesenvolvimento, a planificação e a direção política muito poderiam ajudar, ao oferecerem maior coerência ao processo econômico. Portanto, ainda como vice-presidente da República, apontou a necessidade de planejamento. Depois, já no cargo de presidente, Jango aludiu inúmeras vezes ao Plano Trienal, elaborado pelo ministro Celso Furtado, concedendo-lhe as funções de "disciplinar a vida do país" e de "manter o ritmo de desenvolvimento do Brasil, dentro de taxas que jamais permitiriam a sua estagnação". Comumente, elogiou o fato de o plano englobar toda a sociedade, controlando os desequilíbrios entre as classes e entre as regiões brasileiras. Desta maneira, também se abria maior possibilidade para a prática de justiça social:

> Como político, considero-me estritamente comprometido com a defesa dos objetivos de justiça social... .[30]

Entre as metas gerais do Plano Trienal de Desenvolvimento Econômico e Social (1963-1965), do governo de João Goulart, constava prioritariamente a melhoria de condições de vida do povo brasileiro. Para tanto, pretendia-se elevar a taxa de crescimento da renda nacional, estimando-a em 7% ao ano. Haveria, pois, aumento da renda *per capita*, em 3,9%. Segundo o Plano, já se vinha realizando a melhoria geral das condições de vida. Mas era uma melhora extremamente desigual, o que acabava por causar má repercussão entre os habitantes do país. A fim de analisar a situação destes habitantes, o Plano Trienal dividia-os em 4 grandes grupos: trabalhadores rurais em geral; trabalhadores urbanos com salários condicionados ao mínimo fixado oficialmente; outros assalariados urbanos; e grupos de altas rendas. Sobre tais grupos, em meio a outros aspectos de ordem econômica, ele demonstrava a existência de crescentes diferenças de padrões de vida.

O Plano Trienal esteve presente nas duas tentativas de estabilizar a crítica vida econômica do Brasil da época de Jango, tentativas realizadas por San Thiago Dantas e por Carvalho Pinto, em momentos diferentes. Além delas, João Goulart procurou contornar a crise econômico-financeira por meio de outros expedientes, ao aproximar-se dos Estados Unidos e das autoridades do Fundo Monetário Internacional — FMI. Até esteve em Washington em abril de 1962. Transcorrida a fase parlamentarista de seu governo, o presidente Goulart se envolveu então com a política econômica de San Thiago Dantas, novo ministro da Fazenda, do seu primeiro ministério presidencialista. Tanto Celso Furtado (do Planejamento), quanto San Thiago Dantas (da Fazenda), procuraram levar adiante o Plano Trienal concebido pelo primeiro. Nesta fase, promoveu-se reforma fiscal e de novo se buscou a uniformização das taxas cambiais, abolindo-se os subsídios. Como ocorrera com Jânio Quadros, estas providências ajudaram no aumento imediato do custo de vida. Os preços surpreenderam as previsões do Plano Trienal, ultrapassando-as já em 1963. O Plano Trienal significou, nesse momento, a grande vítima das consequências da política anti-inflacionária, que ele mesmo pregara.

A segunda tentativa de estabilização econômica, no governo presidencialista de Goulart, partiu de Carvalho Pinto, outro ministro da Fazenda. Seu compromisso prioritário estava no combate à inflação. E desejava cumpri-lo com a adaptação do Plano Trienal, de modo que este pudesse ser o orientador da nova realidade econômico-financeira. Não foi bem sucedido em sua política também anti-inflacionária, deixando-a ao último ministro da Fazenda do período de Goulart, Ney Galvão.[31] Ainda naqueles tempos, houve quem criticasse as fantasias contidas no Plano Trienal, que "prometia taxas crescentes de expansão do produto real, quando, na verdade, preparava a depressão econômica para os meses imediatos". Aqueles que se opunham ao Plano, acusavam-no de incentivar o desemprego, a falência das empresas e a desordem econômica, embora assim o fizesse em nome do desen-

A REPÚBLICA BRASILEIRA — 1951–2010 229

volvimento e da ordem social. A evolução dos preços bem esclarece a parca eficiência do Plano Trienal. Veja-se, por exemplo, o custo de vida no Rio de Janeiro. Tomando-se o ano de 1953 como base igual a 100, verifica-se que em 1961 o índice tinha chegado a 383, subindo a 2.889 em 1964. De fato, o custo de vida gradativamente se elevou naquela cidade. Ele apresentou a variação de 33,3% (em 1961), de 51,6% (em 1962) e de 70,4% (em 1963).

Procurando compensar o crescimento dos preços das mercadorias, o presidente Goulart aumentou o salário mínimo, como ocorreu em outubro de 1961, logo após tomar posse. Nesta oportunidade, concedeu mais 40% no salário mínimo, colocando-o pouco acima da variação do custo de vida. **De outra parte, a busca da estabilidade econômico-financeira e o desejo de expandir a industrialização obrigaram o governo federal a aceitar investimentos estrangeiros.** O ano de 1961, no qual aconteceu a gestão de Jânio, assistiu à maior entrada de capital do período, no valor de 429 milhões de dólares. No período de João Goulart houve permanente decréscimo de aplicação de recursos externos, registrando-se 291 milhões de dólares em 1962, 206 milhões de dólares em 1963 e 73 milhões de dólares em 1964.

Outra fonte de capitais de fora do país localizava-se na "Aliança para o Progresso", cujo documento básico foi a Carta de Punta del Este, no Uruguai, assinada em 17 de agosto de 1961. A "Aliança para o Progresso" possuía inúmeros objetivos: eles iam desde a distribuição equitativa da renda nacional, a realização de programas de reforma agrária, até a eliminação do analfabetismo, a redução da mortalidade infantil e a construção de habitações dignas da condição humana. A aplicação dos recursos provenientes da "Aliança" exigia o cumprimento de certos requisitos, como a existência de planos tecnicamente elaborados, e a realização de reformas sociais.[32] Tem-se a impressão de que a boa vontade dos norte-americanos mudaria o panorama do Brasil e também o de toda a América Latina. Naturalmente, a própria realidade histórica acabou por negar. **Ao que se saiba, o panorama de nenhuma região latino-americana se alterou no sentido dos objetivos da "Aliança para o Progresso".** Aqui no Brasil, a sua agonia e a sua morte até atribuíram-se ao presidente Goulart, que se arvorava em defender o nacionalismo econômico.

A proteção da economia nacional inspirou a Lei n° 4.131, de setembro de 1962. Esta lei nasceu do Projeto n° 3.251, elaborado ainda na época do presidente Jânio Quadros. Ao promulgá-la, João Goulart definia estritamente o que queria dizer capital estrangeiro. Assim, para a administração janguista, capital estrangeiro significava o capital efetivamente entrado no país, ao qual se permitia a remessa de lucros para o exterior, até 10% do seu valor registrado. Qualquer envio superior a tal limite era entendido como retorno de capital. A Lei n° 4.131 autorizava a devolução de recursos aos outros países, desde que não ultrapassasse anualmente a parcela de 20% do capital consignado. Além disto, os lucros acima de 10% passavam à categoria de capital suplementar, não abrindo possibilidade de encaminhá-los para fora do Brasil. A situação dos investimentos estrangeiros sofreu marcantes alterações com o golpe de Estado de 1964, através da Lei n° 4.390 e do Decreto n° 55.762.

Mesmo com as vicissitudes decorrentes das precárias condições econômico-financeiras e das crises político-militares, a economia brasileira não deixou de expandir-se, sobretudo em alguns setores. Considerando-se o ano de 1958 como base igual a 100, comprova-se que a produção industrial do Brasil atingiu o índice de 139 em 1961, subindo a 147 em 1962. Para imaginar-se melhor, o ano de 1957 serve de base igual a 100. Apoiando-se nisso, nota-se que a importação de tratores e de acessórios caiu de 101,4 (em 1961) para o índice de 47,9 (em 1963). O mesmo ocorreu com a importação de automóveis, de caminhões e de ônibus, cujo índice passou de 25,1 (em 1961) para 17,5 (em 1963). Os progressos industriais, no entanto, não transformaram significativamente a lista dos produtos exportados. A agricultura e as atividades extrativas continuaram representando o papel fundamental no comércio exterior do país. Elas prosseguiram arcando com as despesas nacionais. Em 1962, as 5 mercadorias mais exportadas pelo Brasil consistiam em café (53%), algodão (9,2%), minério de ferro (5,7%), açúcar (3,2%) e madeira (3,2%). Os EUA ainda se mantinham como o principal comprador dos produtos brasileiros, acompanhados depois pelos alemães, pelos holandeses e pelos argentinos.[33]

Desde logo, percebiam-se os percalços para associar a ideologia nacionalista e o capitalismo nacional, em razão dos conflitos políticos no interior dos próprios setores dominantes e também por causa de sua baixa capacidade de investimento. Mais ainda se evidenciava a incompatibilidade entre ideologia nacionalista e capitalismo internacional, quando mais não fosse devido à lei de remessa de lucros para o exterior, idealizada ainda por Jânio Quadros. De outra parte, as contradições expostas até meio vagamente pelas classes sociais afloravam em toda a sociedade brasileira. Para o presidente Quadros, impunha-se a prática do encantamento, pois devia aliar as bênçãos da democracia representativa com o pagamento da dívida externa, com as medidas anti-inflacionárias, com o estímulo à exportação agrícola e com a ampliação do processo econômico. Seu derradeiro momento de encantamento deu-se em 25 de agosto de 1961, dia da renúncia de Jânio. O presidente Goulart acompanhou as sucessivas quedas de suas diretrizes de governo: abandonou em parte suas restrições creditícias, desistiu do controle dos salários e, de certo modo, pôs de lado o combate à inflação. Em nome do nacionalismo econômico, disciplinou o capital estrangeiro. Mas seu nacionalismo soçobrava com as deliberações referentes ao câmbio. Coube-lhe aumentar a campanha pelas reformas de base e valorizar a independência de sua política externa, aliás normalmente entravadas pelo Congresso Nacional.

Enfim, perante tal quadro, resta falar em tragédia para o regime liberal-democrático. Goulart quis evitar a ruína das instituições políticas e fez frente à destruição de seus anseios de emancipação da economia brasileira, de reformas e de autonomia na política exterior. A inviabilidade do governo janguista e de suas aspirações não se deve só às dificuldades provindas da crise econômica interna e aos estorvos colocados pelo investimento estrangeiro. Como sucedeu com Getúlio Vargas, aqui também os grupos mais conservadores brasileiros ganharam extraordinários meios de acuar o poder constitucional, em virtude do nacionalismo econômico, da independência na política externa e da ativa presença das massas populares nas decisões políticas. E, note-se, dentro dos limites demarcados por Jango: nada mais além para vencer o subdesenvolvimento.

A justiça social conforme Jânio Quadros e João Goulart

Os pronunciamentos do presidente Quadros, relativos à política social, recebiam habitualmente a designação de "bem-estar social" ou de "justiça social". Houve alguma atenção de Jânio neste campo, segundo se vê nas constantes alusões aos temas de política social, existentes em seus discursos e em suas mensagens. Por sinal, a situação dos chamados proletários, dos humildes e dos trabalhadores transparecia durante os exames de outros assuntos. A leitura das manifestações do presidente da República ao país oferecia a noção de que várias medidas tomadas, ou apenas programadas, poriam em prática a dita justiça social. O combate em prol da moralização e da austeridade públicas, as advertências destinadas a refrear os aumentos do custo de vida ocupavam determinado espaço em muitas de suas apresentações à população brasileira. Discorrendo sobre isto, Jânio fazia promoção de suas formulações, eventualmente a serviço das massas populares.

> Mas o bem-estar nacional resultará no crescimento harmonioso da nossa economia, de seu planejamento, de gestão governamental proba e eficiente em que todos tenham o seu quinhão, como recompensa de sua firmeza e da sua labuta.[34]

> Todos nós, no Brasil, precisamos fazer o impossível, todos nós no Brasil precisamos tornar-nos dos melhores apertadores de 'porca' do mundo, ou não construiremos a poderosa Nação que só pode assentar-se na justiça social, isto é, no bem-estar coletivo.[35]

A REPÚBLICA BRASILEIRA — 1951-2010

Já no que tocava ao presidente Goulart, a justiça social mantinha íntimas ligações com a democracia, com o desenvolvimento econômico e com a própria grandeza nacional. Também no período do governo janguista, os problemas relativos à justiça social surgiam em meio das discussões de outros temas também palpitantes, como nos casos do plebiscito, das liberdades públicas, da democracia, da política externa e das reformas de base.

Meditando sobre o regime democrático, Jango assegurava que:

> Nem pode sobreviver a democracia que não soluciona os problemas do povo; nem pode o povo continuar a sustentá-la se amarga na pretensão dos seus problemas essenciais.

Acreditava que, com o desenvolvimento nacional,

> vai-se também ampliando uma consciência de justiça social...

Levando em consideração a posição do Brasil diante do mundo, o presidente da República concordava em que

> nenhum país, nenhuma nação jamais construiu a sua grandeza sob o sofrimento das massas populares.[36]

Educação

Portanto, a respeito da valorização da condição humana no Brasil, é essencial dirigir a atenção, por exemplo, para os ideários e para as realizações de Jânio Quadros e de João Goulart, quanto à Educação.

Em agosto de 1960, o então candidato à Presidência da República, Jânio Quadros, atribuía longa distância entre o "sistema educacional" da época e as necessidades brasileiras no âmbito do ensino. Punha fé no plano de "Diretrizes e Bases", considerando-o como "bom início na marcha que empreenderei em prol do melhoramento das condições educacionais do país". O analfabetismo figurava como a mais alta prioridade de sua política educacional. Para Quadros, os índices de analfabetismo explicavam-se pela condição de subdesenvolvimento da maioria da população brasileira. Segundo ele, as cidades tinham o papel de redutor do analfabetismo, enquanto o campo se colocava como principal responsável pela criação de massas analfabetas. Em seu programa eleitoral, Quadros privilegiava os ramos técnico e científico, expressivos indicadores de certo padrão de desenvolvimento. Além do mais, para ele, tais ensinos evitavam a mera integração das técnicas provenientes do exterior. Deste modo, prometia alterações no ensino técnico e no ensino universitário, a fim de se obter melhores resultados dos investimentos feitos.

Entre as propostas de Quadros visando à transformação da educação brasileira, podem-se salientar as seguintes: reformulação no funcionamento do Ministério da Educação e Cultura, conservação tanto das escolas públicas quanto das escolas particulares, proibição do aparecimento de novas universidades e impedimento da incorporação de outras instituições universitárias ao sistema federal de ensino. Em maio de 1961, o presidente Quadros expressava através de memorando algumas das suas principais ideias, quanto ao ensino superior. Nele, aludia à premência da reforma universitária, suspendendo os concursos para provimento de cátedra. Partindo do princípio de que devia acabar com a "propriedade pessoal da cátedra", pedia no memorando aos órgãos do Ministério e às entidades estudantis determinadas sugestões, concernentes à modificação do recrutamento e da permanência de professores do ensino superior.

Eis aí o universo educacional do janismo. Notem-se, por exemplo, algumas particularidades de seu desempenho. Mesmo às vésperas de sua renúncia ao governo federal, Jânio assinou decreto destinado a promover a Mobilização Nacional contra o Analfabetismo. No campo educacional, sua ação administrativa se centralizou na revisão da "estrutura do nosso ensino", acenando com outras alternativas, tais como a implantação de vasta rede de escolas artesanais e de escolas industriais. Sempre o presidente da República acalentou cuidadosamente a vontade de eliminar o analfabetismo no Brasil, mas avançou em direção a diversos tipos de experiências em nível do ensino médio e em nível do ensino superior. Quanto a este, deu início à Universidade Nacional do Trabalho (em Volta Redonda, estado do Rio de Janeiro) e à Universidade Volante (em Ponta Grossa, estado do Paraná). Propôs a existência simultânea da escola pública e da escola particular, empenhando-se em louvar as virtudes da Lei de Diretrizes e Bases da Educação Nacional.

Eis sua visão da ausência de escolaridade no país:

O analfabetismo é uma chaga, é uma vergonha para todos nós, é uma das razões do nosso subdesenvolvimento, do nosso pauperismo, é o grande fator de injustiça social, porque, onde quer que encontremos um analfabeto, encontramos alguém escravizado ou suscetível de escravização.[37]

A respeito da Universidade Nacional do Trabalho, Jânio Quadros assim vaticinava:

Esta Universidade revoluciona o ensino, vai permitir aos meninos... galgar os degraus da vida pelo seu sacrifício, pela sua fé, pela sua capacidade, pelo seu desejo de vencer... (...) E, a não ser através do ensino, facilitando-o para o trabalhador, permitindo-lhe a especialização, permitindo-lhe os títulos e os conhecimentos científicos, eu não sei de que maneira iremos vivificar o nosso corpo democrático... .[38]

Difundia sua posição referente ao caráter das escolas:

Não serei o instrumento da destruição da escola privada. Mas, de forma nenhuma, concorrerei para a limitação ou o prejuízo da escola pública. Sustento a coexistência de ambas, com o fortalecimento cada vez maior da escola pública, que representa, nos termos constitucionais, dever inalienável do governo.[39]

O presidente João Goulart já prodigalizava mais em termos de Educação, talvez até devido à maior extensão de seu governo. A princípio, cumpre lembrar o entusiasmo janguista pelas Universidades norte-americanas. Para Goulart, tal Universidade "permitiu que a revolução industrial americana jamais cessasse", pois ela organizou os Estados Unidos ao realizar tarefas na agricultura, na indústria, na formação profissional e na construção do cidadão, além de espargir conhecimentos. Aí estava o "grande exemplo" para o Continente Americano, de acordo com o pensamento presidencial. Várias providências foram tomadas ou imaginadas por Jango, em nome das atividades educativas. Assim, em março de 1962, fundamentava sua decisão de sancionar a Lei de Diretrizes e Bases da Educação Nacional, instrumento de esmero da cultura brasileira. No final deste ano, ele anunciava o advento do Plano Nacional de Educação, que despenderia 500 milhões de cruzeiros no setor, durante 1963, 1964 e 1965. O leque de questões educacionais alargava-se bastante e a gestão janguista se referia a assuntos variadíssimos sobre o trabalho de educar. Preocupava-se em dar educação a toda a Nação e não apenas a uma elite. Sendo esta missão primordial, Goulart se lançava ainda ao ataque em outras frentes: dilatar as matrículas e abrir as escolas ao ingresso dos jovens; promover a Campanha Nacional de Alfabetização, dando-lhe condições "para o assalto final contra o analfabetismo". Em se levando em conta as proclamações do presidente da República, caberia à Universidade a obra de renovação nacional, devendo fazer os alicerces "do pensamento organizado da Nação".[40]

As propostas da administração janguista rodopiavam em torno de tais tópicos. Em Mensagem ao Congresso Nacional, em 1963, Goulart comentou a situação da ação educativa no Brasil:

> O progresso experimentado pelo país nos últimos dez anos tornou mais nítida a incapacidade do nosso sistema de educação. (...) **Nossas escolas de todos os níveis não se adaptaram às necessidades da hora presente. Conformaram-se, ainda, às exigências elementares daquela sociedade arcaica em que o ensino primário era meramente**

preparatório ao ingresso na escola média e esta simples estágio necessário à matrícula nos cursos superiores. (...) Com a Lei de Diretrizes e Bases, a planificação se tornou normativa, através dos Fundos Nacionais de Ensinos Primário, Médio e Superior, criando-se, através do Conselho Federal de Educação, o Plano Nacional de Educação, que cobrirá o período 1963-70, exigindo maiores cuidados na fase de sua implantação. [negrito meu]

Causam profundo sentimento de desesperança e de indignação as **revelações presidenciais, referentes ao ensino, feitas no término de 1963**. Segundo Jango, a metade da população brasileira compunha-se de analfabetos, havendo 8 milhões de crianças em idade escolar, sem conquistar qualquer instrução. Dos meninos e meninas que frequentavam as escolas primárias, só 7% chegava à quarta série. O ensino secundário atendia apenas 14% de seus candidatos, enquanto unicamente 7% atingia o ensino industrial e 0,5% entrava para o ensino agrícola. Por fim, 1% dos estudantes ingressava nas universidades.[41] Tétrica visão esta, ofertada pelo próprio governo federal, como resultante também da negligência acumulada em gestões anteriores. Apesar da tenebrosa situação educacional, nem por isto o presidente da República vacilava em colocá-la perante a sociedade brasileira, sem omissões ou sem adulterações. Não se pode esquecer de que está aí a posição do poder político, passível de casuais alterações.

Não é desinteressante saber o que dizia o **Plano Trienal de Desenvolvimento Econômico e Social (1963-1965)**, relativo à Educação na época de João Goulart. Em seus objetivos gerais, o Plano aludia ao seu interesse "no campo educacional, da pesquisa científica e tecnológica", quando mais não fosse em razão de conceder "acesso de uma parte crescente da população aos frutos do progresso cultural". Ele se importava com a educação primária, por constituir elemento básico para o desenvolvimento econômico e social. Por isto mesmo, o governo federal deveria compensar a incapacidade financeira dos governos locais, ofertando-lhes recursos destinados ao funcionamento satisfatório do ensino elementar. Por outra parte, o Plano Trienal não se descuidava com o treinamento e com a formação do pessoal técnico, extremamente imprescindível ao momento.[42]

É inegável a existência de plano geral e de planos setoriais a serem cumpridos pelos governos de ambos os presidentes. Do mesmo modo, precisam de destaque as medidas já tomadas por eles. Nada disto, porém, figurou como vigorosas soluções, em especial diante das insustentáveis condições da Educação, conforme sobretudo Goulart havia mostrado. Os dois presidentes da República distinguiam expedientes de natureza diversa: luta contra o analfabetismo, aumento da rede escolar, manutenção da escola pública e da escola particular, limitação do número de novas universidades, confiança nas virtudes da Lei de Diretrizes e Bases da Educação Nacional, a relação entre universidade e trabalho, a elaboração do Plano Nacional de Educação e a obra universitária de renovação nacional. Afinal de contas, constituem providências um pouco amplas e soltas, expostas no calor do momento político e dependentes das características de cada Estado brasileiro, que vinha a ser finalmente o encarregado desta política educacional, segundo os seus ditames. De outro lado, tem cabimento colocar sobretudo João Goulart numa posição ímpar, quanto ao entendimento mais acurado da questão educacional. Ele ponderava que os problemas da Educação se ligavam às chamadas reformas de base, pelas quais pugnou até o fim de sua gestão. Acima de tudo, como Vargas, também Jango levou o Estado a admitir e a ficar como responsável por fornecer escolas a todos, querendo educar a nação inteira e não só uma elite.

O período dos governos de Jânio e de Jango mostraram progressivo crescimento nas despesas públicas com relação à Educação no Brasil, considerando-as em milhões de cruzeiros. De 1961 a 1964, a percentagem dos gastos federais com o ensino aumentou de 593%, representando 148,25% ao ano. Enquanto isto, tais gastos se elevaram em 47%, do último ano do governo de Juscelino Kubitschek (1960) ao início da gestão de Jânio Quadros (1961). Do ponto de vista dos estados brasileiros, de 1961 a 1964, as despesas com o ensino atingiram 331,5%, significando 82,87% ao ano. Note-se, porém, que a passagem da administração juscelinista para a administração janista, de 1960 a

1961, acarretou apenas a subida de 59,5% naquelas despesas estaduais. A respeito dos Municípios brasileiros, de 1961 a 1964, os gastos com o ensino saltaram para 355%, expressando 88,75% ao ano. Entre 1960 e 1961, ao findar a era juscelinista, fixara-se apenas em 38,5% naqueles gastos municipais. **Na realidade, as despesas com o ensino acompanhavam de perto o processo inflacionário, nas épocas de Jânio e de Jango**.

O que acontecia com os alunos, ao longo de seus estudos? Vêm a propósito algumas palavras referentes aos governos de Jânio Quadros e de João Goulart, quanto aos alunos inscritos no ensino primário (comum e supletivo) e às possibilidades de seguirem em frente nas suas atividades escolares, até ingressarem no curso superior (graduação e pós-graduação). Por exemplo: no ano de 1962, 7.426.348 alunos matriculados no ensino primário (comum e supletivo) deixaram as escolas, constituindo 83% do corpo discente. **O processo de exclusão** nas atividades educativas do Brasil assumia caráter mais rígido em outras etapas: no mesmo ano de 1962, 1.405.342 alunos matriculados no ensino médio abandonaram os cursos, significando 92,8% dos estudantes. Unicamente 110.492 alunos matriculados no ensino superior (graduação e pós-graduação) percorreram os caminhos da Universidade. Aliás, o ensino superior voltava-se somente em parte para a orientação traçada por ambos os presidentes da República. As matrículas nos cursos superiores, durante os princípios da administração janista e da administração janguista (1961 e 1962), comprovaram maior procura em poucas áreas, incluindo as ditas técnicas e científicas (administração pública e privada; estatística; filosofia, ciências e letras; ciências econômicas, contábeis e atuariais). Em iguais anos, as matrículas em determinadas áreas dos cursos superiores apresentavam crescimento irrelevante (como em medicina e em veterinária), tendo até mesmo conservação do número de matrículas (como em odontologia) ou diminuição delas (como em engenharia civil, em engenharia especializada e em farmácia).

Para aclarar melhor o panorama da Educação brasileira, não deve ser esquecida a **relação professor/aluno nos diferentes níveis** escolares. O caso de 1962 é ilustrativo. Neste ano, no ensino primário havia 31 alunos para cada professor. No ensino médio, cada professor cuidava de 14,2 alunos e, no ensino superior, ele se dedicava a 4 alunos. Ocorrera, sem dúvida, queda na relação professor/aluno no ensino primário e no ensino superior, na comparação entre 1960 e 1962. De fato, em 1962 se manifestou decréscimo na relação professor/aluno, exceto no ensino médio. Aí, de 12,4 alunos por professor em 1960 passou para 14,2 estudantes de nível médio, em 1962. Outro aspecto fundamental para a Educação encontra-se na maior instrução do corpo docente do primário. Em 1962, 57% dos professores tinham feito escola normal e 43% deles não possuíam tal preparo. Em dois anos acontecera pequena alteração, pois em 1960 (no final do governo juscelinista) somente 54% estavam em condições de trabalhar no ensino primário.

Em meio ao governo de Jânio Quadros, publicou-se um decreto, pelo qual as empresas industriais, comerciais ou agrícolas, com mais de 100 empregados, estavam obrigadas a cumprir norma constitucional, fornecendo escola primária gratuita a seus trabalhadores e a seus filhos. A punição às firmas transgressoras consistia em proibi-las de negociar, de participar de concorrências ou de pedir auxílio no campo da administração federal. O cumprimento do referido decreto se daria por meio da manutenção de escola pela empresa, através de custeio particular de escolas pertencentes ao poder público, ou ainda pela concessão de bolsas de estudos por parte das firmas.

Já no governo de João Goulart, sobressaiu a promulgação da Lei de Diretrizes e Bases da Educação Nacional. Ela na realidade não trouxe marcantes inovações; quando muito conservou o que existia, se não piorou a situação educacional em certos pontos. Quanto aos fins da Educação, a lei os apresentava de maneira tão geral, que em si mesmos eram incontestáveis. O esquema de ensino seguia a orientação brasileira no ramo. De início, o ensino pré-primário; depois viria o ensino primário de 4 anos, para então o aluno ingressar no ensino médio (com dois ciclos: o ginasial de 4 anos e o colegial de 3 anos). Como consagração derradeira, o estudante alcançava o ensino superior. Havia na Lei de Diretrizes e Bases da Educação Nacional outros

A REPÚBLICA BRASILEIRA — 1951–2010

aspectos relevantes: o Estado conseguiu manter seu direito de inspecionar as escolas particulares, para efeito de reconhecimento; o currículo se tornou um pouco flexível (o que enfim deu na mesma de antes, pois faltaram recursos materiais e humanos); a obrigatoriedade escolar do ensino primário permaneceu, embora um parágrafo de lei praticamente a anulasse. As ditas "Diretrizes e Bases" transformaram ainda o Conselho Federal de Educação e os demais Conselhos Estaduais em responsáveis pela distribuição de bolsas de estudo e pelo financiamento para os vários graus de ensino. Nestes Conselhos, os representantes da iniciativa privada no ensino ocuparam o espaço necessário para manipular os fundos públicos, conforme seus objetivos. Também no período de Goulart, com a mobilização das massas populares, abriu possibilidade de realizar trabalhos de educação popular, como nos casos do Movimento de Educação de Base — MEB, dos Centros Populares de Cultura — CPCs da UNE e do Movimento de Cultura Popular do Recife, cujas experiências apareceram no Plano Nacional de Alfabetização daquele momento.

Em essência, a Educação no Brasil preservou a tradição originária dos governos anteriores. E, alardeando-se tanto neste setor, apenas se edificou um casebre, em lugar de se construir um castelo. Até se cultivaram determinadas ilusões sedutoras, no que concerne à ação educativa. Porém, a Jânio e a Jango restou a capacidade de gerar constante crescimento nas despesas públicas a respeito da Educação no Brasil. Tal aumento dos gastos sucedeu. a níveis federal, estadual e municipal. É bom dizer que tal fato significativo não teve a força de provocar mudanças irreversíveis na área. O processo de exclusão no ensino brasileiro continuou sua fatídica obra de condenar à ignorância a maioria da população do país. Em 1962, houve a evasão de 7.426.348 alunos matriculados no ensino primário; 1.405.342 alunos matriculados no ensino médio deixaram as escolas; somente 110.492 alunos matriculados fizeram a Universidade. Em termos de matrículas iniciais no ensino primário, o palavrório dos presidentes da República nada explicava da realidade, mesmo quando tratava da luta contra o analfabetismo e da ampliação da rede escolar. Também em

1962, revelou-se diminuição na relação professor/aluno nos ensinos primário e superior, e não no ensino médio. Por outro lado, é importante notar a maior instrução do corpo docente do primário.[43]

O quadro da Educação não apenas desanimava, como ainda reproduzia polêmica e críticas ligadas à Lei de Diretrizes e Bases da Educação Nacional. A imprensa da época concedeu espaço para retratar a difícil situação criada por esta lei e também para divulgar o regresso da **Campanha pela Escola Pública**. Em setembro de 1962, estava pronto o **Plano Nacional de Educação**, nascido de prescrição contida na Lei de Diretrizes e Bases. Tal Plano deveria concretizar-se em 8 anos, sendo criados simultaneamente projetos educacionais vinculados aos fundos nacionais de ensinos primário, médio e superior, projetos estes a cargo do Conselho Federal de Educação. As **metas quantitativas** do Plano Nacional de Educação apresentavam-se do modo seguinte:

a) ensino primário, matrícula até a quarta série de 100% da população escolar de 7 a 11 anos de idade; e matrícula nas quinta e sexta séries de 70% da população escolar de 12 a 14 anos;

b) ensino médio, matrícula de 30% da população escolar de 11, 12 e 14 anos nas duas primeiras séries do ciclo ginasial; matrícula de 50% da população escolar de 13 a 15 anos nas duas últimas séries do ciclo ginasial; e matrícula de 30% da população de 15 a 18 anos nas séries do ciclo colegial;

c) ensino superior, expansão da matrícula até a inclusão, pelo menos, de metade dos que terminam o curso colegial.

As **metas qualitativas** do Plano Nacional de Educação giravam em torno do que segue:

a) além de matricular toda a população em idade escolar primária, deverá o sistema escolar contar, até 1970, com professores primários diplomados, sendo 20% em cursos regentes, 60% em cursos normais e 20% em cursos de nível pós-colegial;

A REPÚBLICA BRASILEIRA — 1951-2010

b) as duas últimas séries, pelo menos, do curso primário (5ª e 6ª séries) deverão oferecer dia completo de atividades escolares e incluir no seu programa o ensino, em oficinas adequadas, das artes industriais;

c) o ensino médio deverá incluir em seu programa o estudo dirigido e estender o dia letivo a seis horas de atividades escolares, compreendendo estudos e práticas educativas;

d) o ensino superior deverá contar pelo menos com 30% de professores e alunos de tempo integral.

Cumpre informar que o Plano Nacional de Educação seguia o disposto na Lei de Diretrizes e Bases da Educação Nacional, que obrigava o governo federal a investir no mínimo 12% de sua receita de impostos, no funcionamento e na expansão do ensino. Desta percentagem se nutririam os fundos nacionais do ensino primário, médio e superior. O processo histórico no Brasil tem sido impiedoso com os planos em geral, para o país inteiro ou para setores. Na verdade, tais planos ficam distantes da realidade, quando ficam distantes de alguma coisa. Por vezes, somente levitam, causando transtornos aos tecnocratas, que precisam desconversar ou, então, os profissionais de boa vontade veem seus planos se desmoronarem, conforme aconteceu com o Plano Nacional de Educação. As duras críticas à Lei de Diretrizes e Bases da Educação Nacional mantiveram-se mais ou menos constantes. Nas censuras à lei, procurou-se demonstrar o "soberano desprezo diante do destino da Democracia no país, da educação popular e do desenvolvimento da instrução pública", da parte do presidente Goulart e de seu ministro da Educação e Cultura, Oliveira Brito. Na análise da aludida lei, descobriam-se o predomínio da vontade da Igreja Católica e dos anseios dos donos de escolas particulares.

Outros reparos se puseram à Lei de Diretrizes e Bases da Educação Nacional (n° 4.024, de dezembro de 1961). Por exemplo: enquanto ela tratava genérica e flexivelmente de exames, apenas encobria a ditadura do mestre. De fato, a lei outorgava-lhe as chamadas "notas de aplicação", permitia-lhe "a liberdade de formulação das questões" nas avaliações e dotava-o de "autoridade" na atribuição de notas. Salta à vista a imperfeição central das "Diretrizes e Bases": simplificava o ensino, tornando-o fonte de preciosismos e representando adornos de um espírito ilustrado. A lei não queria saber do ensino dirigido aos "duros problemas da vida", nem importava-se com o estudo "do destino social dos homens". Lançava-se fora o problema da qualidade do ensino, presente nas escolas brasileiras, como se bastasse unicamente combater o analfabetismo. Enfim, merecem registro as conclusões da Primeira Convenção Operária em Defesa da Escola Pública. Para esta Convenção Operária, bem distante da promulgação do projeto, a Lei de Diretrizes e Bases da Educação Nacional

> "não atende às necessidades da educação popular", pois "favorece os interesses mercantis do ensino particular e as camadas privilegiadas da população brasileira". Além do mais, de acordo com os convencionais, teriam os "donos dos estabelecimentos particulares de ensino o direito de intervir diretamente na organização, administração e direção do Conselho Federal de Educação e dos Conselhos Estaduais de Educação...". Acabavam por denunciar que "essas medidas ameaçam, direta e indiretamente, a existência e o desenvolvimento do sistema público de ensino...".[44]

Saúde Pública

Percorrendo as propostas janistas e janguistas, visando a aliviar as duras condições humanas no Brasil, devem-se examinar as ideias e a atuação de Jânio Quadros e de João Goulart, no que diz respeito à Saúde Pública. Pouco se encontra sobre Saúde Pública nos pronunciamentos janistas, durante sua curta administração. Apenas por ocasião do "balanço do primeiro semestre de seu governo", já às vésperas da renúncia, é que o presidente Quadros mencionou algumas providências, relativas ao combate às endemias e à criação de unidades sanitárias. Com a substituição de Jânio, Goulart se interessou mais pelo assunto, falando da má utilização de "fabulosas somas" aplicadas na produção e na manutenção de armamentos, que punham de lado as carências dos serviços de saúde, da educação, evitando criar o bem-estar dos povos. Especialmente no ano de 1963, o presidente da República se concentrou mais nos problemas de Saúde Pública. Assim, no princípio de 1963, Jango alegava que o **Plano Nacional de Educação e de Saúde** procuraria ofertar a todos instrução e cultura e, ao mesmo tempo, condições físicas para o trabalho. A Mensagem ao Congresso Nacional, enviada por Goulart em 1963, trouxe relato das mais importantes resoluções no setor de Saúde Pública.

A ação governamental de Jango acompanhava certas **diretrizes gerais**:

1) ampliação da assistência médica aos centros rurais;

2) providências preventivas na busca do controle e erradicação de enfermidades endêmicas;

3) medidas para sanear o meio, instalando-se novos serviços de água e esgoto, remoção de lixo e melhoria habitacional;

4) atenção especial à Campanha de Proteção e Assistência à Maternidade e à Infância;

5) reestruturação do Ministério da Saúde, reorganizando e unificando suas atividades.

Para o ano de 1963, a ação governamental de Jango colocava-se **fins imediatos**:

a) racionalizar a construção e funcionamento de unidades sanitárias, principalmente no Norte e Nordeste;

b) desenvolvimento da assistência hospitalar;

c) entrosamento do Ministério da Saúde com os planos assistenciais da Previdência Social e órgãos que cuidam dos projetos de desenvolvimento regional;

d) levantamento da situação do abastecimento de águas nas cidades;

e) incentivo às campanhas contra diversas doenças contagiosas ou endêmicas;

f) organizar o combate ao câncer através da prevenção;

g) maior rigor na luta contra a tuberculose, intensificando o uso da quimioterapia;

h) ampliar a luta contra a lepra, baseada na ação dispensarial;

i) reaparelhamento do Serviço Federal de Bioestatística e o Serviço de Estatística da Saúde...[45]

As pretensões na área da Saúde Pública figuravam como algo volumoso. Poderia Goulart fazer tanto em tão pouco tempo? Das diretrizes gerais do governo, além das medidas urgentes de Saúde Pública, o presidente da República incluía providência mais ampla, como saneamento do meio, estabelecendo novos serviços de água e de esgoto, remoção de lixo e melhoria habitacional. Ora, considerando-se apenas este ponto, era evidente o entrosamento de várias instituições públicas. Haveria verba para tanto? Dos fins imediatos da Saúde Pública, traçados para 1963, destacava-se a confiança governamental nas campanhas contra doenças contagiosas ou endêmicas, contra o câncer, contra a tuberculose e contra a lepra. O restante se reduzia a deliberações de cunho burocrático e de pesquisa.

São de extrema valia determinados informes, trazidos por Wilson Fadul, último ministro da Saúde da gestão de João Goulart. Ele permaneceu no cargo apenas 10 meses, mas fornece visão bem direta das questões de Saúde Pública. A princípio, Wilson Fadul aludiu à sua decisão de estabelecer "um controle prévio dos preços dessas matérias que chegavam a um superfaturamento de 2.000%", disciplinando assim as manobras das indústrias farmacêuticas. E mais: o ministro da Saúde obrigava a fixação do preço do remédio na embalagem, exigindo também que as empresas farmacêuticas lhe enviassem a análise de custo do produto. Para Fadul, o município deveria constituir-se em órgão de saúde, mas em sua época somente 2.100 municípios possuíam tais serviços, num total de 3.677 municípios brasileiros.

A REPÚBLICA BRASILEIRA — 1951–2010

Merece atenção a maneira de Wilson Fadul conceber a relação entre Estado e Saúde Pública:

Há certas atividades que o Estado é obrigado a realizar, mesmo com prejuízo. A saúde é uma delas. (...) A saúde também deve ser um desses setores, onde as despesas correm por conta da comunidade. [negritos meus]

O ministro da Saúde se manifestava a favor do direito dos doentes receberem o atendimento concedido pelo Estado. Porém, o funcionamento real das instituições médicas restringia-se a gerar uma profusão de metas, embora sem planejamento no setor. De 1960 a 1964, não se definiu o Plano Nacional de Saúde, nem mesmo planos regionais. Só existia o Programa Integrado de Saúde, de inspiração internacional, dirigindo-se sobretudo para o Nordeste. Tal Programa Integrado de Saúde consistia numa contribuição da Aliança para o Progresso. Por outro lado, o Serviço Especial de Saúde Pública — SESP, depois FSESP, já com grande experiência e organização, apresentava programação inadequada, por querer sanar problemas cujas soluções independiam de sua atuação.

Na oportunidade da realização da III Conferência Nacional de Saúde, em dezembro de 1963, pela primeira vez as propostas de campanhas de saúde pública tiveram pouca aprovação, sendo superadas pelas propostas de "serviços permanentes de saúde pública". Na abertura da III Conferência, o presidente João Goulart pregava a racionalização dos recursos enviados à Saúde Pública:

O investimento público no setor saúde torna-se um desperdício de recursos quando empregado em serviços especializados e de elevado custo, satisfazendo a pequeno número de pessoas, e no mais das vezes representando a transferência para o Tesouro de despesas que deviam correr por conta daqueles que realmente usam tais serviços.

Naturalmente, no presente caso, Goulart apelava principalmente para o planejamento na área. Tal área já contava com o Código

Nacional de Saúde (Decreto n° 49.974), desde janeiro de 1961, mas carecia de planos eficientes. Apesar do estímulo dado pelo presidente Goulart e pelo seu ministro Fadul, em benefício da assistência pública ao doente, outras vozes e interesses ecoaram em oposição a este direito. Veja-se o caso da Associação Médica Brasileira — AMB. Entendendo erroneamente o ato de socializar, mesmo assim, no início de 1963, esta Associação colocava como sua posição oficial a socialização da medicina. Para a Associação Médica Brasileira, tal socialização se resumia num "sistema através do qual se assegure a todos, da maneira mais ampla que for possibilitada pelas condições do país, a prestação de assistência médica...". É sabido que socialização da medicina não é só isto, do mesmo modo que não se conhece bem o significado de "sistema". Porém, talvez os enganos não tenham sido involuntários. Afinal, nos idos de 1964, a Associação Médica Brasileira esclarecia todas as dúvidas, ao afirmar que "tem manifestado a posição da classe contra a estatização, sobretudo no que concerne aos médicos". E acrescentava: "A AMB vem-se pronunciando contra o progressivo empreguismo na assistência médica e a favor da livre escolha do médico pelo paciente". Finalmente, a Associação deixava consignado que "são incontáveis as contribuições da indústria farmacêutica ao incremento da produtividade médico-assistencial". A bem da verdade, não eram pequenos, nem poucos, os empecilhos lançados contra as metas do presidente Goulart e do ministro Fadul, no campo da Saúde Pública.

Os períodos da administração de Jânio Quadros e de João Goulart registraram diminuto crescimento dos gastos federais com Saúde Pública, se comparados com as despesas totais do país. O nível mais baixo dos gastos federais nesta área aconteceu em 1961 (ano do qual participou o governo de Jânio), fixando-se em 2,4% das despesas gerais. Em seguida, a percentagem se elevou para 3,9% (nos anos de 1962 e 1963), atingindo 4,7% dos gastos federais com Saúde Pública (em 1964), sempre em relação às despesas totais. Os gastos municipais com a Saúde Pública também foram pouco animadores, ficando em 4,0%

A REPÚBLICA BRASILEIRA — 1951-2010

em 1961, em 1963 e em 1964, indicando mínima queda para 3,9% em 1962, na comparação destes anos com as despesas totais dos Municípios. Os gastos estaduais com Saúde Pública, no entanto, não acompanharam as tendências dos governos federal e municipais. Os estados brasileiros mantiveram seus gastos com Saúde Pública bem acima da esfera federal e municipal, ao confrontar-se com as despesas gerais. Já em 1961 apontava a percentagem de 6,6%, subindo depois para 6,8% em 1962 e para 7,1% em 1963. Assim, somente em 1964 houve queda para 6,9% dos gastos com a Saúde Pública, em referência às despesas gerais dos estados.

Quais foram então os resultados do mesquinho aumento das despesas federais com a Saúde Pública, da inércia financeira dos municípios, bem como da pequena superioridade das inversões de recursos por parte dos estados? Antes de mais nada, imagine-se que a vida média no Brasil de 1961 era de 54,8 anos para quem não chegara a um ano de idade; era de 38,5 anos para quem atingira 30 anos de idade; e era de 30,6 anos para quem tinha 40 anos.[46] Imagine-se ainda que em 1964 existiam 2.089 municípios brasileiros sem médico. A fim de se construir quadro mais completo da situação da Saúde Pública no Brasil, note-se que em São Paulo ocorria 60,2 crianças mortas em cada mil nascidas vivas em 1961, enquanto em 1964 se verificou maior incidência de crianças mortas, pois se comprovou naquela cidade a relação de 67,8 por mil nascidas vivas. Ainda em relação à mortalidade infantil, é preciso examinar o que se passava também nas capitais brasileiras, entre 1961 e 1963. De 21 capitais, 9 delas apresentavam coeficiente de mortalidade infantil que ficava por volta de 100 a 200 crianças mortas até um ano de idade, a cada 1.000 nascidas vivas. Na verdade, naqueles anos tal coeficiente alcançava a indigna faixa de mais de 200 crianças mortas, alcançando 300 mortes até um ano de idade, por 1.000 nascidas vivas, em 5 capitais. Apenas 7 capitais do Brasil revelavam coeficiente de mortalidade infantil, até um ano de idade, que se punha abaixo de 100 mortes por 1.000 nascidas vivas.

Certamente, estes informes alarmam e demonstram o pouco respeito à vida humana, a despeito da tagarelice generalizada. Nas administrações de Jânio Quadros e de João Goulart, às vezes houve aumento da ocorrência de moléstias. Por exemplo, os casos de tuberculose inscritos anualmente nos dispensários das capitais, a cada 100.000 habitantes, passaram de 169,8 em 1961, para 181,9 em 1963. O ano de 1964 registrou queda para 163,4 casos de tuberculose, mostrando relativa recuperação. Na luta contra a doença de Chagas, continuou-se o expurgo domiciliar com BHC realizado pelo Ministério da Saúde. De 1961 a 1964, foram expurgadas mais de 2 milhões de casas. Quanto ao combate contra a malária, constataram-se diminuições dos coeficientes de mortalidade por esta doença em algumas capitais. Assim, entre 1960 e 1965, em Manaus houve queda de aproximadamente 4,2%, ao passo que em Salvador o coeficiente de mortalidade por malária manteve-se no mesmo nível de antes. Já em Belém e em São Luís, na mesma época, apontou-se subida dos coeficientes de mortalidade por malária, respectivamente de 3,6% e de 2,0%.

Portanto, como se deu com a Educação, ainda aqui neste setor da política social, o janismo e o janguismo escolheram a intervenção mais setorial, conforme as carências da Saúde Pública. Os recursos financeiros eram escassos, e uma publicação de 1963 divulgou que o Ministério da Saúde possuía Cr$ 400,00 para cuidar da saúde de cada brasileiro.[47] Não sucedeu, de fato, aquele conjunto de providências capazes de transformar as cruéis condições de Saúde Pública no país. Soluções meramente isoladas surgem ainda na Previdência e Assistência Social, bem como na Habitação Popular. Conforme se viu anteriormente, também aqui não houve lugar para mudanças amplas, que tocassem as bases da política social. As chamadas reformas de base, defendidas por Goulart, pouco se realizaram; e as decisões janguistas perdiam-se em casos particulares, merecedores de pronta atenção, porventura existentes no âmbito da política social. Apesar de já mencionado em outras ocasiões, também aqui é importante lembrar que a Previdência e a Assistência Social sobretudo se concentravam no atendimento individual. A Saúde Pública agia em função do controle de certos malefícios que atingiam a coletividade.

Previdência Social

Em se tratando da Previdência Social, não se encontraram grandes menções dirigidas a este assunto. Não parece ser aquilo que suscitasse maiores pronunciamentos do presidente Jânio Quadros. Dentro de seu estilo pessoal, considere-se um exemplo da administração janista, a respeito da Previdência Social. Em meio a vários despachos com o ministro do Trabalho e Previdência Social, o presidente Quadros solicitava a "relação dos maiores devedores da Previdência Social, inclusive tesouro nacional, concessionária de serviços públicos e empresas privadas de qualquer natureza, com a indicação dos respectivos montantes". Tratava-se de deliberação que se encaixava perfeitamente na fase das sindicâncias janistas, provocada pelo moralizante furor presidencial. Na gestão de Goulart, ao se referir à Previdência Social, a finalidade era outra. Já neste caso, buscava-se a demonstração dos serviços prestados, distinguindo-se as inovações futuras. Em sua Mensagem ao Congresso Nacional, o presidente Goulart demonstrava que o ano de 1962 representou o momento de inauguração da Lei Orgânica da Previdência Social, na qual o governo federal investiu 27 bilhões de cruzeiros. Ele dizia ainda que, neste mesmo ano, os Institutos de Aposentadoria e Pensões tiveram uma despesa de 118 bilhões de cruzeiros com benefícios.

Mas a Mensagem ao Congresso Nacional, remetida por Jango em 1963, ainda prometia "medidas complementares da Lei Orgânica de Previdência Social", tais como expedição do Regimento único dos serviços dos Institutos; aprovação de várias normas complementares na faixa atuarial; implantação nos Institutos do sistema de descentralização administrativa. Do mesmo modo como acontecia em outras áreas da política social, também aqui o trabalhismo janguista intervinha como elemento de mobilização popular.

A Lei Orgânica da Previdência Social será regulamentada imediatamente dentro desse espírito de criar um tipo de aposentadoria especial para aqueles que vivem em trabalhos insalubres, para aqueles que têm a sua saúde e as suas energias reduzidas em virtude das más condições de trabalho.

Assistência Social

Dentro do âmbito da **Assistência Social**, o presidente Jânio Quadros aludiu ao tema, de maneira geral. Em entrevista à imprensa, foi levado a anunciar suas ideias sobre a **infância abandonada**. Certamente, o governo encarava tal questão:

> Afirmo que o assunto está sendo estudado cuidadosamente. Já surgiu um grave tropeço: é o financeiro, de maneira que procuramos uma forma de obter recursos para uma larga obra de assistência, não apenas moral, não apenas educacional, mas especificamente profissional.[48]

Mais não disse Jânio a respeito da Assistência Social, seja por falta de tempo, seja pelo desinteresse em concretizar alguma obra assistencial, talvez por estar sobretudo absorvido em investigar os desmandos acaso existentes. Com a administração de João Goulart, os problemas relativos à Assistência Social integravam o conjunto das **reformas de base**. Isto queria dizer que as atividades assistenciais se aliavam às transformações estruturais do Brasil. Sem elas, Goulart entendia que as instituições de Assistência Social serviam de paliativos, imprescindíveis na hora presente, mas de qualquer modo impotentes para vencer a pobreza da maioria do país. Quando muito, para Jango, as instituições assistenciais cumpriam seu papel de atender os carentes dentro do possível, e neste caso continuavam as mesmas dos governos anteriores. Mas, com as reformas de base, tomariam outros rumos.

Habitação Popular

A área da Habitação popular normalmente esteve ligada em parte à Previdência Social, na medida em que os Institutos e as Caixas de Aposentadoria e Pensões construíam casas para vender aos seus associados, e não apenas para alugá-las. As Carteiras Imobiliárias, pertencentes aos Institutos e Caixas de Aposentadoria e Pensões, arcavam com o financiamento ou acabavam construindo as próprias residências. Havia outro caminho para se obter a moradia. Era a Fundação da Casa Popular, cujos recursos provinham do recolhimento da taxa de 1% sobre as operações imobiliárias. Durante a Presidência de Jânio Quadros, além deste aparato destinado a edificar a casa popular, existia vasto programa habitacional. Segundo as palavras de Jânio, este vasto programa habitacional já estava sendo realizado. Dizia ele, de um lado, que remetera ao Congresso Nacional um projeto criando o Instituto de Habitação; de outro lado, que conseguiria em Punta del Este 40 milhões de dólares, para imediata aplicação na casa popular.

Na gestão de Goulart, os projetos já eram outros, encaminhando a solução do "problema da casa própria para o trabalhador". Em 1963, ele reconhecia que o déficit de moradias girava em torno de 5 milhões de unidades. O presidente da República atribuía a falta de residências à "intensa fase de urbanização, ligada ao próprio processo de desenvolvimento e modernização da sociedade brasileira". Aliás, sua visão do problema habitacional tomava proporções mais largas, pois abrangia não somente os trabalhadores, como ainda "amplos setores da chamada classe média". Com a finalidade de remediar a carência de moradias, o governo federal traçou certas diretrizes. O planejamento governamental levaria em conta: a coordenação de recursos; a coordenação das atividades; a coordenação, o disciplinamento e o incremento da iniciativa privada; o apoio à construção civil; e estudos e pesquisas sobre residências. Ao mesmo tempo, o presidente Goulart criava o Conselho Federal de Habitação, concedendo-lhe o papel de executor do planejamento governamental. Em 1964, a Mensagem

Presidencial ao Congresso Nacional procurava mostrar serviço na área da Habitação Popular. Conforme a Mensagem, a Caixa Econômica Federal financiara 4.759 projetos de construção ou aquisições de casa própria. O IPASE teria investido na habitação para seus segurados, chegando a concluir 200 moradias, estando em princípio a edificação de outras 758 unidades. Quanto aos Institutos e Caixas de Aposentadoria e Pensões, anotava-se o acréscimo de 49 bilhões ao orçamento de 1963, para investimentos imobiliários. Ora, não é difícil vislumbrar a distância entre as necessidades sociais e os recursos para sanar a falta de habitações populares. O que restava então ao presidente da República? Restava-lhe controlar através de decretos os aluguéis, como se isto viesse a ser o lenitivo do momento.[49]

Parece necessário avaliar a força de todas estas medidas relativas à Previdência e à Assistência Social, assim como à Habitação Popular. De início, regressa-se a um tema nada original: a incapacidade do governo federal em realizar sua quota destinada ao sustento da Previdência Social. Tal incapacidade não decorria apenas da falta de recursos disponíveis, mas acima de tudo se originava do crescimento do número de segurados e dos progressivos encargos aos poucos integrados na Legislação Social. O débito governamental com a Previdência Social atingia o montante de 101 bilhões de cruzeiros em 1960, isto sem levar em conta a dívida federal, a ser paga na qualidade de empregador. Apesar do débito mais ou menos constante por parte do governo federal, as Instituições de Previdência Social em 1964 apresentavam um saldo de Cr$ 251.835.000,00. De 6 principais Institutos de Aposentadoria e Pensões, apenas o IAPFESP e o IAPM exibiam déficit correspondente a menos da trigésima parte do saldo total. Estes mesmos Institutos de Aposentadoria e Pensões, ainda no ano de 1964, revelavam o índice de 111% de solvência. Apesar deste êxito financeiro, a Lei Orgânica da Previdência Social não vinha sendo cumprida, a respeito do estabelecimento das comunidades de serviço. Esta Lei previa a união de esforços e de recursos dos Institutos e Caixas, com a finalidade de constituir órgãos que atendessem a todos, as chamadas comunidades de serviço. Só em 1966 é que foram tentadas duas comunidades (dois hospitais), no Maranhão e em Minas Gerais.

Restam apontar ainda os limites de atendimento, fixados pela Lei Orgânica da Previdência Social de 1960. De acordo com ela, estavam excluídos de qualquer atenção pública os trabalhadores rurais, as empregadas domésticas e os profissionais autônomos. No governo de Goulart, houve a promulgação da Lei n. 4.214, de março de 1963, denominada "Estatuto do Trabalhador Rural".

Sobre esse Estatuto, Fernando Ferrari regozijava-se:

> Uma das reformas que mais me entusiasmaram e que mais me ocuparam nestes 15 anos é a que diz respeito à reestruturação da vida agrária brasileira. Sei, todavia, que o primeiro passo foi dado, porque irá à sanção, ainda esta semana, o nosso projeto de Lei n. 1.837, que provê sobre o Estatuto do Trabalhador Rural e virá permitir a organização das massas rurais, mesmo com as imperfeições da lei, para que estas conquistem novas etapas na reforma agrária no Brasil.

O interessante, se não fosse também trágico, é o fato de que o Estatuto do Trabalhador Rural não passava de documento jurídico, sem meios financeiros e de outra espécie capazes de colocá-lo em pleno funcionamento. Criava-se o "Fundo de Assistência e Previdência do Trabalhador Rural", constituído com 1% do valor dos produtos agropecuários. Tal Fundo deveria ser recolhido pelo IAPI, ainda incumbido da prestação dos benefícios estabelecidos nesta Lei ao trabalhador rural e seus dependentes. É indiscutível que o Fundo não possuía arrecadação satisfatória para cumprir seus fins, e que muitas vezes ele se confundiu com o IAPI, embora a lei os distinguisse. Em linhas gerais, entre 1960 e 1964, a Previdência Social se deixou influenciar pela luta política. Os Institutos e Caixas passaram a ser controlados por líderes trabalhistas e nacionalistas, realmente defensores das reformas de base. Os velhos pelegos tinham sido afastados, ao menos em parte, da direção das instituições previdenciárias.[50]

Finalmente, além do Estatuto do Trabalhador Rural, deve-se ao governo de João Goulart o estabelecimento do salário-família para o trabalhador urbano (Lei n. 4.266, de outubro de 1963), protegido pela CLT. Neste mesmo ano, Jango criou o Conselho Nacional de Política Salarial (Decreto n. 52.275), com o intento de regular a estratégia salarial dos órgãos públicos, de administração direta e indireta. De toda esta exposição, observa-se que tanto Jânio Quadros quanto João Goulart tomavam medidas dominantemente setoriais, particularizando a atuação pública na Educação, na Saúde Pública, na Previdência e Assistência Social. Medidas setoriais igualmente apareciam na área da Habitação Popular, cujas condições aos poucos se tornavam mais graves, de acordo com certos dados da época.

Em 1962, o presidente Goulart assinou o Decreto n. 786, visando a concretizar um programa habitacional. Este programa exigia determinados requisitos: os empréstimos seriam no máximo iguais a 60 salários mínimos; as prestações mensais deveriam corresponder a 25% do salário do interessado; os juros eram de 6% ao ano. Estabelecia-se ainda um critério para se conseguir o empréstimo: inicialmente, os que possuíam menor salário; depois os que tinham maior número de filhos; e enfim os que apresentavam mais tempo de contribuição previdenciária. Na realidade, o programa habitacional em 1962 não podia atingir mais de 80.000 beneficiados, em virtude dos requisitos exigidos. De qualquer maneira, o programa habitacional não chegava nem próximo das reais necessidades de moradias no Brasil. Em estudo feito no próprio ano de instalação do programa habitacional, ou seja, em 1962, o Brasil precisava de 8.000.000 de residências. A enorme carência de casas pressionava o valor dos aluguéis, tornando-os absurdos em algumas capitais. No Rio de Janeiro, por exemplo, de 1960 a 1965, o aluguel de um quarto e sala subiu 1.465%. O problema da habitação, porém, não fazia apenas crescer os aluguéis, mas exigia vários serviços públicos, terrenos baratos, materiais de construção a baixo preço e ajuda técnica. Fora disto, para a massa popular sobrava a favela, onde no Rio de Janeiro moravam 1.069.000 pessoas em 1962, e 927.000 habitantes em 1964.

A REPÚBLICA BRASILEIRA — 1951-2010   257

Em se considerando elementares e mínimas exigências técnicas e sanitárias, em 1962 estimou-se a existência de 7.000.000 de moradias, para uma população brasileira calculada em 75.000.000 de pessoas. Goulart tentou atenuar o problema habitacional no país, chegando a elaborar um Plano Nacional de Habitação, para até levá-lo consigo em sua viagem aos EUA. Queria que o Plano Nacional de Habitação recebesse verbas disponíveis da "Aliança para o Progresso"; não despertou sequer qualquer atenção daquele país. Para ser sincero, de 1961 a 1964, nem se chegou perto da solução do problema habitacional, apesar das tentativas.[51]

Conclusão do capítulo

Esboçado este quadro, resta expor a conclusão do capítulo. Deve ser lembrado o significado do janismo, baseado num líder autoritário, capaz de praticar a justiça, a começar pela extinção dos privilégios. Para quem Jânio Quadros falava? De um lado, ele deixava às claras a mágoa da pequena burguesia. Mas não representava somente isto: Quadros, por outro lado, assumia a auréola do carisma, tão a gosto das massas populares em seus momentos de irracionalismo diante do poder político. Para evidenciar estas manobras irracionalistas, basta recordar que as massas trabalhadoras esperavam dele mudanças sociopolíticas, não mantendo visão mais ou menos clara de sua classe social. O estilo especial de Jânio Quadros, no exercício do poder, enfeitava-se com o tom moralizante e a concretização de intricada política internacional. Aos desgostos da pequena burguesia e ao irracionalismo dos trabalhadores, ofertou uma política anti-inflacionária que, enfim, vinha prejudicá-los. Tudo em nome da precária situação financeira e cambial do país, e como se tal política significasse o único caminho a ser trilhado. Jânio Quadros naufragou no mar da impopularidade, que atingiu até seus partidários de primeira hora. A sua resposta consistiu no ato autoritário da renúncia, cujos resultados tumultuaram o regime liberal-democrático, em plena vigência no Brasil, sugerindo a muitos brasileiros uma tentativa de golpe de Estado.

Aos tropeços, e com muita tolerância, Goulart passou de vice--presidente a presidente da República. Portou sempre uma ideologia mais ou menos definida. Referiu-se invariavelmente a Getúlio Vargas, aos trabalhadores, à legalidade, às liberdades públicas, à democracia, à Constituição e sobretudo às reformas de base. Embora por vezes se propagasse o contrário, o janguismo confiou bastante na legalidade. Como Jânio, João Goulart procurou vencer as inconsistências políticas, econômicas e sociais, por meio da conciliação entre ideologia nacionalista e capitalismo internacional. Mas é indiscutível que Jango defendeu mais intensamente a contenção do custo de vida, ao mesmo tempo em que colocava a emancipação econômica como condição de derrota do subdesenvolvimento. Através do Plano Trienal, tentou algumas vezes a estabilização econômica, e seus insucessos neste campo, o incentivaram na realização das reformas de base. Os eventos de 1964 eliminaram o projeto de reformas de base do período janguista, acabando igualmente com a política de massas, presente até então no Brasil. A verdade é que nem mesmo as reformas propostas por João Goulart, de resultados parciais e acanhados em termos de conquistas para os trabalhadores, conseguiram encontrar condições para pôr-se em prática.

A luta pelo poder e a política econômica foram fatores essenciais para a interrupção dos mandatos de Jânio Quadros e de João Goulart. A política social também sentiu os fracassos de ambos os presidentes da República, apesar do apoio popular especialmente oferecido a Jango. Neste sentido, a política social dos dois governos se reduziu a uma série de decisões dominantemente setoriais, particularizando a ação pública na Educação, na Saúde Pública, na Habitação Popular, na Previdência e na Assistência Social. Não houve alteração de essência na política social, onde, ao contrário, predominaram o urgente e o atenuante. De fato, ocorreram providências desordenadas na maioria das ocasiões, em política social.

Alcançada esta fase do trabalho, passa-se agora para nova etapa. Nela vai-se voltar a análise para os governos criados pelo Ditadura de 1964, alcançando em linhas gerais até os últimos meses da gestão de Ernesto Geisel, nesta primeira parte.

Notas

1. Cf. Quadros, Jânio. Mensagem ao povo brasileiro, *A Gazeta*, 26 ago. 1961; Quadros, Jânio. Comunicação oficial da renúncia do presidente. *Jornal do Comércio*, 26 ago. 1961; Fico, Carlos. *O grande irmão.* Da operação brother Sam aos anos de chumbo. O governo dos Estados Unidos e a ditadura militar brasileira, p. 95, Anexo II: Trechos do plano de defesa interna, concluído em março de 1964; Victor, Mário. *5 anos que abalaram o Brasil*, p. 59, 64-5.

2. Lacerda, Carlos. As confissões de Lacerda, *Jornal da Tarde*, de *O Estado de S. Paulo*, 4 jun. 1977, p. 9.

3. Cf. *Desenvolvimento & Conjuntura*, set. 1959, p. 86; Souza, Maria do Carmo Campello de, *Estado e partidos políticos no Brasil*, p. 149-50; Skidmore, Thomas E. *Brasil: de Getúlio Vargas a Castelo Branco* (1930-1964), p. 235, 237.

4. Quadros, Jânio. Nomeações preocupam o presidente eleito, *O Estado de S. Paulo*, 21 jan. 1961; Quadros, Jânio. Jânio no TSE diz que é livre para exigir de todos o cumprimento do dever, *Folha de S.Paulo*, 31 jan. 1961; *Desenvolvimento & Conjuntura*, ago. 1960, p. VII, XVI, XVIII.

5. Quadros, Jânio. Jânio no Alvorada, Última Hora, 19 fev. 1961.

6. Quadros, Jânio. *O Estado de S. Paulo*: Texto da entrevista de Jânio à Prensa Latina (9/3/1961); Conhecem-se as linhas gerais da mensagem de Quadros ao Congresso (11/3/1961); O texto do discurso proferido pelo presidente da República (14/3/1961); Quadros ao Congresso: nossa política é e continuará ocidental (15/3/1961); A entrevista coletiva do presidente da República (15/4/1961); A íntegra da entrevista do

presidente (31/5/1961); Serão recomendadas reformas estruturais na reunião ministerial (6/7/1961); Quadros: todos nós, no Brasil, precisamos fazer o impossível (18/7/1961); O presidente inaugurou ontem em Ponta Grossa a Universidade Volante (6/8/1961); Quadros, Jânio. Com a faixa, Jânio louva meta política de Juscelino ante milhares de pessoas, *Jornal do Brasil*, 19 fev. 1961; Quadros, Jânio. Jânio pede crédito de confiança aos trabalhadores, *Correio da Manhã*, 2 fev. 1961; Quadros, Jânio. Decepção geral: para Jânio só JK é o culpado pela carestia!, *Última Hora*, 5 abr. 1961; Quadros, Jânio. Estabilização das finanças do país e desenvolvimento em bases sólidas, *Diário de S. Paulo*, 14 jul. 1961; *Desenvolvimento & Conjuntura*, ago. 1960, p. XX.

7. Quadros, Jânio. *O Estado de S. Paulo*: "Não mudará a política exterior", diz Jânio (24/5/1961); Quadros determina contenção de gastos nas Forças Armadas (4/2/1961); Quadros, Jânio. *O Estado de S. Paulo*: Quadros criou 5 comissões de inquérito (2/2/1961); Recolhimento dos dinheiros dos IAPs ao Banco do Brasil (3/2/1961); Exoneração coletiva para o GEICON (5/2/1961); Devassa no IAPFESP e nos DNOCS (712/1961); O presidente proibiu as apresentações (16/5/1961); A íntegra da entrevista do presidente (31/5/1961). Ver também: Quadros, Jânio. Jânio pede crédito de confiança aos trabalhadores, *Correio da Manhã*, 2 fev. 1961.

8. Quadros, Jânio. Quadros ao Congresso: nossa política é e continuará Ocidental. *O Estado de S. Paulo*, 15 mar. 1961.

9. Quadros, Jânio. *O Estado de S. Paulo*: Conhecem-se as linhas gerais da mensagem de Quadros ao Congresso (11/3/1961); O texto do discurso proferido pelo presidente da República (14/3/1961); O Brasil quer revitalizar o sistema interamericano (21/3/1961); A íntegra da entrevista do presidente (31/5/1961); Texto integral da entrevista concedida pelo presidente da República (26/7/1961); Washington otimista com relação a Jânio (5/3/1961); A entrevista coletiva do presidente da República (15/4/1961); Quadros urge com Cuba pelos salvo-condutos dos asilados (23/8/1961); Stevenson, Adlai. Jânio pode transformar-se em..., *Última Hora*, 27 jun. 1961. Ver também: *Desenvolvimento & Conjuntura*, ago. 1960, p. XIII.

A REPÚBLICA BRASILEIRA — 1951–2010

10. Dantas, F. C. San Thíago. Demissão de funcionários: a oposição crítica Quadros, *O Estado de S. Paulo*, 3 mar. 1961. Ver também: Victor, Mário, cit., p. 37, 39, 40-2, 47, 67, 95, 103, 105, 107; Young, Jordan M. *Fim de um ciclo civil*, 1974, p. 108.

11. Quadros, Jânio. A íntegra da entrevista do presidente, *O Estado de S. Paulo*, 31 maio 1961.

12. Cf. MPJQ: queixas contra o presidente. *O Estado de S. Paulo*, 20 ago. 1961.

13. Cf. *O Estado de S. Paulo*: Quadros criou 5 comissões de inquérito (2/2/1961); Decidem pessedistas e petebistas obstruir o trabalho legislativo; reação da Constituinte à liminar (2/2/1961); Começa a articular-se a oposição parlamentar ao governo; Quadros está disposto a despachar no Rio (3/2/1961); Senador insurge-se contra a política do Chefe da Nação (7/3/1961); Violenta crítica na Câmara ao presidente da República (9/3/1961); Câmara: amplamente debatida a crise Quadros-Lacerda e a política externa do governo (22/8/1961). Ver também: Violenta reação petebista à fala presidencial; retraídos os setores nacionalistas; aplausos da UDN (6/4/1961); O PSD quer denunciar Quadros; desinteresse do presidente quanto à sorte política do sr. Kubitschek (19/5/1961). *Folha de S.Paulo*: Jurema diz que Jânio "Terá o troco: uma oposição organizada" (7/2/1961); Manifesto acusa Jânio de "Tramar contra o regime" (10/6/1961). *Diário Popular*: Provoca críticas a condecoração a Ernesto Guevara (21/8/1961). *O Semanário*: Os trabalhadores e o novo governo (16/2/1961). Ver também: Desespero de um presidente que, em 4 meses de governo, sofre quatro espetaculares derrotas, em eleições e no Congresso Nacional (29/6/1961). Victor, Mário, cit., p. 89.

14. Quadros, Jânio. Mensagem ao povo brasileiro, *A Gazeta*, 26 ago. 1961; Quadros, Jânio. Comunicação oficial da renúncia do presidente, *Jornal do Comércio*, 26 ago. 1961; Lacerda, Carlos. Lacerda julga "lamentável" a renúncia, *O Estado de S. Paulo*, 26 ago. 1961.

15. Cf. Carli, Gileno de. *Anatomia da renúncia*, p. 93-4; Benevides, M. Victoria de Mesquita. A "União Democrática Nacional", um partido em questão.

Caderno Cedec, n. 1, p. 47; Weffort, Francisco C. *O populismo na política brasileira*, p. 35-6.

16. Mazzilli, Ranieri. O "impeachment" contra Jango será decidido em 48 horas pelo Congresso, *Tribuna da Imprensa*, 29 ago. 1961; Líderes pessedistas estão procurando fórmula para impedir posse de Goulart, *Jornal do Brasil*, 27 ago. 1961; Goulart, João. Vi comovido a luta do povo em defesa da Constituição, *Diário da Noite*, 2 set. 1961; Goulart, João. João Goulart assume a Presidência e fala sobre os problemas da nação, *A Gazeta*, 2 fev. 1961; Goulart, João. Jango Goulart diz que está pronto a prestigiar Jânio, *O Estado de S. Paulo*, 29 abr. 1961; Goulart, João. J. Goulart divulga a carta a Quadros e faz declarações, *O Estado de S. Paulo*, 21 maio 1961; Goulart, João. Telegrama de João Goulart a Jânio Quadros, *O Estado de S. Paulo*, 24 ago. 1961; Denys, Heck e Moss reafirmam: as Forças Armadas asseguram a posse do presidente Goulart, *Diário de S.Paulo*, 6 set. 1961. Ver também: Veto dos ministros militares à volta de João Goulart em exame no Congresso, *O Estado de S. Paulo*, 29 ago. 1961.

17. Goulart, João. João Goulart toma posse concitando o Brasil a unir-se na luta pela emancipação econômica, *A Gazeta*, 8 set. 1961; Goulart, João. Oração do presidente da República no Dia da Constituição, *O Estado de S. Paulo*, 19 set. 1961; Goulart, João. Homenagem de homens de imprensa ao presidente e ao Primeiro-Ministro, *O Estado de S. Paulo*, 8 out. 1961. Ver também: Goulart, João. 19 de maio: Goulart diz que o governo cumpre o que prometeu, *O Estado de S. Paulo*, 3 maio 1963; Goulart, João. A mensagem de fim de ano de Goulart, *O Estado de S. Paulo*, 19 jan. 1964.

18. Goulart, João. Goulart prega a necessidade de reformas sociais, *O Estado de S. Paulo*, 7 nov. 1961; Goulart, João. JG: reforma agrária não é tirar terra de quem possui e produz, *Correio da Manhã*, 26 jan. 1962; Goulart, João. Goulart propõe a emenda à Constituição para realizar as reformas, *O Estado de S. Paulo*, 3 maio 1962; Goulart, João. Goulart dá sua primeira entrevista após o plebiscito, *O Estado de S. Paulo*, 31 jan. 1963; Goulart, João. Mensagem do Presidente da República ao Congresso, *O Estado de S. Paulo*, 17 mar. 1964. Ver também: Goulart, João.

O discurso de Goulart aos generais, *O Estado de S. Paulo*, 21 dez. 1963; Goulart, João. Goulart: crise foi provocada por privilegiados. *Diário de Notícias*, 31 mar. 1964.

19. Goulart, João. Goulart recomenda o plebiscito em sua mensagem ao Congresso, *O Estado de S. Paulo*, 16 mar. 1962; Goulart, João. Goulart insiste na defesa das reformas na estrutura do país, *O Estado de S. Paulo*, 15 maio 1962; Goulart, João. Brasil não terá reformas de outros países, mas a que mais lhe convém, *Diário de S. Paulo*, 9 ago. 1962; Goulart, João. Íntegra do discurso pronunciado em Marília pelo presidente João Goulart, *O Estado de S. Paulo*, 5 abr. 1963; Goulart, João. Governo assegurará o respeito à ordem e à integridade nacional, *Diário de S. Paulo*, 3 out. 1963; A crise do sítio, *O Cruzeiro*, 28 out. 1963. Ver também: Goulart, João. Desgraçado o governo que não tem ouvidos para ouvir os clamores do povo, *A Gazeta*, 12 ago. 1963.

20. Cf. Texto integral do manifesto da União Democrática Nacional, *O Estado de S. Paulo*, 27 nov. 1962; *O Estado de S. Paulo*: Aleixo, Pedro. Pedro Aleixo denuncia empenho de Goulart em corromper o Congresso (9/8/1963); Cardoso, Adaucto. Adaucto denuncia campanha de Goulart contra o Congresso (28/8/1963); Sodré, Roberto de Abreu. O país não suporta mais um presidente agitador (14/9/1963); Baleeiro, Aliomar; Bueno, Cunha. Baleeiro diz que a solução é o "impeachment" de Goulart (8/10/1963); Cardoso, Adaucto. Adaucto: descrédito do Congresso é plano de Goulart para o golpe (21/11/1963); Gudin, Eugênio. Mau brasileiro, *O Globo*, 4 out. 1963; Lacerda, Carlos. Lacerda: Goulart pensa que pode iludir o país com sua posição dúbia, *O Estado de S. Paulo*, 2 abr. 1963.

21. Dutra, Eloy. *IBAD — Sigla da corrupção*, p. 81-2; Bandeira, Moniz. *O governo João Goulart (1961-1964)*, p. 65, 69, 70, 146, 166; Dreifuss, Renê A. *1964*: a conquista do Estado, p. 163-4; Corrêa, Marcos S. *1964*: visto e comentado pela Casa Branca, p. 32, 95; IBAD: comissão de Goulart para substituir a CPI, *O Estado de S. Paulo*, 4 set. 1963; Goulart, João. Goulart: crise foi provocada por privilegiados. *Diário de Notícias*, 31 mar. 1964.

22. Baleeiro, Aliomar. Recordações do presidente H. Castello Branco, *Jornal da Tarde*, de *O Estado de S. Paulo*, 4 mar. 1978, p. 25.

23. Stacchíni, José. *Março 64*: mobilização da audácia, p. 11. 24. Carneiro, Glauco. *História das revoluções brasileiras*, p. 626.

24. Carneiro, Glauco. *Histórias das revoluções brasileiras*, p. 626.

25. Cf. Jurema, Abelardo. Sexta-feira, 13, p. 32-3, 35, 75.

26. Victor, Mário, cit., p. 548; Ianni, Octavio. *O colapso do populismo no Brasil*, p. 133, 138; Huggins, Martha K. *Polícia e política*: relações Estados Unidos/América Latina, p. 84, 86-8, 96-7, 99, 101, 112-4, 128, 145, 159, 182, 184, 187-8, 204; Fico, Carlos. *O grande irmão. Da operação brother Sam aos anos de chumbo. O governo dos Estados Unidos e a ditadura militar brasileira*, p. 7-8, 12-3, 20, 91-2, 106-9; Mascarenhas de Moraes, J. B. *A FEB pelo seu comandante*, p. 21, 28, 46, 53, 95, 167, 243; Brayner, Floriano de Lima. *A verdade sobre a FEB* — Memórias de um Chefe de Estado-Maior na Campanha da Itália, p. 193, 197, 228, 249; Walters, Vernon A. *Missões silenciosas*, p. 331, 339-40, 342-3, 345-8, 360-1, 367; Walters, Vernon. Walters adverte contra lei de informática, *Folha de S.Paulo*, 9 mai. 1986, p. 4.

27. Cf. *Desenvolvimento & Conjuntura*, ago. 1960, p. XI; Quadros, Jânio. JQ, em Caxias do Sul, reafirma a disposição de enfrentar a "obra árdua" da recuperação financeira, *Folha de S.Paulo*, 26 fev. 1961; Conhecem-se as linhas gerais da mensagem de Quadros ao Congresso, *O Estado de S. Paulo*, 11 mar. 1961; Quadros, Jânio. Quadros ao Congresso: nossa política é e continuará ocidental, *O Estado de S. Paulo*, 15 mar. 1961; Quadros, Jânio. A entrevista coletiva do presidente da República, *O Estado de S. Paulo*, 15 abr. 1961; Quadros, Jânio. A íntegra da entrevista do presidente, *O Estado de S. Paulo*, 31 maio 1961; Quadros, Jânio. Serão recomendadas reformas estruturais na reunião ministerial, *O Estado de S. Paulo*, 6 jul. 1961.

28. Quadros, Jânio. O texto do discurso proferido pelo presidente da República, *O Estado de S. Paulo*, 14 mar. 1961; Quadros, Jânio. Texto integral da entrevista concedida pelo presidente da República. *O Estado de S. Paulo*, 26 jul. 1961, Quadros, Jânio. Decepção geral: para Jânio só JK

A REPÚBLICA BRASILEIRA — 1951-2010

é o culpado pela carestia!, *Última Hora*, 5 abr. 1961; Quadros, Jânio. Quadros ao Congresso: nossa política é e continuará ocidental, *O Estado de S. Paulo*, 15 mar. 1961; Quadros, Jânio. Quadros apresenta o balanço do primeiro semestre de seu governo, *O Estado de S. Paulo*, 3 ago. 1961.

29. Quadros, Jânio. Quadros ao Congresso: nossa política é e continuará ocidental, *O Estado de S. Paulo*, 15 mar. 1961; Bases de operações, *Diário de Notícias*, 13 ago. 1961. Ver também: *Desenvolvimento & Conjuntura*, ago. 1960, p. VIII; Quadros manda conter preços, *O Estado de S. Paulo*, 16 fev. 1961.

30. *O Estado de S. Paulo*: Goulart, João. Goulart recomenda o plebiscito em sua mensagem ao Congresso e razoável otimismo assinala a mensagem do Chefe da Nação (16/3/1962); Goulart, João. Goulart declara-se contra qualquer forma de extremismo no País (28/8/1962); Goulart, João. Goulart diz que não se conformará mais com as estruturas do país (17/12/1963); Goulart, João. Recebido na Assembleia e na Câmara o presidente da República (30/9/1961); Goulart, João. O presidente prevê um ano de dificuldades e faz apelo para que a nação combata a carestia (2/1/1962); Goulart, João. A mensagem de fim de ano de Goulart (1/1/1961); Goulart, João. Jango Goulart diz que está pronto a prestigiar Jânio (29/4/1961); Goulart, João. Goulart procura justificar-se ante as imposições do CGT (6/2/1963); Goulart, João. Goulart defende em São Paulo as reformas de base (26/5/1963); Goulart, João. O presidente afirma que o governo não tem prevenção contra o capital estrangeiro (24/3/1962); Goulart, João. Goulart propõe emenda à Constituição para realizar as reformas (3/5/1962). Dois anos, *Correio da Manhã*, 25 ago. 1963.

31. Plano Trienal de Desenvolvimento Econômico e Social (1963-1965), p. 7, 18, 26-30; Bierrenback, Maria Ignês R. S. *Componentes políticos do planejamento social*, p. 55-61; Skidmore, Thomas E., cit., p. 265, 286, 291-2, 295, 312, 315, 325, 327.

32. Cf. *Desenvolvimento & Conjuntura*, dez. 1963, p. 22-3; fev. 1966, p. 124; Baer, Wemer. *A industrialização e o desenvolvimento econômico do Brasil*, p. 122; Gasparian, Fernando. *Capital estrangeiro e desenvolvimento da América Latina*, p. 94; Rangel, Ignácio. *A inflação brasileira*, p. XVIII.

33. Cf. Ferreira, Luís P. *Capitais estrangeiros e dívida externa do Brasil*, p. 230; Venâncio Filho, Alberto. *A intervenção do Estado no domínio econômico*, p. 271-2; 25 Anos de Economia Brasileira, p. 16, 181; Baer, Werner, cit., p. 36; Ianni, Octavio. *Estado e planejamento econômico no Brasil*, p. 192-3, 198, 203, 210, 214.

34. Quadros, Jânio. Jânio no Alvorada, Última Hora, 19 fev. 1961.

35. Quadros, Jânio. Quadros: "Todos nós, no Brasil, precisamos fazer o impossível", *O Estado de S. Paulo*, 18 jul. 1961.

36. Goulart, João. Oração do presidente da República no dia da Constituição, *O Estado de S. Paulo*, 19 set. 1961; Goulart, João. O presidente prevê um ano de dificuldades e faz apelo para que a nação combata a carestia, *O Estado de S. Paulo*, 2 jan. 1962; Goulart, João. Goulart fala em homenagem ao ex-presidente Getúlio Vargas, *O Estado de S. Paulo*, 24 ago. 1963.

37. Quadros, Jânio. Quadros apresenta o balanço do primeiro semestre de seu governo, *O Estado de S. Paulo*, 23 ago. 1961.

38. Quadros, Jânio. Quadros: todos nós, no Brasil, precisamos fazer o impossível, *O Estado de S. Paulo*, 18 jul. 1961.

39. Quadros, Jânio. A íntegra da entrevista do presidente, *O Estado de S. Paulo*, 31 maio 1961. Ver também: *Desenvolvimento & Conjuntura*, ago. 1960, p. XXIII; Quadros, Jânio. Quadros ao Congresso: nossa política é e continuará ocidental, *O Estado de S. Paulo*, 15 mar. 1961; Quadros, Jânio. Memorando de Quadros ao Ministro da Educação, *O Estado de S. Paulo*, 11 maio 1961; Quadros, Jânio. O presidente inaugurou ontem em Ponta Grossa a Universidade Volante, *O Estado de S. Paulo*, 6 ago. 1961.

40. Goulart, João. Fala o presidente a membros do ensino superior na América, *O Estado de S. Paulo*, 19 mar. 1962; Goulart, João. Goulart recomenda o plebiscito em sua mensagem ao Congresso, *O Estado de S. Paulo*, 16 mar. 1962; Goulart, João. Em Porto Alegre o presidente da República; discurso e entrevista, *O Estado de S. Paulo*, 30 dez. 1962; Goulart, João. A educação para todos deve constituir missão nacional, prega Goulart, *O Estado de S. Paulo*, 7 mar. 1963.

A REPÚBLICA BRASILEIRA — 1951–2010

41. Goulart, João. Em mensagem remetida ao Congresso, governo analisa problemas nacionais, *Correio da Manhã*, 16 mar. 1963. Goulart, João. A mensagem de fim de ano de Goulart, *O Estado de S. Paulo*, 19 jan. 1964. Ver também: Goulart, João. Goulart expõe seu programa para a educação ao proferir aula inaugural na Universidade do Brasil, *O Estado de S. Paulo*, 10 mar. 1964.

42. *Plano Trienal de Desenvolvimento Econômico e Social (1963-1965)*, p. 7, 87, 97.

43. Cf. *Desenvolvimento & Conjuntura*, out. 1966, p. 63, 71; fev. 1964, p. 52; Berger, Manfredo, *Educação e dependência*, p. 192; Sanções a empresa que não mantiver escola gratuita, *O Estado de S. Paulo*, 8 abr. 1961; Romanelli, Otaíza de O. *História da educação no Brasil (1930/1973)*, p. 180-2; Manfredi, Silvia M. *Política*: educação popular, p. 37.

44. Lei de Diretrizes e Bases em execução, *Correio da Manhã*, 22 set. 1962; O ministro apresentou ontem na reunião do Conselho o Plano Nacional de Educação, *O Estado de S. Paulo*, 11 out. 1962; Almeida Júnior, A. Reparos à Lei n. 4.024, de 27/12/1961, *O Estado de S. Paulo*, 4 fev. 1962; Fernandes, Florestan. Diretrizes e Bases: a sanção do presidente, *O Estado de S. Paulo*, 28 dez. 1961; Fernandes, Florestan. O trabalhador e o projeto de Diretrizes e Bases. *O Estado de S. Paulo,* 28 fev. 1961; I Convenção Operária em Defesa da Escola Pública, *O Estado de S. Paulo*, 19 fev. 1961.

45. Quadros, Jânio. Quadros apresenta o balanço do primeiro semestre de seu governo, *O Estado de S. Paulo*, 23 ago. 1961; Goulart, João. Oração do presidente da República no Dia da Constituição, *O Estado de S. Paulo*, 19 set. 1961; Goulart, João. Goulart diz que deterá a inflação e que 63 marcará o fim da crise, *O Estado de S. Paulo*, 19 jan. 1963; Goulart, João. Súmula da mensagem do presidente ao novo Congresso, *O Estado de S. Paulo*, 16 mar. 1963.

46. Fadul, Wilson. Minha política nacional de Saúde. *Saúde em Debate-7/8*, p. 67, 70-5; Cf. Luz, Madel T. *As instituições médicas no Brasil*, p. 88, 93, 101-2, 106, 109, 111; Editorial, *Revista da AMB*, jan./fev. 1963; Editorial, *Revista da AMB*, mar./abr. 1964; *Desenvolvimento & Conjuntura*, set. 1966, p. 97, 101.

47. Cf. Mello, Carlos G. de. *Saúde e assistência médica no Brasil*, p. 107; Cupertino, Fausto. *População e saúde pública no Brasil*, p. 39, 79; Guimarães, Reinaldo (Org.). *Saúde e medicina no Brasil*, p. 47, 68, 79; Kaltman, Hélio. Para o governo saúde de cada brasileiro só vale 400 cruzeiros, *Jornal do Brasil*, 13 out. 1963.

48. Quadros, Jânio. O presidente da República divulga súmulas de despachos, *O Estado de S. Paulo*, 3 fev. 1961; Goulart, João. Em mensagem remetida ao Congresso, governo analisa problemas nacionais, *Correio da Manhã*, 16 mar. 1963; Goulart, João. Falando aos dirigentes sindicais, JG insistiu nas reformas, *Diário Popular*, 6 fev. 1964; Quadros, Jânio. A íntegra da entrevista do presidente, *O Estado de S. Paulo*, 31 maio 1961.

49. Quadros, Jânio. Quadros apresenta o balanço do primeiro semestre de seu governo, *O Estado de S. Paulo*, 23 ago. 1961; Goulart, João. Goulart propõe emenda à Constituição para realizar as reformas, *O Estado de S. Paulo*, 3 maio 1962; Goulart, João. Súmula da mensagem do presidente ao novo Congresso, *O Estado de S. Paulo*, 16 mar. 1963; Goulart, João. Goulart assina o decreto que expropria terras e a encampação das refinarias, *O Estado de S. Paulo*, 14 mar. 1964; Goulart, João. Mensagem do Presidente da República ao Congresso, *O Estado de S. Paulo*, 17 mar. 1964.

50. *Desenvolvimento & Conjuntura*, jul. 1961, p. 101; out. 1966, p. 86; *Revista Previdência Social*, item 3-31.2; Santos, Wanderley G. dos. *Cidadania e justiça*, p. 33-4; Ferrari, Fernando. *Escravos da terra*, p. 164, 209-10; Malloy, James M. Previdência social e classe operária no Brasil, *Estudos CEBRAP* 15, p. 128.

51. *Desenvolvimento & Conjuntura*, jul. 1962, p. 81; jun. 1966, p. 66; set. 1965, p. 81, 92; Serran, João R. *O IAB e a política habitacional brasileira*, p. 118; *Tema 2*, p. 1-4.

Capítulo IV

A ditadura de 1964 e as necessidades da população brasileira

Eu estou convencido de que outras crises possam se desenvolver, nas quais os militares brasileiros estarão tentados a tornarem-se ainda mais dominantes e repressivos... [Secretário assistente para assuntos inter-americanos, Jack Vaughn, memorando ao Secretário de Estado norte-americano, Dean Rusk, 6 de novembro de 1965, apud Fico, 2008, p. 164,[1] nota 164]

[Costa e Silva] achou que esse tipo de comportamento, na frente de um embaixador estrangeiro, humilhava o Brasil e os estudantes tinham de receber uma lição. (...) O presidente Costa e Silva não parecia chocado com o fato de que vários estudantes tinham sido feridos. Ele achava que a questão desafiava diretamente a autoridade do governo. Ele lamentou que os estudantes tivessem sido feridos, mas sentia que uma provocação organizada na frente de um distinto embaixador estrangeiro não podia ficar sem resposta. [Embaixador dos Estados Unidos no Brasil, John Tuthill, telegrama ao Departamento de Estado sobre Costa e Silva, 21 de abril de 1967, apud Fico, 2008, p. 225, nota 70]

...vinha sofrendo de arteriosclerose (...), tem sofrido recentes lapsos de memória e pode ser vítima de derrame cerebral ou de um desenvolvido ataque do coração. [Diretor de Inteligência e Pesquisa do Departamento de Estado norte-americano (INR), Thomas L. Hughes, memorando sobre

saúde do presidente Costa e Silva, 30 de outubro de 1968, antecedendo 10 meses do seu afastamento, apud Fico, 2008, p. 218, nota 3]

Nosso problema tem sido atingir dois objetivos parcialmente irreconciliáveis: 1) Deixar claro aos brasileiros pensantes que os Estados Unidos não apoiam as medidas repressivas de um governo que, entre outras coisas, tem poucas perspectivas de sucesso a longo prazo. 2) Evitar o tipo de postura "intervencionista" que possa levar a posições mais extremas... [Memorando de instruções do Departamento de Estado ao vice-presidente dos Estados Unidos, Spiro Agnew, 13 de março de 1969, mais de sete meses antes do governo Garrastazu Médici, apud Fico, 2008, p. 227, nota 94]

...o New York Times noticiou, em 16 de janeiro de 1971, que "muitos dos prisioneiros libertados, que chegaram [ao Chile] no dia de ontem, exibiam em seus corpos marcas de ferimentos recentemente cicatrizados, queimaduras e equimoses em apoio às suas acusações de tortura de prisioneiros políticos... [Juan de Oniz, 1971, apud Huggins, 1998, p. 220]

O marechal na presidência da República: Castelo Branco e sucessores

Com o exílio de João Goulart, o cargo de presidente da República foi entregue em 2 de abril ao deputado Ranieri Mazzilli. No dia 9 do mesmo mês, o denominado **Supremo Comando Revolucionário** (composto dos 3 ministros militares: general Arthur da Costa e Silva, brigadeiro Francisco de Assis Corrêa de Mello e vice-almirante Augusto Hamann Rademaker Grünewald) publicou o **Ato Institucional n. 1 (AI-1)**. Esse Ato dizia desde logo:

[a] **revolução vitoriosa se investe no exercício do Poder Constituinte**. [negritos meus]

Conquistada tal prerrogativa, eram mantidas a Constituição de 1946 e as Constituições Estaduais, com suas emendas. Em seguida, impunha-se a eleição do novo presidente e do novo vice-presidente da República, pela maioria absoluta dos membros do Congresso Nacional. Finalmente, o Ato Institucional se concedia o privilégio de retirar, de quem bem quisesse, os direitos políticos por 10 anos, inclusive cassando mandatos legislativos federais, estaduais e municipais, sem qualquer exame judicial destas medidas. Merece atenção a passagem contida na **justificativa do Ato Institucional n. 1 (AI-1)**:

> Para demonstrar que não pretendemos radicalizar o processo revolucionário, decidimos manter a Constituição de 1946, limitando-nos a modificá-la apenas na parte relativa aos poderes do presidente da República, a fim de que este possa cumprir a missão de restaurar no Brasil a ordem econômica e financeira e tomar as urgentes medidas destinadas a drenar o bolsão comunista, cuja purulência já se havia infiltrado não só na cúpula do governo como nas suas dependências administrativas.

O general Castelo Branco se colocava como o candidato ideal. Desde setembro de 1963, ao assumir a chefia do Estado-Maior do Exército (cargo exclusivamente de natureza militar), já fazia críticas ao que designava de "reformadores oportunistas", atribuindo-lhes "uma ideologia ambígua". Não tardaram os pronunciamentos favoráveis à candidatura do general Castelo Branco, para vir a ocupar a Presidência da República. Os pronunciamentos pululavam, originados na Pontifícia Universidade Católica da Guanabara, na Associação Agropecuária da Zona de Araraquara, na União Cívica Feminina e em mais 26 entidades, nem sempre muito conhecidas até aquela hora. Houve inclusive mobilização da opinião pública, por meio do Conselho de Entidades Democráticas de São Paulo, em prol da "imediata eleição do presidente da República e indicando, como candidato único, o general Castelo Branco".

Conforme narrou Luís Viana Filho, chefe da Casa Civil e ministro da Justiça do governo castelista, a escolha do general não foi tão tranquila. Sobre as reuniões havidas no Rio de Janeiro, Viana Filho esboça panorama bem diverso do que vislumbrou o povo brasileiro.

Luís Viana Filho relatou então:

> Carlos Lacerda que, à tarde, tivera no Guanabara reunião a que comparecera o general Moniz de Aragão, dizendo não haver para a Presidência senão o general Castelo, abriu o debate, afirmando desejarem os governadores uma definição de Costa e Silva sobre a sucessão. **Não logrou concluir, pois este, interrompendo-o a cada passo, repisava a tese da inoportunidade da eleição, bem como da escolha de algum nome**. [negritos meus]

Ao fim, o Supremo Comando Revolucionário escolheu o general Castelo Branco para concorrer na eleição presidencial, e então o general Costa e Silva veio a anunciar sua preferência por ele. A partir daí, outra reunião apenas consagrou a indicação deste oficial. Ungido pela cúpula militar, pelos encontros com os governadores e por tantos apelos dos grupos extasiados, sobretudo da burguesia, o general Castelo Branco apresentou-se como candidato único. Em 11 de abril de 1964, o marechal Humberto de Alencar Castelo Branco se elegeu para o cargo de presidente da República, ficando José Maria Alkmim como vice-presidente. A vitória do marechal deu-se pela votação de 361 parlamentares, representativos de mais de dois terços dos membros do Congresso Nacional. O período presidencial de Castelo Branco iniciou-se em 15 de abril de 1964 e deveria encerrar-se, em princípio, no dia 31 de janeiro de 1966.

Tratava-se, no mínimo, de eleição muito peculiar para a época. O novo presidente da República foi escolhido pelo Congresso

Nacional. Mas o que significava tal Congresso? Era um Congresso Nacional já mutilado por cassações de mandatos e por suspensões de direitos políticos de seus componentes. Era um Congresso Nacional responsável pela aprovação de lei, em menos de 12 horas, estabelecendo normas para a eleição indireta do presidente e do vice-presidente da República. Era, enfim, um Congresso Nacional que inaugurava um comportamento político, aqui intitulado de eleição indireta, realizada com colégio eleitoral antecipadamente escolhido.

Em linhas gerais, os sucessores de Castelo Branco na Presidência da República usufruíram desta desfigurada eleição indireta, onde nem de longe a oposição tinha oportunidade de sucesso. De fato, pelo mesmo processo eleitoral, saiu vitorioso o marechal Arthur da Costa e Silva e, por igual trilha, o general Emílio Garrastazu Médici, o general Ernesto Geisel e o general João Baptista Figueiredo transformaram-se em presidentes da República.

Castelo Branco transferiu o poder presidencial a Costa e Silva no dia 15 de março de 1967, bem depois da data que antes fixara. Impedido por doença, Costa e Silva não passou a Presidência da República a ninguém, nem mesmo a seu vice-presidente (Pedro Aleixo), tolhido por um golpe de Estado, dirigido pelos três ministros militares: Aurélio de Lyra Tavares, Márcio de Souza e Mello, Augusto Hamann Rademaker Grünewald. Esses três militares promulgaram a Emenda Constitucional n. 1, de 17 de outubro de 1969, dando outra redação à Constituição de 24 de janeiro de 1967. As diretrizes constitucionais legadas por Castelo Branco ao país já não satisfaziam, dois anos depois, aos partidários da ditadura de 1964.

Dizia a Emenda Constitucional n. 1, no Artigo 183:

O mandato do presidente e o do vice-presidente da República, eleitos na forma do Ato Institucional n. 16, de 14 de outubro de 1969, terminarão em 15 de março de 1974.

Presidente CASTELO BRANCO (marechal), à esquerda

Na foto, Castelo Branco ao lado do embaixador norte-americano no Brasil, Lincoln Gordon (D), principal entusiasta, organizador e colaborador estrangeiro do golpe civil/militar de 31/03/1964, mas Castelo Branco era ainda muito próximo do adido militar de Gordon, general Vernon Walters. O marechal Castelo Branco foi o primeiro presidente do regime militar de 1964, tendo governado de 15/04/1964 a 15/03/1967. Iniciou os Inquéritos Policiais Militares (IPM) para investigar a atuação dos opositores e, pelo Ato Institucional n. 2 (AI-2), extinguiu todos os partidos políticos, fundando-se em seguida a Aliança Renovadora Nacional (Arena) e o Movimento Democrático Brasileiro (MDB). Em seu governo, fez-se o projeto da Constituição de 1967 e também se fizeram os projetos do Novo Código Tributário, do Estatuto da Terra, do Banco Central do Brasil, da Polícia Federal, da Lei de Mercado de Capitais e do Código de Minas.

Presidente COSTA E SILVA (marechal), à frente

Costa e Silva (15/03/1967-31/08/1969), na fotografia acompanhado de seus colaboradores Delfim Netto (2º na fotografia), Abreu Sodré (3º na fotografia), Paulo Maluf (4º na fotografia). Promulgou o Ato Institucional n. 5 (AI-5) em 13/12/1968, "o mais cruel dos Atos Institucionais", fechando o Congresso Nacional, cassando políticos, institucionalizando a repressão, intensificando a censura em todos os campos. Em seu governo, continuou o combate à inflação, alterou a política salarial, aumentou o comércio exterior, as comunicações, os transportes e esboçou uma reforma administrativa.

Presidente ERNESTO GEISEL (general)

Ernesto Geisel (1974-1979) lançou o processo político de "distensão lenta, gradual e segura"; demitiu o general Ednardo D'Ávila Melo (do comando do II Exército em São Paulo) e o general Sílvio Frota (do Ministério do Exército); reprimiu organizações clandestinas; cancelou o alinhamento automático do Brasil com os Estados Unidos; utilizou o Ato Institucional n. 5 (AI-5); fechou por 14 dias o Congresso Nacional em 1977. Entre suas realizações, estão o acordo nuclear com a Alemanha, a construção de parte da Usina Hidrelétrica de Itaipu e o Programa Nacional do Álcool (Proálcool), para utilizar álcool como combustível. Seu governo foi o primeiro a reconhecer o governo português depois de 25/04/1974, fim da ditadura salazarista e, no final dele, extinguiu o Ato Institucional n. 5 (AI-5).

A REPÚBLICA BRASILEIRA — 1951-2010

O general Emílio Garrastazu Médici teve sua eleição ainda mais atribulada, galgando a Presidência da República em 30 de outubro de 1969, depois de ser indicado pelo Alto Comando do Exército e de receber a referenda do Alto Comando das Forças Armadas. O ato derradeiro veio do Congresso Nacional, que acabou elegendo o general Médici pelo voto indireto de 293 deputados e senadores, com a abstenção de 76 partidários do MDB e com 9 ausências. O presidente Médici foi fiel no prazo de seu mandato, entregou a Ernesto Geisel a Presidência da República em 15 de março de 1974. Neste mesmo dia, no ano de 1979, o general João Baptista Figueiredo assumiu o cargo de presidente da República, atribuindo ao exercício de seu mandato a continuidade do processo começado em 1964. Instituiu-se, portanto, ao longo dos anos, uma tal eleição indireta onde jamais qualquer oposição pôde ter êxito, independentemente de sua seriedade e de sua honradez. Aliás, até vice-presidente passou por suspeito. E o povo brasileiro foi posto de lado na luta política, nas deliberações econômicas e na escolha dos serviços sociais, que de qualquer forma sabia reivindicar.

A partir de Castelo Branco, eclodiu inquestionável fervor pelas ditas eleições indiretas, apesar deste presidente da República ter pretendido ir além delas. Sem dúvida, em outubro de 1965, Castelo Branco convocou o eleitorado de 11 Estados para a escolha dos seus governadores, experimentando assim a eleição direta a nível estadual. Desde então, presidentes e governadores germinaram das eleições indiretas, onde o vencedor nunca pertenceu à oposição ao governo. O exercício do voto popular foi reprimido. Apenas servia para apontar quais serão os deputados federais, os deputados estaduais, os senadores, os prefeitos e os vereadores. Porém, até aí há muitas exceções. Por exemplo: inúmeros prefeitos ainda eram nomeados e muitos senadores exerceram mandato por indicação presidencial (os "biônicos"). De fato, nas eleições de 1978, o presidente Geisel limitou um pouco mais o direito de voto relativo aos senadores. Dividiu-os então em senadores eleitos por sufrágio e senadores ("biônicos") escolhidos pela Presidência da República. É claro, longe está o sonho castelista de promover eleição direta para preencher o cargo de governador em 11 Estados, como sucedeu em outubro de 1965. Naquela época, testava-se a consulta popular a respeito da administração estadual, e o presidente Castelo Branco cuidava de dar conselhos e de mostrar os perigos aos eleitores. Afirmava:

> ...por isto mesmo, sem fugir ao que lhe competia fazer quanto ao afastamento dos inelegíveis, nos termos da lei de iniciativa da Revolução, o governo não interveio na escolha dos partidos. (...) Neste particular, podem estar tranquilos os revolucionários. Jamais admitiremos que qualquer parcela de poder seja usada para fins inconfessáveis e capazes de comprometer a continuidade da Revolução.

O percurso da ditadura de 1964 foi pontilhado por Atos Institucionais, por Atos Complementares, por Leis de Segurança Nacional e por Decretos secretos, satisfazendo as exigências dos influentes do momento. Tudo sugeriu que o processo sócio-histórico do Brasil já estava traçado por alguns, exigindo para tanto correções de ocasião, através de providências autoritárias, impingidas à população. As correções se refizeram a cada passo da política brasileira, mostrando as contradições da atual fase da sociedade capitalista aqui implantada.

Veja-se o caso do Ato Institucional n. 2 (AI-2). Através dele, o presidente Castelo Branco estendeu as cassações de mandatos e as suspensões de direitos políticos até o dia 15 de março de 1967, ou seja, até o final de sua gestão, explicando ao país que "na hipótese de ocorrer as condições estipuladas nesse próprio ato, será possível que ainda outras cassações sejam determinadas".[2] Depois, em pleno governo do presidente Costa e Silva, quando vigoravam a Constituição de 1967 e os novos partidos (Arena e MDB), editou-se o Ato Institucional n. 5 (AI-5). Isto significou que se recorreu a outro Ato Institucional, aniquilando-se as duas principais instituições políticas (os partidos: Arena e MDB; e a Constituição), geradas pela própria ditadura de 1964. Assim, em dezembro de 1968, com tal Ato, o marechal Costa e Silva reconhecia que mesmo um Congresso Nacional bem vigiado não oferecia condições para o exercício do governo federal. Aliás, faltava ao presidente o apoio político, restando-lhe por fim os duros recursos oferecidos pelas Forças Armadas.

Inegavelmente, os Poderes Legislativo e Judiciário atravessaram evidentes dificuldades no período compreendido entre 1964 e 1968. Mas, a partir do Ato Institucional n. 5, de 1968, a situação de ambos os Poderes tornou-se muito mais inquietante. O Congresso Nacional, por exemplo, teve de funcionar de acordo com normas nem sempre claras, que podiam ser alteradas a qualquer momento pelo Poder Executivo, munido de enormes prerrogativas.[3]

Interpretando o quadro geral da ditadura de 1964, escreveu Nélson Werneck Sodré:

> O que os observadores e comentaristas não perceberam, por isso mesmo, no golpe militar de abril de 1964 no Brasil, foi a diferença essencial que o distinguiu de outros golpes militares anteriores. (...) Não se tratava mais do clássico golpe militar que consistia na tomada do poder e posterior restabelecimento das condições de normalidade política. Tratava-se agora, sob forma inédita, pelo massacre dos oponentes, pela destruição física de pessoas e de organizações, de estabelecer uma nova normalidade, de forjar a marteladas um novo regime,...
>
> (...) Assim, em defesa da Constituição, foi rasgada a Constituição; para preservar o advento de alterações democráticas, privou-se uma geração inteira do elementar direito de votar; para defender os interesses do imperialismo, vedou-se ao judiciário a apreciação dos atos ditatoriais e estabeleceu-se rígida censura que destruiu o teatro, ameaçou gravemente o cinema, calou a oposição, impediu os jornais e revistas de revelarem a verdade e estabeleceu a "ordem", *isto é, o clima pantanoso do conformismo, agravado quando as prisões se encheram, o exílio* se estabeleceu como norma para os adversários e, em último caso ou não, o massacre apareceu como necessidade salvadora.

O chamado **AI-5** nasceu com Costa e Silva, manteve-se ao longo das gestões de Médici e de Geisel. Este preferiu trocá-lo pelo **estado de sítio**, pelas **medidas de emergência**, pelo **estado de emergência**, nas reformas políticas de seu governo, com a finalidade de continuar a situação criada desde 1964.

A propósito de tais reformas políticas do governo Geisel, por muitos designadas como "abertura", continuou Nélson Werneck Sodré:

Seria falso dizer que a "abertura" surgiu por força da pressão das forças populares, que nem sequer estavam organizadas e menos ainda tinham condições para uma pressão desse tipo. Claro é que a base política do regime estava consideravelmente estreitada e que eram também claros os sintomas de deterioração que vinha da estrutura política e atingia a estrutura militar.

O presidente Geisel esclareceu seu "projeto de reformas":

Mas, além da extinção desses atos de exceção, o projeto de reformas inclui outros dispositivos. Ocupa-se em dar uma melhor comprovação que assegure a inviolabilidade dos membros do Poder Legislativo no exercício de suas funções. Ocupa-se com a organização e funcionamento dos partidos, possibilitando, em condições mais fáceis, a criação de novos partidos, sem entretanto incorrer no grave inconveniente de permitir a proliferação de partidos pequenos, inexpressivos, cujos inconvenientes a nossa experiência passada tornou patente. Cria também — e isso em meu modo de ver é uma condição essencial — medidas que assegurem ao Estado condições para a sua defesa e a da sociedade. Ao lado da manutenção do tradicional Estado de Sítio, que figurou em todas as nossas Constituições republicanas, ele prevê outras situações, como sejam aquelas em que se podem adotar medidas de emergência ou decretar o Estado de Emergência para prontamente enfrentar situações que venham a perturbar a ordem e a paz social, ou que venham a impedir a eclosão de guerra ou de ações subversivas. (...) A Revolução continuará. Ela não se caracteriza pelas medidas de repressão que foram necessárias adotar contra a guerrilha, contra o terrorismo e contra a subversão. O que caracteriza a nossa revolução é a extraordinária obra que se realizou neste país desde 1964.[4]

*

A REPÚBLICA BRASILEIRA — 1951–2010

Lá pelos idos de 1964, o presidente **Castelo Branco** apresentava sua ideologia política, destacando o respeito à Constituição, a defesa da democracia, a realização do bem-estar geral, a execução de reformas e a crença na autodeterminação dos povos. Este ideário, porém, aumentava com a sua confiança no desenvolvimento. A respeito da Constituição de 1946, Castelo Branco não deixou dúvidas de que iria cumpri-la, desde os primeiros momentos de sua posse, embora tenha mudado de ideia tempos depois.

Em 1964 afirmava:

> Defenderei e cumprirei com honra a Constituição do Brasil. Cumprirei e defenderei, com determinação, pois serei escravo das leis do país e permanecerei em vigília para que todos as observem com zelo.

Mas em 1967, ao finalizar sua gestão, falava das vantagens da mudança da Constituição de 1946:

> A nova Constituição coroa a alma da modernização institucional ao estabelecer regras para elaboração e votação do Orçamento, transformando o seu verdadeiro programa nacional de trabalho.

A Constituição de 1967 se originou do Ato Institucional n. 4 (AI-4), apresentada pelo governo castelista, que invocava a necessidade de institucionalizar os ideais e princípios oriundos do Movimento de 1964. Conforme o Ato n. 4, esta Constituição garantiria a permanência da "obra revolucionária". Ao Congresso Nacional, já bastante depurado, coube somente a tarefa de discutir, votar e promulgar o projeto de Constituição oferecido pelo presidente da República. Enquanto agia por meio de atos autoritários, o chefe de governo reiterava sua fé na democracia. Para ele o regresso do país à ordem democrática fez aparecer um outro ambiente. Havia, pois, "harmonia, tranquilidade e cooperação necessária à recuperação da vida nacional". Castelo Branco entendia que o processo de redemocratização crescera desde o dia 31 de março de 1964, indicando como provas disto "o funcionamento normal do Judiciário e do Legislativo, a liberdade de Imprensa e a liberdade sindical". Colocava-se o regime democrático como o remédio imprescindível no combate aos males brasileiros. Seguindo os preceitos democráticos, os operários conseguiriam justos e elevados salários. O presidente da República recomendava. portanto, aquilo que chamava de "estrada da democracia", capaz de promover "a contínua e legítima ascensão dos trabalhadores".

A propósito das massas assalariadas, a ditadura de 1964 procurou esclarecer sua posição. Segundo alegava Castelo Branco, nada existia contra os direitos dos trabalhadores, até levavam em conta a conservação e o aprimoramento da legislação social. E mais: prometiam-se "justas e legítimas conquistas do trabalhador", dinamizando-se a vida sindical. Para isto, o Ministério do Trabalho não mais cumpriria o papel de "empresário de cúpulas prepotentes e corruptas".

A questão da democracia no Brasil abrangia a realização de reformas de acordo com o pensamento presidencial. Para o governo castelista, era preciso "empreender logo as reformas, evitando desta maneira a demagogia e a subversão em tomo delas". Por exemplo: a reforma agrária se tornaria viável através do Estatuto da Terra, que definiria "o acesso à propriedade da terra, o financiamento da reforma, a execução e a administração de planos nacional e regionais". O Estatuto da Terra consistia num instrumento legal, com a força de gerar o progresso rural do país, sem a presença do temor e do ódio. O Movimento de 1964 não deixava por menos: dava esperanças de um bom futuro para os brasileiros, a crer nas palavras do primeiro presidente da República, Castelo Branco:

> Promoverei, sem desânimo nem fadiga, o bem-estar geral do Brasil. Não medirei sacrifícios para que esse bem-estar se eleve, tão depressa quanto racionalmente possível, a todos os brasileiros e particularmente àqueles que mourejam e sofrem nas regiões menos desenvolvidas do país.[5]

O universo ideológico de Castelo Branco complementava-se com outros temas relativos à política externa. Tal política se inspirava nos "objetivos nacionais", visando ao fortalecimento do "poder nacional" e sobretudo dos meios necessários para "alcançar o pleno desenvolvimento econômico e social". A política externa estava condicionada à existência de paz mundial, com o respeito ao princípio da autodeterminação dos povos. Ficava claro, porém, o alinhamento com as ditas "nações democráticas e livres". Aliado a elas, o Brasil assumia compromisso com a democracia representativa, devendo preservar e ativar "as históricas alianças que nos ligam às nações livres das Américas". Isso significava estabelecer nitidamente uma posição no conjunto das relações internacionais.

Afinal, para o presidente Castelo Branco, os acontecimentos de 1964 vieram deter "a marcha acelerada do país para um regime totalitário, qual seja o comunista ou comunizante". O Brasil, portanto, fincava raízes no chamado mundo ocidental, aprofundando suas relações com os grandes países capitalistas.

Por isso mesmo, Castelo Branco glorificava o desenvolvimento e a democracia.

Em nome de ambos, fez-se o golpe de Estado de 1964:

> Foi para preservar essas duas grandes aspirações nacionais que o povo, com a decisiva colaboração das Forças Armadas, rompeu a ordem jurídica anterior.

Na realidade, em termos de democracia, o presidente da República ficou apenas nas palavras. No período compreendido entre 1965 e 1966, ele baixou 3 Atos Institucionais, 36 Atos Complementares, 312 Decretos-Leis, 19.259 Decretos, além de 11 propostas de emendas constitucionais remetidas ao Congresso Nacional, excluindo-se o projeto de reforma global da Constituição. Durante o governo castelista, houve 3.747 atos punitivos, representando mais do que 3 atos punitivos por dia.[6]

*

O programa do governo de Costa e Silva igualmente repetia alguns pontos já bastante divulgados por Castelo Branco. Como este, Costa e Silva discorreu sobre o funcionamento da Constituição de 1967, sobre a importância da democracia, sobre a continuação do desenvolvimento, chamando também a atenção dos trabalhadores para suas novas conquistas. Acrescentava, porém, novo assunto: a batalha contra a burocracia.

O segundo presidente da República concebido pela ditadura de 1964 considerava a nova Constituição como grande obra jurídica: ela *"afirmou o princípio da autoridade e realizou sabiamente a síntese dos ideais democráticos com os ideais revolucionários"*. Dizia respeitar o Poder Legislativo, fiel representante do povo e responsável pela sua própria eleição. Na visão de Costa e Silva, seu governo se apoiava na compreensão da opinião pública, no incentivo oferecido pela base política e na garantia dada pelas Forças Armadas. Em sua primeira Mensagem ao Congresso Nacional, manifestava regozijo pela situação política do Brasil:

> Os poderes da República funcionam em harmonia e independência perfeita, nenhum ato governamental foi praticado sem claro e seguro apoio na Constituição ou em lei ordinária, não houve atentados à liberdade individual e a imprensa não sofreu restrições de qualquer natureza, no livre exercício de sua missão democrática.

Pelas palavras presidenciais, tinha-se a impressão de que se exercitava um conjunto de princípios democráticos, sem saber-se bem a significação disto. Ora, Costa e Silva referia-se a *"um governo para o povo no sentido mais profundo da expressão"*. Tempos depois, às vésperas de negar tudo quanto prometera, proclamava que *"a maior vitória da nossa Revolução será, sem dúvida, chegar às soluções sem sair do regime democrático"*.

Insistia, portanto, na conservação de uma democracia, a bem da verdade, discutível e fantasiosa. Note-se, por exemplo, as ofertas feitas aos trabalhadores. Tendo em vista medidas anti-inflacionárias, ele pretendia estender o sacrifício para todas as classes sociais e para o governo, impedindo injustiças e crueldades cometidas contra os assalariados. **Se, de um lado, colocava os salários como causa da inflação; de outro, acenava com "incrementos salariais justos" e com participação dos trabalhadores nos lucros das empresas,"através da produtividade".** Daí, o presidente da República cria atender os reclamos da massa trabalhadora, até por meios indiretos, como o fornecimento de bolsas de estudos.

O universo ideológico de Costa e Silva abrangia, entre outros temas, formulações relativas à política externa e ao desenvolvimento. Para ele, as relações internacionais do Brasil deveriam guiar-se de acordo com a expansão do desenvolvimento. Assim, levando-se em conta até mesmo as metas políticas e culturais, ganhava "força impositiva" a orientação da diplomacia brasileira para as questões econômicas. O desenvolvimento, portanto, destacava-se no ideário presidencial. Tratava-se, segundo pensava Costa e Silva, de **"um processo de crescimento, não apenas acelerado, mas, sobretudo, autossustentado."** Evidentemente, tal desenvolvimento em nada se parecia com a proposta do nacionalismo econômico.

Costa e Silva explicava:

> O desenvolvimento nacional repousará, sobretudo, no esforço interno que deverá liderar o processo, sem prejuízo da absorção complementar de recursos externos.

As contradições do processo sócio-histórico do Brasil, mais uma vez, demonstraram que os interesses dominantes do capitalismo aqui encontravam forte oposição. O presidente Costa e Silva veio a confessá-las no **preâmbulo do Ato Institucional n. 5**, de dezembro de 1968. Tal preâmbulo, principalmente quanto à resistência dos grupos políticos e culturais, registrava:

> ...os instrumentos jurídicos, que a Revolução vitoriosa outorgou à Nação para a sua defesa, desenvolvimento e bem-estar de seu povo, estão servindo de meios para combatê-la e destruí-la.

De novo, o Poder Executivo pôde fechar o Congresso Nacional, Assembleias Legislativas e Câmaras Municipais. Pôde ainda decretar a intervenção federal nos estados e municípios, suspendendo funcionários civis e militares de suas funções e promovendo o confisco de bens ilicitamente adquiridos. Desapareceram as prerrogativas da magistratura e o *habeas corpus*. Costa e Silva explicava este turbilhão repressivo através da "falência temporária do poder político", a qual retirou a sustentação do governo.

Por sinal, já no segundo semestre de 1967, o presidente da República recebera 24.656 cartas, revelando queda no otimismo nacional e reivindicando controle do custo de vida, juntamente com aumento de salários. Nestas cartas havia perguntas sobre o andamento da reforma agrária, sobre os problemas da educação, sobre as deficiências do Banco Nacional de Habitação e da Previdência Social. Em fins de agosto de 1969, doente, Costa e Silva foi substituído pela Junta Militar, depois de afastado o vice-presidente da República (Pedro Aleixo).

*

Ao Congresso Nacional coube a função de abrir suas portas para eleger o candidato indicado pelas Forças Armadas: general Emílio Garrastazu Médici.[7]

Por ocasião de sua posse, o presidente Médici leu um "credo", no qual entre outras coisas dizia:

Homem da Lei, sinto que a plenitude do regime democrático é uma aspiração nacional. [negritos meus]

Na realidade, ele expunha sua ideologia por meio de proposições como esta, embora nem sempre primasse pela clareza. Aludiu à democracia, à justiça social, às reformas, ao desenvolvimento, dedicando-se ainda ao exame da situação dos trabalhadores. Acima de tudo, porém, defendeu o Ato Institucional n. 5.

A REPÚBLICA BRASILEIRA — 1951–2010

Acerca da democracia, cuidou de esclarecer que **"esperava entregar o país em pleno regime democrático"**, ao fim de seu governo. Mas um tanto confusamente, ao mesmo tempo admitia sua incredulidade na plena democracia, apesar de combater em prol do regime democrático.

> **A plena democracia é ideal que, se em algum lugar já se realizou, não foi certamente no Brasil. (...) Entre nós, não se pode falar, com propriedade, em volta à plena democracia. (...) O que não se tolerará, porém, de maneira alguma, em qualquer hipótese, é que a luta partidária se arme com o propósito de subverter o regime democrático...** [negritos meus]

Em outra oportunidade, novamente expressou ideias relativas à democracia:

> **Insisto em dizer, no entanto, que, não sendo fim em si, a democracia é simples meio ou instrumento para que determinado fim se alcance**.[8] [negritos meus]

De acordo com as palavras do presidente Médici, ele defendeu na gestão Costa e Silva o uso de medidas fortes e imediatas, a fim de conter a oposição cada vez mais ampla na sociedade brasileira. Não haveria, portanto, durante seu governo, motivos para eliminar o AI-5, nada prejudicial *"aos que se situam dentro dos quadros do regime, aceitando-lhe os postulados fundamentais"*.

O presidente da República sustentava a necessidade da repressão, certo de que não se confundiriam inocentes com culpados. A repressão deveria ser *"dura e implacável"*, *"apenas contra o crime, e só contra os criminosos"*.

E ajuntava: *"Não puniremos inocentes por culpados"*. Poucas vezes se empregou tanta sinceridade na História Brasileira! Já na fase final de sua administração, Médici confirmava ainda a necessidade de censurar manifestações de opinião. Em raros momentos, um presidente da República assumiu a responsabilidade de propor ao país a aplicação da repressão e da censura. Além disto, ressaltava neste trágico quadro da vida brasileira a certeza do chefe de Estado, a respeito de quem seria inocente e de quem seria culpado. Afinal de contas, o Direito construído pelos homens põe muita tolerância e cautela em tal distinção, a fim de evitar erros irrecuperáveis.

É preciso dizer, no entanto, que o presidente Médici se remetia igualmente a outros pontos de seu programa. Apresentava a **"Justiça Social"** como um *"jogo através do qual se fortalecerá na confiança e no apoio de toda a Nação"*. A sociedade do Brasil deveria responder favoravelmente à prática desta "Justiça Social", conforme indicação presidencial. Neste sentido, no princípio de 1970, Médici se referia à reforma agrária, procurando dinamizá-la *"nas áreas operacionais selecionadas"*, sem atingir as propriedades que cumprissem sua *"função social"*. **Os trabalhadores, por seu lado, continuariam enfrentando providências anti-inflacionárias, tendo os seus salários relacionados com a produtividade. E mais: a massa trabalhadora obteria maior participação nos lucros das empresas.** Inclusive o presidente da República imaginava a transferência, através do imposto de renda, de *"recursos das pessoas de rendimento mais alto para dotações destinadas a atender às necessidades coletivas"*.

Existia, pois, grande preocupação em demonstrar eficiência e desejo de servir. E isto de tal maneira, que o **Fundo de Garantia por Tempo de Serviço — FGTS** era visto como um passo a mais na emancipação do trabalhador:

> O empregado é livre na sua opção entre o regime de estabilidade e o regime do Fundo de Garantia. Não se justificaria qualquer coação para que o empregado adote este ou aquele sistema, como não seria admissível que o regime do Fundo de Garantia provocasse a instabilidade no emprego.[9]

As chamadas conquistas do trabalhador brasileiro estavam condicionadas pela continuidade do desenvolvimento. Em sentido inverso, o desenvolvimento pouco valeria, sem a realização da justiça social. **Médici não revelava aí nenhuma proposição original. Ao contrário, isto tudo representava quase sempre um ideário comum, repetido por vários governos.** Também as críticas às "vantagens ilusórias", para o trabalhador, figuram como algo corriqueiro, já expostas inúmeras vezes. Seguindo sua formulação, as *vantagens ilusórias, passageiras, descabidas*, enfraqueciam a empresa privada nacional. A condição dos assalariados praticamente não sofria qualquer alteração para melhor, ficando ainda mais distante a possibilidade de determinar, mesmo em parte, as prioridades para a sua existência.[10]

*

O sucessor de Médici, general Ernesto Geisel, também se ocupou com assuntos já examinados anteriormente. Tem-se a impressão de que ele procurou animar os partidos políticos, ao menos se levando em conta suas palavras. O presidente Geisel falava em *estilo de vida democrático*, colocando os partidos políticos *como veículos exclusivos de participação do povo* no poder público. Este "estilo de vida democrático" dava ensejo à dupla proteção de *todas as categorias da população*, por meio da Legislação do Trabalho e da Legislação da Previdência e Assistência Social. Ora, como todos os demais presidentes da República oriundos da ditadura de 1964, Geisel igualmente mencionou a importância do desenvolvimento, embora o entendesse como um componente de binômio:

> Um projeto nacional de grandeza para a Pátria, alicerçado no binômio indissolúvel do desenvolvimento e da segurança, empolga, em todos os quadrantes, a alma popular e estimula a realizações cada vez mais admiráveis, mesmo que à custa de sacrifícios maiores que se façam acaso mister.[11]

A elaboração ideológica do presidente da República tentava combinar, a certa altura, "o máximo de desenvolvimento possível — econômico, social e também político — com o mínimo de segurança indispensável". Apesar dos longos anos transcorridos desde 1964, as transformações sociais do Brasil ainda denunciavam vigorosa oposição.

> Geisel manteve a **repressão**, apresentando-a sob a forma de *"combate perseverante, rigoroso mas sem excessos condenáveis, duro porém sem violências inúteis"*.

Eis aí, pois, as periclitantes condições de vida no país durante as várias tentativas de institucionalização do golpe de Estado de 1964.[12] Quando a grande maioria da população brasileira não encontrou espaço para demonstrar sua repulsa devido à proibição de mobilizar-se em favor de seus interesses, explodiu a violência nas ruas. O regime erigido em 1964 escolheu os mesmos meios para combatê-la: a repressão organizada, entre outras soluções para a crise, afastando suas promessas de natureza superior.

O ministro da Justiça do governo de Castelo Branco, Milton Campos, integrado ao Movimento de 1964, expressou quase no final de sua carreira parlamentar seu pensamento sobre as perseguições aos políticos e sobre o programa de renovação tão propalado. Divergia das deliberações tomadas pelos vários presidentes da República depois de 1964, em particular do Ato Institucional n. 5. E chamava a atenção dos governantes:

> **De qualquer modo, verifica-se que é inútil tentar proscrever a classe política, que existe sempre, embora renovada pelo processo democrático eleitoral, em evolução vagarosa, ou pela aceleração das revoluções. (...) Nada há a objetivar contra renovação, mas é perigoso promovê-la de cima para baixo, porque então dela não participa o povo e a inspiração democrática fica esquecida,**

transformando a elite política que todas as nações civilizadas procuram aprimorar em burocracia politicamente irresponsável.[13]
[negritos meus]

A oposição à ditadura de 1964 cresceu ao longo dos anos, até mesmo nas eleições onde participaram a Arena e o MDB. Aos críticos permanentes da ditadura acrescentaram-se seus antigos partidários, levados ao descontentamento. Tome-se o caso das eleições legislativas de 1966 a 1978, por região. De imediato, verifica-se que o pleito de 1970, efetuado no ambiente de pressão por causa do Ato Institucional n. 5, apresentou a maior percentagem de votos em branco e nulos, considerando-se todas as regiões brasileiras. No Norte, a Arena caiu de 60,0% dos votos (em 1966) para 44,1% (em 1978), enquanto o MDB, como oposição consentida, subiu de 18,8% (em 1966) para 30,4% dos votos (em 1978). Isto aconteceu nas demais regiões. No Centro-Oeste, por exemplo, a Arena despencou de 54,0% dos votos (em 1966) para 46,2% (em 1978), enquanto o MDB avançou de 27,6% (em 1966) para 34,2% dos votos (em 1978). No Sul, a Arena partiu com 55,0% dos votos (em 1966), descendo para 43,0% (em 1978), ao passo que o MDB se elevou de 30,2% (em 1966) para 40,8% dos votos (em 1978).

A ditadura de 1964 expulsou da vida política os grupos de esquerdistas e de nacionalistas intransigentes, vinculando fortemente o poder estatal com as forças econômicas dominantes. Adotou duras medidas anti-inflacionárias e aprofundou as relações do Brasil com o Ocidente, ou seja, com o capitalismo internacional.

O Estado autoritário surgido em 1964 impediu até mesmo a mobilização controlada das massas populares; aliás, não permitiu ou suspeitou das reivindicações provenientes da população, caso não fossem inspiradas pelo próprio governo.

Passou-se a glorificar a modernização, a taxa de crescimento, o tecnicismo e a eficiência. Ora, o povo tornou-se algo a ser olhado somente dos palanques e a ser informado das últimas decisões governamentais.[14] Afastada a massa popular, o Estado autoritário se utilizou de um sistema partidário (Arena e MDB), do qual um serviu para justificar o candidato e o outro para representar o papel de oposição permitida a ele. Também os partidos, portanto, não constituíam veículos para alcançar o poder político, exercido por militares e por tecnocratas em nome da burguesia do monopólio. As ideologias nem sequer vinham bem determinadas, apesar de os termos em geral se repetirem.

Indicações sobre a ditadura de 1964: desenvolvimento para quem?

Palavras e planos

Nos primeiros meses do governo de Castelo Branco, ele privilegiava a necessidade de controlar a crise econômica e financeira do país, anunciando medidas para estancar a inflação e garantir bom ritmo ao desenvolvimento econômico. Falava em discutir novos prazos para o pagamento das dívidas, em especial às contraídas com credores estrangeiros. Ele deixava claro que o governo respeitaria seus compromissos externos e desejava fixar com os credores os meios para a liquidação das dívidas. Na Mensagem ao Congresso Nacional, correspondente a 1965, o presidente Castelo Branco afirmava ter evitado "o colapso representado pela hiperinflação". Neste mesmo documento, observava que "corrigiram-se as distorções", impedindo a elevação dos preços. Tais ideias constituíram a inspiração das providências econômicas, tomadas no início da administração castelista.

O presidente da República destacava a importância de capitalizar o Brasil, através de recursos nacionais e estrangeiros. Neste sentido, defendia a atuação da "Aliança para o Progresso" e assegurava o direito à repatriação do capital externo e à remessa de rendimentos "em nível razoável". A respeito do desenvolvimento econômico, Castelo Branco anunciava um ideário bastante explícito,

A REPÚBLICA BRASILEIRA — 1951–2010

o qual incluía princípios de política externa e caracterização da independência brasileira. Quanto à política externa, demonstrava a artificialidade do país, ao ostentar uma posição neutralista. Antes de tudo, a política externa deveria fundamentar-se na "opção básica que se traduz numa fidelidade cultural e política ao sistema democrático ocidental". Tal postura motivava a transformação do que se entendia por nacionalismo na época, sobretudo pela classe dirigente anterior a 1964. Segundo Castelo Branco, "o nacionalismo se deturpou a ponto de se tornar disfarçado em favor dos sistemas socialistas", demonstrando então o caráter desordenado e vacilante da política exterior. Ao mesmo tempo, se tornava inevitável a elucidação do sentido da independência nacional:

> A independência é, portanto, um valor terminal. Instrumentalmente, é necessário reconhecer um certo grau de interdependência que é necessário levar ao ponto de cercear contatos comerciais e financeiros com países de diferentes sistemas político e econômico.[15]
> [negritos meus]

A questão da interdependência queria dizer principalmente que haveria relações entre o Brasil e os demais países, sob a égide da livre empresa e do capital estrangeiro. Eis aí o limite da ação brasileira por meio da política internacional. Internamente, a independência se asseguraria como meta final e, enquanto isto, a administração castelista procuraria "dispensar ao capital estrangeiro um acolhimento racional". Tratava-se de recepção aos investimentos externos, acompanhada da promessa de deixar campo aberto à empresa privada, praticamente livre de encampações, que estavam condicionadas pelas normas constitucionais, pelo interesse público e pelo desinteresse dos concessionários de serviços prestados à população.[16]

O Programa de Ação Econômica do Governo de Castelo Branco (1964-1966) — PAEG exibia de maneira mais sistemática os conceitos e os instrumentos a serem utilizados na política econômica. O desenvolvimento era encarado como processo, cuja finalidade consistia em "realizar o potencial máximo de crescimento do produto real da comunidade", podendo resumir-se no lema: "desenvolver-se é querer desenvolver-se". No âmbito do planejamento, de acordo com o PAEG, criava-se o Conselho Consultivo de Planejamento e passava-se a publicar duas séries de estudos do Escritório de Pesquisa Econômica Aplicada — EPEA. Os objetivos do Programa de Ação Econômica orientavam-se para a estabilização, o desenvolvimento e a reforma democrática, constituindo-se nos seguintes itens:

a) acelerar o ritmo de desenvolvimento econômico do país, interrompido no biênio 1962/1963;

b) conter, progressivamente, o processo inflacionário durante 1964 e 1965, objetivando um razoável equilíbrio dos preços a partir de 1966;

c) atenuar os desníveis econômicos setoriais e regionais, e as tensões criadas pelos desequilíbrios sociais, mediante a melhoria das condições de vida;

d) assegurar, pela política de investimentos, oportunidades de emprego produtivo à mão de obra que continuamente aflui ao mercado de trabalho;

e) corrigir a tendência a déficits descontrolados do balanço de pagamentos que ameaçam a continuidade do processo do desenvolvimento econômico, pelo estrangulamento periódico da capacidade para importar.

O PAEG buscava a ampliação do apoio social à administração castelista, e propunha até mesmo o diálogo com *todas as camadas populares*". Eis aí seus assuntos mais preferidos: expandir o desenvolvimento econômico, lutar contra a inflação, abrandar desequilíbrios sociais, gerar novos empregos e organizar o balanço de pagamentos. Havia, porém, outros temas, como a redistribuição funcional da renda e a reforma agrária, as quais se devem destacar no conjunto do PAEG. No caso da redistribuição funcional da renda, entendia-se que ela dependia da manipulação dos *"instrumentos fiscais, monetários e salariais"*. Mas, contraditoriamente, o PAEG defendia a existência de salários ajustados *"aos objetivos do programa desinflacionário"* e apropriados ao *"esforço de poupança"*, a fim de alargar o crescimento do produto nacional. Com a questão da reforma agrária, elegeu-se um *"tipo de reforma"* que ia além da repartição da propriedade rural, exigindo também *"medidas como educação, novos esquemas de tributação da terra, organização cooperativa e melhoria do sistema de crédito rural"*. A reforma agrária se consumaria mediante planos periódicos, nacionais e regionais. No PAEG, partia-se do princípio de que o aumento interno de poupança *"significava penoso sacrifício"* impingido à população de país subdesenvolvido. Assim, para evitar tal sacrifício e para continuar progredindo, devia-se procurar investimentos externos. Engendrado tal raciocínio, abria-se a possibilidade de fundamentar a presença de inversões internacionais no Brasil. Admitia-se então, como *"extremamente vantajoso, para um país subdesenvolvido, o recebimento contínuo de correntes de capital estrangeiro, respeitadas, naturalmente, certas condicionantes de natureza política"*.[17]

*

As Diretrizes de Governo e o Programa Estratégico de Desenvolvimento, produzidos para a gestão de Costa e Silva, naturalmente deveriam abranger os anos compreendidos entre 1967 e 1970. Pelas palavras do próprio presidente Costa e Silva, mantinha-se o combate à inflação, protegia-se a empresa privada (em particular a nacional), fortaleciam-se as indústrias de base e estimulava-se a criação de empregos. Dizia ele que a atuação gradual contra o processo inflacionário diminuiu muito os sacrifícios dos brasileiros e, paradoxalmente, pretendia transferir a luta contra a inflação, do setor privado para o setor público. Portanto, o poder estatal arcava com o peso das providências anti-inflacionárias como se isto não onerasse a sociedade inteira, sobretudo as massas trabalhadoras.[18]

Levando-se em conta as Diretrizes de Governo e o Programa Estratégico de Desenvolvimento — PED, a política econômica visava basicamente à *"aceleração do desenvolvimento"* e à *"contenção de inflação"*.

Tais metas principais estavam voltadas para a *"valorização do homem brasileiro"*. A partir destas formulações, o rol de intenções pouco tinha de diferente, se comparado com os propósitos de Castelo Branco. As chamadas Diretrizes e o PED tencionavam fortalecer a empresa particular de capital nacional, sem afastar as firmas estrangeiras; tencionavam conservar relativa estabilidade de preços; tencionavam estimular o desenvolvimento social, valorizando a educação e ampliando as oportunidades de emprego. Porém, iam ainda mais adiante, em termos de promessas: garantiam a distribuição de renda, o aumento do mercado interno, o amparo à tecnologia nacional, a aceitação do capital internacional e a convocação de todas as lideranças brasileiras. Aquele documento concluía suas pretensões, afirmando a necessidade de conservar a ordem social e as instituições políticas. Quanto aos salários, ele caía na entediante norma de elevá-los, na proporção do crescimento da produtividade.[19]

*

Com o governo de Médici preservou-se igual orientação da política econômica. Este presidente da República adotou também medidas anti-inflacionárias, aplicadas gradativamente. E já se gabava dos sucessos alcançados pela ditadura de 1964 em tal campo. No ano de 1972, ele indicava uma sequência de bons resultados para a política econômica:

> Além de se haver atingido alto nível no crescimento da produção e gerado poupança em condições de sustentá-lo, assegurou-se também razoável padrão de estabilidade monetária, minorando-se, quanto possível, os efeitos da inflação. Conseguiu-se igualmente adequado equilíbrio do balanço de pagamentos, bem como volume de reservas capaz de imprimir à economia nacional a segurança precisa em face das mutações a que está sujeito o comércio exterior. Elevaram-se, ainda, os índices de emprego da mão de obra e diminuíram-se as disparidades regionais.

A situação tão auspiciosa da economia do país, exposta pelo presidente Médici, denominou-se na época de "milagre brasileiro". Segundo ele, não havia qualquer milagre. Mais adiante, no entanto, acabou por defini-lo, afirmando que o milagre brasileiro *tem um nome e esse nome é trabalho"*. Talvez se pudesse compreender suas palavras, como quem quer homenagear o trabalhador do Brasil.[20]

Em plena administração de Médici publicou-se o Primeiro Plano Nacional de Desenvolvimento — PND. Assim, em fins de 1971, tal Plano de novo destacava a importância do planejamento, ao evitar capacidade ociosa, impedindo ao mesmo tempo a redução de eficiência e de rentabilidade. *Apresentavam-se três"grandes objetivos nacionais do desenvolvimento brasileiro"*: em primeiro lugar, elevar o Brasil à categoria de nação desenvolvida, dentro de uma geração; em segundo lugar, duplicar a renda *per capita* brasileira, até 1980, em comparação com 1969; e finalmente, expandir a economia, na base do crescimento anual do Produto Interno Bruto entre 8 e 10%, em 1974. O I PND colocava algumas condições prévias para o desenvolvimento. Estas condições consistiam em distribuir os resultados do progresso econômico por toda a sociedade brasileira, promovendo-se também a transformação social, a estabilidade política e a segurança nacional. Dava-se destaque à integração social, procurando-se construir o mercado de massa e associando-se a assistência aos estímulos para o trabalho e para o aumento de eficiência do trabalhador. No âmbito da integração social, admitia-se a possibilidade de transformar o aumento de renda em aumento de poupança. Na verdade, apesar das formulações relativas à integração social, os salários subiam de acordo com o crescimento da produtividade na economia.[21]

*

Esta mesma linguagem, estes mesmos conceitos, estes mesmos propósitos repisaram-se até o cansaço, como se fossem o retrato fiel da sociedade brasileira. E, insistentemente, retornaram no governo de Ernesto Geisel.

O presidente Geisel deu prosseguimento, como sucessor de Médici, à política econômica. Referia-se ao que denominava de *"desenvolvimento integrado"*:

> ...e nos preocupamos com a economia e também com o desenvolvimento social e político; no desenvolvimento social temos nos esforçado para melhorar as condições de vida de nossa população. Baseamos o nosso trabalho na criação do Conselho de Desenvolvimento Social; na instalação do Ministério da Previdência e Assistência Social e na reorganização, em novas bases, do Ministério do Trabalho.[22]

Em dezembro de 1974, a administração de Geisel dava a público o Segundo Plano Nacional de Desenvolvimento (PND), que compreendia o período entre 1975 e 1979. Diz o Plano que o "modelo" econômico e social dirige-se *"para o homem brasileiro"*, levando em consideração *"os destinos humanos da sociedade que desejamos construir"*. Tal documento predizia que, ao fim da década de 1970, o país teria pela frente duas realidades principais: "a consciência de potência emergente e as repercussões do atual quadro internacional". Outra vez, pregava-se a manutenção do crescimento acelerado, propondo-se os mesmos rumos anteriormente divulgados. Buscavam-se o aumento de oportunidade de emprego, a contenção gradativa da inflação, o relativo equilíbrio do balanço de pagamentos, a melhoria da distribuição de renda e a conservação da estabilidade social e política. Inclusive aludia-se à pretensão de evitar dano na "qualidade da vida" e nos recursos naturais do Brasil. O segundo PND continuou defendendo aí crescimento dos salários, tomando-se como referência a elevação da produtividade. É alarmante, entretanto, neste Plano a menção aos "focos de pobreza absoluta existentes, principalmente na região semiárida do Nordeste e na periferia dos grandes centros urbanos".[23] Afinal, depois de tão propalados êxitos registrados nos documentos oficiais e nos veículos de comunicação de massa, depois da exaltação do "Brasil como potência emergente", alega-se a presença de "focos de pobreza absoluta", passados mais de 10 anos do golpe de Estado de 1964.

Expansão do capitalismo e preço da sobrevivência

Um dos documentos mais representativos da política econômica, inaugurada em 1964, pode ser o "Acordo sobre Garantia de Investimentos entre os Estados Unidos do Brasil e os Estados Unidos da América".

Tal Acordo foi assinado em 1965, pelo Embaixador Juracy Magalhães e por David Bell, Coordenador-Geral da "Aliança para o Progresso". Decretado pelo Congresso Nacional, o Acordo, em seu Artigo II, dizia que suas normas seriam aplicáveis a investimentos em projetos ou atividades aprovados para fins de garantia pelo Governo, onde o projeto ou a atividade vierem a se concretizar. Este era "o Governo do País Recipiente". Quem fornecia os capitais, denominava-se "o Governo Garantidor", que devia informar os tipos de garantias de investimento, os critérios para decidir sobre as garantias e os tipos de montantes de garantias. Chama especial atenção uma série de trechos do Acordo:

> Artigo III — 1. Se o Governo Garantidor efetuar um pagamento em sua moeda nacional a determinado investidor, em decorrência de uma garantia concedida em conformidade com o presente Acordo, o Governo do País Recipiente, observada a restrição do parágrafo seguinte, reconhecerá a sub-rogação, operada em favor do Governo Garantidor...

> Artigo IX — ...as disposições do presente Acordo, com respeito a garantias concedidas durante sua vigência, permanecerão em vigor pelo período de duração dessas garantias, o que, em nenhuma hipótese, deverá ultrapassar, em 20 anos, a denúncia do Acordo.

Em voto contrário à ratificação do Acordo pelo Congresso Nacional, apresentaram-se seus diversos vícios e inconveniências, tais como: a criação de privilégio aos investidores estrangeiros; o aumento da desnacionalização da indústria brasileira; e a permissão para o garantidor e o investidor fixarem arbitrariamente o montante do valor das garantias.[24] Em 1968, uma classificação das 10 maiores sociedades anônimas do Brasil, tomando 14 setores de atividades econômicas e baseando-se no patrimônio líquido médio, demonstrava a superioridade das empresas internacionais. Dos 14 setores de atividades econômicas, as empresas internacionais eram as maiores em 7, enquanto as empresas particulares de capital nacional predominavam em 4. Das 10 maiores sociedades anônimas do Brasil, apenas no setor de mineração e de siderurgia dominavam as empresas estatais, ficando os setores de metalurgia e de vidros e cerâmica divididos entre empresas internacionais e empresas particulares de capital nacional.

Ao longo dos anos 1960, o Brasil apareceu como o espaço mais aberto à aplicação do capital estrangeiro, constituindo assim o maior receptor destes investimentos. O país obteve do exterior a quantia de 3.728 milhões de libras esterlinas, sobretudo dos Estados Unidos, do Canadá e da Alemanha Ocidental. É preciso distinguir bem os dois momentos da década de 1960. De 1961 a 1964, a Associação Internacional de Desenvolvimento — AID, ligada ao governo dos Estados Unidos, destinou ao Brasil uma média de 100 milhões de dólares por ano. Por outro lado, nos 5 anos posteriores ao golpe de Estado de 1964, a AID canalizou para cá a cifra de 2 bilhões de dólares. A política econômica, desde 1964, atacou ferozmente acima de tudo a empresa nacional, pois o número de falências e concordatas subiu neste ano e nos seguintes. De fato, após 1962, a quantidade de falências e concordatas requeridas na Guanabara (Rio de Janeiro) começou a cair (1963: 226 falências e 43 concordatas). Mas, em 1965 na própria Guanabara (Rio de Janeiro), houve crescimento bastante significativo delas (324 falências e 76 concordatas).

Além das dificuldades das empresas pequenas e médias, especialmente nacionais, não aconteceu a tão anunciada distribuição da renda, tópico constante das mensagens e planos governamentais. Ao contrário, a renda se concentrou mais com o passar do tempo. A participação na renda, dos 50% mais pobres da população economicamente ativa, caiu de 17,71% (em 1960) para 14,91% (em 1970), descendo ainda mais para 11,8% (em 1976). Em sentido contrário, a participação dos 5% mais ricos da população economicamente ativa aumentou de 27,69% (em 1960) para 34,86% (em 1970), elevando-se aos poucos para 39% (em 1976) da renda.

A variação do custo de vida merece igualmente algumas observações, em particular quando relacionada com a situação do salário mínimo. Parece certo que ocorreu uma queda no custo de vida durante a segunda metade da década de 1960. Por exemplo: na Guanabara (Rio de Janeiro), levando-se em conta percentagens relativas ao ano anterior, o custo de vida desceu de 86,6% (em 1964) para 20,9% (em 1970). Acontece, porém, que a diminuição aparece também na evolução do salário mínimo real. Assim, ainda na Guanabara (Rio de Janeiro), entendendo-se o ano de 1964 como índice igual a 100, verifica-se que o salário mínimo real caíra para 83,6, em 1969. O que, com certeza, demonstra a precária condição humana das massas trabalhadoras, é o exame do tempo de trabalho necessário para comprar determinados alimentos. Na cidade de São Paulo, para se adquirir 1 quilo de pão eram precisos 78 minutos de trabalho em 1965, enquanto em 1969 se exigiam 147 minutos. Do mesmo modo, a compra de 1 quilo de feijão correspondia a 95 minutos de trabalho em 1965, ao passo que requeria 199 minutos, em 1969. Igual caso acontecia com a aquisição do arroz (1 quilo por 75 minutos de trabalho em 1965, passando para 107 minutos em 1969), e do litro de leite (custava 34 minutos de trabalho em 1965, elevando-se para 46 minutos, em 1969).

Na zona rural, em 1971, uma família nem sempre pobre gastava 57,2% de seus recursos com alimentação, bebidas e fumo no estado de São Paulo. Já em Pernambuco, esta mesma família consumia 66,5% de seus recursos, com iguais produtos. Em toda a zona rural brasileira, a percentagem dos gastos com alimentação, bebidas e fumo consistia em 60,4% de seu consumo total.

A respeito das divulgadas transformações sociais, porventura sucedidas no Brasil, cabe destacar a sequência de conflitos em torno de terras. A título apenas de esclarecimento, observe-se o total de disputas por terras em alguns anos. Em 1971, houve 37 conflitos com 12 mortos. Durante 1975, registraram-se 127 conflitos com 19 mortos. Ao longo de 1976, irromperam outros 126 conflitos, agora com 31 mortos. Indiscutivelmente, entre as ditas transformações sociais de fato ocorridas, destacam-se as disputas por terras e o aumento de imóveis rurais pertencentes a empresas estrangeiras. No período de 1972 a 1976, as propriedades rurais de firmas internacionais elevaram-se em 29,2%, em todo o Brasil.[25]

A ampliação do capitalismo no Brasil representa aqui o cerne do desenvolvimento. E a ditadura de 1964 abriu totalmente este processo aos monopólios internacionais. Isto quer dizer que as carências do mercado interno se colocaram em segundo plano, preponderando os interesses do mercado externo.[26] Rompia-se assim a tentativa de combinar a ideologia nacionalista com o capitalismo internacional. E, se a internacionalização da economia brasileira trouxe benefícios, até para certos grupos sociais durante algum tempo, há indícios seguros de que relegou e explorou a grande massa, popular. O tal de desenvolvimento interdependente serviu sobretudo à burguesia do monopólio, aliás nem sempre fiel a seus protetores.

Indicações sobre a ditadura de 1964: como ficaram as necessidades da população brasileira?

Educação

O governo de Castelo Branco dava a impressão de que existia enorme interesse pelas condições de vida no Brasil. O próprio presidente prometia colocá-las como prioridade:

> Podem os brasileiros estar certos de que, sejam quais forem as dificuldades, o governo tem como supremo objetivo o bem-estar do povo.

A REPÚBLICA BRASILEIRA — 1951–2010 303

Seu sucessor se apresentou ainda mais enfático, ao voltar-se para a sociedade. Anunciava Costa e Silva:

Nenhum homem fez jamais um governo. Nenhum governo faz uma Nação. O que faz a Nação é o povo.

Também Médici, durante a terceira administração proveniente da ditadura de 1964, remetia-se à tarefa de praticar a justiça social. Para ele, no entanto, definia-se a justiça social como decorrência *"da conjugação de energias para o fim de distribuir com equanimidade a riqueza comum"*.

Já o presidente Geisel tornava a repetir que o objetivo do passado, do presente e do futuro era *"o bem-estar do homem brasileiro, do homem brasileiro integrado nessa grande Nação que é o Brasil"*.

Sem dúvida, o primeiro presidente da República escolhido em 1964, marechal Castelo Branco, dedicou-se bastante a pensar a Educação brasileira, pelo menos se se considerarem suas palavras e as palavras de sua administração.

Nos primeiros meses da gestão castelista, o chefe de Estado lançou as diretrizes educacionais a serem cumpridas. Preconizou a universalização do ensino primário, obrigatório e gratuito, e criticou o analfabetismo, afirmando que o país possuía mais de 30 milhões de analfabetos. Atentava para as deficiências do ensino médio, propondo o fim das discriminações entre os estudos de tipo acadêmico e os estudos de cunho tecnológico. Ao ensino superior indicava uma certa direção, baseada na formação de fundações e autarquias para atendê--lo, no aumento do número de alunos em estabelecimentos superiores de caráter público e na limitação dentro do possível de novas escolas superiores. Castelo Branco acreditava no que chamava de *"valiosa contribuição da iniciativa privada para a educação nacional"*. Desta maneira, o salário-educação constituía o auxílio das empresas particulares às crianças frequentadoras da escola primária. No seu entender, os estudos universitários não deveriam impor qualquer ideologia, precisando ser evitada a padronização do pensamento e da cultura. Como se fosse um arauto da liberdade, condenava o "terror cultural".

*

No entanto, as perseguições e delações ideológicas (em especial anticomunistas) nos setores da Educação e da Cultura, em meio a tantos outros setores, consistiram numa das maiores catástrofes causadas pelo golpe de Estado de 1964, as quais se mantiveram intensas desde suas primeiras horas e têm sequelas até o presente.

O anticomunismo significava aqui e significa até agora uma concepção vazia, ampla e raivosa, indefinida e medíocre, na qual cabiam as pessoas em geral, amigas ou inimigas mesmo por questões particulares. O anticomunismo alcançou quem sabia o que era isto e quem nem imaginava o seu significado.

Ouviu-se um operário em inquérito policial-militar porque o viram lendo livro do conhecido escritor brasileiro, Jorge Amado, muito lido no país e no estrangeiro. As batidas policiais em residências ou em locais de trabalho de intelectuais, professores, jornalistas, escritores, artistas, militantes oposicionistas e demais suspeitos para os representantes da censura e da repressão, quando não visava a capturá-los ou sequestrá-los, visavam a expurgar publicações tidas como "subversivas". O anticomunismo desses agentes da ditadura de 1964 era tão aleatório e grosseiro que às vezes eles se enganavam redondamente, supondo que o livro *Sagrada família*, de Karl Marx, tratasse de Jesus, Maria e José, por conseguinte não sendo recolhido pelo governo ditatorial.

Professores, alunos e funcionários, de qualquer nível de ensino, viveram aterrorizados com os delatores infiltrados entre seus colegas, em aula ou fora dela, e mais ainda com as denúncias aos órgãos de segurança.

Nas universidades foram instaladas seções de segurança que investigavam as informações sobre a vida pregressa de cada um, notadamente dos professores, durante a admissão, a permanência e a saída da instituição de ensino. Os currículos dos funcionários da alta administração das universidades, os reitores e seus auxiliares por exemplo, passavam por cuidadosa triagem. Os programas de cada disciplina eram analisados pormenorizadamente pelos órgãos de segurança, em busca de obras "subversivas" indicadas pelos professores.

Para ministrar sua disciplina e exercer a liberdade docente, um professor de Ciências Sociais evitava dissabores ao examinar a Revolução Russa de 1917, servindo-se, em seus programas da disciplina, do verdadeiro nome de um dos principais líderes revolucionários, Lev Davidovitch Bronstein, ocultando o apelido de Leão Trotsky, autor de famosa história daquela revolução. Outro professor cuidava de inventar títulos e autores de obras inexistentes, em outras línguas, a fim de poder exercer a liberdade de pensamento. Para melhor autoproteção, era costume colocar qualquer capa nos livros, escondendo o título ou o autor, esquivando-os dos olhares de curiosos, de observadores ou de espias.

Universidades perderam quase todos os seus mais importantes professores, pesquisadores, cientistas, artistas e intelectuais, em nome da depuração do comunismo, muitos deles logo contratados por instituições do Exterior. Nas escolas e universidades, houve professores e funcionários preocupados em listar os nomes de possíveis comunistas ou de seus inimigos e rivais com a finalidade de denunciá-los como "subversivos". Um funcionário regozijava-se com a punição de universitários pelo Decreto-Lei n. 477, para impedi-los de assistir a aulas. Na universidade, um professor de história, bastante cauteloso, concluía sempre seu curso no descobrimento de Brasil, depois de um ou dois anos letivos, para não correr risco de delação. Outra professora universitária necessitou de internação em clínica psiquiátrica, por sua agitação mental durante suas acusações a colegas no depoimento em comissão de investigação. Em reunião de congregação da faculdade, um diretor solicitava encarecidamente aos professores o fim das insistentes denúncias, como "subversivos", de docentes, de alunos, de funcionários e até de parentes deles etc.

A censura mutilou jornais, revistas, livros, estações de rádio, programas de televisão, canções populares ou não, peças de teatro. A polícia política prendeu e encarcerou diretores, atores, jornalistas, diretores de redação, livreiros, editores e outros. Muitos periódicos acabaram.

Talvez um dos acontecimentos mais ilustrativos do ataque demolidor à universidade, à ciência, à tecnologia, à educação e à cultura, por causa do anticomunismo e do atraso obscurantista, acha-se no assédio ao Centro Técnico de Aeronáutica — CTA e ao Instituto Tecnológico da Aeronáutica — ITA, em São José dos Campos-SP. Fundado em 1950 por iniciativa do aviador que se tornou marechal do ar Casimiro Montenegro Filho, o ITA assistiu à sua demissão do cargo de diretor em 1965, pelo ministro da Aeronáutica, Eduardo Gomes.

Com a posse do general Castelo Branco na presidência da República, em 14 de abril de 1964, de acordo com Montenegro, o CTA e o ITA corriam o perigo de serem fechados, devido às denúncias de acobertarem comunistas, feitas pelos conservadores da Força Aérea. Com a demissão de Casimiro Montenegro Filho na diretoria do CTA e do ITA, o marechal do ar Eduardo Gomes nomeou para o cargo o brigadeiro Henrique de Castro Neves, com o objetivo de expulsar os comunistas.

Na gestão de Castro Neves, em seis meses, três reitores do ITA pediram demissão: professor Marco Antonio Guglielmo Cecchini, professor Luiz Cantanhede e o professor suíço Charly Künzi, sendo que o primeiro deles (o professor Marco Antonio Guglielmo Cecchini) obteve do brigadeiro Henrique de Castro Neves um atestado de "não comunista, democrata e católico". Para ter-se noção das atividades do brigadeiro Castro Neves no CTA e no ITA, basta atentar para seu relatório reservado dirigido ao ministro da Aeronáutica, Eduardo Gomes:

> Embora o relatório do encarregado da sindicância que encaminho anexo, para o conhecimento de Vossa Excelência, não tenha chegado a conclusões definitivas sobre o móvel determinante da atitude dos alunos, hostil aos princípios que nortearam a Revolução de Março, esta Direção Geral está certa de que os métodos utilizados nas reuniões eletivas, as personagens eleitas e a liderança de alunos que sofreram punições

A REPÚBLICA BRASILEIRA — 1951-2010

disciplinares por tendências esquerdistas são indícios claros de um processo de influência ideológica de caráter comunista. (...) Foram levados por distorcido espírito de independência e de imatura reação aos atos das autoridades, influenciados por professores demitidos, que na época pré-revolucionária transmitiam os germens do marxismo escondendo habilmente a condição de comunistas militantes;...

(...) Informo também a Vossa Excelência que determinou esta Direção suspender a cerimônia de colação de grau devendo os diplomas dos quais fazem jus serem entregues em separado na reitoria.

Em oportunidade distinta, o então reitor do ITA, professor Charly Künzi, conversou com o ministro da Aeronáutica, Eduardo Gomes, conforme contou mais tarde:

O objetivo do meu pedido era fazer um apelo a favor dos quatro alunos expulsos, tentando convencê-lo de que o fato de terem escolhido como patrono Tristão de Athayde, um católico convicto, não era motivo para considerá-los comunistas. A conversa de meia hora foi cordial, mas fiquei impressionado com o ódio demonstrado pelo brigadeiro em relação aos comunistas e com sua firmeza em não querer voltar atrás na expulsão dos alunos. Ele me disse:

— Esses alunos não prestam, são comunistas mesmo!

Eu falei:

— Não são tão comunistas assim. Temos professores americanos no ITA que estão levando esses alunos para os Estados Unidos.

Eduardo Gomes chegou a dizer que Bob Kennedy *era comunista*.

No entanto, no final de sua vida, o idealizador do CTA e do ITA, Casimiro Montenegro, ainda teve condições de verificar resultados de seus esforços. Nas palavras do brigadeiro Pedro Ivo Seixas:

— Ele estava cego, na reserva, e eu ainda na ativa. Montenegro estava ao lado da mulher, Antonietta. Eu pilotando um avião, um Bandeirante, ele no assento de passageiro. Ele havia previsto, décadas antes, que voaríamos em um avião fabricado no Brasil. Todo mundo achara que era uma loucura. E lá estava eu, com toda honra e prazer, conduzindo-o a bordo de um brasileiríssimo Bandeirante.

É fácil perceber como foram tratados a educação e a cultura, e igualmente o conhecimento científico e tecnológico, no Brasil da ditadura de 1964, mesmo entre os militares. As dificuldades foram gigantescas para quem sinceramente desejava estudar e pesquisar com liberdade.

*

Em fins de 1965, Castelo Branco anunciava a ajuda do governo federal ao ensino primário, embora tal ensino estivesse dentro da competência dos estados e dos municípios. Tal ajuda da União constava da elaboração de normas para o ensino primário e do envio de recursos necessários ao seu funcionamento. Outra contribuição era a merenda escolar que em 1965 alcançaria 5 milhões e 600 mil alunos em 37 mil escolas primárias. Quanto ao ensino médio, ele pensava em alargar o treinamento do pessoal docente e em aplicar o Plano Nacional de Educação. Conforme tal Plano, dar-se-ia grande impulso ao ensino técnico, a nível médio. Dizia o presidente da República que o ensino superior reclamou maior atenção de seu governo, tendo havido nele grande aumento de matrículas. Até mesmo cursos de pós-graduação estavam sendo ampliados. Nos primeiros meses de 1966, ele confirmava e explicitava alguns pontos. Por exemplo: Castelo Branco mostrava a importância de as universidades se adaptarem ao mercado de trabalho; reclamava da pequena participação da iniciativa privada no ensino médio (na época, atingia 56% do total de matrículas); justificava o pagamento dos alunos do ensino superior. Aprimorava sua visão de Educação, ao valorizar a relação entre universidade e comunidade, demonstrando que a pesquisa figurava como investimento, tendo então efeitos econômicos.[27]

O período de Costa e Silva também se marcou pelas manifestações sobre a Educação. Para ele, *"o processo do desenvolvimento é um processo educacional"* e, por isto mesmo, pretendia multiplicar as oportunidades de educação para todos os grupos sociais. Apontava a presença de 50% de analfabetos no Brasil, apesar dos compromissos de Castelo Branco com o problema.

O presidente Costa e Silva visava, portanto, a erradicar o analfabetismo e a solucionar a difícil situação dos chamados excedentes. Se os alunos excedentes se colocavam como aqueles que eram classificados no exame vestibular à Universidade, sem haver vagas para eles, Costa e Silva imaginava algumas medidas para pôr fim a este estado de coisas. Propunha a expansão das universidades, a ampliação e a modernização do equipamento escolar, a melhoria dos salários pagos ao magistério e a diminuição da capacidade ociosa dos estabelecimentos de ensino. Ele criticava a má qualidade do ensino, dizendo ser preferível nenhum ensino nestes casos. Em seus discursos, punha a Educação como prioridade: dizia que *"a expressão governar é educar, tem mais amplitude e profundeza do que lhe empresta a linguagem do homem de rua"*.[28]

Na época de Médici, a preocupação governamental dirigia-se para os louvores às Reformas de Ensino, então já concretizadas. Apesar disto, os temas educacionais são sempre os mesmos.

O presidente da República ressaltava a modernidade e a profundidade das reformas realizadas, elogiando os princípios pedagógicos nelas introduzidos. Lançava sua atenção para os analfabetos, por ele denominados de "legião de iletrados", e aceitava a escola como um meio de ascensão social no Brasil.[29]

A partir de 1974, a administração de Ernesto Geisel interessou-se por vários aspectos da Educação brasileira: o treinamento profissional, o crescimento das matrículas, o aperfeiçoamento da qualidade de ensino e o estímulo aos cursos de pós-graduação. Em princípios de sua gestão, Geisel antecipou que, em 1980, a taxa de alfabetização, na faixa de idade acima de 15 anos, teria alcançado 90% da população, enquanto a percentagem da escolarização, no ensino de primeiro grau, chegaria a 92%.[30]

A ditadura de 1964 prodigalizou leis e decretos-leis para a Educação. Em 1964, surgiu a Lei n. 4.440, instituindo o salário-educação, gerando recursos para o ensino primário. Este salário-educação, a princípio fornecido pelas empresas, abrangeu todos os empregadores, públicos e privados, por meio do Decreto-Lei n. 55.551, de 1965. No ano de 1966, o Decreto-Lei n. 53 introduzia no ensino superior alguns princípios de administração empresarial, concentrando em um só órgão as deliberações para supervisionar ensino e pesquisa. O ensino superior, em 1967, passou a ser organizado a partir dos departamentos, que centralizavam o ensino e a pesquisa de uma mesma área. Assim, o Decreto-Lei n. 252 racionalizava os recursos e também atacava a representação estudantil, delimitando-a ao âmbito de cada Universidade. Eliminava-se, portanto, a representação estudantil, em nível nacional (UNE) e em nível estadual (UEEs).

O ano de 1968, também para as atividades educacionais, representou um turbilhão legislatório: baixaram-se a Lei n. 5.537 (complementada pelo Decreto-Lei n. 872 de 1969, ambos relativos ao Fundo Nacional do Desenvolvimento da Educação), o Decreto n. 63.341 (fixa critérios para a ampliação do ensino superior), o Decreto-Lei n. 405 (trata de normas para aumento de matrículas no ensino superior) e a Lei n. 5.540 (organiza o ensino superior e o liga com o ensino médio). Em 1969, publica-se o Decreto-Lei n. 477, proibindo-se manifestações políticas ou de protesto dentro das Universidades e atingindo-se diretamente professores, alunos e funcionários. Neste mesmo ano, apareceu também o Decreto-Lei n. 574, impedindo a diminuição de vagas nos estabelecimentos educacionais, mas permitindo sua redistribuição entre os vários cursos.

A Lei n. 5.540, de 1968, e o Decreto-Lei n. 464, de 1969, promoveram a denominada Reforma Universitária, especificando os preceitos relacionados com a organização, a administração e os cursos (na graduação, compostos de ciclo básico e de ciclo profissional). Em 1971 deu-se a público o Decreto n. 68.908, que estabelecia normas para o vestibular.

A Reforma do Ensino de 1º e 2º Graus baseou-se na Lei n. 5.692, de 1971, cujo objetivo geral levava à *qualificação para o trabalho* e ao *"preparo para o exercício consciente da cidadania"*. Fundia-se o curso primário com o curso ginasial, formando o curso fundamental de 8 anos. Por outro lado, além da obrigatoriedade de realizar este curso fundamental, eliminava-se a distinção entre escola secundária e escola técnica. Alterava-se bastante o ensino supletivo, podendo ser ministrado por meio dos veículos de comunicação de massa.

*

Desde 1964, a trajetória da Educação brasileira seguiu nova orientação de acordo com os interesses impostos pela classe dirigente. Esta trajetória recebeu contribuições de John Hilliard, de Rudolph Atcon, dos Acordos MEC-USAID (efetivados em 1964, 1965, 1966, 1967 e 1968) e da Comissão Meira Matos. No caso da Reforma Universitária, o Grupo de Trabalho (GTRU) procurou montar os elementos destas contribuições, as quais também inspiraram a Reforma do Ensino de 1° e 2° Graus.

Com toda a parafernália ideológica (nacional e internacional), com todos os instrumentos jurídicos e com toda a tecnocracia educacional, a Educação do Brasil apresentou informes pouco dignos de otimismo. Ao contrário, a população estudantil de 1° grau caiu de 95,25% (em 1964) para 87,78% do seu total (em 1975). Tal diminuição pode ser atribuída à expansão da alfabetização ou à atuação do MOBRAL (Movimento Brasileiro de Alfabetização). Certamente, não é o que a realidade permite ver. Levando-se em conta o período de mais de 11 anos, a percentagem de estudantes no 2° grau subiu pouco mais que o dobro (3,58% em 1964, para 8,04% do total em 1975). Principalmente em razão do movimento estudantil, houve maior evolução das matrículas no ensino superior. Entre 1964 e 1968, apogeu daquele movimento, as matrículas não tinham crescido sequer duas vezes (1964: 142.386; 1968: 278.295), nas Universidades. Somente a partir de 1969, as matrículas no ensino superior aumentaram significativamente. Ou seja: elas conseguiram avançar pouco mais de 2 vezes e meia (de 342.886 para 951.264), entre 1969 e 1975.

Ademais, a participação do Ministério da Educação e Cultura no orçamento federal desceu de 7,60% (em 1970), para 4,31% (em 1975), recuperando-se um pouco em 1978, com 5,20%. Deve-se notar igualmente a transformação do custeio do ensino no país. No caso do estado de São Paulo, 93% das vagas no ensino superior são pagas, enquanto apenas 7% delas são gratuitas. Enfim, é preciso dizer que o analfabetismo aumenta no Brasil, conquanto se divulgue o contrário. Por exemplo: no estado de São Paulo, aumentaram as crianças analfabetas de 5 a 9 anos, entre 1973 (49,1%) e 1976 (54,1%), embora tenha diminuído neste período a percentagem dos que não sabem ler e escrever, dos 5 anos em diante (1973: 18,5% e 1976: 17,2%). Mas nos estados do Maranhão, da Paraíba, de Pernambuco, de Sergipe e da Bahia, os analfabetos cresceram dos 5 anos em diante, entre 1973 (45,1%) e 1976 (50,1%). Eis, pois, a expansão do analfabetismo.[31]

A inspiração das Reformas Educacionais aqui realizadas estava na nova opção da política econômica, aberta inteiramente aos investimentos estrangeiros. Por isto, com os acordos MEC-USAID, cinco especialistas brasileiros e 5 especialistas norte-americanos geraram uma organização educacional, baseada em fundações, a fim de substituírem as Universidades sustentadas por fundos públicos.

Em particular, no ensino superior aplicou-se a ideologia do "progresso empresarial". Suas características são: privilegia as mudanças quantitativas; valoriza a ciência aplicada, a engenharia, as relações públicas e a perícia administrativa; destaca a autoridade, a sistematização e as normas burocráticas; reforça a tradição, a repetição e a confiança na autoridade; procura a identificação com grupos poderosos; tem postura conformista e está dirigida para fora.

Em se tratando da Universidade no Brasil, assim como em outros níveis de ensino, além da ideologia do "progresso empresarial", pesaram infinitamente o arbítrio, a falta de liberdade, a censura, a delação e as dificuldades para o exercício da crítica e da criação. O vestibular ao ingresso na Universidade discrimina quem tem e quem não tem condições de levar adiante o ensino superior. E mais: a diminuição de vagas no ensino público de nível superior acabou por reser-

A REPÚBLICA BRASILEIRA — 1951–2010

vá-las aos que possuem mais recursos. Professores e estudantes universitários vivem esta trágica contradição econômica, social e política.

Finalmente, é bom lembrar que o Ministério da Educação e Cultura calculava, para 1980, perto de 210 mil profissionais oriundos das Universidades, lançados ao mercado de trabalho. Previa assim o desemprego universitário.[32]

Saúde Pública

Praticamente em meio a sua gestão, Castelo Branco revelava bons resultados do primeiro governo proveniente do golpe de Estado de 1964. Entre tais resultados sobressaíam as providências na área da Saúde Pública. O próprio presidente da República explicava o motivo de tais providências:

> Não poderá haver um país rico com um povo doente. E, com o objetivo de tornar real e efetivo o amparo à saúde, foram intensas as atividades e inúmeras as realizações... .

O que ele denominava de "amparo à saúde" constava de luta contra as endemias, de obras de saneamento, de preparo de pessoal especializado para os serviços de saúde, e de reorganização dos hospitais existentes. Dentro, portanto, do espírito de campanhas, o governo combatia a tuberculose, a lepra, a varíola, a febre amarela, a doença de Chagas e a malária. Através do Serviço Especial de Saúde Pública ou do Departamento Nacional de Endemias Rurais, tencionava-se estender o saneamento básico pelo interior do Brasil. Em 1965, a administração castelista havia inaugurado 45 novos serviços de abastecimento de água, 52 unidades sanitárias e subpostos de saúde, anunciando também o atendimento de 4 milhões de pessoas. Esta administração apelou também para as casas de misericórdia, a quem forneceu auxílio de 1 bilhão e 650 milhões de cruzeiros.

Ainda divulgava o presidente da República outros serviços de assistência direta à população no ano de 1965, tais como a distribuição de 2.500 toneladas de leite em pó, a criação do banco de leite materno na Guanabara e a aplicação de 5 milhões de doses de vacina Sabin nas crianças.

Na época de Costa e Silva, iguais compromissos renovavam-se, pois, segundo ele, o governo estimulava "os programas de preservação e recuperação da saúde". Propunha-se o presidente da República a modernizar e a ampliar os hospitais, sobretudo no interior do país. Igualmente cuidaria de combater as endemias ainda presentes, nas várias regiões brasileiras. Em virtude do "seu sentido imediatamente humano como por força das suas repercussões no processo do desenvolvimento nacional", a gestão de Costa e Silva dava preferência tanto aos programas de Saúde Pública, quanto aos de Educação.

Seu sucessor, general Médici, colocava a aceleração do Programa de Saúde e Saneamento como uma das metas setoriais, inseridas nas "grandes prioridades nacionais".

No período de Geisel, a Saúde Pública integrava a "Política de Valorização de Recursos Humanos" cuja finalidade consistia em qualificar rapidamente a mão de obra, ampliando sua capacidade de alcançar maior renda. Mesmo o presidente valorizando a Saúde Pública, por sinal na mesma linguagem de seus antecessores, sua administração aceitava a falta de "capacidade gerencial e estrutura técnica", que restringia a eficácia dos fundos oficiais destinados a ela.[33]

*

Desde a Presidência de Castelo Branco, o Ministério da Saúde tem-se preocupado em estabelecer o Plano Nacional de Saúde. Conforme o ministro Raymundo de Brito, pertencente à administração castelista, era preciso "ajustar o aparelho assistencial às peculiaridades econômicas", tornando "a política de saúde um instrumento dinâmico para ativar o processo de desenvolvimento". Isto somente se realizaria através de um plano. O ministro da Saúde, Raymundo de Brito,

A REPÚBLICA BRASILEIRA — 1951–2010

encontrava dificuldades em medir "os efeitos das inversões no campo da saúde", impedindo melhor orientação em seu planejamento.

Já no governo de Costa e Silva, expondo sobre o Plano Nacional de Saúde, o ministro Leonel Miranda deixava claro o propósito de "atenuar os atuais desníveis de oferta de assistência médica, mediante uma distribuição mais justa dos serviços". Para ele, a nova diretriz recomendava a transferência da prestação de serviços por parte do poder público, gradativamente para o setor privado. Caberiam, portanto, ao governo federal a elaboração de normas e a fiscalização da Saúde Pública.

Durante o período de Médici, o novo ministro da Saúde, Mário Machado de Lemos, simplificava tudo, afirmando que "o problema fundamental da saúde pública no Brasil não é, basicamente, o de falta de recursos financeiros, mas, antes, o de aplicação adequada".[34]

Assim, os caminhos da Saúde Pública no Brasil foram iguais aos da Educação, em linhas gerais. A chamada política social dos governos nascidos da ditadura de 1964, reproduz as mesmas tendências da nova política econômica, em termos de diretrizes para a sua concretização.

No caso da Saúde Pública, as suas deficiências se reduzem à ausência de planificação, à falta de capacidade gerencial e à pouca participação da iniciativa particular. Isto é: os problemas seriam resolvidos pela tecnocracia e pela privatização dos serviços de saúde. As doenças capazes de atingir grandes porções da população brasileira, continuavam dentro do campo da Saúde Pública, ficando o atendimento médico de cunho individual como responsabilidade do setor previdenciário. A medicalização da vida social foi imposta tanto na Saúde Pública, quanto na Previdência Social.

O resultado das palavras, dos planos e das decisões em Saúde Pública pode ser verificado através das despesas. A participação do Ministério da Saúde nas despesas totais feitas pelo governo federal, caiu de 68,0% em 1965 para 57,9% em 1968, descendo ainda mais para 39,2% em 1971.

A proporção de leitos hospitalares bem mostra a manutenção das desigualdades regionais. Desta maneira, enquanto o Norte possuía 2,7% e o Centro-Oeste tinha 3,3% de leitos hospitalares em 1967, o Sudeste centralizava 61,3% deles no mesmo ano. A mesma disparidade aparece quanto à proporção de médicos. Se no Norte existia 1,7% e no Centro-Oeste 3,1% de médicos entre 1964 e 1968, no Sudeste havia 67,3% deles em igual período.

Vejam-se outros aspectos da Saúde Pública no Brasil. Por exemplo: na cidade de São Paulo, a mortalidade por mil habitantes era de 8,5 em 1964, passando para 9,3 em 1969 e atingindo 9,7 em 1970. A respeito da mortalidade infantil, semelhante inclinação pode-se observar. Na cidade de São Paulo, a mortalidade infantil, por mil nascidos vivos, indicava 67,8 em 1964, indo para 84,4 em 1969 e elevando-se a 89,5 em 1970. Entre 1969 e 1971, a esperança de vida nesta Capital era de 60,8 anos para quem não chegara a um ano de idade; era de 31,3 anos para quem atingira 40 anos de idade; e era de 16,2 anos para quem tinha 60 anos de idade. Relativamente à mortalidade infantil, chama a atenção o que se passava também nas capitais brasileiras, entre 1971 e 1973. De 21 capitais, 10 delas apresentavam coeficiente de mortalidade infantil que se fixava em torno de 100 a 200 crianças mortas até um ano de idade, a cada 1.000 nascidas vivas. Naqueles anos, tal coeficiente alcançava a terrível faixa de mais de 200 crianças mortas, por 1.000 nascidas vivas, em uma capital. Somente 10 capitais do Brasil revelavam coeficientes de mortalidade infantil, até um ano de idade, que se colocava abaixo ou igual a 100 mortes por 1.000 nascidas vivas.

A medicalização da sociedade brasileira, por outro lado, tornou-se uma realidade brutal. Numa lista de grupos de medicamentos para abrandar os sintomas, sem curar as doenças, descobre-se a existência de 307 multivitaminas, de 416 hepatoprotetores, de 419 analgésicos e de 1.700 antibióticos. Enquanto isto, uma mãe brasileira, entrevistada no interior do Rio Grande do Norte, dizia:

> Tá certo tem que se ter higiene, mas a barriga seca, sem a sustança da carne, do comer forte, aí as doenças pega mais depressa a gente.[35]

Previdência e Assistência Social

Desde Castelo Branco, falou-se em nova época dos serviços previdenciários. Este presidente da República apontava deficiências na rede de assistência médica dos Institutos de Aposentadoria e Pensões, embora ele entendesse que o atendimento melhorava gradativamente. A seu ver, a recuperação financeira da Previdência Social constituía o maior sucesso nesta área. Lembrava, é verdade, que ainda existia parcial desequilíbrio financeiro no IAPM, no IAPFSP e no IAPETC. Em 1965, portanto, Castelo Branco já mencionava tais alterações no âmbito previdencial, prometendo para o futuro outros aperfeiçoamentos e a inclusão dos trabalhadores rurais, bem como dos domésticos, nos benefícios da Previdência Social.

No governo seguinte, o presidente Costa e Silva comunicava em 1968 que havia ocorrido a unificação da Previdência Social e também que seus serviços se estendiam aos trabalhadores rurais. Nos campos, existia então o Fundo Rural, atuando através de inúmeros convênios com as Santas Casas de Misericórdia.

Certamente, para o presidente Médici, um dos pontos mais marcantes de suas realizações no setor foi "o programa de assistência ao trabalhador rural". Dizia que:

> Pela primeira vez, na história deste país, dar-se-á ao homem do campo aquilo que nunca lhe fora concedido: aposentadoria, auxílio-invalidez e pensão, além de outros benefícios para a proteção de sua saúde e estabilidade de sua posição social.

Qualquer pessoa mais desavisada poderia pensar que a Previdência Social irrompera com ele e com seus dois antecessores. O vigor das palavras levava ao esquecimento muitas realizações previdenciárias de distante passado e até de passado recente, como a Lei Orgânica da Previdência Social de 1960 (na gestão de Kubitschek) e o Estatuto do Trabalhador Rural (na gestão de Goulart).

Transcorridos mais de 10 anos desde o golpe de Estado de 1964, o presidente Geisel ainda se referia a *"crônicas deficiências de nosso sistema de previdência e de assistência social"*. Seu governo quis remediá--las, melhorando o atendimento e reduzindo os custos, com a instalação de outro Ministério. Ele criou o Ministério da Previdência e Assistência Social, inteiramente separado do Ministério do Trabalho.[36]

*

Em novembro de 1966, através do Decreto-Lei n. 72, a administração castelista estabeleceu o Instituto Nacional de Previdência Social — INPS. Fundiam-se os Institutos de Aposentadoria e Pensões, o Serviço de Assistência Médica Domiciliar e de Urgência — SAMDU para dar origem ao enorme organismo burocrático que é o INPS. Com o mesmo decreto-lei, desaparecia o Serviço de Alimentação da Previdência Social — SAPS. Desde logo, seus dirigentes esclareceram que os recursos eram limitados, não se pretendendo resolver os problemas de saúde do país. A direção do INPS raciocinava, em 1968, sobre como encontrar solução satisfatória ao atendimento médico. Com apenas 27 hospitais e podendo utilizar outros 400 de caráter público, o INPS acabou por investir na rede hospitalar privada, com perto de 2.373 unidades. Um de seus presidentes, no próprio ano de 1968, considerava-o responsável pela assistência curativa e recuperadora. E acrescentava:

> Objetivo que parece mais próximo das finalidades do INPS: fazer o trabalhador doente voltar o mais rapidamente possível à sua atividade. De maneira que esse objetivo da assistência médica se casa bem com o objetivo geral da instituição que é manter o trabalhador hígido e, no caso de doença, fazê-lo voltar mais rapidamente à atividade. Mas a assistência estendeu-se, também, à família do trabalhador... .

Ainda em 1968, os gastos do INPS com assistência médica distribuíam-se de modo geral, assim: 49,150% ia para a assistência hospitalar, 23,290% dirigia-se para a assistência ambulatorial, 13,628% destinava-se à assistência sanatorial e 11,711% referia-se à assistência maternal. Considerando-se informações oficiais, entre 1970 e 1977, o INPS elevou mais de 3 vezes o número de consultas e internações. As fontes oficiais esclarecem ainda outros aspectos. O FUNRURAL, entre 1972 e 1977, aumentou pouco menos de 2 vezes e meia o número de consultas e internações. É interessante notar que, entre estes mesmos anos, o INPS esteve longe de dobrar a quantidade de benefícios concedidos, enquanto o FUNRURAL chegou a diminuí-los de quase um terço.

A década de 1970 assistiu a uma série de deliberações, referentes à Previdência e à Assistência Social. Mesmo em 1970, divulga-se o Programa de Integração Social — PIS, tentando comprometer o trabalhador com os acréscimos atingidos pela economia brasileira. Em 1971, instituiu-se o PRORURAL, a ser efetivado pelo FUNRURAL, concedendo aos trabalhadores do campo certa legislação previdenciária. Em 1972, a Lei n. 5.859 ampara as empregadas domésticas com os benefícios da Previdência Social. Também os trabalhadores autônomos passam a recebê-los, de acordo com a Lei n. 5.890 de 1973. Tal ímpeto legislativo tem continuidade, ao estabelecer-se o Ministério de Previdência e Assistência Social, pela Lei n. 6.062, de 1974. Merecem destaque ainda a integração do salário-maternidade nas obrigações de benefícios da Previdência Social (Lei n. 6.136, de 1974); o amparo previdencial aos maiores de 70 anos e inválidos que tenham contribuído durante pelo menos 12 meses para o INPS; a extensão do seguro de acidentes do trabalho à zona rural (Lei n. 6.195, de 1974); a criação do Conselho de Desenvolvimento Social e o Fundo de Apoio ao Desenvolvimento Social (Lei n. 6.168 de 1974).

Os serviços de assistência médica foram sobretudo privatizados por meio de firmas individuais, de grupos e de cooperativas médicas. As firmas e os grupos médicos buscam lucros, reduzindo então as despesas médico-hospitalares e deturpando o atendimento prestado. As cooperativas médicas, organizadas com base no regime de livre escolha e pagamento por unidade de serviços, chegam a distribuir lucros com o título de "sobras". Em 1978, um setor do INPS, Serviço Nacional de Previdência e Assistência Social — SINPAS, responsável pelo atendimento médico (INAMPS), pagou serviços a particulares no valor de 45,6 bilhões de cruzeiros, representando 76% de seus gastos. Está fora de dúvida a dominação dos tecnocratas na Previdência e na Assistência Social, desde 1966, com o surgimento do INPS. Tais tecnocratas aí penetraram e aí cresceram, vindos dos quadros do IAPI.[37]

Habitação Popular

No terceiro ano de seu governo, Castelo Branco em entrevista admitiu que o país atingira *"alarmante déficit de habitações, particularmente para as classes mais pobres"*. A fim de sanar esta carência nas populações urbanas, ele comunicava o início do programa habitacional. Tal Programa era financiado pelo Banco Nacional da Habitação — BNH. Acerca dele, opinava o presidente da República:

> O Banco de Habitação já lançou o programa das cidades e tem em construção maior número de unidades do que outros Institutos e a Fundação da Casa Popular, em uma vintena de anos.

Este ideário referente à Habitação Popular transformou-se em justificativa trivial, ao longo da administração castelista. E isto é tão evidente que, ao encerrar seu período governamental, o presidente Castelo Branco cria ter deixado ao Brasil *"um sistema financeiro de habitação realista e viável"*. No seu entender, o aparecimento do Fundo de Garantia por Tempo de Serviço — FGTS reanimava aquele sistema financeiro, o qual somente em um ano edificou mais habitações populares do que a Previdência Social e a Fundação da Casa Popular, durante mais de 20 anos.

No governo seguinte, Costa e Silva se limitava a propor a execução do programa habitacional, imaginado na época de Castelo. Com isto, desejava suprir o país de casas populares reivindicadas pela população. Ele mesmo confessava em 1967 a falta de 7 milhões de residências e a necessidade de mais de 300 mil moradias a cada ano. O presidente Costa e Silva igualmente confiava no desempenho do Banco Nacional da Habitação, alargando as possibilidades de financiamento para o que chamava de "classe média", através da Caixa Econômica Federal. Vangloriava-se com o funcionamento do Banco Nacional da Habitação que, de acordo com as palavras presidenciais, em 1968 financiava 167.291 habitações novas contra 120.000 nos 26 anos anteriores, utilizando recursos oficiais.

A administração de Médici quis ir além do programa habitacional já em execução, tentando gerar *um fundo especial para atender a famílias de renda inferior*". Admitia, portanto, que o denominado "Sistema Financeiro de Habitação" não satisfazia as necessidades de moradia da grande massa popular.

O governo do general Geisel indicava o programa habitacional como um mecanismo a mais da chamada "Política de Integração Social", vindo a alargar também a concepção de Previdência Social. Durante a gestão de Geisel, outra vez se sugeriram alterações no programa habitacional, a fim de que se voltasse às populações de mais baixos níveis de renda. Lançava-se a diretriz pela qual se deveriam reduzir os encargos financeiros na compra da casa própria pelas camadas de baixa renda familiar.[38]

Através da Lei n. 4.380, de 1964, no princípio do governo de Castelo Branco, estabeleceram-se a correção monetária nos contratos imobiliários, do sistema financeiro para a aquisição da casa própria (Banco Nacional da Habitação — BNH, Sociedades de Crédito Imobiliário, as Letras Imobiliárias e o Serviço de Habitação e Urbanismo). Tal lei estipulava a intervenção do governo federal no âmbito habitacional, por intermédio do Banco Nacional da Habitação, do Serviço Federal de Habitação e Urbanismo, da Caixa Econômica Federal, do IPASE, das Caixas Militares e de sociedades de economia mista. O Banco Nacional da Habitação se ligava ao Ministério da Fazenda, gozando de isenção tributária. Por outro lado, desaparecia a Fundação da Casa Popular (surgida em 1948), transferindo-se seu patrimônio para o Serviço Federal de Habitação e Urbanismo.

O ministro **Roberto Campos**, pertencente à administração castelista, apresentou seu pensamento sobre a situação habitacional:

...verifica-se que o problema da insuficiência de habitações populares é, fundamentalmente, de natureza financeira. [negritos meus]

Aliás, construiu-se uma ideologia em torno da questão da moradia popular, da qual também participou o aludido ministro. Afirmava ele, em 1966:

...a solução do problema pela casa própria tem esta particular atração de criar o estímulo de poupança que, de outra forma, não existiria, e contribui muito mais para a estabilidade social do que o imóvel de aluguel. O proprietário da casa própria pensa duas vezes antes de se meter em arruaças ou depredar propriedades alheias e torna-se um aliado da ordem. [negritos meus]

Ora, este tipo de especulação despropositada, de um empirismo chocho, do feitio de quem precisa agradar, irrompe ainda com **Sandra Cavalcanti**, ao tratar do programa habitacional. Dizia ela, como se quem possui casa nunca acabasse contestando a ordem vigente, em carta a Castelo Branco:

Aqui vai o trabalho sobre o qual estivemos conversando. Estava destinado à Campanha Presidencial de Carlos, mas nós achamos que a Revolução vai necessitar de agir vigorosamente junto às massas. Elas estão órfãs e magoadas, de modo que vamos ter de nos esforçar para devolver a elas uma certa alegria. Penso que a solução dos problemas de moradia, pelo menos nos grandes centros, atuará de forma amenizadora e balsâmica sobre suas feridas cívicas. [negritos meus]

Além destas incursões pelo conservadorismo radical, deve-se destacar que aqui no Brasil o projeto habitacional veio a definir o projeto urbano, quando na verdade este precisava determinar aquele.

Em vez das referidas divagações ideológicas, talvez fosse preferível apresentar a essência do problema habitacional: a má distribuição da renda. Já em 1965, se criticava o chamado "Sistema Financeiro de Habitação", por excluir a população rural e, principalmente, por saber-se de antemão que ele não atingiria todas as camadas sociais necessitadas de abrigo. Eis aí a comprovação. Entre os anos de 1967 e 1974, os programas de habitação popular caíram de 66,5% para 18,6%, em termos de unidades construídas. De outra parte, nos mesmos anos, os programas de habitação média aumentaram de 5,1% para 10,9%, quanto às unidades edificadas. O próprio BNH revelava em 1970 que os seus recursos foram suficientes apenas para atender 24% das carências habitacionais, na zona urbana.

Além de cortar a casa de todos os outros componentes básicos da vida social e cultural dos habitantes, o BNH estimulou o mercado imobiliário e incentivou nele a especulação. Não é por acaso que se multiplicaram infinitamente os conflitos relacionados com a expansão urbana. A grande maioria de seus programas de habitação popular foi executada na periferia das cidades, com acesso difícil e com natural empobrecimento da família. O empobrecimento, por exemplo, decorre da falta de ocupação para as mulheres, por residirem em locais isolados, de difícil prestação de serviços domésticos. Acrescente-se a isto o transporte caro e difícil, o que torna a favela muito mais eficiente devido à sua localização. Daí, o crescimento do número de favelas. No Rio de Janeiro, em 1965, havia 211 favelas, com 417 mil pessoas (sendo 11,12% da população total). Nesta mesma cidade, em 1980, existiam 309 favelas, com mais de 1 milhão e 740 mil habitantes (representando 32,22% da população total). Para finalizar, é bom lembrar que o denominado "Sistema Financeiro de Habitação" fundava-se especialmente nos recursos oriundos do Fundo e Garantia por Tempo de Serviço — FGTS, um capital gratuitamente extraído dos assalariados e transferido para as companhias de construção civil.

O FGTS, que praticamente extinguiu a estabilidade no trabalho, tem figurado como elemento estimulador de aplicações de capital estrangeiro no país e como fonte de investimento para empresas brasileiras.[39]

Conclusão do capítulo

Enfim, pode-se encaminhar a conclusão do capítulo. A princípio, é imprescindível realçar o sentido da ditadura de 1964, acima de tudo em decorrência de suas deliberações políticas. Trata-se de um golpe de Estado, contra grupos de esquerdistas de qualquer tipo, e contra partidários do nacionalismo intransigente. Em linhas gerais, o golpe de Estado castigou toda espécie de gente, desde seus adeptos até ingênuos trabalhadores, proibindo ao mesmo tempo qualquer mobilização da sociedade, por mais controlada que fosse. Quanto às massas populares, o Estado Autoritário irrompido em 1964 impediu, ou desconfiou de suas solicitações, caso não constassem da plataforma governamental. Assim, o povo foi afastado das manifestações políticas, passando a ser apenas informado das últimas decisões do governo, ou então passando a ser convocado para obedientemente assistir às comemorações cívicas. O Estado Autoritário concebeu um sistema partidário (Arena e MDB), no qual um somente auxiliou na consagração do candidato (Arena) e o outro desempenhou o papel de oposição tolerada a ele (MDB). Neste triste espetáculo, nenhum dos dois partidos conseguiu transformar qualquer de seus membros de longa militância em chefe de Estado. O exercício do poder político converteu-se num certo direito dos militares, assessorados por tecnocratas, todos em nome da burguesia do monopólio. De fato, o Estado Autoritário se uniu vigorosamente às forças econômicas dominantes.

Em seguida, tal Estado tomou implacáveis providências anti-inflacionárias e aprofundou as relações do Brasil com o capitalismo internacional. A partir daí, só se comunicavam à população atos modernizadores, aumento de taxa de crescimento, palavrório dos tecnocratas e demonstrações de eficiência. Estudiosos da História do Brasil, em pequeno número e às vezes com extraordinária divulgação, aludem a "colapso democrático", "fim de um ciclo civil" e "fim do poder civil", quando examinaram o golpe de Estado de 1964.

Em se considerando que tal golpe integrou o Brasil no processo de acumulação ampliada do capital, colocando-o à mercê das relações internacionais do capitalismo (presente na concepção de interdependência), não há motivo para falar-se em "fim de um ciclo civil" ou em "fim do poder civil", só porque o poder estatal permaneceu nas mãos dos militares. Ora, apesar disto, a participação dos civis se impõe e até prepondera, pois em muitos grupos deles concretizam-se as relações do capitalismo monopolístico.

Mencionar "colapso democrático" em 1964 é ocultar as inúmeras tentativas de golpe de Estado contra o regime liberal-democrático. Não foi a democracia que se consumiu, mas sim foi debilitada, desacreditada e derrubada. As ideologias nem sequer apareciam bem definidas, apesar de os vocábulos em geral se repetirem, em discursos, planos, documentos e outros escritos.

A política econômica, depois de pregar ao longo dos anos o desenvolvimento e o controle da inflação, depois de anunciar para todo o Brasil inimagináveis sucessos, referiu-se à existência de "focos de pobreza absoluta" passados mais de 10 anos do golpe de Estado de 1964. Além dos tristes "focos", acrescente-se a presença de provas seguras de que se relegou e se explorou a grande massa popular.

A política social reproduz claramente estas atitudes com a população brasileira. Neste sentido, a política social desde 1964 reduziu-se a uma série de decisões setoriais, sobretudo na Educação, na Saúde Pública, na Habitação Popular, na Previdência e na Assistência Social, servindo em geral para desmobilizar as camadas carentes da sociedade. Ela ofereceu serviços, antes de perguntar quais eram as necessidades reais. Há dúvidas de que isto possa denominar-se de política social. Um de seus produtos finais, se a política social existir de fato, consiste nos "meninos da rua", cuja situação aí está:

Não vou ficar o resto da minha vida nessa vida, dormindo na rua, debaixo de viaduto, passando frio. (...) Eu não vou mais poder ficar trabalhando e andando pela rua, porque aí eu posso ser preso, vou para a prisão...[40] [negritos meus]

Notas

1. Cf. Fico, Carlos. *O grande irmão*. Da operação brother Sam aos anos de chumbo. O governo dos Estados Unidos e a ditadura militar brasileira, p. 164 (nota 164), 202 (nota 70), 208 (nota 94), 218 (nota 3); Castelo Branco, H. A. Castelo Branco toma posse no EME; advertência aos reformadores oportunistas, *O Estado de S. Paulo*, 14 set. 1963; Cresce o movimento popular pró-candidatura do Gen. Castelo Branco, *O Estado de S. Paulo*, 7 abr. 1964; Sancionada lei para eleger o presidente, *O Estado de S. Paulo*, 8 abr. 1964; O Conselho de Entidades Democráticas de São Paulo apoia o Gen. Castelo Branco, *O Estado de S. Paulo*, 9 abr. 1964; O Gen. Castelo Branco é o presidente, *O Estado de S. Paulo*, 12 abr. 1964; Viana Filho, Luís. *O governo Castelo Branco*, p. 49, 52; Carneiro, Glauco. *História das revoluções brasileiras*, p. 648-9; Skidmore, Thomas E. *Brasil*: de Getúlio Vargas a Castelo Branco (1930-1964), p. 372; *Constituição da República Federativa do Brasil* (publicada no *DO*, 12 maio 1972).

2. Castelo Branco, H. A. Castelo Branco faz advertências, *O Estado de S. Paulo*, 19 out. 1965; Castelo Branco, H. A. CB aceita o rompimento, não intervém, mas ficará alerta, *Diário de S. Paulo*, 23 março 1966.

3. Stepan, Alfred. Os *militares na política*, p. 189-91; Klein, Lúcia M. G. *A nova ordem legal e a redefinição das bases de legitimidade*, p. 18. Ver também: AI-5, *O Estado de S. Paulo* (suplemento especial), 13 dez. 1978.

4. Geisel, E. A revolução vai continuar, *Folha de S.Paulo*, 24 jun. 1978, p. 4; Sodré, Nélson Werneck. *Vida e morte da ditadura*, p. 33, 35, 106, 131.

5. *Constituição do Brasil*. Saraiva, 1968, p. 115, 119; Castelo Branco, H. A. *O Estado de S. Paulo*: Pronunciamento do presidente no Congresso

A REPÚBLICA BRASILEIRA — 1951-2010

(16/4/1964); A entrevista do presidente Castelo Branco (16/5/1964); Castelo Branco define na ESAO a diretriz das Forças Armadas (5/7/1964); Mensagem aos trabalhadores do país (3/5/1964); Mensagem de Castelo ao Congresso (2/3/1965); Castelo Branco, H. A. Íntegra do discurso de Castelo Branco perante o ministério, *Jornal do Brasil*, 15 mar. 1967.

6. Castelo Branco, H. A. *O Estado de S. Paulo*: Pronunciamento do presidente no Congresso (16/4/1964); A entrevista do presidente Castelo Branco (16/5/1964); Castelo expõe as normas da política externa do País (1/8/1964); Mensagem de Castelo ao Congresso (2/3/1965); Castelo Branco ingressa na ARENA (29/7/1966); Barbosa, Luís. Vinte mil atos, leis e decretos em três anos, *Jornal do Brasil*, 12 mar. 1967.

7. Costa e Silva. A. *O Estado de S. Paulo*: Costa anuncia governo para o povo (17/3/1967); Costa afirma respeito às liberdades públicas (2/3/1968); Costa não aceitou o poder em 1964 (16/3/1968); Costa: reajustes sem a inflação (3/5/1968); Costa defende os militares (3/10/1968); Costa adverte e repele o desafio (3/12/1968); Costa baixa o Ato Institucional n. 5 (14/12/1968); Costa expõe as razões do Ato (1/1/1969); Costa e Silva, A. *Jornal da Tarde, de O Estado de S. Paulo*: Costa: a política salarial não muda (1/4/1969); *O Estado de S. Paulo*: Cartas a Costa revelam o país (25/4/1968); *Jornal da Tarde, de O Estado de S. Paulo*: Um governo em três capítulos (1/9/1969); Muita coisa aconteceu depois da doença. Quem não se lembra? (18/12/1969).

8. Médici, E. G. *O Estado de S. Paulo*: Médici: é cedo para revogar o AI-5 (28/2/1970); Médici define a democracia de hoje (31/10/1970).

9. Médici, E. G. Médici: É cedo para revogar o AI-5, *O Estado de S. Paulo*, 28 fev. 1970.

10. Médici, E. G. *O Estado de S. Paulo*: Creio... (31/10/1969); Médici: é cedo para revogar o AI-5 (28/2/1970); Médici: governo não teme o terror (1/4/1970); Médici: dar o possível sem prometer (1/5/1970); Médici confirma censura (22/6/1973); Já eleitos Médici e Rademaker, *O Estado de S. Paulo*, 26 out. 1969; Confirmado: Médici é o presidente, *Jornal da Tarde, de O Estado de S. Paulo*, 30 set. 1969.

11. Cury, Levy. *Um homem chamado Geisel*, p. 53.

12. Ibid., p. 69, 88, 91-2.

13. Campos, Milton. *Testemunhos e ensinamentos*, p. 288, 290.

14. Cf. Lamounier, Bolívar (Org.). *Voto de desconfiança*, p. 225; Ianni, Octavio. *O colapso do populismo no Brasil*, p. 159-60; Martins, Carlos E. *Capitalismo de Estado e modelo político no Brasil*, p. 198-9.

15. Castelo Branco, H. A. O presidente visitou ontem o TSE, *O Estado de S. Paulo*, 28 maio 1964.

16. Castelo Branco, H. A. *O Estado de S. Paulo*: Mensagem aos trabalhadores do país (3/5/1964); A entrevista do presidente Castelo Branco (16/5/1964); O presidente visitou ontem o TSE (28/5/1964); Mensagem de Castelo ao Congresso (2/3/1965); Castelo reafirma os ideais revolucionários (31/3/1965).

17. *Programa de Ação Econômica do Governo (1964-1966)*, p. 5, 15, 26, 30, 42, 83, 105-8, 142.

18. Costa e Silva, A. *O Estado de S. Paulo*: Costa anuncia governo para o povo (17/3/1967); Costa afirma que restabelecerá a ordem político--constitucional (3/4/1969).

19. *Diretrizes de Governo e Programa Estratégico de Desenvolvimento*, p. 13-7, 29, 51, 112.

20. Médici, E. G. *O Estado de S. Paulo*: Médici: é cedo para revogar o AI-5 (28/2/1970); Médici realça esforço coletivo do progresso (2/1/1973); Médici, E. G. Uma grande luta contra a inflação, *Jornal da Tarde*, de O *Estado de S. Paulo*, 19 abr. 1972.

21. *Primeiro Plano Nacional de Desenvolvimento*, 1971, p. 11-2, 16, 33, 35.

22. Cury, Levy, cit., p. 191.

23. *Segundo Plano Nacional de Desenvolvimento*, p. 15, 23, 28-9, 35, 127.

24. *Desenvolvimento & Conjuntura*, jul. 1965, p. 61-3, 70-1, 73.

25. Cf. Gasparian, F. *Capital estrangeiro e desenvolvimento da América Latina*, p. 134; Pereira, O. D. *Multinacionais no Brasil*, p. 46; Martins, L. *Nação e corporação multinacional*, p. 69; Soares, G. A. D. *A questão*

A REPÚBLICA BRASILEIRA — 1951–2010

agrária na América Latina, p. 158; Desenvolvimento & Conjuntura, ago. 1966, p. 29; Folha de S.Paulo: Serra, José. Renda concentra-se mais nos anos 70 (4/6/1978), p. 47; Capozzoli, Ulisses. O fracasso de um plano para reforma agrária (25/11/1979), p. 54; Magalhães, Fernando. El perverso milagro económico brasileño. Panorama-Económico, Santiago (Chile), (265), p. 14, 18, 19, nov./dez. 1971. Ver também: Hoffmann, R.; Duarte, J. C. A distribuição da renda no Brasil. Revista de Administração de Empresas, (2), p. 63, jun. 1972.

26. Cf. Singer, P. A crise do "milagre", p. 115.

27. Castelo Branco, H. A. O Estado de S. Paulo: Castelo afirma ser objetivo do governo dar bem-estar ao povo (31/1/1965); Castelo diz que nenhuma ideologia deve ser imposta nos meios universitários (10/3/1965); Castelo enumera os êxitos da revolução (12/11/1965); Castelo Branco, H. A. Castelo sugere que os universitários custeiem o ensino médio, Folha de S.Paulo, 13 mar. 1966. Castelo Branco, H. A. Aspectos da educação nacional, p. 6-10; Morais, F. Montenegro — As aventuras do marechal que fez uma revolução nos céus do Brasil, p. 268, 273, 276, 280, 283-4, 290, 300-1, 315.

28. Costa e Silva, A. O Estado de S. Paulo: Costa anuncia governo para o povo (17/3/1967); Costa prega liberdade de imprensa (1/4/1967); Costa revê terra natal (3/4/1968).

29. Médici, E. G. O Estado de S. Paulo: Médici define justiça social (29/1/1972); Médici relata as medidas para democratizar ensino (6/9/1972).

30. Cury, Levy, cit., p. 189; Geisel, E. Pronunciamento em reunião ministerial. Brasília, Presidência da República, 10 set. 1974. Segundo Plano Nacional de Desenvolvimento, p. 72, 99.

31. Cf. Romanelli, O. O. História da educação no Brasil (1930-1973), p. 211-3, 215-8, 225-9, 233, 235, 237, 238; Brasil: 14 anos de revolução, p. 74, 77; Folha de S.Paulo: Suplicy, E. M. Analfabetismo aumenta no país (16/8/1978); Souza, U. J. O custo do ensino superior é repassado para os alunos (3/3/1979); O Ministério da Educação recebe cada vez menos (18/11/1979).

32. Cf. A escalada cultural no Brasil de hoje. *Revista Civilização Brasileira* (11-12), p. 104-5; Goertzel, Ted. MEC-Usaid. *Revista Civilização Brasileira*, (14), p. 127; Abramo, P. Uma farsa que está chegando ao seu final. *Movimento*, 3-9 mar. 1980, p. 10, 11; MEC tenta solução para desemprego universitário, *Jornal do Brasil*, 3 jun. 1979, p. 22.

33. Castelo Branco, H. A. Castelo enumera os êxitos da revolução, *O Estado de S. Paulo*, 12 nov. 1965; Costa e Silva, A. Costa anuncia governo para o povo, *O Estado de S. Paulo*, 17 mar. 1967; *Primeiro Plano Nacional de Desenvolvimento*, p. 35; *Segundo Plano Nacional de Desenvolvimento*, p. 18, 24.

34. Brito, R. Fixação do Plano Nacional de Saúde. *UBM*, VIII (5), p. 506-7, maio 1964; Miranda, L. Ministro defende o Plano de Saúde, *O Estado de S. Paulo*, 28 ago. 1968; Lemos, M. M. *Política Nacional de Saúde*, p. 5.

35. Cf. Luz, M. T. *As instituições médicas no Brasil*, p. 119, 126; Mello, C. G. *Saúde e assistência médica no Brasil*, p. 109-10; Cupertino, F. *População e saúde no Brasil*, p. 38-9, 46, 79; Pacheco, M. V. A. *A máfia dos remédios*, p. 65; Silva, F. A. P. *Conceito de saúde adotado pela população de Várzea--RN*, epígrafe.

36. Castelo Branco, H. A. Castelo enumera os êxitos da revolução, *O Estado de S. Paulo*, 12 nov. 1965; Costa e Silva, A. Costa e Silva: reajustes sem a inflação, *O Estado de S. Paulo*, 3 maio 1968; Médici, E. G. Médici aos trabalhadores: só prometemos o possível, *O Estado de S. Paulo*, 19 maio 1971; Cury, Levy, cit., p. 69-70.

37. Cf. *Revista Previdência Social*. Livro branco, itens 3.32, 8.82, 8.84; jan./fev. 1969, n. 10, p. 26; Brasil: 14 anos de revolução, p. 83-4, 90; Mello, C. G. Perspectivas da Medicina da Previdência Social. *Revista Paulista de Hospitais*, (12), p. 544, dez. 1973; Santos, W. G. Cidadania e Justiça, p. 34-6; Malloy, J. M. Previdência social e classe operária no Brasil. *Estudos Cebrap*, n. 15, p. 128-9; Revista *IstoÉ*, (158), p. 23, jan. 1980. Ver também: Possas, C. A. *Saúde, medicina e trabalho no Brasil*, p. 285, 302, 310, 328.

38. Castelo Branco, H. A. CB aceita o rompimento, não intervém mas ficará alerta, *Diário de S. Paulo*, 23 mar. 1966; Castelo Branco, H. A. Íntegra do

discurso de Castelo Branco perante o Ministério, *Jornal do Brasil*, 15 mar. 1967; Costa e Silva, A. *O Estado de S. Paulo*: Costa prega liberdade de imprensa (1/4/1967); Costa afirma respeito às liberdades públicas (2/3/1968); *Primeiro Plano Nacional de Desenvolvimento*, p. 35; *Segundo Plano Nacional de Desenvolvimento*, p. 19, 73.

39. Cf. Lei n. 4.380, de 1964. *Tema 2*, p. 1, 46, 18; *Desenvolvimento & Conjuntura*, jan. 1965, p. 26-7; Andrade, L. A. G. Política urbana no Brasil: o paradigma, a organização e a política. *Estudos Cebrap*, n. 18, p. 120-1, 133; Bolaffi, G. *A casa das ilusões perdidas*, p. 51-2; Serran, J. R. *O IAB e a política habitacional brasileira*, p. 102, 122; Ajuz, C. População das favelas quase atinge 2 milhões de habitantes, *Jornal do Brasil*, 13 jan. 1980; Ferrante, V. L. B. *FGTS*: ideologia e repressão, p. 406.

40. Ferreira, R. M. F. *Meninos da rua*, p. 91.

Conclusão da Primeira Parte

Do controle da política à política do controle dos brasileiros

1.

Atingiu-se o fim do exame das diferentes políticas adotadas pelos governos do Brasil, no período compreendido entre 1951 e 1978, concluindo a **Primeira Parte** do livro, que continua, em seguida, na **Segunda Parte**, até 2010. Optou-se pela análise de diversos aspectos de luta política, da política econômica e da política social.

Formando uma unidade, a política econômica e a política social revelam mudanças nas relações entre as classes sociais ou nas relações entre distintos grupos sociais, existentes no interior de uma só classe. Também, por meio de ambas as políticas, esclarece-se a atuação do Estado, visando a estimular e expandir o capitalismo monopolista no país. A política econômica e a política social formalmente se diferenciam e por vezes causam a impressão de constituírem estratégias muito diversas.

Na exposição visou-se à situação das várias políticas sociais, tendo-se em vista sobretudo apontar as mudanças verificadas nas condições de vida dentro do Brasil. Levaram-se em conta aqui tais condições a partir das áreas da Educação, da Saúde Pública, da Habitação Popular, da Previdência Social e às vezes da Assistência Social.

As conclusões dos capítulos apresentados, embora sejam extremamente úteis, significam apenas orientações para a proposição final.

2.

Do que foi dito, podem-se extrair as conclusões gerais e finais desta Primeira Parte:

A. De 1951 a 1964, a política social constituiu estratégia de mobilização e de controle das populações carentes por parte dos governos federais.

B. De 1951 a 1964, a política social de qualquer maneira representou um conjunto de direitos da população, perante o Estado. Devido às lutas sociais e às pressões sobre o poder estatal, a política social irrompe como limite de concessão do capitalismo no Brasil, tomando a forma dos direitos sociais e do bem-estar social.

C. De 1951 a 1964, houve representatividade em órgãos pertencentes à política social, como na Previdência Social.

D. De 1964 em diante, a política social consistiu sobretudo em controle das populações carentes, apesar de grupos e entidades atuarem em sentido contrário, em momentos propícios.

E. De 1964 em diante, a política social antes figurou como investimento ou encargo, a ser pago por quem já recolhe tributos.

F. De 1964 em diante, desapareceu qualquer representatividade em órgãos da política social, como existia a representatividade dos segurados da Previdência Social antes daquele ano. Nesta situação de desmobilização social, de impossibilidade até mesmo de alianças populistas, cabem as palavras da canção:

> A fome, a doença, o esporte, a gincana
> A praia compensa o trabalho, a semana
> O chope, o cinema, o amor que atenua
> Um tiro no peito, o sangue na rua
> A fome, a doença não tem mais por quê... .[1]

G. As condições de vida (levando-se em conta os preços, os salários, os serviços da Educação, da Saúde Pública, da Habitação Popular, da Previdência Social e da Assistência Social) geralmente pioraram depois de 1964. Com isto, não se quer dizer que antes de 1964 tais condições fossem satisfatórias. Aliás, está-se longe disto. Mas a falta de sólidas instituições políticas, a ausência de liberdades públicas mais elementares, o enorme exército de reserva de desempregados e de subempregados, a exploração por parte das empresas sobretudo estrangeiras, a insegurança no trabalho, acabaram aviltando as condições de vida.

Quando se pediram maior número e melhor qualidade dos serviços sociais, especialmente os governos militares do Brasil propagaram números e só números perante a população.

Quando se pensa nisto, surgem na memória as palavras de um respeitável político do Império Brasileiro, Evaristo da Veiga:

...o amor-próprio nacional tem sido no Brasil pisado aos pés pelos homens da privança, pelo partido que goza e tem gozado da especial confiança de quem governa.[2]

Notas

1. Miller, Sidney. *Pois é, pra quê.*
2. Sousa, O. T. *História dos fundadores do Império do Brasil* (Evaristo da Veiga), p. 95.

PARTE II

Se isto não é o fim do mundo, é pelo menos o penúltimo capítulo.

– *Machado de Assis*

Capítulo V

João Baptista Figueiredo: a democracia da força e a transação generalizada

Por esse tempo, um leitor desabafou na *Folha de S.Paulo*:

*O governo brasileiro está muito preocupado com a cor das bandeiras no comício do futuro presidente Tancredo Neves. Tenho 37 anos de idade, pai de três filhos menores, aposentado por invalidez, percebo mensalmente Cr$ 99.412 e não posso comprar remédios porque não tenho dinheiro. Quando hospitalizado, não posso ficar por mais de dez dias (política do INPS). Fui enganado por uma companhia de seguros (multinacional), processo na Susep n. 1.972/84. Há mais de dez meses aguardo quitação do meu imóvel pelo BNH. **Estamos passando fome; no momento só aguardo a morte. Gostaria de saber do governo qual a cor da bandeira que deveria levar ao comício do futuro presidente**.*[1]

O general francês **Paul Aussaresses**, ex-agente do serviço secreto da França, veterano das guerras do Vietnã e da Argélia, colaborador do regime militar no Brasil, declarou em entrevista:

Ernesto Geisel era um homem racional, de uma profunda moralidade. Era um homem que tinha uma fé religiosa e respeitava as regras da moral cristã que considera que os homens merecem viver numa atmosfera de ordem que lhes permite trabalhar, cuidar da família. De Emílio Garrastazu Médici tenho boas lembranças. Conheci-o na embaixada da França, conversamos em português. João Figueiredo era adorável, sedutor. Era o chefe do SNI quando eu cheguei como adido. O representante francês dos serviços especiais no Brasil me disse: **"Todo mundo sabe que você fez parte do serviço de inteligência francês, principalmente do 'Action', logo, não deve esconder. Você vai encontrar Figueiredo, chefe do SNI, não esconda que você pertenceu ao serviço equivalente na França"**.[2]

A democracia decretada

As regras para a eleição do presidente e do vice-presidente da República, bem como da formação do colégio eleitoral, foram estabelecidas pelo artigo 74 da Emenda n. 1, que diziam ser a Constituição de 1969. Em 1973, a Lei Complementar n. 15 regulamentou essa estranha eleição indireta. O general Geisel foi o primeiro presidente escolhido por meio de tal legislação, no ano de 1974. Embora sua vitória já estivesse antecipadamente garantida, o processo eleitoral se diferenciava dos anteriores, porque existia um concorrente oposicionista.

Candidatos de oposição

Mesmo com um colégio eleitoral previamente montado pelo governo para escolher Geisel em 1974, o partido da oposição, o MDB, acabou lançando uma candidatura simbólica. Ulysses Guimarães, presidente do partido, surgiu como candidato presidencial, visando

A REPÚBLICA BRASILEIRA — 1951–2010 339

principalmente demonstrar a farsa da eleição. A campanha simbólica do MDB buscava comprovar a distância entre a linguagem do governo de Médici e a realidade imposta ao país. Falava-se em democracia, porém, praticava-se a indicação presidencial, sem consultar o povo. A campanha de Ulysses Guimarães destinava-se, acima de tudo, a destruir o ambiente de medo coletivo, enraizado no interior das pessoas. Daí, o lema de resistência da campanha oposicionista: "Navegar é preciso; Viver não é preciso".

Por ocasião da campanha de 1978, novamente o partido da oposição, o MDB, apontou um candidato à sucessão de Geisel. Para concorrer com o general João Baptista Figueiredo, herdeiro do então presidente da República, lançou-se o nome do general Euler Bentes Monteiro, tido como liberal e nacionalista. A apresentação desta candidatura, para opor-se à candidatura oficial de Figueiredo, revelava a presença de conflitos entre os militares, obrigando muitos deles a caminhar para o lado da oposição. O antigo servidor das Forças Armadas, general Bentes Monteiro, naquele momento transformado em opositor ao governo, não expunha ideias de forma muito clara.

O general Euler Bentes Monteiro, representando a oposição consentida, tinha como objetivo "conduzir o Brasil a um estado de direito democrático", o que seria feito "através de um governo de transição". Achava razoável um período de governo "em torno de três anos", para chegar-se à democracia. Em relação à mudança da dita Constituição de 1969, o candidato oposicionista, Bentes Monteiro, acreditava ser "necessário um certo espaço de tempo, a partir da posse do novo governo a 15 de março de 1979, até a realização da Assembleia Nacional Constituinte". Ele não deixava por menos: a Constituinte deveria "esperar um ano, no mínimo". Seu pensamento, às vezes, ingressava no reino da confusão. Discorrendo sobre a figura do presidente democrático, o candidato oposicionista admitia possibilidade de que tal presidente "paradoxalmente, tenha que se transformar num presidente repressivo, porque os conflitos que estão atualmente reprimidos podem aflorar de forma violenta".[3]

A posse de Figueiredo

No dia 15 de março de 1979, escolhido por colégio eleitoral dócil à vontade de Geisel, o general João Baptista Figueiredo substituiu-o no cargo de presidente da República, como candidato vitorioso. O novo presidente atribuía o exercício de seu mandato à continuidade do processo iniciado em 1964. Instituiu-se, portanto, ao longo dos anos, uma eleição indireta na qual jamais qualquer oposição pôde ter êxito, independente de sua seriedade e de sua honradez.

Na época em que foi apresentado ao país, irrompendo no cenário político e perante os olhos da população de que era quase desconhecido, João Baptista avançou com ideias e mostrou-se destemido. Retomava o costume de colocar um civil como vice-presidente, que no caso era Aureliano Chaves, conforme já acontecera nos governos de Castelo Branco e de Costa e Silva. Antes de tomar posse na presidência, o general Figueiredo revelava que, na questão partidária, "o ideal seria sentirmos as tendências da população, as reais aspirações do povo, e ir de encontro a elas", reconhecendo "que não é fácil fazer isso". Entendia que a vitória da Arena nas eleições de 1978 criaria condições para a "abertura" política. Caso o MDB vencesse em tais eleições, a "abertura" ficaria mais difícil, pois "quanto mais efervescência, menos distensão".[4]

O candidato aceitava que a oposição partidária, representada pelo MDB, atrapalhava o processo de melhoria da situação política. Segundo Figueiredo, talvez facilitasse a ausência de oposição, porque não haveria o peso da crítica. Mas nem tanto, o futuro presidente não via como evitá-la. Apontava a dificuldade de conviver-se com a oposição, pois ela negava tudo: "Você fala em abertura, em democracia, eles simplesmente não acreditavam que estamos falando sério". Suas propostas apresentavam pouca clareza, como por exemplo, no caso das alterações a serem concretizadas. Iniciaria seu governo com poucas concessões, pois "concessão gera concessão". Note-se, portanto, que o candidato oficial desejava alcançar a confiança do povo, mas "com poucas concessões, de início", até penetrar no reino da democracia.

A REPÚBLICA BRASILEIRA — 1951–2010   341

O pensamento do general João Baptista Figueiredo não trazia nada de original, quando se comparava com o palavrório de seus antecessores. Seus conceitos faziam parte da vida doméstica do brasileiro, tamanho o número de vezes exposto a ele. Assim, renovava exaustivamente a opinião contrária à atividade político-partidária dentro dos sindicatos, por entender que isto acabaria "desviando os trabalhadores das suas próprias reivindicações". Trazia às vezes raciocínios estranhos. Veja-se o que esperava da Igreja Católica: ela deveria voltar-se para assuntos espirituais, sem exagerar "na função social". E então argumentava: "A Igreja produziu recentemente um documento sobre segurança nacional. Partindo dessa constatação, eu poderia achar natural que o Alto Comando se reunisse e produzisse um documento sobre teologia". Com certeza, o herdeiro de Geisel queria cada coisa no seu lugar, a partir da sua visão, desprezando a visão da sociedade.

Enfim, havia outras posições do candidato oficial da Arena. Referindo-se ao direito de greve, colocava-o como justo, se ela fosse causada por "reivindicação dos operários, esgotados os caminhos legais". Ora, a legislação trabalhista raramente permitia início de greve, o que legalmente a impedia na maioria das oportunidades.[5]

Merecia destaque sua noção de liberdade que, para Figueiredo, "só pode ser exercida se a segurança está mantida". Daí para frente caía-se no dilema: a segurança da liberdade, ou liberdade da segurança. Declarava-se contrário à liberdade partidária: "Não aceito que um partido possa ser contra a Revolução, que deve pairar acima dos partidos, como ideia e inspiração maior". Acima da vontade do povo, acima das correntes partidárias, acima do governo do povo, repousava a "Revolução". Tal era a crença do candidato no exame da política brasileira.[6]

Vitorioso, o general João Baptista Figueiredo assumiu a presidência da República em 15 de março de 1979, proferindo discurso onde reafirmava suas promessas de quando era candidato. Confirmava, neste discurso de posse, que ia "assegurar uma sociedade livre e democrática", que ia "fazer deste país uma democracia", que ia manter "a mão estendida em conciliação". As promessas continuavam sendo reafirmadas: o general Figueiredo garantia que "o combate à inflação é condição preliminar do desenvolvimento", que ia "promover o equilíbrio de nossas contas internacionais", e também que daria "a cada trabalhador a remuneração justa em relação ao trabalho produzido, às suas necessidades como chefe de família e à harmonia entre os vários segmentos da sociedade".[7]

As reformas de Figueiredo

A Anistia de 1979 não foi concedida a quem participou da luta armada, tendo praticado "crimes de sangue". Ela igualmente não libertou de imediato presos políticos que tentaram reorganizar partido ilegal, de acordo com a Lei de Segurança Nacional. Figurando como um acordo entre as solicitações da oposição e os interesses dos militares, a Lei de Anistia não respondeu às reivindicações existentes desde 1964, para que atingisse todos os punidos. Os militares punidos por motivos políticos não puderam reassumir seus cargos, embora lhes fosse concedida aposentadoria, com pagamento integral. Os funcionários públicos de natureza civil geralmente só retornaram a seus cargos depois de terem suas situações analisadas por comissão especial.

A Lei de Anistia permitiu a volta dos exilados ao Brasil, devolvendo-lhes os direitos políticos. Pouco depois da Anistia, muitos ex-exilados (e vários de seus ex-advogados) lançaram-se candidatos, na condição de "retornados" ao país como patriotas, injustiçados, destemidos e sabichões, conseguindo habitualmente mais sucesso nas eleições federais, estaduais e municipais do que os "sufocados", que aqui permaneceram, numa vida para lá de difícil e perigosa.

As raízes de uma possível democracia e da mobilização social no Brasil, principalmente na primeira metade dos anos de 1980, não nasceram lá fora no Exterior e sim no cotidiano das pessoas, nas pequenas decisões delas, nos riscos das desobediências aqui praticadas, nas conversas e nos temores familiares, na apreensão de cada dia e

Presidente JOÃO BAPTISTA FIGUEIREDO (general)

João Baptista Figueiredo (1979-1985) assinou em 29/08/1979 a anistia aos opositores cassados em seus direitos e perdoou os crimes de abuso de poder, tortura e assassinato cometidos por órgãos da ditadura militar, uma espécie de autoanistia. Atuou como chefe do Serviço Nacional de Informação (SNI) no Rio de Janeiro e, depois, em 1974, exerceu a chefia-geral deste órgão. Durante seu governo, prosseguindo a abertura política iniciada pelo presidente Ernesto Geisel, realizaram-se eleições diretas para governadores dos Estados. Enfrentou crescimento da dívida externa, do desemprego e da recessão econômica, mas fortaleceu o Programa de Habitação Popular.

nas trocas de opinião à boca pequena. As raízes de uma possível democracia e da mobilização social no Brasil se encontravam no fundo horrorizado da sociedade, em meio a dores, reclamações e saudades.

O sucesso eleitoral dos ex-exilados foi prodigioso, pois chegou até aos ex-exilados voluntários, àqueles que no fundo não precisavam de exílio. Tal sucesso nas eleições correspondia à ambição de cargos políticos destes ex-exilados, como se o passado lhes devesse um começo ou um resto de poder não gozado anteriormente. De fato, da mesma maneira que os partidários da ditadura militar se metamorfosearam em democratas, grande número de ex-exilados, comungando com eles em nome da democracia, também agarraram os cargos políticos para conservá-los quase sempre até a morte.

Nesse particular, se diga logo que ex-golpistas da Constituição Federal de 1946 e próceres da ditadura militar, de qualquer de suas fases depois de 1964, irmanaram-se com numerosos "retornados" do exílio e "sufocados" dentro do país, para edificar aquilo que designam de democracia e de república.

Os órgãos burocráticos destinados à simples repressão policial ou à repressão política, ao ganharem a mínima autonomia, não se submeteram aos governos que os criaram, que os fomentaram ou que pretenderam reformá-los. Agregados aos demais órgãos estatais, esses órgãos burocráticos de repressão quase sempre se converteram nos próprios Estados, agiram como se fossem os Estados inteiros, incorporaram seus interesses aos interesses dos Estados. Quando impedidos de aparecer à luz do dia, tais órgãos burocráticos de repressão sobreviveram no silêncio das veias e dos nervos dos governos centrais e dos Estados, até que forças fundamentais das sociedades, em parte, os eliminaram.

Com o presidente João Baptista Figueiredo não aconteceu diferentemente, apesar de sua experiência, como testemunhou acima o general francês Paul Aussaresses, agente do serviço secreto da França no Brasil. Resumindo e evitando relato maior, bastaria o que foi divulgado sobre o deputado Genival Tourinho em 1980:

O deputado Genival Tourinho (PDT/MG) – que denunciou os generais Antônio Bandeira (comandante do III Exército), Milton Tavares (comandante do II Exército) e Coelho Neto (comandante da 4ª Região Militar, sediada em Belo Horizonte) como os principais coordenadores do movimento de extrema direita denominado "Operação Cristal" – está correndo sério risco de vida.

(...) Além dos generais citados, Tourinho acrescenta mais dois outros nomes ligados à "Operação Cristal": Afonso de Araújo Paulino, proprietário do Jornal de Minas, e Antônio Ribeiro, chefe do Departamento de Polícia Técnica de Minas.

Dos cinco acusados, apenas o general Bandeira reagiu, prometendo entrar com uma representação judicial contra o deputado mineiro, inclusive sugerindo-lhe que abra mão de sua imunidade parlamentar para enfrentar a Justiça.[8]

Na mesma página, o jornal *Movimento* comentava "os planos terroristas":

O grupo seria dos mais heterogêneos, reunindo desde os nacionalistas, até os que exigem uma maior abertura ao capital estrangeiro. E eles não agiriam independentemente, não tomariam a iniciativa de desencadear ações de tal envergadura sem contar com o respaldo pelo menos a nível de comandos de Exército.

(...) Um dos oficiais ouvidos comparou esta visita com a que o general Geisel fez ao general Ednardo D'Avila Mello, após a morte de Vladimir Herzog, em 1975. Mas fez também uma ressalva. Figueiredo pode ter levado ao general Milton tanto uma advertência quanto a possibilidade de um acordo.[9]

A Anistia Política acabou por atingir até mesmo os responsáveis por abusos praticados contra pessoas, incluindo aqueles que praticaram tortura em nome da segurança do Estado, quase não identificados, ao passo que a grande maioria das pessoas mortas por eles já tem nome e qualificação.

Exemplificando os conhecidos e identificados: morto "herói da FEB" (Força Expedicionária Brasileira); os mortos da "Guerrilha do Araguaia" (já chamados de "genocídio oficial"); os mortos da "Chacina da Lapa"; morto de tiro de misericórdia; morto de execução sumária; morto de lançamento do Viaduto do Chá; os mortos da "Chácara São Bento"; morto de falso suicídio; morto com injeção para matar cavalo; morto de falso enforcamento, morto envenenado na prisão; morto na "Casa da Morte"; morto na "Chacina do Quintino", e outros.

Impõe-se mencionar **as circunstâncias particulares de certas mortes, cujas autorias são desconhecidas**, descritas no livro, *Dos filhos deste solo*, de Nilmário Miranda e Carlos Tibúrcio.[10]

Além dessas sérias consequências da Anistia de 1979, dada pelo governo de João Baptista Figueiredo, existem outras mais.

Anistiaram-se a repressão política e também os condenados do passado. Não se anistiaram os processados no momento por suposto crime político. Em 1984, passados cinco anos da Lei da Anistia, 11.434 pessoas esperavam seus benefícios. Destes 11.434, 4.730 eram civis e 6.704 eram militares. Com a anistia do presidente João Baptista Figueiredo, não se resolveu o problema dos tão noticiados 144 desaparecidos, na época apontados. A Comissão Especial sobre Mortos e Desaparecidos Políticos publicou em 2007, pela Secretaria Especial dos Direitos Humanos do Governo Federal, um livro-relatório contendo os casos anteriores e posteriores a abril de 1964, perfazendo 475 casos e deferindo 221 deles para fins de indenização dos familiares porque preencheram os quesitos exigidos pela Lei n. 9.145/95. Assim, em 2007, 136 já tinham sua morte ou desaparecimento anteriormente reconhecidos pelo Estado; 221 foram indenizados pela Comissão Especial; e os demais 118 casos poderiam ter sido mortos ou desaparecidos, mas não satisfizeram os quesitos da mencionada Lei.

Só em São Paulo, por exemplo, calcula-se que foram detidas no DOI–Codi (Destacamento de Operações de Informações/Centro de Operações de Defesa Interna) 2.600 pessoas, das quais 79 morreram.[11]

A REPÚBLICA BRASILEIRA — 1951–2010

O governo de Figueiredo abriu possibilidade de outra reforma, a dos partidos políticos, mas sempre limitada ao evitar certas correntes de opinião. Assim, se estreitava a Anistia pela Lei n. 6.683 e pelo Decreto-Lei n. 84.143, ambos de 1979. Em igual sentido se encurtava o espaço dos partidos políticos, pela Lei n. 6.767, ainda de 1979. Tal Lei, destinada a dar organização aos partidos, extinguia o MDB e a Arena, criados pelo Ato Institucional n. 2, de 1965. A chamada reforma partidária trouxe como inovação a exigência de colocar a palavra "partido" em qualquer título de agremiação. Continha muitas exigências para chegar-se ao registro do partido político. Obrigava as novas associações políticas a realizarem convenções regionais e municipais, valorizando as pequenas cidades, onde o governo federal mantinha maior controle da clientela dos votantes.

A maratona burocrática para formar-se partido político requeria ânimo e dinheiro. Depois de registrado provisoriamente, o partido deveria conseguir 5% dos votos em eleições para deputados federais e senadores, com pelo menos 3% em cada um de nove Estados. Se tal não acontecesse, perderia simplesmente a sua representação, transformando eventuais votos de candidatos eleitos em votos nulos. Proibiam-se partidos, quando se fundamentassem em fé religiosa, racismo ou sentimentos de classe social. Proibiam-se, ainda mais, as alianças entre os partidos nas eleições para deputado federal, para deputado estadual e para vereadores.

Opondo-se à liberdade de organização de todas as correntes políticas, a administração de Figueiredo cuidou de preparar a montagem do colégio eleitoral que elegeria seu sucessor. Para este fim, mantinha-se o controle do senado por meio dos senadores "biônicos" (escolhidos por eleição indireta, utilizando-se do colégio eleitoral). O governo de Figueiredo igualmente tinha seus cuidados de dominar o colégio eleitoral, injetando força no PDS, que ajuntava sequazes da ditadura. Este colégio se compunha de deputados federais, de senadores, de deputados estaduais e de vereadores. A vitória do PDS nas eleições de 1982 precisava acontecer em muitos Estados e, no mínimo, dentro do colégio eleitoral, que viria a apontar indiretamente o novo presidente da República.

A fim de assegurar o sucesso do PDS, o partido oficial, em novembro de 1981, o presidente João Baptista Figueiredo divulgou as reformas eleitorais, a serem impostas ao Congresso Nacional, porque este estava sujeito ao artifício do "decurso do prazo". Se o Congresso Nacional não apreciasse as reformas eleitorais dentro do prazo, ficavam automaticamente aprovadas. Além do mais, o PDS levou todos os seus membros a votarem estas reformas, sob pena de perderem o mandato. Afinal, pressionado por todos os lados, o Congresso Nacional concedeu as reformas eleitorais. Construía-se, através da coação legal, a democracia, segundo a visão governamental.

As reformas eleitorais de 1981 proibiam alianças para escolha de candidatos aos governos dos Estados; faziam com que o eleitor indicasse nomes de um mesmo partido; de vereador, prefeito, deputado estadual até governador, deputado federal e senador. Aí está, neste "voto vinculado", um exemplo da criatividade do general Figueiredo, visando a ofertar a democracia ao povo brasileiro. Outra reforma eleitoral consistia em somente permitir a renúncia de qualquer candidato, caso o seu partido também abandonasse as eleições.

O governo de Figueiredo tomou outras providências, sempre tendo em vista as eleições de novembro de 1982. Neste sentido, meses antes de realizá-las, transformou a exigência de maioria simples em maioria de dois terços do Congresso Nacional, para aprovar-se emenda constitucional. O "pacote de abril" de 1977 tinha de ser alterado, porque a maioria simples estabelecida por ele criava facilidade aos demais partidos de oposição. De fato, com maioria simples os oposicionistas tinham condições de mudar as regras do jogo eleitoral. A maioria de dois terços do Congresso Nacional constituía-lhes pedras no caminho, evitando qualquer alteração na forma de fazer as eleições.

As eleições de 1982 proclamaram a vitória do partido governista, PDS, em apenas doze Estados, onde seus candidatos a governadores tiveram mais votos. O novo retrato político do país aparecia com a escolha de dez governadores de Estados, pertencentes a partidos da oposição. O quadro político se transformara, com nove governadores eleitos pelo PMDB e um outro governador eleito pelo PDT. Enquanto os governadores surgidos do PDS, em conjunto, alcançaram 7.807.696 votos, controlando 23,90% do Produto Interno Bruto, os oposicionistas iam muito além. Considerando-se apenas os dados relativos aos dez governadores dos partidos da oposição, receberam 13.029.332 votos, cobrindo 74,90% do Produto Interno Bruto.

Apesar da ampla vitória eleitoral dos partidos contrários ao governo ditatorial, este manteve a supremacia no Congresso Nacional, principalmente em virtude do "pacote de abril", de 1977. Tal "pacote" deu maior peso à representação do Nordeste, além de fortalecer a presença do PDS com os "senadores biônicos". Mesmo ganhando na votação, a oposição não teve maior número de deputados federais e de senadores. E mais: o colégio eleitoral, destinado a eleger o presidente da República, continuava dominado pela vontade do governo de Figueiredo. Aliás, até mesmo a chamada "Lei Falcão", referente ao controle do rádio e da televisão durante o processo eleitoral, perdurou ao longo do tempo. O silêncio imposto à propaganda política em períodos de eleições, nem sempre foi respeitado, como se pôde verificar no caso dos debates entre candidatos a vários cargos, principalmente na televisão.

Os partidos políticos, nascidos da reforma de 1979, acabaram corporificando-se no Partido Democrático Social (PDS – antiga Arena), no Partido do Movimento Democrático Brasileiro (PMDB – antigo MDB), no Partido Popular (PP), no Partido Trabalhista Brasileiro (PTB), no Partido Democrático Trabalhista (PDT) e no Partido dos Trabalhadores (PT). Estas agremiações políticas conseguiram cumprir, cada uma à sua maneira, os prazos e as exigências definidas na legislação de 1979. O PMDB colocava-se, ao menos nos primórdios, como o lugar de políticos de "tendência popular" e de tendência liberal-democrática. O PDS reuniu políticos defensores do Movimento de 1964, podendo então jogar fora a antipatia da Arena e a impopularidade do governo ditatorial, pois irrompiam com outro título.

O PDT, por seu lado, amparou-se na herança trabalhista e populista de Getúlio Vargas e de João Goulart, acrescida de representantes social-democratas e socialistas. Já o PTB passou a congregar o populismo de Getúlio Vargas com os discípulos de Jânio Quadros e de Carlos Lacerda. Buscando suas raízes na classe operária, o PT apareceu no âmbito dos movimentos sociais, querendo expressar interesses das maiorias que vivem do seu trabalho e dando valor à mobilização popular. O PP organizou-se em torno de membros conservadores do antigo MDB, que acreditavam na liberalização do país. Em razão das medidas tomadas pelo general Figueiredo em 1981 e em 1982, proibindo coligações partidárias e exigindo o "voto vinculado", o PP acabou por extinguir-se. Em resposta a esta legislação por demais protetora do PDS, o PP votou sua própria dissolução e sua integração no PMDB.

A sucessão de Figueiredo

A sociedade brasileira dirigia sua atenção para o novo presidente da República, substituto do general João Baptista Figueiredo em 15 de março de 1985. A definição do procedimento a ser utilizado para o preenchimento do cargo de presidente decorreu de variadas manipulações políticas. O Congresso Nacional e os setores mais ativos da sociedade contorceram-se por causa da pressão exercida pelo governo federal. Por exemplo: em 19 de outubro de 1983, através do Decreto n. 88.888, o general Figueiredo baixou pela primeira vez Medidas de Emergência, conforme permitia a Emenda n. 1, tida como Constituição de 1969. Tais Medidas se limitavam à região de Brasília (Distrito Federal), tendo a duração de 60 dias. O pretexto para a aplicação das Medidas consistia na votação, pelo Congresso Nacional, do Decreto-Lei n. 2.045, relativo à política salarial.

Não ficou clara a origem do pedido para o uso deste instrumento de força, atribuladamente acionado pelo Comandante Militar do Planalto. O certo é que se alegava dar garantias aos membros do Congresso Nacional, a fim de votarem com tranquilidade angélica a nova política salarial. Depois de tanta garantia, os congressistas rejeitaram o decreto governamental, assim como já tinham rejeitado anteriormente o Decreto-Lei n. 2.024, também referente ao arrocho salarial. Estas Medidas de Emergência permitiram demonstrações próprias de tiranias, como a interdição da sede da Ordem dos Advogados do Brasil (OAB), em Brasília, além de grave incidente com a imprensa.

As "Diretas-Já!"

O caso da campanha pelas "Diretas-Já!" evidenciou até onde a pressão do governo de Figueiredo pôde chegar. A proposta de realizar-se eleição direta de imediato, para os cargos de presidente e de vice-presidente da República, por meio do voto popular, transformou-se em verdadeiro anseio dos brasileiros. Encerrava-se a dança macabra do colégio eleitoral, bastante propício a negociações nem sempre dentro dos limites permitidos pela lei. Em todos os Estados do Brasil aclamou-se a eleição direta, por voto popular, visando a conferir legitimidade ao sucessor do general João Baptista Figueiredo. De modo geral, os partidos políticos de oposição estiveram presentes na campanha das "Diretas-Já!", embora houvesse quem vacilasse, e eram abundantes, em sua fé na proposta. Afinal, entre cambalhotas mentais, existiram aqueles que acendiam uma vela para as eleições diretas e outra para as eleições indiretas.

De novo, o presidente Figueiredo lançou mão da força, na sua caminhada para a democracia. Em 18 de abril de 1984, pelo Decreto n. 89.566, estabeleceu Medidas de Emergência, abrangendo a região de Brasília (Distrito Federal) e municípios do Estado de Goiás. De novo, o período de vigência das Medidas de Segurança compreendia 60 dias, durante os quais o Comandante Militar do Planalto poderia usá-las. Nos locais atingidos por estas Medidas, ficavam proibidas as concentrações públicas, ou reuniões em recintos até mesmo fechados, com participação de entidades ilegais. Determinavam a censura prévia, a "busca e apreensão em domicílio", a "intervenção em entidades representativas de classes ou categorias profissionais". Passava a ser controlada a entrada em Brasília.

Em 25 de abril de 1984, a grande maioria dos brasileiros foi derrotada. Caía a esperança de milhões, pois a sociedade se ergueu para eleger seus dirigentes. A campanha pelas "Diretas-Já!" atravessou fronteiras estaduais e ganhou partidários de condições sociais muito diferentes. A emenda constitucional que previa eleições diretas-já para a presidência da República foi rejeitada pela Câmara dos Deputados. Apesar de tal emenda ter recebido maioria de votos a favor dela (298 a 65), faltaram 22 votos para atingir a quantia de dois terços, necessária para mudar a dita Constituição de 1969. Na votação, 54 membros do partido oficial, PDS, apoiaram a emenda das diretas-já. Porém 113 representantes do PDS votaram contra ela, ou ausentaram-se do plenário da Câmara dos Deputados.

Dias depois, o presidente Figueiredo deu aos brasileiros a sua explicação, quanto às Medidas de Emergência. Para ele estas Medidas adotadas antes do dia 25 de abril, quando se votou a emenda das eleições diretas-já, visavam a "assegurar o livre exercício das prerrogativas do Congresso Nacional e manter a ordem pública no Distrito Federal". Tratando dos comícios na campanha das "Diretas-Já!", o presidente deixou claro que garantiu "a livre manifestação de pensamento e convicção política". Neste sentido, ressaltava: "Deixei confirmada a declaração por mim feita, perante a Nação, em dado momento, de jamais ter havido, neste país, mais liberdade do que a reinante no meu governo".

Justificando as Medidas de Emergência, Figueiredo continuava aludindo ao "diálogo", à "cooperação", ao "entendimento", ao "congraçamento", à "conciliação", desejando mostrar sua tolerância, ao propor a redução dos próximos mandatos presidenciais.[12]

Ainda em junho de 1984, parte expressiva da população brasileira se manifestava em prol das eleições diretas-já, para a indicação da presidência da República. Em nome dos sonhos democráticos, ofertava-se a tal população a eleição indireta, pelo colégio eleitoral. Mais uma vez, esperava-se o mal menor.

O ato final da ditadura?

Os candidatos

Enquanto as contradições econômicas exigiam mais suor e trabalho dos brasileiros, muitos depositavam sua confiança na escolha do sucessor do presidente João Baptista Figueiredo pelo colégio eleitoral.

Em 11 de agosto de 1984, a convenção do PDS escolheu Paulo Salim Maluf para candidato à presidência da República. No entanto, antes desta data, em julho do mesmo ano, dissidentes do PDS lançaram a Frente Liberal, formando com o PMDB a chamada Aliança Democrática. Em 12 de agosto de 1984, Tancredo Neves surgiu como o candidato desta Aliança Democrática.

O candidato Paulo Salim Maluf

O candidato do PDS, Paulo Salim Maluf, dizia em junho de 1984, referindo-se à Constituinte, que "ninguém sabe o que é isso", preferindo "organizar uma comissão com representantes dos partidos, das igrejas, dos sindicatos, da OAB, para preparar um anteprojeto de Constituição que será votado pelo Congresso". Em meio a seus planos, admitia ser preciso "mais policiamento ostensivo e mais ação das secretarias da Promoção Social", entendendo que "a solução definitiva será oferecer mais empregos à população", pois "quem tem emprego não vai ser marginal".

Para o candidato do partido oficial, o empresário brasileiro "é o grande prejudicado pela política econômica do governo, achatado pelo peso das mais altas taxas de juros do mundo". Paulo Salim Maluf não se colocava como "um defensor do FMI, porque em geral sua política é pôr o pé no breque", enquanto a política do candidato governista "é pôr o pé no acelerador".

O candidato do PDS, porém, não se limitava a meras explicações de motorista brecando ou acelerando, ao aludir a problemas da economia brasileira. Se não era "um defensor do FMI", também não pretendia romper com ele, a fim de não "deixar de pegar seus recursos, que são mais baratos que os dos bancos comuns".[13]

Maluf e o candidato Tancredo Neves

O candidato das oposições, sustentado pela Aliança Democrática, defendia a renegociação da dívida externa de forma realista, e ainda uma política agressiva de exportação.

Tancredo Neves pensava que o crescimento econômico do país deveria basear-se principalmente no capital nacional, mas sem temor quanto à participação do capital estrangeiro, que seria um complemento da iniciativa privada do Brasil.

O candidato aliancista desejava apoiar firmemente a agricultura, porque ela deveria produzir alimentos e recursos para o pagamento da dívida externa. Garantia também maior autonomia política e financeira aos Estados e Municípios. Notando a preferência pela sua candidatura, Tancredo Neves proclamava que o "nosso povo tem tudo para se transformar, a partir de 1985, num grande povo". E avançava: "Temos tudo para realizarmos um grande destino de nação", completando que "nosso povo possui os melhores atributos de inteligência, de coração e de bondade".[14] Entre uma frase e outra, o candidato das oposições aliancistas deslizava com cuidado, mirando invariavelmente o indefinido centro. Tal era o sentido dado por sua comissão do plano de governo, em cuja composição estavam presentes exilados políticos e antigo ministro dos governos de Costa e Silva e Figueiredo, além de representantes de empresários e de banqueiros. Muitos ex--exilados de todo gênero, os "retornados", exultavam ao lado dos que ficaram trabalhando, os "sufocados".

O ato final: unificando velhas e novas expectativas

Desde o final de agosto de 1984, vários levantamentos apontavam a vitória de Tancredo Neves no colégio eleitoral, a reunir-se em 15 de janeiro de 1985. Em dezembro do mesmo ano, o presidente João Baptista Figueiredo prenunciava a chegada de "novos tempos", propondo que "nossa sociedade atinja um real estágio de convivência e responsabilidade política, séria, comprometida com os ideais da democracia".[15]

Belas palavras à parte, o candidato da Aliança Democrática – Tancredo Neves – representava nova composição das forças dominantes na sociedade, com a vontade de gerenciar a dívida externa e a miséria social. A determinadas pessoas, esparramava bênçãos de esperanças. A outras pessoas, surgia na cena política como um mal menor.

De qualquer maneira, irrompeu no horizonte e tomou corpo a conciliação entre certos poderosos de ontem e muitos poderosos de amanhã, apenas vislumbrados pelo povo brasileiro.

Em verdade, em verdade, dizia **D. Pedro II, imperador do Brasil**: "Minha política – a Justiça – não é a dos Partidos", pois "obro conforme e só conforme o que julgo exigir o bem do País".[16]

Não era necessário o povo, bastava a cabeça do imperador.

A oposição conciliadora e a precariedade social

A vida social no Brasil ganhou, mais ou menos a partir de 1975, à custa de elevado preço, maior liberdade e forte intensidade. Os movimentos de base compuseram um retrato bem vigoroso desta realidade. Os movimentos de caráter civil constituíram associações de moradores de bairros, sociedades de amigos de bairro, associações de favelados e outras de semelhante natureza. Tais entidades procuraram conseguir melhorias nas condições de vida, tendo como meta a concretização de importantes reivindicações. A maioria da população carecia de habitação, de rede de esgotos e de água, de escolas, de coleta de lixo e de limpeza das ruas, de iluminação, de asfaltamento e ainda de creches. Os movimentos sustentados por estas associações apareceram em forma de petições, de reuniões, de comícios, de marchas e de assembleias, tornando bem claras as suas exigências feitas aos governos federal, estadual e municipal.

Os movimentos de cunho religioso, inspirados sobretudo pela Igreja Católica, estavam ligados a diversas pastorais e diretrizes da Conferência Nacional dos Bispos do Brasil (CNBB). Estes movimentos de origem religiosa surgiram principalmente através das Comunidades Eclesiais de Base (CEBs), pequenos grupos relacionados com uma paróquia urbana ou rural. Ao mesmo tempo em que prestavam serviços religiosos, as Comunidades Eclesiais de Base procuravam discutir direitos humanos e participar da luta política, em busca da alteração das condições de vida dos trabalhadores e dos desempregados.

O movimento sindical, reprimido, controlado por representantes governamentais da ditadura, ou estritamente vigiado, conquistou novas energias desde 1977. A oposição sindical vinha defendendo alguns princípios destinados a valorizar quem trabalha, tais como: 1) desaparecimento da legislação repressiva; 2) participação de trabalhadores na direção particularmente do Fundo de Garantia por Tempo de Serviço (FGTS) e do Banco Nacional de Habitação (BNH); 3) fim do controle salarial; 4) garantia do direito às negociações coletivas, do direito de greve; 5) e ainda a autonomia dos sindicatos, sem risco de intervenção do governo federal.

A oposição sindical continuou patrocinando greves de grande repercussão, como nos casos de São Bernardo do Campo, de Santo André, de São Caetano do Sul, de Diadema, de Santos, para levar-se em conta apenas algumas cidades do Estado de São Paulo. Tais greves, neste Estado e em outros, geraram demissões de seus líderes. E nos anos de 1981 e de 1982, muitas atividades grevistas também se destinavam a forçar as empresas a receberem de volta os empregados demitidos. A negociação direta entre empregadores e empregados acabou-se tornando um sistema paralelo, que fugia das amarras da administração ditatorial.

Já em 1978, o presidente do Sindicato dos Metalúrgicos de São Bernardo do Campo, Luiz Inácio da Silva, o Lula, situou a função da greve:

> Talvez por falta de hábito, muita gente viu a greve como um negócio anormal, fantástico. Na verdade, foi uma manifestação de uma classe, que tem como arma nas negociações, como força de barganha, a greve. O fato dela (sic) ter sido julgada ilegal, já perdeu o valor, porque o trabalhador a tornou legal, a partir do momento em que a praticou. (...) A única maneira do (sic) trabalhador medir forças com a classe empresarial é com a paralisação. (...) O trabalhador deu uma boa demonstração de que greve não é baderna, deixando todo mundo perplexo. Mostrou que greve é um direito dele. (...) Greve é uma coisa muito simples de fazer, é só desligar as máquinas, sem provocar ninguém ou obrigar a presença da polícia. (...) O que atrapalhou foi o cerceamento do rádio e da televisão. O trabalhador escuta muito rádio, vê muito mais televisão, do que lê jornais. (...) Quem está preocupado com os problemas dos trabalhadores é o próprio trabalhador.[17]

Não era para menos, pois a renda média mensal dos assalariados caiu assustadoramente. No espaço de quatro anos, entre 1979 e 1983, os trabalhadores da primeira faixa (até três salários mínimos) perderam 11,2% do seu salário real, enquanto os da segunda faixa (de três a dez salários mínimos) receberam menos 35,6%. Neste mesmo período (1979 a 1983), os trabalhadores da terceira faixa (de 10 a 20 salários mínimos) ficaram sem 20% de seu salário real, e os da quarta faixa (de mais de 20 salários mínimos) foram prejudicados em 40%.

O ataque aos salários dos trabalhadores veio rápido e profundo, fazendo-os cantar louvores por manterem o emprego, quando conseguiam. Basta recordar que, entre 1979 e 1983, somente um terço dos assalariados estava regularmente registrado. Além disso, o crescimento econômico assentado no investimento estrangeiro, como indústrias de automóvel e de alimento, indústrias químicas e farmacêuticas etc., intensificou as desigualdades de salários. Em 1979, das 100 maiores empresas do Brasil, 37 pertenciam a grupos estrangeiros, 32 eram estatais e 31 eram propriedades de grupos privados brasileiros. Levando em conta apenas o setor privado, de acordo com os critérios da pesquisa, a Mercedes Benz alemã colocava-se como a primeira empresa privada no Brasil, seguida pela Volkswagen alemã, depois pela British Tobacco (Souza Cruz) e pela Shell anglo-holandesa.

O governo ditatorial reconhecia a necessidade de desconcentrar a renda da população brasileira. Este reconhecimento aparecia em diversas declarações oficiais, que punham de lado a anterior "teoria do bolo" segundo a qual era preciso fazer o "bolo" (a renda nacional) crescer para em seguida reparti-lo. Apesar de a culinária ser quase sempre apetitosa e responsável por delícias, o certo é que a renda não é bolo e não responde aos procedimentos de cozinha.

Homens e obras

> Sete Quedas por nós passaram,
> e não soubemos,
> ah, não soubemos amá-las...
> E todas sete foram mortas,
> E todas sete somem no ar...
> Sete fantasmas, sete crimes,
> Dos vivos golpeando a vida,
> Que nunca mais renascerá...
>
> – Carlos Drummond de Andrade

Desde 1964, os governos da ditadura militar tiveram superior predileção por construir obras gigantescas, "de impacto" como era dito, mostruários da pujança e da grandeza nacionais.

A REPÚBLICA BRASILEIRA — 1951-2010

Seus dois últimos governos, de Ernesto Geisel e de João Baptista Figueiredo, seguiram também este projeto de grandes obras. Por exemplo, Geisel realizou o acordo nuclear com a Alemanha, a construção de parte da Usina Hidrelétrica de Itaipu e o Programa Nacional do Álcool (PROÁLCOOL). De sua parte, ainda exemplificando, Figueiredo fortaleceu o Programa de Habitação Popular e inaugurou com o Paraguai, em 1984, a produção da Usina Hidrelétrica de Itaipu, a qual seria a maior usina existente no mundo, depois de instaladas suas dezoito turbinas.

As grandes obras "de impacto" da ditadura não respeitaram obstáculos de qualquer natureza, como comprovaram os elevados ("minhocões") construídos distintamente em São Paulo e Rio de Janeiro, com a finalidade de desafogar o trânsito urbano, com degradação de regiões do centro das capitais.

A construção, com o Paraguai, da Usina Hidrelétrica de Itaipu suprimiu o Salto de Sete Quedas do Rio Paraná, conhecido ainda como Saltos del Guairá, a maior cachoeira do mundo em volume de água. Em 1981 a cidade de Guairá, perto do Salto de Sete Quedas, pediu à Itaipu indenização pelo futuro desaparecimento das cataratas e pela perda da atração turística e da fonte de renda. A resposta veio logo, dada pelo presidente brasileiro da empresa, general José Costa Cavalcanti:

> Os saltos não vão desaparecer, mas serão apenas transferidos 185 quilômetros abaixo, numa obra feita pelos homens, que é Itaipu.[18]

Do lado das obras monumentais e "de impacto", aconteciam revoltas de boias-frias, banditismo nas lutas por terra entre posseiros e fazendeiros, a vida arruinada dos trabalhadores volantes no Brasil.

As condições de trabalho na agricultura, como nos canaviais, nos cafezais, nas plantações de laranja e nos campos de algodão etc., denunciavam a brutalidade das relações entre empregadores e empregados, em geral sem direitos sociais, reduzidos a um contingente miserável, uma porção dele composta de mulheres, velhos e crianças de 11 e 12 anos.

Em Guariba, no estado de São Paulo, em 1984 muitos boias-frias invadiram, incendiaram e depredaram dois prédios da Sabesp, queimaram três veículos, quebraram e saquearam um supermercado, danificando uma casa. Uma pessoa morreu baleada, 29 foram feridas, 14 à bala, porque os usineiros alteraram o modo de cortar cana-de-açúcar, diminuindo o rendimento dos cortadores. Ao mesmo tempo, estes trabalhadores rurais não mais admitiam os constantes aumentos das taxas de água.

Em Bebedouro, no mesmo Estado e ano, depois de três dias de greve, apanhadores de laranja tomaram conhecimento de que ganhariam Cr$ 210,00 por caixa colhida, portanto Cr$ 10,00 a mais do que pagamento exigido por eles. Em seguida, esses apanhadores de laranja descobriram o verdadeiro acordo: os Cr$ 210,00 não significavam o valor líquido, porquanto seriam deduzidas parcelas, retidas com o empregador, relativas ao descanso semanal remunerado, férias, 13º salário e indenizações no final da colheita em dezembro.[19]

A seca no Nordeste e recessão econômica no Brasil dilatou a migração dos sem-terras que, de 20 mil na década de 1970, avançou a mais de 300 mil nos anos de 1980. Os sem-terras ocuparam terras devolutas, propriedades abandonadas ou inexploradas e fazendas. Os fazendeiros brandiam seus títulos de propriedade — nem sempre bem havidos —, e garantiam a inexistência ali de posseiros naquela ocasião.

O sul do Pará retratou de forma considerável o combate entre posseiros e fazendeiros, o banditismo, as tocaias, os corpos queimados, mutilados ou abandonados aos urubus e aos animais. Por muitos anos, os posseiros sofreram a expulsão e o massacre dos pistoleiros pagos por empreiteiros das primeiras grandes empresas, vindas para a região pelo estímulo dos incentivos fiscais e do "milagre econômico". Agora, os posseiros organizaram-se e reagiam de igual maneira, servindo-se da técnica aprendida no enfrentamento.

A luta pela terra apresentava um levantamento precário e incompleto das vítimas dos conflitos rurais e um jornal deu "os focos mais explosivos de uma Nação conflagrada", em 1983:

Acre – Município de Tarauacá. Tensões no seringal Novo Destino e vizinhanças. Envolve 500 famílias.

Rondônia – Município de Cacoal, gleba da linha 148, em Rolim de Moura e Alta Floresta, envolvendo 163 famílias.

Goiás – Municípios de Babaçulândia, Vanderlândia e Mineiros; 650 famílias.

Maranhão – Recordista de conflitos. Disputas entre fazendeiros e posseiros (5.023 famílias), em nove municípios, entre os quais Santa Inês, Barra do Corda, Turiaçu e Barreirinhas.

Pará – Disputas envolvendo posseiros com fazendeiros e empresas agropecuárias pertencentes a bancos e multinacionais. Incidência maior no sul do estado, nos municípios de Xinguara, Marabá, Redenção, Santana do Araguaia e Rio Maria.

Mato Grosso – Doze conflitos, englobando 857 famílias, em cinco municípios, entre eles São Félix do Araguaia.

Mato Grosso do Sul – As disputas afetam 2.374 famílias, desde a serra do Bodoquena até as vizinhanças da capital, Campo Grande.

Paraná – 366 famílias disputando terras em nove conflitos, no norte do Estado.

Rio Grande do Sul – 991 famílias em conflitos distribuídos por dez municípios.

Nordeste – Zona de ocupação ancestral, é menos abalada pela violência do que o Norte e o Centro-Oeste, áreas de ocupação recente. As tensões ali reinantes, contudo, levaram o Ministério Extraordinário para Assuntos Fundiários a qualificá-la como área prioritária. (...)

Questões trabalhistas – Ao lado das disputas possessórias,... elas crescem em todo o País. Pernambuco é o primeiro colocado, com 30 mil casos em 20 municípios.[20]

De uma parte, cimento e obras; de outra parte, vidas e destinos desperdiçados, eis um quadro melancólico da maioria no Brasil de 1984. Talvez por isso o presidente João Baptista Figueiredo tenha feito o apelo no discurso de 30 de abril de 1984, transcorridos mais de 20 anos do golpe de Estado de 1964 que tanto prometera e punira: "(...) O apelo ao congraçamento, à conciliação, ao diálogo que dirijo aos políticos do meu país – homens e mulheres da situação, mulheres e homens da oposição – é um chamamento sincero e caloroso, à classe política, no seu todo, para que me ajudem, cada qual à sua maneira, a propiciar aos brasileiros a felicidade social que merecem".[21]

A inflação

Os brasileiros suportaram em 1984 o recorde inflacionário de sua história; ou melhor, o recorde inflacionário até esta data. De fato, em 1980 a inflação anual caminhou até 110,2%, caindo para 95,2% em 1981. Depois, pelo ano de 1982 iniciou sua intensa subida, passando a 99,7%. Em 1983, a inflação anual chegou por volta de 211,13%, para atingir em 1984 os arredores de 223,775%. O quadro geral, ao que parece, era o resultado de medidas econômicas, inspiradas pelos credores estrangeiros e empacotadas pelos técnicos da economia brasileira.

Entre os experimentos desses técnicos, aliás, experimentos tão macabros à população do País, podiam ser incluídos, a título de exemplo: o alinhamento dos preços internos e externos dos produtos exportáveis (como a soja, o milho, o arroz e outros); a elevação do valor do dólar e do preço dos produtos importados; e em consequência a alta dos juros, afetando finalmente o preço das mercadorias consumidas pelas pessoas.

Foi demonstrado por estudos confiáveis que o salário-mínimo sequer era suficiente para alimentar mais de uma pessoa. No espaço de um ano, de outubro de 1979 a outubro de 1980, o tempo de trabalho necessário para a compra da "ração essencial", com base no salário-mínimo mensal, na cidade de São Paulo-SP, subiu de 179 horas e 50

A REPÚBLICA BRASILEIRA — 1951–2010

minutos para 198 horas e 53 minutos. Isto significava, em uma cidade grande como São Paulo, subir de mais de 22 dias do mês para mais de 24 dias, em jornada de trabalho de 8 horas e no período de um ano, a fim de adquirir a "ração essencial". A "ração essencial" consistia na quantidade mínima, indispensável para um trabalhador viver (Decreto-Lei n. 399, de 30/04/1938).

O custo mensal de produtos básicos para a alimentação representou em média, de setembro de 1979 a agosto de 1984, 66,7% do salário-mínimo. O alimento que mais aumentou nesse período foi a farinha de trigo (11.297,6%), seguida do pão (8.771,8%), vindo após o feijão (7.525,3%). Para se ter uma ideia da desvalorização do salário mínimo de 1961 a 1983, foi de 64%, abrangendo, portanto, o governo de Jânio Quadros, de João Goulart e a ditadura militar principiada em 1964.

A concentração da renda, além da observação direta, podia igualmente ser demonstrada nesta distribuição em 1980: 12% da população brasileira detinha até 0,5 salário-mínimo; 20,8% recebia de 0,5 a 1 salário-mínimo; 31,1% ia de 1 a 2 salários-mínimos, ao passo que apenas 3,2% da população percebia de 10 a 20 salários-mínimos e 1,6% detinha 20 ou mais salários-mínimos. Falava-se de boca a boca: o salário-mínimo já foi para sustentar uma família, agora não alimentava nem o próprio trabalhador.

Em 1982, uma distribuição das famílias pobres exibia o seguinte perfil: 41% no Nordeste, 33% no Sudeste, 18% no Sul, 5% no Centro-Oeste e 3% no Norte. A posição na ocupação principal, segundo a cor, de acordo com o Censo de 1980, apresentava esta distribuição: brancos empregados: 67,8%, brancos empregadores: 3,7%; pretos empregados: 71,9%, pretos empregadores: 0,4%; amarelos empregados: 52,2%, amarelos empregadores: 11,1%; pardos empregados: 60,5%, pardos empregadores: 1,1%.

Talvez aí se encontrassem alguns dos mais desumanos experimentos dos técnicos responsáveis pela economia do País.

Mas as dificuldades para sobreviver no Brasil revelaram-se igualmente na falta de emprego. Considerando-se apenas a região metropolitana de São Paulo, constatou-se que havia, em meados de 1984,

15% de desempregados. Esta quantia significava 1,5 milhão de pessoas desempregadas, numa população economicamente ativa de 7 milhões.

Não é por acaso que os jornais, de tempos em tempos, noticiavam invasões de depósitos de alimentos. Em 1982, um jornal divulgava que um grupo de 15 mulheres entrou em um Posto de Saúde, de um bairro da capital de São Paulo, carregando com elas 10 caixas de leite em pó, além de aspirinas, xaropes e antibióticos. Em fins de 1984, na mesma cidade, foi atacado um depósito de merenda escolar, sendo levados vários produtos, como arroz, feijão, biscoitos, óleo comestível, sal e açúcar.

Todavia, a visão do governo era outra em meados de 1984, ao menos para os ministros da Fazenda e do Planejamento, que anunciavam:

> Se a teoria funcionar, a inflação deve desabar. (Ernane Galvêas, ministro da Fazenda)
> Temos agora todas as condições para promover o ajuste da economia e combater a inflação. (Delfim Netto, ministro do Planejamento).[22]

A gerência da dívida externa: o FMI

As condições de trabalho no Brasil agravaram-se, depois do início dos empréstimos fornecidos pelo Fundo Monetário Internacional (FMI). Já em fins de novembro de 1982, passados alguns dias das eleições, se noticiava que o governo de Figueiredo pediria ajuda de 6 bilhões de dólares a esse Fundo. A ajuda do Fundo Monetário Internacional (FMI) provocou mudanças na economia brasileira, em particular na política salarial. A dívida externa do Brasil, em grande parte, tem sido calculada a base de juros móveis e contraída com instituições particulares. Assim, deliberações estrangeiras influíam no volume da dívida, que fugia ao controle direto da administração federal. Independentemente de outros fatores, o crescimento permanente da dívida externa decor-

A REPÚBLICA BRASILEIRA — 1951–2010   365

reu de empréstimos a curto prazo, tomados fora do País, para pagamento do serviço da própria dívida e de seus juros.

Em princípio de 1983, se estimava que em 28 anos, de 1956 a 1983 (do governo de Juscelino Kubitschek ao governo de João Baptista Figueiredo), a dívida externa do Brasil aumentou 3.400%, indo de 2,5 bilhões de dólares para 90 bilhões de dólares.

Ao longo de 1980, a situação da dívida externa tornou-se dramática. A elevação da inflação, a alta dos preços e o aumento do desemprego deram-se as mãos, celebrando sólido e sinistro casamento. Em meados daquele ano, o governo de Figueiredo lançou aos ares gotículas de esperança. O ministro Ernane Galvêas dava suas impressões: "O governo está plenamente consciente de que terá que conviver com taxas de inflação de 105% ou 110%. Depois elas começarão a cair".[23] O ministro Delfim Netto, por seu lado, acompanhava-o, no mesmo sentido: "Quando vier esse 100 vou ter muita amolação, mas isso passa".[24]

Quem é responsável

Embora esse processo de degeneração da condição de vida no Brasil fosse evidente e prolongado, a administração de Figueiredo lançou interpretações às vezes diretas e surpreendentes. O ministro Camilo Pena, em janeiro de 1980, expunha sua opinião: o combate à inflação "não é somente da responsabilidade dos ministros, porém da sociedade como um todo".[25] E continuava: a "relação comercial externa do Brasil e a moeda brasileira vivem momentos de extrema gravidade". Apesar disto, se as coisas estavam ruins aqui, como apontava o referido ministro, as empresas estrangeiras não iam a tanto. Pareciam ver a realidade com alegria. Eis o caso de uma indústria automobilística que, mesmo sofrendo prejuízo de 48 bilhões de cruzeiros em 1983, se declarava disposta a investir 478,87 milhões de dólares.

O mesmo ministro da Indústria e Comércio, Camilo Pena, em 1984, não se voltava para as empresas estrangeiras, mas para os juros, asseverando que a alta dos juros era imperialismo: "...o aumento das taxas de juros internacionais significa uma transferência de recursos dos países pobres para os países ricos e que, na prática, ela nada mais é do que uma nova forma de imperialismo econômico".[26] Não seria o caso de considerar tal ministro um ministro desorientado, ele simplesmente variava os causadores do desespero nacional, uma hora era a "sociedade como um todo", outra hora era o "imperialismo econômico".

Afinal de contas, a indústria bélica do Brasil prosperava, ainda que tal não acontecesse com a maioria da população. Uma publicação, alegando um cálculo precário por causa do sigilo neste campo, anunciava que a indústria bélica teria negociado no Exterior aproximadamente 2 bilhões de dólares em 1983, 10% das exportações do país. Por outro lado, em setembro de 1984 falava-se que o volume das exportações brasileiras da indústria bélica poderia chegar a 3 bilhões de dólares.[27]

Mas os produtos principais para a exportação continuavam sendo os mesmos, ficando em primeiro lugar os alimentos (café, farelo de soja, suco de laranja), acompanhados de minérios e calçados de couro.

Legado ditatorial

Embora o líder do movimento "Pró-Diretas Já!" do PMDB, deputado Ulysses Guimarães, tivesse advertido por ocasião do primeiro de maio de 1984 que "é perigoso trair a vontade das praças", os homens do poder ignoraram o prudente aviso e acolheram o imenso e amargo legado ditatorial.[28]

Educação

Uma enquete de 1977 fazia sete perguntas a estudantes do ensino superior e a alguns entendidos em nosso processo cultural, alegando que "era difícil aceitar que os jovens fossem culpados por terem herdado o que lhes entregamos". Notem-se certas respostas dadas pelos acadêmicos:

1ª Pergunta: O que espera do curso?

Aluno(a) de Pedagogia respondeu: "Ganhar novos conhecimentos e para isso é necessário que o curso seja bom e bem aproveitável".

Aluno(a) de Biologia: "Espero que esse curso de Biologia me dê bases tanto para um trabalho nessa área, como para lecionar tal matéria".

Aluno(a) de Matemática: "Um diploma".

2ª Pergunta: O que propõe para o curso?

Aluno(a) de Letras: "Eu proponho que cada curso tenha a sua própria classe e não mais sejam reunidos numa única classe".

Aluno(a) de Matemática: "Em primeiro lugar: matéria – isto é, bem explicada. Em segundo lugar, comunicação total".

Aluno(a) de Biologia: "Acho que não tenho condições de propor nada, a não ser pedir aos professores que cada um explique sua matéria e peça para a classe silêncio, para que possamos entender e aproveitar melhor a sua aula".

3ª Pergunta: O que entende por política?

Aluno(a) de Pedagogia: "Política no sentido da palavra, trata-se do governo do país, seus problemas etc. Pouco sei sobre isso, acho um campo muito árido e bastante problemático".

Aluno(a) de Matemática: "Nada".

Aluno(a) de Matemática: "Política e Religião são assuntos que aprendi nem atacar, nem defender, sinto muito!".

4ª Pergunta: O que entende por economia?

Aluno(a) de Pedagogia: "Economia – trata-se de dinheiro e uma vez sendo isso, traz muita polêmica".

Aluno(a) de Educação Artística: "Nada".

Aluno(a) de Matemática: "Economia não consta no meu dicionário".

5ª Pergunta: Fale sobre a Revolução Industrial ocorrida na Europa (+ ou -) 1760/1830.

Aluno(a) de Biologia: "No momento não me lembro de tal acontecimento".

Professora Primária: "Se não tiver enganada foi essa revolução que causou o aparecimento de novas máquinas".

Aluno(a) de Matemática: "A revolução industrial ocorrida na Europa de 1760 e 1830 estendeu essa crise no mundo inteiro pelo sistema de transporte marítimo interrompido".

6ª Pergunta: O que foi o Tenentismo?

Aluno(a) de Educação Artística: " Não sei, deve ser baseado em tenente".

Professora Primária: "Esse movimento 'Tenentismo', eu tive uma rápida demonstração sobre o que foi, mas no momento só lembro-me, se não estiver confundida que foi sobre um movimento de armas".

Aluno(a) de Biologia: "Não sei e agora vou procurar saber. É melhor fechar a boca do que falar besteira".

7ª Pergunta: Dê sua interpretação sobre a guerra do Vietnã.

Aluno(a) de Biologia: "É uma pena, pois tem muita gente morrendo sem merecer, morrendo no lugar de muitos outros".

Aluno(a) de Matemática: "Maior sacanagem que já existiu".

Aluno(a) de Pedagogia: "Guerra do Vietnã não é nem bom falar essas coisas deixa-se de lado é muito triste".

Comentando a questão da desinformação, o sociólogo Fernando Henrique Cardoso assinalou que, para ter informação, era necessário haver o interesse em informar-se, assim como, para aprender, era preciso querer aprender. No caso brasileiro, disse ele, "a apatia foi sustentada pelo regime durante muito tempo", resultando em desinformação. O historiador Sérgio Buarque de Holanda reconheceu que, mesmo entre estudantes, sempre houve maior ou menor grau de desinformação e que agora iria existir mais. Sérgio Buarque de Holanda notou que "no Brasil, eles colocaram História, Geografia, Ciências

■ **JUNTA MILITAR (31/08/1969-30/10/1969):** Aurélio de Lyra Tavares (general – chefe da Junta Militar), à direita; Augusto Hamann Rademaker Grünewald (almirante), ao centro; Márcio de Souza e Mello (brigadeiro), à esquerda.

A Junta Militar promulgou o Ato Institucional n. 13 (AI-13 – instituindo pena de banimento de brasileiros); o Ato Institucional n. 14 (AI-14 – instituindo pena de morte e de prisão perpétua); a Lei de Segurança Nacional (18/09/1969); a extinção dos mandatos de Costa e Silva (presidente) e de Pedro Aleixo (vice-presidente) em 06/10/1969; e a Emenda Constitucional n. 1, de 17/10/1969, então chamada de "nova Constituição".

Presidente EMÍLIO GARRASTAZU MÉDICI (general), ao centro

Garrastazu Médici (30/10/1969-15/03/1974) com os militares. Valeu-se de ativa propaganda política baseada em *slogans*: "Brasil, ame-o ou deixe-o"; "Ninguém segura este país"; "Milagre brasileiro". Em sua gestão, houve baixa inflação e crescimento econômico seguido do aumento da miséria, da concentração de renda e da desigualdade social. Optou por grandes obras de "impacto", como as rodovias Transamazônica, Santarém-Cuiabá, Perimetral Norte e a ponte Rio-Niterói. Implantou o Plano de Integração Social (PIS), o Programa de Assistência Rural (PRORURAL), o Projeto Rondon e o Movimento Brasileiro de Alfabetização (Mobral). Seu governo, com o passar do tempo, foi sendo reconhecido como "anos de chumbo da ditadura", por causa da enorme e violenta repressão aos opositores.

Sociais, tudo junto numa matéria chamada "Estudos Sociais", que não quer dizer nada". Posteriormente acrescentou que a desinformação decorria das "deficiências do ensino, falta de possibilidades do ensino, agravada com a perseguição à cultura".[29]

O domínio do ensino superior particular no país alastrou-se demasiadamente a partir do governo do general Emílio Garrastazu Médici. Do começo da ditadura militar em 1964 até 1979, no estado de São Paulo, praticamente não sucedeu aumento de vagas nas universidades gratuitas e públicas, ao passo que as escolas particulares de ensino superior aumentaram suas vagas em mais de 800%. Em 1979, das 173.265 vagas existentes no ensino superior paulista, que representavam quase 70% das vagas no Brasil, 94% eram pagas, e 6%, gratuitas. Os estudantes das faculdades particulares protestavam contra o que chamavam de abusos na cobrança de anuidades, reajustadas a cada ano de acordo com a elevação do custo de vida, inconsistentemente calculado em momento de descontrole do processo inflacionário.

No Brasil, os cursos de pós-graduação começaram na Escola de Sociologia e Política, segundo os parâmetros norte-americanos, qualificando os candidatos ao mestrado em Ciências Sociais. As Faculdades de Filosofia, Ciências e Letras acompanhavam o padrão francês, pelo qual os candidatos ao doutorado concluíam sua formação com professor responsável, submetendo-se a provas de qualificação ou frequentando cursos para tornarem-se especialistas. De 1970 em diante, o governo do general Emílio Garrastazu Médici introduziu o Programa Nacional de Pós-Graduação. No correr dos anos a pós-graduação foi gradualmente chegando às universidades brasileiras, dentro do molde anglo-americano, visando a diferenciar, ampliar e aprofundar a qualificação intelectual dos mestrandos e dos doutorandos.

A nova pós-graduação principiada em 1970 concentrou-se no orientador, que de fato escolhia seus orientandos, sendo ainda sobrecarregado com atividades de docência, pesquisa e extensão cultural, além das administrativas. Como o mestrando ou o doutorando nada podiam fazer na universidade sem a anuência do orientador, instituiu-se o paternalismo entre professor e aluno, e ainda em muitas ocasiões a discriminação entre um aluno e outro. As reformas universitárias de 1968 (Lei n. 5.540) e de 1969 (Decreto-Lei n. 464) extinguiram as cátedras na carreira, restabelecendo-a, no entanto, no poder do orientador.

Assim, a pós-graduação tanto pôde traduzir-se um aprimoramento universitário, num contato com novas ideias, como igualmente num curso para carreirista em busca de promoção e melhor salário na esfera pública ou privada. É como afirmava o professor Sílvio Ferraz de Mello, em 1979: "É por dentro que uma universidade morre. Se não existir uma podridão interna, a universidade não morre".[30]

A elevação das anuidades escolares no geral causou abandono na educação particular, especialmente no 1º e 2º Graus. Na cidade de São Paulo, em 1981, 30% dos alunos da rede privada transferiram-se para as escolas públicas ou desistiram dos estudos. Na mesma cidade, no 1º semestre de 1982, 34% dos alunos deixaram as escolas particulares. Os altos preços cobrados na rede particular eram insuportáveis, obrigando os pais a levarem seus filhos às escolas públicas, mesmo reclamando da baixa qualidade do ensino na rede oficial. Uma das mães desabafava a respeito da mudança dos filhos para a rede pública: "Achei a troca vantajosa. Embora o nível seja a mesma porcaria, na escola municipal pelo menos não existe discriminação. Todos são iguais". Ela pretendia futuramente trazer de volta os filhos para o colégio particular, "porque o colegial do Estado não dá base". Outra mãe continuava a queixar-se da escola pública: "Hoje eu me arrependo amargamente. O novo colégio sequer tem professores e, não tendo aulas, não tenho com quem deixar as crianças para poder buscar serviço".[31]

No fim do governo do general João Baptista Figueiredo, em janeiro de 1985, a evasão escolar estendia-se mais e mais. As perdas (evasão junto com reprovação) de alunos da 1ª à 4ª série da rede estadual passaram de 23,1% em 1975 a 31,1% em 1982 no estado de São Paulo. Unicamente na 1ª série, as perdas foram de 27,1% em 1975 e 43,5% em 1982. Além disso, nesse estado, uma boa parcela da população achava-se fora da escola e analfabeta: 13,3% em 1981, 16,1% em

A REPÚBLICA BRASILEIRA — 1951–2010

1982 e 11,4% em 1983, demonstrando que só criação de vagas não acabava com analfabetismo. No espaço de 1978 a 1984, houve um aumento de número de salas de aula e de classes de alunos relativamente superior ao aumento da população em idade escolar no estado de São Paulo.

Já em 1980, no princípio do governo Figueiredo, seu ministro da Educação e Cultura, Eduardo Portela, analisava na comemoração dos 50 anos do MEC:

> O Ministério da Educação e da Cultura, num plano amplo e ao longo desses 50 anos de existência, é uma entidade que ainda não definiu de forma plena a sua identidade. Isso provavelmente acontece porque ele é o Ministério que mais intimamente reflete as oscilações e as próprias dificuldades da cultura. Se a cultura nacional é ainda uma cultura numa encruzilhada, é natural que o Ministério que se ocupa da Educação e da Cultura reflita essas oscilações socioculturais brasileiras. Elas estão todas presentes 50 depois.

Em 1982, outro ministro da Educação e Cultura, general Rubem Ludwig, posterior a Eduardo Portela, entendia os problemas educacionais genericamente, quase sem nenhuma explicação, muito condensado em suas propostas.

Perguntado como o MEC iria garantir lugar nas escolas para todas as crianças, Ludwig respondeu que havia "2 problemas": "a falta de escolas e a falta de procura da escola, particularmente nas escolas rurais e no Interior". A seguir, concluindo, declarou que "temos, então, o problema da escola, do professor, da forma e da estrutura do sistema de ensino". Porém o problema não era tudo na Educação: o MOBRAL (Movimento Brasileiro de Alfabetização), até admitindo que seus resultados na alfabetização de adultos "não foram bons", achava importante que ele era "o único órgão do MEC implantado praticamente em todos os municípios do País".

Em 1984, outra ministra da Educação, Esther de Figueiredo Ferraz, às voltas com a greve de 35.000 professores e 60.000 funcionários que, há mais de dois meses, mantinham paralisadas 29 universidades federais, não teve dúvida em servir-se de rede nacional de rádio e televisão para dizer que era "atendível" o reajuste semestral dos vencimentos, a reposição salarial de 64,8% e a eleição direta para reitores, anunciando ao mesmo tempo que "o governo chegara aos seus limites no território das concessões".

Não tendo na verdade se dado avanço algum nas negociações, professores e funcionários continuaram a greve, levando a ministra, Esther de Figueiredo Ferraz, a decretar "estado de greve" nas universidades, interrompendo os pagamentos de salários dos grevistas e cortando as próprias verbas de manutenção delas.

A greve não apresentava dificuldade para ser compreendida. No período da ministra Esther de Figueiredo Ferraz, conforme o cálculo dos reitores das universidades federais, "para cada 100 cruzeiros que as universidades recebiam em 1980, elas [recebiam no momento] 37,8 cruzeiros. No próximo ano [1985] esse valor de referência poderá cair para 22,8 cruzeiros", acrescentando: "Nossas universidades não têm como renovar e reparar suas bibliotecas ou conservar seus prédios". Questionado na ocasião sobre suas condições de vida, um casal de professores da universidade federal respondeu: "Restaurante? Nem pensar!"; "Não podemos comprar livros nem jornais"; "Isso seria um luxo, pois há mais de um ano não podemos, sequer, comprar roupas novas".[32]

Provavelmente por tudo isso, o presidente João Baptista Figueiredo no término de seu governo em 1985 aceitou que o Brasil possuía 24 milhões de analfabetos (17 milhões de adultos e 7 milhões de crianças de sete a quatorze anos), absolvendo no entanto os governos militares a respeito da Educação:

> Nestes vinte anos, os governos da Revolução fizeram tudo o que puderam para melhorar as condições do setor. Mas ainda não foi o suficiente. Fizemos as reformas do 1º e 2º graus e do ensino superior, longamente reclamadas. Criamos gigantescos programas, como o Mobral, para alfabetizar os milhões de brasileiros que nunca frequentaram a

escola. Instituí o Finsocial, para dar apoio financeiro aos programas sociais. Construímos milhares de escolas por todo o País. Ainda não foi suficiente. É preciso mais, muito mais.[33]

Muito embora de qualidade sofrível, elitista e segregacionista, as escolas públicas anteriores à Lei de Diretrizes e Bases da Educação Nacional (Lei n. 4.024, de 20/12/1961) e ao golpe de Estado de 1964, seja primárias e médias, seja superiores, transfiguraram-se em algo pior, nem sequer aptas a promover o convívio social.

Saúde Pública

De 1964 em diante, se organizaram os primeiros convênios-empresa subsidiados pelo INPS (Instituto Nacional de Previdência Social), pelo qual o empregador vinha a ser responsável na escolha do atendimento médico a seus empregados.

No começo da década de 1980, tinha-se criado um conglomerado médico-industrial no Brasil e o espaço da medicina liberal fora muito reduzido. Tal conglomerado compunha-se de hospitais e de empresas de medicina de grupo, que empregavam uma prática médica bastante dependente dos recursos do INPS e dos fundos previdenciários arrecadados por este órgão estatal, não obstante fossem privados.

O INPS tinha ampliado a assistência médica para grande parte da população e, em 1980, o INAMPS (Instituto Nacional de Assistência Médica da Previdência Social, extinto em julho de 1993) atendeu mais de 65 milhões de pessoas.

Porém esta ampliação dos serviços do INAMPS estava associada muito mais às necessidades empresariais do conglomerado médico-industrial do que às necessidades da saúde dos brasileiros. O INAMPS foi um dos herdeiros da fórmula usada pelo antigo IAPI (Instituto de Aposentadorias e Pensões dos Industriários), isto é, comprar serviços de saúde de terceiros, ou como se diz em nossos dias "terceirizar". Em

1980, 97% das internações eram encaminhadas à rede hospitalar privada, a qual recebia mais de 70% dos subsídios do INAMPS. Com isto, os próprios serviços do INAMPS não avançaram e em certos casos ficaram menores.

O valor dos serviços na rede privada variava de acordo com a complexidade de cada ato médico: quanto maior a complexidade do ato médico maior o seu valor. Dessa maneira, sucediam cirurgias desnecessárias, excesso de internações, excesso de exames de laboratório, que podiam ser duplamente pagos, pelo INPS e pelo Funrural. Até mesmo em 1970, um levantamento realizado no Hospital Distrital de Brasília indicava que as taxas de operação cesárea em pacientes do INPS alcançavam 50%, ao passo que em indigentes eram de só 5%.

Um ex-ministro da Previdência Social dizia que em 1976 foram feitas e pagas pelo INAMPS mais de 600 mil internações desnecessárias, significando 10% do total de internações. No Rio de Janeiro, as empresas privadas atenderam 500 mil pessoas, perto de 10% da população ativa. Não havia possibilidade de saber se estas pessoas foram verdadeiramente atendidas e como foram atendidas.

Também os pacientes poderiam escolher os consultórios de médicos afiliados a cooperativas de médicos (as UNIMEDs), subsidiadas pelo INAMPS, mas continuava-se sem saber se as pessoas foram realmente atendidas ou não. Contudo, o certo é que o setor privado cada vez mais beneficiado causou gradualmente carências financeiras dos hospitais filantrópicos, dos hospitais-escola e dos serviços estaduais e municipais conveniados com o INAMPS.

Em 1980, a medicina de grupo possuía 5.840 convênios-empresa, prestando serviços a perto de 5 milhões de pessoas. A caça aos lucros e o valor fixado para atender certo número trabalhador revelaram que maior será a rentabilidade do convênio, quanto menor a quantidade de atos médicos. Nesse sentido, os médicos empregados nesses grupos de medicina estavam forçados a encurtar o tempo de consulta de seus pacientes, diminuir os pedidos de exames, consultar a direção do grupo médico em caso de exames mais caros, ministrar medicação mais forte somente para devolver os pacientes ao trabalho, praticar "desinternações" com rapidez, abaixando os custos e pondo em risco a vida dos pacientes, fazer exames de urina em mulheres para constatar gravidez e reduzir a possibilidade de atos médicos futuros. E se os pacientes careciam de reabilitação profissional ou de mais de 180 dias seguidos ou intercalados de internação, os convênios-empresa prescreviam o retorno deles ao INAMPS.

A assistência médica aos trabalhadores não foi presente de ninguém. Nasceu no Brasil das lutas operárias. Em 1923 os ferroviários criaram a primeira Caixa de Aposentadorias e Pensões, seguida de outras Caixas, até que em 1933 apareceram os primeiros institutos, unificando nacionalmente as categorias. Tais institutos forneciam assistência médica, por intermédio de serviços próprios ou por meio de empresas privadas, como o IAPI (Instituto de Aposentadoria e Pensão dos Industriários).

Depois do golpe de Estado de 1964, os serviços de assistência médica ao trabalhador foram reunidos em 1966 no enorme organismo burocrático estatal, o INPS (Instituto Nacional de Previdência Social), que arrecadou as contribuições previdenciárias, transferindo-as aos grupos de medicina privada. O INPS exigiu o pagamento das dívidas previdenciárias dos empregadores e reduziu a sonegação das contribuições pelas empresas, um dos principais motivos da crise da década de 1960. Mesmo assim, a dívida com a Previdência Social, em junho de 1981, totalizava aproximadamente 18 bilhões de cruzeiros, sendo 94% deste montante devidos pelas empresas privadas, apesar das isenções e das facilidades para o pagamento por elas: renegociações, prazos flexíveis, abatimentos de juros de mora e correção monetária.

Dessa maneira, as contribuições à Previdência Social até o ano de 1977 ultrapassaram 30% acima das previsões realizadas até então. Contudo, o excedente de arrecadação e o numerário da Previdência Social nem sequer deram condições de ela honrar os compromissos com seus contribuintes, bancando grandes empréstimos quase sempre para o governo federal, a fim de colaborar no pagamento das construções da ponte Rio-Niterói ou da usina de Itaipu. Esses empréstimos não eram inéditos na vida brasileira, a anterior ditadura, de Getúlio Vargas, também tirara proveito deste artifício, porém sem quebrar a Previdência Social.

Em 1980, durante o governo do general João Baptista Figueiredo, noticiou-se que o INAMPS não tinha mais dinheiro, que houve generosidade no setor. Conforme o ministro da Previdência Social, Jair Soares, a assistência médica do INAMPS deveria mudar, por representar uma época em que ela foi estendida a grande parte da população. Aliás, como se ela não devesse ser estendida à população brasileira?! A Previdência Social estava próxima da insolvência e, assim, o INAMPS buscava mudança nas obrigações para com seus contribuintes.

Nesta cena escandalosa de muita burocracia e pouca saúde, os ministros da Previdência Social, Jair Soares, e da Saúde, Waldir Arcoverde, prometiam novo Sistema Nacional de Saúde.

Para eles, o novo Sistema Nacional de Saúde daria lógica e rapidez aos serviços de assistência médica em todo o Brasil, com a montagem de postos de saúde em locais sem este tipo de assistência e com a contratação de médicos generalistas, visto que, em 1980, de cada 22 pacientes consultados no INAMPS (rede própria, contratada e conveniada), um era internado. Tomando como base unicamente argumentos de ordem técnica, de modo especial à distribuição de recursos (argumentos *ad rem*), apontava-se só o fato de sete ministérios atuarem no âmbito da saúde: o ministério da Saúde, cuidando dos projetos coletivos; o ministério da Previdência Social, atendendo individualmente no setor médico-hospitalar; o ministério do Interior, responsabilizando-se pelo saneamento básico; o ministério da Educação, administrando os hospitais-escola; o ministério da Indústria e Comércio, fiscalizando o seguro-saúde; o ministério da Fazenda, fixando taxas e condições de importação de equipamentos hospitalares; e o ministério da Agricultura, ocupando-se com as cooperativas de médicos.

Eis um paraíso da tecnoburocracia, cuja vítima era quem pagava, isto é, o contribuinte, ora, pois, o doente ante a morte. Tudo isso não bastou para assistir à saúde do brasileiro, com decência e capacidade.

A REPÚBLICA BRASILEIRA — 1951–2010

Vejam-se, por exemplo, no ano de 1980: 50 milhões de pessoas tinham verminose; 15 milhões, doença de Chagas; 6 milhões, esquistossomose; além de diarreia, de doenças respiratórias, de sarampo, coqueluche, tétano, difteria catapora, tuberculose, ainda matando. Pesquisa feita em 1975 indicava que o índice de natalidade abaixara no Brasil, alvitrando que as causas poderiam ser maior uso de anticoncepcionais (incluindo aí a esterilização da mulher — "lacra", "amarração" — nem sempre voluntária), o aumento do aborto, mais tempo de amamentação das crianças (amamentação prolongada agindo como anticoncepcional). Comentando estes dados e outros, a demógrafa Elza Berquó notava:

> **O crescimento do índice de aborto também está relacionado com a questão da pobreza, pois a faixa da população de renda um pouco mais alta, na verdade, está usando anticoncepcionais como recurso preventivo, ao invés do próprio aborto**. Outro dado que precisamos pesquisar mais, também socioeconômico, é o problema da desnutrição, que comprovadamente causa queda da fecundidade. A desnutrição aguda traz uma série de consequências conhecidas: inibe a ovulação, aumenta o índice de mortalidade intrauterina (perda fetal), além de diminuir a chance de uma concepção. Mas são pouco conhecidos os efeitos de uma desnutrição crônica, estado no qual acredito viver boa parte da população brasileira.
>
> (...) **"A população pobre continua crescendo, como vamos ter escola pra essa gente toda etc. etc.", e essa verdade é uma falsa questão**, pois mesmo se houvesse uma redução da população isso não quer dizer que haveria uma redistribuição de renda, que se mudaria o modelo econômico discriminatório. Continuaria existindo os que estão lá em cima e os que estão aqui em baixo.[34]

Acrescente-se igualmente que, no estado de São Paulo, o mais desenvolvido do país, 68% das crianças de 4 a 5 anos tinham desnutrição; de cada 1.000 crianças nascidas vivas, 230 morriam de gastroenterite antes de 1 ano de vida; além de estar acontecendo nesse estado naquele momento o agravamento da tuberculose.

E, com tudo isso, o estado de São Paulo apresentava diminuição da mortalidade infantil, porque a taxa média de mortalidade infantil tinha aumentado nas capitais brasileiras: em 1970, de 86,6 crianças mortas até 1 ano de idade para cada 1000 nascimento, a taxa média avançou em 1976, indo a 96,1 crianças mortas até 1 ano de idade para cada 1.000 nascimentos, durante o governo do general Ernesto Geisel.

Enquanto isso, a Associação Brasileira da Indústria Farmacêutica (Abifarma) avisava que, de 1975 a 1984, 17 laboratórios passaram ao controle de grupos estrangeiros. A desnacionalização da indústria farmacêutica progredia. Dos cerca de 250 laboratórios farmacêuticos existentes em 1984, no país, 23, 99% eram nacionais e 76,01%, estrangeiros. Relativamente às vendas, 82 indústrias nesse mesmo ano realizavam 86,98% delas, ou seja, 80% estrangeiras e 6,98% nacionais.[35]

Previdência e Assistência Social

No governo do general João Baptista Figueiredo, a aposentadoria dos trabalhadores significava um ato de empobrecimento, independente da faixa salarial e do cumprimento de todas as exigências do INPS (Instituto Nacional de Previdência Social), como ter prestado 35 anos de serviço.

Se um trabalhador fosse aposentado com um salário na ativa, 40% acima do salário mínimo, no mês seguinte ele teria perdido 31% em sua aposentadoria. Se o trabalhador fosse aposentado com um salário na ativa, máximo permitido pelo INPS, no mês seguinte teria perdido 48% em seu benefício de aposentadoria. Portanto, quanto maior era o salário do trabalhador, maior seria sua perda e empobrecimento. Tais cálculos de aposentadoria, complicados e desvantajosos, explicavam, quase sempre, o fato de ele ser obrigado a trabalhar de novo para sobreviver, ordinariamente como "bico". Tanto a aposentadoria por tempo de serviço, quanto a aposentadoria por invalidez ou morte, rebaixavam o nível de vida do trabalhador e de seus depen-

A REPÚBLICA BRASILEIRA — 1951-2010   381

dentes, empobrecendo-o ainda mais no fim da vida e intensificando a falta de segurança familiar. Assim se apresentava a insuficiente seguridade social no Brasil, visto que nela acabou preponderando a matriz unicamente econômica, sem maiores cuidados sociais.

Embora a burocracia estatal falasse em "expectativa de direito", o certo é que, se a contribuição previdenciária tinha por fim diretamente dar ao segurado contribuinte a certeza dos benefícios da previdência social, qualquer alteração no plano de benefícios, que venha a lesar interesses do segurado, caracterizava violação de "direito adquirido".

Desde 1976, com menor crescimento econômico, e de 1980 em diante com a economia em recessão, foram desaparecendo diversas causas geradoras da expansão das contribuições previdenciárias: por exemplo, incorporação crescente da população economicamente ativa; incorporação de autônomos com alíquota elevada de 8% para 16%; ampliação da previdência ao trabalhador rural e aumento do teto de contribuição máxima.

Já existiam no Brasil entidades de previdência privada, criadas inicialmente por empresas estatais, como a Petrobrás. As empresas estatais constituíram a maioria dos fundos de pensão existentes, que visavam a suprir as necessidades de seus trabalhadores e de seus dependentes, ante a incapacidade de a previdência social arcar com elas.

As entidades fechadas de previdência privada (fundos de pensão) e as entidades abertas de previdência privada, ou montepios, ofereciam aos seus participantes benefícios ou complementação dos benefícios do INPS. Se as empresas fundavam entidades de previdência privada (fechadas ou não), era-lhes concedido abatimento nos seus Impostos de Renda, a possibilidade de renovação dos quadros de empregados em dúvida com a insegurança da previdência social e ainda a cobertura nos casos de doenças dos trabalhadores (sem fazer o pagamento dos primeiros 15 dias de falta ao trabalho, antes de o INPS assumir este pagamento, reduzido a uma parte do salário). Além disto, as empresas não precisavam dar empréstimos aos empregados, fato comum no Brasil, por meio de empréstimos diretos ou disfarçados, como a antecipação do 13º salário ou demissão deles a fim de levantarem o Fundo de Garantia por Tempo de Serviço (FGTS). Essas entidades de previdência privada poderiam autorizar tais empréstimos, cobrando juros inferiores aos do mercado financeiro.

A ditadura militar em seus 21 anos de duração consolidou, e o governo do general Figueiredo simplesmente comprovou, o princípio de que a aposentadoria do trabalhador brasileiro consistia em falsa tranquilidade com rendimento menor.

Recursos investidos (um dinheiro mensal sem custo nenhum, sob a forma de contribuição obrigatória, que podia ser compelida por execução fiscal), para comprar determinados serviços para a velhice ou para a invalidez física ou mental, se converteram em monstros de insensatez, de crueldade e de insegurança pessoal e social. Ao contrário da legislação, ora a legislação! Tudo em sentido oposto ao que prescrevia a legislação pois, de acordo com a Lei Orgânica da Previdência (Lei n. 3.807, de agosto de 1960) e o Decreto n. 83.081 (de 24 de janeiro de 1979, artigo 103 e incisos), o governo federal, através do orçamento nacional, deveria pagar as diferenças entre receitas e despesas da Previdência. Sucedeu o inverso, que acabou como mais um legado da ditadura militar à "Nova República", ou seja, o dispêndio da Previdência Social foi jogado sobre os empresários, empregados, aposentados, pensionistas e consumidores em geral, mediante "pacotes previdenciários" ou "reformas previdenciárias".

Além disso, o governo do general Figueiredo inaugurou cabalmente mais um incessante desespero previdenciário: a falência da Previdência Social. Os anciões e os doentes necessitados não recebiam serviços previdenciários à altura de sua dignidade, pelos quais eles e a sociedade pagaram longa e penosamente.

Outra responsabilidade da Previdência Social dizia respeito aos acidentes do trabalho. Na época do governo de Figueiredo, os acidentes do trabalho diminuíam em gravidade, porém aumentavam em gravidade. **Reduzia-se estatisticamente o número de trabalhadores acidentados, em especial porque eles evitavam comunicar as empresas, pelo medo do desemprego. De outro lado, os acidentes do** trabalho, com perdas de partes do corpo ou da própria vida dos operários, cresciam em gravidade.

Entre 1978 e 1982, o número de incapacitados permanentes se elevou para 53%; o de inválidos subiu em 40% e o de mortos aumentou 4%. Um secretário do Sindicato dos Trabalhadores na Indústria da Construção Civil responsabilizava o operário pelos acidentes do trabalho e esclarecia que "um sujeito que veio da lavoura, geralmente nortista, que não conhece o ramo, que chega em (sic) São Paulo à procura de emprego e vai direto trabalhar nas alturas".[36]

Desde a supremacia dos tecnocratas do IAPI (Instituto de Aposentadoria e Pensões dos Industriários), no campo da Previdência Social, antes do golpe de Estado em 1964, e desde o predomínio desta tecnocracia no INPS (Instituto Nacional de Previdência Social), depois do golpe militar, as soluções aos problemas previdenciários sempre foram de cunho modernizador, sem pensar em qualquer mudança substancial. A razão técnica da burocracia da Previdência Social tem significado o elixir milagroso, em qualquer ocasião, seja na abundância de recursos, seja na penúria deles. As necessidades sociais têm sido subordinadas a esta razão técnica, a este elixir miraculoso, a este formalismo modernizador, que tomam o lugar da sociedade e de suas reivindicações.

Em junho de 1982, depois de assumir "um dos cargos mais penosos do País", conforme disse, Hélio Beltrão, ministro da Previdência e Assistência Social do governo do general Figueiredo, informava:

> Os números da Previdência pertencem a uma escala que não guarda nenhuma relação, nenhum termo de comparação com o de qualquer outro organismo. É como se fosse uma administração pública dentro da administração pública. (...) As filas são morosas porque os números são enormes. Há problemas administrativos, há falhas, há correções a fazer, mas são problemas inerentes a uma administração gigantesca. O Inamps é diferente. O Inamps cuida da assistência médica, do tratamento médico. Em primeiro lugar, ele não tem receita própria. A receita do Inamps é projetada com base na sobra do que vier a ser obtido

> pelo INPS. Concorrem a essa sobra não apenas o Inamps, mas também as entidades ditas de assistência social e outras que estão no âmbito do Ministério. Eu me refiro à LBA (Legião Brasileira de Assistência), à Funabem, à Central de Medicamentos e uma série de outros órgãos menores, e a programas que estão inseridos no sistema e que vivem das sobras da receita do INPS....[37]

Afinal, para a Previdência e Assistência Social, o ministro do governo do general João Baptista Figueiredo, Hélio Beltrão, só podia oferecer humanização das milhares de filas, a consolidação de uma rede primária de assistência e a descentralização administrativa. Mesmo discorrendo dominantemente sobre aspectos tecnoburocráticos da Previdência e da Assistência, passou longe do fato de que esta administração era base de "cabides de empregos" prediletos, ambicionados e disputados por políticos, cabos eleitorais e pelos "currais políticos".

Habitação Popular

De sonho da casa própria a pesadelo: eis a questão.

Comprar a casa própria por meio de financiamento do Sistema Financeiro da Habitação (BNH — Banco Nacional da Habitação) sempre foi muito dispendioso para o comprador.

Os adquirentes da casa própria, em geral da "classe média", padeciam com o aumento das prestações. Isto, por conseguinte, demonstrava que o aluguel e as prestações pagas ao BNH não faziam parte do custo de reprodução da força de trabalho dessa gente, confirmando ainda a urgente obrigação de rever o direito de propriedade da terra.

O pagamento de casa ou de apartamento, comprado pelo Sistema Financeiro da Habitação (BNH), dando um mínimo de entrada e o máximo de financiamento, era ilusoriamente vantajoso, porque a prestação exigida ficava um pouco acima do aluguel de um imóvel. Os índices de reajuste salarial não aliviavam o orçamento familiar, principalmente após saldar a parcela do BNH, ainda mais se levando em conta o aumento dos preços em geral e das despesas de condomínio, se for apartamento. Exemplo disto se acha na notícia publicada pela *Folha de S.Paulo* no tempo do governo de Figueiredo:

> Os lavradores que compraram casas do programa "Nosso Teto" em Ituverava estão preocupados e revoltados com a falta de informações a respeito das prestações que irão pagar pelos imóveis que ocupam há pouco mais de duas semanas. (...) as famílias quando se inscreveram no programa, "não foram informadas corretamente sobre essas despesas extras e, agora que já ocupam as casas, temem perdê-las porque não têm o dinheiro para pagá-las". (...) Quanto à possibilidade de a Caixa [*Econômica Estadual*] financiar essa despesa [*escritura, abrangendo Fundo de Compensação de Variações Salariais — FCVS, imposto de transmissão* inter vivos, *seguro, taxa de inscrição e taxa de expediente*], a assessoria informou que **elas não podem ser incluídas no financiamento global dos imóveis porque norma do Banco Nacional da Habitação (BNH) não permite esse tipo de operação.**[38]

Na época do governo de Figueiredo, calculava-se em torno de 800 mil favelados na cidade de São Paulo e de 15 milhões em todo o Brasil, habitando em geral a periferia dos centros urbanos.

Os casos de Diadema, de Santo André e de São Bernardo, no estado de São Paulo, denunciavam a situação da moradia no país. Em 1964 (ano do golpe de Estado) não havia favela em Diadema; em 1980, existiam 45 favelas. Em 1964, havia uma favela em Santo André; em 1980, existiam 58 favelas. Em 1964, havia duas favelas em São Bernardo; em 1980, existiam 54 favelas. No local dos barracos inexistiam água, luz e esgoto, embora em cada um deles vivessem, em média, cinco pessoas, das quais frequentemente três eram crianças. Em grande número de favelas, inexistiam postos de saúde, escolas, hospitais, telefones públicos, farmácias e transporte público. Além disso, nas favelas tinham surgido os locadores de barracos, pessoas que cercavam terrenos, construíam barracos e trocavam-nos, alugavam-nos ou vendiam-nos.

Para atacar a falta de moradia, falava-se bastante em autoconstrução, um esforço gigantesco para o trabalhador construir sua própria casa. A autoconstrução consistia num trabalho penoso para o futuro morador fazer a residência particular, usando férias, dias de folga e o Fundo de Garantia por Tempo de Serviço (FGTS). Excetuando as construções comunitárias, as autoconstruções resultaram em moradias precárias, úmidas, mal acabadas ou inacabadas, sem técnica, de material escasso e barato.

Como se pode verificar, morar não quer dizer somente possuir casa própria, mas possuí-la em condições dignas.[39]

Certamente, não era o caso de Maria José que, havia três anos, vivia num buraco debaixo da rampa de acesso de avenida em São Paulo, sem porta, sem janela, sem cozinha, sem banheiro, entrando nele por um vão de 30 centímetros. Ela, todavia, não queria dívida com ninguém:

> Vim do campo, de Cambuquira, MG, a cidade do fubá, e não entendo nada das coisas. Aqui, pelo menos, não devo nada a ninguém.[40]

Conclusão do capítulo

Dessa maneira chegou ao fim mais um período de ditadura na República Brasileira, o mais longo – acredita-se –, o último e extremo, terminado em 15 de março de 1985, quando encerrou o governo militar do general João Baptista Figueiredo. Um dos ideários preferidos do golpe militar de 1964 pode ser encontrado no livro *O comunismo no*

A REPÚBLICA BRASILEIRA — 1951–2010

Brasil (Inquérito Policial Militar N. 709), explanando o "quadro geral da Guerra Revolucionária Comunista":

> O problema tende a agravar-se. Sua solução não é simples pois não se pode limitar apenas ao território nacional onde os fatores já são bastantes complexos. **Abrange todo um continente cujas condições sociais criaram uma verdadeira mentalidade tradicional contra a submissão e às restrições da liberdade** que as ditaduras e a exploração econômica sempre incendiaram em contradições extremamente explosivas.
> A ÚNICA LINHA DE DEFESA INEXPUGNÁVEL CONTRA O COMUNISMO INTERNACIONAL É AQUELA QUE SE FORMA PELA ASSOCIAÇÃO DAS CONSCIÊNCIAS LIVRES E ESCLARECIDAS DOS CIDADÃOS.[41]

As "consciências livres" unicamente se criam pela prática da liberdade e da tolerância por todos, e nunca pela prática da opressão por uns alguns, poucos.

Notas

1. Cf. *Folha de S.Paulo*, 16 nov. 1984, A palavra do leitor, p. 3, negritos meus.
2. Aussaresses, Paul. *Folha de S.Paulo*, 4 maio 2008, Brasil, p. A10, negritos meus.
3. Monteiro, Euler Bentes, apud Vieira, 1985, p. 53.
4. Figueiredo, João Baptista, apud VIEIRA, 1985, p. 53-4.
5. Figueiredo, João Baptista. *Isto É*, 5 abr. 1978, p. 7-9.
6. Figueiredo, João Baptista. *Isto É*, 12 abr. 1978, p. 5.
7. Figueiredo, João Baptista, apud VIEIRA, 1985, p. 55.
8. Cf. *Movimento*, 8 a 14 set. 1980, p. 7.
9. Cf. *Movimento*, 8 a 14 set. 1980, p. 7.

10. Miranda, Nilmário; Tibúrcio, Carlos. *Dos filhos deste solo*, 2008, p. 132-6, 144-5, 234, 281-90, 328-33, 334-5, 335-7, 355-65, 377-8, 394-6, 404-5, 485, 506, 527-9, 532-6. Cf. também: *A Guerrilha do Araguaia*, ago. 1978; Revistas: *Afinal* (Edição Especial: Página infeliz da nossa história), 5 mar. 1985; *Veja* (O fim da guerra no fim do mundo), 13 out. 1993; (A morte sem fim), 31 mai. 1995; *Isto É* (Sindicato Livre), 12 abr. 1978; (O anjo da morte — cabo Anselmo), 28 mar. 1984; (A ordem é matar), 24 mar. 2004; *Senhor* (A revanche da tortura), 17 mar. 1987; Época (História da sombra), 23 mai. 2005.

11. Cf. Vieira, 1985, p. 56; *Direito à verdade e à memória*: Comissão Especial sobre Mortos e Desaparecidos Políticos, 2007, p. 48; *O Estado de S. Paulo*, 30 mar. 2014, Especial, p. H15.

12. Cf. *Folha de S.Paulo*, 1 mai. 1984, Política, p. 8.

13. Maluf, Paulo Salim. *Isto É*, 20 jun. 1984, p. 21.

14. Neves, Tancredo. *Folha de S.Paulo*, 24 dez. 1984, Política, p. 4.

15. Figueiredo, João Baptista. *Folha de S.Paulo*, 6 dez. 1984, Política, p. 4.

16. Pedro II, apud Rodrigues, 1965.

17. Lula da Silva, Luiz Inácio. *Folha de S.Paulo*, 4 jun. 1978, Economia, p. 49.

18. Cavalcanti, José Costa. *Folha de S.Paulo*, 26 out. 1984, Economia, p. 18, 23.

19. Cf. *Folha de S.Paulo*, 16 e 20 mai. 1984, Geral, p. 18 e 23.

20. Cf. *Folha de S.Paulo*, 29 ago. e 2 set. 1984, Política, p. 7 e 10.

21. Figueiredo, João Baptista. *SENHOR*, 9 mai. 1984, p. 31.

22. Delfim Netto, A. *Veja*, 18 jul. 1984, Economia e Negócios, p. 132.

23. Galvêas, Ernane. *Veja*, 18 jun. 1980, Economia e Negócios, p. 80.

24. Delfim Netto, A. *Veja*, 18 jun. 1980, Economia e Negócios, p. 80.

25. Pena, Camilo. *Folha de S.Paulo*, 9 jan. 1980, p. 16.

26. Pena, Camilo. *Folha de S.Paulo*, 18 abr. 1984, p. 12.

27. Cf. *Folha de S.Paulo*, 16 set. 1984, Política, p. 6.

A REPÚBLICA BRASILEIRA — 1951–2010

28. Guimarães, Ulysses. *Senhor*, 9 mai. 1984, p. 26.

29. *Folha de S.Paulo*, 28 ago. 1977, Folhetim.

30. Mello, Sílvio Ferraz de. *Folha de S.Paulo*, 21 out. 1979, Folhetim, p. 14.

31. Cf. *Folha de S.Paulo*, 26 set. 1982, Educação, p. 30.

32. Cf. *Folha de S.Paulo*, 13 jan. 1985, Educação, p. 26; 6 jun. 1982, p. 24; *Jornal da Tarde*, 15 nov. 1980, Caderno de Programas e Leituras, p. 4; *Veja*, 25 jul. 1984, Educação, p. 100-3.

33. Figueiredo, João Baptista. *Folha de S.Paulo*, 6 fev. 1985, Educação, p. 24.

34. Berquó, Elza. *Folha de S.Paulo*, 23 mar. 1980, Folhetim, p. 3-4, negritos meus.

35. Cf. *Isto É*, 2 jan. 1980, p. 20-5; *Folha de S.Paulo*, 18 mar. 1979, Economia, p. 47; 20 jan. 1980, Folhetim, p. 3-14; 5 fev.1983, p. 8; 5 nov. 1984, Economia, p. 6.

36. Cf. *Folha de S.Paulo*, 1 jul. 1979, Economia, p. 41; 24 fev. 1980, Economia, p. 35; 30 ago. 1981, Folhetim, p. 8-9; 10 jan. 1982, Economia, p. 34; 9 set. 1984, Economia, p. 28; 4 nov. 1984, Economia, p. 38.

37. Beltrão, Hélio. *Folha de S.Paulo*, 6 jun. 1982, Economia, p. 35.

38. Cf. *Folha de S.Paulo*, 17 jul. 1982, p. 15, negritos meus.

39. Cf. *Folha de S.Paulo*, 4 out. 1981, Folhetim, p. 10; 30 nov. 1980, Folhetim, p. 5, 7-8, 11.

40. Cf. *Folha de S.Paulo*, 7 out. 1982, Comunidade, p. 19.

41. Cf. *O comunismo no Brasil – Inquérito Policial Militar N. 709*. Rio de Janeiro: Biblioteca do Exército – Editora, 1967, v. 4º, p. 415, negritos meus; maiúsculas do texto original.

Capítulo VI

Tancredo Neves e José Sarney: das Diretas-Já! às Indiretas-Já!, conciliando a dívida social.

Uma leitora disse na *Folha de S.Paulo*:

*Montoro, Tancredo, Sarney, empresários e banqueiros unidos pela febre cega chamada poder, foram capazes até de ir para uma praça (Sé) e tiveram coragem de ficar em frente ao povo. **E o pior é que tem gente que ainda acredita nas mudanças que esses senhores dizem que farão**.*[1]

A República de 1988: Tancredo Neves

Uma esperança após outra

A transação democrática avançou durante a presidência do general João Baptista Figueiredo, de 15 de março de 1979 a 15 de março de 1985.

A REPÚBLICA BRASILEIRA — 1951–2010

Para Figueiredo, Paulo Maluf era "um sapo lubrificado" e Tancredo Neves era "um sapo com arame farpado". Porém, em setembro de 1984, em seu primeiro encontro com Tancredo, o ex-presidente Ernesto Geisel já o tinha aconselhado a evitar contatos com militares e disse não existir clima para "aventuras golpistas".[2]

Com Tancredo Neves, a conciliação avançou também entre os adversários do passado, amigos do momento, servindo-se de uma linguagem arguta e frases graciosas, como a declaração de outubro de 1979: *"Para a esquerda eu não vou. Não adianta empurrar"*[3], ou de 26 de dezembro de 1984, em campanha eleitoral: *"Monto a cavalo, mas nunca caí..."*.[4]

E ele não queria uma Assembleia Nacional Constituinte exclusiva:

> Não vejo como se possa ter dois poderes legislativos, um constituinte e outro ordinário ao mesmo tempo. Ainda que fosse juridicamente possível, politicamente é inconcebível.[5]

Tancredo Neves foi eleito pelo colégio eleitoral em 15 de janeiro de 1985, por 480 votos contra 180 de Paulo Salim Maluf. No discurso de presidente eleito pelo Colégio Eleitoral, em que vagamente tocou na inflação e na dívida interna, deixando de lado a dívida externa, Tancredo Neves insistia em seus temas prediletos:

> A primeira tarefa de meu governo é a de promover a organização institucional do Estado.
> (...) Venho em nome da conciliação. (...) Vim para promover as mudanças, mudanças políticas, mudanças econômicas, mudanças sociais, mudanças culturais, mudanças reais, efetivas, corajosas, irreversíveis.
> **(...) Quero a conciliação para a defesa da soberania do povo, para a restauração democrática, para o combate à inflação, para que haja trabalho e prosperidade em nossa pátria**.[6]

Depois, em entrevista coletiva a jornalistas brasileiros e estrangeiros, afirmou o presidente eleito:

O mal não está no serviço de informação, desde que ele seja exercido, executado e praticado democraticamente. É que no Brasil ele assumiu um caráter policialesco. (...) Vamos realmente levar a efeito as mudanças, reformas institucionais, vamos levar a efeito as mudanças econômicas e sociais reclamadas por este país, abrangendo, inclusive, a reforma monetária, a reforma universitária, a reforma educacional, a reforma agrária e todas as outras dentro desse programa fixado por essas correntes políticas que nos apoiam. (...) Evidentemente que a heterogeneidade das forças que me apoiam não podem refletir-se na execução de uma política administrativa. Nós temos compromissos com o programa. Mas o programa só pode ser executado se organizarmos um ministério coerente, uniforme, competente e dinâmico. (...) O pacto social realmente é vital à vida das democracias. A nossa eleição o que é, senão um pacto político de grandes proporções? (...) O pacto político vai prosseguir. O que será a Constituinte, senão um grande pacto nacional que vai determinar de maneira definitiva as nossas estruturas políticas, sociais e econômicas? (...) Evidentemente (...) que os fatos ocorridos no Brasil foram deveras lamentáveis. Mas alcançamos, por decisão praticamente unânime do Congresso Nacional, a anistia. Ela é abrangente e recíproca. Nós não temos problemas políticos com os Estados Unidos, nós temos problemas econômicos. Os Estados Unidos ferem a nossa economia de maneira muito contundente, através da sua política de juros, uma das causas fundamentais da exacerbação inflacionária em nosso país. E, em segundo lugar, através de sua política protecionista, que é realmente uma iniquidade, (...)[7]

Às vésperas da posse, apresentando seu ministério, Tancredo repetia:

Os critérios que foram observados na composição do ministério: em primeiro lugar, o da probidade; em segundo lugar, o da competência; em terceiro lugar, o espírito federativo foi rigorosamente observado... Sem dúvida que o meu governo é um governo de conciliação e a bandeira da conciliação tem sido uma constante na minha pregação política, mesmo durante a minha campanha a presidente da República.[8]

O ministério do presidente Tancredo Neves reunia desde antigas e importantes figuras da União Democrática Nacional (UDN) até inspiradores e colaboradores do golpe de Estado de 1964 e dos governos militares, que ocupavam prestigiados cargos no governo, como José Sarney (vice-presidente), Affonso Camargo (ex-senador biônico), Aluísio Alves, Antônio Carlos Magalhães (ex-prefeito de Salvador e ex-governador da Bahia, por duas vezes), Aureliano Chaves (vice-presidente do governo de João Baptista Figueiredo), Carlos Sant'Anna, Francisco Dornelles (sobrinho de Tancredo Neves, procurador-geral da Fazenda no governo de Geisel e secretário da Receita Federal no governo de Figueiredo), José Aparecido, Marco Maciel (ex-governador nomeado de Pernambuco), Olavo Setúbal (banqueiro e ex-prefeito nomeado de São Paulo), Ronaldo Costa Couto.

Contava ainda o ministério de Tancredo Neves com Nélson Ribeiro (ex-presidente da Ação Católica no Pará) e com seis militares: general Rubem Bayma Denys, almirante Henrique Saboya, general Leônidas Pires Gonçalves, brigadeiro Otávio Júlio Moreira Lima, almirante José Maria do Amaral e general Ivan de Souza Mendes, respectivamente chefe do Gabinete Militar, ministros da Marinha, do Exército, da Aeronáutica, chefe do Estado-Maior das Forças Armadas e chefe do Serviço Nacional de Informações (SNI), todos com carreira durante a ditadura militar.

A ideia de conciliação praticamente guiou sua ação política, da campanha presidencial até seu falecimento, ajuntando em seu ministério e no Congresso Nacional representantes políticos mais variados, de objetivos e de condutas díspares e incompatíveis. Para Tancredo, conciliar significava pôr de acordo todos os partidos políticos, não fazendo caso de seus interesses e da possibilidade de efetivar as urgentes necessidades sociais. E assim arriscava:

Se puder, farei o pacto com 100% da sociedade. Se não puder, farei com 90% e mesmo com 80%, mesmo sem o PT [Partido dos Trabalhadores] e sua indiscutível liderança, que é Lula.[9]

A "Nova República" vicejou como "transição" tranquila, serena em seu imobilismo e na fuga das responsabilidades.

Uma morte espetaculosa

Internado e operado em Brasília no dia 14 de março de 1985, Tancredo Neves passou por outras cirurgias em 20 de março, em 26 de março, em 2 de abril, em 4 de abril, em 9 de abril e em 12 de abril, morrendo em 21 de abril de 1985.

O Brasil andou da explosão de alegria com a eleição de Tancredo ao culto da morte com seu desaparecimento. Buscava-se o esquecimento inesquecível das responsabilidades. Era necessário procurar a legitimidade popular para a "Nova República". Em clima lutuoso, a morte de Tancredo Neves transmutou-o em salvador da pátria, sem salvar a pátria.

A sacralização de sua imagem pelos jornais, revistas, rádios e redes de televisão ensejou flores e velas diante dos hospitais em que esteve internado, cortejo fúnebre por capitais, numa encenação para o grande público interno e externo, cuja dor e esperança oscilavam segundo as declarações e os boletins médicos, nem sempre completos. Diante da sepultura de Tancredo Neves, asseverou José Sarney, seu ex-vice-presidente:

> O Brasil entrega a Minas Gerais, nesta santa terra de São João Del Rey, a relíquia do corpo de um dos maiores homens de sua história. A sua alma liberta da vida, neste instante flutua na eternidade. Perante Deus ela não chegará só. Ela irá acompanhada de brasileiros que ontem na praça da Liberdade, num simbolismo trágico, como anjos do povo acompanharão Tancredo Neves no caminho da morte. (...) Nós saberemos honrá-lo. O seu compromisso, já o disse, será o nosso compromisso. A sua promessa será a nossa promessa. O seu sonho será o nosso sonho.[10]

Presidente TANCREDO NEVES

Tancredo Neves (1985), primeiro presidente civil desde 1964, foi eleito indiretamente pelo Congresso Nacional em 15/01/1985, não tomando posse em 15/03/1985 e falecendo em 21/04/1985. A fotografia mostra a imensa divulgação e empolgação, principalmente dos jornais, revistas, livros, rádios, redes de televisão etc., transformando-o "o homem do Brasil", sem governar. Opositor moderado à ditadura militar no MDB (Movimento Democrático Brasileiro), antes de ser eleito presidente da República foi também ministro da Justiça no segundo governo de Getúlio Vargas e primeiro-ministro no governo de João Goulart.

Mas a política continuava e em 15 de março de 1985 o senador José Sarney já tinha sido empossado no cargo de vice-presidente e, de imediato, por impedimento causado pela doença de Tancredo Neves, Sarney assumiu a presidência da República. Assumiu Sarney com base na interpretação constitucional a seu favor, conquanto houvesse outra interpretação que indicava Ulysses Guimarães à presidência da República, como presidente da Câmara dos Deputados, com a obrigação de realizar eleição para o cargo em trinta dias. Portanto, assumiu Sarney, ainda com questões jurídicas, incessantes no país.

A República de 1988: José Sarney

Desde 1979, José Sarney tinha exercido o cargo de presidente do partido do governo, o PDS, figurando um dos mais eminentes e devotados parlamentares da ditadura militar. Político, advogado, escritor e jornalista, Sarney apartou-se do governo militar em junho de 1884, ingressando no PMDB, para daí tornar-se candidato a vice-presidente na chapa encabeçada por Tancredo Neves.

Em 1985, este ex-líder do PDS, o partido da ditadura, entrou no exercício da presidência da República, na função de representante da Aliança Democrática.

Com Sarney, a velha UDN (União Democrática Nacional) conquistou importantes espaços no governo da "Nova República", depois de quarenta anos de tentativas de alcançar a presidência da República (1946, 1950, 1960 e no golpe de 1964, excluída depois do centro do poder, pelo aparato militar-tecnocrata).

Entre derrotas eleitorais e ameaças de golpes de Estado (sob a alegação de "estelionatos eleitorais"), a UDN de Carlos Lacerda, Afonso Arinos de Mello Franco, Bilac Pinto, Adauto Lúcio Cardoso, Prado Kelly, Pedro Aleixo e dos então novatos José Sarney e Antônio Carlos Magalhães corporificou a "banda de música da UDN", barulhento grupo de

A REPÚBLICA BRASILEIRA — 1951–2010

congressistas desejosos de desestabilizar cada novo governo. Nesse afã de tirar a estabilidade dos governos eleitos, a UDN foi inimiga principalmente de Getúlio Vargas, de Juscelino Kubitschek, de João Goulart e até do próprio Tancredo Neves, a quem agora Sarney substituía.

O ministério de Tancredo Neves tomou posse com Sarney, em nome da "Nova República". Ainda como vice-presidente em exercício, José Sarney recitou o discurso de Tancredo Neves:

> O objetivo mais alto de minha Presidência é a reorganização constitucional do país. (...) Tendo em vista esse objetivo, estarei criando nos próximos dias uma comissão constitucional do mais alto nível que, auscultando a sociedade civil, colhendo sugestões e negociando com as lideranças de todos os setores, elaborará um esboço de anteprojeto de Constituição.[11]

Após o falecimento de Tancredo Neves em 21 de abril de 1985, José Sarney foi sancionado no cargo de presidente da República, ocasião em que ele recitou pela sua própria boca, com suas palavras:

> Nosso programa é o de Tancredo Neves.

Em seguida, perante o presidente morto, confirmava Sarney:

> Venho em nome da conciliação, assegurou V.Exa., aos brasileiros. Pois conciliou, sim, dr. Tancredo. E tendo conciliado, nós lhe dizemos em lágrimas: obrigado, presidente e amigo. Em sua homenagem e em seu nome chegaremos juntos, todas as tribos, à nova Terra.[12]

Tal era a essência da por eles nomeada "Nova República", uma conciliação sem limites entre eles.

Segundo a emenda constitucional aprovada pelo Congresso Nacional, em 9 de maio de 1985, fazia-se uma reforma política e eleitoral

▪ Presidente JOSÉ SARNEY, à direita

Na fotografia, Sarney conversa com o general Golbery do Couto e Silva, à esquerda, um dos principais planejadores do golpe civil-militar de 1964; idealizador e primeiro chefe do Serviço Nacional de Informações (SNI) em 1964; adepto da política de distensão do presidente Ernesto Geisel; chefe do gabinete civil da presidência da República (1974-1981). José Sarney (vice-presidente: 15/03/1985 a 21/04/1985; presidente: 21/04/1985 a 15/03/1990) foi vice-presidente na chapa eleita e assumiu o cargo de presidente da República após o falecimento do titular, Tancredo Neves. Jurou a Constituição Federal do Brasil (05/10/1988) e promoveu eleições diretas para a presidência da República, depois de 29 anos. Decretou o Plano Cruzado (1986), o Plano Cruzado II, o Plano Bresser, o Plano Verão e a moratória da dívida externa brasileira em 20/01/1987. Durante o ano de 1989 e o começo de 1990, a hiperinflação chegou a 2.751%.

visando introduzir principalmente as seguintes mudanças: a) restaurava-se a eleição, pelo voto direto e secreto, do presidente da República; b) a eleição presidencial far-se-ia por maioria absoluta; c) eleição direta para prefeitos das capitais, dos municípios considerados de segurança nacional, dos municípios dos territórios e dos novos municípios; d) deputados e senadores seriam eleitos por voto direto e secreto; e) eliminação da fidelidade partidária; f) criava-se o voto do analfabeto, que, no entanto, não podia ser eleito; g) liberdade de formação dos partidos políticos, condicionada a um percentual de votos para a Câmara dos Deputados.

Em novembro de 1985, a Assembleia Nacional Constituinte livre e soberana foi aprovada mediante emenda constitucional, convocando sua instalação para o dia 1º de fevereiro de 1987, na sede do Congresso Nacional, e agrupando unilateralmente os membros da Câmara dos Deputados e do Senado Federal. Por essa emenda constitucional, o presidente do Supremo Tribunal Federal — STF instalaria a Assembleia Nacional Constituinte e conduziria a sessão de eleição do seu presidente.

Na referida emenda constitucional, concedia-se anistia a todos os servidores públicos civis da administração (direta, indireta) e ainda aos militares, punidos ou processados por atos de exceção, institucionais ou complementares. Anistiavam-se igualmente os autores de crimes políticos ou conexos, os dirigentes e representantes de organizações sindicais e estudantis, os servidores civis ou empregados demitidos ou dispensados por motivo político. Aos servidores civis e militares concediam-se promoções, na aposentadoria ou na reserva, ao cargo posto ou graduação a que teriam direito se estivessem em serviço ativo, obedecidos os prazos de permanência em atividade.

Os anos de 1980 retrataram os melhores e mais contagiantes momentos da luta popular pela conquista de uma sociedade livre no Brasil e de um Estado capaz de submeter-se ao controle social da administração pública.

O ponto culminante dessa luta popular foi representado pela campanha das "Diretas-Já!". As sugestivas lições das "Diretas-Já!" acharam-se, por um lado, na capacidade de a grande maioria da população brasileira levantar-se em busca imediata da eleição direta para os cargos de presidente e vice-presidente da República; de outro lado, na derrota dessa população em 25 de abril de 1984, através de manobras da ditadura na Câmara dos Deputados, as quais levaram à falta de 22 votos para os dois terços necessários para emendar aquilo que intitulavam de Constituição.

Dos males, o menor: das "Diretas-Já!" bandearam-se para as "Indiretas-Já!", com muita emoção é verdade, mas com movimentação popular pouco a pouco menor porque, além da penosa conjuntura econômica de um país falido, a campanha da eleição direta aos cargos de presidente e vice-presidente da República deixava as ruas, onde era mais livre, indo para a eleição indireta no interior do Congresso Nacional, mais fiscalizado pelo governo. Subsistiu um breve período de euforia popular com o Congresso Constituinte. Porém, tal Congresso Constituinte sequer era uma Assembleia Constituinte autônoma, tendo de funcionar como Câmara Legislativa e Câmara Constituinte, tomando como base um esboço da nova Constituição produzido pela Comissão da Constituinte, presidida por Afonso Arinos de Mello Franco.

Segundo o presidente Sarney, a instalação do Congresso Constituinte significava o "ponto mais alto do projeto de restauração da democracia no país", acrescentando também:

> Deixamos de ter um governo elitista para ter um governo que pensa na participação e na responsabilidade coletiva em qualquer decisão que deve ser tomada. **Pela primeira vez, ninguém toma uma decisão sem olhar a população brasileira**. Talvez esta seja uma obra sem placa, mas que marcará profundamente o processo político brasileiro.[13]

Após ser um dos líderes do que chamou de "governo elitista", agora Sarney presidiria um governo participativo de responsabilidade

A REPÚBLICA BRASILEIRA — 1951-2010 401

coletiva. Não foi tranquila a abertura do indigitado Congresso Constituinte: o PMDB (partido com maioria absoluta das cadeiras no Congresso) propôs a suspensão das atividades da Câmara Federal e do Senado Federal enquanto se estivesse elaborando a Constituição. Acabou prevalecendo a alternativa do Congresso Constituinte, e não de uma Assembleia Constituinte autônoma, por motivo de discórdia entre os congressistas do PMDB.

A Ordem dos Advogados do Brasil — OAB —, uma associação de muita respeitabilidade na vida política nacional, opôs-se ao Congresso Constituinte porque, com ele, não ocorreria Constituinte. Para a OAB, uma Constituinte exigiria uma eleição exclusiva para ela, seria unicameral, duraria no máximo um ano, se dissolveria concluída a nova Constituição. A Assembleia Nacional Constituinte significaria um poder irrevogável, não elegeria deputados e senadores e sim constituintes, não se reduziria a partidos políticos, mas representaria outras camadas da sociedade afastadas dos partidos. Ao contrário da Assembleia Constituinte, um Congresso Constituinte não possuiria poder originário, seu poder seria derivado da dita Constituição, que se queria eliminar.

Ainda assim, o líder do governo Sarney no Congresso Nacional, senador Fernando Henrique Cardoso, justificava:

> Seria extremamente dispendioso manter em funcionamento, simultaneamente, uma Constituinte e um Congresso. Não vejo, com franqueza, nenhuma incompatibilidade de fundo nessa acumulação de funções.[14]

A Constituição da República Federativa do Brasil (05/10/1988)

Em 1º de fevereiro de 1987, ao instalar o Congresso Constituinte, o presidente do Supremo Tribunal Federal, José Carlos Moreira Alves, em seu discurso se entusiasmou pela permanente conciliação:

> Ao instalar-se esta Assembleia Nacional Constituinte, chega-se ao termo final do período de transição com que, sem ruptura constitucional, e por via de conciliação, se encerra o ciclo revolucionário.[15]

Na verdade, como falou o presidente do Supremo Tribunal Federal — STF, José Carlos Moreira Alves, o Congresso Constituinte de 1987 foi obrigado a funcionar "sem ruptura constitucional" e sob a égide da "via de conciliação", as quais configuraram a Constituição Federal de 1988, originando a democracia da conciliação política e da harmonia econômica e social. Mesmo trazendo inovações especificamente nas garantias individuais e nos direitos sociais, e ainda em outros assuntos de época, o âmago da Constituição Federal de 1988 exibiu muitos continuísmos e a inércia de cada dia da vida brasileira, ambos escondidos pelo véu das "reformas necessárias" e das "modernizações obrigatórias".

Já no funcionamento do Congresso Constituinte aberto em 1987, era possível entrever a real significação de "sem ruptura constitucional" e "via de conciliação": autoritarismo e coação sobre os constituintes, evidentes nas palavras do deputado Florestan Fernandes:

> É estranho o que está acontecendo: há um poder soberano, absoluto, que interfere no trabalho da Constituinte e com isso afeta também o trabalho da Câmara e do Senado. (...) Ora, se o processo de elaboração da Constituição é democrático, então seria necessário que as emendas fossem a espinha dorsal da nova Constituição, e que o Presidente da República se retraísse ao seu papel. **Provavelmente S. Exa. se sente apoiado por forças militares, pelo poder da corrupção, pelo temor dos parlamentares que se acostumaram a um regime no qual eram destituídos de maior liberdade; então se criou um conjunto de circunstâncias negativas para a elaboração do processo constituinte.**[16]

O Congresso Constituinte de 1987 produziu uma Carta Constitucional com muitas peculiaridades e aqui se mencionam algumas. Notem-se certas peculiaridades nas palavras de Carlos Ari Sundfeld:

A REPÚBLICA BRASILEIRA — 1951-2010

> Sustento que a Carta de 1988, para os homens do Direito, tem valido mais pela aura que por seus preceitos, que ela é uma Constituição chapa-branca, não uma romântica Constituição cidadã, e, ainda, que ela tem um potencial desestabilizador cuja superação tem dependido do compromisso com a governabilidade do meio político e dos Tribunais. (...) Em suma, os cidadãos que tiveram a atenção primária da Constituição foram policiais, fiscais tributários, militares, Juízes, membros do Ministério Público, Advogados públicos, Defensores, professores de universidades oficiais, profissionais de saúde pública, e assim por diante. (...) Ao fortalecerem-se esses organismos e corporações, pelo poder derivado da inserção constitucional, tornaram-se eles — e não os cidadãos — os verdadeiros protagonistas do fenômeno constitucional brasileiro.[17]

Já Regis Fernandes de Oliveira assinalou outras peculiaridades da Constituição de 1988, relativas ao foro privilegiado no Brasil:

> Em um Estado Democrático de Direito, onde todos são iguais perante a lei, atribuir tratamento diferenciado ao parlamentar parece destoar dos ideais democráticos. A função exercida pelo parlamentar não pode funcionar como escudo, para que, por via transversa, haja cidadãos acima da lei, isentos das penas impostas à corrupção e à má gestão dos recursos públicos. (...) Então, não só parlamentares de todas as categorias (Senadores, Deputados federais e estaduais e Vereadores), mas também Ministros, Desembargadores e Juízes, Procuradores de Justiça e Promotores Públicos, Defensores, Procuradores do Estado (e também do Município), Advogados da União e dos Estados e Municípios, Ministros de Estado, Secretários dos Estados e Secretários Municipais, membros diplomáticos, sem nos esquecermos do Presidente da República, do Presidente do Supremo Tribunal Federal e do Congresso Nacional e todos os demais que se acrescerem ao presente rol terão foro privilegiado. (...) O Estado não pode privilegiar alguns em detrimento de outros. Por consequência, legitima-se a alteração para que todos sejam processados e julgados pelo Juiz de Primeiro Grau.[18]

A prerrogativa de foro especial nos Tribunais Superiores tem representado um fator crucial para a deslegitimação da Constituição Federal de 1988, fomentando com relação a ela o descrédito na população.

A Associação dos Magistrados Brasileiros — AMB pesquisou no Supremo Tribunal Federal — STF 127.535 processos, uma média de 12 mil processos por Ministro deste Tribunal, relativos apenas a 2006. Neste mesmo ano de 2006 corriam indefinidamente 130 ações de foro especial no Supremo Tribunal Federal, sem decisão de mérito. Porém, segundo a pesquisa da Associação dos Magistrados Brasileiros, "nenhuma condenação resultou contra qualquer autoridade, isto é, há zero (0) de condenação contra os agressores do patrimônio público ou acusados por qualquer tipo de crime" [negritos meus] (cf. Oliveira, 2008, p. 124-5).

O foro privilegiado no Brasil tem oferecido a muitos homens e a muitas mulheres do poder executivo, do poder legislativo e do poder judiciário, as condições para atuar contra a construção da liberdade e da igualdade no País, achando-se acima da legislação, dos interesses e da moralidade dos brasileiros.

De novo é preciso citar Evaristo da Veiga, famoso político do Primeiro Império Brasileiro (1822-1831): "... o amor-próprio nacional tem sido no Brasil pisado aos pés pelos homens da privança, pelo partido que goza e tem gozado da especial confiança de quem governa".[19]

De um lado, a Constituição de 1988 evidencia o quadro acima, no qual se salientam o privilégio, a medida provisória do poder executivo, a inconsciência do *lobby*, a desigualdade, o corporativismo das organizações ligadas ao Estado, a desestabilização política e social, a falta de credibilidade da população e, acima de tudo, a desgraça do formalismo e da razão tecnocrática.

De outro lado, a Constituição de 1988 trouxe indiscutível impulso para os direitos sociais e as políticas sociais, ainda que em muitas oportunidades tenham sido negados pelos governos posteriores a ela e sob a sua égide. Nunca antes os direitos sociais e a política social encontraram tamanho acolhimento em Constituição brasileira, como aconteceu na Constituição de 1988 (arts. 6, 7, 8, 9, 10, 11): na Educação (pré-escolar, fundamental, nacional, ambiental etc.), na Saúde, na Assistência Social, na Previdência Social, no Trabalho, no Lazer, na Maternidade, na Infância, na Segurança, preceituando especificamente direitos dos trabalhadores urbanos e rurais, da associação profissional ou sindical, de greve, da participação de trabalhadores e empregadores em colegiados dos órgãos públicos, da atuação de representante dos trabalhadores no entendimento direto com empregadores. O Capítulo II do Título II (Dos Direitos e Garantias Fundamentais) designou os direitos sociais pertencentes à Constituição Federal de 1988. Porém, poucos desses direitos estão sendo praticados ou ao menos regulamentados, quando exigem regulamentação.[20]

A "elite do poder", como a denominava C. Wright Mills, não tem no Brasil desejado para si nenhum preceito constitucional definitivo referente à dignidade e às condições de vida (liberdade, trabalho, renda, educação, cultura, saúde, moradia etc.).

As reformas constitucionais têm constituído costume político, mais ou menos presente no Brasil durante o Império, convertendo-se em forte obsessão na República, sobretudo depois da década de 1920: Reforma Constitucional em 1926, Revolução Constitucionalista em 1932, Constituição de 1934, de 1937 (outorgada por Getúlio Vargas), de 1946, de 1967, de 1969 (outorgada pela Junta Militar, com o Ato Institucional n. 5), de 1988, acompanhada de dezenas de emendas constitucionais que a transfiguraram.[21]

O presidente José Sarney jurou obedecer a Constituição Federal de 1988 e não demorou a reclamar que, com ela, não era possível governar. Vem a propósito a Medida Provisória n. 50, de 27 de abril de 1989 (notem-se: 50 medidas provisórias, do princípio da vigência da Constituição em outubro de 1988 até abril de 1989, 6 meses). Pela Medida Provisória n. 50, estabeleciam-se limitações ao exercício do direito de greve, tais como:

Quórum nas assembleias — é necessária a presença mínima de um terço dos associados do sindicato nas assembleias para deflagração da greve. A votação será pela maioria dos votantes.

Piquetes — são permitidos, desde que utilizados meios pacíficos.

Pagamentos dos dias parados — haverá pagamento se a empresa ou a Justiça do Trabalho atender às reivindicações da categoria.

Greve ilegal — será considerada ilegal a paralisação se os grevistas não atenderem as normas previstas na medida provisória, se as reivindicações dos trabalhadores já tiverem sido julgadas improcedentes pela Justiça do Trabalho ou se o objetivo for alterar o acordo coletivo de trabalho.

Setores essenciais — será permitida a greve, desde que os trabalhadores comuniquem às empresas, aos usuários e a comunidade o estado de greve 48 horas antes da paralisação e designem os empregados necessários à manutenção dos serviços inadiáveis da população e dos equipamentos e instalações.

Contratação de pessoal — as empresas poderão contratar pessoal em substituição aos grevistas, se não forem atendidas as necessidades da população.

Abuso no direito de greve — deflagrar greve sem observar as normas da medida provisória; piquetes violentos; danificar bens das empresas; desobediência à autoridade; ocupação de local de trabalho; aliciar pessoas que não participam da categoria a participar da greve; não designar trabalhadores para garantir serviço essencial; deixar o trabalhador de atender à convocação do sindicato.

Crimes contra organização do trabalho — não atender ou incitar desobediência a requisição civil; tentar paralisar atividades onde houve requisição; ofender moralmente autoridade pública; locaute; greve em desrespeito à decisão judicial; não cumprir o empregador sentença normativa da justiça;

Penalidades — detenção de um a seis meses e multa. Quando o crime for praticado com violência a detenção pode ser de um a dois anos. A pena poderá ser agravada se a violência for cometida anonimamente.[22]

A REPÚBLICA BRASILEIRA — 1951–2010

Ao mesmo tempo, a "Nova República" tirava o véu dos abusos políticos em geral, sem precisar, para divulgá-los, de particular coragem exigida no período da ditadura militar. Noticiava-se que "empréstimo para construir casas em Búzios [era] anulado" pelo Conselho Deliberativo do Instituto de Previdência dos Congressistas — IPC, prevendo-se "reaver o dinheiro, cerca de US$10 milhões, segundo cálculo oficial dos auditores do Senado e Câmara".[23]

Na "Nova República", o exercício da função pública continuava a expor idênticos traços do passado da vida política brasileira, deturpadores do que se poderia chamar de república. Notem-se uns poucos deles: o cartorialismo, o clientelismo e o nepotismo.

Uma das mais famosas manifestações de cartorialismo principiou em 1967, quando o governo da ditadura baixou o Decreto-Lei 210, proibindo a construção de novos moinhos e montando o vigoroso cartório de moinhos de trigo no Brasil. Devido a este decreto-lei, em 1989 um consumo estimado em 8 milhões de toneladas de trigo por ano mantinha-se reservado às indústrias em funcionamento desde a década de 1960. A fim de evitar a falsificação de notas de compra para conseguir cotas de importação de trigo, o governo construiu um espantoso monopólio e eficiente cartório do trigo.

Apenas para bosquejar o quadro do cartorialismo em 1989, 15 ministérios cuidavam do comércio exterior, abrir uma empresa demorava 60 dias e o Banco Central do Brasil — Bacen expedia uma norma por dia (O Banco Central, com 24 anos de vida, tinha publicado até 1989, 1.500 resoluções, 1.700 circulares e 1.600 cartas-circulares.). A "Nova República" preservou e ativou os cartórios (monopólios) empresariais e não foi capaz de quebrar ou ao menos abreviar os controles burocráticos.

O clientelismo e o nepotismo (proteção especial, em geral abusiva, concedida a parentes, especialmente pelo poder público) têm-se sempre apresentado como irmãos gêmeos do cartorialismo.

Um relatório da secretaria de Planejamento da presidência da República (Seplan), publicado no começo de 1990, punha às claras o tamanho do clientelismo no serviço público, durante o governo de José Sarney. O relatório da Seplan mostrava que naquele ano existiam 49.452 cargos de confiança e que proliferava "empregos comissionados". Divulgava ainda o relatório da Seplan que, entre cada grupo de 14 funcionários públicos, um era "de confiança".

Os ministérios da Fazenda, Agricultura e Previdência reuniam 61,8% dos cargos de confiança e na Fazenda havia a maior concentração, ou seja: um em cada cinco funcionários públicos exercia cargos de confiança.

Ainda mais, o relatório da Seplan advertiu que a adoção em 1974 do regime da Consolidação das Leis do Trabalho — CLT no serviço público não cumpriu seu objetivo que era permitir a dispensa dos funcionários inaptos. Explica o relatório: "Ao contrário, permitiu outras vias de contratações, através de mecanismos como, por exemplo, das tabelas especiais, convênios etc.".[24]

Eleições diretas para presidência da República: 1989

Em setembro de 1989, uma pesquisa levantou os seguintes dados: uma pesquisa realizada pelo Centro de Estudos de Cultura Contemporânea — Cedec levantou dados sobre regimes políticos no Brasil, indicando as preferências e as atitudes dos eleitores:

Preferências:
A democracia é sempre melhor do que qualquer outra forma de governo — 43%;
Em certas circunstâncias é melhor uma ditadura — 18%;
Tanto faz se o governo é uma democracia ou uma ditadura — 22%;
Outras respostas (espontâneas) — 2%;
Não tem opinião — 15%.

A REPÚBLICA BRASILEIRA — 1951–2010

Atitudes:

33% não se interessam por política;

55% dizem que leem ou assistem ao noticiário;

78% acham que a política é complicada;

43% acham que o serviço do Inamps é ruim/péssimo;

40% tem confiança nos tribunais de Justiça;

62% acham que o que acontece na política tem reflexos em suas vidas;

58% acham que não exercem qualquer influência na política do país.[25]

Conquanto a pesquisa acima fosse vista como probabilidade fornecida por amostra de 141 municípios do território nacional, compreendendo áreas rurais, ela dava ideia da sociedade brasileira nos tempos das eleições diretas de 1989.

Os 43% dos adeptos da democracia apresentavam tendência democrática da população. Porém, somando-se os adeptos da ditadura (18%), os politicamente descrentes (22%) e os sem opinião política (15%), constatava-se entre os pesquisados o percentual de 55% de massa disponível às artimanhas políticas dos interesses ditatoriais ou de direita.

Era bastante possível dar abrigo ao secular conservadorismo do Brasil nas eleições diretas de 1989, levando-se em conta a desinformação dos brasileiros, a sua ingenuidade e também o predomínio dos meios de comunicação, como as redes de televisão, o horário de propaganda eleitoral (com mensagens distintas em formas semelhantes), os jornais, as revistas etc.

O financiamento de candidatos à presidência da República e de candidatos a deputados e senadores, majoritariamente favoráveis às minorias capitalistas e aos seus compromissos de sempre; o milionário aparato das agências de publicidade e de pesquisa de opinião dos eleitores; os "marketings" eleitorais e a ação dos marqueteiros em todos os lugares, sobretudo nos horários eleitorais; tudo converteu as eleições diretas em grande negócio comercial, industrial e financeiro, e em encenação aos eleitores, maquiando os candidatos, resultando em negociata com vantagens políticas, sociais e econômicas, das quais as verbas restantes de campanha exprimiam minúsculo produto.

As eleições diretas de 1989 revelaram a cara da "Nova República", erigindo-a ao mesmo tempo em seu instante mais vital e em sua agonia prolongada. A "Nova República" não desempenhou papel novo ou original, mas trouxe de volta o infindável "passado no presente", a conciliação em proveito da classe dirigente, como notara José Honório Rodrigues a respeito do Império Brasileiro: "A tirania era compensada pela conciliação, ou pela tolerância, logo que as grandes massas revelassem sua submissão. Não inovar, praticar uma política de inércia, resistir às mudanças, prometer sempre soluções gradualistas, lentas, quanto mais lentas melhores, foi a política das minorias dominantes brasileiras".[26]

Pode-se afirmar que as eleições diretas de 1989 para a presidência da República apresentaram enorme pluralidade do mais ou menos o mesmo, excetuando um pouco de Leonel Brizola (Partido Democrático Trabalhista — PDT) e muito de Luiz Inácio Lula da Silva (Partido dos Trabalhadores — PT). Para a maioria dos candidatos, as propostas variaram em torno das mesmas coisas, aludindo quase sempre à educação, à saúde, à habitação, às vezes ao saneamento, e à cesta básica.

Fernando Collor de Mello propunha-se construir 600 a 700 mil casas ao ano, aplicar 40 bilhões de dólares em educação em 5 anos e atingir no final do mandato 10% do PIB em saúde. Collor de Mello parecia ser o único candidato com bastante chance de vitória para a presidência da República, capaz de privatizar as grandes empresas estatais brasileiras, enquanto Mário Covas, Luiz Inácio Lula da Silva, Roberto Freire (do Partido Comunista — PCB) e apoiadores de Leonel Brizola e do próprio Collor (no caso, sua futura ministra Zélia Cardoso de Mello) referiam-se a "desprivatizar o Estado". Leonel Brizola queria melhorar a aplicação dos gastos sociais e investir 10% do PIB, ao ano, em saúde, saneamento e educação.

No entanto, a plataforma eleitoral de Luiz Inácio Lula da Silva expunha algo de novo para a sociedade brasileira, com temas inova-

A REPÚBLICA BRASILEIRA — 1951-2010

dores e socializantes, como a estatização de todos os serviços de assistência médica e produção de medicamentos, a ampliação da rede de escolas públicas, a realização da reforma agrária e da reforma urbana (para diminuir o uso especulativo dos terrenos nas cidades). Além disso, coisa nunca vista e dita por um trabalhador, candidato em eleições presidenciais no Brasil, Lula proclamava abertamente em suas entrevistas e nos comícios:

O meu diploma é minha consciência de classe.

Reforma agrária para acabar com a falta de moradia, com a miséria e com a prostituição.

Olhar para a cara do alemão (ou italiano, americano etc.) e dizer: teu filho tem boa escola às custas da miséria do nosso povo. Vou suspender o pagamento da dívida externa.

Mário Sérgio Conti, no livro *Notícias do Planalto (A imprensa e Fernando Collor)*, narrou o clima do jornalismo nos principais meios de comunicação do Brasil, em especial durante a campanha de Fernando Collor de Mello, esboçando o perfil de alguns jornalistas. Observem-se certas passagens, contidas no livro, sobre Fernando Collor de Mello e Luiz Inácio Lula da Silva:

Sobre Fernando Collor de Mello:

[Collor] vibrava ao se sentir o foco da atenção de milhares de pessoas. Vibrava e aprendia: ouviu a palavra "marajá" num comício, dita por um anônimo na assistência; de imediato percebeu o seu poder simbólico e a incorporou ao seu discurso.

(...) Durante a entrevista, porém, atendeu um telefonema de Roberto Marinho [dono das Organizações Globo], que tratava de estabelecer pontos de contato com o governador [Collor]. Tinha motivos: uma pesquisa do IBOPE colocava Brizola em primeiro lugar, com 19% das intenções de voto, Lula em segundo, com 16%, e Collor em terceiro, com 9%. (...) Collor dizia: "Vou botar os corruptos na cadeia". Ele fala como se o Executivo tivesse esse poder, pensava o jornalista ao ouvi-lo. Ao indagar como faria isso na prática, obteve uma resposta mais que vaga do candidato. "Irei reforçar e melhorar a Polícia Federal".

Sobre Luiz Inácio Lula da Silva:

A filosofia no PT era não levar o candidato aos patrões da imprensa, considerados inimigos de classe, que distorciam o noticiário sobre o partido. Houve apenas um encontro entre Lula e donos de órgãos de comunicação. A convite da direção da Rede Bandeirantes, ele almoçou na sede da empresa, no Morumbi, em São Paulo. Lula estava inspirado. Desatou a defender, com veemência, a reforma agrária. (...) Tanto João como Johnny Saad gostaram da sinceridade do candidato.[27]

Ao primeiro turno em 15 de novembro de 1989, concorreram ao cargo de presidente da República 22 candidatos, sobressaindo Ulysses Guimarães, Mário Covas, Paulo Maluf, Leonel Brizola, Luiz Inácio Lula da Silva, Fernando Collor de Mello e Guilherme Afif Domingos, sem contar a candidatura anulada de Sílvio Santos. No segundo turno, em 17 de dezembro de 1989, concorreram àquele cargo Fernando Collor de Mello (Partido da Renovação Nacional — PRN; Partido Social Cristão — PSC; Partido Trabalhista Renovador — PTR; Partido Social Trabalhista — PST) e Luiz Inácio Lula da Silva (Partido dos Trabalhadores — PT; Partido Socialista Brasileiro — PSB; Partido Comunista do Brasil — PC do B), elegendo-se Collor de Mello com 42,75% do total de eleitores, contra Lula da Silva com 37,86%.

Na primeira entrevista coletiva como presidente eleito do Brasil, Fernando Collor de Mello reportou-se à possibilidade de acontecer "pequena recessão" durante sua gestão; ao seu apoio ao parlamentarismo no plebiscito de 1993 ("Serei o presidente da transição para o parlamentarismo"); à diminuição das despesas do governo e aos estudos sobre a privatização de empresas estatais, salientando que, depois de um mês de administração, "a inflação estará bem mais baixa", prometendo levá-la a 3% ao mês em 1 ano e meio. Assinalou igualmente nesta primeira entrevista algumas providências a serem tomadas:

> ... nós temos três reformas que são fundamentais para que possamos conseguir os recursos necessários para fazer face a esses investimentos nessas áreas sociais. Esperamos promover uma reforma fiscal em larga escala, uma reforma patrimonial e uma reforma administrativa.
> **(...) Eu acho que nós temos hoje três grandes problemas que enfrentar, porque esses três grandes problemas afetam diretamente a nossa cidadania. São: a inflação, a corrupção e a miséria.**
> **(...) Nós temos que acabar com esse clima de impunidade.**
> (...) Dentro das reformas que aqui já foram colocadas, uma delas, a reforma fiscal, é muito clara. Vamos tirar de quem? Vamos tirar dos sonegadores, dos especuladores, dos atravessadores, daqueles que estão ganhando verdadeiras fortunas com esta inflação.[28]

As propostas econômicas de Tancredo Neves e José Sarney

A gestão da dívida deixada pela ditadura militar, segundo Tancredo Neves

No final da campanha eleitoral, em fevereiro de 1985, Tancredo deu entrevista no México, talvez a mais elucidativa de seu ideário econômico para o momento. Suas palavras asseguravam que:

> **O Brasil é o maior devedor do mundo, mas também tem as maiores possibilidades do mundo. A dívida não nos assusta: temos condições de adequá-la à nossa capacidade de pagamento. O dinheiro que tomamos emprestado, aliás, não foi esbanjado.** Talvez esses empreendimentos pudessem ter sido realizados com mais

economia para a Nação, mas eles estão aí, vamos pagar a dívida com o trabalho brasileiro. (...) Os juros são exorbitantes. Não será difícil ao Brasil alcançar até um longo prazo, de catorze, quinze ou dezesseis anos para pagar a dívida. Mas os juros são um problema. Nós pagamos o que nos é cobrado. (...) O caso é que os credores são intransigentes e inflexíveis na questão dos juros. (...) O Brasil tem de se empenhar a fundo para conter a inflação. Colocá-la em níveis toleráveis. (...) Em nenhum país que visitamos foi possível combater a inflação sem um acordo amplo com empresários e trabalhadores.[29]

Esse otimismo se enquadrava no espírito da década de 1980, marcada, em geral, por intensos e autênticos movimentos sociais, assediados por uma mistura de mistificação política e prometidas liberdades democráticas.

Planos, programas, propostas de José Sarney

Após a posse de José Sarney na presidência da República, os primeiros anos usufruíram deste otimismo real e irreal, buscando sobretudo base na sociedade para sua gestão. Basta verificar as medidas econômicas de primeira e de segunda horas da gestão de Sarney.

Em 18 de março de 1985, três dias depois de sua posse como vice-presidente da República em exercício, era colocado em prática **o lema "é proibido gastar"**, do ainda doente presidente eleito Tancredo Neves.

No **Plano de austeridade** divulgado por Sarney (dentro da direção dada por Tancredo Neves), previsto para vigorar por curto prazo, os bancos federais (menos o Banco Central e o Banco do Brasil) ficavam proibidos de conceder empréstimos durante 60 dias; não seriam contratados novos funcionários, nem pela presidência da República (os demitidos poderiam ser substituídos); o orçamento federal do governo de Figueiredo sofria diminuição de 10%. O Banco Central e o Banco do Brasil, mesmo abrangidos pelo plano de austeridade governamental, cautelosamente deveriam responder por créditos prioritários à agricultura e à exportação. Por esse plano, os órgãos federais não deveriam contrair novas dívidas, prescrevendo punições caso não pagassem suas dívidas no Exterior. A Federação Brasileira dos Bancos — Febraban louvou o plano de austeridade do governo, porém lembrou que deveriam ser pagas aos bancos as dívidas anteriores.

No mês de maio foi publicado o Programa de Prioridades Sociais de 1985, conforme o governo de Sarney (dentro da orientação de Tancredo Neves). Na exposição de motivos do ministro do Planejamento, João Sayad, ao presidente, está diagnosticado:

A proposta de Prioridades Sociais de 1985: **um conjunto de ações governamentais voltadas ao atendimento das populações de baixa renda, notadamente nas áreas de alimentação, educação, saúde, habitação, emprego e justiça**. A proposta contempla ainda uma atenção especial ao Nordeste, com os programas de apoio ao pequeno produtor e de reconstrução dos danos causados pelas enchentes. (...) Ao mesmo tempo, as dificuldades em que vive grande parte da população brasileira — agravadas pela própria crise econômica e pela emergência de calamidades naturais — exigem uma efetiva ação do governo. (...) Os recursos atualmente orçados para esses projetos sociais chegam a cerca de seis trilhões de cruzeiros. Mas é preciso garantir que esses recursos sejam efetivamente destinados aos fins sociais e, sobretudo, que sua liberação se dê de forma regular e conforme cronogramas criteriosamente cumpridos.[30]

Adicionava ainda a Programa de Prioridades Sociais de 1985:

A economia brasileira conheceu índices notáveis de crescimento econômico nas últimas décadas. Apesar disso, não foram eliminados os altos níveis de desigualdade social e regional, nem os bolsões de pobreza no País. No momento em que a sociedade brasileira se abre para a experiência democrática, não é possível continuar adiando o enfrentamento dos problemas sociais. A consolidação do regime democrático requer a ampliação das bases do consenso social, ou seja, a democratização substantiva da sociedade, que exige a eliminação das desigualdades e a extensão dos direitos sociais fundamentais a toda a população.

(...) A crise eliminou um número substancial de empregos sem que tivesse sido criado, nas épocas de prosperidade, sistema eficiente de proteção ao trabalho. Além disso, os novos contingentes que atualmente chegam ao mercado de trabalho defrontam-se com condições adversas, diante das menores oportunidades existentes. O excedente de mão de obra se dirige ao setor não organizado da economia, onde as condições de subsistência são precárias, dado que as atividades aí exercidas são intermitentes e mal remuneradas.

Esses problemas tornam-se particularmente críticos em regiões de pobreza econômica, sobre as quais recaem consequências de desastres naturais, como a seca e as inundações e onde, portanto, se requer ação governamental imediata, coerente e criativa.[31]

O **Programa de Prioridades Sociais para 1985** era desdobrado nos seguintes itens e subitens: 1. Desenvolvimento Social na Nova República; 2. Diretrizes (2.1. Eficiência e Eficácia; 2.2. Suficiência; 2.3. Transparência; 2.4. Descentralização); 3. Programas prioritários: 3.1. Alimentação Popular (3.1.1. Programa de Abastecimento Popular; 3.1.2. Programa de Nutrição em Saúde; 3.1.3. Reforço Alimentar ao Programa de Creches; 3.1.4. Programa Nacional de Alimentação Escolar; 3.1.5. Programa de Alimentação do Trabalhador); 3.2. Emprego e Atendimento de Necessidades Sociais Básicas (3.2.1. Adequação e Ampliação da Rede Básica de Serviços de Saúde e Controle de Doenças Transmissíveis; 3.2.2. Construção, recuperação e ampliação de escolas e fornecimento de material didático; 3.2.3. Produção de Sementes e Mudas; 3.2.4. Construção de presídios, delegacias e penitenciárias; 3.2.5. Infraestrutura urbana e Habitação; 3.2.6. Projetos de Criação de Emprego e Renda a cargo dos Estados e Municípios); 3.3. Projeto Nordeste: Desenvolvimento Rural para Pequenos Produtores; 3.4. Recuperação da Infraestrutura Social Danificada pelas Enchentes;

A REPÚBLICA BRASILEIRA — 1951-2010

4. Providências de Governo (4.1. Curto Prazo; 4.2. Médio Prazo; Anexo: Quadro de Recursos Orçamentários.

O ministro do Planejamento João Sayad, do governo Sarney, ao que parece acompanhando as palavras do falecido Tancredo Neves, afirmava no final do Programa de Prioridades Sociais para 1985:

> A prioridade ao social será obedecida na elaboração da proposta orçamentária da União para 1986.
> Em síntese, as restrições orçamentárias de curto prazo não impedirão que o governo materialize a prioridade dada aos programas sociais.

A "prioridade ao social" fez-se a última palavra a respeito de política social. O próprio Sarney dizia que a "dívida" não impediria o desenvolvimento. O presidente anunciava aos credores externos que o Brasil não abriria mão do desenvolvimento como imposição para poder pagar sua "dívida".

O Programa de Prioridades Sociais para 1985 sintetizava, sem favor, o ideário e os principais projetos de política social da chamada "Nova República", em seu começo. Bem redigido, claro e direto, o referido Programa de Prioridades Sociais podia muito bem ser considerado o paradigma das políticas sociais da "Nova República" de Tancredo Neves, segundo José Sarney.

O Programa de Prioridades Sociais era amplo e abrangia a alimentação, educação, saúde, habitação, emprego, e justiça, no âmbito das populações de baixa renda. Pode-se concluir, portanto, que o governo da "Nova República" sabia da premência do combate à pobreza e à miséria e havia elaborado programas para esse fim. Sabia da monumental obra de desigualdade social, há décadas construída no Brasil.

Seria possível a realização do Programa de Prioridades Sociais por um governo formado de figuras políticas de objetivos e de condutas díspares e incompatíveis, legatário do movimento militar de 1964?

Em seguida, no mesmo mês, a secretaria de Planejamento gerida por João Sayad, vinculada ao presidente Sarney, apresentou uma Política de Estabilização, por intermédio das Diretrizes gerais de política econômica (Notas para o 1º PND da Nova República — maio — 1985). Nestas "diretrizes gerais" estão expostos a posição do governo, seus meios de ação administrativa pelo prazo de quatro anos, as bases para os próximos orçamentos, abrindo as primeiras discussões para a elaboração do 1º Plano Nacional de Desenvolvimento da Nova República.

Admitiam ainda as "diretrizes gerais" que a situação da economia brasileira naquele momento impedia qualquer proposta de médio e de longo prazos. As "diretrizes gerais" dividiam-se em quatro seções: 1ª) grave descontrole administrativo do setor público; 2ª) fundamental importância da redução do déficit público; 3ª) crítica do controle dos gastos públicos nos anos passados; 4ª) três etapas da política de estabilização (esforço do setor público; amplo acordo de classes e segmentos da sociedade; reestruturação do pagamento da dívida externa brasileira). Mas o ministro do Planejamento, João Sayad, nas "diretrizes gerais" faz também um diagnóstico da economia brasileira naquela ocasião, do qual merece alusão:

> **A precariedade das estimativas deve-se à vasta gama de artifícios contábeis e contas em aberto que permitem ligações entre os vários Orçamentos. A contabilidade dos subsídios é propositadamente mascarada e o cálculo orçamentário é feito em cruzeiros correntes, utilizando-se ainda estimativas irrealistas de taxa de inflação.** Assim, o Congresso Nacional aprova um Orçamento Fiscal ilusoriamente equilibrado, que mascara um déficit. O Governo, de sua parte, sequer tem condições para informar com grau razoável de precisão a magnitude de seu déficit.
>
> (...) **Dificuldades igualmente graves aparecem na mensuração da própria dívida do setor público descentralizado.** O Governo não dispõe de sistema de acompanhamento que lhe permita saber qual o montante efetivo da dívida consolidada do setor público em dezembro de 1984. Além disso, várias vezes o Governo é chamado a responder

A REPÚBLICA BRASILEIRA — 1951–2010

por dívidas, tanto internas quanto externas, que não são de sua responsabilidade nem direta, nem por avais.

(...) **O Governo tem despesas com projetos de retorno econômico incerto ou negativo, e que precisam portanto ser descontinuados**. Há projetos cujas obras foram precocemente iniciadas e que precisam ser ou descontinuados ou hibernados. Existem ainda despesas conhecidas, mas sem limites no Orçamento, como os gastos com o Sistema Nacional de Previdência e Assistência Social — Sinpas e com os subsídios do açúcar e álcool. E, finalmente, aparecem despesas que não estão no Orçamento nem são limitadas, como os avais que a União é chamada a honrar subitamente.

(...) o setor público não está em desequilíbrio apenas porque gasta em investimento e consumo mais do que arrecada; está em desequilíbrio porque o volume arrecadado, embora suficiente para financiar suas despesas de investimento e consumo, está aquém do necessário para pagar os juros sobre as dívidas herdadas do passado.

(...) As dimensões da economia brasileira cresceram catorze vezes, entre 1940 e 1980. A produção industrial passou a representar 38% da produção nacional. A exportação exibe hoje uma pauta diversificada de produtos. A população urbana cresceu vertiginosamente. A economia brasileira hoje é industrializada, moderna, diversificada.

(...) **Em 1980, concluída uma fase histórica do processo de desenvolvimento, essa renda per capita atingiu aproximadamente 2.100 dólares. Mas, a distribuição permaneceu marcadamente desigual. Das pessoas que recebiam renda, os 40% mais pobres detinham 9,7% da renda total, enquanto os 10% mais ricos detinham 47,9% — esse é o problema da pobreza no Brasil.**

(...) **Mais grave ainda, os últimos anos introduziram a "pobreza moderna".**

(...) **Assim, aos subempregados do processo de crescimento econômico juntam-se hoje nas ruas das cidades brasileiras os desempregados da recessão que o País suporta há pelo menos quatro anos.**[32]

Ao expor, em setembro de 1985, na Câmara dos Deputados as tais diretrizes gerais do 1º Plano Nacional de Desenvolvimento da Nova

República (4º PND), o ministro do Planejamento João Sayad, do governo de Sarney, retomava as ideias acima, com alguns acréscimos:

> Hoje tenho a oportunidade de apresentar uma visão de conjunto do Plano que o Poder Executivo, como determina a lei, submeterá ao Congresso neste mês de setembro [de 1985]. (...) **A população brasileira cresce hoje à taxa de 2,2% ao ano. A força de trabalho cresce a taxas mais elevadas. Para atender a essa demanda, é preciso que a economia cresça 6% ao ano**.
>
> (...) **O colapso do financiamento externo, a partir de 1982, e as elevadas taxas de juros internacionais, muito superiores às historicamente observadas, conduziram a economia brasileira a transferir para o Exterior, na forma de pagamento de juros, parcela crescente da renda nacional**. A velocidade com que o País se ajustou à redução da oferta de recursos externos foi surpreendente: o déficit em transações correntes de 14,8 bilhões de dólares, registrado em 1982, transformou-se dois anos depois, em 1984, num superávit de 517 milhões de dólares. (...) Além disso, com a interrupção do acesso aos mercados financeiros internacionais, o governo passou a financiar-se no mercado interno de crédito. O resultado, dada a magnitude da dívida externa sob responsabilidade do governo, foi o crescimento vertiginoso da taxa de juros interna.
>
> (...) **Após a estagnação do período 1981/1982, a economia brasileira mergulhou, em 1983, na maior recessão desde a década de 30.**[33]

Até para os hipercríticos, as palavras do ministro do Planejamento, João Sayad não podiam deixar de exibir balanço econômico-financeiro do Brasil, tanto a respeito da transição de 1985 quanto à herança da ditadura militar, consistente da situação *falimentar* do país.

O movimento de 1964 terminou em 1985, evidenciando que, segundo o ministro do Planejamento João Sayad, arriscava práticas de artifícios contábeis, de contas em aberto, de contabilidade disfarçada, de cálculos irrealistas da taxa de inflação, de desconhecimento do valor da dívida pública, de realização de projetos de retorno econô-

A REPÚBLICA BRASILEIRA — 1951–2010

mico incerto ou negativo, e ainda de o governo ditatorial responder por dívidas internas e externas que não eram dele.

A despeito de tudo, o ministro do Planejamento João Sayad, do governo de José Sarney, também previa o fim da pobreza absoluta em quatro anos.[34]

O ano de 1985 fartou-se de planos, programas e propostas do governo de Sarney, sem desmerecer naturalmente os anos seguintes.

Verifique-se, por exemplo, o Plano Nacional da Reforma Agrária (PNRA) da Nova República, noticiado em meados de 1985, pelo ministro da Reforma Agrária e Assuntos Fundiários, Nélson Ribeiro. O anúncio gerou uma formidável e descontrolada resposta do empresariado rural. O latifundiário e usineiro, diretor da Sociedade dos Produtores de Álcool na época, disse que o Plano de Reforma Agrária do Governo Sarney "mais parece uma peça digna de ter sido escrita com o apoio de Havana e Moscou" e que "a distribuição de terras e a implantação do minifúndio para alimentar uma família vai decretar a fome no País". O então presidente da Federação da Agricultura de Minas Gerais tachou o Plano Nacional de Reforma Agrária da Nova República de "terrorismo agrário", de proposta demagógica, ao admitir que "a distribuição de um pedaço de terra melhora a vida do homem rural e resolve o problema de alimentação do homem urbano". O usineiro e latifundiário paulista, na época presidente da Sociedade dos Técnicos Açucareiros e Algodoeiros do Brasil, ponderava que a cana-de-açúcar só podia ser produzida em latifúndio e que os boias-frias (trabalhadores das plantações) lutavam por salários e não por terra, e que ainda o Plano Nacional de Reforma Agrária não devia colocar em perigo a produção de qualquer usina.

Para o governo de Sarney, no entanto, antes mesmo de executar o Plano Nacional de Reforma Agrária, era preciso dar andamento à desapropriação em áreas de litígio. O governo pretendia fazer amplo debate com a sociedade e o Congresso Nacional. O Plano Nacional de Reforma Agrária da Nova República, em 15 anos, tinha em vista assentar 7,1 milhões das famílias, utilizando-se de 49,5 milhões de hectares de terras de latifúndio e outros 7,1 milhões de hectares de terras cedidas pela União. Pelo Plano, 100 mil famílias seriam assentadas em 1985/1986 e, até o final do governo, se chegaria a 1,4 milhão de famílias assentadas.

Aludindo às aberrações da estrutura agrária do Brasil, o ministro da Reforma Agrária e Assuntos Fundiários, Nélson Ribeiro, referia que 1% das propriedades rurais significava naquele momento 45% do total da área rural e que 342 pessoas dominavam 47,2 milhões de hectares, o que representava 6% da área do país, igual à totalidade das terras indígenas.

As diretrizes para a redistribuição de terra, de acordo com o Plano Nacional de Reforma Agrária, baseavam-se na desapropriação da terra por interesse social, garantindo-lhe a função social; na prioridade à reforma agrária sobre a colonização em terras públicas; na primazia de reforma agrária nas áreas com conflitos pela posse da terra, nas áreas de grandes latifúndios, pertos de cidades com muitos trabalhadores sem terra; na cobrança efetiva do Imposto sobre Propriedade Rural. Estas diretrizes se baseavam também na revisão dos incentivos fiscais para os projetos agropecuários e no estímulo às políticas de associativismo, de crédito rural especial, de pesquisa agropecuária e de assistência técnica e educacional aos assentados. O pagamento das terras desapropriadas dar-se-ia por intermédio dos Títulos da Dívida Agrária — TDA, porque as desapropriações aconteceriam em terras não produtivas, podendo elas ser quitadas pela TDA e não à vista.

Os Títulos da Dívida Agrária foram regulamentados pelo Decreto 59.443, de 1º de novembro de 1966, durante o período militar, que autorizava sua emissão até 300 bilhões de cruzeiros, por ano, em valores da época. Note-se, entretanto, que em quase 20 anos de vigência do citado decreto nunca o limite de 300 bilhões foi atingido. Num quadro em que não havia interesse político de desapropriar terra nem sequer mediante a legislação do governo ditatorial, que se servia do TDA, o governo do presidente Sarney previa a eliminação progressiva dos latifúndios.[35]

A REPÚBLICA BRASILEIRA — 1951-2010

Em dezembro de 1985, supunha-se que a taxa anual da inflação de 1985 ficaria no recorde de 233,8%, superior à inflação de 1984, de 223,7%. O ministro da Fazenda, Dílson Funaro, via 1986 com otimismo, este ano "irá consagrar a nova política econômica do governo, de procurar conjugar o crescimento econômico com o combate à inflação". Por outro lado, o presidente do Banco Central, Fernão Bracher, em janeiro de 1986 divulgava que foi um sucesso a nova etapa de renegociação da dívida externa brasileira, com a rolagem da dívida de médio e de longo prazos vencida desde 1º de janeiro de 1985, nos estertores dos governos militares, sem ocorrer a interferência do Fundo Monetário Internacional — FMI. O presidente do comitê de assessoramento dos bancos credores, William Rhodes, vice-presidente do Citibank, havia dito que "não tinha procuração dos 680 bancos credores do País", não podendo dar a decisão final. Mas o presidente do Banco Central esclarecia que os novos termos da rolagem da dívida externa foram acertados com este comitê de assessoramento dos bancos credores, para transformar-se em contratos até 15 de março de 1986.[36]

Plano Cruzado

Em 1º de março de 1986, os jornais informavam que o presidente José Sarney informara ao país o chamado Plano Cruzado (Decreto-Lei n. 2.283, de 27/02/1986) que, segundo ele, prescrevia mudanças econômico-financeiras: 1) criação de nova moeda, o Cruzado; 2) extinção do Cruzeiro, com paridade inicial de um Cruzado por mil Cruzeiros; 3) conversão automática em cruzados, de notas, moedas e depósitos à vista no sistema bancário; 4) abolição da correção monetária; 5) escala móvel de salários; 6) congelamento total de preços, tarifas e serviços; 7) criação de um mercado interbancário; 8) instituição do seguro-desemprego; 9) garantia de rendimento dos depósitos em caderneta de poupança; 10) fortalecimento da moeda brasileira diante de outras moedas. Nesta oportunidade, invocou auxílio da população no controle de preços. Em seus termos: "Cada brasileira ou brasileiro será um fiscal dos preços".

Afirmando que: *"Iniciamos hoje uma guerra de vida ou morte contra a inflação"*, o presidente José Sarney ajuntava ainda em seu discurso de 28 de fevereiro de 1986:

> A inflação tem sido o pior inimigo da sociedade. Ela não confisca apenas o salário: confisca o pão! Este portanto é um programa de defesa do poder de compra dos assalariados.
>
> (...) Será a coragem do povo que vai derrotar a inflação. E essa coragem do povo será e é a minha coragem.[37]

De sua parte, o ministro da Fazenda, Dílson Funaro, confirmando o discurso presidencial, constatava:

> (...) **Era preciso reordenar as finanças do Estado, desgastada por anos de gestão caótica de governos acomodados à prática de arrecadar dos que podem menos para distribuir aos que podem mais.**
>
> (...) **O cruzeiro era uma moeda cada vez mais fraca, usada apenas para calcular o valor dos salários.**[38]

Os infratores do congelamento de preços, decorrente do Plano Cruzado, sofreriam punições em conformidade com a Lei Delegada n. 4, de 26 de setembro de 1962, a qual preceituava a intervenção no domínio econômico para assegurar a livre distribuição de produtos necessários ao consumo do povo. Segundo o artigo 11 da Lei Delegada, seria multado de um terço (1/3) do valor do salário mínimo vigente no Distrito Federal (Brasília), à época da infração, até cem (100) vezes o valor desse mesmo salário, sem prejuízo das sanções penais que couberem na forma da lei.

O Decreto-Lei n. 2.283, de 27/02/1986, conhecido como Plano Cruzado, granjeou aplausos da população, às vezes por meio da recuperação do orgulho do país e em outras ocasiões pela vigilância da população querendo impedir a remarcação de preços. Na cidade de São Paulo, 59% dos paulistanos acreditavam na reforma econômica do presidente Sarney, e 66% deles previam melhora na situação econômica do Brasil, após o Plano Cruzado.

Entretanto, de acordo com o Departamento Intersindical de Estatísticas e Estudos Socioeconômicos — Dieese, o salário mínimo de Cr$ 804,00 (Oitocentos e quatro cruzados), vigorando em março de 1986, figurava em termos reais o mais baixo desde o início da década de 1950 e a metade do salário mínimo de 1940, provando que o Plano Cruzado não tirou tal salário de sua mesquinha condição.

Imitando velho costume político brasileiro, anterior à ditadura de 1964, do qual ela muito se utilizou, o Decreto-Lei n. 2.283, de fevereiro de 1986, instituiu o seguro-desemprego, medida de imenso interesse social, empacotando-o junto com o Plano Cruzado.

Em maio de 1986, o ministro da Fazenda, Dílson Funaro, tornou pública a possibilidade de as indústrias importarem máquinas e equipamentos de alta tecnologia, visando a renovar o parque industrial e a dar poder de competição às exportações nacionais. Não demoraram as dúvidas e as pressões empresariais: uns aguardavam a liberação para retirar dinheiro do *overnight*, comprar equipamentos e modernizar a produção; outros não queriam gastar os dólares das reservas internacionais, a fim de comprar bens já produzidos no país.[39]

Os empresários temiam de fato a concorrência, por sinal um traço histórico do capitalismo brasileiro. Apesar de eles louvarem alguns aspectos do liberalismo político e econômico, como o mercado e a concorrência, viviam e vivem no limite de admitir e até de pedir a ditadura, desde que ela não altere seus procedimentos econômico-financeiros: são capitalistas privados "espiritualmente" e estatizantes na prática; socializam os prejuízos e privatizam os lucros, acumulando ganhos e dependendo dos benefícios auferidos com o dinheiro público. O então deputado federal Delfim Netto, em várias oportunidades ex-ministro do governo militar, portanto de elevada experiência com o empresariado brasileiro, evidenciou este perfil histórico do empresariado:

O Sarney não vai resistir às pressões do empresário brasileiro que não conhece a palavra concorrência.[40]

Depois do Plano Cruzado

O salário mínimo manteve-se com dificuldade no período de recessão dos anos de 1980, elevou-se com o Plano Cruzado de 1986 e reduziu-se com o Plano Bresser em 1987. Se, de um lado, a população voltou a examinar preços e resistir à tentação de consumir depois do Plano Cruzado desde 1986; de outro lado, o salário mínimo comprava menos alguns produtos e o consumo de cada pessoa diminuíra também com relação a certos produtos, na comparação entre 1980 e 1988, ou seja, oito anos atrás.

Veja-se o salário mínimo comparativamente: em 1988, comprava 162 kg. de arroz, em 1980, comprava 231 kg.; em 1988, 33 kg. de carne bovina, em 1980, 51 kg. Agora, com o salário mínimo de 1988, poderia comprar mais feijão (87 kg. em 1988 e 71 kg. em 1980) e batata (970 kg. em 1988 e 204 kg. em 1980). Segundo o Instituto Brasileiro de Geografia e Estatística — IBGE, do total de pessoas economicamente ativas do país, o percentual de trabalhadores que ganhavam até um salário mínimo elevou-se de 25,7% em 1987 a 29,1% em 1988.

Para o Banco Mundial — Bird, em 1988, no fim do governo de José Sarney, o Brasil apresentava a pior divisão de renda entre 46 países, incluindo os mais pobres que ele. O mesmo Banco Mundial, em relatório de 1989, assinalava que o orçamento federal ocultava subsídios. Ou como foi noticiado: "Os subsídios escondidos no orçamento, em programas como o do álcool, chegam a 20% do Produto Interno Bruto — PIB, mais de 60 bilhões de dólares. Nem o Congresso, nem o Executivo estão equipados para controlar esses e outros gastos com dinheiro público".

A negociação da dívida externa brasileira no tempo de Sarney ocorreu com os ministros da Fazenda: Francisco Dornelles (março a agosto de 1985), Dílson Funaro (agosto de 1985 a abril de 1987) Luiz Carlos Bresser Pereira (abril de 1987 a dezembro de 1987) e Maílson da Nóbrega (de janeiro de 1988 em diante). A vinda de recursos externos para o Brasil foi negativa. De 1985 a 1988, o país recebeu 16,747 bilhões de dólares e 56,649 bilhões de dólares aos seus principais credores privados: Banco Mundial — Bird, Fundo Monetário Internacional — FMI, Clube de Paris etc. Descontando os pagamentos da dívida externa, o Brasil remeteu aos países credores uma diferença, a mais, de 39,902 bilhões de dólares.

A despeito disso e das promessas de Tancredo Neves e de José Sarney, em 1989, o Plano Nacional de Reforma Agrária não atingira a meta fixada para 1986 e, para a integral execução do Plano, seriam precisos aproximadamente mais 30 anos.

A política econômica do ministro Maílson da Nóbrega (em meio a discussões sobre hiperinflação e sobre estabilidade inflacionária em torno de 30%, 35% ou 40% ao mês, em 1989, final de governo) reduzia-se de modo especial ao ritmo do *overnight* (apoiado na BTN fiscal e antes na OTN fiscal) e à inexistência de qualquer modificação brusca na economia.[41]

Legado do governo de José Sarney

Educação

Para que pais chegavam à noite na fila a fim de conseguir de manhã vagas em escola estadual? Estes pais, moradores do bairro e dos bairros vizinhos, não queriam unicamente a melhor escola da vizinhança deles, mas queriam acima de tudo ensino e segurança. Era imprescindível a segurança e alguns pais davam maior importância a ela do que ao ensino. Por isto, uma escola concedeu moradia a um policial militar, em troca de sua permanência nela. A insegurança invadira a escola, convertera-se em problema inerente a ela.

Como afirmava um pai:

Não tem cabimento uma menina de treze anos sair no fim da noite da escola, nestas bandas.

Dois aspectos da era Sarney logo se punham no campo educacional: a qualidade do ensino e a segurança na escola (para chegar até ela e regressar bem).

No princípio do governo de José Sarney, o ministro da Educação, Marco Maciel, divulgou o projeto para o ensino de 1º e 2º Graus, intitulado Educação Para Todos: Caminho Para Mudanças. Este projeto estava orçado em 2,9 trilhões de cruzeiros, dos quais o Ministério da Educação já possuía 1,3 trilhão de cruzeiros para aplicar na primeira etapa dele.

O ministro Marco Maciel, ex-presidente do Congresso Nacional e ex-governador de Pernambuco durante a ditadura militar, agora se manifestava em nome da "Nova República", asseverando que "o compromisso maior da Nova República, em resposta aos anseios nacionais, é a construção da democracia e a promoção do desenvolvimento com justiça". E o ministro ajuntava que a educação deveria "ser então efetivada como uma ação eminentemente democrática, tratada dentro de uma perspectiva ampla e global requerida pela sociedade. *A educação básica, direito de todos os cidadãos e de plena responsabilidade da sociedade brasileira*, deverá alcançar sua universalização com a participação ativa de todos os seus segmentos".

Em 27 de junho de 1985, o Senado Federal aprovou a regulamentação da chamada Emenda Calmon, a qual prescrevia, em seu artigo 1º, que anualmente o Governo Federal deveria aplicar nunca menos de 13%, e os Estados, o Distrito Federal e o Municípios, 25%, no mínimo, da receita resultante de impostos, na manutenção e desenvolvimento do ensino (parágrafo 4º do art. 176 da Constituição Federal). Aprovada em 1983 e constando da dita Constituição de 1969 (posta em vigor pelo Ato Institucional N. 5 — AI5), esta emenda do senador João Calmon somente em 1985 se tornou obrigatória, por ter sido regulamentada.

O presidente Sarney sancionou a Emenda Calmon perante os secretários estaduais e oito ex-ministros da Educação. Previa-se que o ministério da Educação, em vez dos 5 trilhões de cruzeiros de 1985, poderia contar com cerca de 34 trilhões de cruzeiros em 1986, para dar andamento a seus *dois projetos prioritários*: Educação para todos, dirigido ao ensino básico, e Nova universidade, mantido a incentivar o ensino e a pesquisa.

Por essa época, divulgou-se o programa Integração da universidade com o ensino de 1º grau, preparado pela Secretaria da Educação Superior — Sesu, do Ministério da Educação. Conforme o próprio nome do programa, em 1986 as *principais* linhas de ação entre universidade e ensino de 1º grau consistiam na pesquisa e no treinamento de recursos humanos. As pesquisas versariam sobre alfabetização, "numerização", adequação de programas de 1º Grau (conteúdos e metodologias), incorporação do jogo e do brinquedo no processo de educação-alfabetização e formação de professor de 1ª a 4ª série. O treinamento para a melhoria da prática docente voltava-se à educação física; aos "conteúdos, metodologias e/ou desenvolvimento curricular"; "à produção, utilização e intercâmbio de materiais instrucionais"; planejamentos educacionais; "alternativas educacionais"; e "introdução da informática na educação de 1º grau".[42]

No entanto, com todos esses recursos financeiros, projetos e programas do ministério da Educação, o sufoco educacional não só perdurava como também se arruinava. As associações de professores, por exemplo, reivindicavam reestruturação da jornada de trabalho, redimensionamento das carreiras docentes, revalorização do magistério e retorno da gratificação de nível universitário. Muitos professores abandonaram sua carreira por não conseguirem viver com seus salários. Uma agência de empregos na educação, com mais de 1.200 fichas analisadas, atingiu a duras penas 35 contratações de docentes nas escolas particulares. Já no primeiro semestre de 1985, houve greves de professores em vários estados brasileiros, como Ceará, Goiás, Minas Gerais, Pará, Paraíba, Rio de Grande do Sul, São Paulo etc.

Uma constatação fundamental no campo educacional foi feita no final de 1987: um levantamento realizado pelo Ministério da Educação e difundido no término de 1987 citava que 40% do orçamento da Educação eram consumidos por sua máquina administrativa, o que não representava novidade, nem para antes dessa data, nem para depois dela. O secretário da Educação do Piauí, na época, assinalava: "O que se gasta com burocracia é mais do que é gasto diretamente na relação professor/estudante e nos meios diretos para que a educação aconteça". A contratação de número elevado de funcionários e muitas despesas indiretas beneficiam o clientelismo político, em detrimento da educação, utilizada e lesada por ele.

Nos últimos meses do governo de José Sarney, divulgou-se estudo do Unicef e do IBGE com o número de crianças trabalhadoras entre 10 e 14 anos incompletos. Perto de 10 milhões destas crianças abandonaram os estudos para tentar ajudar a família. Quase 15 milhões de jovens trabalhadores, entre 10 e 17 anos, iam para o mercado de trabalho desqualificado e somente 26,4% tinham carteira assinada.

No mês de outubro de 1989, em comparação entre Estados Unidos, Japão e Brasil, verificou-se que o Brasil era derrotado pelos dois outros países só nas horas de permanência do aluno na escola, porém o Brasil vencia norte-americanos e japoneses em número de funcionários por aluno e em quantidade de projetos e decretos com a finalidade de reformar o ensino, verdadeira "ideia fixa de reforma".[43]

Durante o Congresso Constituinte, o deputado Florestan Fernandes vaticinava para a educação muitos desmandos e pouco valor no Brasil:

> ... Se os meus colegas constituintes compararem os dados, por exemplo, de um estudo que fiz sobre o ensino em 1940 com a situação do ensino hoje, verificarão que o crescimento do setor público foi ofuscado pelo crescimento privado. **A indústria do ensino cresceu, o ensino**

confessional cresceu e, ao mesmo tempo, ocorreu uma deterioração do sistema público de ensino, que foi desmantelado em benefício do crescimento do setor privado e com recursos públicos. Esta é uma situação dramática, calamitosa e lamentável![44]

Depois de promulgada a Constituição Federal de 1988, prosseguia o deputado Florestan Fernandes:

A ignorância é o desafio histórico número um do Brasil. Por isso, a educação se erige como a arma que devemos manejar com tenacidade e sabedoria para sairmos do atoleiro. (...) O dinheiro público tem sido malbaratado ou dilapidado segundo métodos típicos do saque colonial.[45]

Alimentação

Nos tempos da ditadura militar, a alimentação dos brasileiros concorria para evidenciar a distância entre as classes sociais, revelando um país cruel, especialmente com seus habitantes pobres. Segundo dados de 1983, no governo do general João Baptista Figueiredo morriam diariamente no Brasil 1.000 crianças menores de um ano. Muitas dessas mortes procediam da desnutrição, associada a doenças infecciosas e parasitárias, sobretudo a diarreia. No país nasciam a cada ano cerca de 3,5 milhões de crianças, das quais 68% nas famílias de baixa renda.

Ao fim do governo de Figueiredo, o alistamento militar no Nordeste dava a conhecer a má alimentação dos brasileiros. O Exército não conseguia recrutas no Nordeste por causa da fome e da desnutrição: de 14.063 jovens inscritos no serviço militar no Ceará, 8.219, foram dispensados ou desqualificados em razão da baixa estatura, peso abaixo da média ou arcada dentária irregular. Neste mesmo ano de 1985, unicamente 22.500 (62%) foram aprovados no Exército, dos 38 mil homens alistados, no Ceará, Piauí e Maranhão.

O Departamento de Enfermagem em Saúde Coletiva da Escola de Enfermagem da Universidade de São Paulo — USP, em 1989, no fim do governo Sarney, montou uma exposição que tornava público o seguinte:

> **Brasil é o 6º país mais desnutrido.** (...) No Brasil a cada minuto morr[ia] uma criança por **inanição**, num total aproximado de 42 mil por mês, mesmo sendo a **oitava** economia mundial e o **quarto** maior exportador de alimentos. (...)... a proposta foi mostrar a situação brasileira, onde **80% das terras concentram-se nas mãos de 11% da população, mas é a minoria proprietária de pequenos pedaços de terras quem produz 89% dos alimentos básicos para o consumo interno.**[46]

Durante gestão do presidente José Sarney, três ministérios (Saúde, Interior e Previdência Social) despendiam 1,8 bilhão de cruzados novos por ano, com a distribuição desordenada (impedindo a avaliação dos resultados) de leite e comida a crianças e gestantes carentes. Um professor de nutrição dizia: "É uma balbúrdia, uma babel de programas".

Nos programas de suplementação alimentar mantidos pelo governo, aconteciam inúmeras e frequentes irregularidades: desde o seu uso nas eleições e a atuação de intermediários na distribuição até corrupção e desvio de produtos. No estado do Rio de Janeiro, um coordenador assinalava o recebimento por mês, em média, de 150 denúncias de irregularidades na distribuição de *tickets*. Os acusados eram entidades, que iam do proselitismo político ao proselitismo religioso (igrejas, centros espíritas, clubes esportivos etc.), ao ficarem com a incumbência da entrega dos títulos às famílias carentes.

Os Ministérios do Interior, da Saúde e da Previdência Social informaram os principais programas governamentais de alimentação em 1989:

1º) Programa Nacional do Leite (Ministério do Interior) — Gastos estimados em 1.000 milhões de cruzados novos. Credenciava entidades da sociedade civil a distribuírem *tickets* de leite às famílias carentes com crianças até 7 anos.

2º) **Programa de Suplementação Alimentar — PAS (Ministério da Saúde)** — Gastos estimados em 180 milhões de cruzados novos. Distribuía uma cesta com feijão, macarrão, fubá e leite em pó a gestantes e crianças até 3 anos.

3º) **Programa de Apoio Nutricional — PAN (Ministério da Previdência e Assistência Social)** — Gastos estimados em 432 milhões de cruzados novos. A Legião Brasileira de Assistência — LBA distribuía leite em pó e sopa a gestantes, nutrizes e criança até 7 anos.

4º) **Programa de Alimentação do Trabalhador — PAT (Ministério do Trabalho)** — Gastos não fornecidos. Permitia que as empresas abatessem até 5% de seu Imposto de Renda com a alimentação de seus empregados.

5º) **Programa da Merenda Escolar (Ministério da Educação)** — Gastos não fornecidos. Fornecia merenda escolar aos estudantes com o objetivo de melhorar a aprendizagem e reduzir a evasão escolar.

Sobre esses programas governamentais de alimentação e suas execuções, as críticas variavam.[47]

Destacavam-se, dentre elas, que o leite deveria ser distribuído na faixa etária de zero a 3 anos (e não de zero a 7 anos); que a alimentação se concentrava apenas no leite a ser distribuído em ação isolada dos programas de saúde; e que o leite e a cesta básica se apresentavam irregulares na entrega e no conteúdo.

Criança e adolescente

As classes ricas e remediadas nunca suportaram os pobres sujos e molambentos, em especial crianças e adolescentes abandonados por suas famílias. Comumente esses pobres dão origem à má consciência e ao remorso em outras pessoas em situação diferente, por motivos vários.

Isto não tem ocorrido exclusivamente na história da sociedade brasileira, porém na história de diversas sociedades, que abusaram desses miseráveis prescrevendo medidas do tipo: internações, colocar nos manicômios, pôr pedintes ajoelhados, prisões para os vagabundos e indigentes, condenações a penas severas e execuções de pobres, crianças e adolescentes.

O jornal *O Estado de S.Paulo* noticiou, **em 12 de outubro de 1907**, que "em Itapetininga continuavam as reclamações da imprensa local contra as célebres maltas de meninos vadios que infestam a cidade, riscando muros, danificando a arborização das praças e ruas da cidade. O dr. Delegado, porém, nada ouve, nada vê, nada atende".

O leitor poderá reparar na notícia relativa à "malta de meninos vadios", significando "reunião de gente de condição inferior", que faria Jean-Jacques Rousseau tremer no túmulo, por atacar severamente sua inteligência e sua concepção de infância.

Talvez nada demonstre, com maior evidência, a desigualdade e a agressividade das classes sociais no Brasil do que as condições de vida dos(as) "meninos(as) vadios(as)". Ninguém se engane em pensar que tal fato sucede só no Brasil, embora o país pudesse exibir ao mundo condições muito distintas e decentes dos filhos da terra. Porém, ao contrário, o país exagera tanto a indignidade e a hostilidade contra os pobres, a ponto de a Organização das Nações Unidas — ONU incriminar continuamente este "monumento à desigualdade humana", com maus-tratos, crimes e perseguições de toda natureza aos brasileiros miseráveis.

No governo de José Sarney, para cuidar de crianças e adolescentes funcionava a Fundação Nacional do Bem-Estar do Menor — Funabem, criada em 1976 pela ditadura militar, com a obrigação de compor a "política do bem-estar do menor", realizada pelas unidades estaduais, chamadas Fundação Estadual do Bem-Estar do Menor — Febem.

A Febem, claro, foi quase sempre rotulada de compensatória e assistencialista, o que é real, se for avaliado o espírito da época e a política do menor no momento de sua fundação e durante sua exis-

A REPÚBLICA BRASILEIRA — 1951–2010

tência. Dizia o secretário da Promoção Social de São Paulo, Carlos Alfredo de Souza Queiroz, em 1984, a quem a Febem-SP era subordinada: "cabe só e tão somente a guarda de menores abandonados, carentes e infratores". No processo de adoção, "a decisão final é prerrogativa do Juizado de Menores que, através de sentença, determina o encaminhamento".[48]

No entanto, estes não constituíam seus principais elementos de atuação, comuns a outras políticas sociais. Suas principais características foram a segregação, a repressão interna, o encarceramento e muitas vezes a tortura da criança e do adolescente, além da quase total falta de ocupação dos internos.

Em 1988, a Comissão Teotônio Vilela, em visita à Febem-SP, relatou, dentre outros pontos:

> (...) Como em todas as **instituições fechadas** os internos não parecem ser o principal motivo do funcionamento da instituição. A Comissão Teotônio Vilela havia recebido inúmeras queixas sobre violência contra jovens, especialmente na unidade de triagem feminina — UTF. Também tínhamos notícias de que **vários funcionários demitidos em gestões anteriores em razão de espancarem internos haviam sido readmitidos.**[49]

A Comissão Teotônio Vilela em outra visita à Febem-SP, junto com a Subcomissão do Menor da Ordem dos Advogados do Brasil — OAB-SP, apontava ainda em 1988:

> (...) Neste episódio da Febem existe a denúncia de triste novidade: **violência sexual**. Jovens armados imobilizaram os funcionários de sua Unidade e exigiram, por telefone, a presença de algumas meninas da Unidade vizinha (TF) no que "foram prontamente atendidos", conforme consta do livro de ocorrências da UE3.[50]

Porém, apesar das cautelas de funcionários da Funabem e das Febens, das precauções dos juizados de menores, das entidades particulares conveniadas, fundamental na análise da situação da criança e do adolescente eram as denúncias de tráfico de crianças brasileiras para o Exterior.

Esse envio de crianças brasileiras para o Exterior fazia-se (faz-se?), sobretudo, por intermédio de quadrilha de traficantes de bebês, as quais chegavam a grupos de 60 pessoas. Em sentido contrário, noticiava-se que havia mães interessadas em "vender seus filhos" a casais estrangeiros, cujo preço era cotado em dólares.

Por outro lado, a adoção de crianças e adolescentes tem sido motivo de polêmicas constantes, com razão, porque a adoção produzia e produz inúmeras consequências nefastas. Existiam (e existem) adotados botados na rua, no Brasil ou no Exterior, e quando eles estão fora do país, em geral, o governo brasileiro encarregou-se ou encarrega-se de repatriá-los. Aludindo à votação do Novo Código Civil em 1984, Florisa Verucci referia a adoção, advertindo: "Ainda é tempo de se apresentar uma questão de grande importância sobre *o instituto da adoção, instituto legal cuja complexidade é de tal monta que tende a gerar mais prejuízos do que benefícios a ambas as partes interessadas, os adotantes e os adotados".*[51]

Talvez o ponto alto dos maus-tratos do menor (como se denominava na época), no Brasil da "Nova República", estava representado pelo aparecimento dos "Esquadrões da Morte", ativos em pelo menos 15 estados brasileiros.

Arrolamento efetuado pelo Instituto Brasileiro de Análises Sociais e Econômicas — Ibase, em 15 estados (Rio de Janeiro, São Paulo, Espírito Santo, Maranhão, Mato Grosso, Brasília, Pará, Amazonas, Rio Grande do Norte, Alagoas, Paraíba, Piauí, Pernambuco, Rio Grande do Sul e Santa Catarina), mostrou os seguintes quadros:

As principais causas de mortes violentas de crianças, em números absolutos, apenas de 1988 até julho de 1989:

- roubo: 28 em 1988 e 19 até julho de 1989;
- tóxico: 19 em 1988 e 12 até julho de 1989;
- "esquadrão da morte": 65 em 1988 e 82 até julho de 1989;

- **engano:** 16 em 1988 e 13 até julho de 1989;
- **estupro:** 10 em 1988 e 10 até julho de 1989;
- **passional:** 18 em 1988 e 11 até julho de 1989;
- **outra:** 116 em 1988 e 41 até julho de 1989;
- **sem informação:** 107 em 1988 e 57 até julho de 1989;
  Total: 379 em 1988 e 228 até julho de 1989.

As principais formas de morte, de 1988 até julho de 1989:
- **tiro:** 256 em 1988 e 174 até julho de 1989;
- **paulada:** 17 em 1988 e 8 até julho de 1989;
- **facada:** 42 em 1988 e 31 até julho de 1989;
- **linchamento:** 1 em 1988, nenhum até julho de 1989;
- **outra:** 55 em 1988 e 23 até julho de 1989;
- **sem informação:** 6 em 1988 e 12 até julho de 1989;
  Total: 377 em 1988 e 248 até julho de 1989.

Como se pode verificar, os "esquadrões da morte", grupos clandestinos formados para assassinar "marginais", basicamente nas periferias das cidades e de suas favelas, foi o principal responsável pela morte de menores no ano de 1988 e nos primeiros seis meses de 1989.[52]

Saúde Pública

No decorrer da gestão Sarney, os brasileiros conseguiram guarnecer melhor sua casa, com rádio, televisão e geladeira. Para se ter ideia, de 1970 a 1980, o número de residências com geladeiras aumentou 156%, muito mais que os 28% de crescimento da população.

Já na década de 1980, fixava-se o predomínio definitivo do carro sobre o trem, confirmando que a indústria automobilística era uma das mais interessadas no planejamento das cidades (elevados, viadutos, subterrâneos, avenidas, pavimentações de ruas etc.) e, por consequência, também do traçado das rodovias estaduais e federais.

Entre 1984 e 1985, a extensão da rede ferroviária em quilômetros no Brasil diminuiu de 28.942 km em 1984 para 28.777 km em 1985, inexistindo dados significativos sobre o ano de 1986. Lado a lado com o retrocesso ferroviário, sucedia o contrário: a frota nacional de veículos pulava de 12.408.591 unidades em 1984 para 13.184.450 em 1985, ao passo que a extensão da rede rodoviária em quilômetros saltava de 1.583.172 em 1985 para 1.593.665 em 1986.

Com a intensa migração para as cidades e o abandono da zona rural, as regiões metropolitanas teriam de ampliar a infraestrutura de modo geral e principalmente os serviços de saúde, educação e saneamento básico. Na década de 1970, as regiões metropolitanas do Brasil, expandiram-se em altas taxas e a Grande São Paulo alcançou o crescimento populacional de 54,7%.

A busca de conforto nas residências não foi acompanhada pelos serviços públicos, bastante ineficazes, como comprovava a precária situação do fornecimento de água e de energia elétrica.

De outra parte, o crescimento dos casos de doenças transmissíveis (tuberculose, difteria, sarampo, poliomielite, tétano, coqueluche, febre amarela, peste, hanseníase, malária, meningites), provava o medíocre resultado das campanhas públicas de combate a estas moléstias, sobretudo moléstias de remediados e pobres.

E provava igualmente em 1984 o deplorável resultado da atuação dos estabelecimentos de saúde: postos de saúde (públicos: 8.712 e privados: 107); centros de saúde (públicos: 4.126 e privados: 126); policlínicas ou postos de assistência médica (públicos: 3.835 e privados: 3.490); prontos-socorros (públicos: 146 e privados: 159); unidades mistas — postos de saúde com leitos (públicas: 438 e privadas: 58); hospitais (públicos: 1.106 e privados: 5.248).

Com essas informações de 1984, não é difícil demonstrar que tinham sido ampliados os estabelecimentos privados de saúde onde a taxa média de lucro era muito alta (policlínicas e hospitais). Esta alta taxa média de lucro dos estabelecimentos privados de saúde decorria em especial da conjugação de baixos investimentos (por vezes públicos) com as elevadíssimas contas particulares pagas diretamente pela população. Ou mesmo pagas pelos consórcios e convênios, dos quais o dinheiro público, de alguma maneira, também tomava e toma parte.

Portanto, a ampliação dos serviços privados de saúde provinha de muitos recursos públicos, normalmente da Providência Social, aplicados na área médico-empresarial, a verdadeira executora da política de saúde, prejudicando os serviços estatais de saúde. Pesquisa divulgada em outubro de 1989 informava que, do ponto de vista da população, a escolha dos serviços privados de saúde não se fazia de acordo com a sua qualidade e sim pela proximidade e por uso do convênio médico.[53]

Existiam informações de outubro de 1989 denunciando hospitais que "complicam" a saúde de seus pacientes, denúncias de desvio de dinheiro do Sistema Único e Descentralizado de Saúde — Suds, para o *overnight* e projeto para impedir fiscalização federal.

Relatório divulgado em outubro de 1989, de uma equipe do Sistema Integrado de Reabilitação, Traumatologia e Ortopedia — Sirto, pertencente à Previdência Social, examinou o tratamento oferecido pelos hospitais brasileiros às pessoais portadoras de deficiências ortopédicas e traumatológicas. Tal relatório compreendeu 35 hospitais públicos ou conveniados com a Previdência Social nos estados de Minas Gerais, Paraná, Pernambuco, Rio de Janeiro, Rio Grande do Norte, São Paulo e Distrito Federal (Brasília), onde se entrevistaram 1.255 pacientes em 1988 e outros 355 nos começos de 1989.

O relatório do Sirto terminou por evidenciar o que todo brasileiro talvez pudesse ver ou ouvir, tão comuns eram os casos. As conclusões deste relatório aduziam o seguinte: 1) faziam-se cirurgias em excesso; 2) mais da metade dos pacientes operados apresentava "complicações", sobretudo infecção hospitalar; 3) havia doentes com até seis diagnósticos para uma mesma doença; 4) diversos pacientes percorreram mais de um hospital; 5) encontraram-se pessoas operadas uma vez em cada hospital. Muitos acidentados foram direto para a mesa de cirurgia, já no primeiro atendimento e nesses casos, em 190 operações realizadas, 111 (58,4%) expuseram"complicações", no geral infecções.

Nesse tempo, o Tribunal de Contas da União —TCU revelou que em todo o país o dinheiro da saúde, oriundo do Suds, tinha sido aplicado irregularmente no *overnight*, em títulos não federais, em bancos privados e desviado em outras finalidades: reforma do gabinete do secretário; obras de urbanização; pagamento de dívidas com a Previdência Social, não sendo restituído às suas origens. O TCU, afora essas ilegalidades, ainda deu a conhecer que o dinheiro do Suds tinha servido para contratar, no Brasil inteiro, funcionários não concursados, contratar servidores de área diferente da saúde e para comprar bens e serviços sem licitação, tudo isso sem prestação de contas.

O governo de José Sarney criara o Sistema Único e Descentralizado de Saúde, projetando transferir de Brasília aos estados e aos municípios a faculdade de decidir como e onde empregar o dinheiro deste Sistema. Porém o dinheiro acabou objeto de fraude, lesando necessidades básicas da população brasileira, no âmbito da saúde.[54]

Previdência e Assistência Social

Harmonizando-se com o clima partipacionista do período, o presidente José Sarney, em maio de 1986, instituiu conselhos e ouvidores da Previdência Social. Os Conselhos Comunitários organizar-se-iam nas locais onde existiam unidades prestadoras de serviços previdenciários, ao mesmo tempo que o Conselho Superior, de caráter meramente consultivo, avaliaria o programa global do sistema nacional de Previdência e da Assistência Social. De acordo com o presidente, tais conselhos teriam autonomia, independência e poderiam controlar e fiscalizar os serviços previdenciários.

A REPÚBLICA BRASILEIRA — 1951–2010

Por ocasião da assinatura dos atos, asseverou o presidente Sarney:

... os decretos que estou assinando vão facilitar o trabalho de todos os fiscais do presidente na área da Previdência. (...) as medidas subordinam os serviços do Estado ao controle democrático por parte da sociedade. A justiça social que queremos implantar no Brasil será obra da democracia e do exercício dos direitos. **Que cada um exija conscientemente o que é justo e o que é certo. Teremos todos, assim, uma vida mais digna e uma sociedade mais democrática e desenvolvida.**[55]

Na mesma oportunidade, o presidente estabeleceu a função de ouvidor no Instituto Nacional de Assistência Médica da Previdência Social — Inamps, sem remuneração e destinado a colher informações e receber queixas e denúncias de seus usuários.

Ainda no ano de 1986, o presidente Sarney levou os benefícios da Previdência Social aos trabalhadores rurais, ao igualar as normas de aposentadoria e de assistência médica de trabalhadores rurais e urbanos. Ademais, o decreto do governo federal passava a dar direito de seguro aos membros da família do produtor rural em regime de economia familiar.

No entanto, conservou-se a discriminação dos trabalhadores rurais no pagamento de acidentes do trabalho: os trabalhadores urbanos tinham direito a 75% do salário recebido até a data do afastamento do serviço, ao passo que os trabalhadores rurais ficavam limitados ao benefício de 75% do salário mínimo, durante o afastamento do serviço.

O Banco Mundial, um dos maiores financiadores internacionais de projetos sociais, realizou em fevereiro de 1988 um estudo a respeito do dinheiro emprestado ao Brasil, alegando que "o governo brasileiro desperdiçava recursos em seus programas sociais" e exibia "alguns dos mais baixos indicadores de bem-estar social do mundo, embora aplicasse em serviços sociais uma proporção do seu produto interno bruto comparável à média dos países em desenvolvimento".

O estudo do Banco Mundial cuidava de uma exclusiva dimensão do desperdício de recursos nos programas sociais, do custeio destes programas: o financiamento, a principal função dos bancos.

O "financeirismo"consistia numa deformação analítica, porque fazia da explicação uma redução ilusória da realidade, ou seja: a relação custo-benefício.

A redução mais evidente desta relação custo-benefício encontrava-se na troca das práticas políticas pelos efeitos financeiros. Assim, o desperdício, apontado pelo Banco Mundial e por outros bancos, decorria, de fato, da antiga e arraigada prática política existente no Brasil, responsável por infinitos e continuados sofrimentos da população, funcionando como um dos fatores essenciais da constante falência do país.

Fatores estes que podiam ser vistos no próprio documento do Banco Mundial:

1) Transferências de recursos aos Estados e municípios mediante acordos assentados no clientelismo político; 2) A cada 100,00 cruzados remetidos pelo ministério da Educação ao Nordeste, somente 52,00 cruzados chegavam à sala de aula; 3) Na América Latina, unicamente o Suriname possuía taxa de repetência no ensino básico mais alta do que o ensino básico brasileiro e apenas El Salvador e Nicarágua mostravam índices de conclusão das oito primeiras séries piores que o Brasil; 4) No Nordeste, a existência de grande número de professores "fantasmas" constituía sério problema gerencial e político; 5) O Brasil tinha a mais alta taxa de nascimento por cesariana no mundo (31% contra 25% nos Estados Unidos); 6) Hospitais contratados pelo Instituto Nacional de Assistência Médica da Previdência Social — Inamps faziam cinco vezes mais exames complementares do que a média recomendada pelos padrões internacionais de saúde; 7) Os exames radiológicos cresciam duas vezes mais que as consultas e os testes de laboratório aumentavam 20% ao ano.

Talvez a maior particularidade da Previdência Social tornou-se visível no final do governo, quando foi noticiado que ela se trans-

A REPÚBLICA BRASILEIRA — 1951–2010

formara numa imobiliária, e ainda mais "imobiliária falida". Uma das repartições, o Instituto de Administração — Iapas, funcionava como "gigantesca imobiliária", causadora de incomensurável prejuízo aos contribuintes previdenciários.

O ministério da Previdência Social era possuidor e administrava "o maior patrimônio do país", totalizando 17 mil imóveis, abrangendo favelas, campos de futebol, cemitérios, fazendas, terrenos rurais e urbanos, lojas, apartamentos, casas, edifícios, uma quinta e um açude. Esses imóveis achavam-se alugados, abandonados, invadidos ou cedidos de graça para uso de terceiros ou de outros órgãos públicos. De outra parte, a Previdência alugava aproximadamente 250 imóveis. Das 17 mil propriedades, a maior parte foi recebida dos antigos donos em troca da quitação de débitos previdenciários, mas havia imóveis comprados sem necessidade.

Fatos comuns na Previdência Social, desde os governos de Getúlio Vargas, igualmente no governo de José Sarney foram encontrados: **1) o dinheiro das contribuições de empregados e de empregadores, reservado exclusivamente para pagar aposentadorias, pensões e serviços hospitalares, era desviado para cobrir dívidas do Tesouro Nacional, portanto do próprio governo; 2) o dinheiro das contribuições mencionadas servia para custear as despesas com a desproporcional e ineficiente burocracia previdenciária brasileira.**[56] Depois desse quadro, naturalmente a Previdência Social apresentava prejuízo, apesar de recolher mensalmente dinheiro para contratualmente proteger os contribuintes em momentos inevitáveis.

Habitação Popular

No segundo ano do governo de José Sarney, o ministro da Previdência e Assistência Social, Raphael de Almeida Magalhães, compôs um grupo para estudar a reforma do sistema previdenciário. O grupo considerou "extremamente difícil" delimitar a clientela da assistência social, em razão da grande desigualdade econômico-social do país. Concluiu então o grupo: 12,8% dos brasileiros eram miseráveis (recebiam até meio salário mínimo); 21,9% eram indigentes (recebiam de meio a 1 salário mínimo) e 26,2% eram pobres (recebiam de 1 a 2 salários-mínimos).

Em 1989 anunciava que o Sistema Financeiro da Habitação — SFH faliu.

Pelo Decreto n. 4.380, de 21/08/1964, do governo do marechal Castelo Branco, fundou-se o Sistema Financeiro da Habitação — SFH, tendo como seu operador o Banco Nacional de Habitação — BNH, os quais buscavam "estimular a aquisição da casa própria, especialmente pelas classes da população de menor renda".

Instalar um banco que exige retorno em juros e taxas, como todo sistema financeiro, prefigurava mau negócio no âmbito da habitação popular, para um país em empobrecimento. Com a recessão econômica e o arrocho salarial, motivadores da queda das verbas da Caderneta de Poupança e do Fundo de Garantia por Tempo de Serviço — FGTS, a população de baixa renda foi substituída pela classe média, na aquisição de casa por meio do BNH.

Dessa maneira, o Sistema Financeiro da Habitação e o Banco Nacional de Habitação (até depois da extinção deste, em 1986) quebraram em 1989, deixando uma péssima posição no campo da habitação popular.

Em verdade, aconteceu o contrário do que se propunham o SFH e o BNH:

1) O déficit habitacional (abrangendo favelados, cortiçados e moradores em área de risco) ia de 8 a 10 milhões de moradias, isto é: 40 milhões de pessoas sem casa; 2) Habitações construídas pelo SFH: 4,5 milhões; 3) Habitações construídas para a faixa de 1 a 3 salários-mínimos: 540 mil (12%); 4) Habitações construídas para a faixa de 1 a 5 salários-mínimos: 1,1 milhão (25%); 5) Dívida do SFH (em consequência de subsídios indiscriminados): 50 bilhões de cruzados novos;

6) Custo mínimo para acabar com o déficit habitacional, de acordo com cálculos por unidade da Secretaria Municipal de Habitação de São Paulo-SP: 300 bilhões de cruzados novos.

Imaginados o SFH e o BNH para incentivar o setor privado a edificar mais moradas populares, comprovou-se na prática que a iniciativa privada não se interessava em construir casas para a faixa de renda entre 1 e 5 salários-mínimos, salvo se contratada pelo setor público. Os empreendedores privados queriam construir imóveis para os que ganhavam acima de 7 salários-mínimos.

Em se tratando de loteamentos populares, as legislações e as administrações federal, estadual e municipal incumbiram-se de colocar muitas exigências. Tais exigências poderiam ser válidas do ponto de vista sanitário, mas elevavam o custo e inviabilizavam o loteamento popular. Constavam, por exemplo, da Lei federal 6.766, de 20/12/1979: todo loteamento deveria reservar 35% de sua área à prefeitura local, possuir ruas asfaltadas de 14 metros e tamanho dos lotes de, no mínimo, 125 metros quadrados.

Por fim, estava claro também que a inanição do mercado de aluguel de casas originava-se da Lei do Inquilinato, uma herança do governo do general João Baptista Figueiredo, pela qual o locador somente poderia retomar o imóvel alugado após custosa tramitação, quase sempre judicial.[57]

Conclusão do capítulo

Enfim, esse é o papel político-social, e histórico, da "Nova República". Morto Tancredo Neves, de quem cobrar as promessas? Inúmeras evidências negativas não podem responder aos chamamentos de Tancredo Neves: "Muda Brasil".

Seria possível admitir o "Muda Brasil" no governo de José Sarney?

Não há evidência de mudança, a não ser de pessoas.

Sarney não debelou a inflação herdada do governo do general Figueiredo. Nem permitiu a criação de uma Assembleia Nacional Constituinte, mas ofereceu ao país um Congresso Constituinte e um projeto antecipado de constituição, elaborado por um dos principais golpistas civis de 1964.

Sarney promulgou a Constituição Federal do Brasil, em 1988, onde não faltam privilégios. A manutenção na prática da mesma ordem política, social e econômica da ditadura de 1964, perpetuou na "Nova República" o formalismo vazio, os vícios graves e a falta de limites na vida civil e na vida pública.

Notas

1. Cf. *Folha de S.Paulo*, 24 dez. 1984, Opinião, p. 3, negritos meus.

2. Cf. *Veja*, 16 jan. 1985, p. 25, 41.

3. Neves, Tancredo. *Folha de S.Paulo*, 22 abr. 1985, Política, p. 9.

4. Id., *Jornal do País*, 25 abr. a 1 maio 1985, p. 13.

5. Ibid., *Jornal do País*, 25 abr. a 1 maio 1985, p. 13.

6. Id.,. *Folha de S.Paulo*, 16 jan. 1985, Política, p. 5, negritos meus.

7. Ibid., 18 jan. 1985, Política, p. 6-8.

8. Ibid., 13 mar. 1985, Política, p. 5, negritos meus.

9. Id., *Jornal do País*, 25 abr. a 1º maio 1985, p. 13, colchetes meus.

10. Sarney, José. *Folha de S. Paulo*, 25 abr. 1985, Política, p. 5.

11. Ibid., 18 mar. 1985, Política, p. 6.

12. Ibid., 22 abr.1985, p. 1; 25 de abr. 1985, Política, p. 5.

13. Ibid., 2 fev. 1987, Política, p. 8, negritos meus.

14. Cardoso, Fernando Henrique. *Jornal do País*, 4 a 10 jul. 1985, p. 3.

15. Alves, José Carlos Moreira. *Folha de S. Paulo*, 2 fev. 1987, Política, p. 5, negritos meus.

16. Fernandes, Florestan. *Diário da Assembleia Nacional Constituinte*, 25 ago. 1987, negritos meus.

17. Sundfeld, Carlos Ari. O fenômeno constitucional e suas três forças. *Revista do Advogado*, n. 99, set. 2008, p. 31, 33, 35, negritos meus.

18. Oliveira, Regis Fernandes de. Foro privilegiado no Brasil. *Revista do Advogado*, n. 99, set. 2008, p. 110, 133, 136, negritos meus.

19. Veiga, Evaristo da, apud Souza, 1957, p. 95.

20. Cf. Vieira, 1997, p. 68.

21. Cf. Vieira, 1997, p. 67.

22. Cf. *Folha de S. Paulo*, 28 abr. 1989, Economia, p. B-5, negritos meus.

23. Cf. *Folha de S. Paulo*, 28 abr. 1989, Política, p. A-10.

24. Cf. *Folha de S. Paulo*, 8 out. 1989, Diretas-89, p. B-7; 2 fev. 1990, Economia, p. B-12.

25. Cf. Cedec, apud *Folha de S.Paulo*, 24 set. 1989, p. B-1.

26. Cf. Vieira, 1998, p. 96.

27. Conti, Mário Sérgio, 1999, p. 15, 131, 169-171, colchetes meus.

28. Cf. *Folha de S. Paulo*, 24 set. 1989, Diretas-89, p. B-1-2; 25 set. 1989, Diretas-89, p. B-3; 1 out. 1989, Diretas-89, p. B-2-3; 22 dez. 1989, Diretas-89, p. B-1, 6; 23 dez. 1989, Diretas-89, p. B-1-3, negritos meus.

29. Neves, Tancredo. *Folha de S.Paulo*, 6 fev. 1985, Política, p. 6, negritos meus.

30. Negritos meus.

31. Negritos meus.

32. Negritos meus.

33. Negritos meus.

34. Cf. *Folha de S.Paulo*, 19 mar. 1985, p. 1; 8 maio 1985, Economia, p. 8; 18 maio 1985, Economia, p. 8; 12 set. 1985, Economia, p. 15 e 17; 15 nov. 1985, Economia, p. 21.

35. Cf. *Jornal do País*, 5 a 12 jun. 1985, Economia, p. 11-12; *Folha de S.Paulo*, 11 nov. 1985, Economia, p. 16-17.

36. Cf. *Folha de S.Paulo*, 24 dez. 1985, Economia, p. 13; 20 jan. 1986, Economia, p. 7.

37. Negritos meus.

38. Negritos meus.

39. Cf. *Folha de S.Paulo*, 1 mar. 1986, Economia, p. 6, 7, 15, 16; 2 mar. 1986, Economia, p. 31, 33; 12 mar. 1986, Economia, p. 13; 4 maio 1986, p. 50; 1 jun. 1988, p. A-21.

40. Delfim Netto, A. *Folha de S.Paulo*, 2 jun. 1988, negritos meus.

41. Cf. *Folha de S.Paulo*, 1 jan. 1989, Economia, p. B-10-11; 4 jul. 1989, Economia, p. B-3; 26 jul. 1989, Economia, p. B-6; 27 jul. 1989, Opinião, p. A-2; 12 out. 1989, Diretas-89, p. B-6; 15 out. 1989, Política, p. A-7; 2 nov. 1989, Economia, p. C-10.

42. Cf. Programa: Integração da universidade com o ensino de 1º Grau. Diretrizes gerais para 1986. Ministério da Educação, Sesu, p. 3, 6-8.

43. Cf. *Folha de S.Paulo*, 11 jan. 1985, Educação, p. 25; 17 maio 1985, Educação e Ciência, p. 24; 31 maio 1985, Educação e Ciência, p. 21; 28 jun. 1985, Educação e Ciência, p. 27; 17 jul. 1986, Educação e Ciência, p. 19; 13 dez. 1987, Educação e Ciência, p. A-27; 1 jun. 1989, Cidades, p. C-3; 10 out. 1989, Diretas-89, p. B-3; *Jornal da Semana*, 28 jul. 1985, p. 7.

44. Fernandes, Florestan. *Diário da Assembleia Nacional Constituinte*, 25 jun. 1987, negritos meus.

45. Id., *Folha de S.Paulo*, 9 jun. 1989, Opinião, p. A-3, negritos meus.

46. Cf. *Jornal da USP*, 23 a 29 out. 1989, p. 8, negritos meus.

47. Cf. *Folha de S.Paulo*, 16 jan. 1983, Economia, p. 40; 25 fev. 1985, Política, p. 4; 5 out. 1989, Diretas-89, p. B-5.

A REPÚBLICA BRASILEIRA — 1951–2010

48. Queiroz, Carlos Alfredo de Souza. *Folha de S.Paulo*, 7 abr. 1984, negritos meus.

49. Cf. *Folha de S.Paulo*, 20 maio 1988, Cidades-Mortes, p. A-12, negritos meus.

50. Cf. *Folha de S.Paulo*, 19 set. 1988, negritos meus.

51. Verucci, Florisa. *Folha de S.Paulo*, 20 fev. 1984, negritos meus.

52. Cf. *Folha de S.Paulo*, 2 mar. 1984; 26 set. 1989, Cidades, p. D-1.

53. Cf. *CEDEC*, out. 1989, n. 1, Informações.

54. Cf. *Folha de S.Paulo*, 20 set. 1987, Cidades, p. A-24-25; 9 out. 1989, Diretas-89, p. B-3.

55. Negritos meus.

56. Cf. *Folha de S.Paulo*, 22 maio 1986, Cidades, p. 37; 13 jun. 1986, Economia, p. 7; 16 abr. 1988, Economia, p. A-28; 11 out. 1989, Diretas-89, p. B-5.

57. Cf. *Jornal da Tarde*, 8 nov. 1986, p. 2; *Folha de S.Paulo*, 6 out. 1989, Diretas-89, p. B-4.

Capítulo VII

Fernando Collor: a renovação vem de Alagoas

Cinco dias depois da entrevista, Roberto Marinho esteve outra vez com Collor e lhe disse: **"Eu soube que há emissoras de TV que não te apoiam. Quero que você me diga quem são porque vou conversar com eles".** *Roberto Marinho aderiu à candidatura de Collor porque era a que tinha mais condições de derrotar Lula e Brizola. Mas logo passou a gostar dele, considerando-o um jovem bem-apessoado, educado, com ideias sensatas para governar o país. (...) Quando sentia que o noticiário lhe era desfavorável, o candidato procurava o dono da Globo e lhe dizia:* **"Doutor Roberto, fale para o seu pessoal me tratar bem".** *Roberto Marinho costumava perguntar:* **"Mas não estão te tratando bem? Você precisa ser bem tratado".** *Quando alguma matéria era excepcionalmente boa, Collor lhe falava:* **"Que bela matéria que o senhor fez ontem"** *(Conti, 1999, p. 168-9)[1].*

A renovação de Fernando Collor

O renovador

A campanha e a eleição de Fernando Collor representam, na "Nova República", exemplos concretos de como se exerce a liberdade de imprensa no Brasil, a qual é concessão pública e direito fundamental.

Fernando Affonso Collor de Mello, de 40 anos, tomou posse na presidência da República em 15 de março de 1990, sob clima nacional de otimismo e de confiança na diminuição imediata da inflação. Era o mais jovem presidente do Brasil. Obteve 42,75% dos votos, e Luiz Inácio Lula da Silva, seu principal opositor, conseguiu 37,86% deles.

Vaidoso, perfumado, temperamental e imprevisível, lembrava em certas oportunidades as atitudes, a retórica, a trajetória e as promessas de Jânio Quadros, último presidente eleito pelo voto direto antes dele, cujas metas imediatas se igualavam: a corrupção, a ineficiência da máquina do Estado e a inflação.

Diziam que "a única diferença" entre eles era que em 31 de março de 1961, data da posse de Jânio Quadros, a tela estava em branco e preto, ao passo que agora na posse de Collor havia tela "collorida". Collor declarava que possuía diferença de Jânio Quadros e que detestava a palavra "renúncia", ausente de seu dicionário. Para ele, a presidência seria exercida "livre de amarras", para os "pés descalços e descamisados", com cinco anos de "pão e água" para as elites.

Haveria algum ponto de semelhança entre os "descamisados" de Fernando Collor de Mello e os "descamisados" de Juan Domingo Perón e de María Eva Duarte de Perón (Evita), na Argentina?

Entre os argentinos dos anos 1940 e 1950, "os seguidores de Perón usavam o nome de 'los descamisados', com grande orgulho, como se fosse um título nobiliárquico". O próprio trem especial, que servia Evita na campanha presidencial de Perón, foi batizado de "El Descamisado".[2]

Contudo, em sua "Carta aos Brasileiros", publicada em 23 de dezembro de 1989, portanto antes da posse de Collor de Mello, o candidato vencido no segundo turno das eleições presidenciais, Luiz Inácio Lula da Silva, proclamou a verdade da sua oposição ao vencedor.

Asseverava Lula, em sua "Carta aos Brasileiros":

> Durante 29 anos lutamos para reconquistar o direito de escolher nossos governantes. Foram anos de luta dentro das fábricas, nos campos, nas ruas, contra a repressão e a tortura. Foram anos de combate pela democracia, de construção das organizações populares, de forjar uma nova consciência.
>
> As elites do país tremeram diante da possibilidade de um torneiro mecânico à frente das forças vivas da sociedade brasileira assumir o governo. Para impedir essa conquista lançaram mão de todo tipo de calúnias e imposturas. Especularam com o dólar, com o ouro, fizeram subir ou baixar o movimento das bolsas de valores, agrediram a privacidade das pessoas, manipularam sequestros.
>
> (...) **Nunca a classe trabalhadora alcançou um patamar tão alto de participação e a ação política deixou de ser definitivamente privilégio de poucos para ser o exercício diário de milhões de pessoas.**
>
> (...) Esta carta, companheiro, se dirige a você, mas se dirige também àqueles que ainda não compreenderam nossa campanha, mas que em breve estarão ao nosso lado.
>
> (...) Nós que somos filhos da dor, somos também filhos da alegria. Nunca nos curvamos diante das dificuldades. Vamos juntos continuar nossa luta por uma nova sociedade. Seremos oposição a todas as formas abertas ou disfarçadas de tirania.[3]

Eleitores de Collor

Os meios de comunicação de massa escolheram o sucessor de José Sarney, e a maioria da população brasileira votou no escolhido por eles, Fernando Affonso Collor de Mello.

O candidato, e depois presidente da República, prodigalizou amizades e comitivas durante a campanha e no decurso de seu governo. Variou conforme a conveniência da propaganda pessoal de momento, do gelo da Antártida aos sertões do Nordeste, do misticismo de Frei Damião às façanhas militares, da nacionalidade da grife da vestimenta ao convívio com artistas, do esporte à sisudez oficial, da expressão física de coragem ao *glamour*.

O período governamental de Collor de Mello originou símbolos: músicas, "famosos", artistas, acessórios e equipamentos eletrônicos pequenos e modernos (*gadgets*).

O sonho terceiro-mundista de que estávamos indo para o primeiro-mundo (os países centrais do capitalismo), num passe de mágica do governo de Fernando Collor de Mello, difundiu-se na mente dos brasileiros, provocando nelas imagens fantasiosas e aloucadas. "Coisa de primeiro-mundo", como se falava. A tal "modernidade" expungia as "deselegâncias do real". Abriu-se um tempo de esbanjamento, de sofisticação do consumo, de busca de dinheiro a qualquer preço, de conformismo e ostentação ante a penúria alheia.

A alta burguesia tanto internacional como nacional e a classe média proprietária de um lugar onde cair morta (casarões ou casinhas, grandes apartamentos ou pequenos apartamentos), possuidoras de abundantes ou modestas aplicações bancárias e de terra, aliaram-se em falso pacto de sobrevivência, diante da eventual vitória de Luiz Inácio Lula da Silva e do Partido dos Trabalhadores sobre Fernando Collor de Mello, em especial no segundo turno das eleições de 1989.

Boatos e mais boatos, a ponto de imaginar-se que as indústrias, as casas comerciais, os latifúndios, os minifúndios, as residências etc. seriam repartidos com os pobres e miseráveis do Brasil. O susto, o temor e a insegurança agigantaram-se e materializaram Lula da Silva e o PT em "demônios" e "bodes expiatórios" a serem exorcizados, fenômenos tão conhecidos no nazifascismo.

A doutrina nazifascista[4] tem causado horror e repúdio dos homens e das mulheres de bem, porém no geral as práticas do nazifascismo são desconhecidas da grande maioria das pessoas e até mesmo de vários de seus agentes.

Erich Fromm, em seu livro *O medo à liberdade*, caracterizou o terrível e mortal fenômeno desse tipo de reacionarismo (que impõe a realidade do passado, como se este fosse uma "época de ouro"):

> Tampouco importa quais os **símbolos** escolhidos pelos inimigos da liberdade humana: **a liberdade não se vê menos ameaçada quando é atacada em nome do antifascismo do que no do fascismo indisfarçado**. Esta verdade foi tão convincentemente formulada por John Dewey que recorro a suas palavras: "A ameaça mais grave à nossa democracia não é a existência de Estados totalitários estrangeiros: é a existência, em nossas atitudes pessoais e em nossas instituições, das condições em que países estrangeiros asseguraram a vitória da autoridade externa, **disciplina, uniformidade e dependência do chefe**. O campo de batalha, por isso, também se acha aqui — **dentro de nós mesmos e de nossas instituições**".
>
> (...) A repetição de slogans e o destaque dado a fatores que nada têm a ver com a questão em jogo entorpecem sua capacidade crítica. O apelo claro e racional à sua inteligência é antes exceção do que regra na propaganda política — mesmo nos países democráticos. (...) **Não quer isto dizer que a publicidade comercial e a propaganda política chamem a atenção abertamente para insignificância do indivíduo.** Muito pelo contrário, elas lisonjeiam-no, fazendo com que ele pareça importante, e fingem que buscam captar seu julgamento crítico, seu senso de discriminação. Estas aparências, contudo, são essencialmente um meio de apaziguar as desconfianças do indivíduo e ajudá-lo a iludir-se, acerca do caráter individual de sua decisão. Não é necessário dizer que a propaganda de que tenho estado falando não é totalmente irracional e que há diferenças na proporção de elementos racionais na propaganda dos diversos partidos e candidatos.
>
> (...) O medo ao isolamento e a relativa debilidade dos princípios morais auxiliam qualquer partido a conquistar a lealdade de grande setor da população, uma vez que este haja capturado o poder do Estado.[5]

A REPÚBLICA BRASILEIRA — 1951–2010

Nesse surto de defesa da ordem pública e de rejeição da sujeira do pobre, a realidade inverteu-se, virou-se de cabeça para baixo, e os "descamisados", os homens e mulheres desinformados e deslumbrados, somaram-se aos responsáveis pela desordem pública e, em parte, pela indigência nacional. Deste modo os eleitores de Collor escolheram a renovação.

Por sua parte, empresários, comerciantes e banqueiros exultaram. Comemoraram com propaganda em jornais. Vejam-se:

1. ATÉ QUE ENFIM, MINHA GENTE.
Hoje, o Brasil ganha uma nova dimensão. Assume a Presidência da República a juventude, com coragem e determinação. Temos certeza de que o País vai mudar. Mas, não será por milagre que as mudanças vão ocorrer. A participação efetiva de cada brasileiro será exigida nessa verdadeira epopeia cívica de reconstrução nacional.

2. ATENÇÃO SRS. MARAJÁS, PREPAREM AS MALAS E BOA VIAGEM.

3. Vamos começar enxugando a máquina. Depois a gente seca a inflação. O Brasil está precisando de um banho de competência. Pode contar com a gente, Presidente Collor.

4. O BRASIL DO AMANHÃ TAMBÉM TOMA POSSE NA ESPERANÇA DE CADA BRASILEIRO.(...).[6]

Em março de 1990, 71% opinavam que o governo de Collor seria "ótimo ou bom", 18% esperavam desempenho "regular" e 4% previam desempenho "ruim e péssimo".

Ao encerrar o período de governo, o presidente José Sarney e seu ministro da Fazenda, Maílson da Nóbrega, havia uma dívida mobiliária interna de 706,6 bilhões de cruzados novos (correspondente a 97% da dívida pública interna); uma dívida externa de 114,8 bilhões de dólares; um produto interno bruto (PIB) de 1,36 trilhão de cruzados novos; uma renda *per capita* de 2.059 dólares e uma população de 147.404.375 habitantes.

Além do mais, a parcela mais aflitiva do legado do presidente Sarney e de seu ministro da Fazenda, Maílson da Nóbrega, foi a inflação de 74,5% (estimativa para o mês de março de 1990) e de 1.782,9% (acumulada de 1989).

Portanto, com a confiança da população, Collor de Mello compôs quase sem embaraços o ministério, sobressaindo quatro militares (general Carlos Tinoco Ribeiro Gomes — Exército; almirante Mário César Flores — Marinha; tenente-brigadeiro Sócrates da Costa Monteiro — Aeronáutica; Engenheiro aeronáutico Ozires Silva — Infraestrutura); dois ministros participantes de governos militares (Ozires Silva e Carlos Chiarelli — Educação); três ministros participantes do governo de José Sarney (Ozires Silva, Zélia Cardoso de Mello, Joaquim Domingos Roriz); além de um eletricitário aposentado, sindicalista e técnico em edificações (Antônio Rogério Magri — Trabalho e Previdência Social) e de um jogador de futebol (Arthur Antunes Coimbra — Zico — Secretaria de Esportes).

Durante a campanha, Collor prodigalizou frases contundentes: "Eu sou a modernidade" (14/5/1989); "Não pode ser atribuída a mim nenhuma ligação com a ditadura" (20/9/1989); "Eu sou um super--homem. Vejam o que eu faço. É só uma pequena demonstração do que posso fazer na Presidência" (9/10/1989); "Brizola representa o que existe de velho na política. Eu e Lula somos as únicas coisas novas desta campanha" (17/10/1989).[7]

Collor, mesmo atabalhoadamente, colheu os eflúvios do liberalismo radical (erroneamente "neoliberalismo"), que os países ricos exportavam aos países periféricos, como solução para estabilizar a economia e pagar a extraordinária dívida externa.

Como homem prático, percebeu os principais tópicos dos sermões pregados aos quatro ventos pelos sacerdotes do grande capitalismo. Os tópicos eram democracia, cidadania, abertura do mercado brasileiro, menos regulação da economia, integração crescente e competi-

A REPÚBLICA BRASILEIRA — 1951–2010

tiva com a economia de outros países, estabilização financeira, privatização de bens públicos, reforma do Estado para dar eficiência aos seus órgãos, pagamento da dívida externa, combate à inflação e à corrupção, justiça social, revolução educacional, ecologia, busca de resultados reais e fim da ideologia do terceiro-mundismo.

Tanto o ideário de Fernando Collor comungava com o liberalismo radical (ou "neoliberalismo"), que um ex-religioso, ex-diplomata, embaixador brasileiro nos Estados Unidos da América e na Inglaterra, ex-ministro do governo Castelo Branco (o primeiro governo militar--ditatorial do Brasil), ex-senador e ex-deputado federal, Roberto Campos, reclamava do governo "collorido".

Depois da Segunda Guerra Mundial (1945), Roberto Campos e Eugênio Gudin estiveram presentes no Encontro de Bretton Woods, onde se criaram o Banco Mundial e o Fundo Monetário Internacional — FMI. Com um currículo desse, e muito mais, Roberto Campos queixava-se do liberalismo no governo de Collor de Mello, ao ser perguntado se era preciso trocar a equipe econômica:

> Não (**disse Roberto Campos**). Pelo menos enquanto o presidente Collor não se dispuser a praticar o que pregou — modernizar o Brasil — pela implantação da economia de mercado. Para que mudar os filósofos se não se muda a filosofia? Alguma coisa aconteceu entre o brilho liberalista do discurso de posse no Congresso e o opaco intervencionismo do plano "Brasil Novo", de 16 de março de 1990, agora repetido sem sinais de arrependimento. No espaço de um dia, ou melhor, num "overnight", a visão liberal foi substituída pela visão dirigista.
>
> (...) Infelizmente, o Congresso não se convenceu de que, numa economia com produção decrescente, melhorias salariais que não resultem de livre negociação são mero codinome para o aumento da inflação e/ou do desemprego.[8]

Roberto Campos devia conhecer muito bem o significado da afirmação de Antônio Delfim Netto, economista e várias vezes ex-

-ministro. Na época do governo Sarney, o então deputado federal Delfim Netto evidenciou o perfil histórico do empreendedor: "O Sarney não vai resistir às pressões do empresário brasileiro que não conhece a palavra concorrência".[9] Talvez por isso também Roberto Campos propusesse a completa internacionalização do mercado econômico brasileiro.

Contudo, mesmo antes da posse do presidente eleito, Francisco Rezek, seu futuro ministro das Relações Exteriores, propalava o rumo da política externa de ares liberais:

> (...) Há finalmente uma terceira forma de se entender o chamado Terceiro Mundo e as suas relações com o Primeiro. E é essa seguramente aquela que não constitui objeto da simpatia do presidente da República que amanhã se empossa. Essa é a concepção terceiro-mundista de uma forma de confronto, de isolamento ou de luta de classes, que deveria ser deixada de lado, mais que tudo pela consciência prática das coisas, pela busca de resultados efetivos.[10]

Em seu discurso de posse no dia 15 de março de 1990, Fernando Collor de Mello enfatizou a juventude, o senso de justiça, a revolução educacional, o combate à inflação, o auxílio à pobreza etc. etc.:

> (...) Procurarei cingir-me a tópicos essenciais, para que tenham diante de si, com nitidez, os grandes temas de meu programa, consagrado pelos votos majoritários de novembro e dezembro de 1989. São eles: democracia e cidadania, a inflação como inimigo maior, a reforma do Estado e a modernização econômica, a preocupação ecológica, o desafio da dívida social e, finalmente, a posição do Brasil no mundo contemporâneo.
>
> (...) A privatização deve ser completada por menor regramento da atividade econômica. Isso incentiva a economia de mercado, gera receita e alivia o déficit governamental, sustentando melhor a luta anti-inflacionária.

Presidente FERNANDO COLLOR DE MELLO, ao centro

Fernando Collor (15/03/1990-29/12/1992) abraça simpatizantes. Em 1989, foi o primeiro presidente da República eleito por voto direto depois da ditadura militar de 1964, ficando conhecido como "caçador de marajás", por pregar a moralização da política. Para combater a hiperinflação, abriu o mercado nacional às importações estrangeiras, começou o Programa Nacional de Desestatização e aplicou o Plano Collor, confiscando os depósitos bancários existentes em contas correntes e aplicações, incluindo as cadernetas de poupança. Renunciou à presidência da República, esquivou-se ao "impeachment", baseado em denúncias de corrupção, mas ainda assim foi punido pelo Congresso Nacional.

*

Minha geração não admite mais conviver com um Brasil gigante econômico, mas pigmeu social: a décima economia do globo, com indicadores sociais registrando tanta penúria, tanta doença e tanta desigualdade.

(...) **A finalidade maior de meu governo é libertar o Brasil da vergonha, da miséria e da injustiça. Mas como sou um democrata moderno e não demagogo populista, tenho consciência de que, aqui também, impõe-se a estabilização financeira** para que o investimento volte a irrigar nosso aparelho produtivo. Impõe-se também que o Estado recupere sua capacidade de executar políticas públicas.

(...) Do binômio de Juscelino — democracia e desenvolvimento — queremos passar ao trinômio do Brasil moderno: democracia, desenvolvimento e justiça social.

(...) Obrigado à minha querida Alagoas Que Deus nos ajude nesta difícil tarefa de governar este grande país.[11]

A imprensa internacional noticiou a posse do presidente Fernando Collor. No mesmo dia da posse, 15 de março de 1990, o jornal francês *Le Monde*, de Paris, publicava que, com Collor no poder, acabava um período de "mediocridade", porém observando que Collor tinha recebido durante a campanha apoio financeiro de uma "oligarquia" que criticava em público. No dia seguinte, o jornal francês, *Le Figaro*, também de Paris, chamou-o de "conservador populista", notando que Collor dizia aliar "liberalismo econômico e justiça social".[12]

O estilo do renovador Fernando Collor

Um ano depois de sua posse, ou seja, em 15 de março de 1991, aquele que era o presidente Collor de Mello, vitorioso e empossado, já não existia. A reiteração de *slogans* e a descrença crescente despega-

A REPÚBLICA BRASILEIRA — 1951–2010

461

vam o real do ideológico: a realidade do país seguia num sentido, e o discurso presidencial, em outro.

Collor de Mello assinou em 1991 (ao lado da Argentina) um acordo com a Agência Internacional de Energia Atômica — AIEA, colocando o Brasil sob vigilância internacional; abaixou a inflação; desligou funcionários públicos de suas funções e estabilizou as contas do governo federal. Seu governo abaixou bem a inflação, entretanto levou ao declínio do desenvolvimento econômico; afastou funcionários públicos, menos do que prometera; equilibrou as contas federais só temporariamente. Durante a campanha se dizia antipolítico; não o era, na verdade.

Nesse primeiro ano da gestão Collor de Mello, foram demitidos 134.103 funcionários públicos em vez de 360 mil, como prometera na campanha presidencial. Dos 1.440.253 funcionários antes da posse, ficaram 1.205.414 depois dela, diminuição também decorrente de 45.163 aposentadorias e 55.573 funcionários em disponibilidade, sem trabalhar e recebendo salário integral. De um lado, inaugurou um ministério mirim; de outro, desanimou o descamisado. Um deles, desempregado há três meses, arrependido de ter votado em Collor,

[definia-se] não mais como simples descamisado, mas como "descalçado" também.[13]

Sucedeu que, no segundo ano da gestão, foi promulgada a Lei n. 8.270, de dezembro de 1991, pela qual eram recriados todos os cargos disponíveis, derrubando a dita reforma administrativa do governo Collor. Com o retorno dos cargos, conforme alegação administrativa, puderam ser ocupadas 80 mil vagas no serviço público, abertas com a aposentadoria recente de funcionários.

Ademais, no ano inicial da administração, o governo "collorido" publicou 148 medidas provisórias, 867 decretos, 174 leis e 98 projetos de lei. Logo, esse governo publicou uma medida provisória a cada três dias (garantido-lhe recorde para o momento) e apresentou ao Congresso Nacional somente 98 projetos de lei.

Pesquisa divulgada no final do primeiro ano da administração de Collor (1991) elevava a 34% o percentual dos que consideravam sua gestão ruim ou péssima, enquanto 40% achavam-na regular, e 23%, boa e ótima.

Não é aceitável dizer que o próprio Collor e sua administração foram os únicos responsáveis pela redução do prestígio presidencial. O fim do mandato dos 26 governadores em março de 1991 revelava um panorama econômico-financeiro muito mais perigoso, decorrente de eles não gerirem bem o dinheiro público e do desequilíbrio nas finanças de seus estados. Notadamente, o governador de São Paulo (Orestes Quércia), Rio de Janeiro (Moreira Franco), Minas Gerais (Newton Cardoso), Bahia (Nilo Coelho), Rio Grande do Sul (Pedro Simon e Sinval Guazzelli), Rio Grande do Norte (Geraldo Mello), Paraná (Álvaro Dias), Amazonas (Vivaldo Frota) etc. sobressaíram por obras faraônicas e/ou irregularidades administrativas, atraso de salários do funcionalismo, gastos com publicidade, dívidas e/ou cofres vazios. Contribuíram deste modo ao aprimoramento da tradição de descalabro na lida com a coisa pública.

Ao completar um ano e meio de governo, em setembro de 1991, Collor de Mello não havia cumprido promessas da campanha presidencial e já colhera diversas denúncias de irregularidades sem provas definitivas, segundo o pensamento do porta-voz da presidência da República: "Toda acusação precisa estar munida de provas concretas".

O jornal *O Estado de S.Paulo* publicou, num domingo, lista de 36 casos sob suspeição, acontecidos durante o período de Orestes Quércia no governo do estado de São Paulo (1987-1991), e noutro domingo editou levantamento de 28 casos duvidosos, ocorridos do princípio, em 15 de março de 1990, até setembro de 1991, no governo de Fernando Affonso Collor de Mello. Alguns dos casos no tempo da administração Collor, até setembro de 1991, giravam em redor do seguinte:

1º) SOS Rodovias/junho de 1990.

2º) Publicidade/julho de 1990.

3º) Favorecimento/setembro de 1990.

4º) Vasp/setembro de 1990.

5º) Vasp/outubro de 1990.

6º) Legião Brasileira de Assistência — LBA/fevereiro de 1991.

7º) Café/março de 1991.

8º) Legião Brasileira de Assistência/março de 1991.

9º) Zona Franca de Manaus/abril de 1991.

10º) Tribunal de Contas da União/junho de 1991.

11º) Usineiros/junho de 1991.

12º) Legião Brasileira de Assistência/julho de 1991.

13º) Usineiros/julho de 1991.

14º) Instituto Nacional de Alimentação e Nutrição — Inan/ setembro de 1991.

15º) Exército/outubro de 1991 — Em 22 de outubro de 1991, o Centro de Comunicação do Exército — Cecomsex, apresentou nota, pela qual o ministro do Exército, general Carlos Tinoco, se responsabilizou no dia seguinte, negando qualquer irregularidade na concorrência e argumentando que a denúncia se tratava de "mais um episódio da campanha sistemática de tentativa de descrédito das Forças Armadas". Em 25 de outubro de 1991, o jornal *O Globo*, em nova reportagem, noticiava que, antes mesmo de os envelopes dos concorrentes terem sido abertos, no próprio dia da licitação (14 de outubro de 1991), um anúncio cifrado nos classificados do *Jornal da Tarde* antecipara os vencedores. Em nota, o Centro de Comunicação do Exército reagia, acusando *O Globo* de fazer campanha contra o Ministério do Exército e de explorar a licitação para "iludir a opinião pública". O presidente Collor fez questão de deixar claro que não concordava com a tese de que havia campanha de desmoralização das Forças Armadas, como sugeriram os ministros militares.[14]

16º) Empresa de Processamento de Dados da Previdência Social — Data-prev/novembro de 1991 — A presidência da Federação Nacional dos Empregados em Empresas de Processamento de Dados — Fenadados, denunciou a contração em regime de urgência, sem concorrência pública, por 954,2 milhões de cruzeiros a preços de setembro/91, da CRS — Consultoria e Informática, pela Empresa de Processamento de Dados da Previdência Social, subordinada ao ministro do Trabalho e Previdência Social, Antônio Rogério Magri, para produzir um sistema integrado de gestão.[15]

Como é normal no Brasil, onde se preza a honra das pessoas, sobretudo quando se trata da honra das pessoas humildes, diga-se logo que esses casos são casos de possíveis escândalos, denúncias ou suspeitas de irregularidades e corrupção para serem averiguados e provados (acarretando processos demorados, que quase sempre levam anos, décadas, séculos etc.), a exemplo de tráfico de influência, superfaturamento e contratos sem licitação etc.

A troca de favores converteu-se no melhor caminho para chegar aos deputados federais, senadores e demais funcionários públicos. As dificuldades no acesso à burocracia estatal, o tempo perdido no acompanhamento de processos, os ritos e as formalidades (sempre modificadas), geraram o *lobby*. A força do *lobby* situou-se primordialmente em algum tipo de remuneração a funcionários públicos, em transformá-los em sócios ocultos de escritórios destinados a elaborar projetos, a captar recursos públicos e a liberar verbas emperradas nos canais burocráticos, para as empresas fornecedoras de obras e serviços do Estado. O *lobby* passou a agir fora dos gabinetes oficiais, especialmente em Brasília, mas não só nesta cidade, onde as empresas têm mantido casas para dar festas e jantares a políticos e outros funcionários públicos.

Um deputado federal revelou "a generalização de cobrança de propinas de até 30% na contratação das empreiteiras pelo governo, a reação do presidente foi uma interpelação judicial contra o parlamentar". Certamente era demais a cobrança de 30% de propina e talvez a interpelação judicial visasse a informar ao presidente Collor quem praticara tal cobrança.

De outra parte, como se dizia, o governo de Collor de Mello passou "do sonho ao pesadelo em 18 meses":

A REPÚBLICA BRASILEIRA — 1951-2010

1º) Inflação:

Promessa: "O compromisso que eu mantenho é o de reduzir, no espaço de 18 meses, a inflação a no máximo 3% ao mês" (13/02/1990).

O que aconteceu: Inflação de 11,95% no final do 17º mês (agosto), tendendo para alta.

2º) Salário mínimo:

Promessa: "O governo garantirá o crescimento real do salário mínimo, tendo como meta a sua triplicação em termos reais" (Diretrizes de Ação do Governo Fernando Collor — 1989).

O que aconteceu: Salário mínimo de agosto de 1991 estava 41,2% mais baixo do que no último mês (fevereiro/1990) do governo José Sarney.

3º) Produção agrícola:

Promessa: A produção de grãos deveria ir de 70 milhões de toneladas em 1989 a 97 milhões de toneladas em 1994 (Diretrizes de Ação do Governo Fernando Collor — 1989).

O que aconteceu: Safra de 57,3 milhões de toneladas em 1991 — a pior em cinco anos.

4º) Funcionalismo:

Promessa: "Não vai haver nenhuma pessoa que chegue à repartição, no final do mês, apenas para receber seu salário" (23/12/1989 — 1ª entrevista como presidente eleito).

O que aconteceu: 30 mil servidores públicos continuavam em disponibilidade, recebendo vencimentos sem precisar trabalhar.

Em Belo Horizonte, por exemplo, continuou, no governo Collor, a existir o "fileiro", profissional que podia receber salário-mensal, vale-transporte e até ter carteira assinada, para guardar um lugar na fila do guichê do Departamento Nacional de Produção Mineral — DNPM. Esse profissional permanecia, dia e noite, na fila vagarosa, infindável, por vezes pequena em número de pessoas, a fim de protocolar pedidos requerendo pesquisa mineral e licenciamento de novas lavras garimpeiras.

5º) Constituição:

Promessa: "Eu espero que nós possamos de uma vez por todas deixar de pensar em casuísmos para adaptar a legislação em vigor às circunstâncias ou às conveniências do dia a dia" (23/12/1989 — 1ª entrevista como presidente eleito).

O que aconteceu: "A atual Constituição é um programa de governo. Os governadores também sentem os problemas causados por essas amarras e querem modificá-las" (14/08/1991).

Em pronunciamento ao país em 6 de outubro de 1991, o presidente Collor de Mello assinalava as alterações na Constituição Federal de 1988, aventadas por ele:

> (...) Completam-se hoje três anos de vigência da nova Constituição brasileira... As palavras "direitos" e "garantias", por exemplo, aparecem 182 vezes na nossa Constituição, enquanto a palavra "deveres" é mencionada em apenas 32 passagens.
>
> O desequilíbrio é claro.
>
> Os constituintes sabiam, no entanto, que a Constituição refletia a realidade política dos meses ao longo dos quais ela foi elaborada. Tanto assim, que previram, na própria constituição, que ela deveria ser revista e aperfeiçoada.
>
> (...) Uma das causas fundamentais por trás da inflação é o déficit público. ...Vamos acabar com a triste realidade em que o cidadão paga os seus impostos e não recebe de volta os serviços públicos de boa qualidade. ...É para evitar esse drama que estamos avançando com o **programa de privatização**; fazendo o que a maioria dos países do mundo já vem realizando, com rapidez e sem titubear, pois o modelo de economia em que o setor público, o Estado, tentou ocupar o lugar das empresas privadas na produção, não deu certo e está sendo definitivamente enterrado... Acabou-se o tempo em que se suspeitava das intenções das empresas e dos investidores estrangeiros. Hoje, em todas

as partes do mundo, o capital é disputado, e estamos definitivamente nessa disputa.[16]

6º) Corrupção:

Promessa: "Meu primeiro ato como presidente da República será mandar para a cadeia um bocado de corruptos" (29/11/1989, em entrevista à revista *Veja*).

O que aconteceu: Como dito anteriormente, o jornal *O Estado de S.Paulo* noticiou 28 casos duvidosos durante a administração de Collor de Mello, do princípio até setembro de 1991, dos quais dois comprometiam a primeira-dama Rosane Collor. Nenhum funcionário de escalões superiores foi demitido por corrupção. Até o final de 1990, 25 servidores de escalões inferiores foram afastados por irregularidades e oito pessoas foram presas. **Observe-se: o mesmo jornal informou em abril de 2010 que, 20 anos depois, cinco ex-funcionários do antigo Serviço Nacional de Inteligência — SNI, e 44 servidores da antiga Fundação de Tecnologia Industrial, todos demitidos pelo governo Collor, foram reintegrados à administração federal, incorporados respectivamente na Agência Brasileira de Inteligência — Abin, e no Ministério da Ciência e Tecnologia.[17]**

Afinal, quem pagará (ou pagou) as indenizações desses funcionários 20 anos depois?

As promessas presidenciais, por exemplo, de redução do déficit público e de dar à população brasileira serviços de boa qualidade (os quais ela nunca teve) eram desmentidas pelos privilégios concedidos aos amigos e fiéis devotos. Ao longo dos dois Impérios e de toda a República, tornou-se hábito, no exercício do poder político, ofertar cargos irrelevantes dentro do país ou fora dele, a título de prêmios aos amigos, ou como afastamento de quem pudesse atrapalhar as decisões incômodas. O ditador Getúlio Vargas esmerou-se nisso e abusou de tais artifícios. Como outros presidentes, Fernando Collor de Mello ofereceu a certos partidários, quase sempre em agradecimento pela colaboração, empregos nas grandes capitais do Exterior, na condição de adidos culturais e adidos militares, recebendo 7, 8 e até 10 mil dólares mensais, em média, mais carro com motorista e secretária.

A reforma ministerial, concluída pelo presidente em abril de 1992, deu ao governo Collor outra fisionomia; em vez da prometida "renovação", veio a sincera "volta ao passado" e, com ela, o tradicional fisiologismo.

A reforma ministerial de 1992 significou para o governo o regresso de antigos colaboradores da ditadura militar, a saber: Ângelo Calmon de Sá (ex-ministro do governo do general Ernesto Geisel) — Desenvolvimento Regional; Marcus Vinicius Pratini de Moraes (ex-ministro do governo do general Emílio Médici) — Minas e Energia; Ricardo Fiuza (deputado da Arena, do PDS e do PFL) — Ação Social; Jorge Bornhausen (foi filiado à UDN, à Arena, ao PDS e ao PFL) — Secretaria de Governo; Reinhold Stephanes (diretor do Incra no governo do general Emílio Médici, presidente do INPS no governo do general Ernesto Geisel, foi filiado à Arena, ao PDS e ao PFL) — Previdência; Célio Borja (foi filiado à UDN, à Arena e ao PDS) — Justiça; Affonso Camargo (foi filiado ao PDC, à Arena, ao PP, ao PMDB e ao PTB) — Transportes e Comunicações.

Ministérios parcos na distribuição de verbas e nas trocas de favores, como o Ministério das Relações Exteriores, ou problemáticos, como o ministério do Trabalho, foram rejeitados e, por fim, entregues respectivamente a Celso Lafer e a João Mellão Neto. Ainda formavam o ministério Marcílio Marques Moreira (Economia), Adib Jatene (Saúde), José Goldemberg (Educação), Antônio Cabrera (Agricultura), Eliezer Baptista (Assuntos Estratégicos), Hélio Jaguaribe (Ciência e Tecnologia), além dos ministros militares (general Carlos Tinoco Ribeiro Gomes — Exército; almirante Mário César Flores — Marinha; tenente-brigadeiro Sócrates da Costa Monteiro — Aeronáutica).

O ministério de Collor se compunha de certas figuras políticas bem conhecidas nos corredores dos governos da ditadura militar (até de senador nomeado), figuras caladas sobre a eliminação das liberdades públicas e sobre a repressão depois do golpe de Estado de 1964.

Um aparente paradoxo: se Collor de Mello afirmava ter recebido, com sua eleição, um país falido, alguma responsabilidade nisto tinham esses políticos, agora de retorno ao governo com a incumbência de recuperá-lo. Em discurso perante a equipe de governo de 1992, o presidente explicou: "o sentido básico da mudança [era] o reforço do lastro político do projeto de modernização que o povo aprovou nas urnas e que [precisava] urgentemente ser viabilizado, sob a coordenação do ministro Jorge Bornhausen, junto ao Poder Legislativo".[18]

Comentando a reforma ministerial de Collor de Mello, o presidente do PT, Luiz Inácio Lula da Silva, derrotado na eleição presidencial, notou: "A montanha pariu um rato".

Com efeito, como dizia um jornal, havia uma "sombra de dúvida". Os poderes Executivo e Judiciário colocavam em risco sua confiabilidade: divulgavam-se uma abundância de inquéritos sobre, até pouco antes, expoentes do Executivo. E esta grave situação se espraiava pelas variadas camadas da sociedade brasileira, derrubando a popularidade do presidente Collor de Mello.

Transcorridos dois anos de governo "collorido", a rejeição a Collor aumentou significativamente, e sua avaliação positiva diminuiu. Pesquisa realizada dois anos depois de sua posse anunciava que 48% dos pesquisados tinham o governo como ruim ou péssimo, ao passo que, em março de 1990, ao tomar posse na presidência da República, a expectativa contrária à sua administração era de 4%. Aqueles que achavam o governo ótimo ou bom também mudaram; em 1992, 15% apoiavam-no, enquanto em 1990 este percentual era de 71%.

Municipalismo na "Nova República"

Ao invés de o poder local e o município terem gerado o direito local como nos países anglo-saxões, no Brasil o poder local e o município deram origem à opressão dos eleitos e à tirania dos clãs parentais, no qual estão compreendidos os pais, as primeiras damas, filhos, filhas, genros, netos, sobrinhos, os financiadores da campanha eleitoral, o compadrio, o afilhadismo, o quem indica (QI) e os demais agregados protegidos do poder municipal naquela hora.

No municipalismo da "Nova República" têm sobressaído acima de tudo o mandonismo (por exemplo: aquele que engraxa sapato sem pagar, por sua autoridade ou porque pagam para ele) e o favor (por exemplo: aquele que vota no médico porque ele lhe deu uma mínima atenção ou ao menos olhou para ele).

O municipalismo na "Nova República" conservou muito do velho municipalismo do século XVI. Ele não alterou a essência do municipalismo do passado, apesar da enorme e custosa propaganda de que "todos os brasileiros são cidadãos", como se houvesse, ao menos igualdade jurídica no país, para não dizer certa igualdade social.

É essencial o conhecimento de estudos sobre o municipalismo brasileiro, inseridos mais propriamente em certas obras, para "não se ficar abrindo porta aberta", e pensar que ninguém antes tratou deste assunto.[19]

*

Na "Nova República", o fisiologismo e o empreguismo exultaram com a "febre emancipacionista municipal", responsável pela criação de duas vezes mais vagas nas repartições públicas do que os cargos eliminados pela reforma administrativa do presidente Fernando Collor de Mello, conforme previsão do Instituto Brasileiro de Geografia e Estatística — IBGE. O IBGE mostrava que as maiores remunerações no Brasil se achavam nos gabinetes municipais.

De 1941 a 1991, surgiram 2.937 pequenas cidades. Essa massa emancipacionista municipal possivelmente tinha vínculo com o crescimento das verbas do Fundo de Participação dos Estados e Municípios — FPM, proveniente de 23% da arrecadação do Imposto de Renda — IR, e do Imposto sobre Produtos Industrializados — IPI.

A REPÚBLICA BRASILEIRA — 1951–2010

No poder local, não somente foram analisados o favoritismo e a opressão, a plutocracia e a ação entre amigos, mas basta ter olhos e ouvidos para farejar o privilégio e a ilegalidade na vida municipal.

Em sua grande maioria, os candidatos aos cargos municipais sequer possuem condições pessoais para exercê-los, abrangendo nessa situação muitas vezes até os com formação universitária, garantindo-se na ilusão de que são "cidadãos". Não têm consciência social de cidadão, suas consciências são obscuras no que diz respeito à honra dos indivíduos, à felicidade pública, ao bem público, ao mandato público, à administração pública, à educação pública, à saúde publica, à eleição etc.

Eleito qualquer candidato, ele se imbui da crença de que é um político até a morte, ou até depois dela, com sua parentalha, uma vez político sempre político, não existe outra profissão melhor na sociedade brasileira.

Levantamento realizado numa cidade média do vale do Paraíba, no estado de São Paulo, evidencia o seguinte desempenho da Câmara Municipal, de acordo com temas definidos por ela própria:

Temas abordados por Câmara Municipal de Cidade Média do Vale do Paraíba-SP, entre 2009/2010		
	Projetos aprovados	%
Títulos, comendas, prêmios, comemorações e solenidades	59	21,00
Nomes de ruas e outros logradouros	48	17,08
Doação de áreas e terrenos	43	15,30
Orçamento (peça orçamentária e remanejamento de verbas)	35	12,45
Datas comemorativas	20	7,11
Subvenções, subsídios, auxílios e contribuições	16	5,69
Aquisição, permutas e reformas	6	2,13

	Projetos aprovados	%
Conselhos municipais e fundos	6	2,13
Pessoal	6	2,13
Utilidade pública	6	2,13
Convênios, contratos e parcerias	5	1,77
Reajustes de salários	5	1,77
Programas e projetos	4	1,42
Lixo	3	1,06
Bancos	2	0,71
Transporte coletivo	2	0,71
Universidade	2	0,71
Zona industrial	2	0,71
Bolsas de estudo	1	0,35
Comércio e serviços	1	0,35
Deficientes físicos e obesos	1	0,35
Estacionamento e trânsito	1	0,35
Expansão urbana	1	0,35
Habitação	1	0,35
Meio-ambiente, turismo e patrimônio histórico	1	0,35
Obras, instalações, construções e reformas	1	0,35
Outros	1	0,35
Secretarias	1	0,35
Educação	0	0,00
Saúde	0	0,00
Segurança	0	0,00
Total	281	

A REPÚBLICA BRASILEIRA — 1951–2010

Temas abordados por Câmara Municipal de Cidade Grande do Vale do Paraíba-SP, entre 2009/2010	
Projetos Aprovados	
1° Vereador	33 aprovados (**21 deles:** títulos, medalhas, nomes de ruas e datas comemorativas);
2° Vereador	4 aprovados (**2 deles:** títulos e medalhas);
3° Vereador	13 aprovados (**1 deles:** título e 12: sugestões ao executivo);
4° Vereador	46 aprovados (**16 deles:** títulos, medalhas, nomes de ruas e datas comemorativas);
5° Vereador	24 aprovados (**19 deles:** nomes de ruas e datas comemorativas);
6° Vereador	25 aprovados (**11 deles:** títulos e medalhas);
7° Vereador	37 aprovados (**16 deles:** títulos, nomes de ruas e datas comemorativas);
8° Vereador	23 aprovados (**8 deles:** títulos, medalhas, nomes de ruas e datas comemorativas);
9° Vereador	15 aprovados (**1 deles:** título de cidadão);
10° Vereador	9 aprovados (**8 deles:** títulos, medalhas, nomes de ruas e datas comemorativas);
11° Vereador	16 aprovados (**9 deles:** títulos, medalhas, nomes de ruas e datas comemorativas);
12° Vereador	25 aprovados (**17 deles:** títulos, medalhas, nomes de ruas e datas comemorativas);
13° Vereador	5 aprovados (**4 deles:** títulos, medalhas e nomes de rua);
14° Vereador	24 aprovados (**20 deles:** títulos, medalhas, nomes de ruas e datas comemorativas);
15° Vereador	16 aprovados (**6 deles:** títulos, medalhas, nomes de ruas e datas comemorativas);
16° Vereador	13 aprovados (**9 deles:** títulos, medalhas e nomes de ruas);
17° Vereador	8 aprovados (**todos eles:** títulos, medalhas e nomes de ruas);
18° Vereador	23 aprovados (**17 deles:** títulos, medalhas, nomes de ruas e datas comemorativas);
19° Vereador	20 aprovados (**14 deles:** títulos, medalhas, nomes de ruas e datas comemorativas);
20° Vereador	19 aprovados (**15 deles:** títulos e nomes de ruas);
21° Vereador	48 aprovados (**32 deles:** títulos, medalhas, nomes de ruas e datas comemorativas).[20]

No geral, o governo municipal resume-se em aumentar impostos, aceitar pedidos ou reclamações, pegar dinheiro do estado e da União, valer-se de empreiteiros, realizar umas obrazinhas para todo o mundo ver, fazer festas, empregar os apaniguados e reiterar a sua honestidade, ou seja, que ninguém roubou. No governo municipal, em geral, quem é probo gaba-se disto, mesmo quando pouco supre as carências dos munícipes, como se correção moral não fosse obrigação permanente das pessoas e dos governos civis, e fosse só um favor à população municipal.

Quase sempre, o resultado desta prática política indigna, muitas vezes altamente condenável em todos os sentidos, é a falta de dinheiro para atender às construções e aos serviços essenciais à população. A receita esgotou-se porque foi empregada especialmente em obras atraentes e visíveis e em pagamento de funcionários da prefeitura abarrotada deles.

As carências das cidades são descartadas. No pronto-socorro (ou no pronto atendimento, como se diz atualmente), muitas vezes os pacientes morrem de "complicação", por falta de diagnóstico correto, ou pela grande quantidade caótica deles. Os prontos-socorros ou prontos atendimentos dos municípios denunciam comumente os efeitos da péssima formação de médicos e da enfermagem.

Nas salas de aula, professores mal formados, mal pagos e exaustos de cansaço e de treinamentos estéreis, "ensinam" alunos mais interessados na merenda do que em qualquer instrução escolar.

Enquanto isso sucede, falam em "cidadania" e em "contribuintes" com pagamento de impostos.

Nessa vida municipal, na maioria das ocasiões, se acham o berço e as principais lições dos políticos brasileiros.

Collor: relações inovadoras com o Congresso Nacional?

O jornalista Newton Rodrigues, em artigo do tempo de Collor de Mello, chegou próximo de sintetizar as vicissitudes e os malefícios

A REPÚBLICA BRASILEIRA — 1951–2010   475

do Congresso Nacional para com a maioria da população do Brasil. Vejam-se trechos deste artigo:

> Recém-publicado conto de João do Rio, esquecido desde 1910, recorda-nos como vem de longe a **mordomização do Congresso**, antecedente ao oásis burocrático de Brasília, quando deputados e senadores, menos numerosos, não dispunham ainda dos bandos de assessores-parentes nem tinham desenvolvido a mamata das aposentadorias, nascidas de uma iniciativa de monsenhor Arruda Câmara, um reacionário para inquisidor nenhum botar defeito.
>
> (...) O Legislativo federal e seus congêneres dos escalões estaduais e municipais **estão entre os órgãos mais desmoralizados popularmente, e têm feito por isso**. Os trens da alegria, as viagens desnecessárias, os jetons indevidos e uma longa série de favores clubísticos não têm paradeiro.
>
> (...) O povo tem punido nas urnas os culpados, recusando-se, sistematicamente, a reeleger a maior parte deles. **Porém, as novas levas repetem as antecessoras e os melhores quadros bracejam no poço das mesmices.**
>
> A função parlamentar é condicionante de qualquer regime democrático, mas esse condicionamento, além de fatores histórico-culturais, depende da legitimidade do voto e da representação, que sofrem de extrema deformação entre nós.[21]

O presidente Collor tinha claro o imperativo do relacionamento satisfatório com o Congresso Nacional e ele mesmo mencionava as condições de sua eleição à presidência da República: "Eu me elegi contra virtualmente todas as instituições que costumam ser poupadas pelos candidatos. Agora é o momento de reconstruir as pontes entre o Executivo e essas instituições". Esta asserção não explicava plenamente sua reconciliação com o Congresso Nacional.

Ocorria que a figura do "caçador de marajás", imaginada pelo "marketing" eleitoral, se esvaía desde o confisco de dinheiro depositado nos bancos do país, no dia seguinte à sua posse em 15 de março de 1990, confisco que atingiu de forma arrasadora as contas e os investimentos bancários acima de tudo dos amplos setores da classe média, inclusive aposentados e pensionistas.

Era, pois, imprescindível procurar o Congresso Nacional, desistindo das críticas aos empresários e aos credores externos. No Congresso funcionavam bancadas informais por vezes mais poderosas que os partidos políticos. Atuando na Câmara dos Deputados e no Senado Federal deviam existir 12 bancadas informais, verdadeiros grupos de interesse: bancada parlamentarista, bancada rural, bloco da economia moderna (BEM), bancada nordestina, bancada do Banco do Brasil, frente parlamentar nacionalista, bancada da Amazônia, bancada evangélica, bancada do ACM (governador da Bahia, Antônio Carlos Magalhães), bancada dos empreiteiros, bancada dos funcionários públicos, bancada da Petrobrás etc.

Nesse presidencialismo sem partidos (ou com demasiadas legendas), obter maioria legislativa para aprovar projetos resumia-se em missão dolorosa. Na perspectiva presidencial, queria entabular conversações com o PSDB (Partido da Social Democracia Brasileira). Ponderava o presidente que só parte do PSDB poderia aliar-se a seu governo, parte esta constituída pelo senador Fernando Henrique Cardoso, pelo deputado federal José Serra, pelo ex-governador Franco Montoro e ultimamente pelo prefeito de Manaus, Artur Virgílio Neto.

Para ele, o PFL (Partido da Frente Liberal) dava sustentação parlamentar a seu governo, junto com a pequena bancada do PRN (Partido da Reconstrução Nacional) e com os isolados de outros partidos, mesmo os do PMDB (Partido do Movimento Democrático Brasileiro). Em sua avaliação, precisava "restabelecer as pontes com os intelectuais".

O Congresso Nacional funcionava em ritmo vagaroso: das 26 leis complementares à Constituição Federal de 1988, ele tinha aprovado apenas seis. Ao longo de um ano inteiro, o Congresso aprovou um único projeto de lei originário do Poder Executivo (criou crimes na área de distribuição de combustíveis).

A REPÚBLICA BRASILEIRA — 1951–2010

O nepotismo infectava quase todos os parlamentares, vez por outra até quem não se era capaz de imaginar. O apoio do Congresso Nacional foi obtido a elevadíssimo custo, pois, como dissera, tinha sido eleito "contra virtualmente todas as instituições que costumam ser poupadas pelos candidatos".

Além do nepotismo, o Congresso Nacional enchia cada vez mais as vantagens aos parlamentares. Em dezembro de 1991, eles aprovaram projeto de aumento de seus próprios vencimentos, passavam a receber o valor de 150 vezes o salário mínimo do país e mais outras vantagens gratuitas, como residência, carros, motoristas, passagens aéreas, combustível, franquia telefônica, postal etc. etc. Embora o PT (Partido dos Trabalhadores) e parte da bancada do PSDB (Partido da Social Democracia Brasileira) tenham contestado o projeto desse aumento no Supremo Tribunal Federal — STF, por sua inconstitucionalidade, é provável que a justificativa do projeto exposta pelo então presidente da Câmara dos Deputados, Ibsen Pinheiro, trouxesse a renovação que ainda não tinha vindo:

Não posso admitir que um deputado vá almoçar com um banqueiro, de colarinho puído, esperando que o banqueiro pague a conta.[22]

Em abril de 1991, o presidente da República reuniu-se com os governadores do Nordeste e chegou a acordo talvez visando o apoio da bancada nordestina ao seu governo. O apoio ao governo, denominado de "governabilidade" por alguns, representava base político-parlamentar para aprovar no Congresso Nacional os projetos do governo. No Brasil, a procura de "governabilidade" vem acarretando a ampliação dos órgãos do Estado, por meio do aparecimento de novos ministérios (ou seus desmembramentos), de novas repartições, de empresas estatais, com muitos cargos a serem preenchidos, até no Exterior.

Em decorrência desta reunião de abril de 1991, o presidente Collor de Mello liberou, no ato, 196,8 bilhões de cruzeiros aos estados do Nordeste, apressou a rolagem da dívida destes estados, comunicou aos governadores que a Caixa Econômica Federal lhes ofereceria planos especiais, assinou decreto melhorando as condições de financiamento do sistema de incentivos fiscais para o Nordeste e assegurou que a Superintendência do Desenvolvimento do Nordeste — Sudene continuaria aprovando projetos beneficiados pelos incentivos fiscais baseados na isenção do Imposto de Renda.

A renovação inexistiu, pois muitos desses políticos já comandavam, há décadas, o Nordeste e a Sudene não mudara a região. Porém o governador da Bahia, Antônio Carlos Magalhães, após a reunião com o presidente, afirmou em discurso que todos saíam "felizes, alegres e satisfeitos". No fim do governo Collor, um chargista colocou na sua boca: "Nós vamos fazer uma modernização como antigamente..."

Em dezembro de 1991, o Congresso Nacional aprovou uma reforma tributária e adiou o pagamento da dívida de 70 bilhões de dólares, dos Estados e municípios para com o governo central, por 20 anos, dividindo-a em 80 prestações trimestrais, corrigidas por um título emitido pelo governo do país.

De uma parte, o Congresso Nacional endividou ainda mais o Brasil, ao postergar a cobrança da referida dívida de 70 bilhões de dólares dos estados e municípios; de outra parte, foi aprovada uma reforma tributária de emergência, proposta pelo governo Collor, adicionando cerca de 10,5 bilhões de dólares à arrecadação tributária em 1992. Por esta reforma tributária, os poderes executivo e legislativo cooperavam com as negociações do Brasil no Fundo Monetário Internacional — FMI, com o intuito de obter empréstimo dele e, simultaneamente, faziam favor aos governadores, prefeitos e líderes partidários, em especial ao ex-governador de São Paulo, Orestes Quércia, do PMDB. Quando acontecerá reforma tributária para diminuir impostos no Brasil?[23]

Melancólico fim do governo de Fernando Collor de Mello

Em 21 de junho de 1992, o presidente Fernando Collor discursou ao país, declarando: "Chegou a hora de dar um basta! (...) Chega de calúnias, que continuarei a rebater, cada uma, com ações penais". Alguns dias após, em 30 de junho de 1992, o presidente reiterava: "Esta é a terceira vez que venho à televisão e ao rádio para tratar do mesmo assunto. (...) Chega de acusações: aqui estão os fatos, aqui estão os documentos, aqui está a verdade. (...) Sou eu o primeiro interessado no esclarecimento definitivo dos fatos: sou o primeiro interessado na verdade. (...) ... conto com uma equipe ministerial que todos reconhecem como uma das melhores e mais íntegras que o Brasil jamais teve".[24]

Entretanto, os protestos contra o presidente Collor de Mello em agosto de 1992 avolumavam-se, a multidão saía às ruas, a pé ou em desfile de carros, quase sempre vestida de preto, pedindo o fim do seu governo. Jornais da época registraram manifestações populares de 100 mil pessoas (em Brasília), que se repetiram no Rio de Janeiro, em São Paulo, em Santos-SP, em Campinas-SP, em Ribeirão Preto-SP, em São Bernardo do Campo-SP etc. Calculou-se que, na cidade de São Paulo, em setembro de 1992, 650 mil pessoas associaram-se no ato pelo "impeachment" de Fernando Collor de Mello. Reuniu-se uma oposição de inúmeras tendências e interesses, em sua grande parte não expressando modelo de moralidade pública superior ao do presidente. Pelo contrário, havia neste ato políticos até piores do que ele, quanto ao respeito ético com os brasileiros.

Um observador arguto da vida histórico-social do Brasil sabe muito bem que os políticos e os governos fogem de manifestações de rua, especialmente populares, como o diabo da cruz. Rua é para festejar e não para protestar!

Assim é que, em 24 de agosto de 1992, a Comissão Parlamentar Mista de Inquérito (CPI — RQN 52/92) difundiu relatório da apuração dos fatos contidos nas denúncias de Pedro Collor de Mello às atividades de Paulo César Cavalcante Farias (PC Farias), "capazes de configurar ilicitude penal", nos termos do relator, senador Amir Lando. Tal relatório, em conclusão final, alegava:

> (...) Quantias vultosas foram depositadas por correntistas "fantasmas", pessoas inexistentes, com CPFs falsos (**Cadastro de Pessoas Físicas**

— **Ministério da Fazenda — CPF**). Gastos extraordinários foram feitos em pagamentos de despesas pessoais do Senhor Presidente da República, seja para manutenção da Casa da Dinda, sejam em favor de sua ex-mulher, de sua mãe, de sua irmã e de sua esposa e respectiva secretária. (...) Há elementos probatórios suficientemente demonstrativos da formação e administração de contas de "correntistas fantasmas" por parte do Sr. Paulo César Cavalcante Farias em concurso com seus auxiliares. Basta lembrar que os correntistas, ao abrirem suas contas, davam com seu endereço o da empresa EPC, de propriedade do Sr. Paulo César Cavalcante Farias. (...) O Fiat Elba do Presidente da República foi, também, adquirido por cheque administrativo comprado pelo "fantasma" José Carlos Bonfim, tendo sido esse cheque entregue à concessionária de automóveis C. V. P., por ordem da secretária particular do Sr. Presidente da República, pelo motorista Sr. Eriberto França. Aspecto que merece maior relevo foi a tentativa de desvincular o Sr. Presidente da República do "esquema PC", por meio da chamada "Operação Uruguai". (...) Conclui-se, por conseguinte, que o nexo entre o "esquema PC" e o Sr. Presidente da República surge preciso e mantém-se íntegro. Por outro lado, a CPI comprovou largamente que o Sr. Paulo César Cavalcante Farias, fazendo praça de amizade e prestígio junto ao Senhor Presidente da República, obteve vultosas quantias com a venda de serviços inexistentes. (...) **Obviamente, os fatos descritos anteriormente contrariam os princípios gravados na Constituição, sendo incompatíveis com a dignidade, a honra e o decoro do cargo de Chefe de Estado.**[25]

Os efeitos desse relatório da Comissão Parlamentar Mista de Inquérito (CPI), relativo às atividades de Paulo César Cavalcante Farias (PC Farias), correram rápidos e destrutivos ao governo "collorido", pois, em seguida a ele, foi divulgado pelo ministro da Justiça, Célio Borja, um "Comunicado à Nação" em que "os ministros de Estado e secretários de governo afirmam a sua determinação de continuar cumprindo os seus deveres para com o povo brasileiro".

O sentido desse comunicado dos ministros e secretários, publicado em 26 de agosto de 1992, evidenciava a permanência do governo, desvinculada do destino político do presidente da República. Era o retrato do presidente só. O mencionado relatório da CPI foi aprovado pelos seus integrantes, por 16 votos a 5, indicando punições a Collor de Mello, caso acontecesse seu afastamento provocado pelo Congresso Nacional e seu enquadramento em crime comum pelo Supremo Tribunal Federal. Uma vez ocorrido o afastamento e o enquadramento, o relatório da CPI prescrevia quatro punições para o presidente Fernando Collor: perda do mandato, suspensão dos direitos políticos, confisco de bens e ressarcimento ao erário. De outra parte, o mesmo relatório acusava Paulo César Cavalcante Farias (PC Farias) de vários crimes, dentre os quais a corrupção ativa, exploração de prestígio, sonegação fiscal, formação de quadrilha e evasão de divisas.

E mais: tornou-se público o texto jurídico do pedido de "impeachment", a ser entregue ao presidente da Câmara dos Deputados, escrito por vários advogados (Fábio Konder Comparato, Raymundo Faoro e Clóvis Ramalhete), no qual constava:

> O desrespeito popular à pessoa do presidente já ameaça alastrar-se, perigosamente, ao seu alto cargo e ao conjunto das instituições da República. O seu afastamento do cargo [de presidente da República] patenteia-se, portanto, inevitável e urgente, como medida de saneamento político e administrativo, dentro do estrito quadro constitucional.

Assim, Alexandre Barbosa Lima Sobrinho (presidente da ABI — Associação Brasileira de Imprensa) e Marcelo Lavenère Machado (presidente da OAB — presidente do Conselho Federal da Ordem dos Advogados do Brasil), pelo aludido texto jurídico, denunciaram à Câmara dos Deputados:

> o presidente da República, Fernando Collor de Mello, pela prática de crime de responsabilidade indicado no art. 85, V, da Constituição federal (improbidade administrativa), na modalidade específica no art. 9º, alínea 7, da Lei n. 1.079, de 10 de abril de 1950.[26]

Nessas circunstâncias, vários fatores ingressaram na luta pelo afastamento de Collor, mesmo que o presidente da República viesse a público, em outro pronunciamento no dia 30 de agosto de 1992, aduzir que "tenta-se, por todos os meios e modos, passar à população versões inverídicas, maledicentes e totalmente inconsistentes para confundir a opinião pública e pôr em dúvida a conduta de seu presidente".

Um fator importante, sem dúvida, representou a pesquisa Data Folha, feita em São Paulo e publicada igualmente em 30 de agosto de 1992, pela qual o presidente Fernando Collor obtinha 84% de "desaprovação" (76% de "péssimo" e 8% de "ruim"), enquanto a avaliação como "ótimo" mal atingia 1%.

O processo jurídico-político avançou rápido contra o presidente Collor que impetrou no STF (Supremo Tribunal Federal) mandado de segurança, com pedido de liminar, contra ato do presidente da Câmara dos Deputados, contestando o processo de tramitação do pedido de "impeachment". Depois de apreciar o mandado de segurança do presidente da República, o STF decidiu contra ele, ordenando o voto aberto e nominal, em rito sumário, na sessão da Câmara dos Deputados que iria admitir ou não o processo de "impeachment" de Collor. Em 29 de setembro de 1992, a Câmara dos Deputados aprovou a admissibilidade do processo de"impeachment", por 441 votos contra 38, afastando do cargo o presidente.

Em decorrência disso, entrou no exercício do cargo presidencial o vice-presidente, Itamar Augusto Cautiero Franco que, segundo se noticiou, teria garantido aos militares a colocação de tropas nas ruas a fim de assegurar a ordem.[27]

Saneamento moral, confisco das contas bancárias e inflação

No final do governo de José Sarney, mais propriamente em fevereiro de 1990, o Brasil tinha atingido a 6ª posição na história das hiperinflações

A REPÚBLICA BRASILEIRA — 1951-2010

no século XX, mesmo com os conselhos e as providências do ministro da Fazenda, Maílson da Nóbrega. Unicamente, a Hungria, a Grécia, a Alemanha, a Polônia e a China ultrapassaram a hiperinflação brasileira e deve ser observado: são países comumente implicados em guerras.

No Brasil, as taxas mensais médias de inflação alcançaram 53,55% em dezembro de 1989 e 56,11% em janeiro de 1990, projetando-se 67% em fevereiro e 85% em março de 1990. Para ter-se ideia do que essas taxas significavam, o valor do leite pode ser um bom parâmetro, porque é talvez um dos poucos produtos de que o preço pago ao produtor jamais sobe ou desce em demasia, em qualquer situação, um dos culpados da pobreza da pecuária leiteira e de parte expressiva da zona rural. Desse modo, considere-se que o salário-mínimo comprava 492 litros de leite em 1959, contudo ele comprava 199 litros em 1989 e 189 litros em fevereiro de 1990.

No dia seguinte à sua posse, ou seja, no dia 16 de março de 1990, o presidente Collor levou ao conhecimento dos brasileiros um **"pacote econômico"**, o qual deixou de boca aberta até os locutores compelidos ou não, a ler notícias convenientes à sua campanha e vitória eleitorais. Em discurso neste dia, em nome da execução do projeto de reconstrução nacional, Collor de Mello ressaltou:

> ... **Meu programa econômico parte do princípio de que antes de tudo precisamos de uma reforma moral na área econômica.** Governos conviviam serenamente com a sonegação e a corrupção. Empresários parasitas e burocratas relapsos, ainda que minoria, davam o tom em gestões anteriores. Tudo isso vai acabar já.
>
> Por isso, determinei hoje as seguintes medidas de **saneamento moral**:
>
> 1. Abuso econômico passa a dar até 5 anos de cadeia neste país. Esconder mercadorias, exagerar nos preços, iludir o consumidor, levará para atrás das grades o gerente, o diretor e o dono da empresa.
>
> 2. O funcionário público que participar de atos lesivos ao fisco será demitido e será preso.
>
> 3. Extinção de todas as mordomias, pagamentos disfarçados de salários, etc.

4. O anonimato da riqueza escusa, conseguida com sonegação, está extinto. Acabaram os títulos ao portador e o sigilo protetor até de criminosos.

5. As grandes fortunas passarão a pagar sua contribuição para sanear o País.

6. Os ganhos de capital, obtidos nas Bolsas de Valores, passam a ser tributados, encerrando assim uma odiosa discriminação: o assalariado pagava imposto de renda sobre seu salário de fome e o patrão obtinha seus ganhos especulativos sem recolher um centavo aos cofres da União.

Estas medidas já estão tomadas.

(...) Não há como derrubar a inflação se o governo gastar mais do que arrecada. Portanto, adotamos as seguintes medidas:

1 — execução de uma profunda reforma administrativa envolvendo afastamento de maus funcionários, fechamento de ministérios, autarquias e empresas públicas;

2 — suspensão de todos os subsídios, incluídos os dos exportadores e da informática;

3 — incorporação da renda agrícola à base de tributação da União, para fortalecer o sistema de financiamento do setor agropecuário;

4 — redução drástica na perda de receita tributária, pela indexação quase que instantânea dos impostos devidos à União e atualização de alíquotas do IPI (Imposto Sobre Produtos Industrializados);

5 — reajuste de preços públicos defasados.

O terceiro bloco de medidas que estamos implantando busca modernizar nossa economia, a exemplo do que vem ocorrendo no resto do mundo. O reconhecimento de que a livre iniciativa é a única via para um crescimento sustentado e progressista.

(...) Nesta direção, estamos determinando:

1 — a flutuação cambial sob controle do governo;

2 — redução das barreiras à importação e estímulo à participação estrangeiro no desenvolvimento nacional;

3 — um ambicioso programa de desestatização;

4 — privatização de débitos para com a União, através de leilões a indivíduos interessados em receber dívidas atrasadas do Governo Federal;

5 — criação de certificados de privatização, instrumentos de viabilização rápida do processo de desestatização que serão adquiridos compulsoriamente por instituições financeiras, fundos de pensão, companhias seguradoras, etc.[28]

Os planos anti-inflacionários anteriores, introduzidos pela ditadura militar, depois os planos do governo de José Sarney e este chamado "plano Collor" geraram a "cultura do plano", um modo de vida inspirado na esperança do próximo "pacote econômico". Criava-se a alternância de acessos coletivos de excitação psíquica seguida de depressão psíquica, uma psicose maníaco-depressiva em parte da população brasileira. Na verdade, a moeda no Brasil já passara por diversas denominações: em 1942, instituiu-se o Cruzeiro como a terceira moeda mais forte do mundo; em 1967, a inflação levou-a a trocar de nome, por Cruzeiro Novo, retornando outra vez a Cruzeiro. Porém após 1986 a moeda do país recebeu as designações de Cruzado, de Cruzado Novo e, com o "pacote econômico" de Collor, regressou novamente o Cruzeiro.

O "pacote" econômico-financeiro do princípio do governo Collor de Mello, em 1990, tocou diretamente na moeda. O dinheiro rareou e só 50 mil cruzados novos poderiam ser sacados como cruzeiros, enquanto o resto da moeda depositado em bancos e em outras instituições financeiras prosseguiria como cruzado novo, congelado por um ano e meio. Por conseguinte, foram controlados salários, preços, aplicações financeiras (incluindo as cadernetas de poupança), dívidas, a troca de moedas (câmbio) etc.

De maneira geral, a renda da sociedade (e é claro, o dinheiro dos aplicadores) foi transferida compulsoriamente ao governo federal. No entanto, para a ministra da Economia, Zélia Cardoso de Mello, buscava-se sanear o Estado, conforme suas palavras:

> O objetivo é sanear o Estado, equilibrar as contas do Estado. (...) Quem tinha no depósito a vista 50 mil cruzados pode ir ao banco e sacar, se quiser 50 mil cruzeiros. O que excede isso fica depositado junto ao

Banco Central, sob a titularidade da pessoa física ou pessoa jurídica em forma de cruzados novos e será convertido em cruzeiros após 18 meses ao par. Durante esses 18 meses os depósitos em cruzados novos recebem correção monetária mais juros de 6%. (...) Até 1º de abril a política salarial será mantida. A partir daí montamos um novo sistema, através do qual vão se definir preços e salários.[29]

Numa parte, empresários amofinavam-se pela possível diminuição da atividade econômica, encurtando seus lucros. Na outra parte se instalou a desalentadora insegurança nos assalariados e poupadores que eram os mais lesados e indefesos, mesmo porque, em razão do plano Collor, os preços de combustíveis, dos serviços postais e telegráficos, de energia elétrica, das linhas e serviços telefônicos, do álcool, do açúcar e de outras tarifas públicas, tiveram aumento variável de 32,1% a 83,5%.

Nesse momento, o presidente do Banco Central da República, Ibrahim Eris, procurou explicar o congelamento dos depósitos superiores a 50 mil cruzados novos nas cadernetas de poupança, e também as finalidades das medidas tomadas no "pacote" econômico-financeiro do presidente Collor:

Na verdade — dizia Eris —, 90% das cadernetas tem saldo menor que 50 mil cruzados novos. Então, essa medida sobre as cadernetas, por exemplo, **somente atinge a 10% da população**. (...) Nós estamos tomando medidas para **debelar a inflação**. No momento em que tivermos sucesso com esse objetivo, o nosso objetivo passa a ser o crescimento com justiça social.[30]

Observe-se que os 10% dos portadores de caderneta de poupança eram assalariados que guardavam suas reservas monetárias para construir ou comprar sua casa própria, para iniciar ou manter seu pequeno negócio, para garantir seu tratamento na doença, enfim para ter aposentadoria melhor na velhice.

A REPÚBLICA BRASILEIRA — 1951–2010

Transcorrido um mês da aplicação do plano Collor, ou seja, em abril de 1990, o salário mínimo registrava no Brasil o menor poder de compra de sua história, pois equivalia a 25,43% do que correspondia, no início, em julho de 1940. Um líder comunitário da favela da Rocinha, na cidade do Rio de Janeiro-RJ, disse ao *Time*, de Nova York:

... os preços continuam subindo e os salários são os mesmos.

A audácia governamental inspirou dois planos Collor. O primeiro plano Collor, de 16 de março de 1990, reduziu os saques às cadernetas de poupança, contas correntes e aplicações a 50 mil cruzados novos. O segundo plano Collor, de 31 de janeiro de 1991, congelou os preços e desindexou a economia.

O Brasil achava-se entre as 10 maiores economias capitalistas e, ao mesmo tempo, tinha um dos salários mínimos com menor poder aquisitivo do mundo. Em abril de 1991, uma pesquisa do *InformEstado* mostrava que, na cidade de São Paulo, 62% dos paulistanos criam na piora de sua situação financeira, 66% deles cortaram gastos com alimentação e 59% pensavam em vender bens para sobreviver. Comparando o período de janeiro a agosto de 1990 com igual período de 1991, constatou-se que a massa de salários diminuiu 9,7%, indicando rápido empobrecimento dos assalariados.

Quem vivia do trabalho, qualificado ou não, defrontou a falta de poder aquisitivo do salário, o aperto no pagamento das despesas do orçamento doméstico e a ampliação do desemprego. Obedecendo à política econômica ortodoxa da cartilha do FMI — Fundo Monetário Internacional, com a finalidade de conter a alta dos preços, impôs-se ao Brasil uma das mais agudas recessões de sua história.

De março de 1990 a fevereiro de 1992, foram fechadas 402 mil vagas na indústria paulista. Conforme o IBGE — Instituto Brasileiro de Geografia e Estatística, o ano de 1991, portanto, no governo Collor, o desemprego foi o maior dos últimos quatro anos. Em 1991, das 500 maiores empresas no Brasil, 249 delas terminaram o ano com prejuízo.

Considere-se, por exemplo, as contas em atraso:

1º) Telefone:

De julho a setembro de 1991 (três meses), 26,9% das pessoas atrasaram suas contas na cidade de São Paulo.

2º) Energia elétrica:

De junho a setembro de 1991 (quatro meses), 10% a 12% das pessoas deixaram de pagar, em cada mês, a conta de luz.

3º) Escola:

Durante o ano de 1991, em média 18% dos estudantes paulistas estavam atrasando ou não pagando as mensalidades escolares.

4º) Cartão de crédito:

A principal administradora de cartões de crédito, na ocasião, indicava a inadimplência de 3,56% dos seus possuidores em setembro e de 3,62% deles em outubro de 1991.

5º) Cheque especial:

Em razão do salário não liquidar todas as despesas mensais, ultrapassavam-se mais comumente os limites do cheque especial, apesar das elevadas taxas cobradas pelos bancos, entre 35% a 40% ao mês.

Nos meses seguintes ao "pacote" do governo "collorido", a inflação foi de 84,32% em março de 1990 a 7,87% em maio, subindo a 12,92% em julho. Todavia, no final do governo Collor, o Índice Geral de Preços do Mercado (IGP-M) elevou-se a 24,63% em agosto e a 25,27% em setembro de 1992.

Porém, em julho de 1991, comprovou-se que em 1990 o Brasil tinha pago 1 bilhão e quatrocentos e oitenta milhões de dólares ao Banco Mundial — Bird, e ao Banco Interamericano de Desenvolvimento — BID, evidenciando que o país estava remetendo aos principais bancos internacionais mais dinheiro do que recebia deles. Na realidade, o Brasil pagava a tais bancos por obras inacabadas ou por

A REPÚBLICA BRASILEIRA — 1951-2010

projetos incompletos. Logo, pagava por não utilizar os recursos vindos do Exterior na data estabelecida nos contratos. O crescente envio de pagamento de empréstimo ao Banco Interamericano de Desenvolvimento começou em 1987. Com relação ao Banco Mundial, a situação não parecia ser muito diferente.

A gestão de Fernando Collor de Mello trouxe novo modelo econômico, liberando as importações, abaixando tarifas de produtos importados, estimulando a importação e a competição no mercado econômico. A abertura do mercado brasileiro às empresas internacionais surtiu anêmicos resultados, pois o Brasil não pagou os juros de médio e longo prazo da dívida externa com bancos particulares, não obtendo novos empréstimos deles, até concluir acordo com o Fundo Monetário Internacional. Em 29 de janeiro de 1992, este Fundo admitiu um acordo com o Brasil, ao aceitar a Carta de Intenção do país, depois de entendimentos principiados em setembro de 1990 e realizada a reforma tributária de dezembro de 1991, aumentando a arrecadação de impostos em 10,5 bilhões de dólares.

O ministro da Economia, Marcílio Marques Moreira, explanou os efeitos positivos do acordo com o FMI na economia brasileira:

> Depois de 12 anos, os brasileiros poderão sair das dificuldades, pois nesse período não houve crescimento da renda per capita. Agora, teremos uma chance de sair desta situação e, dentro de alguns trimestres, poderemos ter uma recuperação. (...) Não teremos incentivos, mas uma intensa priorização de programas de educação, como os Ciacs, a ciência e tecnologia e o apoio à criança. Esses setores terão os recursos necessários. O bolo tem que ser muito controlado porque as receitas são escassas.

Ainda no final de janeiro de 1992 o ministro Marcílio Marques Moreira deu início às negociações com os países do Clube da Paris, com quem o Brasil tinha dívida de 20 bilhões de dólares, 8,4 bilhões deles com pagamentos atrasados. Segundo o ministro, quanto ao Clube de Paris, "a solução para o Brasil será via alongamento dos prazos, entre 15 e 20 anos". Em 9 de julho de 1992, o presidente anunciou o acordo da dívida com os bancos privados do Exterior.[31]

O governo Collor de Mello deu início ao denominado "processo de privatização", sob a alegação de que acontecera a "falência fiscal do Estado brasileiro", sequer sem investigar as origens da histórica e constante dívida interna e externa brasileira, sequer sem julgar e condenar políticos e administradores desonestos e temerários, responsáveis pela permanente bancarrota do país.

A privatização, nas palavras do jornal *O Estado de S.Paulo*, "está se aperfeiçoando. Na fase inicial, assistimos a uma privatização sob suspeita, diante da excessiva participação de fundações ligadas a empresas estatais. Agora, são realmente as empresas privadas que assumem suas responsabilidades com a preocupação de reduzir a presença do Estado na economia e investir. (...) O processo está em marcha, mas só chegará plenamente ao seu objetivo quando houver participação estrangeira".[32]

A gestão de Collor, desde outubro de 1991, passou 17 empresas do Estado ao controle a compradores particulares mediante leilão público, pelo valor de 3,4 bilhões de dólares (ou seja, 21,3 trilhões de cruzeiros da época). Entretanto, diga-se logo, a venda destas 17 empresas estatais praticamente não gerou dinheiro para os caixas do governo "collorido", porque foi permitido por ele o uso de dinheiro "podre" (como se denominou nessa época), isto é, pagamento no leilão com títulos da dívida pública e outros papéis, sem valor no mercado por serem velhos, até do começo do século XX.

Doutrinava pacientemente o ministro da Economia, Marcílio Marques Moreira:

> Na democracia recém-conquistada, a injustiça social atenta contra a própria estabilidade democrática e o intervencionismo estatal negava, no plano econômico, aquilo que se lograra conquistar no plano político. (...) A superação desse processo perverso converge para uma prioridade incontornável: **redefinir o papel do Estado brasileiro**. (...) Mês

após mês temos obtido superávits de caixa no Tesouro e as autoridades monetárias não omitem um só título ou um só cruzeiro para financiar o gasto público. É uma postura coerente com o compromisso que o governo assumiu perante a sociedade: gastar apenas o que arrecada.[33]

Decerto, houve renovação no período governamental de Fernando Collor de Mello, particularmente na formulação e na execução de certos aspectos da política econômica.[34]

Legado do governo de Fernando Collor de Mello

Educação

Em 1991, na tribuna do Congresso Nacional, o deputado Florestan Fernandes apresentou um projeto geral para a educação:

> Devemos ver... o caminho que temos de seguir, e não o drama das estatísticas, a revelarem que nos mantemos como um País de terceira categoria até na América Latina. É, portanto, uma tese equivocada a de dar prioridade a um setor do ensino. **Temos de priorizar a educação escolar, a pesquisa pura e aplicada, o ensino fundamental, médio e superior, a formação de cientistas e o aproveitamento dos talentos. O problema, portanto, é global e não permite que se separe um aspecto da educação de outro**.
> (...) O que faz com que não sejamos uma nação é o fato de não termos criado um sistema de educação integrada altamente desenvolvido e capaz de nos fazer conquistar uma posição diferente desta que ocupamos na periferia e na América Latina.[35]

O governo de Fernando Collor de Mello herdou do presidente José Sarney, primeiro governo da "Nova República", situação desesperadora na Economia, como ainda condições excessivamente desalentadoras no campo da Política Social.

Em 1990, os professores da rede estadual de ensino de São Paulo possuíam, em termos reais, um quarto do salário recebido em 1964. A perda do poder aquisitivo dos professores paulistas intensificou-se no governo de Paulo Maluf, iniciado em 1979.

De modo geral, a deterioração dos salários docentes vinha dos idos da década de 1960, sobretudo do substitutivo do deputado Carlos Lacerda, transformado em Lei de Diretrizes e Bases da Educação Nacional (1ª LDB — Lei n. 4.024/1961). Tal deterioração salarial ficou muito mais inquietante com o aumento do número de escolas e de professores contratados pelo menor salário possível (independente de sua capacidade profissional), chegando mesmo àquela pergunta: "Além de dar aula, o que você faz mais na vida"?

Desde a década de 1960, desapareceu o prestígio do professor das décadas anteriores. O resultado desta derrota da sociedade brasileira reproduziu-se na rotina das greves anuais nas escolas públicas (quase sempre não compreendidas pelos pais e pela sociedade), onde, por sinal, se pode fazer greve e não ser demitido como sucede nas escolas particulares, igualmente muito responsáveis pela desvalorização do professor.

Com o crescimento do número de escolas e o desprestígio do docente, a maioria dos professores das redes estadual e municipal se formava e se forma em faculdades particulares de baixa qualidade, e/ou em cursos vagos de fim de semana. Em 1990, unicamente 7% dos professores da rede estadual de ensino de São Paulo se formavam em faculdades públicas.

As greves anuais nas escolas públicas em busca de melhores salários e melhores condições de trabalho, por si só, dão os retratos verdadeiros dos governadores estaduais e dos prefeitos municipais, indicados ou eleitos.

Um exemplo: no governo de Orestes Quércia em São Paulo, o estado mais desenvolvido do país, se verificou, em 1989, que 12 mil alunos de 64 escolas da rede estadual não concluíram o programa mínimo de disciplinas por falta de professores. Além disto, as salas de professores em muitas escolas transformaram-se em bazar, com vendas de mel, salgadinho, roupa e joia. Em 1990, o governo de Orestes Quércia pagava um salário aos professores da rede estadual cujo valor constituía o 16° salário em comparação com o de outros estados. Já em 1991, o sucessor e apadrinhado político de Orestes Quércia no estado de São Paulo, o governador Luiz Antônio Fleury Filho, gastou em seu 1° ano de administração mais em publicidade do que em educação. Veja-se: em publicidade, o governo Fleury despendeu o equivalente a 109,9 milhões de dólares (aumentou 23,5% em relação a 1990, último ano do governo Quércia) e em educação o governador cortou gastos, em vez de receber 12,2% dos recursos estaduais, o setor educacional recebeu 10,9%.

A Associação dos Professores do Estado do Piauí — Apep, em 1990, preparava ação contra 110 das 118 prefeituras do estado, por pagarem salários inferiores ao salário mínimo fixado pelo governo federal. De acordo com a Apep, a maioria dos professores das redes municipais não possuía vínculo empregatício com as prefeituras e o pagamento dos salários somente era comprovado pelo recibo carimbado pelo prefeito.

Não obstante esse penoso quadro profissional do professor no Brasil, o presidente Collor de Mello colocava "em primeiro lugar, as crianças", em sua fala durante a inauguração do Centro Integrado de Apoio à Criança de Vila Paranoá, em Brasília:

> Mais de quatro séculos nos separam da pequena escola de José de Anchieta, no Litoral Paulista... Quase 500 anos de transformações sociais, de conquistas de todo tipo, não bastaram para que pudéssemos mudar completamente o modelo da humilde escola de ler e de escrever, ainda existente em muitos pontos de nosso país...
> Mas não podemos, e não devemos esperar a superação definitiva desses problemas para enfrentarmos a grave situação de nossas crianças e adolescentes. (...) É o que expressa o artigo 227 de nossa Constituição, assegurando-lhes absoluta prioridade. É isso, minha gente, é o que

estamos fazendo aqui, na Vila Paranoá, como marco de um grande e permanente mutirão em nível nacional.

(...) Assim, podemos afirmar que nunca houve algo semelhante aos Ciacs (Centros Integrados de Atendimento à Criança) em termos do alcance nacional que esta iniciativa haverá de ter. (...) Mais que tudo, reafirmamos o nosso propósito de, seguindo a determinação constitucional, dar absoluta prioridade à criança.[36]

Porém, em 1992, após os ministros José Goldemberg e Carlos Chiarelli, assumiu o ministério da Educação Eraldo Tinoco, que em sua primeira entrevista aspirava a "permanecer até o final do governo", o que não era para menos, pois em pouco mais de dois anos de administração "collorida" figurava como o terceiro ministro. Para o ministro Tinoco, as "diretrizes" governamentais para a educação iniciavam-se na qualidade do ensino, englobando ainda o crédito educativo, a merenda escolar e a aquisição de livros didáticos. Nada havia de mais específico e menos assistencial.

Na verdade, das 5 mil escolas previstas no projeto dos Ciacs, da gestão Collor, somente 200 deveriam funcionar em 1993, quando ele não mais exercia a presidência da República. Os Ciacs nasceram de uma inspiração oriunda dos Cieps — Centros Integrados de Educação Pública. Estes, passados sete anos de sua criação pelo governador Leonel Brizola, no estado do Rio de Janeiro, ainda não mostravam os resultados prometidos, pois não solucionaram a evasão e a repetência dos alunos.

Uma pesquisa aplicada, em 1991-1992, aos 41 mil horistas da montadora (Autolatina) dos veículos Volkswagen e Ford, concluiu que um em cada dois operários não completou a oitava série do ensino de primeiro grau; em cada dez operários, pelo menos um sequer chegou ao quarto ano escolar.

Nesses mesmos anos, avaliação feita pela Fundação Carlos Chagas sobre o conhecimento dos estudantes nas escolas públicas brasileiras de 1º e 2º graus, relatava que, na 7ª série, o estudante sabia só

A REPÚBLICA BRASILEIRA — 1951–2010   495

30% do currículo exigido de matemática e 40% do currículo de português. De igual forma, tal Fundação apontava que o desempenho dos alunos das escolas públicas pouco diferia do desempenho dos alunos das escolas particulares.

Sobre as mensalidades escolares, a Fundação Instituto de Pesquisas Econômicas — Fipe observava que elas subiram 360,7% de dezembro de 1990 a outubro de 1991, bem acima dos 261,5% do ICV — Índice Geral do Custo de Vida, no período. A vice-presidente do Sindicato dos Professores de São Paulo, representante dos professores da rede particular de ensino no estado, achava impossível a fiscalização pelos pais dos gastos no ensino particular. Dizia ela: "As escolas inventam despesas que não têm".[37]

Finalmente se deve advertir que, ao longo do governo Collor, permaneceu inalterado o quadro preexistente: o aumento da escolarização não diminuiu a repetência dos alunos.

Nos anos de 1980, em diferentes níveis de renda, mais alunos ingressaram nas escolas. Todavia, a elevação da quantidade não significou elevação de qualidade. Pelo contrário, de modo geral a qualidade do ensino piorou, não porque cresceu o número de alunos nas escolas (o que é essencial), mas porque não cresceram os recursos materiais e humanos da melhor qualidade.

Só no âmbito da demagogia generalizada se falou e se fala em melhor educação. Na realidade, aconteceu a perda de 65% dos alunos matriculados na década de 1980, devido a evasões e repetências. Ainda de acordo com o Sistema de Informações sobre Crianças e Adolescentes — Sinca, o alto índice de evasão e repetência escolares explicava-se pela ausência de condições socioeconômicas para os alunos ficarem na escola, secundada por outros motivos como mudanças de domicílio; início precoce de crianças e adolescentes no mercado de trabalho; inadequação da escola à origem social predominante dos alunos; e avaliações discriminatórias dos alunos pobres.

*

No que diz respeito ao ensino superior, em março de 1990 (portanto, no princípio da gestão de Fernando Collor de Mello), **as instituições públicas federais, estaduais e municipais possuíam 33,03% das vagas oferecidas no Brasil**. De sua parte, **as instituições particulares de ensino cobriam 66,97% destas vagas**, demonstrando que sua expansão acelerada desde a década de 1970 tivera muito êxito.

O Instituto de Planejamento Econômico e Social — Ipea, ligado à Secretaria do Planejamento da Presidência da República, em seu estudo denominado *Ensino Superior, Perspectivas para a Década de 90*, interpretava esse crescimento das instituições privadas no ensino superior **como resultado da aplicação da"estratégia empresarial"de recorrer quase sempre ao aluno trabalhador, nos cursos noturnos, primordialmente em algumas ciências humanas — direito, pedagogia e administração —, que exigiam baixíssimo investimento.**

O aludido estudo divulgado em março de 1990 afirmava que, dos 121.200 professores do ensino superior brasileiro, somente 12,6% possuíam título de doutor; 21,20% o título de mestre e 66,2% a graduação ou a especialização. Considere-se que tal situação se torna pior em razão da distribuição regional dos professores.

Inaugurava-se, nessa época, nas instituições de ensino superior o largo investimento imobiliário, no qual sobressaiam tijolo, cimento, argamassa na construção de mais salas de aula, cheias de carteiras para os alunos, lousa, mesa pequena e cadeira para o professor, cujos atributos imprescindíveis deveriam consistir em excelente voz e muita saliva, a fim de falar qualquer coisa. Tal era o "mundo universitário" no qual se formavam, por exemplo, professores: pelo citado estudo do Ipea, publicado em 1990, entre os professores de 1º e 2º graus, 60% vinham de cursos noturnos de instituições particulares de ensino. Das três linhas de ação recomendadas pelo Ipea para o ensino superior, a expansão e o financiamento sucederam de fato, porém muito pouco se fez no controle da qualidade de ensino.

Mesmo com baixo padrão de ensino, o desejo de conseguir sucesso (e não conhecimento) com um diploma universitário estimulou o número de matrículas em faculdades particulares, indo de 41 mil em 1960, para 918 mil em 1988, as quais na maioria das vezes permitiam mais tempo disponível aos alunos. Talvez, o crescimento do ensino privado tenha sido o fator dominante no aumento do número de alunos em programas de mestrado e de doutorado entre 1985 e 1990, estimado pelo Ministério da Educação em 30%.

A entrevista do deputado Florestan Fernandes em 1992, a respeito da crise da universidade, esclarecia sucintamente a situação nela existente:

> Vamos falar das causas recentes: o foco principal delas é a intervenção desastrada da ditadura militar na vida universitária brasileira. **A reforma universitária, por exemplo, burocratizou a carreira docente, a vida interna da universidade.** A redução dos investimentos no ensino superior e na pesquisa limitou o espaço histórico da universidade. (...) **E, neste cenário de desastre, o setor privado se expandiu: surgiram empresários na área da educação, e a expansão do ensino superior se fez através da grande empresa, da universidade privada, descomprometida com a pesquisa pura (e de ponta), ou com a pesquisa aplicada,** indispensáveis para acelerar o desenvolvimento econômico.[38]

Meio Ambiente

Em 3 de junho de 1992, aconteceu no Rio de Janeiro a abertura da Conferência das Nações Unidas para o Meio Ambiente e Desenvolvimento (Rio-92). Segundo as notícias, foi até então a maior conferência internacional de todos os tempos. Em meio a muitas divergências e negociações diplomáticas, discutiram-se tópicos, entre outros, como a despoluição do Rio Tietê, planejamento familiar, novo contrato social internacional, convenção de clima etc.

O presidente Collor de Mello discursou no início da Conferência e disse que ela seria "um marco na história da Humanidade";

que, ao fim dela, o mundo seria outro e que o tema do meio ambiente derivava da era de democracia e liberdade em que vivemos, acrescentando:

> Como tenho dito, não podemos ter um planeta ambientalmente sadio num mundo socialmente injusto. (...) Em síntese, queremos realizar de forma harmoniosa as aspirações combinadas na expressão "desenvolvimento sustentável", conceito-chave em torno do qual podem e devem reunir-se ricos e pobres, grandes e pequenos, para que todos possamos prosperar e diminuir as distâncias que ainda nos separam.

A Conferência das Nações Unidas para o Meio Ambiente e Desenvolvimento (Rio-92) produziu alguns documentos importantes: a Agenda 21, a Convenção de Mudanças Climáticas, a Convenção sobre Biodiversidade e a Declaração do Rio. A Agência 21 definiu as ações concretas a serem adotadas mundialmente para a preservação do ambiente, transferências de recursos e de tecnologias. A Convenção de Mudanças Climáticas estabeleceu programas de proteção da atmosfera, com a finalidade de diminuir a emissão de gases, embora os Estados Unidos da América, os maiores poluidores no momento, não permitissem a fixação de limites para a emissão destes gases. A Convenção sobre Biodiversidade buscava a preservação das espécies vivas, sobretudo aquelas em extinção. A Declaração do Rio apresentou 27 princípios ecológicos.

Nenhum destes documentos expôs consenso entre os países participantes da Conferência Rio-92; as principais divergências deram-se quase sempre entre países ricos e pobres. Em sua fala no dia 12 de junho de 1992, o presidente dos Estados Unidos, George Bush, negou-se a assinar a Convenção sobre Biodiversidade, alegando:

> Viemos ao Rio preparados para dar prosseguimento aos esforços sem paralelo de preservação das espécies e de seu habitat. E, permitam que eu seja claro: nossos esforços para proteger a própria

biodiversidade excederão — excederão — os requisitos do tratado. Todavia, esse proposto tratado ameaça retardar a biotecnologia e minar a proteção de ideias. (...) Têm havido algumas críticas sobre os EUA. Mas eu devo dizer aos senhores que viemos ao Rio orgulhosos do que já realizamos e comprometidos com a expansão do recorde de liderança norte-americana na área ambiental. Temos, nos Estados Unidos, os mais rigorosos padrões mundiais de qualidade do ar, no que se refere a automóveis e fábricas, as mais avançadas leis de proteção a terras e águas, e os processos mais abertos de participação pública.

A respeito da Rio-92, o governo brasileiro oscilou entre o bom e o ruim, ao menos de acordo com as palavras de ministros: o ministro da Economia, Marcílio Marques Moreira, dizia que os recursos são "uma demonstração de que é possível levantar verbas para projetos de preservação", ao passo que o ministro da Educação e secretário nacional de Meio Ambiente, José Goldemberg, declarou que *"o Itamaraty esta[va] comemorando uma vitória de Pirro"*.[39]

Alimentação

Realizada em 1989 e divulgada em 1990 pelo Ministério da Saúde, pesquisa do Instituto Nacional de Alimentação e Nutrição — Inan demonstrou que 25% dos brasileiros podem ser tecnicamente avaliados *nanicos*.

Ainda demonstrou que a altura do homem jovem brasileiro equivalia à altura de um menino norte-americano de 15 anos e a mulher a de uma menina norte-americana de 12 anos. Levando em conta a renda domiciliar "per capita", na zona rural do Nordeste os meninos brasileiros apresentaram a perda de 17 centímetros de altura ao serem comparados aos meninos norte-americanos. Na aludida pesquisa, *verificou-se que a diferença de altura entre brasileiros e norte-*

-americanos aumentava com o tempo. Os bebês brasileiros tinham, em média, comprimento igual, ou superior, ao dos norte-americanos, porém, ao completarem 1 ano, os bebês brasileiros já ficavam aproximadamente 2 centímetros mais baixos que os norte-americanos.

O fator mais importante na inferioridade dos brasileiros perante os norte-americanos (medida de referência da Organização Mundial de saúde — OMS), era a carência nutricional, segundo a mesma pesquisa.

> No primeiro ano do governo Collor de Mello, o jornalista Jânio de Freitas apontou os dados de uma pesquisa realizada por um órgão, também do governo, que ostenta o nome atualmente muito impróprio de Instituto Nacional de Alimentação e Nutrição. Três das conclusões da pesquisa bastam aqui: **a cada dois minutos morre uma criança brasileira com menos de três meses** — por desnutrição, que é o nome academicamente higiênico da fome; **em áreas do Nordeste, 200 crianças em cada mil nascidas morrem antes de 1 ano de vida** — por desnutrição; **pelo menos 4,3 milhões de crianças entre 7 e 14 anos não frequentam escolas — perambulam pelas cidades**, em busca de algum modo de obter comida.[40]

Se bem que em 1990 o governo federal sustentasse 5 programas de apoio nutricional, gerenciados pelos Ministérios da Saúde, Ação Social e Trabalho, Forças Armadas e Fundação de Assistência ao Estudante (FAE), o ministro Alceni Guerra, da Saúde, ressalvava que os programas governamentais de alimentação e nutrição tinham distribuído verbas "aleatoriamente".

O espetáculo de aflição, que desobriga outras palavras e dados, é exposto, pelo deputado Florestan Fernandes:

> Atingimos o limite de nossa desumanidade. As pessoas carentes ou miseráveis, por seu excedente demográfico gigantesco, **possuem filhos que valem menos que animais domésticos e são excluídos da natureza e da civilização**.[41]

A REPÚBLICA BRASILEIRA — 1951-2010   501

Criança e adolescente

Há quem diga que a criança brasileira sofre violação de seus direitos por amadurecer precocemente. Também pudera! Em 1990, perto de 14 dias para entrar em vigor o Estatuto da Criança e do Adolescente — ECA, existiam 64 milhões deles no Brasil, nas seguintes condições: 44% destas crianças e adolescentes até 14 anos (isto é: 28,16 milhões) viviam em famílias com renda "per capita" de até meio salário mínimo. Dentre os jovens de 10 a 14 anos, 51% morriam de violência e, no caso dos jovens de 12 a 17 anos, o percentual subia a 66% das mortes. Dos 3 milhões de abortos clandestinos praticados por ano no Brasil, calculava-se que um terço eram de mães adolescentes. Fechando este trágico espetáculo da criança e do adolescente em 1990, assinale-se que 11% da população economicamente ativa no país compunha-se de crianças e de adolescentes.

No fim de setembro de 1990, ocorreu o Primeiro Encontro Mundial pela Criança, na sede da Organização das Nações Unidas (ONU), com a presença de 71 chefes de governo. Neste Encontro, o Banco Mundial e outras instituições regionais de desenvolvimento prometeram aumentar substancialmente a assistência às crianças pobres de todos os países do mundo.

O jornal *O Estado de S.Paulo* contou a vida de alguns adolescentes trabalhadores, por exemplo: "... Josinaldo..., de 15 anos, ... cuida de uma barraca de doces no centro da cidade [São Paulo]. Seu dinheiro vai para as mãos da tia, que afirma estar guardando para quando o menino voltar para a casa da mãe, no interior do Piauí. Há um ano longe da família, Josinaldo costuma chorar à noite, depois de terminado o trabalho. Ele tem vergonha de dizer que não frequenta a escola".[42]

Um relatório da Polícia Federal de 1991 indicava que no ano de 1990 (o primeiro ano do governo Collor) aconteceram 918 mortes de crianças e adolescentes em São Paulo e 492 no Rio de Janeiro, totalizando 1410 mortes. Só nestas duas cidades.

Além disto, para o relatório da Polícia Federal, havia 7 milhões de deficientes físicos e mentais, vítimas de maus-tratos, mutilados em acidentes de trabalho ou mortos pela violência das grandes cidades. Em 1992, na cidade de São Paulo, as pesquisas apontaram novo aspecto: os adolescentes assassinados eram na maior parte trabalhadores e não tinham envolvimento com drogas.

*

Outro relatório da Associação de Planejamento, Pesquisa e Análise do Departamento de Ordem Política (Appa — Dops), da Polícia Federal, revela que o tráfico de crianças no Brasil chegava a 3 mil por ano, ao passo que apenas 1.550 crianças foram adotadas legalmente por estrangeiros. O tráfico de crianças dava-se na época para a Itália (50%), França (30%), Estados Unidos (6%), Israel (4%), Bélgica (3%), Holanda (2,5%), Suécia (2,3%), Alemanha (2,2%).

O tráfico de crianças no Brasil gerava quantias de US$ 8 mil a US$ 20 mil dólares, tendo maiores cotações "as crianças brancas e de olhos claros".[43]

*

O jornal *La Nación*, de Buenos Aires, divulgou na Argentina, em fevereiro de 1992, a realidade do tráfico de mulheres, de moças e do turismo sexual no Brasil. Noticiava este jornal que a Polícia Militar no país começou a operação para resgatar centenas de adolescentes mantidas como escravas e obrigadas a prostituir-se no Norte e Nordeste, pelo "tráfico de brancas".[44]

Convencidos de que estavam menos expostos à doença, os turistas sexuais exigem parceiros cada vez mais "puros", isto é, crianças de até cinco ou seis anos, como se dava na Tailândia e no Sri Lanka. Nos países da região, milhares de crianças dos dois sexos eram ven-

A REPÚBLICA BRASILEIRA — 1951–2010

didas pelos pais de US$ 20 (vinte dólares) a US 100 (cem dólares), em troca de uma promessa de trabalho. A jornalista suíça Maya Krell informava: "Sabemos que no Brasil, especialmente no Norte, as meninas abandonadas começam vendando balas e depois de alguns meses acabam caindo na prostituição para sobreviver".

Ainda em 1992, o Ministério das Relações Exteriores (Itamaraty) começou a receber manifestações de denúncia dos países europeus contra as notícias de escravidão e prostituição de meninas no Brasil. Estes crimes praticados contra crianças e adolescentes brasileiras estiveram na pauta do Conselho de Direitos Humanos da ONU — Organização das Nações Unidas, em Genebra.

Saúde Pública

Deve-se lembrar que a complicada situação da Saúde Pública se arrastou e se agravou a cada governo.

Uma publicação de janeiro de 1990, em comparação com outros países, deu ao Brasil o 1° lugar nas seguintes doenças: esquistossomose (6 milhões de casos); Chagas (5 milhões de casos); malária, dengue e hanseníase (500 mil casos em cada uma delas), algumas delas como a malária e a esquistossomose já extintas em outros lugares. O IBGE — Instituto Brasileiro de Geografia e Estatística mostrou que, durante 1989, dos 15,2 milhões doentes que procuraram assistência médica, 9,7 milhões dirigiram-se aos serviços gratuitos de postos, centros e hospitais, advertindo que 8,5 milhões deles não possuíam sequer Previdência Social.

No entanto, no terceiro ano do governo Collor de Mello, noticiou-se a hipótese de que a queda na taxa de fecundidade, anunciada no censo demográfico de 1991, poderia ser resultado do maior uso de métodos anticoncepcionais definitivos em mulheres pobres. Nesta época, entre os métodos contraceptivos à disposição das mulheres, 27% utilizavam-se da esterilização cirúrgica (ligadura de trompas), 25% pílulas anticoncepcionais e 14% o DIU. Em países como os Estados Unidos, naquele período, entre os métodos contraceptivos, a esterilização cirúrgica de mulheres férteis era de 7%, ao passo que no Brasil alcançava 27% destas mulheres, a maior parte destas cirurgias realizadas em hospitais públicos de Estados mais pobres.

A venda de bebês brasileiros continuou sendo uma prática de adoção, lucrativa dependendo da ocasião. O semanário francês *L´Événement du Jeudi*, de Paris, informou em inícios de 1992 que uma criança "custava" em média 9 mil dólares. Informava ainda que um cidadão francês, afirmava ter pago 1 mil dólares a um advogado em João Pessoa (Paraíba) para conseguir adotar uma criança brasileira e, 3 anos depois, precisou pagar 7 vezes mais para adotar seu segundo filho, "comprado" em Fortaleza (Ceará).

A respeito das verbas destinadas à saúde pública, o Sindicato dos Hospitais do Estado de São Paulo afirmou que Peru e Argentina gastavam no setor, por ano, perto de 300 dólares por habitante, enquanto no Brasil os investimentos ficam por volta de 100 dólares por habitante ao ano. As consequências apareceram em inúmeras ocorrências: um doente esperava há 12 anos por transplante de rim; jovem com AIDS (Síndrome da Imunodeficiência Adquirida) morreu na fila sem atendimento depois de buscar internação em seis hospitais; portadora de insuficiência cardíaca crônica, hipertensão e diabetes não conseguia comprar remédios nem manter dieta apropriada.

No desfecho do governo Collor de Mello, o mínimo de investimento "per capita" na saúde da população, fixado pela Organização Mundial de Saúde — OMS, perfazia a quantia de 500 dólares/ano. Entretanto, dos países industrializados, o Brasil se posicionava como aquele que menos investia, não atingindo 100 dólares/ano "per capita" na saúde dos brasileiros. Resta mencionar que na gestão Collor, diminui o investimento total na saúde. Sem levar em conta o ano de

A REPÚBLICA BRASILEIRA — 1951–2010

1992, derradeiro desta gestão, tal investimento caiu 16,97%, em bilhões de dólares em 1990 e 1991.[45]

Previdência e Assistência Social

Um ano e meio depois da posse do presidente Collor, **a aposentadoria do trabalhador(a) rural estava fixada em meio salário mínimo e a aposentadoria do trabalhador(a) urbano era um pouco acima. Ademais, os viúvos ainda continuavam recebendo 60% do contribuinte falecido.**

Neste tempo, o jornal *O Estado de S. Paulo* contou a história de Nhô Chico. Diz o jornal:

> Nhô Chico, trabalhador rural de 82 anos, acorda antes do nascer do sol para colher algodão na cidade de Barrinha, interior de São Paulo. As pernas e os braços já não ajudam muito, mas Nhô Chico não tem alternativa: "A necessidade aperta e a gente tem que se mexer para tocar a vida". Aposentado há 12 anos, Nhô Chico [era] apenas um entre 14 milhões de brasileiros que precisam continuar trabalhando mesmo depois de se aposentar.[46]

Os benefícios da Previdência Social não permitiam ao menos uma vida aceitável, segura e digna aos aposentados.

Eles tinham de cortar o orçamento, em certas circunstâncias vendendo parte de seus bens, eliminando despesas em geral e o lazer. Caso o trabalhador não construísse ao longo de sua vida certo patrimônio capaz de manter o padrão social dele e de sua família, com a aposentadoria teria rendimento até quatro vezes menor. Em dadas ocasiões em que o aposentado contraiu doença, sua pensão não era sequer suficiente para comprar remédio.

Esta Previdência Social do governo de Collor de Mello, como a de outros governos anteriores, não passavam de um sofrimento a mais para quem deveria desfrutar do trabalho de tantos anos.

Comentários comuns entre aposentados:

Felizmente meus filhos não dependem mais de mim.

Sou obrigado a morar com o(s) filho(s) ou então depender deles para pagar o aluguel.

A escolha ficou entre vestir e educar os filhos ou terminar a construção da casa.

A Previdência Social preocupa mais essencialmente os trabalhadores da ativa do que os burocratas financistas e contadores, profissionais incansáveis nas alegações de déficit previdenciário.

Abundam demonstrações orais e escritas, bem intencionadas ou não, a respeito do déficit da Previdência Social, cansativamente. O excesso de despesas previdenciárias sobre as receitas em geral era explicado durante o governo Collor através do fato de que "a Previdência quebrou por cobrir tudo com generosidade".

Com a Constituição Federal de 1988, a Previdência Social elevou seus gastos e a sua receita de contribuições conservou-se aproximadamente a mesma.

Com quem os novos benefícios geraram gastos? Foram gastos com a concessão de amparo aos velhos não contribuintes, aos menores carentes, aos doentes sem seguro e também foram gastos com a equivalência dos benefícios urbanos e rurais etc. Ainda mais, outros fatores foram utilizados para alardear o aumento das despesas previdenciárias: os "novos" aposentados em razão do envelhecimento da população, do aumento da expectativa de vida dos brasileiros e da recessão econômica, num momento em que a aposentadoria era por tempo de serviço e não por idade.

Para os "caça-níqueis", tais direitos constitucionais não podem sobrepor-se aos cálculos contábeis. Tudo acontece como se a responsabilidade do presidente, dos ministros, dos deputados, dos senadores e dos juízes não fosse buscar alternativas, inclusive diminuindo seus

A REPÚBLICA BRASILEIRA — 1951–2010

próprios salários, ajudas de custo e demais benesses, a fim de satisfazer os direitos sociais da Constituição Federal de 1988. **Tudo acontece como se as relações entre capital e trabalho se dessem no lugar da produção, e em mais nenhum lugar da sociedade.**

A privatização no campo da Previdência Social irrompeu mansa, em especial sob o véu da falta de recursos para pagar o custo dos direitos sociais, determinados pela Constituição Federal de 1988. Neste governo, já se pretendia fazer destes direitos sociais, outras mercadorias a serem vendidas nos balcões do capital financeiro.

Habitação Popular

A primeira Pesquisa de Orçamento Familiar — POF, do Instituto Brasileira de Geografia e Estatística — IBGE, publicada em 1991, mostrava as importantes características das condições habitacionais no Brasil. **Uma destas características estava nas desigualdades regionais.** Recife apresentava 70% das casas sem condições sanitárias mínimas e aí 18% das residências de proprietários com faixas acima de 30 pisos salariais, não atendiam condições sanitárias mínimas. De outra parte, em Porto Alegre nenhuma família com tal rendimento de 30 pisos salariais vivia nessas condições.

A pesquisa ainda deixava claro que famílias ricas e pobres, das regiões metropolitanas do Sul e do Sudeste brasileiros, além de Brasília, possuíam melhores condições de moradia do que as do Norte, do Nordeste e de Goiânia. Nas regiões Norte e Nordeste, localizavam-se as famílias mais numerosas, com maior concentração de renda e em pior situação de saneamento básico.

É necessário atentar para algumas características expostas pela mencionada pesquisa. **No que se refere às despesas de consumo em cada setor, as três maiores eram em 1991: alimentação (25,35%), habitação (21,27%) e transporte (14,96%), ao passo que a educação e o lazer constituíam a menor despesa (7,98%).** Relativamente às despesas feitas com bens duráveis em cada setor, as três maiores despesas básicas eram: o fogão (98,71%), a televisão (88,68) e a geladeira (87,68%), despesas seguidas com conjunto de som (45,76%), com o rádio de mesa (39,54%) e com o automóvel (33,01%).

A cidade de São Paulo é um bom exemplo das condições de moradia, após 1 ano e 4 meses de governo de Fernando Collor de Mello. Veja-se: **o comércio de barracos alcançou os lugares onde antes eram ocupados por quem não possuía dinheiro.** Viver embaixo de pontes e de viadutos em São Paulo requeria trabalho e dinheiro. Um barraco embaixo de pontes e de viadutos custava de 100 mil a 400 mil cruzeiros, preço do aluguel que, em alguns casos, poderia ser facilitado em parcelas semanais. Em São Paulo, no ano de 1991, havia um milhão de famílias sem casa e 7,7 milhões (67% da população da cidade) viviam em situação irregular.

Em abril de 1991, a Companhia Metropolitana de Habitação de São Paulo — Cohab anunciava que iria implodir nove prédios (havia dez, um já implodido antes), de cinco e sete andares, com 360 apartamentos, em Conjunto Habitacional na Grande São Paulo.

Estes prédios ficaram conhecidos como **"prédios de gesso", edificados durante a gestão do prefeito Reynaldo de Barros**, pela Construtora Coan, utilizando o "sistema Coan": construção de moradias por meio de mistura de 60% de gesso e 40% de cimento Portland. De acordo com a opinião do presidente da Cohab, **em abril de 1991, a implosão dos prédios fez-se inevitável**: "Esse sistema de construção, usado sem passar por testes adequados, mostrou suas consequências rapidamente: a obra derreteu com as chuvas, sobrando só as fundações, feitas pelo sistema tradicional... Os prédios não caíram, mas ficaram totalmente deteriorados".

Esses e outros acontecimentos demonstram a demagogice eleitoral com os miseráveis de todo gênero, que se submetem aos pedidos de voto de muito vereador, deputado estadual, deputado federal, senador, prefeito, governador e presidente. Miseráveis de todo gênero, manobrados durante as campanhas eleitorais, de modo geral e superficial podem ser visíveis em parcelas dos favelados, moradores, de habitantes de loteamentos clandestinos (muitos deles pondo em perigo os mananciais abastecedores de água potável nas cidades), moradores em casas precárias ou embaixo das pontes e viadutos, porém abrangem muito mais.

No entanto, é imprescindível ressaltar que a miséria não se resume à miséria material. A pior miséria é a da consciência, a consciência miserável, porque a miséria não se limita aos pobres.

Tomem-se alguns casos durante o governo Collor: na cidade de São Paulo existiam e devem existir leis inaplicáveis (até por falta de fiscais ou porque a cobrança judicial das multas custa mais do que elas). Eram ou são leis que ninguém conhece. Eis um fato presente em todos os municípios, estados e mesmo no Brasil.

Em São Paulo, em 1990, era proibido pisar na grama ou nadar em lagos ou fontes de parques e praças públicas; amassar o jornal e jogar no chão; empinar papagaio de papel próximo a fios de eletricidade ou telefone; atravessar a rua fora da faixa de pedestres; transitar com bois a pé na rua; manter a calçada suja.

Elas poderiam ter "caráter educativo", como queria o prefeito Jânio Quadros?

Bastaria verificar o que acontecia com os Correios: levantamento de junho de 1990 revelava que os Correios possuíam 5.890 caixas coletoras de correspondência no Estado de São Paulo, 2.582 unicamente na cidade de São Paulo. Havia em consertos nos Correios 2.500 caixas coletoras, perto de 10 caixas danificadas a cada dia, aumentando o número delas com a destruição causada por bombas e incêndios nas festas juninas.

Não mudava o que ocorria com os telefones, as plantas e os bueiros. Existiam, em 1998, 49.214 telefones públicos no estado de São Paulo, onde eram danificados uma média de quase 6 mil por mês, ou 200 telefones públicos por dia. Constava que a Prefeitura Municipal de São Paulo plantava, na cidade, em média 6 mil novas árvores por mês; entretanto, 120 (60%) árvores eram arrancadas por dia, antes de completar um ano. Com relação aos bueiros (ou bocas de lobo), havia

302 mil deles na cidade de São Paulo e 3.000 mil tampas de bueiros eram quebradas por dia.

No final do governo Fernando Collor de Mello, noticiavam-se os novos fatos e números do "escândalo no FGTS", ou seja, do escândalo no Fundo de Garantia por Tempo de Serviço. Noticiava-se a incomensurável e escandalosa depreciação sofrida pelo poder aquisitivo do Fundo de Garantia por Tempo de Serviço — FGTS, provocada por governos anteriores: os governos da ditadura militar, o governo de José Sarney e o de Fernando Collor de Mello.

Tal depreciação do poder aquisitivo do FGTS chegou ao seguinte ponto: um depósito de 100,00 cruzeiros em 1975 deveria valer 165,00 cruzeiros em janeiro de 1992. Porém, os 100,00 cruzeiros depositados em 1975 valiam 20,20 cruzeiros em janeiro de 1992, por causa dos expurgos, das mudanças no cálculo do reajuste e atrasos na correção provocados pelos citados governos.

Em abril de 1992, a sonegação do FGTS pelas empresas, depois de descontado do salário do trabalhador, perfazia 160 bilhões por mês.

Os estados e municípios mantinham dívida de pelo menos 4,2 trilhões de cruzeiros com o FGTS, pagando unicamente de 10% a 15% do devido por mês, criando sempre artifícios, às vezes de cálculo, a fim de evitar impedimentos legais para conseguir novos empréstimos.[47]

Conclusão do capítulo

E, com este indubitável testemunho da classe dirigente, fez-se também o prenúncio da nova geração de líderes seguidores da tradicional prática política no país, que tanto o tem infelicitado, de agora em diante atuando mais ostensiva e despreocupadamente.

A conservação do passado, do atraso com novas vestimentas e da inconsistência social, evidencia que pouco foi mudado, que não houve renovação e, flagrado na prática do crime, o brasileiro nega-o até o fim, como se a negação se convertesse em verdade.

Nota

1. Conti, Mário Sérgio, 1999, p. 168-9, negritos meus.

2. Garbely, Frank, 2003, p. 140, 144.

3. Lula da Silva, Luiz Inácio. *Folha de S.Paulo*, 23 dez. 1989, Diretas-89, p. B-5, negritos meus.

4. Usualmente, **nazifascismo** é entendido como doutrinas e sistemas de governo do nazismo e do fascismo, fundido num único bloco ideológico e político. Ao contrário do que é em geral entendido, o nazismo de Adolf Hitler e o fascismo de Benito Mussolini não aconteceram só e respectivamente na Alemanha e na Itália. O nazifascismo pode ocorrer, nos outros países, em momentos de crise aguda da burguesia e da burguesia internacionalizada, sobretudo crises agudas de insegurança, em determinadas condições históricas. O nazismo, ou nacional-socialismo, consiste na incorporação de racismo (superioridade racial), militarismo, expansionismo territorial e racial, sob o emblema: "Um povo, um império, um chefe". Como o nazismo, igualmente o fascismo, ambos vistos como contrarrevoluções ou falsamente como "revoluções", constitui uma ditadura de partido único, onde prevalecem os conceitos de nação, de raça e de corporativismo, cuja imagem se concentra num ditador.

5. Fromm, Erich, 1968, p. 15, 101, 110, 168, negritos meus.

6. Cf. *Folha de S.Paulo*, 15 mar. 1990, Era Collor Especial, p. 3, 5, 9.

7. Collor de Mello, Fernando Affonso. *Folha de S.Paulo*, 15 mar. 1999, Era Collor Especial, p. 1-5, 9, 13, 20.

8. Campos, Roberto. *Folha de S.Paulo*, 15 mar. 1991, Um Ano, Especial — p. 4, negritos meus.

9. Delfim Netto, A. *Folha de S.Paulo*, 2 jun. 1988, negritos meus.

10. Rezek, Francisco. *Folha de S. Paulo*, 15 mar. 1990, Era Collor Especial, p. 4.

11. Collor de Mello, Fernando Affonso. *Folha de S.Paulo*, 16 mar. 1990, Era Collor Especial, p. 6-7, negritos meus.

12. Cf. *Folha de S. Paulo*, 15 mar. 1990, Era Collor, p. 10, 17, negritos meus.

13. Cf. *Folha de S. Paulo*, 15 mar. 1991, Um Ano, Especial, p. 1-6.

14. Cf. *O Estado de S.Paulo*, 15 set. 1991, Política, p. 6; 27 out. 1991, Política, p. 5; 1 nov. 1991, Política, p. 4.

15. Cf. *O Estado de S.Paulo*, 8 nov. 1991, Política, p. 5.

16. Collor de Mello, Fernando Affonso. *O Estado de S.Paulo*, 6 out. 1991, Serviços, p. 39, negritos meus.

17. Cf. *O Estado de S.Paulo*, 15 set. 1991, Política, p. 6; 14 dez. 1991, Cidades, p. 3; 25 abr. 2010, Nacional, p. A15, negritos meus.

18. Cf. *O Estado de S.Paulo*, 17 abr. 1992, Política, p. 4.

19. Considere-se uma amostra nos escritos de Gabriel Soares de Sousa (Tratado descritivo do Brasil em 1587); André João Antonil (Cultura e opulência do Brasil); Max Fleiuss (História administrativa do Brasil); Gilberto Freyre (Nordeste); Fernando de Azevedo (Canaviais e engenhos na vida política do Brasil); Vitor Nunes Leal (Coronelismo, enxada e voto); Antônio Cândido de Melo e Souza ("The Brazilian Family"); Maria Isaura Pereira de Queiroz (O mandonismo local na vida política brasileira); Ibarê Dantas (Coronelismo e dominação); Lira Neto (Padre Cícero — poder, fé e guerra no sertão).

20. Cf. *Contato*, edição 490, 11-18 fev. 2011, p. 7; *Valeparaibano*, mar. 2011, domingo, p. 12-15, negritos e grifos meus.

21. Rodrigues, Newton. *O Estado de S.Paulo*, 17 jul. 1991, p. 2, negritos meus.

22. Pinheiro, Ibsen. *O Estado de S.Paulo*, 7 dez. 1991, p. 3, negritos meus.

23. Cf. *Folha de S.Paulo*, 15 mar. 1990, Era Collor, p. 2-5, 9-10, 13, 17; 16 mar. 1990, Era Collor, p. 6-7, 14; 18 mar. 1992, Ilustrada, p. 4-8; *O Estado de S.Paulo*, 15 mar. 1991, Política, p. 6; 14 abr. 1991, Política, p. 8; 19 abr. 1991, p. 3; 12 mai. 1991, Economia, p. 4; 9 jun. 1991, Política, p. 4; e também 17 nov. 1991, Política, p. 4; 7 dez. 1991, p. 3, 5; 14 dez. 1991, p. 5; 19 dez. 1991, Economia, p. 4; 21 dez. 1991, Política, p. 4; 2 fev. 1992, p. 3; 3 mar. 1992, p. 3; 7 mar. 1992, p. 3; 15 mar. 1992, Dois Anos, p. 15; 29 mar. 1992, Brasil, p. 1; 10 abr. 1992, Brasil, p. 1-6.

A REPÚBLICA BRASILEIRA — 1951–2010

24. Collor de Mello, Fernando Affonso. *O Estado de S.Paulo*, 22 jun. 1992, Política, p. 5; *Jornal da Tarde*, 1 jul. 1992, p.3.

25. Lando, Amir. *O Estado de S.Paulo*, 25 ago. 1992, Especial-Documento, p. 1-16; cf. também *Jornal da Tarde*, 1 jul. 1992, p. 3; *O Estado de S. Paulo*, 17 ago. 1992, Política, p. 4-5, 10, negritos meus.

26. Comparato, Fábio Konder; Faoro, Raymundo; Ramalhete, Clóvis. *O Estado de S. Paulo*, 26 ago. 1992, Política, p. 7; 27 ago. 1992, Política, p. 4; 28 ago. 1992, Política, p. 4.

27. Cf. *O Estado de S.Paulo*, 31 ago. 1992, Política, p. 4; 5 set. 1992, Notas e Informações, p. 3; 10 set. 1992, Política, p. 1A; 19 set. 1992, Política, p. 4; 24 set. 1992, Política, p. 4; 30 set. 1992, Suplemento Especial, p. 5; *Folha de S.Paulo*, 30 ago. de 1992, p.1; 30 set. 1992, Fim, p. B1, B8).

28. Collor de Mello, Fernando Affonso. *Jornal da Tarde*, 17 mar. 1990, O pacote, p. 4; cf. ainda *Folha de S.Paulo*, 1 fev. 1990, p. A-1; 11 fev. 1990, Economia, B-1, negritos meus.

29. Mello, Zélia Cardoso de. *Jornal da Tarde*, 17 mar. 1990, O pacote, p. 3, 7.

30. Eris, Ibrahim. *Folha de S.Paulo*, 17 mar. 1990, Economia, p. B-1, 3, 7, negritos meus.

31. Moreira, Marcílio Marques. *O Estado de S.Paulo*, 31 jan. 1992, Economia, p. 7; 10 jul. 1992, Economia, p. 8.

32. Cf. *O Estado de S.Paulo*, 18 fev. 1992, Notas e Informações, p. 3.

33. Moreira, Marcílio Marques. *O Estado de S.Paulo*, 9 jul. 1992, Economia, p. 8, negritos meus.

34. Cf. *Folha de S. Paulo*, 18 abr. 1990, Economia, p. B-5; 17 jul. 1990; 15 set. 1990, Seis Meses, Especial, p. 1, 8; 11 mar. 1991, p. 1-8; 15 mar. 1992, Dois anos, Especial, p. 7; *O Estado de S. Paulo*, 14 abr. 1991, Economia, p. 1; 11 jul. 1991, Economia, p. 5; 10 out. 1991, p. 4; 3 nov. 1991, Economia, p. 4; 13 ago. 1992, Economia, p. 13; 30 set. 1992, Suplemento Especial, p. 11.

35. Fernandes, Florestan. *Diário do Congresso Nacional*, 5 jun. 1991, p. 1-2, negrito do texto.

36. Collor de Mello, Fernando Affonso. *O Estado de S.Paulo*, 19 out. 1991, Serviços, p. 29.

37. Cf. *Folha de S.Paulo*, 1 fev. 1990, Educação, p. C-8; 11 mar. 1990, Educação, p. C-6; 17 mai. 1990, Educação, p. C-6; *O Estado de S. Paulo*, 26 mai. 1991, Política, p. 4; 3 nov. 1991, Educação, p. 18; 18 nov. 1991, Economia, p. 10; 9 jan. 1992, Classificados, p. 18; 20 jan. 1992, Geral, p.12; 23 jul. 1992, Política, p. 11.

38. Cf. *Gazeta Mercantil*, 27 fev. 1992, Nacional, p. 3; *Folha de S.Paulo*, 3 mar. 1990, Educação, p. C-6; *O Estado de S.Paulo*, 15 set. 1991, Educação, p. 26; 19 set. 1991, Geral, p. 16; *Revista Universidade e Sociedade*, jun. 1992, p. 43, negritos meus.

39. Goldemberg, José. *O Estado de S.Paulo*, 4 jun. 1992, Ambiente, p. 1-6; 13 jun. 1992, Ambiente, p. 1-2; 15 jun. 1992, Ambiente, p. 2-3, negritos meus.

40. Freitas, Jânio de. *Folha de S.Paulo*, 7 set. 1990, negritos meus.

41. Fernandes, Florestan. *Folha de S.Paulo*, 7 set. 1990; 11 out. 1990; 19 out. 1990, Cidades, p. C-1; 16 nov. 1992, Opinião, p. 1-2, negritos meus.

42. Cf. *O Estado de S. Paulo*, 30 set. 1990. Geral, p. 41; 31 ago. 1992, Cidades, p. 1.

43. Cf. *O Estado de S.Paulo*, 5 jun. 1991, Geral, p. 9.

44. Cf. *La Nación* (Buenos Aires), 15 fev. 1992, p. 3; *Jornal do Brasil*, 29 abr. 1992, 1º Caderno, p. 8.

45. Cf. *Instituto de Estudos Avançados da USP* (IEA/USP), out. 1990, p. 7; *Folha de S. Paulo*, 7 jan. 1990, Cidades, p. C-3; 15 mar. 1992, Caderno 3, p. 2; 30 dez. 1992, Renúncia-Especial, p. 10; *O Estado de S. Paulo*, 10 fev. 1992, Geral, p. 10; 3 set. 1992, Notas e Informações, p. 3; 15 nov. 1992, Geral, p. 27, negritos meus.

46. Cf. *O Estado de S. Paulo*, 30 jun. 1991, Negócios, p. 1; 30 jun. 1991, Economia, p. 4; *Jornal do Brasil*, 19 jan. 1992, Política e Governo, p. 8.

47. Cf. *Estado de S. Paulo*, 18 abr. 1991, Cidades, p. 20; 19 abr. 1991, Notas e Informações, p. 3; 19 jun. 1991, Economia, p. 3; *Folha de S. Paulo*, 24 jun. 1990, Cidades, p. C-6; 26 abr. 1992, Editorial, p. 1-2.

Capítulo VIII

De Itamar Franco a Fernando Henrique Cardoso: da crise política ao choque capitalista

O Brasil não gosta de heróis.

[Eriberto França, motorista, testemunha importante no *impeachment* do presidente Fernando Collor].[1]

A posse de Itamar Franco

Como dissera Ricardo Antunes em boa formulação, "Collor foi a expressão (bem-sucedida) de um improviso necessário da ordem ante os riscos presentes no quadro eleitoral".

Agora, o ministro **Fernando Henrique Cardoso**, que não era ainda FHC, acautelava-se:

Collor estava caindo e Itamar, sendo o vice, surgiu como uma estaca em que todos se uniram.[2]

Em 2 de outubro de 1992, na condição de vice-presidente, Itamar Franco fez-se presidente da República em exercício, pelo prazo máximo de 180 dias, enquanto o titular do cargo, Fernando Collor de Mello, era julgado pelo Senado Federal por crime de responsabilidade. No ensejo de sua posse de presidente em exercício, Itamar Franco declarou:

> (...) Nessa interinidade, repito, permita Deus que nós possamos dar ao País, **um governo transparente**. O **mapeamento ético** foi traçado pela CPI (Comissão Parlamentar de Inquérito). Mas esse mapeamento ético não serve a nós outros, porque a nossa vida e a vida daqueles que estarão comigo é uma vida limpa. **A Nação pode estar certa que não haverá corruptos neste governo.[3]**

Poucos dias após sua posse como vice-presidente da República em exercício, Itamar Franco anunciou em 24 de outubro de 1992:

> É preciso que esta gente entenda que **lucro, sim, ganância, não[4]**. [E ainda:] **De cofres bem guardados** sempre há recursos para o cumprimento das obrigações do Estado, como é o exemplo da Previdência Social.[5]

Itamar Franco era tido como político conhecido, experiente no relacionamento com as oligarquias estaduais e nacionais, com qualidades para conquistar a simpatia popular. Retomando o antigo sonho da classe média, comprar o seu Fusca, Itamar induziu a Autolatina a relançar o velho modelo de automóvel.

O novo presidente em exercício, ou depois ocupando o cargo presidencial, podia bem avaliar as profundezas da crise política, econômica e social do país. Discreto, sério (por vezes irritável e dado a alfinetadas), aceito como honesto e confiável, sem fogos de artifício,

▎ **Presidente ITAMAR FRANCO**

Como vice-presidente, Itamar Franco exerceu interinamente a presidência da República a partir de 02/10/1992 e, com a renúncia do presidente Fernando Collor de Mello, assumiu definitivamente este cargo, de 29/12/1992 a 01/01/1995. Na condição de vice-presidente, Itamar Franco discordou da política econômico-financeira de Collor e criticou em público as privatizações e a aplicação dos recursos das vendas das empresas estatais, os quais não foram para o campo social. Ainda na vice-presidência, Itamar Franco deixou o partido do presidente Fernando Collor, no momento em que ex-colaboradores da ditadura militar passaram a integrar o ministério. Depois de assumir a presidência da República, Itamar Franco introduziu a partir de 30/06/1994 o Plano Real, conseguindo acabar com a hiperinflação e estabilizar a economia, sendo ministro da Fazenda Rubens Ricupero.

sem rodeios, muito simples para os que normalmente andam pelo poder, sem planos surpreendentes e sem gerar esperanças excessivas na população, Itamar Franco recebeu, **desde o primeiro momento de seu governo, desaprovação da grande imprensa**. Interpretava a grande imprensa de São Paulo:

Um dia depois da posse de Itamar:

> À caturrice do chefe, corresponde à falta de grandeza do Ministério. (...) A gentileza manda conceder aos cavalheiros que adentram a cena o benefício da dúvida. Não podemos, no entanto, para ser delicados, conceder a moratória de praxe de 100 dias. Fazê-lo seria esquecer que 100 dias são demais para o governo do sr. Itamar Franco, limitado no tempo, especialmente quando, tal qual o sr. Collor de Mello, governará com maiorias *ad hoc*, devendo lutar para aprovar cada projeto que reputar de importância. (...) O Itamaraty está entregue a um *scholar* com vivência acadêmica e de política internacional; a Economia passa às mãos do sr. Krause, homem sem dúvida viajado, mas desconhecido da comunidade financeira internacional; o Ministério do Planejamento (partição de funções que pode ter o sentido de revigorar o planejamento, mas também pode criar problemas de competência e disputas intestinas pela ocupação de espaços políticos) foi confiado ao sr. Paulo Haddad, economista reputado como especialista em planejamento regional; a Educação, a um professor aposentado, de currículo menor, a quem se confiou também a tarefa de "desenhar" o novo organograma do Executivo, o sr. Murílio Hingel, de velhas ligações de amizade em Juiz de Fora; no Ministério da Saúde, troca-se um cidadão respeitado por todos por um político do PSB fluminense, o sr. Jamil Haddad, que não se pode considerar um defensor da presença da iniciativa privada no sistema de saúde, ou um homem do século 21.[6]

Dez dias depois da posse de Itamar:

> Quem assiste à dança dos políticos em torno de cargos a preencher nos escalões mais altos da administração pública é forçado a concordar com o que se disse frequentemente... (...) as pressões a que se subme-

teu o processo de impeachment tinham origem também na cobiça pelo poder. Nada mudou no Brasil.[7]

Outro jornal de São Paulo, quatro dias depois da posse de Itamar:

O gabinete presidencial do 3º andar do Palácio do Planalto **ganhou ares de Minas Gerais**.[8]

O mesmo jornal de São Paulo, um mês e dezesseis dias depois da posse de Itamar:

Primeira página:

Populismo de Itamar preocupa ministros. Os ministros Gustavo Krause (Fazenda) e Paulo Haddad (Planejamento) estão preocupados com os efeitos das decisões populistas do Planalto. O presidente Itamar Franco resolveu segurar o preço das tarifas públicas até que as estatais apresentem planilhas de custos.[9]

As manchetes dos jornais exageravam seu comportamento político, como são exemplos: "Itamar perde o rumo e sai 'por aí'"; "Itamar é lento na apuração de denúncias".[10]

Não só a grande imprensa informava e comentava negativamente o governo de Itamar Franco. Num regime democrático e civil, como se diz do Brasil da Constituição Federal de 1988, o ministro do Exército, general Zenildo Zoroastro de Lucena, no exercício do cargo, também fez análise política e econômica do governo de Itamar, um mês e dezesseis dias depois de sua posse, em documento denominado "Diretrizes para o Alto Comando do Exército", tornado público para a imprensa. Transcrevendo:

(...) Vive-se um período de incertezas gerado pelo processo de impeachment do presidente afastado, pela interinidade do atual governo e pela proximidade da época prevista para as reformas constitucionais (...)

Zoroastro culpa a "persistente inflação'" e a "recessão econômica que já dura alguns anos" pelo "agravamento das desigualdades sociais". Diz ainda que os problemas econômicos causam a "proletarização da classe média e o aumento do contingente situado nos limites da miséria". **O ministro do Exército acha que está havendo no Brasil "um enfraquecimento" do que chama de "princípio da autoridade e do senso de moralidade". As causas do fenômeno são, na sua opinião, cinco**: 1) as transformações ocorridas na família; 2) o desprestígio da elite; 3) a marginalização provocada pelo êxodo rural; 4) o abandono das normas ditadas por convicções religiosas; e 5) a ação dos meios de comunicação, "especialmente a televisão".

De resto, os problemas sociais e econômicos enfrentados pelas nações da América Latina "vêm forçando seus dirigentes a esquecer — **mesmo que temporariamente** — as rivalidades e os contenciosos com os vizinhos e buscar a cooperação mútua". **Livre de tais riscos, o Exército imaginado por Zoroastro deve ficar "atento à evolução das tensões", mas pode se dedicar prioritariamente ao cumprimento do que chama de "missão constitucional".** O ministro dá especial ênfase à "presença do soldado nas áreas de fronteira".[11]

Afora às vezes alguns governos militares, qual governo das últimas seis décadas, ou mais, não governou o país, onde os partidos políticos apenas existiram no papel, "com maiorias ad hoc" no Congresso Nacional? Artur de Sousa Costa, onze anos ministro da Fazenda (1934--1945) e Antônio Delfim Netto, ao assumir o Ministério da Fazenda em 1967, eram conhecidos da "comunidade financeira internacional"? Por que unicamente o ministério do Planejamento criaria "problemas de competência e disputas intestinas", se nas últimas seis décadas o Estado brasileiro enfiou a máscara da tecnoburocracia, uma forma de esconder a competência e a realidade, na qual conflitos e disputas "intestinas" representam o dia a dia? Em relação ao "professor aposentado, de currículo menor", o ministério da Educação não foi gerido anteriormente por ministro despreparado (e sequer professor aposentado!), "de currículo menor"? É possível questionar um ministro da Saúde só porque não é "um defensor da presença da iniciativa privada — um homem do século 21"! e não questioná-lo se ele entende de saúde pública? Assegurar que o "populismo de Itamar preocupa ministros", na primeira página do jornal, "até que as estatais apresentem planilhas de custos", passa longe do que significa populismo.

Apesar disso tudo, o presidente Itamar Franco expôs seu plano de governo, encerrando a gestão do presidente Fernando Collor de Mello. Em seguida aos 90 dias de interinidade, Itamar afirmou em seu primeiro pronunciamento ao país na condição de presidente, em 30 de dezembro de 1992:

> Nos quase três anos em que se proclamou a **falsa modernidade** como programa de governo, o resultado representou alguns passos atrás na economia do País. (...) O lema da modernidade, tão proclamada, **empobreceu o País em 10% em apenas 30 meses**. (...) Trata-se, senhores, de uma ilusão, de um pesadelo, do qual devemos despertar, mas dele não despertaremos com choques. **Garantiremos a estabilidade das regras econômicas e asseguramos que não serão tomadas decisões arbitrárias**.

Venda das empresas estatais:

> **O que muda no processo é sua orientação ética**. Prosseguiremos, sem açodamento, mas sem pausas, a privatização de empresas estatais.

Modernização da economia:

> Todos nós queremos **modernizar o País e o modernizaremos sem empobrecer a classe média e sem agravar o sacrifício dos trabalhadores**.

A era da responsabilidade:

> **Este será um governo honrado. (...) Pretendo dizer com poderes quase imperiais para começar a era da responsabilidade dividida de fato.**

Ainda neste primeiro discurso no exercício da presidência da República, Itamar Franco referiu suas diretrizes:

1ª) Juros — Como senador e presidente da República, Itamar combateu os juros altos, dizendo que nos meses de interinidade reduziu as taxas de 30% a 20% ao ano.

2ª) Gastos públicos — Prometeu 'rigorosa seleção' dos gastos públicos, concentrando os investimentos nos programas sociais e na infraestrutura.

3ª) Dívida externa — Os contratos com os credores externos seriam cumpridos.

4ª) Empresários — Sustentou a necessidade de mudança na mentalidade dos empresários, confiando em "empresários lúcidos que considera[ssem] a empresa como instrumento do progresso social e não como mera fonte de lucro".

5ª) Preços — Tentaria baixar o preço dos remédios, alimentos e bens de consumo.

6ª) Política externa — Basear-se-ia na "estrita reciprocidade", com especial atenção à integração do Cone Sul.

7ª) Revisão constitucional — Na revisão constitucional, propunha melhor distribuição de encargos entre a União, os Estados e Municípios.

8ª) Projetos — Salientava a importância de o Congresso Nacional aprovar os projetos de lei relativos à modernização dos portos, à concessão dos serviços públicos, às licitações e à propriedade industrial, à reforma partidária e à regulamentação do plebiscito que escolheria entre presidencialismo e parlamentarismo.

9ª) Forças Armadas — Discutiria, "em breve", com o alto comando da Forças Armadas, a falta de verbas indispensáveis a elas.[12]

Logo nos primeiros dias do exercício da presidência da República, ainda como vice-presidente, Itamar Franco confirmou alguns nomes de seu ministério, evidenciando quase inteiro alheamento dos partidos políticos, pautando-se em relações pessoais, sobretudo de Juiz de Fora-MG, sua origem política.

A REPÚBLICA BRASILEIRA — 1951–2010

Eis os ministros selecionados pelo presidente: Justiça, Maurício Corrêa (senador do PDT: Partido Democrático Trabalhista, foi presidente da OAB/DF: Ordem dos Advogados do Brasil — Distrito Federal, mineiro); Economia e Fazenda, Gustavo Krause (político pernambucano do PFL: Partido da Frente Liberal); Gabinete Militar, general Fernando Cardoso (foi chefe do Centro de Informações do Exército, originário de Juiz de Fora-MG); Educação, Murílio Hingel (professor, foi secretário de Educação de Juiz de Fora-MG); Ação Social, Jutahy Júnior (deputado do PSDB: Partido da Social Democracia Brasileira), baiano; Relações Exteriores, Fernando Henrique Cardoso (professor, senador do PSDB: Partido da Social Democracia Brasileira, ex-suplente do senador Franco Montoro, em São Paulo); Gabinete Civil, Henrique Hargreaves (foi assessor parlamentar, originário de Juiz de Fora--MG); Consultor Geral da República, José de Castro Ferreira (advogado em Juiz de Fora-MG, mineiro); Secretaria Geral da Presidência, Mauro Durante (foi diretor geral do Tribunal Superior do Trabalho (TST), originário de Juiz de Fora-MG); Exército, general Zenildo Zoroastro de Lucena (comandante militar do Leste, no Rio de Janeiro, pernambucano, "identificado com os militares mais 'duros'"); Marinha, almirante de esquadra Ivan da Silveira Serpa (foi chefe do estado-maior da Marinha, "conhecido por ser muito rigoroso com a disciplina"); Aeronáutica, tenente-brigadeiro Lélio Viana Lobo (conhecido do Presidente); Saúde, Jamil Haddad (médico e político); Planejamento, Paulo Haddad (economista, foi secretário de Planejamento em Minas Gerais, mineiro); Comunicações, Hugo Napoleão (presidente nacional do PFL: Partido da Frente Liberal, foi ministro da Educação no governo de José Sarney); Desenvolvimento Regional, Alexandre Costa (político); Minas e Energia, Paulino Cícero (deputado, foi presidente da Usiminas, presidente do PSDB/MG, mineiro); Trabalho, Walter Barelli (economista, próximo do PT: Partido dos Trabalhadores, sem filiação partidária).[13]

Em janeiro de 1993, na reunião com presidentes de partidos, Itamar Franco apelou a eles: "O tempo não espera por nós! Nos últimos três anos, sabemos todos, a qualidade de vida sofreu uma degradação correspondente ao empobrecimento do País em 10%". "Reconhecemos todos que a situação geral do País é grave, mas não insolúvel".

Realista e otimista, o presidente não desgrudava de suas contradições políticas. Ricardo Antunes, vendo-as como ambiguidades, descreveu-as:

> (...) Itamar praticou, sobre pretexto da interinidade, aquela ambiguidade que o caracterizou desde o início de seu governo: quanto mais fala no "social", na "miséria e sofrimento de milhões de compatriotas", conforme a peça final do discurso em que anunciou seu plano econômico, mais implementa um projeto com traços de continuidade do Projeto Collor: critica a fome e concede mais de um bilhão de dólares aos usineiros; fala em um projeto autônomo e independente, mas dá continuidade às privatizações escandalosas, como a da Companhia Siderúrgica Nacional (CSN); chama Luiza Erundina para um ministério fraco e recruta Eliseu Resende para o Ministério da Fazenda; em vez de um imposto para o capital financeiro, tributa o assalariado que recebe pelos bancos.[14]

Ao longo dessa reunião com os líderes congressistas, o presidente conseguiu uma base à governabilidade do poder executivo, anunciada por 19 partidos políticos. Neste caso, a governabilidade queria dizer: apoiar os projetos enviados pelo governo ao Congresso Nacional, embora sem o compromisso prévio de aprová-los. Este compromisso era fundamental tanto para a presidência da República quanto para a população brasileira.

Atentem à carta de um leitor dada a público na mesma época:

> É decepcionante saber que nossos representantes (deputados, senadores) muito pouco nos representam! A morosidade em aprovar projetos importantes é tal que ficamos a pensar: para que tantos deputados e senadores para decidir e aprovar tão pouco? E, quando aprovam, usam de artimanhas para burlar o regimento interno, dispensando a presença em plenário de parlamentares em número suficiente para dar

o quórum indispensável à aprovação e substituindo-o pelo tal acordo de liderança. Pergunto, então: para que tantos deputados e senadores, a um custo tão alto para os cofres públicos (nosso bolso), se para aprovação de projetos o acordo de liderança resolve?[15]

A falência do Poder Legislativo, 1º Ato?

Congresso Nacional de uma República?

Um romance do escritor brasileiro José de Alencar, escrito no século XIX, falava das reeleições de um deputado à Corte Imperial do Rio de Janeiro, genro de proprietário rural e mandão do interior do Brasil. A particularidade desse deputado, originário do "genrismo", era não conhecer seus eleitores e nunca ter comparecido ao local a ser representado.

Pela primeira Constituição Brasileira, outorgada pelo Imperador Pedro I em 1824, os senadores e deputados originavam-se de eleições indiretas e censitárias. Nas eleições primárias (nas paróquias), o candidato deveria possuir renda líquida mínima, anual, de 100 mil réis; nas eleições provinciais, o candidato deveria possuir renda líquida mínima, anual, de 200 mil réis; nas eleições para deputado, o candidato necessitava de renda líquida mínima, anual, de 400 mil réis; e para entrar na lista dos candidatos a senadores, a serem escolhidos pelo imperador, era preciso renda líquida mínima, anual, de 800 mil réis.

As Constituições Brasileiras da República excluíram restrições ao voto e introduziram outras. As mulheres só tiveram direito de voto em 1932, quando também se estendeu este direito a quem tinha aos menos 18 anos e não 21, exigido antes. Na década de 1980, tornou-se facultativo (e não mais proibido) o voto do analfabeto e de jovens de 16 anos.

No entanto, o artigo 14 da Constituição Federal de 1988 determina: "A soberania popular será exercida pelo sufrágio universal e pelo voto direto e secreto, com valor igual para todos, e, nos termos da lei, mediante: I — plebiscito; II — referendo; III — iniciativa popular".

Tal não aconteceu e não acontece no Brasil.

Nas eleições de deputado federal, há muito tempo o voto dos habitantes de certos Estados vale bem mais do que o voto dos habitantes dos demais Estados brasileiros. A Constituição republicana de 1891 estabeleceu o número mínimo de deputados federais por Estado, seja qual for sua população ou seu eleitorado. A Constituição outorgada e ditatorial de 1937 determinou o número máximo de deputados federais por Estado, independente da sua população ou de seu eleitorado, determinação repetida, por exemplo, nas emendas constitucionais de 1977, de 1982, de 1985 e na Constituição Federal de 1988.

A desproporcionalidade de deputados federais tem acarretado falsa representação na Câmara dos Deputados, chegando ao ponto, em 1970, de um voto num Estado valer 1,8 vezes mais do que o voto em outro Estado; em 1990, de um voto valer 2,5 vezes mais, na comparação entre Estados. Essa desproporcionalidade de deputados federais aumenta bastante com a divisão de um Estado em dois (casos de Mato Grosso desmembrado em Mato Grosso e Mato Grosso do Sul; de Goiás desmembrado em Goiás e Tocantins), ou com a transformação de um Território em Estado (como o Acre). Cada Território criado passa a ter no mínimo 4 deputados federais e cada novo Estado tem no mínimo a prerrogativa de 8 deputados federais, embora com escassa população.

A desproporcionalidade de deputados federais gera o esfacelamento da soberania popular, mata a democracia representativa e o ato de votar se converte numa farsa apresentada aos eleitores. Assim, as repetidas eleições de deputados federais são somente a sub-representação dos Estados mais populosos e a sobrerrepresentação dos Estados menos populosos.

Todos os brasileiros ainda aqui não são iguais no valor do voto e a soberania popular resume-se num sonho.

Cabe ao Senado Federal representar os Estados e o Distrito Federal (Brasília), pelo número igual de 3 senadores, mas a Câmara Federal representa absurda desigualdade.

Exemplificando a descaracterização da Câmara Federal pelo número de deputados federais por Estado, observe-se o resultado na eleição de 1990.

Sobrerrepresentação:

Amazonas — deveria ter 7 deputados federais, mas ficou com 8;

Maranhão — deveria ter 17 deputados federais, mas ficou com 18;

Piauí — deveria ter 9 deputados federais, mas ficou com 10;

Paraíba — deveria ter 11 deputados federais, mas ficou com 12;

Alagoas — deveria ter 8 deputados federais, mas ficou com 9;

Sergipe — deveria ter 5 deputados federais, mas ficou com 8;

Espírito Santo — deveria ter 8 deputados federais, mas ficou com 10;

Santa Catarina — deveria ter 15 deputados federais, mas ficou com 16;

Mato Grosso — deveria ter 7 deputados federais, mas ficou com 8;

Mato Grosso do Sul — deveria ter 6 deputados federais, mas ficou com 8;

Goiás — deveria ter 14 deputados federais, mas ficou com 17;

Acre — deveria ter 1 deputado federal, mas ficou com 8;

Amapá — deveria ter 1 deputado federal, mas ficou com 8;

Rondônia — deveria ter 4 deputados federais, mas ficou com 8;

Roraima — não deveria ter deputados federais, mas ficou com 8;

Distrito Federal (Brasília) — deveria ter 6 deputados federais, mas ficou com 8;

Tocantins — deveria ter 3 deputados federais, mas ficou com 8.

Sub-representação:

Minas Gerais — deveria ter 54 deputados federais, mas ficou com 53;

São Paulo — deveria ter 109 deputados federais, mas ficou com 60.

Representação proporcional à população:

Pará — deveria ter 17 deputados federais e ficou com este número;

Ceará — deveria ter 22 deputados federais e ficou com este número;

Rio Grande do Norte — deveria ter 8 deputados federais e ficou com este número;

Pernambuco — deveria ter 25 deputados federais e ficou com este número;

Bahia — deveria ter 39 deputados federais e ficou com este número;

Rio de Janeiro— deveria ter 46 deputados federais e ficou com este número;

Paraná — deveria ter 30 deputados federais e ficou com este número;

Rio Grande do Sul — deveria ter 31 deputados federais e ficou com este número.

Como se vê, nem sempre a cada brasileiro com condições de votar corresponde um voto. No entanto, a soberania popular não se expressa principalmente por número de representantes ou pela quantidade deles.

*

Mais do que tudo, a soberania popular se exprime, em sua essência, na qualidade moral dos governados e dos governantes, pela qual se conserva a República. Os governantes não podem ser escravos de suas ambições, dos elogios hipócritas, da opulência e da atitude arrivista, devendo fazer de sua conduta um exemplo de autoridade, mesmo quando muitos dos governados não tenham esta crença.

A questão não se resume em alegações, tais como a corrupção sempre existiu; ou no passado havia menos ou nenhuma corrupção; ou a corrupção generalizou-se por contágio com grupo de corruptos; ou por perda e degradação da pureza moral anteriormente existente etc. A grande maioria dessas alegações consiste em processos de "espacialização do tempo", isto é, viver o presente como se fosse o passado, como se o tempo não tivesse corrido. Tais discussões podem ser vistas na obra de Flávia Schilling, *Corrupção: ilegalidade intolerável?*.

Contudo, a questão inescapável não está em só saber se a corrupção é tolerável ou intolerável, mas sim o que uma República faz, ou deve fazer, com a corrupção.

Cesare Bonesana, marquês de Beccaria, um dos iniciadores do Direito Penal moderno, e autor de voto fundamental pela eliminação da pena de morte no século XVIII, realçou a separação entre os delitos criminais e os delitos políticos. Entendia que se deve "conferir à justiça uma orientação precisa no sentido de afastar da administração todo arbítrio, para estabelecer limites adequados entre os delitos criminais e os políticos...".

Beccaria afirmava que se devia "entender por delito criminal aquele cuja índole fosse tal que tendia diretamente à destruição do vínculo social caso não houvesse punição e repressão, e que por delito político se podia entender a transgressão ou culpa que, contribuindo para a imperfeição da sociedade, tendia apenas indiretamente à destruição desta".

Dentre os delitos políticos, questões, portanto, relativas à corrupção política, segundo Beccaria, favoreciam a imperfeição social e, mais do que isto, visavam "indiretamente à destruição" da sociedade.

Do século XVIII para cá (e ainda com as idiossincrasias dos brasileiros), os delitos políticos de corrupção e os congêneres esmeraram-se globalmente e obtiveram poder destrutivo dos laços de solidariedade social nunca imaginado antes, convertendo-se em delitos de elevada malignidade para os indivíduos e para a sociedade, com consequências nocivas.

Entretanto, os dias de Beccaria não são os nossos dias.

Depois do Holocausto judaico na 2ª Guerra Mundial (1939-1945), como quer Zygmunt Bauman, tem-se observado na época atual um processo civilizador contendo tendência a minimizar, evitar e "deslegitimar as motivações éticas da ação social". Em outras palavras,

Bauman constatou o processo civilizador, em meio a outras coisas, como "um processo de despojar a avaliação moral do uso e exibição da violência e emancipar os anseios de racionalidade da interferência de normas éticas e inibições morais".

Indo às particularidades, Hannah Arendt acrescentou que "uma coisa é tirar os criminosos e assassinos de seus esconderijos, e outra coisa é descobri-los ocupando destacados lugares públicos".

A epidemia de corrupção política na "Nova República" dá a impressão de elevar-se ao grau máximo, embora tal impressão possa talvez decorrer desse período de certa liberdade de imprensa e de pensamento vivido no país.

Não fosse tal sensação, as várias edições do livro *O combate à corrupção nas prefeituras do Brasil* não teriam tamanha utilidade. Constatando as diversas maneiras de desviar recursos públicos das prefeituras, o livro examina o uso da "nota fiscal fictícia ou fria", da empresa-fantasma, das falsas licitações, das quadrilhas criminosas, do "dinheiro vivo" etc.[16]

O que se deve fazer com o aluguel de mandato, a retenção de salário de funcionários pelos políticos e a contratação de time de futebol por eles; a contratação de funcionária residente na Venezuela; práticas parlamentares irregulares, no uso da verba de gabinete?

Revisão constitucional?

A Constituição Federal do Brasil, a oitava do país (computando a Emenda Constitucional de 1969), foi promulgada em 5 de outubro de 1988. Um de seus dispositivos ordenava a Revisão Constitucional após cinco anos de vigência. Deste modo, o Congresso Nacional teria de instalar tal Revisão em 6 de outubro de 1993, o que não aconteceu, ocorrendo 34 horas e meia depois. A abertura do Congresso Revisional deu-se sem 200 convidados para a data fixada e a presença dos parlamentares estava reduzida a 100 senadores e deputados. Havia, portanto, a possibilidade de falta de quórum, a qual poderia ser arguida pela oposição.

Havia também confronto do Poder Legislativo com o Poder Judiciário, solucionado por vários ajustes entre seus membros, resultando na cassação da liminar concedida pelo Supremo Tribunal Federal (STF) contra o início da Revisão Constitucional.

De igual modo, a Câmara de Deputados e o Senado Federal combatiam os adversários da Revisão Constitucional e batiam entre si pela predominância no interior do Congresso. Entre a Câmara dos Deputados e o Senado Federal lavrou competição pelo exercício de cargos durante a Revisão Constitucional e pela sua forma de votação: voto por cada uma delas (Câmara ou Senado) ou voto por número de deputados federais e de senadores?

Após cinco anos, a Constituição de 1988 só parcialmente se achava em vigor, porque, de seus 350 artigos a exigir legislação complementar, pouco mais de 100 estavam regulamentados. Assim sendo, mais de 2/3 dos artigos constitucionais poderiam ser revisados sem nunca terem sido aplicados. Revisava-se então uma Constituição inacabada.

Pontos fundamentais não se encontravam regulamentados, como, por exemplo, 40 dos preceitos do artigo 5º (referente aos direitos e garantias fundamentais dos indivíduos); o imposto sobre grandes fortunas e o limite de 12% de juros reais ao ano, teto fixado constitucionalmente. É claro que vários artigos sem regulamentação considerar-se-iam regulamentados, inteiramente ou não, mediante leis anteriores à Constituição de 1988, mas o Supremo Tribunal Federal (STF) e o Congresso Nacional, até aquele momento estabelecido para a revisão, ainda não se tinham definido.

Atentem em alguns desses pontos fundamentais da Constituição de 1988, naquele instante ainda sem regulamentação:

Direitos e garantias fundamentais:

— Prazo de prestação de informações, pelos órgãos públicos;

— Tipificação de tortura, tráfico e terrorismo como crimes hediondos e sua configuração na categoria de inafiançáveis;

— Gratuidade de atos necessários ao exercício da cidadania;

— Participação do empregado nos lucros das empresas;

— Adicional de remuneração para as atividades penosas, insalubres e perigosas etc.

Poder do povo:

— Exercício da soberania popular mediante plebiscito.

Administração do Estado:

— Trânsito e permanência de forças estrangeiras em território nacional;

— Percentual de cargos e empregos para deficientes;

— Punição da autoridade pela não observância das regras constitucionais sobre investidura em cargo ou emprego;

— Reclamações relativas à prestação de serviço público;

— Limites e restrições quando em Estado de Defesa ou de Sítio etc.

Organização dos poderes da República:

— Fixação do número de deputados por Estado e pelo Distrito Federal, proporcional à população;

— Denúncias de irregularidades ou ilegalidades, perante o Tribunal de Contas da União (TCU), por qualquer cidadão, partido político ou sindicato;

— Apreciação pelo Supremo Tribunal Federal (STF) de arguição de descumprimento do preceito fundamental;

— Organização da Defensoria Pública etc.

Impostos e orçamento:

— Requisitos para a não cobrança de tributos;

— Imposição legal para o esclarecimento aos consumidores sobre impostos que incidam sobre mercadorias e serviços;

— Imposto sobre grandes fortunas etc.

Economia e Finanças:

— Investimentos estrangeiros e remessas de lucros;

— Pena para crime de usura (cobrança de juros reais acima de 12% ao ano) etc.

Educação e cultura:

— Apoio e estímulo às empresas que investem em pesquisa e recursos humanos;

— Criação de Parques Nacionais e espaços territoriais sob proteção do poder público etc.

Ato das disposições constitucionais transitórias:

— Direitos autorais;

— Direito de herança;

— Classificação de estabelecimentos penais em função da natureza do delito, sexo e idade do apenado;

— Disciplina e concessão de mandados de injunção e *habeas data*;

— Reconhecimento das convenções e acordos coletivos de trabalho.

Comentário do jornal *O Estado de S. Paulo*, intitulado "A lesma revisora", casou bem as condições da Revisão Constitucional de 1993 no Brasil, focalizando o comportamento dos congressistas:

A propensão ao descanso e ao lazer de grande parte de nossos parlamentares federais tem sido obstáculo muito maior aos trabalhos do Congresso Revisor do que a obstrução dos partidos que se opõem à revisão. Mais ainda, chega a espantar a circunstância de os partidos empenhados na revisão precisarem dos "contras" para a obtenção de quórum nas sessões,... A segunda sessão do Congresso Revisor, realizada na quinta-feira, teve que ser interrompida quatro vezes por falta de quórum. Só na quinta tentativa é que se conseguiu a presença mínima de 98 congressistas para discussão do regimento interno ou das regras que comandarão todo o processo — matéria que deveria interessar fortemente a todos os integrantes do Congresso, pois a partir dele estará deliberado o modus operandi de toda a revisão constitucional.[17]

No fim da Revisão Constitucional, o Congresso Nacional não atingiu o quórum obrigatório para votar a retomada da Revisão em 1995.

Foram admitidas e aditadas à Constituição Federal de 1988 as propostas: a) criação do Fundo Social de Emergência (FSE); b) a permissão de dupla nacionalidade; c) novas condições de elegibilidade aos candidatos, introduzindo as exigências de "probidade administrativa" e "moralidade para o exercício do mandato, considerada a vida pregressa do candidato".

Também foram inseridas na Constituição as propostas: d) permissão ao Congresso para convocar titulares de órgãos subordinados à presidência, pois anteriormente só ministro podia prestar esclarecimentos aos congressistas; e) suspensão da renúncia de parlamentar submetido a investigação que possa causar a perda do mandato; f) redução do mandato presidencial de 5 para 4 anos, a vigorar a partir do próximo presidente eleito.

Golpe no orçamento geral da República

No Brasil o desrespeito começa com a representação falsa e perniciosa, na qual o representante quase sempre funciona como escravo de seu impulso e de sua ambição a cada dia e a cada hora, impondo-se, por consequência, iniciativa da revogação de mandatos através de plebiscito.

A REPÚBLICA BRASILEIRA — 1951-2010

Não sendo a política uma profissão sem carteira profissional, cabem a revogação de mandatos por meio de plebiscito (já que constituem propriedade da vontade da população e não de qualquer um) e baixa remuneração dos cargos públicos, com benefícios mínimos e imprescindíveis ao exercício do serviço prestado.

O imoralismo, o amoralismo e o corporativismo (espírito de corpo) de representantes da vontade popular não fazem parte da República, estão fora dela.

*

A desonra, o descrédito do Congresso e dos eleitores, lembravam outras tantas ocasiões iguais, ou mais graves, entre as quais a sua dissolução pelo próprio proclamador e primeiro presidente da República no Brasil, marechal Manuel Deodoro da Fonseca (1889-1891); o golpe e a Constituição do Estado Novo de 1937, realizados por Getúlio Vargas; os golpes militares de 1964 e 1968.

Até 1988, a comissão do orçamento no Congresso Nacional somente homologava o projeto orçamentário enviado pelo poder executivo. A Constituição Federal de 1988 deu a esta comissão poderes para mudar a proposta vinda do Executivo. Em 1993, o senador Eduardo Suplicy divulgou a irregularidade da inclusão de emendas ao projeto orçamentário em seguida à aprovação no plenário do Congresso Nacional. Instaurada investigação em razão disso, a comissão congressual responsável pela apuração da denúncia, acabou por arquivá-la.

Um ex-assessor do Congresso e ainda ex-diretor do Departamento de Orçamento da União confessou, depois de preso, ter obtido de maneira ilegal o dinheiro que possuía, proveniente de propinas para incluir emendas no Orçamento da República, de interesse de deputados, de senadores e de empresas. Na época, o deputado Chico Vigilante, em discurso na Câmara dos Deputados, questionou então:

Se um simples funcionário acumulou mais de um milhão de dólares, como é que andam os chefes desse funcionário?

O orçamento geral da União consiste em documento no qual se registram todos os gastos do governo federal e as emendas representam projetos dos deputados e senadores alterando os gastos orçamentários, indicando onde os recursos serão aplicados. Tais emendas devem ser autorizadas pelos relatores parciais, pelo relator geral e pelo plenário do Congresso Nacional.

Quanto às subvenções sociais, ficou claro que os ministros dessas áreas acolhiam a lista remetida pela comissão do orçamento no Congresso Nacional, apontando onde gastar o dinheiro público, normalmente entidades particulares ("filantrópicas") e prefeituras. Liberadas as verbas públicas pelos ministros, essas entidades particulares e prefeituras recebiam o dinheiro e cediam uma porcentagem aos deputados federais ou aos senadores, autores das respectivas emendas que, se fosse o caso, poderiam dividir a propina com os ministros que liberavam as verbas e com outros parlamentares.

Sobre as emendas das empreiteiras, soube-se que elas sugeriam a prefeitos e a governadores obras em suas regiões, em seguida elas próprias pagavam propinas aos deputados federais e aos senadores a fim de que eles introduzissem, no orçamento, emendas capazes de destinar dinheiro público para essas obras. Segundo divulgado, para a aprovação das emendas pela comissão do orçamento, as empresas pagavam de 5% a 20% do valor da obra. O dono da sétima maior empreiteira brasileira na época dizia "como se faz para conseguir obras públicas: pagando propinas".

Ante as denúncias de modificação do orçamento federal mediante a incorporação de emendas ilegais, a situação política no Brasil se agravou sensivelmente, devido à boataria sobre golpe militar. Era desconhecido o número de parlamentares comprometidos com esquemas de corrupção no orçamento do país, a ponto de o presidente Itamar Franco advertir:

> O Brasil tem condições de resolver seus problemas com tranquilidade, dentro da ordem e da democracia.

A REPÚBLICA BRASILEIRA — 1951–2010

Dois deputados, em maio de 1989, sofreram a perda do mandato: Mário Bouchardet (Partido do Movimento Democrático Brasileiro: PMDB-MG) e Felipe Cheide (PMDB-SP), porque ambos faltaram a mais de 1/3 das sessões da Câmara dos Deputados. Ou seja: em 911 votações do Congresso Constituinte, o deputado Mário Bouchardet comparecera a 17 e o deputado Felipe Cheide a 54.

Posteriormente, no mês de novembro de 1991, foi cassado o mandato do deputado federal Jabes Rabelo (Partido Trabalhista Brasileiro: PTB-RO, por 270 votos a favor e 150 contra), acusado de falsificar carteira de assessor parlamentar para seu irmão, preso por tráfico de drogas.

Em dezembro de 1993, a Câmara de Deputados cassou o mandato de 3 deputados: Onaireves Moura (PSD-PR: 335 votos a favor e 72 contra), Nobel Moura (PSD-RO: 332 votos a favor e 58 contra), Itsuo Takayama (PSD-MT: 259 votos a favor e 126 contra), os dois primeiros acusados de oferecer dinheiro para ingressar-se no PSD (Partido Social Democrático), e o terceiro por dizer que "saiu do PP [Partido Popular] e foi para o PSD em troca de dinheiro, porque tinha muitas despesas com os eleitores".

O ex-deputado federal Nobel Moura manobrou na noite anterior à sua cassação, elaborando carta de renúncia com o objetivo de não perder o direito de disputar as próximas eleições, a qual foi rejeitada pela Mesa da Câmara, por não ter sido publicada. O evangélico Itsuo Takayama levou a Bíblia à sessão da Câmara dos Deputados e com ela citou o profeta Isaías e o salmo 133: "Bom seria que os irmãos vivessem em união".

No debate na Câmara, João Teixeira (Partido Liberal: PL-MT), em defesa dos colegas, recorreu ao corporativismo entre deputados federais, lembrando que:

> "Companheiro não cassa companheiro". [Ele disse ainda:] "um anzol para pegar lambari" (...) "Os tubarões vêm daqui a pouco", "gritou alguém do fundo do plenário".

Na questão do orçamento, formou-se Comissão Parlamentar de Inquérito (CPI), com subcomissões visando a analisar os diferentes documentos recolhidos de empreiteira e ainda de quebra de sigilo bancário e fiscal de parlamentares e diretor de empresa. Ela objetivava investigar a ação criminosa no orçamento da República, bem como os implicados nela. Instalada em 20 de outubro de 1993 para durar 45 dias, a CPI foi prorrogada até 24 de janeiro de 1994.

O senador Jarbas Passarinho (Partido Popular Republicano: PPR-PA) foi indicado para a presidência da CPI, tendo como relator o deputado federal Roberto Magalhães (Partido da Frente Liberal: PFL-PE). Em 21 de janeiro de 1994, a CPI aprovou por unanimidade dos 22 votos de seus titulares, o relatório final do deputado Roberto Magalhães, propondo a cassação de 18 parlamentares, continuação das investigações sobre 14 outros e exclusão de 11 acusados por falta de provas. Aprovou-se igualmente a instalação imediata de Comissão Parlamentar de Inquérito (CPI), a fim de investigar as empreiteiras, pois os pedidos feitos na CPI do orçamento federal não constaram de seu relatório final. Porém este relatório afirmava que as empreiteiras agiam no preparo do orçamento da República e na liberação de verbas públicas, definindo antecipadamente o resultado das licitações.

No âmbito do Congresso Nacional, em 23 de junho de 1994, o julgamento dos acusados exibia a seguinte posição:

Foram cassados no Congresso Nacional os mandatos parlamentares de: 1) Ibsen Pinheiro (PMDB-RS); 2) Carlos Benevides (PMDB-CE); 3) Fábio Raunheitti PTB-RJ); 4) Feres Nader (suplente, PTB-RJ); 5) Raquel Cândido (PTB-RO); 6) José Geraldo Ribeiro (PMDB-MG).

Renunciaram ao mandato parlamentar evitando julgamento do Congresso Nacional: 1) João Alves (sem partido-BA); 2) Genebaldo Correia (PMDB-BA); 3) Manoel Moreira (PMDB-SP); 4) Cid Carvalho (PMDB-BA).

Foram inocentados no julgamento do Congresso Nacional: 1) Ricardo Fiuza (PFL-PE); 2) Aníbal Teixeira (suplente, PP-MG); 3) João de Deus Antunes (PPR-RJ); 4) Flávio Derzi (PP-MS); 5) Ronaldo

Aragão (senador, PMDB-RO); 6) Ézio Ferreira (PFL-AM); 7) Daniel Silva (PFL-MA).

Aguardava julgamento do Congresso Nacional na época: Paulo Portugal (PP-RJ).

Ocorreram casos de absolvição decorrentes da falta de número mínimo (quórum) de parlamentares presentes e necessários à realização de julgamento no Congresso Nacional. São os casos das absolvições do senador Ronaldo Aragão (PMDB-RO), dos deputados Ézio Ferreira (PFL-AM) e Daniel Silva (PFL-MA). Acusados pela CPI do orçamento da República, eles acabaram inocentados pelo Congresso Nacional por falta de quórum, apesar de receberem mais votos pela cassação do que pela absolvição.[18]

*

Em vez legislar, grande parte do Congresso Nacional desvia-se de suas funções constitucionais, tornando-se quase só um recinto em que os investigadores de hoje poderão ser os investigados de amanhã, nas desacreditadas Comissões Parlamentares de Inquérito (CPI) e custeadas com recursos do povo brasileiro.

Violência no meio político

Uma sociedade, como a brasileira, infelizmente fundada na violência radical em suas diferentes manifestações, não precisaria exagerá-la na vida política. Matança de índios, negros, agregados, posseiros, presos, revoltosos, bêbados, miseráveis, sem-tetos, doidos, crianças, adolescentes, mulheres e "pessoas em atitude suspeita" etc. já bastaria para afastar os espíritos bem-aventurados e a bem-aventurança.

Mas, não. Os representantes do povo nos Municípios, Estados e Distrito Federal, esgotam-se na violência das lutas partidárias e pessoais. Pouca convicção política e interesses demais (de enriquecimento familiar à transformação de cargo público em emprego, às vezes permanente). Não existiriam tantos e tantos candidatos, caso os principais servidores públicos nada recebessem em pagamento e fossem prestadores de serviços voluntários à população que dizem representar.

Na política brasileira, mesmo com ajustamentos de tipos ideais, a tipologia de **Max Weber**, construída sobre as "duas maneiras de fazer política", não satisfaz, até em épocas de "democracia".

Dizia Weber que:

> ou se vive **"para"** a política ou se vive **"da"** política", [acrescentando que] nessa oposição não há nada de exclusivo [e que] muito ao contrário, em geral se fazem uma e outra coisa ao mesmo tempo, tanto idealmente quanto na prática.
>
> **Todo homem sério**, que vive para **uma causa**, vive também dela. [Nesta linha de raciocínio, quem vive "para" a política e quem vive "da" política exploram] essa posição em benefício de seus interesses econômicos, [inferindo daí que] as lutas partidárias não são... apenas lutas para consecução de **metas objetivas**, mas são, a par disso, e sobretudo, rivalidades para controlar a distribuição de empregos. [negritos e colchetes meus]

Que dizer por exemplo de metas objetivas? Ora, políticos circulam por todos os partidos, mudando a filiação partidária inclusive entre agremiações há pouco tidas como adversárias. Partidos com programas e denominações exclusivamente para fins burocráticos da Justiça Eleitoral, quase sempre na prática pleiteiam e agem consoante o ganho de cada minuto, não deixando de correr atrás das verbas partidárias.

Esse reiterado quadro político brasileiro expõe ameaças e outros crimes, encobertos pelo "segredo de justiça", protegidos pela "imunidade parlamentar" ou por "foro especial nos Tribunais Superiores". Os responsáveis por gerir a vida pública gozam de "segredo de justiça", de "imunidade" de "foro especial nos Tribunais Superiores", para ofender, ameaçar e matar, quando a República (vide o nome) exige publicidade em tudo.

O Congresso Nacional já foi palco de assassinato, no qual um senador sacou do revólver, errou o tiro e matou outro senador. Em 1994, noticiava-se que um senador (Partido da Frente Liberal — PFL — MA), ex-ministro da Integração Regional, disse a um deputado (Partido Democrático Trabalhista — PDT — RJ):

> Vamos lá para fora que eu vou te dar um tiro no traseiro.

Dentre as agressões, registraram-se a promessa de um senador contratar bandidos para matar adversário político e a tentativa de homicídio praticada pelo governador da Paraíba contra o ex-governador do estado. Não é pouco, é muito para a denominação "Nova República". Um diário reclamava das "cenas de gangsterismo por parte de algumas autoridades que o país vem sendo obrigado a assistir...".

O conhecido e respeitado escritor brasileiro Antônio Callado narrou o crime do governador da Paraíba, de forma direta:

> Quem estava almoçando no restaurante Gulliver, em João Pessoa, dia 5 de novembro de 1993, suspendeu garfo e faca quando três tiros de revólver (38, cano curto) imobilizaram garçons e fizeram até pratos estremecerem. Ainda mais assustados ficaram os frequentadores do elegante restaurante quando souberam que os tiros tinham sido disparados pelo então governador do Estado, atual senador pela Paraíba,... O governador acabava de atirar, à queima-roupa, na cara do ex-governador e seu ex-amigo ... que levava garfo à boca e engoliu as balas.

Em torno do presidente do Congresso Nacional

O senador e presidente do Congresso Nacional, Humberto Lucena (PMDB-PB), foi julgado por sentença judicial e condenado em todas as instâncias possíveis, tendo cassada sua candidatura e sua inelegibilidade decretada. A causa da condenação consistiu em servir-se da gráfica do Senado, na sua campanha eleitoral para senador.

Em evidente desrespeito ao Poder Judiciário, um dos poderes da "Nova República", os senadores em 1994 aprovaram projeto de lei que determinava a anistia aos parlamentares-candidatos que tivessem usado irregularmente a referida gráfica, favorecendo dentre outros o senador Humberto Lucena, presidente do Senado e do Congresso. Aprovado no Senado, o projeto de lei foi para a Câmara dos Deputados.

Plebiscito sobre formas e sistemas de governo

Após o plebiscito de 1963, quando o presidencialismo foi escolhido por 9,4 milhões de votos, a Constituição de 1988 determinou a segunda consulta popular sobre sistema de governo no Brasil.

A Constituição Federal Brasileira de 1988 fixou o dia 7 de setembro de 1993 para realizar-se o plebiscito pelo qual os eleitores deveriam escolher a forma de governo (república ou monarquia) e o sistema de governo (presidencialismo ou parlamentarismo), a serem criados no país.

Para o príncipe Bertrand de Orleans e Bragança, irmão e sucessor imediato de Dom Luiz, herdeiro da Casa de Bragança — a qual reinou no Brasil até a proclamação da República em 1889, — o sistema de monarquia parlamentar tinha probabilidade de "ser vitorioso" no plebiscito. O príncipe fundamentava sua opinião na situação das monarquias parlamentares no mundo: dos 18 países mais ricos no período, 12 adotavam sistemas monárquicos, ajuntando:

A razão é a decadência [no Brasil] do sistema republicano cujos seguidores se sentem agredidos pela realidade.

A REPÚBLICA BRASILEIRA — 1951–2010

Seria possível dar crédito ao argumento acima, do príncipe Bertrand de Orleans e Bragança, se os dois Impérios Brasileiros ao menos tivessem estabelecido a igualdade de direitos políticos, civis e penais no país. E mais: se tivessem aclamado a liberdade individual e social para todos, abrangendo os chamados "homens livres" (sujeitados aos favores dos poderosos do dia) e os escravos negros, libertados só formalmente nos estertores da monarquia. D. Pedro I, malgrado o poder outorgado a si próprio, nem sustentou os votos mais liberalizantes de Joaquim Gonçalves Ledo, no tempo do Primeiro Conselho de Estado, do Primeiro Império Brasileiro.

A poucos dias do plebiscito, 45% dos eleitores não conheciam a diferença entre presidencialismo e parlamentarismo e 50% deles desconheciam a distinção entre monarquia e república.

Marcado para 7 de setembro de 1993, o plebiscito acabou realizando-se em 21 de abril do mesmo ano, com a vitória da república presidencialista, pelo voto da maioria de 90,2 milhões de eleitores, com significativa vantagem sobre a monarquia e o parlamentarismo.

Patenteou-se que os eleitores das regiões brasileiras mais pobres e menos instruídas, do Norte, do Nordeste e do Centro-Oeste, negaram o parlamentarismo, ao passo que as regiões mais ricas do Sudeste aprovaram o parlamentarismo. Em São Paulo, o maior colégio eleitoral do Brasil, deu o melhor resultado ao parlamentarismo e significou também o pior resultado da república presidencialista, vigorante no país. A monarquia alcançou melhor resultado nos estados do Sudeste (São Paulo e Rio de Janeiro), seguidos de 2 Estados do Norte (Amazonas e Pará). Esse plebiscito de abril de 1993 caracterizou-se pela falta de informação, pelo desânimo e pelo desinteresse.

Um importante escritor brasileiro, João Ubaldo Ribeiro, na fase do plebiscito, editado no jornal *O Estado de S.Paulo*, de 4 de abril de 1993, um artigo intitulado "Votemos, plebiscitemos":

> O plebiscito não traçara destino algum; apenas confirmará a sina que nos acompanha imemorialmente. E o povo não resolverá nada, apenas votará... (...) Não resolverá porque a soberania popular — lindamente

> enunciada em "todo poder emana do povo e em seu nome será exerci-
> do" — nunca de fato existiu no Brasil. (...) O famoso povo brasileiro,
> rebanho de carneiros que não se rebela diante de condições de vida
> inacreditavelmente iníquas, vai votar porque é obrigado e vai fazer sua
> "escolha" baseado em noções próprias de quem é semianalfabeto,
> explorado e manipulado por tudo quanto é via possível.

Passado o plebiscito, o presidente Itamar Franco buscava no Congresso Nacional sua base de apoio ao governo. Ele queria que os apoiadores de seu governo colocassem "suas faces de fora", não permanecessem "apenas na sombra", reclamando de "falsa unanimidade". Continuou:

> **O governo já é de transição.**
> (...) O governo continuará no mesmo rumo, no rumo da tranquilidade,
> da ordem democrática, com mais justiça social e menos injustiça na
> ordem econômica. (...) Nós queremos preparar o País para que outro
> presidente o receba melhor do que recebi, particularmente em relação
> à ordem econômica e às relações sociais. (...) Este país vive uma crise
> social forte.

O presidente Itamar deixou cair no chão a cédula de votação no plebiscito e parece ter optado pela república parlamentarista.[19]

Eleições de 1994

> Governo tem que ter autoridade. Essa história de se amolecer... Bonzi-
> nho não serve para governar o país.
>
> > [Orestes Quércia, ex-governador de São Paulo]

O presidente Itamar Franco inquietava-se com as impressões causadas pelo plebiscito sobre as formas e os sistemas de governo no

A REPÚBLICA BRASILEIRA — 1951-2010

Brasil, e também com a antecipação prematura da campanha eleitoral à Presidência da República. Queria evitar a todo custo a corrida presidencial, explicando que "o país tem realidades que não são as realidades de candidaturas presidenciais".

Itamar procurava acalmar a população mostrando seus propósitos:

> Vamos deixar claro: não haverá controle de preços, nem choques, nem alongamento da dívida, ou congelamentos. (...) **Neste País, especuladores ficam ricos em 20 minutos porque a cada momento, a cada segundo, se inventam coisas do governo. Esses indivíduos deveriam estar na cadeia, mas eu ainda não consegui uma forma de prendê-los, porque eles trabalham na sombra** [negritos meus].

Antes do plebiscito, Itamar Franco prevenia:

> Minha única bússola deve ser a Constituição e as leis. Esses — e só esses — são guardiães da governabilidade. (...) Por isso mesmo reafirmo que o presidente da República não será jamais refém do resultado do plebiscito, da política sucessória, dos partidos ou de quem quer que seja. (...) **A injustiça social, a escandalosa concentração da renda nas mãos de uma minoria privilegiada, assim como o desequilíbrio entre as várias regiões, têm a patética moldura dos problemas da saúde, da educação, da segurança, da habitação, da inflação e da desumana recessão, na realidade brasileira. É esse quadro que agride a minha sensibilidade de homem público, a minha consciência e a de todos os brasileiros** [negritos meus]

Havia um ar de desesperança no Brasil, a política convertera-se para a população num jogo de interesses contrários a ela mesma. A política claramente não significava campo destinado ao exercício da liberdade individual e à construção da felicidade social, autênticas finalidades da República.

Como se não fossem suficientes as palavras do presidente Itamar Franco em abril de 1993 aos oficiais generais promovidos, palavras acima mencionadas, asseverando seu respeito à Constituição Federal de 1988 e às leis, incriminando a injustiça social, a corrupção, a especulação com preços de mercadorias, etc., em dezembro do mesmo ano, a Escola Superior de Guerra (ESG), por seu comandante, pronunciava-se sobre as condições sociopolíticas do país. O comandante da Escola Superior de Guerra, brigadeiro Sérgio Xavier Ferolla, na formatura de uma turma e em presença do presidente, declarava que uma convulsão social (decorrente do "crescimento da miséria" e da "impunidade dos políticos") levaria os militares a "tomar posições ao lado dos anseios do povo". Que posições?

Desconfiança dos políticos e precipitação eleitoral

Sondagem feita pelo Ibope em todo o Brasil, ao longo da terceira semana de abril de 1993, concluiu que 93% dos consultados achavam que "os políticos só se preocupavam com sua própria reeleição"; 92% dos consultados acreditavam que "os políticos ficavam ricos com a política"; 88% dos consultados viam que os políticos só pensavam em resolver os problemas deles e 65% criam que "os deputados e senadores não resolvem nada que interesse ao povo".

Quanto à imagem do ministério Itamar Franco, a sondagem do Ibope indicava: para 96% dos pesquisados, com a arrecadação de impostos "o governo poderia prestar serviços melhores" e 90% julgavam que "o governo gastava muito em coisas que não interessavam". Quanto aos ministros do gabinete de Itamar Franco, 9% dos ministros eram "totalmente honestos"; 52% deles eram "um pouco desonestos" e 30% "totalmente desonestos".

A má prática e a corrupção nos legislativos e nos executivos da União, dos Estados e dos Municípios, puniram a ação política com amplo e forte descrédito.

O presidente Itamar Franco evitou o desencadeamento do processo eleitoral e desaconselhou o lançamento de candidatura presidencial, por haver muitos meses pela frente até as eleições. Mas aos poucos os partidos foram anunciando seus favoritos.

Atentem às ideias de alguns presidenciáveis mais conhecidos.

Leonel Brizola (PDT — Partido Democrático Trabalhista):

> As decisões nacionais têm que se voltar para o povo brasileiro e não para o desenvolvimento de uma economia estruturada para os interesses de fora, dos que nos exploram, nos dominam.

Orestes Quércia (PMDB — Partido do Movimento Democrático Brasileiro):

> Em pouco tempo, em poucos anos, no prazo de um mandato, o país pode respirar melhor, entusiasmar-se.

Fernando Henrique Cardoso (PSDB — Partido da Social-Democracia Brasileira):

> ... derrubar a inflação, atacar com força a reforma da máquina estatal, que não se modernizou no mesmo compasso do setor privado, e **colocar esse Estado reformado a serviço do bem-estar social**. (...) **O próximo governo vai ter de cuidar do emergencial, que é matar a fome de quem está morrendo de fome**. Vai ter de assegurar a continuidade da estabilização e do crescimento de economia e mostrar muita firmeza no encaminhamento das reformas estruturais **que garantirão uma melhora gradativa mas contínua dos níveis de bem-estar**.

Luiz Inácio Lula da Silva (PT — Partido dos Trabalhadores):

> Basta que o Estado inverta as suas prioridades. É preciso que o Estado incentive os pequenos e médios empresários e produtores e pare de vez de dar dinheiro aos grandes grupos econômicos. (...) ...**acho**

que num mandato presidencial podemos fazer o alicerce das reformas de que o Brasil precisa. Dá para ter o compromisso de acabar com a fome.

Normalmente a indicação de candidatos liga-se à alta burocracia dos partidos políticos, que se baseia no princípio "de quem está em cima não desce e de quem está embaixo não sobe". Tal qual a burocracia nas demais atividades, no aparelho burocrático dos partidos políticos, aquele que galgou algum poder diretivo é sempre candidato a alguma coisa.

No Brasil, a participação política foi e é demasiadamente reduzida. A indicação de candidatos na hierarquia dos partidos fantasmas ou não, é muito mansa, com programa para a eleição ou não, a exemplo do "confisco de boi no pasto", repetido infinitamente por um candidato vitorioso a governador e "expoente" da "Nova República".

Na Bahia, o censo de 1991 do Instituto Brasileiro de Geografia e Estatística (IBGE), e as investigações do Tribunal Regional Eleitoral do Estado (TRE), demonstraram que seis municípios possuíam mais eleitores do que habitantes: Muniz Ferreira, Dom Macedo Costa, Pedrão, Lajedão, Anguera e Catolândia (este com 35.349 eleitores contra 31.911 habitantes). Em 1992, o Tribunal Regional Eleitoral baiano (TRE) e a Polícia Federal descobriram que perto de 8 mil eleitores de 5 municípios (Antas, Pedrão, Macajuba, Muniz Ferreira e São Gonçalo), mortos há 10 anos, votaram nas eleições. Outras investigações mostraram que eleitores de uma zona eleitoral, com título falso, votavam igualmente em cidade vizinha.

No jornal, Florestan Fernandes dava sua explicação à precipitação eleitoral:

> Entramos de modo precoce no período de propaganda eleitoral. Era o previsível, sob um governo movediço e um presidente-substituto de boas intenções, mas temperamental e arbitrário.

A REPÚBLICA BRASILEIRA — 1951–2010 549

Ainda neste jornal, Alon Feuerwerker apontava as raízes histó-ricas dessa pressa:

> Já dura quase cinco séculos o esforço de nossa classe dominante para construir um sistema político que prescinda de povo. Preparemo-nos para assistir a mais um capítulo da novela.[20]

Num contexto histórico distante e diverso, mas não tão distante e diverso que não dê para lembrar o Brasil, há mais de um século e meio Karl Marx observava a "democracia vulgar" e a "bancocracia", e afirmava:

> ...quando uma minoria dominante era derrubada, outra minoria se apoderava do posto de comando do Estado e transformava as institui-ções públicas de acordo com seus interesses. E em cada caso, este era o grupo minoritário apto para o poder e qualificado pela situação do desenvolvimento econômico.

Em janeiro de 1994, o ex-governador de São Paulo, Orestes Quér-cia, postulava à Executiva Nacional do PMDB sua candidatura à presidência da República, que acabou conseguindo. Durante a reunião da Executiva do PMDB, Quércia negou que seu patrimônio subisse a 52 milhões de dólares conforme lhe atribuíam, justificando em suas palavras: "Tudo o que tenho não passa de 12 milhões de dólares". Quércia buscava "explicar" sua fortuna e propunha a união do parti-do, mas não obteve o *atestado de idoneidade*.

Fernando Henrique Cardoso (PSDB), ministro da Fazenda a par-tir de meados de 1993, segundo o Datafolha, nem sequer mantinha sua aprovação inicial no cargo (ao assumir somente 11% viam-no "ruim", contudo em agosto deste ano tal percentagem se tinha elevado a 31%). Ademais, em setembro, Fernando Henrique declarava não possuir programa: "Estou de mãos abanando. Programa, eu não tenho".

Um dos assuntos mais discutidos no país, de modo geral, conver-gia para a falência do Estado (por exemplo: só 15% das rodovias em bom estado e 42,8% das locomotivas não funcionavam), falência entendida aí como problema mais político do que econômico. Outro assunto muito discutido estava no tamanho do Estado brasileiro. Uns defendiam a privatização das empresas públicas, transformando o empresariado em responsável pelo crescimento. Outros concediam ao Estado a função de promover e coordenar o crescimento econômico-social.

O Produto Interno Bruto (PIB) descera radicalmente, pois na década de 1950 seu crescimento foi de 99,0%; na década de 1960 foi de 80,3%; na década de 1970 foi de 131,5%; enquanto na década de 1980 o crescimento foi de apenas 32,3%. Falava-se do programa de renda mínima, aventado pelo senador Eduardo Suplicy (PT-SP) e ainda de auxílios às famílias de baixa renda. Aqueles que se empenhavam em eleger-se empunharam o estandarte do que denominavam "questão social" e saíram por aí, a ponto que a dita "questão social" passou a interessar ao Banco Interamericano de Desenvolvimento (BID).

Os prováveis candidatos dos partidos expuseram, eles mesmos, o que fariam no 1º dia de governo. Exemplificando, quanto ao 1º dia de governo: 1) Sarney: "Assumir uma liderança política decidida pela transformação do país"; 2) Brizola: "Democratizar os meios de comunicação e rever a privatização da Companhia Siderúrgica Nacional (CSN)"; 3) Quércia: "Meu primeiro ato será a implantação de um programa destinado a promover o desenvolvimento integral da criança pobre brasileira".

O ministro da Fazenda em 1994, Rubens Ricupero, dizia-se favorável a manter o "multilateralismo" já existente, isto é, realizar negócios de importação e de exportação com todos os países.

Vitória eleitoral de Fernando Henrique Cardoso em 1994

Ao completar o primeiro ano de governo em fins de setembro de 1993, o presidente Itamar Franco pelejava pelo controle da inflação no Brasil. Parece que Itamar pensou em eventual antecipação do término

A REPÚBLICA BRASILEIRA — 1951-2010

do mandato. Vários ministros da Fazenda haviam tentado em vão dominar a inflação. O próprio presidente recebia forte desaprovação: 35% da população julgavam-no ruim ou péssimo e unicamente 15% avaliavam-no como ótimo ou bom. Uma onda de pessimismo corria o Brasil.

Ás vésperas das eleições em 3 de outubro de 1994, no encerramento de seu governo, Itamar Franco citava trecho de poema do poeta português Fernando Pessoa para falar de seu mandato: "Firme em minha tristeza, tal vivi. Cumpri, contra o destino, o meu dever. Inutilmente? Não, porque o cumpri". Entretanto, em pesquisa publicada antes das eleições, Itamar Franco alcançou a aprovação de 32% da população. De 43% a 49% julgaram estável seu governo e a taxa de ruim e péssimo desceu a 13%.

O presidente Itamar Franco foi o primeiro presidente do Brasil, desde 1960, a eleger pelo voto popular seu sucessor, Fernando Henrique Cardoso (PSDB). E mais ainda: Itamar elegeu candidato do PSDB (Partido da Social Democracia Brasileira), recente dissidência do PMDB (Partido do Movimento Democrático Brasileiro), sem apoio sindical representativo e sem projeto socialista, dois componentes tradicionais da Social-Democracia.

Nas eleições de 1994, a resistência ao candidato do Partido dos Trabalhadores (PT), Luiz Inácio Lula da Silva, não se elevou à doidice (e ao exagero) de vê-lo como o símbolo do "perigo vermelho", dos "comedores de crianças" ou dos "invasores de casas e apartamentos de ricos, de pobres e da classe média desesperada". Isto se deu em 1989, na eleição de Fernando Collor de Mello à presidência da República.

Porém nem tanto. Atribuída à esposa de Lula da Silva, Marisa, a frase não exagerou a opinião ao dizer: "Fizeram do Fernando Henrique um príncipe e do Lula um sapo". Eis uma boa síntese visando a denunciar a desqualificação política do Partido dos Trabalhadores (PT) e de seu candidato, Luiz Inácio Lula da Silva, ao concorrer com opositor culto, candidato das elites, Fernando Henrique Cardoso.

O candidato de oposição, Lula de Silva, enfrentou guerra de panfletos com conteúdo falso a respeito de seus projetos, colocando-o em situação suspeita com os evangélicos, com os sem-teto e com os trabalhadores rurais, obrigando o PT a criar uma central antiboatos. Das informações falsas constavam que Lula unificaria todas as igrejas evangélicas; que extinguiria a previdência social no campo; além de ele convocar os sem-teto a ocupar áreas.

Apreciando a conjuntura da campanha eleitoral de 1994, Marilena Chaui ressaltou:

> A classe dominante brasileira privatizou o Estado, ou seja, tornou impossível a distinção entre o público e o privado. Collor e os Sete Anões são apenas uma espuma flutuante que esconde as profundezas de uma estrutura que impede verdadeiramente a política, isto é, a natureza pública e simbólica do poder.

Exemplo dessa privatização aconteceu na reunião entre o candidato petista à presidência da República, Lula da Silva, e representantes dos capitalistas norte-americanos, promovida pela Câmara Brasil — Estados Unidos de Comércio, em Nova York, durante a campanha eleitoral. Assim falou Derek Hudson, vice-presidente do Arab Banking Corporation, a respeito das soluções econômicas indicadas por Lula ao Brasil:

> Todos os fatos importantes do seu programa econômico estão faltando. Ele não explica como e com que recursos vai implantar o que diz. (...) Lula também não é francamente a favor das privatizações em país que tem um Estado grande como um câncer.

Assim falou sobre igual temática Mario Lorencatto, diretor da Philip Morris para a América Latina:

> ...o discurso de Lula está no sentido contrário ao do resto do mundo. (...) Suas ideias de estatização podem isolar o país...

A REPÚBLICA BRASILEIRA — 1951–2010

Os banqueiros internacionais e seus representantes interessavam--se em saber se o candidato Luiz Inácio Lula da Silva pagaria a dívida externa, **conforme o acordo feito em abril de 1994.**

O vice-presidente do Citibank, William Rhodes, coordenou o acordo do Brasil com os bancos credores internacionais, terminado depois de 11 anos, no valor de 49 bilhões de dólares. Recorde-se o diálogo entre ambos:

William Rhodes perguntou:

O senhor vai honrar o acordo?

Lula da Silva respondeu:

O acordo foi péssimo para o Brasil, mas como o Senado aprovou, esta parte está acordada. Não dá para ficar chorando o leite derramado, mas é estranho que as pessoas gritem quando nós falamos em renegociar. (...) cabe ao presidente que assumir honrar o acordo.

*

O sucesso de Fernando Henrique na campanha presidencial se originou, sobretudo, da confiança dada ao Plano Real, que conteve a inflação até então incontrolável, e aumentou o poder aquisitivo da população.

Dada ao público em agosto de 1993, mais de um ano antes das eleições, enquete efetuada pelo Ibope indicava Lula com 25% de preferência dos votos, Sarney com 14%, Maluf com 11%, Brizola com 10%, Fernando Henrique Cardoso com 7% (ainda ministro da Fazenda) e Antônio Carlos Magalhães com 7% (ainda governador da Bahia). Em maio de 1994, o candidato do presidente Itamar Franco, seu ex-ministro Fernando Henrique Cardoso, achava-se 23 pontos atrás de Luiz Inácio Lula da Silva, pois este levava vantagem em 40% dos votos, enquanto aquele possuía somente 17%, de acordo com pesquisa do Datafolha.

Em setembro de 1994, próximo das eleições, vários Estados davam seu voto a Fernando Henrique devido à aprovação do **Plano Real**. Nos Estados em que o aludido plano econômico foi mais aceito, maior foi o número de seus eleitores. Em Goiás, o Real foi aprovado por 85% dos pesquisados, Fernando Henrique alcançou o maior índice de 58%. Igual situação aconteceu em Minas Gerais, Paraná, Ceará e Mato Grosso do Sul.

Inversamente, o candidato Lula da Silva teve piores índices nesses Estados: 16% em Goiás, 18% em Minas Gerais e Paraná, 21% no Ceará e no Mato Grosso do Sul. Os menores percentuais obtidos pelo **Plano Real** correspondiam também aos menores percentuais de votos dirigidos a Fernando Henrique.

Em artigo escrito para a revista *Cambio 16*, o candidato do PT e de oposição, Luiz Inácio Lula da Silva denunciava:

> A instrumentalização da máquina do Estado e a manipulação articulada da informação pela grande imprensa converteram em ilegítimo o processo eleitoral brasileiro.
>
> (...) Em 1989, a difamação e a calúnia caracterizaram a campanha contra o Partido dos Trabalhadores (PT) e seu candidato. Hoje [1994], à divulgação das mentiras soma-se a tentativa de compra de votos, que, em sua versão mais indigna, se manifesta na distribuição seletiva de cestas básicas para parte dos 32 milhões de indigentes que perambulam por nosso país.
>
> Em 1989, fui vítima de ataques pessoais que procuravam manchar minha honra e me indispor com minha família. Hoje [1994] a ação coordenada dos setores conservadores da política e das oligarquias donas dos meios de comunicação divulga informações falsas contra meus principais colaboradores e assessores. Conquistamos o direito de réplica em jornais e revistas, mas o atraso judicial nos impede de expressarmos a verdade a tempo.
>
> (...) Trabalharemos por um novo impulso econômico, até recuperar taxas históricas de investimentos e passar de 16% a 25% do Produto Interno

A REPÚBLICA BRASILEIRA — 1951–2010

Bruto. De 155 milhões de brasileiros, 60 milhões estão no mercado de consumo. A integração destes setores deve gerar uma nova onda de desenvolvimento econômico, circunstância que interessará também às empresas estrangeiras, para investirem a médio e longo prazo.

A ilegitimidade e manipulação eleitoral, contidas na denúncia do candidato de oposição, Lula da Silva, editada no artigo da revista *Cambio 16*, evidenciavam também no comportamento do ministro da Fazenda, Rubens Ricupero, do governo Itamar Franco:

> **Um erro técnico levou aos lares de todo o país, recentemente, as vergonhosas intenções do ministro da Fazenda, Rubens Ricupero, que confessou estar trabalhando pela candidatura oficial. Os fatos demonstram que o ministro disse a verdade ao confessar seus atos.**

No mesmo momento da divulgação do artigo de Lula, o jornalista Jânio de Freitas explicava o alcance do Plano Real, tão decantado na campanha de Fernando Henrique Cardoso:

> As ideias que estão vicejando no grupo de ideólogos do **Plano Real** e, a julgar pelas atuais pesquisas eleitorais, ideólogos do futuro governo, levam a insensatez ao nível do desvario. Algumas dessas ideias foram expostas, com certos revestimentos atenuadores do seu autoritarismo, pelo ministro Beni Veras, do Planejamento, e por Edmar Bacha, assessor especial do Ministério da Fazenda. **A origem das ideias em questão é a incompatibilidade entre numerosos preceitos da Constituição e os projetos de reformas acalentados pelo grupo** — reformas das instituições, do Estado, da ordem econômica e da ordem social.
> (...) E o que seria retirado da Constituição? Os preceitos sobre a Previdência Social, as relações entre empregados e empregadores, a organização do Estado sobre as relações entre o governo federal e os Estados e municípios, sobre estatais e sobre o sistema tributário. E

mais alguma coisa. **Claro que uma Constituição feita pela mesma meia dúzia de economistas, com o auxílio redacional de um desses políticos-advogados que o descuido de alguém intitulou de jurista. Vivemos duas décadas de ditadura. Mas o espírito que a manteve por tanto tempo não se foi com ela: ficou enraizado na mentalidade dos tecnocratas, cujos maiores expoentes são, invariavelmente, os paladinos do economismo que vem devastando este país e sua gente.**

Aprontava-se outro pacote produzido pelos novos burocratas estatais, dominantes no país desde os anos de 1950, os economistas e quejandos, bafejados e executores das lições das agências internacionais de financiamento, com a finalidade de "modernizar" a Constituição Federal de 1988. O Fundo Monetário Internacional (FMI) reconhecia resultados "alentadores" do Plano Real, e encaminhava medidas necessárias ao sucesso dele:

> Os governantes necessitarão assegurar a firme e contínua implementação de políticas creditícias, fiscais e salariais sadias para alcançar um crescimento econômico sustentado.[21]

O candidato Fernando Henrique Cardoso não deixou de avisar os seus eleitores de quais eram suas intenções reformistas, mas mesmo assim saiu vitorioso no pleito eleitoral. Seus planos originaram-se, em parte, da ideologia da "globalização" e dos rumos traçados pelas agências internacionais de financiamento, pelos seus ex-funcionários (também brasileiros), pelos professores da Europa e dos Estados Unidos, em especial destes últimos (com grife acadêmica nos meios de comunicação) etc.

De 1951 em diante, nenhum candidato eleito esteve voltado para o Exterior como Fernando Henrique Cardoso, com a facilidade de falar várias línguas, de conhecer vários países e de ter exercido a docência em universidade brasileira e estrangeira com realce, da qual

A REPÚBLICA BRASILEIRA — 1951-2010

não deixou de dar ares. Antes da eleição presidencial de 1994, Fernando Henrique expôs em artigo os principais propósitos a serem empregados durante sua gestão:

> Esse Brasil autoconfiante, que sobreviveu à crise, às vezes parece esperar só uma coisa do governo: que ele pelo menos não atrapalhe. É bom que a sociedade confie em suas próprias forças e que o governo não atrapalhe mesmo: não gaste mais do que arrecada, gerando inflação; não sufoque a produção com excesso de impostos, burocracia e monopólios, e garanta a estabilidade da moeda e das regras do jogo. É bom, mas é pouco.
>
> (...) Se chegar à Presidência, vou retomar imediatamente a discussão dessa pauta com o Congresso e com a sociedade. Ela inclui uma reforma tributária que distribua melhor a carga dos impostos; a ampliação das fontes de financiamento da seguridade social; a flexibilização dos monopólios estatais nos setores de petróleo e telecomunicações e a eliminação das restrições ao capital estrangeiro.
>
> (...) A ideia neoliberal o "Estado mínimo" não faz sentido prático no Brasil. Aliás, os liberais lúcidos sabem disso.
>
> (...) E universalização da educação não rima com concentração da renda. Por tudo isso, meu plano de desenvolvimento se acopla a um plano social, para reduzir as desigualdades e incorporar ao desenvolvimento os brasileiros hoje excluídos de seus benefícios, ou que deles experimentaram migalhas. O ponto de partida desse plano é a criação de empregos. O grande objetivo estratégico é a revolução educacional. O eixo da sua execução é a reforma administrativa.
>
> (...) Sei que a caminhada ultrapassa em muito o horizonte de um governo. Mas estou certo de que quatro anos, aproveitados desde o primeiro dia, serão suficientes para fixar o rumo das mudanças e torná-las irreversíveis.

Também na véspera das eleições, convidado a exibir por escrito seus planos para o Brasil, caso escolhido para a presidência da República, o candidato Luiz Inácio Lula da Silva expôs algumas diretrizes mais ou menos constantes em suas campanhas passadas e futuras:

A atual política de redução de alíquotas das importações, com o Real artificialmente valorizado e os juros altíssimos, irá quebrar nossa indústria, facilitando as importações, inundando o País de bugigangas. O desemprego crescerá mais ainda, (...)

(...) Desenvolvemos a ideia, que já havíamos proposto em 1989, de criar um amplo mercado de bens de consumo de massas, permitindo atacar o problema da fome, ao mesmo tempo em que se produz vestimenta, calçado, moradia e se oferece transporte urbano digno e saneamento aos milhões que se encontram fora do consumo, da produção e da cidadania.

(...) O salário-mínimo crescendo, crescerá a economia.

(...) O Estado brasileiro é grande, pesado e ineficaz encontrando-se em uma situação de quase falência. Por isso o Estado brasileiro tem de ser **desprivatizado**, modernizado, pagando melhor seus funcionários, capacitando-os e, ao mesmo tempo realizando algumas reformas imprescindíveis: a fiscal, a tributária, a da previdência e a de sua própria administração.

(...) uma melhor distribuição de renda que será atingida, não só com salários reais mais altos, como com eficientes serviços — educação, saneamento, saúde — e o Programa de Renda Mínima.

(...) Meu governo será regido por princípios éticos, pelo respeito ao Estado democrático de direito e por uma busca permanente de construção de novos direitos.

As eleições realizadas em 3 de outubro de 1994 deram a vitória a Fernando Henrique Cardoso (PSDB) e a seu vice-presidente, Marco Maciel (PFL), com a maior votação dada a um presidente da República desde 1945. Ele foi eleito com maioria absoluta de votos válidos (sem contar os brancos e nulos), em uma única eleição à presidência, porque até 1960 os candidatos precisavam de maioria simples. Em

A REPÚBLICA BRASILEIRA — 1951–2010

1945, o general Eurico Gaspar Dutra (PSD — Partido Social Democrático) superou em número de votos a aprovação de Fernando Henrique Cardoso, porquanto aquele recebeu 55,4% dos votos válidos e este atingiu 54,3% deles.

O resultado da eleição presidencial em 1994 foi o seguinte:

1) Fernando Henrique Cardoso (PSDB — Partido da Social Democracia Brasileira): 34.377.198 votos válidos ou 54,28% deles;

2) Luiz Inácio Lula da Silva (PT — Partido dos Trabalhadores): 17.1236.291 votos válidos ou 27,04% deles;

3) Enéas Carneiro (PRONA — Partido da Reedificação da Ordem Nacional): 4.672.026 votos válidos ou 7,38% deles;

4) Orestes Quércia (PMDB — Partido do Movimento Democrático Brasileiro): 2.773.793 votos válidos ou 4,38% deles;

5) Leonel Brizola (PDT — Partido Democrático Trabalhista): 2.016.386 votos válidos ou 3,18% deles;

6) Esperidião Amin (PPR — Partido Progressista Renovador): 1.740.210 votos válidos ou 2,75% deles;

7) Carlos Gomes (PRN — Partido da Reconstrução Nacional): 387.927 votos válidos ou 0,61% deles;

8) Hernani Fortuna (PSC — Partido Social Cristão): 238.323 votos válidos ou 0,38% deles.

A eleição presidencial deu a Enéas Carneiro o terceiro lugar entre os votados, apesar de seu pequeno partido, PRONA, comparado com o de Orestes Quércia (4º lugar, PMDB), de Leonel Brizola (5º lugar, PDT) e de Esperidião Amim (6º lugar, PPR).

Na Câmara Federal, os partidos mais votados, pela ordem, foram o PMDB, o PFL e PSDB. No Senado Federal, igual ordem se manteve. O número de mulheres na Câmara Federal cresceu de 28 para 33 deputadas e no Senado Federal avançou de uma para cinco senadoras, compondo a maior bancada feminina desde 1932, ano em que as mulheres passaram a ter direito de voto.

Porém é preciso ainda reparar na pesquisa Datafolha sobre os votos em branco ou nulo da eleição para o governo do Estado de São Paulo, em 1994. Segundo a pesquisa Datafolha, 39% dos eleitores votaram em branco ou nulo para governador de São Paulo em razão de não confiar nos candidatos. Ou seja, praticaram o voto de protesto. Outros 30% acreditaram que os políticos "não resolvem nada" e 14% entenderam que os políticos "são todos ladrões". Também na eleição de 1994 para as duas vagas paulistas no Senado, 25% não acreditaram nos candidatos, votando em branco ou nulo.

Fator determinante nas eleições de 1994 estava nas carências educacionais do Brasil. Pelo Tribunal Superior Eleitoral (TSE), o proclamado "direito de todos à educação e dever do Estado e da família" (artigo 25 da Constituição de 1988) unicamente valia para 30,54% dos brasileiros, aqueles que conseguiram ao menos completar o 1º Grau ou níveis mais elevados. Em outubro de 1994, de aproximadamente 95 milhões de eleitores, mais de um terço (35,75% ou 33,8 milhões) nunca frequentaram escola, conquanto 26,73% deles tivessem aprendido a ler e escrever.

Essas eleições de 1994 mudaram e não mudaram o Congresso Nacional. Ocorreu mudança de nomes, aproximadamente 60% dos deputados federais foram substituídos. Porém muitos dos eleitos não mudaram as características básicas da prática política no Brasil. Inúmeros deputados e senadores eram campeões "no velho estilo clientelista e fisiológico, alguns deles com a imagem seriamente maculada por suspeitas de irregularidades administrativas".

Como vinha sucedendo, em todo o país ganharam as eleições de 1994 inúmeros radialistas e jornalistas de TV.

*

O governo de Fernando Henrique Cardoso, agora FHC, não pode ser desvinculado do governo de Itamar Franco, porque aquele governo encontrou sua origem e razão de ser no governo deste.

A posse de Fernando Henrique Cardoso

Grandes homens: São tudo o que nós não somos.
Jacob Burckhardt[22]

A verborragia presidencial é vaga, manda carapuças em várias direções
e, de concreto, diz que sem reformas não poderá governar."
Carlos Heitor Cony[23]

A eleição de Fernando Henrique Cardoso no primeiro turno, em 3 de outubro de 1994, comprovou o vigor e o êxito da aliança política entre o PSDB (Partido da Social-Democracia Brasileira) e o PFL (Partido da Frente Liberal). Antes da posse, FHC julgou-se "devedor ao presidente", declarando:

Sou especialmente devedor ao presidente [Itamar Franco], pela confiança que depositou em mim. (...) [O governo Itamar] foi o começo de uma transformação profunda [do Estado e ele] (...) soube e saberá conduzir o governo sem se furtar a tomar decisões. A transição é fácil porque fui ministro de duas pastas do governo Itamar. Eu não vejo nenhuma dificuldade.

Relativamente à reeleição de presidente da República, Fernando Henrique esclareceu ser ela "inviável":

Um presidente candidato à reeleição é candidato à derrota. Vai ser crucificado. (...) [Ele] tem que ter segurança do Estado. Ele se desloca em aviões do governo. Como é que faz? Quanta matéria! [jornalística]. (...) [Para FHC], a cultura política brasileira é de tal maneira ingênua nesta matéria que confunde a posição política dos governantes com o uso da máquina.

Presidente FERNANDO HENRIQUE CARDOSO

Fernando Henrique Cardoso, conhecido como FHC, na foto mostrando a cédula de 100 reais, embora a promulgação do Plano Real tenha sido feita pelo presidente Itamar Franco e não por ele, sendo na época Rubens Ricupero ministro da Fazenda. Esteve na Assembleia Nacional Constituinte que promulgou a Constituição Federal de 1988. Exerceu a presidência da República durante dois mandatos, de 01/01/1995 a 01/01/2003. Na presidência, propôs a reeleição para cargos do Poder Executivo, tendo sido o primeiro presidente brasileiro a ser reeleito. Ampliou a venda das empresas estatais iniciada no governo Collor. Fernando Henrique manteve a estabilidade da moeda e a continuidade do Plano Real, principal palavra de ordem na campanha eleitoral de 1998, para sua reeleição. Fez um Plano Diretor da Reforma do Estado (terceirizando serviços e empregos públicos tidos como não essenciais) e deu em concessão rodovias, ferrovias federais etc. No segundo mandato de Fernando Henrique Cardoso, fez forte desvalorização do real-moeda e, em 2001, deparou-se com a crise do setor energético, obrigando a população brasileira ao racionamento de energia. Promoveu a Reforma da Previdência, a Lei de Responsabilidade Fiscal, o Fundo de Desenvolvimento do Ensino Fundamental (Fundef), a Bolsa Escola, as Organizações Sociais da Sociedade Civil, estimulou o investimento privado na educação superior e propôs emendas constitucionais, atraindo empresas estrangeiras ao país. O Brasil viveu forte divulgação do valor do real, declarada desnacionalização econômico-financeira e mais desemprego. Seu governo sofreu acusação de corrupção, como compra de votos de parlamentares visando aprovar a possibilidade de reeleição e beneficiar certos grupos financeiros na privatização de empresas estatais.

No entanto, na mesma entrevista, o candidato eleito revelou que votaria favorável à reeleição, caso tivesse presente no Congresso durante a revisão constitucional.

Em clima de otimismo, Fernando Henrique Cardoso assumiu a presidência da República Brasileira em 1º de janeiro de 1995, apregoando em seu governo, dentre outras, as primazias da defesa do Plano Real e da mudança na Constituição Federal de 1988, a da "Nova República", a "Constituição cidadã". Sua posse foi um *show* de esperança, embora no princípio da gestão de Fernando Collor de Mello a expectativa fosse pouco maior (71% da população). Porém, em conformidade com a Pesquisa Datafolha, 70% dos brasileiros apostavam que FHC realizaria governo ótimo e bom. Os indicadores econômicos eram afirmativos: inflação de 2,19% em dezembro de 1994, reservas cambiais superiores a 40 bilhões de dólares, probabilidade de 4,5% no crescimento do PIB (Produto Interno Bruto) em 1995, dívida externa de 146 bilhões de dólares e dívida interna de 65,2 bilhões de dólares.

Fernando Henrique não se diferenciou na inadaptação constitucional, desejava alterar a Constituição que ele votara como senador e jurara como senador e presidente da República.

Essa nefasta tradição de a Constituição acomodar os interesses dos presidentes brasileiros não é acolhida pelas lições de Abraham Lincoln, presidente dos Estados Unidos da América e um exemplo de republicano. Como deputado federal, Lincoln debateu as intenções de reformar a Constituição norte-americana, constantes da plataforma eleitoral do Partido Democrata, que fazia oposição ao seu Partido Republicano. Lincoln assegurou nesse caso em seu discurso:

> Nenhuma ocasião ligeira deveria induzir-nos a tocá-la [na Constituição norte-americana]. **É melhor não dar o primeiro passo, que pode conduzir-nos ao costume de alterá-la...** Novas cláusulas trariam novas dificuldades e então criariam e aumentariam a ânsia de novas mudanças. Não, senhores, deixemo-la como está.[24]

O novo presidente FHC formou seu governo com 20 ministérios e 23 ministros, compreendendo um ministro extraordinário dos Esportes e os chefes da Casa Civil e do Estado-Maior das Forças Armadas (EMFA). Anexou alguns órgãos públicos à administração direta dos ministérios: o ministério do Meio Ambiente e Recursos Hídricos incorporou a Companhia de Desenvolvimento do Vale do São Francisco (Codevasf) e o Departamento Nacional de Obras Contra Seca (Denocs), concedidos assim à gestão do PFL. De sua parte, o PMDB recebeu do presidente a gestão da Superintendência do Desenvolvimento da Amazônia (Sudam), da Superintendência do Desenvolvimento do Nordeste (Sudene) e da Superintendência da Zona Franca de Manaus (Suframa), reunidas na Secretaria de Política Regionais (SPR). Simultaneamente, a Secretaria de Administração Federal foi transformada em Secretaria de Administração Federal e Reforma do Estado.

O ministério de FHC exibiu certas peculiaridades, considerando-se seu projeto reformista. Dos ministros de Fernando Henrique Cardoso, 6 ocuparam funções durante a ditadura militar (Gustavo Krause, Adib Jatene, Sérgio Motta, Reinhold Stephanes, Luiz Felipe Lampreia e José Israel Vargas); 2 estiveram no governo de José Sarney (Dorothéa Werneck e Luiz Carlos Bresser Pereira); e 4 fizeram parte do governo Itamar Franco (Gustavo Krause, José Eduardo Andrade Vieira, Zenildo de Lucena e José Israel Vargas). Relativamente à formação dos ministros, predominaram economistas e militares de carreira.

Os economistas a princípio foram 7 (Pedro Malan, José Serra, Paulo Renato Souza, Reinhold Stephanes, Dorothéa Werneck, Luiz Carlos Bresser Pereira, Eduardo Jorge Caldas), acrescentando-se ainda outros economistas: Paulo César Ximenes no Banco do Brasil, Pérsio Arida no Banco Central, Edmar Bacha no Banco Nacional de Desenvolvimento Econômico e Social (BNDES) e Francisco Lopes na nova diretoria ou vice-presidência (a ser criada) do Banco Central. Dentre os 5 militares de carreira, achavam-se Zenildo de Lucena, Mauro Gandra, Mauro César Pereira, Benedito Leonel, Alberto Cardoso.

O grande empresariado paulista, especialmente os grandes industriais paulistas, estava representado no ministério de FHC por 6 ministros, dos quais 5 pertenciam a partidos políticos: Dorothéa Werneck, José Serra, Sérgio Motta, José Eduardo Andrade Vieira, Clóvis Carvalho (ex-diretor da Aços Villares), Luiz Carlos Bresser Pereira (publicista da social-democracia, com experiência empresarial). Em menor número no ministério, os representantes político-partidários não ocupavam ministérios economicamente importantes.

Em seu primeiro discurso na condição de presidente da República, em 1º de janeiro de 1995, Fernando Henrique Cardoso repisou a crença de que "o Brasil tem um lugar reservado entre os países bem-sucedidos do planeta no próximo século". Declarou então:

> Ao escolher a mim para sucedê-lo [Itamar Franco], a maioria absoluta dos brasileiros fez uma opção pela continuidade do **Plano Real** e pelas reformas estruturais necessárias para afastar de uma vez por todas o fantasma da inflação. (...) Vou governar para todos. Mas, se for preciso acabar com privilégios de poucos para fazer justiça à imensa maioria dos brasileiros, que ninguém duvide eu estarei ao lado da maioria.
>
> (...) Sabemos que o desenvolvimento de um país, no mundo de hoje, não se mede pela quantidade das coisas que produz. O verdadeiro grau de desenvolvimento se mede pela qualidade da atenção que um país dá a sua gente. À sua gente e à sua cultura. (...) As prioridades que propus ao eleitor, e que a maioria aprovou, são aquelas que repercutem diretamente na qualidade de vida das pessoas: emprego, saúde, segurança, educação, produção de alimentos.

A "desqualificação intelectual", mediante expressões como "nhenhenhém" e "burrice nacional", por exemplo, marcou a maneira mais comum de o presidente e de seus agregados encararem opositores e descontentes. Houve quem se incomodasse inutilmente. A arrogância intelectual tem significado um nada em país como o Brasil, onde uma centena de leitores de dúzia e meia de livros pode assumir, se quiser, ares de "Albert Einstein caboclo".

De fato mesmo, quem examina a presidência de Fernando Henrique em sua totalidade, não pode discordar da frase de Ricardo Antunes:

FHC foi servil para os **de fora** e truculento para os **de baixo** aqui **de dentro**, para lembrar expressão de Florestan Fernandes. [destaque no texto]

Pouco mais de dois meses passados de sua posse na presidência, FHC esbravejava contra sindicalistas:

Os sindicatos deveriam ter uma visão mais ampla do que só fazer gritaria e palavras sem sentido. (...) Imaginem que, se eu tivesse ouvido a gritaria daqueles que falam pelo povo na hora de fazer o **Plano Real**, nós estaríamos com a inflação galopando até hoje.

No que foi secundado pelo ministro do Planejamento, José Serra, para quem o protesto consistia numa "manifestação política e corporativista".

Na mesma linha se desculpou a porta-voz:

O presidente lamenta que grupos corporativistas tenham se manifestado no momento em que se estava lançando um ato da maior importância para o Brasil. ["Acorda Brasil. Está na hora da escola."]".

Depois, em São João do Jaguaribe, no Ceará, no ato de entrega de títulos de posse na fazenda Charneca, o presidente FHC explicava:

Nunca nenhum governo desta República desapropriou um milhão de hectares de terra. E hoje aqui eu assinei um ato simbólico que se seguiu aos atos assinados ontem e mais àquilo que o presidente Itamar Franco fez, nós desapropriamos 1,6 milhões de hectares de terra para o Brasil, para os brasileiros, para o povo que precisa de terra. (...) **Antes do que muitos de vocês tivessem nascido eu lutava contra o regime autoritário no Brasil e pedia liberdade. Hoje nós a temos**.

(...) O povo percebeu logo que o que beneficia o povo é a seriedade, não é a demagogia. É a competência, não é a ignorância. É a coragem sem ter ousadia demagógica. É ter um rumo certo. O Brasil tem rumo e este rumo passa pela reforma agrária que nós estamos fazendo, não vamos fazer não, estamos fazendo a reforma agrária. (...) Eu não tenho ainda três meses de governo e já assegurei hoje a terra para cumprir a meta deste ano. (...) E denunciaremos, como acabou de fazer o Tasso [Jereissati], as relações espúrias, as relações perigosas entre uma falsa esquerda e os especuladores da Bolsa. Isso não pode acontecer mais. **Não tem cabimento um representante do povo, qualquer que ele seja, da velha direita carcomida que no passado infelicitou o Brasil e da nova chamada esquerda, ambos sem responsabilidade**, acusando sem base homens honestos, como o pessoal da equipe econômica do governo.

Depois ainda, no encerramento do encontro com governadores da Amazônia, no Pará, o presidente mostrava de novo seu otimismo:

(...) Ou seja, não à fracassomania, não ao catastrofismo. A pobreza existe e nós podemos combater, devemos combatê-la. As dificuldades existem, mas nós vamos superá-las. Precisamos desregionalizar a questão amazônica porque ela é uma questão nacional.

Em março de 1997, quinze meses transcorridos da posse, no ato de entrega da pauta do Movimento Grito da Terra Brasil, no Palácio do Planalto, o presidente explicava-se em discurso:

(...) eu vou apenas repetir o que tenho dito, há muito tempo, aqui — a estrutura do governo brasileiro, o Estado não foi feito para atender a maioria. Não foi feito. Quer dizer, isso, na realidade, não foi feito por mim. Eu apenas herdo uma situação e tento mudá-la. Não foi feito. Então, muitas vezes, não é a questão de que a pessoa que está lá, na ponta, não queira atender.

(...) Todas as medidas legislativas que eu já... — eu dei uma espiadinha aqui nas reivindicações — todas as medidas legislativas que vocês estão reivindicando são medidas ou propostas pelo governo ou que tem pleno apoio do governo, todas no que diz respeito à questão da terra. Todas, sem exceção.

(...) Podem ter certeza de que, quando vocês gritavam por justiça, eu me somo a esse grito. Agora, na prática, como é que se faz? É o que nós estamos tentando fazer. Tentando fazer.

Fernando Henrique Cardoso não falava em vão de seu otimismo. Em determinados setores de trabalhadores urbanos, a desestatização provocou tantos temores e danos quanto suas reiteradas manifestações a respeito de mudanças na aposentadoria. Ele garantia o respeito a todo direito adquirido dos aposentados e seu governo propalava a necessidade de realizar campanha publicitária pró-reforma da Previdência Social, gastando "até 4 milhões de reais".

O presidente da República não temia (ou não podia temer) a irrecuperável oposição dos trabalhadores e, de modo especial, de parte das camadas médias da sociedade, as mais qualificadas. Sua crença no choque capitalista revelou-se em sua pessoa, dos gestos e posturas às suas reiteradas propostas reformistas, com a finalidade de atrair investimentos, sobretudo investimentos estrangeiros, base de suas reformas. No rádio ("Palavra do Presidente"), dizia ele:

Como você, eu também quero um Brasil melhor. Com melhor saúde e educação, com menos pobreza e mais emprego, sem inflação e com salários mais altos. (...) Estamos fazendo isso com o Real: derrotamos a inflação. Essa vitória é de todo o povo brasileiro, que lutou junto com o governo para acabar com a loucura dos preços aumentando todos os dias. (...) Já podemos comemorar, também, outra conquista: desde segunda-feira o salário-mínimo vale R$ 100, mais do que US$100. **Esse foi um dos maiores aumentos que o salário-mínimo já teve em toda a história do Brasil. E os aposentados também tiveram um bom aumento** — mais de 40%.

(...) As reformas são muito importantes para o Brasil. **Elas vão trazer mais investimentos, mais empregos, melhores salários e, principalmente, mais justiça.**

As greves contra as reformas constitucionais

A resposta às reformas constitucionais, ao desemprego e às privatizações de FHC, em geral, consistiu em greves. **A Força Sindical queria parar metalúrgicos em defesa das privatizações. Mas, já em maio de 1995, transcorridos 3 meses de governo, a CUT (Central Única dos Trabalhadores) organizava greve contra as reformas fernandistas,** abarcando petroleiros, telefônicos, eletricitários, previdenciários, empregados dos Correios, do IBGE (Instituto Brasileiro de Geografia e Estatística) e funcionários públicos das universidades federais, da Receita Federal, dos ministérios, dos hospitais, prontos-socorros, postos do INSS (Instituto Nacional do Seguro Social) etc. Através da greve, a CUT estimava a paralisação de mais de 600 mil trabalhadores.

Uma greve geral se fez em 21 de junho de 1996, quase um ano e meio de governo de Fernando Henrique Cardoso, promovida pela CUT (Central Única dos Trabalhadores), Força Sindical e CGT(Comando Geral dos Trabalhadores), e ela acertou seus objetivos, conforme as próprias organizações declararam.

Tomando-se em consideração informações da CUT, dos governos estaduais e da Polícia Militar, entraram em greve os trabalhadores dos seguintes Estados: 3.000.000 (em São Paulo), 2.100.00 (no Rio de Janeiro), 100.000 (em Minas Gerais), 89.253 (no Espírito Santo), 400.000 (em Brasília — Distrito Federal), 150.000 (no Paraná), 200.000 (em Santa Catarina), 427.000 (em Goiás e Tocantins), 42.000 (em Mato Grosso), 40.000 (em Mato Grosso do Sul), 300.000 (na Bahia), 70.000 (em Pernambuco), 81.000 (em Alagoas), 40.000 (em Sergipe), 79.0000 (no Rio

Grande do Norte), 90.000 (no Maranhão), 30.000 (no Ceará), 140.000 (na Paraíba), 80.000 (no Piauí), 12.500 (na Região Norte). O número de 3.000.000 de trabalhadores paralisados em São Paulo possuía expressão, pois o prefeito de São Paulo (Paulo Maluf) e o governador do Estado (Mário Covas) divulgaram na véspera da greve o desconto no salário do dia parado dos servidores públicos grevistas.

Até em Washington (capital dos Estados Unidos da América), 130 pessoas manifestaram-se, em passeata, a favor da greve geral defronte da embaixada do Brasil. Organizada pela AFL-CIO (American Federation of Labor and Congress of Industrial Organizations), a maior central de trabalhadores dos Estados Unidos, a passeata teve entre seus oradores Randall Robinson, presidente da TransAfrica e líder de organização não governamental norte-americana, influente nas campanhas contra o "apartheid" na África do Sul e o governo militar no Haiti. Comparando o Brasil a estes países, Randall Robinson afirmou:

> Eu quero prevenir o governo brasileiro: não brinque com o movimento sindical internacional. Os trabalhadores no Brasil merecem dignidade, salário-mínimo decente, jornada de trabalho de 40 horas semanais, aposentadoria digna.

À semelhança do líder anterior, o sindicalista Josh Williams relacionou a África do Sul com o Brasil e garantiu:

> Quero que o embaixador brasileiro ouça isso: se ele tem dúvida sobre o destino de governos que têm políticas injustas com os trabalhadores, que atravesse a rua e pergunte ao seu colega sul-africano o que aconteceu lá.

A crer nos informes provenientes do Dieese, do IBGE e de outras fontes, com base no mercado formal, mais de 2 milhões de pessoas estavam desempregadas, em junho de 1996, nas regiões metropolitanas de São Paulo, Brasília, Porto Alegre, Belo Horizonte e Curitiba. Em abril desse ano, o desemprego alcançou 17,6% em Brasília, 15,9% em São Paulo e 13,8% em Porto Alegre, caindo em Curitiba a 13,2%.

Sobre o tal "custo Brasil", objetivando a redução dos custos do trabalho na produção, denunciou na época a presidente da Associação Nacional dos Magistrados da Justiça do Trabalho (Anamatra), Maria Helena Mallmann Sulzbach:

> Pretendem criar uma caricatura de empregados, transformados em cidadãos de segunda categoria, com direitos limitados. Trata-se de proposta de conteúdo ideológico que leva ao aprofundamento das desigualdades já existentes no seio da classe trabalhadora, acentuando ainda mais a luta que se trava entre os incluídos, com emprego, e os excluídos, sem emprego.
>
> (...) Na realidade, a proposta, em sua origem, está viciada porque contrapõe-se aos princípios de fundação do Direito do Trabalho, oriundo não só das concessões dos Estados modernos, mas também da luta sangrenta da classe operária. Há evidente desrespeito à norma fundamental da tutela, expressão do princípio de correção das desigualdades, que legitima o ordenamento jurídico trabalhista.

A crítica da magistrada não caía em vão, nem constituía uma quimera de mau senso. Pairava sobre o governo de Fernando Henrique Cardoso o risco de aderir às pretensões daqueles ardentemente desejosos de regressar **de todo** às relações de trabalho vigentes no Código Civil de 1916. Ele buscava o uso indiscriminado do contrato de prestação de serviço, do contrato por tempo determinado, da empreitada, do trabalhador autônomo, sem as garantias do Direito do Trabalho e do contrato de trabalho, pertencentes aos trabalhadores. O governo de FHC se não instituiu **de todo** as normas do Código Cível de 1916 nas relações de trabalho, ao menos instituiu **em parte**, em detrimento das condições previstas no Direito do Trabalho, tão duramente conquistadas desde os anos de 1930.

Sem embargo, Francisco C. Weffort, ministro da Cultura do gabinete fernandista e ex-secretário geral do Partido dos Trabalhadores (PT), principal adversário do governo, comentava em artigo:

> Se as oposições não têm programas em 1997 é porque já em 1994 FH havia tomado o essencial dos programas que elas poderiam ter.

As agências internacionais de financiamento redescobriram o termo "corporativismo", exaurido na primeira metade do século XX em particular pelo liberalismo conservador e pelo nazifascismo, e deram asas à imaginação. Tudo que se opusesse à "cartilha" das agências internacionais de financiamento quase sempre significava "espírito corporativo".[25]

Em geral, os direitos sociais aos poucos converteram-se em serviços pagos pelos brasileiros. Como viu Lúcia Cortes da Costa, em seu livro *Os impasses do Estado capitalista*, ao aludir às reformas:

> As reformas liberais empreendidas pelo governo FHC evidenciam a ausência de uma preocupação do governo e das elites econômicas com alteração do grave quadro social do país, reduzindo cidadão a cliente e o mercado como o único espaço legítimo para o acesso a bens e serviços.

A falência do Poder Legislativo, 2º Ato?

Partidos políticos na "Nova República": o que são e o que fazem?

Além das siglas, poucos partidos difundiram seus programas políticos no Brasil. Na "Nova República" menos ainda. Afora as siglas, os partidos políticos quase que se restringem à máquina de fazer e de

A REPÚBLICA BRASILEIRA — 1951–2010   573

negociar votos e interesses particulares (e raramente coletivos), alheios aos seus eleitores como os próprios eleitores são alheios deles.

Em determinado tempo histórico, posições políticas de "direita" e de "esquerda" não possuem medida fixa e bem delineada para separar uma e outra, pois o centro não é exato. Desta maneira, tanto a "direita" como a "esquerda" podem formar um círculo, unindo os extremos, a fim de defender certas causas.

Na gestão de Fernando Henrique Cardoso, não muito diferente do que acontecia antes, o manejo de fundos estatais para fins privados mesclaram-se ao discurso da modernidade. No que diz respeito ao Congresso Nacional, conforme se fazia antes, porém com mais intensidade, em nome ou não de seus partidos, deputados federais e senadores passaram a transacionar com o Poder Executivo, geralmente transacionar as próprias vantagens e muito pouco as vantagens públicas.

No segundo semestre de 1995, primeiro ano de gestão fernandista, dois problemas tumultuavam a gestão: "a disputa entre os partidos governistas" (a heterogeneidade deles incentivava a competição na administração do país); insatisfação dos partidos governistas com a distribuição de cargos entre eles.

A candidatura de FHC, em meio a outros apoios, fora arquitetada com a ajuda do fisiologismo e das oligarquias, personalizadas em Antônio Carlos Magalhães, Marco Maciel, José Sarney etc. Como os governos anteriores do Brasil, também este governo de Fernando Henrique viu-se afligido por pressões de todo tipo, por escândalos, pela teoria do "é dando que se recebe".

Provido da prerrogativa constitucional de legislar no Congresso Nacional, os 503 deputados federais e 81 senadores que o compunham na época obrigaram e obrigam o presidente da República a administrar o país por meio de medida provisória.

O presidente Itamar Franco foi impelido em 1994 a editar 405 medidas provisórias (incluindo as reedições delas) para poder governar, ao passo que os congressistas fizeram 131 leis. Atente-se que a medida provisória tem força de lei desde a data da sua publicação, devendo depois ser votada pelos parlamentares. Em se tratando das 405 medidas provisórias mencionadas, nenhuma delas foi rejeitada integralmente pelos deputados federais e senadores, apesar de aludirem a assunto importante como Plano Real, questões tributárias, mensalidades escolares, venda de carros populares e normas orçamentárias.

Um simples exame do caderno especial, chamado "Eleição S/A", da *Folha de S.Paulo*, sobre a campanha eleitoral de 1994 em 13 dos 27 Estados brasileiros, mostrava nitidamente a força do poder econômico na escolha de deputados federais e senadores no futuro Congresso Nacional.

Fundamentada nas informações do Tribunal Superior Eleitoral (TSE), a contabilidade dessa campanha de 1994 evidenciava que as empreiteiras de obras operavam no Congresso de modo especial na Comissão Mista de Orçamento. As 30 maiores empreiteiras investiram 26,3 milhões de reais nas eleições para governadores estaduais e congressistas, em 13 Estados. As 10 principais doações das empreiteiras destinaram-se aos deputados federais: 1) Luiz Carlos Santos, 2) Michel Temer, 3) José Pinotti, 4) Aloysio Nunes, 5) Simara Nogueira Elery, 6) Delfim Netto, 7) Robson Tuma, 8) Eliseu Rezende, 9) Luiz Roberto Ponte e 10) Duílio Pisaneschi. Já para 5 senadores da República, as principais doações das empreiteiras dirigiram-se a: 1) Arlindo Porto, 2) Edison Lobão, 3) José Serra, 4) Freitas Neto e 5) Hugo Napoleão.

Nas campanhas eleitorais de 1994 para a presidência da República, governadores, deputados estaduais, deputados federais e senadores, os maiores financiadores em 13 Estados brasileiros foram, pela ordem: 1) Construtora Andrade Gutierrez, 2) Grupo Odebrecht (empreiteira), 3) Bradesco; 4) Itaú, 5) Camargo Corrêa (empreiteira), 6) OAS (empreiteira), 7) Grupo Copersucar (refino de açúcar), 8) Grupo Votorantim (cimento, metalurgia, madeiras e finanças), 9) Banco Econômico, 10) World Participações Ltda., 11) Mendes Júnior, 12) Klabin (madeiras e papel), 13) Via Engenharia (empreiteira), 14) Copene (petroquímica), 15) Unibanco, 16) Grupo Gerdau (metalurgia), 17) Cia. Suzano de Papel e Celulose, 18) Banco Rural, 19) Banco Mercantil de Descontos e 20) Construtora Cowan.

A REPÚBLICA BRASILEIRA — 1951–2010

Deve-se atentar também para o que o senador Jefferson Peres denominou de "indústria de suplentes", aludindo à premente exigência de estabelecer normas para a escolha do suplente, que não é eleito pelo voto popular. A "indústria de suplentes" tinha-se tornado avassaladora, produzindo situações aberrantes. Em 1998, ano da eleição de presidente, governadores, senadores e deputados federais e estaduais, havia no Congresso Nacional casos modelares, como em Alagoas onde dois irmãos suplentes exercerem os cargos de senadores; ou como no Maranhão onde um dos senadores nunca disputou eleições; ou como no Amazonas onde aparecia a figura do "suplente profissional".

O manejo das votações no Congresso Nacional

Dois leitores um tanto desalentados, mas práticos, escreveram na *Folha de S.Paulo:*

> Estão nos empurrando uma nova Constituição goela abaixo. O Brasil é dos politiqueiros. Nada vai mudar, pois apenas estão se manifestando aqueles que desejam manter seus privilégios. Nós vamos apenas continuar nos lamentando pelos bares e esquinas.

> A quebra do monopólio do petróleo deixou claro o que era uma suspeita generalizada: temos o melhor Congresso que o dinheiro pode comprar.

Deputados federais e senadores não exerciam seus mandatos como legisladores e assim não operavam no Congresso como casa legislativa. Sujeitavam-se em algumas circunstâncias à vontade do Poder Executivo.

O Congresso Nacional aprovou 31% dos projetos remetidos pelo governo e unicamente 2,3% dos encaminhados pelos deputados federais e senadores.

Desiludido com a sujeição do Congresso Nacional ao governo, um deputado federal de São Paulo amparou-se no livro *Kama Sutra* (livro indiano do prazer) e descreveu, na Comissão de Constituição e Justiça, a relação entre os três poderes da República (Executivo, Legislativo e Judiciário):

> Não me lembro se é o coito da serpente, aquele pelo qual o macho aprisiona a fêmea de tal maneira que ela não escapa da cópula senão quando ele quiser. Se essa cópula dá prazer a ela, quanto mais aprisionada estiver, melhor. (...) Quando é um estupro — e essa união espúria pode ocorrer —, a cópula, quanto mais tempo dura, mais insuportável será. (...) [Existe] "uma grande falácia" na "romântica e hipócrita prescrição constitucional de que há separação de poderes". O Executivo está acoplado, está engatado, como os cães da esquina, ao Legislativo. (...) Para uns, talvez essa forma do coito da serpente aqui possa significar momentos de prazer, de submissão ao Poder Executivo, que está hoje esterilizando, anestesiando, emasculando, castrando o Poder Legislativo.

A indignação do aludido deputado federal originava-se do apertão sofrido, dado pelo governo e por seu partido, para ele votar favoravelmente à reforma administrativa proposta pela gestão de Fernando Henrique Cardoso.

De 15 de fevereiro a 3 de julho de 1995, o Congresso Nacional em sessão conjunta do Senado e da Câmara, em votações simbólicas, aprovou 3 projetos: a Lei de Diretrizes Orçamentária (LDO), a Medida Provisória do Plano Real (implantado em 1994) e a Lei das Concessões.

Em 1997, podia ser observado que o Poder Executivo e o Poder Legislativo reduziram-se à inoperância. De um lado, o governo federal enviava e envia ao Congresso, por medida provisória, questões sem os requisitos exigidos de "relevância e urgência". De outro lado, os deputados federais e senadores não votavam e não votam com a necessária rapidez medidas provisórias, às vezes de muita importância para o país.

A REPÚBLICA BRASILEIRA — 1951–2010

Ao longo da gestão de Fernando Henrique Cardoso, de 1995 a 2002, a Constituição Federal de 1988 sofreu alterações por intermédio de 35 Emendas Constitucionais, iniciando na Emenda Constitucional n. 5, de 15/08/1995, e finalizando na Emenda Constitucional n. 39, de 19/12/2002.

É esta a Constituição Federal de 1988 ou a do período governamental de Fernando Henrique Cardoso? Certamente ela é bem distinta da votada pelo Congresso Constituinte, o qual em todo caso não se igualava a nenhuma Assembleia Constituinte!

*

A revista inglesa de economia, *The Economist*, noticiou "a troca" de verbas por votos no Congresso, patenteando o descaso do presidente Fernando Henrique com o que prometera antes, isto é: o fim do fisiologismo brasileiro, que conquistara sabor internacional.

Em 1991, no livro *Parlamentarismo no Brasil*, editado pelo PSDB, Fernando Henrique Cardoso e José Serra escreveram:

(...) o presidente da República, (...) quando se vê em minoria no Congresso, não pensa em negociar às claras com os partidos sobre o que cada um acredita que é melhor para o país. Geralmente acha mais fácil apelar para o é-dando-que-se-recebe — a distribuição de empregos, verbas e outros favores aos parlamentares, seus parentes e amigos.

Completava então o livro de FHC e de José Serra:

(...) O presidente consegue eventualmente aprovar os projetos do governo. Mas solapa a disciplina partidária, ajuda a desmoralizar a atividade política e acaba agravando a instabilidade da sua própria base parlamentar. E assim se fecha o círculo vicioso: fisiologismo, instabilidade, mais fisiologismo...

As privatizações reduziram de 224 estatais federais em 1988 para 149 em 1995, causando o desaparecimento de 75 presidências de empresas de indicações políticas. O governo fernandista igualmente suprimiu 3,2 bilhões de reais do Orçamento Nacional, encurtando o atendimento às emendas dos parlamentares. A concessão de canais de rádio e de televisão, moeda de barganha no fisiologismo congressual, passou a submeter-se a processo de licitação.

A despeito das consequências das privatizações, do corte financeiro e do relativo abrandamento na distribuição de canais de rádio e de televisão, os gastos do governo federal, indicados em maio de 1996, com projetos de deputados federais e senadores, com o Banco Econômico, com dívidas e prejuízo do Banco do Brasil, atingiram 15,6 bilhões de reais, correspondendo a 1,19 vez o valor dos impostos de renda pago pelas pessoas físicas em 1995.

A reeleição de presidente da República

O fato mais ilustrativo e saliente da campanha para a reeleição do presidente de República, Fernando Henrique Cardoso, constituiu na "operação abafa", que envolveu o governo fernandista e os partidos da sua base parlamentar. Tal "operação abafa" se destinava a evitar a criação de uma CPI (Comissão Parlamentar de Inquérito) no Congresso Nacional, com a finalidade de investigar a compra de votos para aprovar a emenda da reeleição.

De início, dois deputados do Acre sofreram punição visando a atalhar a montagem de referida CPI. Expulsos do PFL (Partido da Frente Liberal), Ronivon Santiago e João Maia eram tidos como os dois deputados mais diretamente enredados na compra de votos para aprovar a emenda da reeleição na Câmara dos Deputados. Em meio a boatos, o ministro das Comunicações do governo, Sérgio Motta, contestou a denúncia de que teria concedido uma retransmissora de

A REPÚBLICA BRASILEIRA — 1951–2010

TV ao deputado acreano Ronivon Santiago, durante a venda de votos na aprovação da emenda da reeleição de FHC. Dizia o ministro Sérgio Motta: "A transcrição das conversas publicadas não contém nenhum fato real ou acusação concreta".

Fernando Henrique Cardoso foi eleito em 1994 por um único mandato, segundo a Constituição de 1988. Depois, irrompeu entre ele, seus ministros e políticos governistas a ideia de criar emenda constitucional que lhe facultasse o direito de concorrer, em seguida, a outro mandato. O presidente tocava no assunto, em particular afastando-se dele, como se constata abaixo:

Essa não é uma questão pessoal. Não é mesmo. Você acha que ser presidente da República, para quem já é, é uma coisa extraordinária? Não é uma coisa que, do ponto de vista pessoal, motive.[26]

Entretanto, a revista *The Economist*, um dos maiores arautos do capitalismo internacional, noticiou em 1996, antes de terminar o segundo ano do primeiro governo:

Cardoso, outra vez?

Desde quando assumiu a presidência em janeiro de 1995, Fernando Henrique Cardoso tem batalhado para impulsionar através de imprevisível Congresso uma emenda constitucional almejando modernizar a economia do Brasil. Ele tem obtido êxito, mas o desenvolvimento recentemente tem sido lento. No presente, mais uma emenda [constitucional] passou para o topo de sua agenda: a qual pode dar-lhe mais tempo para fazer o trabalho, permitindo candidatar-se a um segundo mandato imediato. O Brasil, como a maior parte dos países latino-americanos, impede isto.

(...) uma demorada batalha pela reeleição causa sérios riscos prejudicando o programa governamental de reforma econômica. O Sr. Cardoso tem provocado apostas, e engenhosamente, na sua luta para modernizar o Brasil.

Em 1996, ano em que o *The Economist* divulgou a pretensão do segundo mandato de FHC, a aprovação de seu governo na cidade de São Paulo, a maior do país, descera a 25%, consoante pesquisa do Datafolha. A aprovação do governo em São Paulo caíra 16 pontos percentuais entre os paulistanos mais pobres, com renda familiar de até 10 salários-mínimos (R$ 1.120,00). Além disto, de zero a dez, a nota média dos paulistanos, dada ao governo de FHC, era de 4,8, ao passo que 16% deles marcaram nota zero. Ainda na mesma pesquisa, somente 16% dos paulistanos avaliaram positivamente o desempenho de Ruth Cardoso na Comunidade Solidária.

Ao menos com relação à cidade de São Paulo, Fernando Henrique Cardoso parecia não encontrar apoio à sua candidatura ao segundo mandato presidencial.

No último trimestre de 1997, em entrevista coletiva, o presidente asseverava que a sua "reeleição foi aprovada no Congresso por maioria imensa", sendo-lhe favoráveis as pesquisas de opinião, a grande imprensa e os deputados também. Advertia a respeito da votação da reeleição: "Eu acho que isso [a reeleição] é mera questão de política menor. Agora, o que Antônio Carlos [Magalhães] e o Luís Eduardo [Magalhães] — [respectivamente presidente do Congresso Nacional e líder do governo na Câmara Federal] — disseram, isso qualquer pessoa de boa fé pode dizer. Pode garantir por si pelos outros não".

O diz-que-me-diz-que perdurou, e muito. Dizia-se até que o preço para cada deputado, a favor de reeleição, seria de 200 mil reais, e que haveria mesmo "cota federal" a ser paga aos parlamentares.

O presidente da República insistia no "clima de baderna" presente no Brasil, instando que "a polícia, o Ministério Público e a Justiça atuem com a mesma determinação e presteza para a completa apuração dos fatos e a punição dos culpados, corruptos e corruptores", acrescentando que "se houver algum membro do governo envolvido neste episódio será demitido".

A REPÚBLICA BRASILEIRA — 1951–2010

Comentando a conjuntura político-social criada pela reeleição no país, Carlos Heitor Cony, em breve nota intitulada **"Palavras e baionetas"**, dizia:

> Passando recibo da crise que atravessa, o presidente da República excedeu-se no nhenhenhém. Mais uma vez, verbalizou o nada para omitir a realidade. De novo, só falou em baionetas — recurso natural para todo governante que perde o comando da situação.
>
> O fato substantivo da crise é simples: deputados venderam seus votos para aprovar o sonho de FHC, que é a reeleição. Se eles venderam, é por que alguém os comprou.
>
> (...) O presidente teria adquirido moral se imitasse Itamar Franco num caso parecido, quando afastou um auxiliar até que a verdade fosse apurada. Cresceram os dois, Itamar e o auxiliar.
>
> Empurrar pela goela da sociedade a insinuação das baionetas é sinal de desespero. Há desordem no país, é certo, mas ela vem de cima, de um governo mergulhado no próprio umbigo e querendo alucinadamente ficar no poder, sem largar o osso.

O ambiente de reprovação da administração fernandista do mesmo modo se conservou em 1997, ocasião na qual advogados e professores de direito tornaram público um manifesto convocando "a nação a uma vigília cívica em defesa da Constituição", assinado por Goffredo da Silva Telles Jr., Fábio Konder Comparato, Dalmo Dallari, Celso Antônio Bandeira de Mello, Evandro Lins e Silva, Paulo Bonavides, Eros Grau, e outros, pelo seguinte:

> Tudo leva a crer que está em curso um processo de ruptura do modelo constitucional democrático instituído em 1988 (ano de promulgação da atual Constituição), para substituí-lo por outro, à imagem e semelhança dos atuais governantes.

No manifesto convocando a nação a uma "vigília cívica" em defesa da Constituição de 1988, falava-se de "concentração de poderes" pelo Poder Executivo, de "clima de personalismo crescente", de assegurar "uma voz sempre atenta em defesa da Constituição e dos direitos e garantias fundamentais".

A Constituição Federal de 1988, dez anos depois, em 1998, era outra, amoleceu a defesa dos interesses nacionais e as possibilidades de intervenção estatal no mercado. Seu título "Da Ordem Econômica e Financeira" amoldou-se aos preceitos das agências internacionais, como FMI, Banco Mundial e outras congêneres. Durante a gestão de FHC, cinco emendas constitucionais deram fim ao monopólio estatal nas telecomunicações e nos serviços de gás, impuseram à Petrobrás a concorrência com as empresas privadas, extinguiram a distinção entre empresas de capital nacional e empresas de capital estrangeiro, e autorizaram embarcações de outros países a fazer transporte entre portos nacionais, juntamente com as embarcações nacionais.

Ao lado das reformas na "ordem econômica e financeira", a reforma administrativa obteve ampla aprovação do Congresso Nacional. A reforma administrativa estabeleceu a possibilidade de demissão de servidor público estável por desempenho insuficiente e o teto de vencimentos para todos os funcionários públicos, além de ampliar de dois para três anos o período de estágio probatório para o servidor chegar à estabilidade.

Nos dez anos passados da Constituição Federal de 1988, o sistema político passou por modificações, como a proibição em 1994 de renúncia de parlamentar suspeito em investigação capaz de tornar obrigatória sua cassação. Tal proibição deu-se em decorrência da renúncia dos deputados acusados pela CPI do Orçamento.

Porém, dentre as nove emendas ao sistema político, das 25 promulgadas nos dez anos transcorridos desde 1988, a emenda constitucional da reeleição do presidente logrou maior repercussão, incorporando-se pela primeira vez na história da República.

Muito se escreveu, muito se falou e muito se discutiu sobre reeleição do presidente da República, dos governadores e dos prefeitos, no entanto não se concertou devidamente este assunto com a socieda-

A REPÚBLICA BRASILEIRA — 1951–2010

de brasileira, e nem se sabe se ao menos a grande maioria dela tinha noção das suas vantagens e desvantagens.

No Exterior, houve sim quem se preocupasse com a reeleição no Brasil e conhecia bem o que isto significava. O jornal norte-americano *The New York Times* inquietou-se com a reeleição e com o futuro do país:

> Ele [o presidente] deverá adotar medidas rápidas e impopulares para salvar a economia... Cardoso evitou o segundo turno por margem extremamente pequena, e seus aliados não conseguiram vencer em muitos Estados importantes. O novo Congresso, que tomará posse em fevereiro, provavelmente será menos cooperador do que o atual.
>
> (...) Grande parte desse sucesso resultou de uma política de vinculação (tying) da moeda brasileira, o real, ao dólar, e permitir que ela caísse cerca de 7% ao ano. Infelizmente, parece que a taxa de depreciação não foi suficiente para acompanhar as realidades econômicas. O Brasil tem um grande déficit comercial e também um grande déficit orçamentário. (...) Mais de 300 milhões de dólares por dia estão se escoando do país, apesar das taxas de juros de 40%, que fizeram cessar o crescimento econômico.[27]

Como se vê nas palavras do jornal *The New York Times*, os norte-americanos estavam apreensivos e sugeriam "medidas rápidas e impopulares para salvar a economia". No entanto, em outubro de 1997, no encontro entre os dois presidentes no Brasil, Fernando Henrique Cardoso e Bill Clinton dos Estados Unidos, reinou inteira calmaria e fraternidade, bem explícita na entrevista coletiva de ambos, não obstante o norte-americano enunciar seus objetivos:

Fernando Henrique Cardoso:

> (...) também, ficou bem claro que há muitas coincidências, até pessoais, no modo pelo qual nós encaramos os problemas dos nossos países, e o exemplo disso é que nós aqui hoje estamos assinando documentos que dizem respeito a uma **questão social que é a educação**.

(...) Estamos também ampliando a nossa cooperação no **terreno espacial**, numa demonstração clara da possibilidade que existe hoje de cooperação entre o Brasil e os Estados Unidos em matéria de tecnologia avançada.

(...) Quero repetir aqui o que disse há pouco na reunião no Palácio do Planalto; nunca, desde a Segunda Guerra Mundial, houve tanta possibilidade de cooperação em terrenos tão amplos quanto às possibilidades que se abrem agora para os Estados Unidos e para o Brasil.

Bill Clinton:

(...) Eu apoio o **Mercosul** [Mercado Comum do Sul]. Eu acho que o Mercosul foi uma coisa positiva para o Brasil e para todos os seus países-membros. (...) Nós achamos que a **Alca** [Área de Livre Comércio das Américas] é coerente com a existência do Mercosul e com o papel de liderança que o Brasil exerce nesse hemisfério. Então, para mim, a escolha é falsa, seria uma opção falsa, nós não pretendemos pedir ao Brasil ou à Argentina que optem por um ou por outro. **Estamos querendo que todos esses países sejam membros da Alca**.

(...) Nos Estados Unidos, nós queremos que até o ano 2000 todas as nossas bibliotecas escolares estejam ligadas à **Internet**. Nós estamos dando descontos às nossas escolas para que entrem, tenham acesso à Internet, estamos fazendo uma coisa que provavelmente vai acontecer no Brasil também.

(...) Bom, em primeiro lugar, se eu estivesse aqui no Brasil, eu tentaria vender o máximo possível para os Estados Unidos e para a Europa também. Eu acho que é assim que funciona o mercado.(...) **Nós somos, como eu disse — apenas repito — "global tradders". Nós temos comércio orientado para várias partes do mundo e estamos ansiosos por aumentar o nosso comércio**.

Um ano e sete meses depois, em maio de 1999, na viagem aos Estados Unidos da América, recebido pelo presidente norte-americano Bill Clinton, o presidente Fernando Henrique Cardoso discursou

A REPÚBLICA BRASILEIRA — 1951–2010   585

em Washington (DF) e Nova York, para executivos, empresários, banqueiros e altos funcionários, esclarecendo a crise que conduziu à desvalorização do Real em janeiro de 1999, após ter sido reeleito. Num dos momentos de sua viagem, FHC garantiu:

> Nós buscamos o êxito econômico em nome de justiça social.

E ainda depois:

> Quero salientar que minhas preocupações não farão irromper políticas irresponsáveis ou de estilo populista na calada da noite.

As relações diplomáticas entre o Brasil e os Estados Unidos da América, salvo atribulações econômicas e financeiras, mantiveram-se serenas e amistosas, como demonstrou o acordo de doação de armas e equipamentos norte-americanos, em 2000. O Protocolo 505 era parte da lei dos Estados Unidos, relacionada com a Assistência ao Exterior (Foreign Assistance Act, de 1961). Por tal Protocolo, o material doado só poderia ser utilizado para os fins contratados. Se os Estados Unidos quisessem, pelo contrato de doação o Brasil deveria permitir a "observação contínua e avaliação", fornecendo "informações necessárias" ao governo norte-americano.

Em novembro de 2001, por ocasião de sua viagem aos Estados Unidos, Fernando Henrique Cardoso discursou na Assembleia Geral da ONU (Organização das Nações Unidas). Ainda informou ao presidente americano, George W. Bush, a aspiração brasileira, "e de outros países em desenvolvimento", de terem "maior participação nos foros de decisão internacional". Saindo do encontro com o presidente George W. Bush, FHC afirmou:

> Eu informei a Bush sobre a importância, para nós, brasileiros, de que haja mais participação nossa nos organismos formais, como o Conselho de Segurança, e informais (G-7 e G-8), se for possível. (...) é que os

países se sentem mais dispostos a atuar ativamente na medida em que participem das decisões, e um país como o Brasil tem condições de participar desses organismos.

Eleições de 1998

Um dos candidatos à presidência da República em 1998, Enéas Carneiro, do PRONA (Partido de Reedificação da Ordem Nacional), quase veterano em eleições ganhas para deputado federal e em derrotas à presidência da República, vociferava contra as privatizações, reputando-as "um assalto oficial, feito às claras com aplauso da imprensa". Enéas Carneiro garantia que, se eleito presidente, tomaria de volta as estatais importantes, como a Companhia Siderúrgica Nacional (CSN) e a Companhia Vale do Rio Doce. O PRONA era um partido pequeno, todavia barulhento no seu mínimo tempo de propaganda nas televisões e nos rádios. Com seu nacionalismo tosco, Enéas reproduzia a revolta de certos brasileiros desanimados com as privatizações.

O quadro de desigualdades e de aflições que consumia a população brasileira, com certeza tinha lá sua má presença nos resultados eleitorais. Notem-se as desigualdades regionais na escolaridade, renda, condições de saúde e distribuição de renda. Todavia, é verdade que, fora das estatísticas oficiais, 30 milhões de brasileiros, já em 1995, ganhavam dinheiro e produziam mais de 200 bilhões de dólares por ano na economia informal.

A proporção de habitantes avaliados analfabetos funcionais (menos de quatro anos de estudo) marcava despropósito imoral. No Piauí, 54,3% dos habitantes com 15 anos ou mais se incluíam nos analfabetos funcionais, ao passo que Brasília (Distrito Federal) possuía 16,2% nesta situação, significando proporcionalmente 3,3 vezes mais indivíduos que são analfabetos funcionais (só principiados na leitura e na escrita) no Piauí do que em Brasília.

Os sete estados com maior número de analfabetos localizavam-se no Nordeste, governados pelo PFL (Partido da Frente Liberal), PMDB (Partido do Movimento Democrático Brasileiro), PSDB (Partido da Social Democracia Brasileira) e PTB (Partido Trabalhista Brasileiro). Os sete estados com população mais escolarizada encontravam-se no Sul e no Sudeste, sendo governados pelo PMDB, PSDB, PFL e PV.

As disparidades regionais da renda eram espantosas. Dos sete estados com renda mais baixa, seis estavam no Nordeste. Brasília (DF) indicava a renda familiar per capita 4,6 vezes maior que o Estado de pior renda, o Piauí. Os Estados com maior renda achavam-se no Sudeste e no Sul. A distribuição de renda era desigual em todo o Brasil. Por exemplo, em Roraima, os 10% mais ricos possuíam 2,6 vezes maior renda do que os 40% mais pobres.

Quanto à mortalidade infantil, a distância entre o estado do Acre (a pior posição, com 102 mortos por 1000 nascidos vivos) e o estado do Rio Grande do Sul (a melhor posição, com 22 mortos por 1000 nascidos vivos) era notável. Os sete estados com piores indicadores localizavam-se no Norte e no Nordeste, governados pelo PFL, PSB, PMDB e PTB.

Um fator preponderante no sucesso eleitoral na política federal, estadual e municipal, em fins do século XX no Brasil, ainda consistia em ter relação com os "clãs políticos". Relacionar-se com os clãs parentais, na região e no país, constitui meio caminho andado para a vitória em eleições. Verifique-se, a título de exemplo, a grande energia política dos clãs em 1998 (antigamente chamados "currais eleitorais"): a família José Sarney (PMDB) no Maranhão; a família José Wilson Siqueira Campos (PFL) no Tocantins; a família Iris Rezende (PMDB) em Goiás; a família Laércio Barbalho no Pará; a família Júlio Campos (PFL) em Mato Grosso; a família Marcello Alencar (PSDB) no Rio de Janeiro; a família Osmar Dias (PSDB) no Paraná; a família Eduardo Suplicy (PT) em São Paulo; e a família Antônio Carlos Magalhães na Bahia, a família Tatto (PT) etc. etc.

O *Jornal da Tarde*, de *O Estado de S. Paulo*, no princípio da década de 2000 noticiou que a "Tattolândia" estava "em plena expansão". Informava que a "família gaúcha petista, conhecida por seu domínio político na região de Capela do Socorro, zona sul da cidade de São Paulo", tentava eleger mais um dos irmãos a um cargo público, e não eram poucos, capitaneados pelo deputado ("bem-sucedido", conforme o jornal) Jilmar Tatto. Oligarquias também desabrocham em grandes metrópoles como São Paulo, e não apenas nos antigos "currais eleitorais" na zona rural do interior brasileiro.

Dentro dessas condições sócio-históricas, nas eleições de 1998, Luiz Inácio Lula da Silva (PT) candidatou-se pela terceira vez consecutiva à presidência da República e comentava sua candidatura:

> **O que parecia impossível aconteceu: a esquerda se unir fora da cadeia**. [Acrescentando:] **Essa conversa de que não tem dinheiro foge da pergunta principal: quanto custa não fazer?**

É quase impossível existir algum candidato a um cargo no Brasil sem a mácula da corrupção ou de outra variada desqualificação. Isto porque ela acontece de fato no país, e também porque as campanhas eleitorais dirigem-se à pessoa e à família do candidato. Na falta de debate a respeito do bem público, de seus problemas e das soluções consequentes, a propaganda, os meios de comunicação, os candidatos e principalmente a plateia atacam intimamente o adversário, acusando-o sempre que possível.

Na pesquisa do Datafolha em 17 e 18 de setembro de 1998, menos de um mês das eleições, a intenção de votos levava à seguinte ordem: Fernando Henrique Cardoso (PSDB — 48% dos votos), Luiz Inácio Lula da Silva (PT — 25%), Ciro Gomes (PPS — 8%) e Enéas Carneiro (PRONA — 3%). Salvadas as diferenças do dia da eleição, os votos distribuídos entre os quatro primeiros colocados mantiveram-se, como se constata abaixo.

Durante a propaganda eleitoral, na condição de candidato-presidente à reeleição, FHC pedia votos aos eleitores:

> Eu peço a você mais quatro anos. Porque juntos derrubamos a inflação, e juntos vamos vencer o desemprego.

A REPÚBLICA BRASILEIRA — 1951–2010

Os resultados da eleição presidencial em 1998 foram os seguintes, conforme a Justiça Eleitoral:

1) Fernando Henrique Cardoso (PSDB — Partido da Social Democracia Brasileira) — 35.936.382 votos válidos ou 53,064% deles;

2) Luiz Inácio Lula da Silva (PT — Partido dos Trabalhadores) — 21.475.211 votos válidos ou 31,711% deles;

3) Ciro Ferreira Gomes (PPS — Partido Popular Socialista) — 7.426.187 votos válidos ou 10,966% deles;

4) Enéas Ferreira Carneiro (PRONA — Partido de Reedificação da Ordem Nacional) — 1.447.0089 votos válidos ou 2,137% deles;

5) Ivan Moacyr da Frota (PMN — Partido da Mobilização Nacional) — 251.336 votos válidos ou 0,371% deles;

6) Alfredo Hélio Syrkis (PV — Partido Verde) — 212.983 votos válidos ou 0,314% deles;

7) José Maria de Almeida (PSTU — Partido Socialista dos Trabalhadores Unificado) — 202.659 votos válidos ou 0,299% deles;

8) João de Deus Barbosa de Jesus (PT do B — Partido Trabalhista do Brasil) — 198.915 votos válidos ou 0,294% deles;

9) José Maria Eymael (PSDC — Partido Social Democrata Cristão) — 171.831 votos válidos ou 0,254% deles;

10) Thereza Tinajero Ruiz (PTN — Partido Trabalhista Nacional) — 166.138 votos válidos ou 0,245% deles;

11) Sérgio Bueno (PSC — Partido Social Cristão) — 124.569 votos válidos ou 0,184% deles;

12) Vasco Azevedo Neto (PSN — Partido da Solidariedade Nacional, depois Partido Humanista da Solidariedade) — 109.003 votos válidos ou 0,161% deles.

*

Um dos aspectos marcantes nessa eleição presidencial de 1998 estava nas abstenções. A soma dos votos nulos, em branco, e também dos eleitores ausentes, superava a votação recebida por Fernando Henrique Cardoso. A taxa de abstenção eleitoral apresentou-se em torno de 21%, maior que na eleição de 1994. Na eleição presidencial, a falta dos eleitores elevou-se a 21,4% em 1998, enquanto em 1994 não se manifestou nas urnas um total de 17,7%.

De acordo com a Justiça Eleitoral, nas eleições de 1998 as abstenções chegaram às cifras:

- para presidente: 22.802.823 abstenções dos eleitores (ou 21,492%);

- para governador: 22.777.177 abstenções (ou 21,477%);

- para deputado distrital (Brasília — DF): 196.417 abstenções (ou 15,491%);

- para deputado federal: 22.770.630 abstenções (ou 21,471);

- para deputado estadual: 22.574.213 abstenções (ou 21,543%);

- para senador: 22.777.177 abstenções (ou 21,477%).

Nas eleições do ano de 2000, para preencher os cargos de prefeitos e de vereadores nos municípios, a abstenção foi menor do que nas eleições para presidente e governadores estaduais, em 1994 e em 1998. Estas eleições municipais de 2000 apontaram a ausência nas urnas de 16,218 milhões de eleitores, ou seja: abstenção de 14,98%, conforme levantamento preliminar do Tribunal Superior Eleitoral (TSE), na época.

*

Outro aspecto a merecer atenção em 1998 se achava no crescimento da Igreja Universal do Reino de Deus, do bispo Edir Macedo, na Câmara dos Deputados, aumentando a bancada provavelmente para 14 deputados federais, oito a mais que em 1994.

O segundo colocado, Luiz Inácio Lula da Silva, o principal fundador do PT, rejeitou sua terceira derrota consecutiva em eleições para presidente da República, garantindo que não deixaria de ser de novo candidato futuramente:

> Sou um ser político e vou continuar fazendo política enquanto houver injustiça social no país. (...) Teremos é a submissão à agiotagem internacional. (...) Nenhum político brasileiro tem condições de me enfrentar na hora em que os meios de comunicação agirem com imparcialidade.

Uma das questões de maior importância na época da reeleição de FHC, também em primeiro turno, resumia-se no vasto desemprego, cuja expansão se originou das reformas econômicas de seu primeiro governo. Em discurso como presidente reeleito, Fernando Henrique Cardoso explica-se de modo didaticamente prolixo, visando a responder as críticas feitas durante sua primeira gestão e no debate eleitoral. Uma das críticas mais duras se centrava no desemprego amplo, discutido pelas várias camadas da sociedade.

Buscando enfrentar tais críticas, o presidente reeleito em certo sentido pormenorizava e repetia ideias e propostas:

> Apurados noventa e poucos por cento dos votos, mantive o tempo todo a maioria absoluta. Pela segunda vez, consegui convencer o povo de que havia um caminho, um rumo para o Brasil. (...) Nós vamos preservar o Real, nós vamos conservar a estabilidade e nós vamos fazer isso para que possamos ter o crescimento sustentado e estável para criar mais empregos e para continuar no caminho do social. (...) As [tarefas] de longo prazo são as mesmas pelas quais me bati nos últimos anos, desde que fui eleito, em 1994, desde que fui ministro da Fazenda. E que era nítido que o Brasil tinha de se transformar estruturalmente: a reforma da Previdência, a reforma administrativa, a reforma dos impostos, as reformas políticas não são palavras usadas a esmo; são condições necessárias para a prosperidade deste povo.
>
> Portanto, no segundo mandato que se vai iniciar em janeiro [de 1999], eu continuarei — e com mais empenho ..., para que o Congresso dê os passos necessários para complementar essas reformas que são essenciais.

(...) Vamos sim prestar atenção, muito forte, na questão do emprego. É claro que é preciso que haja, e já existe, um diálogo mais ativo e uma negociação entre trabalhadores, empresários e governo para a preservação do emprego. É claro que existem já mecanismos negociados entre os sindicatos e o empresariado. Mas é preciso ampliar o nosso esforço na melhoria da qualificação dos trabalhadores, no ensino médio profissional; nós temos de aprimorar a nossa legislação trabalhista e nós temos, sobretudo, de prestar atenção aos setores que são grandes geradores de emprego (e aqui eu me refiro ao aperfeiçoamento e à consolidação, não apenas da reforma agrária, mas da economia agrária).

A segunda posse de Fernando Henrique Cardoso

Fui reeleito no primeiro turno.
Não cabe chorar as pitangas agora.

Fernando Henrique Cardoso

Precisei avançar com o atraso,
uma ironia da história.

Fernando Henrique Cardoso

Um leitor meditativo expôs sua desconfiança em mensagem ao jornal. Dizia ele:

A substituição brusca e inesperada do presidente do Banco Central é uma demonstração clara de que o governo jogou definitivamente a toalha e perdeu a batalha para os especuladores.

Não se pode afirmar que o Brasil vivia num clima de confiança, paciência e mansidão. Ainda assim, Fernando Henrique Cardoso — o FHC — tomou posse em seu segundo mandato presidencial, no dia

A REPÚBLICA BRASILEIRA — 1951–2010

1º de janeiro de 1999, reconhecendo a impaciência do país em busca da justiça social.[28]

Ao ser empossado no Congresso Nacional, afirmava o presidente reeleito:

> Sei da responsabilidade que assumo. Ao concederem ao presidente da República a possibilidade de um novo mandato, o Congresso primeiro, o povo brasileiro depois [sic], credenciaram-se para exigir de mim mais do que de qualquer outro presidente antes. (...) Tudo começou com a nova moeda. O Real foi um grande divisor de águas. Antes era a inflação e concentração de renda. Depois, foi estabilidade, com o início da distribuição de renda.
>
> (...) No Brasil, por muito tempo, o Estado como organização esteve à frente da sociedade. Hoje, ao contrário, é a sociedade que, via de regra, caminha à frente do Estado. (...) completaremos, assim, as reformas. Não só a previdenciária e a administrativa, mas a tributária, a política e a judiciária.
>
> (...) Tudo o que o governo puder fazer na área do emprego, será feito.
>
> (...) Estamos combatendo a desigualdade com a estabilidade da economia e com a melhoria da qualidade da educação pública, de modo a proporcionar aos desfavorecidos a oportunidade que nunca tiveram.

Confrontos e suspeitas

Confrontos

Nem bem principiara a segunda gestão e brindara seus sucessos de acordo com as palavras presidenciais, o governo de FHC deparou-se com a "Carta de Porto Alegre", subscrita por sete governadores: do Rio de Janeiro, de Minas Gerais (ex-presidente Itamar Franco), do Amapá, do Acre, do Mato Grosso do Sul, do Rio Grande do Sul e de Alagoas. Na "Carta", os governadores escreveram que os "brasileiros têm pago um preço insuportável por uma aparente estabilidade monetária que, especialmente nas últimas semanas, tem demonstrado toda a fragilidade". Ao indicar a fragilidade da política econômica federal, a "Carta" dos governadores citava "o acelerado desequilíbrio das contas externas, a corrosão das finanças públicas, o sucateamento do mercado interno e o desemprego crescente", fundado nos "capitais flutuantes", tornando "o Brasil refém dos grandes especuladores internacionais que cada vez cobram um preço mais elevado da nação".

Então, a "Carta de Porto Alegre" resumia os prejuízos causados aos Estados brasileiros pela política econômica fernandista: a queda da arrecadação devido à queda produtiva e o consequente aumento das dívidas estaduais, acompanhando o "ritmo alucinante das taxas de juros". Os governadores culpavam o governo federal por medidas "que retiram ainda mais recursos dos Estados para atender os compromissos macroeconômicos da União".

Em última análise, os governadores acusavam a gestão de Fernando Henrique Cardoso de descumprir o Pacto da Federação, alvitrando ao presidente a aceitação de "repactuar a dívida dos Estados em termos compatíveis com a realidade e o interesse público e anuncie o fim imediato das retaliações inaceitáveis contra entes da Federação, inclusive junto a organismos internacionais". Por fim, os governadores queriam a "revogação de todas as cláusulas contratuais que obriguem a venda de patrimônio, ou instituição financeira pública, e que acarretem a perda de autonomia de decisão democrática nos Estados".

Em nota, a presidência da República rejeitava a "Carta de Porto Alegre". Alegava que "a negociação da dívida já [tinha implicado] expressiva transferência de recursos do Tesouro para os Estados, com o objetivo de ajudá-los a sanear suas finanças". Alegava ainda que "não se pode aceitar a tentativa de corroer as bases de sustentação do Real, conquista do povo brasileiro, a qualquer pretexto".

Após a "Carta de Porto Alegre", em março de 1999, outra vez os advogados desaprovaram a gestão de FHC. O Instituto dos Advogados Brasileiros (IAB), a mais antiga associação representativa dos advogados do Brasil, tornou público, no mesmo mês de março de 1999, um Manifesto contendo críticas amplas e enérgicas ao governo de Fernando Henrique Cardoso desde o seu princípio:

> (...) o governo continua comprometendo a riqueza nacional, para atender as políticas do FMI [Fundo Monetário Internacional]. (...) Não é nacional governo que entrega o câmbio, a moeda e o Banco Central aos praticantes auxiliares da especulação internacional.
>
> (...) Não vale acenar com a modernidade e oferecer a estagnação das atividades agrícolas, industriais e comerciais e do capital científico e tecnológico, a recessão, o desemprego e, sobretudo, a imobilizante ausência de perspectivas. (...) Um governo é eleito para administrar o bem público em benefício da população e não para dele desfazer-se como pródigo que deita fora a fortuna que não lhe pertence mas que é comum.
>
> (...) Com sua política submissa aos interesses opostos à independência e ao desenvolvimento, o governo viola, de maneira unipessoal e arrogante, o direito à autodeterminação do povo, não só em seu conteúdo político, mas principalmente em sua expressão econômica e social. A autodeterminação implica na soberania sobre recursos naturais e na inadmissibilidade de um povo ser privado dos seus próprios meios de subsistência.

O IAB, fundado em 1843, recobrava o fulgor e a bravura de suas defesas das causas nacionais, honrando assim os advogados e aqueles que dele participaram, como Ruy Barbosa e Clóvis Bevilacqua.

Suspeitas

Uma das primeiras suspeitas de "tráfico de influência" no governo federal, criando atmosfera de revolta, nasceu da gravação de conversas de um assessor do presidente Fernando Henrique Cardoso, o diplomata Júlio César Santos, que "interferia na concorrência do Sistema de Vigilância da Amazônia (Sivam), cujo valor ultrapassa[va] 2 bilhões de dólares". Tal Sistema de Vigilância permitia "o domínio de todo o sistema de controle e defesa da Amazônia". Neste caso, o denunciante foi demitido e o denunciado, de início posto à espera, acabou promovido a embaixador brasileiro em Roma, para atuar na "Food and Agricultura Organization of the United Nations" (FAO).

Um episódio ocorrido em 1998, não devidamente esclarecido, foi noticiado pelo jornal *Folha de S.Paulo*, em maio de 1999, no começo do segundo governo de FHC. O presidente da República teve gravadas conversas com seus assessores, sobre leilão de privatização de uma Tele. O governo federal defendeu-se argumentando que a "intervenção visou aumentar valor arrecadado". Dizia o jornal que se tratava da "maior privatização da história, com a qual a União arrecadou R$ 22 bilhões de reais".

Gravações clandestinas no ano de 1998 encheram 46 fitas e totalizaram 69 horas de diálogos.

Tais provas, ilegais e clandestinas, não produziram processos judiciais contra os envolvidos.

Brevemente, é preciso lembrar certos trechos das conversas gravadas ilegal e clandestinamente:

1) Diálogo entre personagem A e personagem B:

[Personagem A] Então, nós vamos ter uma reunião aqui, estive falando com o [personagem C], tem uma reunião hoje aqui às seis e meia. Vem aqui aquele pessoal do Banco do Brasil, o [personagem C] etc. Agora, se precisarmos de uma certa pressão...

[Personagem B] ...Não tenha dúvida.

[Personagem A] A idéia é que podemos usá-lo aí para isso.

[Personagem B] Não tenha dúvida.

[Personagem A] Tá bom.

2) Diálogo entre personagem A e personagem C:

[Personagem A] (...) Se a gente usar a bomba atômica ..., a gente vai ter um ônus complicado.

[Personagem C] Eu sei, eu sei. (...) Vamos pensar amanhã cedo, se precisar...

[Personagem A] Se precisar a gente vai...

[Personagem C] Para esperto, esperto e meio.

3) Diálogo entre personagem C e personagem A:

[Personagem C] É comissão pra cá, comissão pra lá...

4) Diálogo entre personagem C e personagem D:

[Personagem C] E a ratada, aí?

[Personagem D] A ratada está lá em cima. Eu estou aqui e depois eu vou subir já. O [personagem A] está lá.

5) Diálogo entre personagem E e personagem C:

[Personagem E] Nós estamos indo no limite da nossa irresponsabilidade...

O consórcio de preferência dos personagens acima não ganhou e outro grupo conseguiu no leilão a área pretendida, ou seja, a Tele. Quando as fitas gravadas vieram a público, o presidente Fernando Henrique Cardoso repeliu-as, pois eram resultados de "uma operação criminosa, a escuta telefônica...". Afirmou: "Sou muito contra essa questão de o crime compensa, o crime ganhou. Vocês verão com o tempo que quem praticou o crime pagará. E quem está feliz por causa do crime pagará".

Para o Ministério Público Federal, a atuação do ministro ... caracterizava "interferência do poder público na privatização da Telebrás".

Vários técnicos envolvidos em privatizações viraram banqueiro, sócio-diretor, consultor, financista, especialista etc.

*

Em 2001, a gestão do presidente Fernando Henrique Cardoso agonizava em face da reprovação pública provocada por suspeitas de condutas antiéticas, pela ruína econômica e pela falta de energia elétrica. Ao sepultar a Comissão Parlamentar de Inquérito (CPI), com o auxílio do Congresso Nacional, o governo FHC desafiava a consciência da sociedade, impedindo a investigação de suspeitas de corrupção, mediante aquilo que se chamou de "Operação Abafa". Justificando com a explicação de que "uma CPI para o país".

Entre 27 de abril e 11 de maio de 2001, deputados federais e senadores receberam 92% dos "restos a pagar" (sobras do Orçamento de 2000) da Secretaria de Desenvolvimento Urbano (Sedur), com a possível finalidade de obstruir a CPI da corrupção. As liberações para pagar emendas individuais ao Orçamento distribuíram-se da forma seguinte:

Partidos governistas: liberações em reais:

- *PSDB*: Liberados até 27/04/2001: 954 mil reais; desta data a 11/05/2001: 6,39 milhões;
- *PMDB*: Liberados até 27/04/2001: 2,58 milhões; desta data a 11/05/2001: 6,50 milhões;
- *PFL*: Liberados até 27/04/2001: 850 mil; desta data a 11/05/2001: 1,77 milhões;
- *PPB*: Liberados até 27/04/2001: 301 mil; desta data a 11/05/2001: 531 mil;
- *PTB*: Liberados até 27/04/2001: 168 mil; desta data a 11/05/2001: 409 mil;
- *Total Governista:* Liberado até 27/04/2001: 4,86 milhões; desta data a 11/05/2001: 15,6 milhões.

Total da oposição: liberações em reais:

- *PT*: Liberados até 27/04/2001: 14 mil; desta data a 11/05/2001: 490 mil;

- *PSB*: Liberados até 27/04/2001: 82 mil; desta data a 11/05/2001: 102 mil;

- *PDT*: Liberados até 27/04/2001: zero; desta data a 11/05/2001: 241 mil;

- *PPS*: Liberados até 27/04/2001: 91 mil; desta data a 11/05/2001: 31 mil;

- *PC do B*: Liberados até 27/04/2001: zero; desta data a 11/05/2001: 10 mil;

- *Total da Oposição*: Liberados até 27/04/2001: 187 mil; desta data a 11/05/2001: 876 mil.

Total de Outros Partidos: liberados até 27/04/2001: 126 mil; desta data a 27/05/2001: 487 mil.

Verifica-se, por conseguinte, que os cinco partidos governistas (PSDB, PMDB, PFL, PPB e PTB) receberam liberações de verbas no montante de 15,6 milhões de reais, isto é, 92% das emendas individuais, por representarem 72% da bancada fernandista na Câmara Federal para impossibilitar a CPI da Corrupção. Esta maioria de 72% da bancada governista era três vezes maior que a bancada oposicionista, mas granjeou oito vezes mais recursos para bloquear a CPI da Corrupção.

Os últimos anos do governo FHC

Em dezembro de 1999, o presidente da República atingira 3.223 Medidas Provisórias (MP), somando edições e reedições delas, calculando de 1995 em diante. As Medidas Provisórias significam atos de vigência imediata, para casos de urgência ou relevância, devendo em seguida ser apreciados pelo Congresso Nacional. Número enorme para um só governo.

Desencantos e ventos de "impeachment"

As consequências da crise econômica na Rússia, a desvalorização do Real, os sucessivos recordes de desemprego, denúncias de favorecimento a grupos empresariais no leilão da Telebrás acarretaram grande queda de popularidade do governo.

Em setembro de 1998, próximo da reeleição, o governo do presidente Fernando Henrique Cardoso alcançava 43% de aprovação contra 17% de rejeição.

Mas em abril de 1999, a Confederação Nacional da Indústria (CNI) e o Instituto Brasileiro de Opinião Pública e Estatística (Ibope) anunciavam que 56% dos maiores de 16 anos reprovavam o governo e 54% não confiavam no presidente, ao passo que 35% aprovavam seu trabalho e 40% confiavam nele. Noticiava-se que FHC obtinha, no momento, metade da aprovação popular que possuíra nos dois anos passados. Os principais problemas apontados pela população concentravam-se no desemprego (70%), saúde (51%), salário dos trabalhadores (35%), drogas (30%), segurança pública (25%), educação e ensino (17%) e inflação (10%).

Em junho de 1999, nos dias 9 e 11 do mês, o Datafolha [Instituto de Pesquisas] informou que 44% dos brasileiros julgavam seu governo ruim ou péssimo, e somente 16% da população de 16 anos de idade, ou mais, avaliavam-no bom ou ótimo. Pela primeira vez desde janeiro de 1995, o governo fernandista teve percentual de ruim e péssimo superior ao dos que o apreciavam regular, com 38%.

Os partidos de oposição ao governo deram início a movimento pelo "impeachment" do presidente da República, colhendo assinaturas da população para tal fim. O líder do PDT [Partido Democrático Trabalhista], Leonel Brizola, propunha a renúncia presidencial.

A REPÚBLICA BRASILEIRA — 1951–2010

No mês de julho de 1999, na cerimônia de posse dos novos ministros da Agricultura e Abastecimento (Marcus Vinicius Pratini de Moraes — ex-ministro na ditadura militar) e da Justiça (José Carlos Dias), o presidente Fernando Henrique Cardoso assegurou:

> Só não posso aceitar golpismo. Só não posso aceitar a vontade de desrespeitar a decisão do povo. (...) Só não posso aceitar a utilização da infâmia como arma política. A crítica da oposição aberta, como arma necessária para a política, não só posso aceitar, mas devo aceitar. (...) Eu me orgulho em dizer que este governo foi o que mais atenção pôde dar aos excluídos.

A luta contra a pobreza e os tropeços na economia abalaram demais a popularidade do governo e do presidente FHC. Para se ter ideia, a mobilização da população e dos trabalhadores contra o governo manteve-se constante de ano a ano, agravando-se acentuadamente no segundo mandato presidencial, consoante dados do Datafolha e do Banco Central:

Em síntese, mesmo voltando um pouco em alguns fatos, observe-se a descrição abaixo.

1995: aprovação do presidente: 39% em março e previsão de crescimento do PIB (Produto Interno Bruto) de 4,2% :

- *Junho:* Os trabalhadores no setor petroleiro fazem malsucedida paralisação por 30 dias por aumento salarial, levando o Exército a ocupar refinarias;
- *Agosto:* Em Corumbiara (Rondônia), dez trabalhadores sem-terra e dois policiais militares mortos durante a desocupação de uma fazenda;
- *Novembro:* Torna-se conhecida a existência de escuta telefônica clandestina, revelando suposta interferência em licitação de equipamentos.

1996: aprovação do presidente: 47% em dezembro e previsão de crescimento do PIB de 2,8%:

- _Janeiro:_ O governo gasta R$9,6 bilhões na fusão dos Bancos Nacional e Econômico com outras instituições financeiras;

- _Abril:_ Em Eldorado do Carajás (sul do Pará), enfrentamento com Polícia Militar causa 19 mortos, maior matança de trabalhadores sem-terra;

- _Junho:_ A CUT (Central Única dos Trabalhadores), o CGT (Comando Geral dos Trabalhadores) e a Força Sindical realizam ato contra o desemprego e a política econômica.

1997: aprovação do presidente: 43% em setembro e previsão de crescimento do PIB de 3,7%:

- _Abril:_ 30 mil (total fornecido pela Polícia Militar) trabalhadores rurais sem-terra rumam a Brasília para homenagear os mortos pelo transcurso de um ano do massacre de Eldorado do Carajás, reivindicando também a reforma agrária;

- _Julho:_ Crise financeira na Tailândia, atingindo a economia asiática;

- _Outubro:_ A taxa básica é aumentada para 43,4% ao ano pelo governo, a fim de impedir a saída de dólares do Brasil;

- _Novembro:_ O governo toma medidas contra a crise, com aumento de alíquotas do Imposto de Renda (IR). Não deveria ser esquecido nunca que, conforme constatação em 2002, a legislação tributária brasileira se achava entre as legislações com menor número de deduções na declaração de Imposto de Renda (IR).

- _Dezembro:_ Comissão do Senado Federal aprova a prorrogação da CPMF (Contribuição Provisória Sobre a Movimentação ou Transmissão de Valores e de Créditos e Direitos de Natureza Financeira), um tributo federal que vigorou de 1997 a 2007 e sua última alíquota foi de 0,38%.

A REPÚBLICA BRASILEIRA — 1951-2010 603

1998: aprovação do presidente: 31% em junho e previsão de cresci-mento do PIB de 0,1%:

- *Janeiro*: Epidemia de dengue na região Sudeste, indo até maio;
- *Março:* Primeiro saque decorrente da seca no Nordeste, prevista desde 1997;
- *Maio:* Jornada a Brasília, em que 20 mil (total fornecido pela Polícia Militar) reclamam emprego e melhorias sociais. O governo divulga pacote social contra a seca;
- *Julho:* Leilão da Telebrás, em que 12 holdings de telefonia são vendidas por R$ 22,06 bilhões;
- *Agosto*: O governo realiza alterações na legislação trabalhista, criando jornada semanal de 25 horas;
- *Setembro:* O governo promove reduções orçamentárias e eleva os juros para 49,75% ao ano, pretendendo evitar a fuga de capitais e queda nas bolsas de valores;
- *Outubro*: Reeleito Fernando Henrique Cardoso, é divulgado programa fiscal para economizar R$ 28 bilhões em 1999, com elevação de impostos;
- *Novembro*: Torna-se conhecida a existência de escuta telefônica clandestina, denunciando suposta interferência no leilão da Telebrás;
- *Dezembro*: O Fundo Monetário Internacional (FMI) autoriza pacote de ajuda ao Brasil de R$ 41,5 bilhões, determinando como compensação rigor fiscal.

1999: aprovação do presidente: 16% em junho e previsão do PIB de -1%:

- *Janeiro:* Maxidesvalorização do Real: o governo libera o câmbio e o dólar dá partida na sua valorização;
- *Abril:* Centrais Sindicais e Movimento Sem-Terra organizam ato contra a política econômica;
- *Maio:* Torna-se conhecida a existência de escuta telefônica clandestina, na qual se assinala a suposta aprovação de Fernando

Henrique Cardoso para a utilização de seu nome, com a finalidade de fazer pressão sobre um grupo concorrente no leilão. A "Marcha dos 100 Mil" deveria pedir o "impeachment" do presidente Fernando Henrique Cardoso devido ao leilão da Telebrás, dentre outros pedidos;

- *Agosto*: Caminhoneiros, produtores rurais e entidades agropecuárias protestam contra o governo; buscando a renegociação de dívidas agrícolas.

Em 1999, os juros do cheque especial chegavam a 14,90% ao mês, 28,9% do PIB iam para os impostos, 8% ao ano constituía a meta definida para a inflação, e o Datafolha fazia a projeção de 10 milhões de perdas de emprego no Plano Real.

Posteriormente, em 2000:

- *Setembro*: 6º Grito dos Excluídos, organizado pela Conferência Nacional dos Bispos do Brasil (CNBB) e pelo Movimento dos Trabalhadores Rurais Sem-Terra (MST) e sindicatos, no Dia da Independência (7/9/2000), em geral teve como principais objetivos o protesto contra o Fundo Monetário Internacional (FMI) e o apoio ao plebiscito sobre a dívida externa. O Grito dos Excluídos ocorreu em capitais como São Paulo, Belo Horizonte, Recife e Rio de Janeiro. Em Aparecida-SP, após a missa, houve protestos contra a falta de terra, de emprego, de moradia e pela melhoria da saúde e da educação. Mais de 5 milhões de pessoas, representando aproximadamente 5,16% do eleitorado em 1998, foram às urnas para votar sobre a dívida externa, patrocinado pela CNBB e outras 20 entidades sociais. Quando faltava a apuração de 6% dos votos, tendo votado 5.476.115 eleitores em mais de 3.000 municípios, próximo de 90% deles havia optado "pelo não pagamento da dívida externa sem realização prévia de auditoria pública, pela não manutenção do acordo firmado pelo governo brasileiro com o FMI (Fundo Monetário Internacional) e pelo não comprometimento do Orçamento com o pagamento da dívida externa".

Em conformidade com o Banco Central do Brasil, de 1989 até maio de 2000, a dívida externa do Brasil aumentou da seguinte forma:

- 1989 (término do governo José Sarney): setor público: 98,54%; setor privado: 16,97% = 115,51 bilhões de dólares;
- 1990 (começo do governo Fernando Collor de Mello): setor público: 106,09%; setor privado: 17,36% = 123,44 bilhões de dólares;
- 1992 (término do governo Collor): setor público: 93,44%; setor privado: 42,51% = 135,95 bilhões de dólares;
- 1993 (começo do governo Itamar Franco): setor público: 90,61%; setor privado: 55,11% = 145,73 bilhões de dólares;
- 1994 (término do governo Itamar): setor público: setor público: 87,33%; setor privado: 60,97 = 148,30 bilhões de dólares;
- 1995: (começo do governo Fernando Henrique Cardoso): setor público: 87,46%; setor privado: 71,80% = 159,26 bilhões de dólares;
- 1998: (término do 1º governo FHC): setor público: 95,37%; setor privado: 146,28% = 241,64 bilhões de dólares;
- 2000: (estimativa até maio: antepenúltimo ano do 2º governo FHC): setor público: 92,17%; setor privado: 139,17% = 231,35 bilhões de dólares.

No penúltimo ano do governo FHC, em 2001:

- *Maio:* Racionamento de energia levou o governo a emitir medida provisória contrária ao Código de Defesa do Consumidor, nos pontos relativos à crise de energia e às decisões governamentais. Assim, o governo passa a ter competência para "estabelecer medidas compulsórias de redução de consumo e de interrupção no fornecimento". Nesses casos e nas situações deles decorrentes, o Código de Defesa do Consumidor tornou-se inaplicável.

- *Julho*: A imprensa em 2001 divulgou que o presidente Fernando Henrique Cardoso empenhava-se na "reintrodução da jurisdição especial para ex-presidentes, ex-ministros e ex-congressistas". Se de fato isto sucedia, seu empenho deveria voltar-se para deputados federais e senadores, os quais em certas condições podiam emendar a Constituição Federal de 1988. Contudo, o funcionamento da república digna desse nome opõe-se ao foro privilegiado de ocupantes de cargos públicos, assim como de qualquer outro indivíduo.

Comemorações de 500 anos de Descobrimento do Brasil

A comemoração oficial dos 500 anos do Descobrimento do Brasil, em 22 de abril de 2000, se distinguiu pelo desengano e indignação das classes mais baixas da população brasileira, notadamente os indígenas, os trabalhadores rurais sem-terra e os integrantes do movimento "Brasil Outros 500". Não faltaram bombas de gás lacrimogêneo e balas de borracha contra as pedras e flechas lançadas pelos índios.

Os protestos produziram 141 detidos na Bahia, incluindo estudantes de Minas Gerais e do Espírito Santo, demonstrando a constância de treinamento truculento da Polícia Militar (PM) baiana, a fim de relembrar o Descobrimento.

A despeito disso, o presidente Fernando Henrique Cardoso, uma vez mais, de forma didática e erudita, procurou esclarecer o rumo governamental:

> Nos últimos anos, empreendemos uma profunda reforma do Estado. Estamos transformando instituições envelhecidas para afirmar o papel do Estado como alavanca estratégica do desenvolvimento econômico e social do Brasil. (...) O plano nacional de investimentos para o quadriênio de 2000 a 2003, o Avança Brasil, combina de maneira inovadora iniciativas do governo, da empresa privada e do terceiro setor.

A REPÚBLICA BRASILEIRA — 1951–2010

(...) A expansão das fronteiras daquilo que viria a ser o território brasileiro deu-se ao preço da eliminação de povos indígenas, como hoje nos lembram — e é preciso lembrar seus representantes aqui em volta de Porto Seguro. (...) Outras vozes de protesto e reivindicação se fazem ouvir nesta celebração. Elas são ecos do passado escravista, oligárquico e patriarcal que até hoje pesa sobre a sociedade brasileira e faz dela uma das sociedades mais injustas do mundo.

(...) Mas a mensagem mais importante que as vozes dos excluídos nos trazem não diz respeito ao passado, e sim ao futuro. Elas anunciam que chegou o momento de virar a página da exclusão na história do Brasil. O momento chegou porque, com o nível de desenvolvimento que nós alcançamos, a pobreza do país não serve mais de desculpa para a miséria do povo.

Depois, em maio de 2000, o presidente dava seguimento à interpretação do crescimento dos protestos, dizendo:

Quando a economia vai bem, é natural que aumentem as reivindicações.

As palavras de FHC evidenciavam uma visão segura da melhor das conjunturas possíveis, embora a realidade brasileira não indicasse bem isto. A avaliação da FUNAI (Fundação Nacional do Índio) e das ONGs (Organizações Não Governamentais) dedicadas a causas indígenas, mostrava que perto de 85% dos 561 territórios indígenas brasileiros passavam por algum tipo de invasão. Mostrava mais: ainda essenciais e imprescindíveis, as demarcações e os registros de áreas não davam segurança a tais territórios.

Comumente, as invasões de terras indígenas aconteciam motivadas por furto e roubo de madeira, por roubo de minério ou até pelo comércio ilegal entre certos índios e invasores.[29]

Falando sobre os 500 anos de aniversário do Brasil, o historiador anglo-americano Kenneth Maxwell, em seu artigo *Das caravelas ao Carnaval*, assinalou:

Os brasileiros nunca aceitaram Portugal como pátria-mãe. Por muitos anos a elite brasileira preferiu seguir os padrões de Paris e hoje vê Miami como paraíso das compras. Os portugueses, por sua vez, preferem pensar que o Brasil conquistou sua independência de forma pacífica, como um ato de concessão, não de luta. Para completar, não demorou muito para a imprensa brasileira denunciar que mais de 20% das verbas destinadas às comemorações foram gastas pelo filho do presidente Fernando Henrique Cardoso para promover a imagem do Brasil, em Hannover, na Alemanha, um lugar sem nenhuma relação como o "descobrimento" nem com nada tropical.

(...) Afinal, os descendentes de alguns povos nativos conseguiram sobreviver, a despeito de cinco séculos de exploração, doenças e extermínio. ...os membros da tribo Pataxó que vivem em Porto Seguro construíram um memorial próprio na praia onde os portugueses desembarcaram, mas a Polícia Militar da Bahia foi imediatamente acionada para destruí-lo. O incidente levou um grupo de "sobreviventes do colonialismo" a rumar para Brasília numa marcha de protesto contra o tratamento dispensado no passado e no presente aos índios do país.

Providências para inibir a suspeita de corrupção, segundo Cardoso

A chamada "CPI (Comissão Parlamentar de Inquérito) da Corrupção" foi inviabilizada, mas a administração fernandista procurou dar conta das providências tomadas em relação a casos denunciados.

Depois de o governo Cardoso e o Congresso Nacional obstruírem a "CPI da Corrupção" que ia examinar em profundidade, primordialmente, os 11 casos denunciados, a administração federal procurou outros rumos.

Os informes fornecidos pela presidência da República, a propósito dos 11 casos denunciados, tinham feitio de algo canhestro, superficial, inconcluso e pouco compreensível à população brasileira.

A REPÚBLICA BRASILEIRA — 1951-2010

Alguns desses informes abusavam da ineficácia, como informar que o inquérito policial no caso da OAS tinha sido instaurado em 1994, quando se estava em 2001. Também abusavam da ineficácia informar que se deram esclarecimentos ao Congresso Nacional, ou que foi protocolada a ação de improbidade, ou que foi instaurado inquérito policial, ou que o processo ainda corria na 17ª Vara Federal da Bahia.

Porém, em seu pronunciamento no começo de abril de 2001, o presidente da República aludiu à corrupção estatal, de forma contundente:

- Sobre apurar a corrupção: "... *é lenta porque vivemos num estado democrático de direito"*, diferente do *"procedimento sumário"* no regime militar.

- Sobre a carta-branca: a recém-criada Corregedoria Geral da União teria *"carta-branca"* para apressar as investigações na administração federal.

Tendo tornado impossível a CPI da Corrupção e ficando aterrado com as nuvens da tempestade formada pelas acusações ao governo, FHC criou a Corregedoria Geral da União (CGU) destinada a coordenar as investigações de denúncias na administração pública. A subprocuradora da República, aposentada, Anadyr de Mendonça Rodrigues, dirigiria como ministra a mencionada Corregedoria. O presidente, com isto, mostrava desejo de assinalar suas medidas de combate à corrupção desde o primeiro mandato.

O jornal espanhol *El País* noticiou a origem da nova Corregedoria Geral da União, tendo-a na conta de *"responsável pela investigação dos supostos casos de corrupção dentro do governo e do mundo político"*. E prosseguia:

O presidente responde assim à oposição, que pedia uma Comissão Parlamentar para estudar supostos casos de corrupção, nos quais apareciam envolvidos homens do governo, salpicando o próprio Cardoso. A nova Corregedoria gozará de poderes especiais,...

(...) Cardoso, temendo que a Comissão Parlamentar pudesse ser instrumento nas mãos da oposição, na já iniciada campanha para a eleição de seu sucessor, tinha-se antecipado às possíveis críticas afirmando em seu discurso: "Não desejamos encobrir nada, mas não podemos permitir que os casos de supostas corrupções regressem às primeiras páginas dos jornais sob a desculpa de que não têm sido investigados. Com isto, se cria um clima fictício de mar de lama. Temos de acabar com o uso político da denúncia."

Some-se à instalação da Corregedoria Geral da União, destinada a apurar os supostos casos de corrupção, a Medida Provisória (MP) 2.008/01. Tal medida provisória previa a punição dos procuradores federais e estaduais, com multa de até R$ 151.000,00, se propusessem ação de improbidade administrativa "manifestamente improcedente".

A MP 2.088 do governo FHC adicionava ao artigo 11 da Lei n. 8.429/1992 (Lei de Improbidade Administrativa) o inciso oitavo, que prescrevia:

8º Instaurar temerariamente inquérito policial ou procedimento administrativo ou propor ação de natureza civil, criminal ou de improbidade, atribuindo a outrem fato de que o sabe inocente.

O artigo 17 da aludida Lei, que continha as funções do Ministério Público na proposição da ação principal, igualmente sofreu o acréscimo de mais sete parágrafos, além dos cinco já previstos. Tal acréscimo dava a possibilidade de a ação de improbidade administrativa ser rejeitada desde a resposta do réu, antes do julgamento, virando-se contra o proponente.

Um leitor na época entendeu a Medida Provisória 2.008/01 como instrumento limitador do Ministério Público, e de fato era mesmo:

A medida provisória em que o presidente FHC cerceia o Ministério Público abre caminho para que os ladrões e os corruptos deitem e rolem. Basta que, daqui pra frente, qualquer juiz rejeite uma acusação do Ministério Público para que o procurador responsável pelo processo tenha sua carreira (e a conta bancária) liquidada. Afinal de contas, a favor de quem está o presidente? Dos que dilapidam o país? As pessoas a quem o Ministério Público tem acusado têm dado provas de serem culpadas. Isso quando não se evadem do país e, depois, ainda negociam a volta com regalias de gente decente.

Explicando as razões da citada medida provisória na exposição de motivos, o então ministro da Justiça, José Gregori, aclarou a Lei n. 8.429/92 sem mencionar diretamente o Ministério Público, salientando que

> ...as ações de improbidade administrativa têm sido propostas de forma indiscriminada, acarretando a quase inviabilização da atividade administrativa em razão do desnecessário constrangimento dos administradores, constantemente chamados a responder imputações infundadas.

O governo de FHC parecia estar muito interessado na ação do Ministério Público, pois tratou de levar ao Congresso Nacional, em 2002 (seu último ano de governo), um projeto de "foro privilegiado" para ele mesmo quando deixasse o Poder Executivo, e igualmente para ex-presidentes, ex-ministros, ex-governadores, ex-parlamentares, ex-prefeitos, ex-juízes. Pelo projeto, todos só poderiam ser processados "como se ainda estivessem em seus cargos".

Sobre esse projeto de "foro privilegiado" para ex-presidentes da República, ex-ministros, ex-governadores, ex-parlamentares, ex-prefeitos e ex-juízes, o então presidente da Confederação dos Ministérios Públicos Estaduais (Conamp) pronunciou-se contra: *"a proposição cria privilégio odioso e injustificável para o administrador faltoso, cerceando a ação do Ministério Público"*.

O "foro privilegiado" é visto como excrescência introduzida na Constituição Federal de 1998, disfarçando repugnante tradição, e seria agora convertido em vantagem perpétua, pela qual, como diz o outro, "ações contra eles, só nos tribunais superiores". Nada de o político ser julgado na primeira instância da Justiça; nada de ser igualado a todo brasileiro, nesta "Nova República".

O "foro privilegiado" representa sempre benefício para os poderosos de ontem, de hoje e de amanhã. Não existe algo mais antirrepublicano, não existe algo mais contrário à igualdade e à liberdade do que o "foro privilegiado" escrito na Constituição de 1988 e no aludido projeto de FHC. Um exemplo democrático e republicano encontra-se em Thomas Jefferson, o principal redator da Declaração da Independência dos Estados Unidos da América, que, quando presidente dos EUA, intimado, compareceu ao fórum para ser interrogado pelo juiz, como testemunha.

Noticiaram os jornais que dois deputados federais do PSDB, o mineiro Bonifácio de Andrada (autor do projeto) e o paulista André Benassi (autor do substitutivo aprovado), ambos do partido do presidente, idearam este projeto de "foro privilegiado vitalício", inadmissível em uma república.

*

O próprio presidente Fernando Henrique Cardoso, um ex-perseguido político da ditadura no Brasil (1964-1985), afirmou com razão: *"Não posso deixar de dizer que [foi] um dos dias mais felizes da minha vida"*. Realmente deve ter havido felicidade para ele, para outros, para os brasileiros.

Era a primeira vez que o governo fernandista concedia anistia ampla a militares, mediante lei ou medida provisória. De acordo com a medida provisória assinada pelo presidente da República em 2001, os anistiados passaram a ter quatro direitos: 1) Declaração de que é anistiado político; 2) Reparação econômica indenizatória; 3) Contagem do tempo de afastamento para fins previdenciários; 4) Conclusão de curso interrompido ou reconhecimento de diploma obtido no Exterior.

A anistia alcançou aproximadamente 2.500 militares punidos por infrações disciplinares durante a ditadura militar. As indenizações previstas poderiam ir ao limite de R$ 100 mil para cada anistiado, civil ou militar, ou para seus descendentes.[30]

Inflação, dívida externa, privatização, Plano Real

Itamar Franco — as condições do Plano Real

Relacionando 1991 com 1992, ano da posse do presidente Itamar Franco, o Atlas Estatístico do Banco Mundial indicava que o brasileiro possuía a 52ª renda "per capita" do mundo. O Brasil colocava-se apenas acima do Chile, Panamá, Costa Rica e Paraguai. Comparando o trabalhador brasileiro com o da Suíça (1ª classificado), o trabalhador suíço em um ano recebia valor correspondente a 13 brasileiros.

Para bem entender o que se passava com os trabalhadores brasileiros, bastava dizer que o salário médio, real, perdeu 2,6% no ano de 1992. Esta perda de renda adveio de demissões e da rotatividade da mão de obra no mercado de trabalho formal (com carteira assinada), no qual os trabalhadores mais antigos e experientes das empresas foram substituídos por trabalhadores mais novos.

Em certas situações, o mercado de trabalho trocou jovens de 25 anos de idade, ou mais velhos, por crianças e adolescentes entre 10 e 17 anos. Após revelar estas informações, a secretaria de Políticas de Emprego e Salário do Ministério do Trabalho adicionou:

> Em 1992, observou-se uma substituição das pessoas com 25 anos ou mais por outras de menor faixa etária, e é de se supor que, como esses

jovens têm menor poder de barganha e qualificação, essa seja mais uma estratégia para reduzir os salários reais do pessoal ocupado.

Uma pesquisa da Secretaria de Políticas de Emprego e Salário do Ministério do Trabalho mencionou que, em 1990, 1991 e 1992, o mercado formal (com carteira assinada), compreendendo 3,5 milhões de empresas, aboliu perto de 2,5 milhões de empregos. Em um ano, de 1991 a 1992, o mercado formal no Brasil eliminou 665.442 postos de trabalho.

Uma fotografia em branco e preto do desemprego no Brasil em 1993 mostrava a extensa recessão socioeconômica, com aproximadamente 4 milhões de desempregados, os quais tinham diante de si a possibilidade de não mais regressar ao mercado de trabalho por falta de qualificação.

A extraordinária crise de acumulação de capital internacional causou predatória concorrência financeira e industrial e deu existência à teologia da qualidade, dentre vários sortilégios. Em nome da alienação da qualidade muitos crimes foram praticados, além de impor repentinamente a urgência da mão de obra qualificada.

A Secretaria do Trabalho do Estado de São Paulo, em março de 1993, contabilizou os seguintes números: dos 1.469 candidatos encaminhados a vagas abertas pelas empresas, apenas 158, ou 10,75%, preencheram as exigências dos empregadores. Portanto, existiam menos trabalhadores para sustentar quantidade maior de pessoas que não obtiveram emprego no mercado de trabalho.

Em outra pesquisa, a Organização das Nações Unidas para Agricultura e Alimentação (FAO) anunciava que somente 12% dos brasileiros estavam em condições de produzir numa sociedade tecnologicamente moderna. A explicação mais fácil de dar a este fato recaía naquilo que se fez da educação brasileira: para o Banco Mundial, o Brasil ocupava o 74º lugar numa lista de 120 países, colocando-se abaixo de Madagascar, Gana, Indonésia, Zimbábue, Tunísia, Malásia, Zaire e Egito.

A REPÚBLICA BRASILEIRA — 1951–2010

Conforme informações da FAO divulgadas em 1993, achavam-se despreparados para produzir, segundo percentual da população economicamente ativa no Brasil:

- Analfabetos: 18%;
- Alfabetizados mas sem preparo escolar: 20%;
- Alfabetizados com 1º grau incompleto: 35%;
- Primeiro grau completo, sem preparo específico: 15%;
- Preparados para produzir em sociedade tecnológica moderna: 12%.

Conforme informações da FAO divulgadas em 1993, achavam-se fora da produção, segundo percentual da população economicamente ativa no Brasil:

- Não trabalham: 30%;
- Subempregados: 22%;
- Desempregados: 18%.

Conforme informações da FAO divulgadas em 1993, achavam-se integrados no mercado formal de trabalho: 30%.

*

Na posse de Fernando Henrique Cardoso em 21 de maio de 1993, tomando a frente da gestão econômica do governo Itamar Franco como ministro da Fazenda, ele fixou seu roteiro de atuação:

> (...) O ministro Eliseu Resende [seu antecessor no ministério da Fazenda] mencionou o projeto de privatização e disse que não se trata de uma questão ideológica. É verdade. Qualquer que seja a pessoa que tome assento na cadeira do presidente da República ou dos ministérios concernentes a esta matéria, olhando os números verá que não há escolha.

(...) Não há escolha porque hoje não há capacidade do Tesouro, nem é mais possível extrair mais impostos da sociedade, para gastar seus recursos em empreendimentos que são de risco e muitas vezes não dão certo, como é natural da empreita econômica. Este é hoje um rumo aceito. Discute-se outra coisa — o modo de fazer, a clareza das operações, a lisura do procedimento e o destino que há de se dar a um patrimônio que é do povo, e tem de ser, portanto, um destino muito cuidado.

E disse bem o ministro Eliseu Resende: uma parte importante, substancial, desses recursos há de ser para fazer frente à dívida mobiliária do Tesouro. Para diminuir a pressão sobre o Tesouro e assim permitir que haja um declínio das taxas de juros.

(...) Temos que ter dignidade nacional! Temos que tomar um rumo e, tomado o rumo, acreditar nele.

(...) Sei também que há um fantasma. Houve autor clássico que dizia que um fantasma rondava a Europa. Era o da revolução, território da fome. Não é esse o nosso fantasma. Nosso fantasma é um fantasma que aparece menos vezes, que se corporifica menos vezes, mas que nos tortura no dia a dia. Nosso fantasma é uma espécie de peste, é uma praga. É um flagelo do povo, que se chama inflação.

Eis aí um FHC inquieto e negativo ante as condições econômico-fiscais do Brasil, mas igualmente se descobre no mesmo discurso de posse na Fazenda um FHC confiante e positivo. Fica a gosto de cada um.

(...) O balanço do Brasil é positivo. A dívida mobiliária interna do Tesouro é da ordem de 30 e poucos bilhões de dólares. O patrimônio líquido das estatais é de 100 bilhões de dólares. Não é um país que esteja insolvente nem em falência. (...) A dívida mobiliária não atinge 10% do PIB. A externa hoje que está sendo negociada, e bem negociada, caiu um pouquinho e está em 41 ou 42 bilhões de dólares.

Quase um mês depois, em junho de 1993, em rede nacional de tevê, o ministro da Fazenda do governo Itamar, Fernando Henrique

A REPÚBLICA BRASILEIRA — 1951–2010

Cardoso, retornava ao assunto, alertando que "a inflação não acaba num dia":

> O Brasil acostumou-se a ver seus ministros da Fazenda virem à televisão para fazer promessas, anunciar planos mágicos e vender projetos salvadores. Posso frustrar quem espera de mim algo parecido. (...) Todos sabemos: nossos dois principais problemas, hoje, são a inflação e a miséria. E uma coisa está ligada à outra.
>
> (...) O governo conta com o apoio do Congresso que deverá ajustar o orçamento à realidade do País. É verdade, será preciso gastar menos. E o desafio é gastar melhor, com responsabilidade, não perdendo de vista as necessidades do povo. (...) O governo são também os governos estaduais e municipais. Governadores e prefeitos vão ter que fazer sua parte. Vão ter de disciplinar seus gastos, assumir suas responsabilidades. (...) Não vamos mais permitir o que aconteceu até agora: alguns estados levantavam dinheiro, gastavam e não pagavam suas dívidas. Neste momento, os estados e municípios devem ao governo federal 40 bilhões de dólares.

Com efeito, o espetáculo inflacionário demonstrava como a maioria dos brasileiros sofre para viver no país. Consoante pesquisa do Departamento Intersindical de Estatística e Estudos Socioeconômicos (DIEESE), no fim de junho de 1993, o preço dos 31 produtos da considerada cesta básica era 294,4% superior ao do final de dezembro de 1992, para as famílias paulistanas que faziam despesa em 70 supermercados.

No primeiro semestre de 1993, os 3 preços que mais subiram foram os da batata (790%), do queijo tipo muçarela (706%), do leite em pó (498%). A farinha de trigo (210%), o macarrão (214%) e a carne bovina de primeira (217%) tiveram preços de menor correção. Um espanto, neste primeiro semestre, o preço do quilo da batata subiu de 5 mil cruzeiros a mais de 40 mil cruzeiros no varejo.

Passados 12 meses de governo de Itamar Franco, e quatro ministros da Fazenda, a inflação não só se manteve como ainda se elevou, alcançando até outubro de 1993 o total acumulado de 2.559,28%, com base na variação do Índice de Preços ao Consumidor da Fundação Instituto de Pesquisas Econômicas (FIPE-USP).

A observação e acompanhamento da vida econômica brasileira no período tornam possível verificar quais os principais elementos da inflação. Destes elementos, o mais visível encontra-se na especulação monetária, cuja base consiste em operação financeira para extrair lucros derivados de artificiais oscilações do mercado. O dinheiro, os títulos financeiros e os juros transmudam-se em expressões da realidade. A moeda mais valorizada parece exprimir a possível produção real e a defesa perante as oscilações artificiais do mercado, como acontece com o dólar norte-americano, no presente caso.

Com a inflação, quase todos os assalariados padecem perdas financeiras em favor daqueles "que dispõem de mecanismos" para evitar a inflação e conseguir ganhos fabulosos. Os assalariados "pagam impostos e produtos de consumo em geral corrigidos sistematicamente e recebem no fim do mês um dinheiro corroído pela inflação". Como dizia Nélson Barrizzelli (da Associação Brasileira de Supermercados — Abras), "o trabalhador é quem perde mais, por receber em moeda desindexada e pagar muitas coisas indexadas".

Por conseguinte, o capitalismo tardio e periférico oferece aos seus sequazes mais esta oportunidade de infinitos ganhos especulativos: a inflação. Dos sequazes mais bem aquinhoados se salientam aquelas entidades que alguns dizem ser base da igualdade e da democracia: os governos, os Estados, os bancos, as instituições financeiras e o comércio etc. Mas há também outros prodígios ocultos, como a usura, o livre câmbio, os juros e, por que não, a agiotagem generalizada, prodígios estes tão pudicos em sua utilização para granjear infinitos ganhos especulativos com a inflação.

Se, por um lado, a inflação atormentou os assalariados, empobrecendo-os rapidamente; por outro lado, a dívida externa total do Brasil não deixou de avançar em 1992, crescendo 8,3% sobre a de 1991. Mas as empresas estrangeiras instaladas no país não sentiram nada em

A REPÚBLICA BRASILEIRA — 1951-2010

matéria de lucro, ganharam bastante dinheiro. As multinacionais estabelecidas no Brasil aumentaram em 132,8% as remessas de lucros e dividendos para as matrizes em janeiro e em fevereiro de 1993, comparados com os mesmos meses de 1992. Em números absolutos, as multinacionais daqui, nesses dois meses de 1993, já tinham enviado 414,5 milhões de dólares a suas sedes. Era elevado o rendimento das aplicações realizadas no Brasil, haja vista que, no mesmo período do ano de 1992, as multinacionais mandaram 178 milhões de dólares.

Entretanto a imagem das empresas de capital estrangeiro com relação ao tratamento de seus funcionários, no país e em 1993, segundo pesquisa da Federação da Indústria do Estado de São Paulo (FIESP) era muito mais favorável a elas do que a imagem das empresas estatais e nacionais privadas.

A imagem das empresas estrangeiras recebeu 59,8% das menções positivas (seriedade, profissionalização, respeito, comportamento justo, melhor salário, tratamento como gente e com decência), ao passo que suas menções negativas iam a 14,4%, (com referência a tratamento como máquinas, como inimigos, como escravos, sendo elas melhores no Exterior). A acreditar-se na pesquisa da FIESP, as empresas estatais e nacionais privadas expunham 40,2% de menções positivas, negativas ou neutras.

Essa imagem contraproducente das empresas estatais e nacionais privadas se explica, é claro, por meio de vários fatores. É impossível esquecer, porém, que o Brasil foi o último país a abolir a escravidão negra na cultura ocidental. Não custa recordar que até agora permanece, em certas ocasiões de forma triunfante no país, a cultura do "homem livre" da sociedade escravista que, na verdade, na verdade, "vivia de favor", pagando alto preço social por isto.[31]

*

No último dia de dezembro de 1992, ano em que assumiu a presidência da República, Itamar Franco em pronunciamento de final de ano, garantia que a "modernidade empobreceu o país em 10%". E afirmava mais:

> (...) Em sociedades injustas, como a nossa, a única coisa que se distribui com equidade é o medo. Não queiramos ocultar, com as ilusões enganosas, o medo que nos domina. (...) É dever do Estado agir com todo o rigor para manter o monopólio da força, assegurar o cumprimento da lei e eliminar focos de banditismo.
>
> (...) Falou-se muito em modernidade nestes meses como se alguém, em sã consciência, pretendesse retornar ao passado, ou manter o país no atraso. Nos quase três anos em que se proclamou a falsa modernidade como programa de governo, o resultado representou alguns passos atrás na economia do país.

Em suas falas, o presidente Itamar Franco não cansou de seguidamente combater as atitudes eleitorais dos seus ministros, os juros altos, a ciranda financeira, a especulação financeira, a remarcação de preço, a pobreza, visando sempre à recuperação do crédito público e da poupança. Era um tempo diminuto de 2 anos e meio de governo, para Itamar Franco resolver todos esses problemas e dificuldades.

Note-se a pregação do presidente Itamar, no primeiro semestre de 1993:

1)

> ... Vejo com surpresa beneficiários da destruição do Estado pregar sonegação fiscal. (...) O que importa a alguns é apenas o lucro, ampliado na sonegação. Estes maus brasileiros querem a vida descuidada, os juros altos, a ciranda financeira, como se estes fossem os últimos dias.

2)

> ... Respeitaremos estritamente a Constituição e as Leis. Meu governo não permitirá mais a especulação financeira, baseada na ciranda dos

juros altos. A poupança do pobre, do trabalhador, da classe média e do empresário é intocável.

3)

... O Brasil que nós queremos deve ser a associação de homens que só aceitam a prosperidade se ela estiver fundada na honra. (...) Mas devem temer a Justiça os que, roubando do Estado, roubam de todos... (...) A tarefa mais urgente de nosso País é a do combate à inflação. ...Procurem manter os seus preços dentro de limites razoáveis, evitando o que se convenciona chamar de remarcação preventiva. ...A economia volta assim a crescer, como sabem, mais do que todos nós, os senhores. Enquanto muitos passam o seu tempo a especular com a moeda e a difundir boatos, a fim de ganhar com a majoração os juros e a manipu-lação cambial, o Brasil real trabalha e promove o trabalho. ...Temos muito o que fazer na reforma do sistema fiscal. É verdade que o Estado cobra muito, mas também é verdade que recebe pouco.

4)

... A pobreza, refletida nos baixos indicadores sociais, é o principal obs-táculo ao desenvolvimento econômico e à plena integração das econo-mias da maioria dos países na escala competitiva e dinâmica da pro-dução industrial. Os outros obstáculos, de igual gravidade, são o protecionismo comercial e o monopólio tecnológico.

5)

... A economia brasileira está sadia mas o governo está enfermo. O diagnóstico sobre a causa fundamental da doença inflacionária já foi feito. É a desordem financeira e administrativa do setor público, com seus múltiplos sintomas... (...) A prescrição essencial do tratamento também é conhecida. **O governo precisa arrumar sua própria casa e pôr as contas em ordem**. (...) Se o governo é um grande responsável pela inflação, os bancos dela têm sido sócios privilegiados. Muitos bancos têm lucros elevados, não porque sejam eficientes, mas graças às altas taxas de juros do mercado. (...) Por fim, a evasão fiscal não pode continuar transferindo para os assalariados uma parcela desproporcional da carga tributária, nem proporcionando a certas empresas uma vantagem competitiva e espúria em relação àquelas que cumprem suas obrigações. [negritos do texto]

De outra parte, o ministro do Planejamento Paulo Haddad, o primeiro a exercer estas funções no governo Itamar Franco, indicava aspectos positivos e aspectos negativos na situação da economia brasileira, em janeiro de 1993:

Apesar de toda a crise do ano passado, entraram no País 16 bilhões de dólares e nós acreditamos que podemos trazer mais de 20 bilhões. (...) Nós estamos hoje num quadro de crise social absolutamente indescritível. Nos anos 50, nos anos JK, o nosso País tinha como característica da pobreza o que nós chamamos de pobreza relativa. Havia muitas pessoas que eram pobres, mas o salário-mínimo ultrapassava 200 dólares, e as pessoas tinham condições de se alimentar, de se vestir, de se habitar e de se educar em condições dignas. Depois do milagre econômico, e ao longo dos anos 80, apareceu o que nós chamamos de pobreza absoluta.

Ideal de generosidade apareceu, em março de 1993, na entrevista da nova ministra do Planejamento, Yeda Crusius, substituta de Paulo Haddad, ao aludir aos resultados da privatização das empresas estatais. Por parte da ministra Yeda Crusius, no ministério existia quem pensasse um pouco nos trabalhadores brasileiros. Afirmava ela:

A ideia que temos é de que é preciso socializar os resultados da privatização, dar acesso ao trabalhador para que ele decida o tipo de ativo em que vai aplicar. Mas, para os fundos voltarem, precisa ser com uma participação diferente daquela da privatização do período anterior. Pode-se fazer uma participação por via acionária — quando tiver de

A REPÚBLICA BRASILEIRA — 1951–2010 623

dobrar o capital da empresa, pode-se oferecer a participação com preferência para os fundos. A ideia é que os fundos de pensão retornarem ao processo não mais como indutores dos resultados do leilão. Eles não seriam os proprietários seguintes ao Estado.

Substituindo o ministro da Fazenda Gustavo Krause na gestão Itamar Franco, Eliseu Resende, com longo curso em cargos políticos, assinalava a premência de reforçar o Tesouro Nacional. Ele entendia que era difícil conter as empresas estatais na procura de mais recursos, mas, apesar disto, propunha que só receberia dinheiro do Tesouro a empresa estatal comprometida com o retorno do investimento.

Porém no mundo capitalista, tanto no setor privado como no setor público, irromperam e irrompem exemplos de empresas destinadas a causar prejuízo. No Brasil não é custoso entrever o desprezo ao lucro. Um caso bem examinado aconteceu com a Comissão de Desenvolvimento do Vale do Tennessee, nos Estados Unidos, durante o governo de Franklin D. Roosevelt. A Comissão, criada para desenvolver o Vale, acabou desenvolvendo o clientelismo e os clãs parentais.

Eliseu Resende endureceu quanto ao investimento de recursos em empresas estatais:

> ... Nenhum programa novo requerendo aporte do Tesouro será aprovado se não houver retorno. ... Na prática isto é muito difícil.
> (...) Se o governo tem intenção de privatizar, o primeiro passo é não deixar que as estatais aumentem seus tentáculos em novos empreendimentos.
> (...) Se o governo não autoriza o aporte de capital, acumula um ganho de caixa.
> (...) Será que vale continuar gastando bilhões de dólares e esperar por um retorno tão baixo?

Eliseu Resende ficou pouco tempo como ministro da Fazenda.

Considerem-se as informações de Jânio de Freitas acerca da vida profissional do novo ministro, com passagens pela vida pública e pela vida privada. Por ocasião da posse de Eliseu Resende, Jânio de Freitas comentou:

> Talvez ninguém tenha melhor conceito com as grandes empreiteiras de obras públicas, aquelas dos escândalos sucessivos, do que Eliseu Resende. Ele foi o principal agente da infantaria de Mário Andreazza e, em tal condição, o organizador de esquemas multibilionários (em dólares) como os da Transamazônica, ponte Rio-Niterói, o metrô papa-verbas de São Paulo, para lembrar só alguns dos seus feitos. Cujos defeitos o Tribunal de Contas da União não pôde relevar de todo, mesmo em pleno regime militar: além de declarar inaprováveis as contas de Eliseu Resende no Departamento Nacional de Estradas de Rodagem, condenou-o a um ressarcimento, parcial embora, ao Tesouro Nacional. Não consta que tenha conhecimentos de economia, mas em certos tipos de finanças, Eliseu Resende é um ás. Sua campanha ao governo de Minas, na disputa com Tancredo em 82, foi a mais rica jamais feita por um candidato a governador. Apesar disso, perdeu. Mas não perdeu seu conceito, sendo integrado à empreiteira Norberto Odebrecht com a finalidade de orientá-la em transações com o setor público. Na Vale do Rio Doce, para onde foi nomeado por Collor, não teve tempo de exercer sua habilidade. Logo transferido para a presidência de Furnas, teve aí — por infelicidade — o episódio desagradável de uma grande concorrência desmascarada.

De fato, no início de maio de 1993 noticiava-se sobre o pedido de explicação de Itamar ao ministro da Fazenda, pelo qual "o presidente convoca(va) Eliseu e também manda(va) suspender empréstimo que favorecia a construtora Odebrecht".

No Congresso Nacional o líder do governo Itamar na Câmara Federal, deputado Roberto Freire queria esclarecimentos. "Este é o ônus que ele tem que pagar por ter participado da iniciativa privada", dizia ele.[32]

*

A REPÚBLICA BRASILEIRA — 1951–2010   625

Ainda durante o exercício de Eliseu Resende no ministério da Fazenda, em 24 de abril de 1993 o governo Itamar anunciou um plano de estabilização econômica, comumente denominado "Plano Itamar". A intenção precípua do Plano consistia na diminuição da inflação e em recobrar o crescimento econômico.

Os principais tópicos do pacote de medidas decorrentes do "Plano Itamar" compunham-se da seguinte matéria:

a) Redução dos custos da dívida interna;

b) Corte de 10% em despesas de estatais;

c) Combate a sonegadores e estímulo a pagamento de impostos atrasados;

d) Ampliação do programa de privatização;

e) Subsídio de juros nos créditos a arroz, feijão, milho, mandioca e cana;

f) Plano para financiamento habitacional;

g) Plano de equivalência salarial para casa própria;

h) Recuperação de rodovias;

i) Privatização dos serviços na área de energia;

j) Programa de combate à fome e à miséria;

k) Repressão ao abuso de poder econômico.

Nesse Plano estão muitos pontos constantes de medidas econômicas posteriores, os quais permanecerão por seu interesse político. Exemplificando:

1) Alteração das regras do Sistema Financeiro da Habitação a fim de ampliar o financiamento da compra da casa própria. Tinha-se em conta que a prestação mensal da compra da casa própria não ultrapassasse o reajuste do salário.

2) Intensificar a privatização das empresas estatais, com forte impulso para as bolsas de valores e para os investidores.

3) Esperava-se, com o passar do tempo, a redução da dívida interna, a recuperação da confiança no governo e a redução das taxas de juros pagos por ele.

4) Modificação no mercado financeiro, coibindo a chamada ciranda financeira, como fora o "overnight".

5) Redução da alíquota para importação de medicamentos.

Os dados expressos pelas atividades das empresas do Estado definiam um cenário ameaçador à economia e à sociedade brasileira. Em 1991, um grupo pequeno dessas empresas apresentou lucro de 855 milhões de dólares, enquanto as demais apresentaram prejuízos de 1,79 bilhão de dólares.

Por outro ângulo, em 1992 tais empresas estatais ocupavam 476.745 pessoas (menos 16,7% do que em 1990), devido às privatizações efetivadas, entretanto as despesas de pessoal chegavam a 2,08% do Produto Interno Bruto (PIB), e era previsto atingir a 2,5% no final ano. Conforme o Plano alegava, o governo federal não detinha instrumentos para controlar as 160 empresas do Estado e suas políticas salariais. E nem tinha meios de acompanhar as despesas delas. Até os técnicos do recém-criado Comitê Coordenador das Estatais (CCE) no máximo conseguiam saber se o orçamento tinha sido cumprido.

A imprensa brasileira noticiou diversas situações que alcançavam as raias do absurdo lógico. Informava o jornal *O Estado de S. Paulo*, e pelo que se tem conhecimento não houve negação:

> As 18 empresas estatais do setor financeiro (bancos, Caixa Econômica Federal) oferecem privilégios aos funcionários. O maior salário é do presidente do Banco Nacional de Desenvolvimento Econômico e Social (BNDES), Antônio Barros de Castro: 180 milhões de cruzeiros mensais. (...) A Companhia Lloyd Brasileiro que, apesar de tecnicamente falida há vários anos, gasta mensalmente 1 milhão de dólares (20 bilhões de cruzeiros) com pouco mais de mil funcionários — que recebem salários sem trabalhar, pois o ministro dos Transportes, Alberto Goldman, de-

A REPÚBLICA BRASILEIRA — 1951–2010

terminou a suspensão das operações do Lloyd. (...) Na Eletronorte existe um milagre de multiplicação dos salários, obtido com um expediente simples: ao sair de férias, todo funcionário tem direito de financiar outro salário, que será abatido mensalmente na folha de pagamento, sem correção monetária. Os funcionários gostam, mas acham que realmente é um privilégio.

Quando procurou informações sobre estatais, o presidente Itamar Franco queria saber apenas da situação na Petrobrás e qual o instrumento legal que lhe permitia pagar metade do 13º salário nos dois primeiros meses do ano. Esforço inútil: nem a Secretaria de Planejamento, nem o Ministério da Fazenda nem o Ministério de Minas e Energia sabiam responder. Na estatal, todos recebem adicional de periculosidade, mesmo o funcionário que trabalha num escritório em Brasília e Rio. O fato obrigou a empresa a pagar a quem realmente trabalha sob risco um adicional de periculosidade sobre o primeiro adicional.

Veja-se o descomunal desequilíbrio na repartição de verbas no setor público. Analisando a situação das Forças Armadas na época, constatava-se que elas careciam de recursos básicos para cumprir suas funções constitucionais de 1988.

Em 1992, no princípio da gestão de Itamar Franco, as Forças Armadas brasileiras não tinham dinheiro para alimentação da tropa e para manter suas instalações como hospitais e concessões de benefícios do tipo do vale-transporte. À noite, parte das instalações militares ficava às escuras, a fim de não gastar energia elétrica.

*

Todavia, a venda das empresas estatais por leilão público constituiu um desastre histórico. Reaparece fulgurantemente no país o "capitalismo sem capital".

O governo Itamar Franco marca os inícios de mais um desastre econômico-social no Brasil, pela maneira de operar a privatização. Diante do quadro descrito até agora, é óbvio que existia a imperiosa necessidade de imprimir de verdade, nas empresas estatais, a moralidade, a decência, a gestão produtiva e de qualidade, a eliminação do comportamento estamental, o lucro e acima de tudo benefícios para a sociedade brasileira, razão última de sua existência.

O governo federal precisava de dinheiro vivo resultante da venda das estatais, com a finalidade de investi-lo em empreendimentos capazes de acelerar o desenvolvimento econômico. O governo federal acreditava que parte desse dinheiro vivo se originasse da venda dessas empresas, no processo de desestatização.

Como se verifica em final de outubro de 1992, bilhões de dólares tinham sido transferidos da propriedade pública para a particular, mediante a venda em leilão de 16 empresas do Estado, aceitando-se "papéis". O jornal *Folha de S.Paulo*, ao informar o público brasileiro sobre a desestatização de empresas no Brasil, narrava:

> **Essa contabilidade surpreendente do programa de privatização brasileiro, o único no mundo onde títulos e "papagaios" do governo, as chamadas "moedas podres", representam mais de 95% de todos os recursos envolvidos, não agrada o presidente Itamar Franco. Deputados da Frente Nacionalista ameaçaram a desestatização com um CPI (Comissão Parlamentar de Inquérito).**
>
> **(...) A quantidade de títulos usados na privatização apenas dá a dimensão do calote gigantesco — uma montanha de 12 bilhões de dólares de dívidas públicas apelidadas de "moedas podres". Para usá-las, os detentores dos papéis iam ao mercado secundário e vendiam com deságio — hoje (1992), na média, situado em torno de 50% — para os interessados em participar dos leilões. O vendedor recebeu metade do dinheiro que, acreditava, jamais veria. O Estado abateu esses débitos do mapa.**
>
> **(...) O governo também acha que não fez um negócio ruim.**

Para a privatização das estatais do modo descrito acima, descobriram-se infinitas explicações.

Um diretor do Banco Nacional de Desenvolvimento Econômico e Social (BNDES) garantiu que "queríamos (o banco) sanear o setor público, dentro de um programa amplo de reformas estruturais". E continuou: "Procuramos fazer com que os recursos obtidos com as vendas não fossem canalizados para gastos correntes". Já o presidente da Federação Brasileira das Associações de Bancos assegurava que: "É um acerto de contas com um devedor que pediu concordata".

Os principais papéis do governo federal utilizados nas privatizações de 16 empresas estatais, até 1992, foram: debêntures da Siderbrás — Siderúrgica Brasileira; débitos vencidos renegociados; obrigações do FND (Fundo Nacional de Desenvolvimento); certificados de privatização; títulos da dívida agrária; títulos da dívida externa; cruzados novos e outros (como dívidas da Sunamam — Superintendência Nacional da Marinha Mercante; da Portobrás — Empresa de Portos do Brasil; Letras Hipotecárias da CEF — Caixa Econômica Federal; dívidas vencidas da Sotave).

As "moedas podres" compunham-se de dívidas recentes e antigas, bem como de títulos do Estado brasileiro. A "moeda podre" mais conhecida e negociada era debênture da Siderbrás; em segundo lugar, estavam os Certificados de Privatização. Dentre as "moedas podres" achavam-se ainda todos os créditos judiciais já ganhos da União.

*

Ante as suspeitas levantadas contra Eliseu Resende, em sua substituição, o presidente Itamar Franco, em 21 de maio de 1993, indicou o senador Fernando Henrique Cardoso para o ministério da Fazenda. Com isso, a direção da economia brasileira se unificava em torno do novo ministro da Fazenda, que recebeu forte apoio dos empresários, sindicalistas, políticos e economistas. As bolsas de valores tiveram alta; o ouro, o dólar e juros permaneceram estáveis.

Em fins de julho de 1993, o governo de Itamar Franco divulgava a 5ª alteração de moeda no país a partir de 1º de agosto, estabelecendo-

-se o cruzeiro real, sem os 3 zeros finais do cruzeiro, com a única finalidade de simplificar as operações financeiras e os cálculos para uso do dinheiro pela população. A abreviação passaria a CR$, com R maiúsculo.

A moeda brasileira mudou assim: 1) em 1942, substituindo o real (moeda usada no Período Imperial) pelo cruzeiro; 2) em 1967, aparecendo o cruzeiro novo; 3) em 1986, instituindo-se o cruzado: 4) em 1989, trocando-se pelo cruzado novo; 5) em 1993, surgindo o cruzeiro real; 6) em 1994, estabelecendo-se o real.

Após aprovação do Congresso Nacional, outras medidas seriam adotadas, como outro indexador diário. Este indexador diário deveria chamar-se URTN (Unidade de Referência do Tesouro Nacional) e teria função de nova moeda na economia até o desaparecimento, ou não, do cruzeiro real.

O **"Plano FHC"**, como se dizia, propunha uma série de providências tidas como imprescindíveis no momento. A imprensa informou quais eram estas providências:

Para conter a inflação:

1) Novo indexador, **URTN (Unidade de Referência do Tesouro Nacional)**, corrigido pelo dólar ou por uma cesta de moedas (dólar, iene, marco etc.), de variação diária. O novo indexador seria utilizado primeiramente em aplicações financeiras, depois em mensalidades e em aluguéis, posteriormente em tarifas e salários.

2) Nova moeda, originada da transformação da **URTN**. Esta seria, portanto, o embrião da nova moeda. Aprovado pelo Congresso Nacional o ajuste das finanças públicas, seria criada (como efetivamente foi em 1º de março de 1994) pelo governo federal a **Unidade Real de Valor (URV)**, que funcionaria como indexador oficial. A sociedade passaria então a reajustar preços de acordo com o índice de reajuste diário da **URV** e daí nasceria outra moeda.

3) Liberação do câmbio, autorizando a abertura de contas em dólar aos exportadores e importadores.

Para equilibrar o orçamento da República:

1) Aumento de 5% nas alíquotas de impostos e contribuições federais. O Imposto de Renda subiria de 15% para 15,75%, e de 25% para 26,25%, enquanto a contribuição previdenciária patronal seria elevada de 22,2% para 23,31%.

2) Corte de 15% no orçamento destinado aos Estados e municípios, nas receitas vinculadas e dirigidas a uma área, como a educação; e nas receitas livres. Tais recursos, somados ao acréscimo dos impostos, formariam o Fundo Social de Emergência (FSE), a serem aplicados em áreas de educação e saúde. De fato, esse Fundo ampliaria as alternativas do governo federal na distribuição de recursos a projetos prioritários, ou para aqueles com verbas insuficientes ou inexistentes.

3) Cortes nas despesas: 3, 74 bilhões de dólares em pessoal; 1, 45 bilhão de dólares em juros; 2, 73 bilhões de dólares em transferências constitucionais (Estados e municípios); 5,6 bilhões de dólares em benefícios previdenciários; 8, 83 bilhões de dólares em gastos com custeio (luz, água) e investimentos, totalizando 22, 19 bilhões de dólares.

Ao expor as medidas relativas ao orçamento da República, em 26 de novembro de 1993, o ministro da Fazenda, Fernando Henrique Cardoso, esclareceu:

> (...) Agora, o Congresso promulgou a lei. Promulgada a lei, nós estamos de posse de um instrumento fundamental para assegurarmos que essa dívida será paga, porque na transferência do Fundo de Participação, se o Estado não pagar, pela lei o governo tem o direito de se assenhorear daquela parcela que não foi paga. Portanto, hoje são 20 bilhões de dólares que são devidos a nós e temos garantias reais para eles.
>
> Para concluir — não são palavras, são fatos — segunda-feira, eu assino, em Toronto, os documentos pertinentes à negociação da dívida externa. E esse é um fato que tem uma relevância toda especial.
>
> (...) Daí por diante só nos resta a negociação final para a emissão do cupom-zero do Tesouro americano, para que nós possamos então

restabelecer a relação de normalidade com a comunidade financeira internacional.

(...) O governo está sitiado em termos orçamentários. Sitiado. É uma República das Vinculações. É inviável gerir um país desta maneira. Sendo inviável, é preciso fazer alguma coisa.

(...) O que nos move é uma nova prática, o Brasil está refundando o seu Estado, a relação da sociedade com o Estado. Isso vai passar pela revisão constitucional, não é papel meu nesse momento.[33]

Criada em março de 1994, a URV já em julho do mesmo ano indicava inflação, pois a cesta básica tinha subido 10% acima dela. Enquanto a cesta básica valia 106,41 URVs em 30 de junho de 1994, o salário-mínimo era de apenas 64,79 URVs.

O **"Plano FHC"**, como se denominava então, não causou danos aos setores da economia que em geral ganhavam dinheiro com a inflação, tal como os bancos e as indústrias investidoras no mercado financeiro, preterindo pagamentos. Pesquisa feita no período de julho a setembro de 1994 demonstrou que, dos balanços divulgados de 28 empresas, 21 exibiam lucros maiores em 1994 ou, no mínimo, conseguiram eliminar os prejuízos. A partir do início do Real, as vendas dispararam, em certos casos se elevando a 140%.

De outra parte, as empresas multinacionais aceleraram a compra de outras empresas, aumentando de 33% para 40%, entre 1992 e 1994, a participação de capital estrangeiro nas aquisições e fusões no Brasil. Colocavam-se nos primeiros lugares, dentre as europeias: Nestlé, Parmalat, Danone e Unilever. Com relação aos norte-americanos, o JP Morgan, Chase Manhattan, White Martins e IBM. No que diz respeito aos canadenses, a Alcan, e aos argentino-brasileiros, a Bunge.

Nas contas do Dieese (Departamento Intersindical de Estatística e Estudos Socioeconômicos), o salário-mínimo em 1993 atingiu "a segunda pior média de sua história, o nível de desemprego deve ter sido um dos maiores e a massa salarial deve ter chegado a apenas 60% da média de 1985". Em outubro de 1993, o rendimento médio mensal dos assalariados alcançava 63,6% da média de 1985, significando perdas de 36,4%.

Apesar dos pesares, segundo o Datafolha, em 8 e 9 de agosto de 1994 (logo, 39 dias de depois de sua implantação), a avaliação do Plano Real tocava 75% de aprovação nas capitais e nos pequenos municípios. Avaliando a influência do Plano Real no nível pessoal, 53% dos indivíduos consideravam-se mais beneficiados, ao passo que 45% das pessoas opinavam que o poder de compra manteve-se igual. O PIB (Produto Interno Bruto — que exprime o valor de todos os bens e serviços produzidos no país) elevou-se "no trimestre de estreia da nova moeda [o real] a seu mais alto nível desde 1980, segundo as estatísticas divulgadas ontem [7 de dezembro de 1994] pelo IBGE (Instituto Brasileiro de Geografia e Estatística)". O crescimento do PIB em 1994 foi 6% maior do que igual período de 1993.

No primeiro ano de aplicação do Plano Real, em 1995, um dos principais líderes da oposição ao governo FHC, Luiz Inácio Lula da Silva, apontava os malefícios por ele gerados:

> (...) O Real teve a vantagem de rememorar o quanto é bom viver numa economia com preços estáveis, onde se pode comparar o custo das mercadorias, sem aquela loucura de milhares de números que mudam e se multiplicam a cada dia. Porém, melhor ainda seria viver num país com preços baixos, onde a maioria da população tivesse recursos para adquiri-las. O fato é que o Real colocou a economia brasileira entre as mais caras do mundo e os preços se estabilizaram nas nuvens, tornando muito alto o nosso custo de vida.

A moeda "REAL" (R$) entrou em circulação no dia 1º de julho de 1994, equivalendo R$ 1,00 a CR$ 2.750,00, último valor da URV (Unidade Real de Valor). Em maio de 1994, o presidente Itamar Franco havia anunciado a data da entrada em vigor da moeda "REAL":

> (...) O real vai entrar na nossa vida diária no lugar do cruzeiro real e substituir a URV, que apenas está ajudando nessa passagem de um

dinheiro desvalorizado para um dinheiro forte. Com todos os preços e tarifas em real, o nosso salário não vai perder valor ao longo do mês e vamos poder saber exatamente o que as coisas valem.

(...) **Com o real, o dinheiro que está no bolso do trabalhador vai manter o seu valor.** (...) **E hoje venho dizer que o real será o dinheiro do Brasil a partir do dia primeiro de julho**.

(...) Resolvemos o problema da dívida externa que prejudicou o Brasil durante mais de dez anos. Equilibramos o Orçamento da União. Acabou aquela situação de o governo gastar mais do que arrecadava. Ou seja: não precisamos mais emitir dinheiro e gerar inflação. Nossa economia já voltou a crescer em muitos setores e vamos este ano colher a maior safra agrícola da nossa história.

(...) Não costumo fazer promessas que não posso cumprir nem empenhar a minha palavra naquilo em que não acredito. (...) Acreditemos, pois, no Plano Real, projetado na gestão do ex-ministro Fernando Henrique Cardoso e agora implementado pelo ministro Rubens Ricupero.

Todas essas inovações não fundaram outra vez o Brasil, como se costuma dizer.

Inaugurava-se novo ciclo de acumulação do capital no Brasil, aprofundando-se mais e mais o capitalismo associado ao capital internacional, apesar dos brados de anunciadores de outra das infinitas modernizações no país.

Fernando Henrique Cardoso — desastrosas reformas econômicas

Foi um tempo no qual tudo que se pensava ou se fazia consistia em coisa do passado. Era preciso ser contemporâneo de sua época. O que existia estava ultrapassado, cada minuto significava cada minuto novo, nada de grandes teorias, nada de grandes parâmetros, destruídos pela "crise dos paradigmas".

A REPÚBLICA BRASILEIRA — 1951-2010

O que via deveria ser visto em miniatura, de tal forma que a realidade se fragmentara e era imprescindível pesquisar o minúsculo. A realidade somente não se achava em pedaços para aquele que pulava do 7º andar e sentia que "tudo não desmancha no ar", ao sentir o sólido do chão. Eis o bosquejo de um retrato de uma crise aguda da acumulação do capital internacional e de uma crise existencial de grandes dimensões.

A realidade tinha de ser transformada pela "globalização", pela "mundialização" e pelo "multiculturalismo". Como os brasileiros viviam atrasados como sempre se acharam, bastava copiar o mundo lá fora e aprofundar a dependência sociocultural.

Enfim, era imprescindível buscar qualidade, melhores serviços, importando lá de fora o *self-service*, utilizando-se o trabalho do próprio consumidor. A regra é descobrir qualquer inovação.

O período do governo Fernando Henrique Cardoso registrou o paroxismo desse tempo, em que tudo necessita de "reforma". O Brasil deveria sofrer um processo de "reengenharia".

O ex-presidente José Sarney, com sua sabedoria de oligarca maranhense bem-sucedido, pinta com cores distintas as suas lembranças sobre as privatizações e reformas no país:

O secretário de Assuntos Econômicos do Departamento de Estado, senhor Stuart Eizenstar, cobrou do Brasil na recente reunião do Fórum Econômico Mundial uma "genuína abertura para nossas indústrias" ("nossas", do Brasil) desenvolvendo uma teoria sobre a respiração: "O mundo está se movimentando tão rapidamente que você não pode se dar ao luxo do chamado tempo para respirar, acreditando que o mundo respirará tanto como você". Enquanto isso o ministro Lampreia avisa "que não podemos correr o risco de uma segunda onda liberalizante", temos que parar para respirar, senão morremos.
O secretário americano quer que não respiremos e o ministro brasileiro diz que se não respirarmos morreremos.

A crise financeira internacional, que alertou para a insegurança econômica mundial, não pode ser separada do modelo neoliberal. O crescimento sem controle desse mercado de papéis é um perigo latente, levando intranquilidade e insegurança às economias emergentes. A salvo, só as nações ricas que não abriram mão do poder firme dos seus bancos centrais.

Conheci, hoje, o milagre do tempo. Amanheci jovem, estudante do Liceu Maranhense. Naquela época, a companhia de eletricidade de São Luís era a americana Ulen Company, o telégrafo, Western Telegraph, os bondes eram também da Ulen; no Rio de Janeiro, a energia era da Light e em tudo havia nomes estrangeiros, inclusive nas telefônicas. Naquele tempo a manteiga era francesa, a latinha tinha um pelicano, sob marca Le Peletier,... (...) Depois, os investidores recuperaram seu capital inicial, deixaram de investir, ficaram mamando os lucros e os serviços acabaram. O governo teve que intervir. Criou companhias. Ineficientes ou eficientes, colocaram o Brasil na chamada modernidade.

(...) Agora, quando todos dizem que estamos no futuro, tenho a sensação de que volto ao passado. Acordo e, como em minha mocidade, vejo novamente nomes estrangeiros. A Light é Light, a Embratel é MCI, o gigante dos satélites, Ozires agora é Jerry DeMartino, que esmagou a Globopar, o Bradesco e os tupiniquins. A Telesp é Telefónica de España, a Telebrasília é Telecom Italia.

(...) O Brasil teve a coragem de entregar de uma só vez ao capital estrangeiro todo o setor de telecomunicação, 27 Estados e não só isso, mas o grande mercado nacional.

Mas não somente o ex-presidente José Sarney se abalou com a privatização cardosista. A imprensa internacional igualmente se impressionou. O mais famoso jornal da Espanha, *El País*, ponderou que "a privatização das 12 companhias telefônicas (desmembradas da Telebrás) foi um dos maiores negócios deste fim de século", acrescentando que a Telefónica de España ficou com duas das companhias

A REPÚBLICA BRASILEIRA — 1951–2010 637

"mais apetitosas", a Telesp fixa e a empresa de telefonia celular dos Estados do Rio de Janeiro e do Espírito Santo. Concluía *El País* que a Telesp seria a "joia da coroa" do Sistema Telebrás.

O jornal português *Diário de Notícias* assegurou que a compra da Telesp Celular pela Portugal Telecom denotava "o negócio do século". O jornal italiano *Corriere Della Sera* considerou "vitória tripla" da Telecom Italia, ao adquirir a Tele Centro Sul, a Tele Celular Sul e a Tele Celular Nordeste. Ao fim e ao cabo, o jornal norte-americano *The Washington Post* profetizava: "O sucesso da privatização da Telebrás representa um enorme impulso para a abertura da economia do Brasil e da maior parte da América Latina nos anos 90". O que não deixa de ser verdade.

A propósito da privatização da Companhia Vale do Rio Doce, o jornal inglês *Financial Times*, representante ilustre do capitalismo internacional, olhou para a violência nas ruas do Rio de Janeiro, confirmando que "nenhuma privatização brasileira [foi] completada sem uma batalha de última hora nos tribunais, se não — o mais comum — nas ruas".

Aloysio Biondi citou o caso da Telemig. Segundo ele, nos dias finais de fevereiro de 1996, o BNDES (Banco Nacional de Desenvolvimento Econômico e Social) vendeu um lote de 1,6 bilhão de ações preferenciais da Telemig, pertencente à Telebrás, sob o preço mínimo de 63,00 reais por lote de mil ações, totalizando a operação: 100,8 milhões reais. Em outubro de 1996, oito meses depois, as mesmas ações estavam valendo praticamente o dobro, em torno de 120,00 reais. Dizia Biondi: "Os 100 milhões de reais viraram 200 milhões de reais".

As privatizações no setor siderúrgico custaram 15 bilhões de dólares de prejuízo ao Tesouro Nacional, ao incorporar as dívidas da Siderbrás. Deste modo, as empresas siderúrgicas puderam ser leiloadas sem dívidas, logo mais eficientes e produtivas.

Esta abertura internacional da economia brasileira, das mais expressivas na história da República brasileira, aumentando a concorrência interna em diversos setores, acarretou a queda dos preços de produtos nos primeiros 31 meses de vigência do Plano Real. Ainda assim, era necessário controlar o consumo internamente, encurtar o crescimento econômico e causar dano às contas públicas, a fim de limitar o déficit externo. Tratava-se, portanto, de realizar uma política econômica recessiva, baseada sobretudo em juros altos, acompanhada de estreitamento burocrático das importações e de alguns estímulos à exportação.

Pesquisa da Associação Brasileira da Indústria de Máquinas e Equipamentos (Abimaq) mostrou que, em 1997, as importações no setor ultrapassaram 50% do consumo interno (índice que era de 13,50% em 1980), superando pela primeira vez em décadas a produção nacional. Nesse mesmo ano de 1997, tanto jornal chileno como jornal argentino inquietavam-se com as fortes oscilações das bolsas de valores.

El Mercúrio chamava a atenção para os argumentos do embaixador Gilberto Velloso em Santiago do Chile, para quem nas palavras do jornal "não havia riscos para os investidores estrangeiros, entre os quais figuram empresários chilenos com capitais superiores a 1 bilhão de dólares". E continuava:

> O nervosismo do mercado fez crescer os rumores de uma desvalorização do real. No entanto, as autoridades do país se encarregaram de negar essa possibilidade.
> (...) O Brasil tem um déficit crescente em suas contas externas. (...) Por fim, o próprio presidente Fernando Henrique Cardoso ajudou a acalmar os ânimos. Durante uma cerimônia no Palácio do Planalto declarou que os fundos resultantes do programa de privatizações estarão destinados ao controle do déficit do governo federal.

Agora, o jornal argentino *Clarín* assinalou o desassossego dos empresários com a situação das contas do Brasil, noticiando:

> O ministro brasileiro de Planejamento, Antônio Kandir, expressou ontem sua preocupação com o desequilíbrio nas contas externas, mas afirmou

A REPÚBLICA BRASILEIRA — 1951–2010 639

em seguida que seu governo tem capacidade de **financiar o déficit**. Kandir disse aos parlamentares brasileiros que a capacidade de pagamento de seu país depende da quantidade de capitais não voláteis e do **aumento** das exportações. (...) O governo está adotando medidas para **estimular** as exportações com isenção de impostos e novas linhas de crédito. [negritos do texto]

Esse quadro obscuro, de angústias e de garantias vindas de palavras, suscitou declarações importantes nos anos de 1995, 1996 e 1997, por exemplo, oriundas das associações de empresários e de trabalhadores no Brasil. Em 1995, associações do capital e do trabalho lançaram manifesto contra a recessão econômica:

Reforma sim — recessão não. As entidades empresariais e de trabalhadores abaixo assinadas manifestam sua posição favorável à realização de uma Reforma Tributária ampla, que atenda aos anseios da sociedade com um sistema fiscal que garanta ao governo, nas três esferas, os recursos necessários a sustentar um Estado reduzido e eficiente, com distribuição mais equitativa dos encargos, fazendo com que, todos pagando, paguem menos.

(...) Manifestam, também, preocupação com a situação da economia, submetida a forte desaceleração da produção e das vendas, desemprego crescente, insolvência das empresas e cidadãos e, sobretudo, às perspectivas de uma recessão desestruturadora do setor privado e perversa do ponto de vista social.

Por isso, solicitam das autoridades, urgentes medidas para reverter o quadro recessivo, com a eliminação do compulsório sobre empréstimos e das restrições ao crediário e ao consórcio, a destinação de recursos à agricultura e a revisão do dispositivo da Medida Provisória (MP) 1053 que inviabiliza novos lançamentos de imóveis pelo setor da construção civil.

Em 1996, o presidente da Central Única dos Trabalhadores (CUT) e ex-presidente do Sindicato dos Metalúrgicos do ABC (1987-94), Vicente Paulo da Silva, traçou panorama mais pormenorizado e mais amplo da política econômica patrocinada pelo governo de Fernando Henrique Cardoso.

O presidente da CUT descreveu a "elevação do desemprego"; o "aumento na rotatividade da mão de obra e no grau de informalidade"; a privação de "segurança no contrato de trabalho, especialmente os direitos à Previdência Social"; o aumento das "notificações de acidentes de trabalho e doenças profissionais". Foi além disto o presidente da CUT em 1996, registrou a falta de limites da jornada de trabalho; a impossibilidade de o valor do salário mínimo comprar a cesta básica; a "crescente deterioração das condições sociais", incluindo de trabalhadores, aposentados e pensionistas a aqueles em "condição de pobreza absoluta". O presidente da CUT descrevia igualmente sérias situações sociais: "na indústria de transformação, o percentual dos que trabalham mais de 44 horas semanais (jornada constitucional) saltou de 39,8% em 1994 para 42,5% em 1995; no comércio, foi de 54,4% para 55,1% e nos serviços, pulou de 33,3% para 35,95".

Em 1997, o presidente do Sindicato dos Metalúrgicos do ABC, Luiz Marinho, repisou iguais aspectos precedentes e adicionou outros na política econômica cardosista. Elucidando-a, ele faz sobressair as dimensões positivas e negativas desta política, indicando os prejuízos sociais do Brasil:

> Para encurtar a conversa, vamos considerar positivo o controle da inflação, vamos reconhecer que durante um ano os brasileiros comeram mais frango e que caiu o chamado imposto inflacionário, deixando de corroer de modo tão violento os salários dos mais pobres.
>
> Isso justifica o festival de aplausos?
>
> Não. A responsabilidade maior dos que não se guiam pela verdade oficial é mostrar os problemas que se agravam, como o desemprego e a exclusão social. Com efeito, se, num prato da balança, temos o controle da inflação, no outro temos uma política econômica que elimina empregos e submete a indústria a uma competição desleal com países

onde os juros anuais equivalem às taxas mensais daqui, onde houve anos de investimentos tecnológicos e seriedade na qualificação da mão de obra.

Além disso, o acúmulo de déficits mensais na balança comercial funciona como uma bomba-relógio. O trabalhador brasileiro sabe muito bem no colo de quem ela acabará explodindo. [negritos meus][34]

*

Em fevereiro de 1998, informações do Ministério do Trabalho faziam ver que 30,44 milhões de trabalhadores foram demitidos, de 1995 a 1998, tendo sido criadas 29,5 milhões de novas vagas em igual período.

Nem o ministro do Trabalho, Edward Amadeo, deixava de confirmar em 1998 que "o desemprego ating[ia] com mais rigor os mais jovens". Pesquisa feita pela *Folha de S.Paulo*, nas regiões metropolitanas de São Paulo, Rio de Janeiro, Brasília, Belo Horizonte, Porto Alegre e Salvador indicava que o desemprego, "em determinadas faixas etárias, como de 15 a 17 anos, ating[ia] os 50%". Indicava igualmente que, entre 18 e 24 anos, "a taxa de desocupação [era] bem superior à média". A indústria de transformação exibiu a maior perda, fechando 59,37% das vagas durante o Plano Real, até 1998.

Em junho de 2001, pelo Cadastro Geral de Empregados e Desempregados (Caged), do Ministério do Trabalho, emprego formal, com carteira assinada, aumentou somente 0,16% durante o Plano Real.

Este percentual de 0,16% queria dizer 40 mil postos de trabalho a mais de 1994 até 2001, ou melhor, 43.634 milhões de admissões e 43.594 milhões de demissões no período.

Grande desalento ainda sucedeu neste ano de 2001 ao descobrir--se o maior número de escravos no país, desde o começo do arrolamento deles no Brasil. Foram encontradas 1.812 pessoas em trabalho escravo no mês de novembro de 2001; entretanto, o noticiário jornalístico trazia ao leitor outros dados mais abundantes. A Comissão Especial para o Combate ao Trabalho Escravo, do Ministério da Justiça, em outubro de 2002 apontava 10 mil, o número de trabalhadores em condição de escravidão no Norte e no Nordeste. Logo em seguida, no mesmo mês, se informava que a Polícia Federal e o Ministério do Trabalho mostrava aproximadamente 180 pessoas em regime de escravidão há 4 meses em fazenda no Pará. Dentre elas, havia crianças de 4 a 10 anos que atuavam na colheita de pimenta-do-reino.

A cena de insegurança social era variada em seus componentes.

De um lado, o governo federal desapropriava fazenda em 1997, no Pará, devido à constatação da prática de trabalho escravo; sanções presidenciais em 1998 da lei do contrato de trabalho por prazo determinado e temporário (sem poder substituir os contratados no momento por outros com prazo determinado) e da lei que regulamentava a prestação de serviço voluntário.

De outro lado, desde o começo do governo de Fernando Henrique Cardoso ocorriam movimentos operários em protesto contra o desemprego.

Um dos embates mais sérios deu-se em 1996, ao longo da manifestação contra o desemprego organizada pela Força Sindical. Motivada pela invasão da sede do Ministério da Fazenda em São Paulo, a repressão policial feriu 5 pessoas, entre elas o presidente do Sindicato dos Metalúrgicos de São Paulo, Paulo Pereira da Silva. Na zona rural, igualmente em 1996, perto de 400 trabalhadores do campo invadiram e ocuparam o Ministério da Agricultura em Brasília, reclamando a liberação de 2 bilhões de reais para o Programa Nacional de Fornecimento da Agricultura Familiar (Pronaf). O choque com a polícia provocou ao menos 6 agricultores feridos.

Debilitado o movimento operário com o pavoroso desemprego e com os salários em queda, os sindicatos passaram a comprometer os direitos sociais fixados na Constituição de 1988. Negociações entre trabalhadores e empresários em 1998 demonstraram que a concessão de qualquer reajuste salarial dependia quase sempre da extinção de

A REPÚBLICA BRASILEIRA — 1951-2010 643

certos benefícios conquistados anteriormente. Numa ocasião de intenso enfraquecimento dos setores que mais empregavam como o metalúrgico, o bancário e o químico, as negociações entre patrões e empregados obtinham o reajuste de acordo com a inflação em troca da supressão de cláusulas sociais relacionadas com horas extras, convênio médico, vale-refeição etc.

*

Muito além da apertura nas negociações dos trabalhadores, no primeiro ano da gestão de FHC, em 1995, o Tribunal de Contas da União (TCU) censurava a diminuição de gastos sociais neste ano em relação a 1994. Consoante o TCU, a redução das despesas sociais constavam de 82,93% na área de assistência social e defesa dos direitos da criança e do adolescente; 40,95% nos programas de geração de emprego e de renda; e 19,98% no apoio à educação e ao ensino fundamental.

Note-se que, de acordo com a consultoria Austin Asis e a publicação do Instituto Brasileiro dos Executivos de Finanças (Ibef), de dezembro de 1993 a dezembro de 1995, os créditos de liquidação duvidosa de 162 bancos comerciais podiam ser multiplicados por quatro.

A Receita Federal comprovou que as instituições financeiras pagavam em 1996 menos impostos de renda do que em 1991, seis anos atrás. Das 66 maiores instituições financeiras do país, 28 (42%) não pagaram impostos de renda em 1997. Para completar, 34% dos tributos declarados por empresas brasileiras estavam com a cobrança suspensa por liminares obtidas no Poder Judiciário. Tal fato exemplifica como grandes bancos e as empresas se serviam de brechas legais para subtrair-se da legislação.

Diversos bancos foram praticamente abastecidos de recursos financeiros pelo governo federal. O Banespa (Banco do Estado de São Paulo) estava sob intervenção do Banco Central desde 30 de dezembro de 1994. Assim, o Banespa custava a quantia de 40 milhões de reais por dia os quais, se não fossem cobertos com empréstimos, deveriam ser fornecidos pelo Banco Central. Em 1996, o governo Fernando Henrique Cardoso calculava colocar 6 bilhões de reais no Bamerindus. Se o Banco Central tinha por função dar confiança e estabilidade ao sistema financeiro brasileiro, seria no mínimo abuso o Tesouro Nacional pagar as dificuldades de todo banco.

O PROER (Programa de Estímulo à Reestruturação e ao Fortalecimento do Sistema Financeiro Nacional), em 1996, tinha consumido 11,287 bilhões de reais. O PROER financiou as falências e as vendas dos Bancos Nacional, Econômico, Antônio de Queiroz, Banorte, Mercantil, cujos incorporadores subsidiados pela União foram o Unibanco, o Banco Excel, Uniteds, Bandeirantes, Rural e Caixa Econômica Federal. O PROER permitia a separação entre a "parte podre" e "parte boa" de instituição financeira a ser vendida. Os incorporadores ficavam com a "parte boa" e o Tesouro Nacional ficavam com a "parte podre", isto é, com os eventuais prejuízos com créditos de liquidação duvidosa. Houve caso em que a "parte podre" do banco incluía cerca de 1.400 funcionários, como na compra do Banorte pelo Bandeirantes.

A participação do capital estrangeiro no sistema bancário brasileiro era a que mais crescia na América do Sul. Os maiores bancos estrangeiros com atuação no Brasil, em 1998, distribuíam-se pela ordem em: 1) Sudameris/América do Sul; 2) HSBC Bamerindus; 3) CCF Brasil; 4) Santander/Noroeste; 5) BankBoston (abrangendo o BankBoston N.A.); 6) Citibank (abrangendo o Citibank N.A.); 7) Bandeirantes/CGD; 8) Chase Manhattan; 9) Barclays e Galícia; e 10) ING Bank.

A intervenção salvadora dos bancos federais, estaduais e privados, pelo Banco Central, gerou mais da metade do crescimento da dívida interna federal, a partir do princípio do Plano Real. O *Boletim de Conjuntura*, da Secretaria de Política Econômica do Ministério da Fazenda, dizia que o total da dívida mobiliária, em janeiro de 1997, chegava a 179 bilhões de reais. As medidas do governo federal para proteger o sistema financeiro, dando socorro a bancos privados e estatais determinaram a elevação de 67,7 bilhões da dívida mobiliária (títulos) no mercado em 1996.

A REPÚBLICA BRASILEIRA — 1951-2010   645

É sabido que costumeiramente um governo possui déficit público quando gasta mais do que arrecada, quer dizer no governo deficitário a despesa apresenta-se maior do que a receita. No caso do governo de Fernando Henrique Cardoso, o déficit público decorria de pagamento de juros das dívidas, dos gastos com funcionalismo, dos investimentos, remessas de lucro ao exterior e outros gastos, nos quais estão presentes as despesas com o PROER. Tais despesas não são pagas inteiramente pela receita, formada do recebimento de impostos, das privatizações, dos lucros de estatais e outras fontes.[35]

O déficit público interno e externo levou o governo federal a praticar novo ajuste fiscal na economia brasileira. Esse ajuste fiscal aplicado em novembro de 1997, foi revisado no final do mesmo mês. De início, o pacote fiscal engendrado de maneira especial pelos ministros do Planejamento e da Fazenda, respectivamente Antônio Kandir e Pedro Malan, continha 51 medidas, que em boa parte oneravam os que viviam do trabalho e os servidores federais, significavam um ganho para as contas federais. O ajuste fiscal extraía renda dos assalariados e do funcionalismo público federal, por intermédio do Imposto de Renda.

Prorrogou-se o Fundo de Estabilização Fiscal (FEF) até dezembro de 1999. O Fundo de Estabilização Fiscal deu maior liberdade de gastos ao desobrigar o governo de cumprir exigências da Constituição, como, por exemplo, aplicar 18% de toda arrecadação de impostos na educação.

Diante de protestos dos partidos aliados, dos empresários, sindicalistas e artistas, o presidente resolveu fazer alterações no ajuste no que diz respeito ao aumento do Imposto de Renda da Pessoa Física (IRPF) apenas para quem pagava 25%, passando para 27,5%; e igualmente quanto ao corte de incentivos fiscais. Compensando tais mudanças, o governo FHC aumentou tributo sobre aplicações em renda fixa realizadas por investidores residentes no Brasil. Aplicações em caderneta de poupança e os investimentos estrangeiros estavam isentos de tributação.

No total desse pacote fiscal, o governo da União eliminava 5,3 bilhões de reais em despesas e arrecadava para sua receita 6,5 bilhões de reais.

Em fins de setembro de 1998, o presidente falou "sobre o país e a crise", aludindo também aos recursos externos:

> Estou convencido de que os países do G-7 e as instituições referidas ...deveriam colocar à disposição do Fundo [Fundo Monetário Internacional] recursos suficientes para serem utilizados, em caso de necessidade, pelos países da América Latina em uma espécie de "fundo de contingência", que teria como objetivo a prevenção de crises.
>
> Fazer um ajuste rigoroso em tempo curto — mais curto do que aquele que tínhamos quando o cenário internacional se afigurava menos conturbado — não é problema apenas do governo federal. O Legislativo, o Judiciário, os Estados e municípios terão que fazer a sua parte. O ajuste tem que ser um projeto nacional.

Pois bem,"o ajuste tem que ser um projeto nacional", aqui estão as palavras do presidente Fernando Henrique Cardoso em 1998.

Não obstante a variedade de posições do presidente, oscilando em diversas graduações entre o otimismo, o pessimismo e a digressão, o certo é que o Brasil em novembro de 1998 solicitou ao Fundo Monetário Internacional (FMI), por intermédio do ministro da Fazenda, Pedro Sampaio Malan, e do presidente do Banco Central do Brasil, Gustavo H. B. Franco, um acordo"stand by"pelo período de 36 meses. O auxílio internacional foi de 41,5 bilhões de dólares. O FMI entrou com 18 bilhões de dólares; o BID (Banco Interamericano de Desenvolvimento) e o Bird (Banco Mundial) forneceram 9 bilhões de dólares; e o BIS (Banco Internacional de Compensações, o banco central dos bancos centrais) proveu o Brasil de 14,5 bilhões de dólares.

Para alcançar o empréstimo do FMI, o ministro da Fazenda, Pedro Malan, e o presidente do Banco Central do Brasil, Gustavo Franco, tiveram de apresentar a "Carta de Intenções" de 1998, na qual asseveravam:

A REPÚBLICA BRASILEIRA — 1951–2010

O Brasil considera o programa com o Fundo como sendo, essencialmente, de natureza preventiva.

No Memorando de políticas econômicas disse, por exemplo:

Este desempenho econômico, que contrasta nitidamente com a estagnação da renda real e com a alta inflação dos anos 80 e início dos 90, **permitiu a manutenção de taxas relativamente baixas de desemprego até 1997**, bem como uma significativa melhora dos padrões de vida do povo brasileiro, especialmente os das faixas de mais baixa renda. (...) As reservas internacionais, que totalizavam 70,2 bilhões de dólares em fins de julho, **caíram para 45,8 bilhões de dólares em fins de setembro e para cerca de 42,6 bilhões de dólares em fins de outubro**. (...) Ao distribuir esses cortes entre as diferentes áreas de gastos, **o governo empenhou-se em preservar o tanto quanto possível os gastos com saúde, educação e proteção social**. (...) O governo tomou medidas importantes na modernização da legislação trabalhista e no aperfeiçoamento das políticas do mercado de trabalho. **As seguintes medidas já foram implementadas**: 1) adoção de um sistema de demissão temporária de forma a reduzir as dispensas finais; 2) regulamentação de contratos em tempo parcial e temporário; 3) flexibilidade no expediente de trabalho de forma a reduzir custos com horas extras; 4) ampliação de benefícios do seguro desemprego para trabalhadores empregados a longo prazo e 5) melhorias no sistema de treinamento e retreinamento". [negritos meus][36]

Ao contrário dos estados de fervor e de esperança de muitos ministros, em particular do setor econômico-financeiro, e do presidente da República, as agências internacionais de fomento e a imprensa estrangeira vinham cientificando os interessados da situação do Brasil, desde 1996.

O Banco Mundial, mediante seu vice-presidente para a América Latina, em relatório intitulado "O Desmantelamento do Estado Populista — A Revolução Inacabada na América Latina e Caribe", anunciava que "o Brasil continua[va] a ser uma economia altamente distorcida, onde os altos custos e a baixa qualidade dos serviços — incluindo telecomunicações, energia e portos — não permit[ia) ao setor privado explorar plenamente as oportunidades oferecidas pela economia global". Alegava ainda o Relatório do Banco Mundial que "o equilíbrio das contas externas foi mantido principalmente por meio de grandes influxos de capital, que tornaram o manejo da política monetária cada vez mais difícil", pois "estes influxos foram esterilizados pelo custo de altas taxas de juros e uma rápida acumulação de dívida de curto prazo". Exemplificava então o Relatório: "O recente fracasso do Banco do Brasil na colocação de ações no mercado demonstra a preocupação generalizada dos investidores — nacionais e estrangeiros — sobre o futuro do sistema financeiro do país".

Em 1997, o principal jornal espanhol, *El País*, trazia artigo do professor Julio Argüelles Alvarez, da Universidade Complutense de Madri, no qual declarava que "o Brasil se encontra[va] à mercê das interpretações que façam de sua situação econômica os capitais internacionais e das turbulências que possam originar-se em outros países". As publicações inglesas *Financial Times* e *The Economist* igualmente manifestavam suas inquietações a respeito da crise financeira no Brasil e a necessidade de ajuda internacional. Também em 1997, o *Financial Times* não acreditava que o governo brasileiro evitasse a "desvalorização desordenada do real". De igual modo, no mesmo ano, *The Economist* achava que o governo brasileiro não poderia "deixar de pedir socorro ao FMI (Fundo Monetário Internacional)".

O jornal norte-americano *Wall Street Journal* especulava em outubro de 1998 sobre a desvalorização do real e, mesmo antes em setembro, uma das maiores agências de risco do mundo, Standard & Poor's, destacava "que mudou de "neutra" para "negativa" a sua perspectiva futura sobre a nota dada ao Brasil".

Mas o abalo financeiro perdurou.

Em janeiro de 1999, o ex-presidente e na ocasião governador do Estado de Minas Gerais, Itamar Franco, decretou moratória unilateral por 90 dias no pagamento do acordo da dívida com o governo federal, acarretando por parte das bolsas de valores a venda de moedas e de títulos dentro e fora do Brasil. Em 13 de janeiro de 1999, o governo de Fernando Henrique Cardoso desvalorizou 8,26% do real e substituiu Gustavo Franco por Francisco Lopes na presidência do Banco Central do Brasil. O piso do real subiu de R$ 1,12 para R$ 1,20 por dólar e o teto do real foi de R$ 1,22 a R$ 1,32 por dólar.

O presidente da República explicou:

> A substituição de Gustavo Franco por Francisco Lopes não significa mudança de rumo. Ao contrário, estamos convencidos de que a abertura de espaço para a redução de juros, que é ansiada por todos, depende de nós avançarmos no ajuste fiscal.

O ministro da Fazenda Pedro Malan confirmou a orientação presidencial:

> É o processo de reorganização e modernização do Estado, fazer com que o Estado viva dentro de seus meios, que nos permitirá reduzir de forma sustentada as taxas de juros. O movimento que foi feito hoje (na política cambial) contribui para isso, mas não é de forma alguma substituto para esse desafio maior.

Segundo a imprensa, de modo especial a revista *Veja*, na edição de 23 de maio de 2001, desvendava "peças essenciais para o esclarecimento do mistério, que resultou na inesperada, e inexplicada, demissão do presidente do Banco Central apenas duas semanas depois da desvalorização". E prosseguia: "O então presidente do Banco Central, o economista Francisco Lopes, vendia informações privilegiadas sobre juros e câmbio (...) Salvatore Alberto Cacciola, então dono do banco Marka, do Rio de Janeiro, descobriu todo o esquema por meio de um grampo telefônico ilegal e também passou a ter as mesmas informações privilegiadas (...) Para evitar uma crise de proporções imprevisíveis, que levaria o Brasil ao caos, o caso foi abafado. A ajuda do BC a Cacciola foi maquiada como sendo uma operação feita pela BB Distribuidora de Títulos e Valores Mobiliários, uma subsidiária do Banco do Brasil, de modo que jamais se soubesse do envolvimento do BC na arquitetura do socorro. Duas semanas depois, Chico Lopes foi demitido, sob a alegação oficial de que administrara a virada cambial de forma desastrosa".

Continuando essa política econômica alta e intensamente instável, com volubilidade a abalar a confiança da população, o governo de Fernando Henrique Cardoso compôs com o FMI (Fundo Monetário Internacional), em 3 de agosto de 2001, novo acordo para este liberar inicialmente 15 bilhões de dólares entre setembro desse ano e dezembro de 2002. Para tanto, a liberação da mencionada quantia dependia da aprovação da diretoria do FMI.

O novo acordo de 2001 com FMI tornaria indispensável o corte de 10,3 bilhões de reais no Orçamento deste ano e no de 2002, a fim de amplificar o saldo positivo das contas nacionais.

No termo final de sua gestão, o presidente Fernando Henrique Cardoso parecia não se sentir bem com o FMI (Fundo Monetário Internacional). Em dezembro de 2002, último mês de sua administração, dirigindo-se aos presentes na reunião de Cúpula do Mercosul, comentava:

> O Brasil, no momento em que recebeu os 30 bilhões de dólares do FMI, mais os 6 bilhões de dólares do Banco Mundial e do Banco Interamericano de Desenvolvimento, o chamado mercado financeiro, diante dessa imensa quantidade de recursos, ficou dizendo: "Não, não é isso que falta. Falta credibilidade que deriva de saber como vai ser a política econômica do futuro".
>
> (...) **As instituições internacionais mais fortes são fracas**.

Afinal das contas, as instituições internacionais mais fortes não são tão fracas assim, como desejava FHC, por sinal com as quais fez

A REPÚBLICA BRASILEIRA — 1951–2010

acordo. Meses antes, o megainvestidor <u>George Soros</u> falava a alunos e professores da London Business School e aludia diretamente ao Brasil. Propôs na ocasião um plano de salvação internacional — com a participação dos quatro maiores bancos centrais do mundo (americano, europeu, japonês e britânico) —"para tirar o Brasil da crise". De acordo com o informe, George Soros queria "que os 4 maiores bancos centrais do mundo garantissem a renegociação dos títulos brasileiros a juros menores, incluindo a adoção de um prêmio percentual que poderia ser fixado em 1,5%, em vez dos 18% de juros atuais pagos pelo país".

"Nenhum país consegue refinanciar sua dívida a 18% em dólar. Isso é insustentável", avaliava Soros.

*

A começar do primeiro ano do governo de Fernando Henrique Cardoso, em maio de 1995, por exemplo, para atrair dólar ou evitar sua fuga, os juros altos custavam ao país 3 bilhões de dólares ao mês, querendo dizer que gastaria no futuro 100 milhões de dólares ao dia para pagar a dívida. No caso do total de 3 bilhões de dólares de dívida ao mês, seria o dobro do que o governo federal pretendia arrecadar com a venda de 9 empresas estatais até agosto de 1995.

No ano de 1996, pesquisa da Associação Nacional dos Executivos de Finanças, Administração e Contabilidade (Anefac) anunciava que lojas em São Paulo chegavam a cobrar até 8.146% ao ano no crédito aos consumidores. Os juros médios cobrados pelo comércio de São Paulo, entre outubro de 1995 e abril de 1996, alcançaram 235,38% anuais. No entanto, em novembro de 1997, o Brasil passou a ter juro real mais alto do mundo: 36% anuais, na comparação com as taxas de 25 países chamados "emergentes", ultrapassando os 22% ao ano da Indonésia, uma das vítimas do ataque especulativo no Sudeste Asiático.

A crise decorrente da política de juros altos para defender o real, fazendo uso da atração de dólares do Exterior, transformou o quadro econômico-financeiro em aberração maluca. Enquanto em 12 meses, de 1997 a 1998, a inflação medida pelo IPC/FIPE ficou em 0,97%, os juros médios cobrados nos cartões de crédito eram de 265,28% ao ano; do cheque especial de 250,22%; e nas vendas a prazo no comércio de 187,21%. A variação entre inflação e o juro do cartão de crédito atingia 27.248,45%.

Em setembro de 1998, a crescente evasão de capital estrangeiro, que punha em perigo as reservas internacionais, provocou um choque dos juros, elevados de 29,75% ao ano para 49,75%. Assim mesmo, no dia 10 de setembro de 1998, saíram do Brasil aproximadamente 2 bilhões de dólares, reduzindo as reservas internacionais para 53 bilhões de dólares. Apenas nessa conjuntura de crise o Brasil perdeu 21 bilhões de dólares de reservas, na prática foi o que rendeu a privatização da Telebrás, no final de julho deste ano.

E para onde foi o dinheiro da venda das empresas estatais? Às vezes, se faz esta pergunta.

Como o governo federal não havia reunido os valores, o jornal *Folha de S.Paulo* fez as contas e explicou as fontes de suas contas, em 1999. Ao calcular o saldo das privatizações, o jornal levou em consideração os empréstimos e vantagens aos novos proprietários das ex-estatais. Anote-se o seguinte:

Patrimônio vendido: 38.305,90 milhões de dólares (patrimônio líquido declarado no último balanço antes da privatização);

Ganho com a privatização: 17.865,7 milhões de dólares (subtração entre a arrecadação nos leilões e o patrimônio vendido);

Total de benefícios oferecidos aos compradores: 45.168 milhões de dólares, abarcando "moedas podres" usadas para pagamento; financiamentos concedidos na venda; financiamento concedido após a privatização; isenção de imposto de renda pelo ágio pago; e isenção de imposto de renda por dívidas anteriores.

Outro tópico da gestão fernandina está no desempenho das Agências criadas para controlar os serviços privatizados. Já em 1999 os consumidores reclamavam de piora no atendimento das companhias desestatizadas e do aumento das tarifas.

Serviços telefônicos privatizados: para 40% dos usuários os serviços pioraram; para 30% dos usuários os serviços mantiveram-se iguais; para 24% dos usuários os serviços melhoraram.

Tarifas telefônicas privatizadas: para 45% dos usuários as tarifas aumentaram; para 26% dos usuários as tarifas ficaram iguais; para 13% dos usuários as tarifas diminuíram.

Serviços das estradas privatizadas: para 36% dos usuários as estradas melhoraram; para 27% dos usuários as estradas pioraram; para 25% dos usuários as estradas continuaram iguais.

Tarifas das estradas privatizadas: para 79% dos usuários as tarifas aumentaram; para 8% dos usuários as tarifas não se alteraram; para 3% dos usuários as tarifas diminuíram.

Serviços de luz privatizadas: para 40% dos usuários a qualidade da luz continuou igual; para 28% dos usuários a qualidade da luz piorou; para 27% dos usuários a qualidade da luz melhorou.

Tarifas de luz privatizadas: para 71% dos usuários as tarifas de luz aumentaram; para 20% dos usuários as tarifas de luz não se alteraram; para 4% dos usuários as tarifas de luz diminuíram.

*

Essa agitação financeira interna e externamente motivou inúmeras advertências ao país contra as desigualdades sociais. Em sua primeira visita ao Brasil em julho de 1998, Kofi Annan, secretário-geral da Organização das Nações Unidas (ONU), criticou as condições do país, censurando os erros da política social:

> O Brasil deu um salto extraordinário desde que o plano foi introduzido. (...) Mas vocês também têm de reconhecer que desigualdades dolorosas permanecem.

Ao que respondeu o presidente FHC:

Somos um país que reencontrou o caminho do crescimento econômico e coloca como prioridade a correção de graves injustiças sociais herdadas do passado.

Realmente, segundo a Cepal (Comissão Econômica para a América Latina e Caribe), em abril de 1997 o número de pobres no Brasil tinha diminuído 22% na década de 1990, mas a taxa era alta (35%) e mal distribuída.[37]

Em setembro de 1999, o bilionário banqueiro norte-americano, David Rockfeller, membro do conselho internacional do Chase Manhattan Bank, de Nova York, e acima de tudo grande conhecedor do Brasil ainda nos anos anteriores ao golpe de Estado de 1964, aconselhou o setor privado brasileiro a combater a pobreza no país.

Em visita a São Paulo, Rockfeller advertiu que "o Brasil vive sob o risco de convulsão social por causa da enorme desigualdade de renda no país". Em seguida, em tom de censura, continuou: "Não há, entretanto, país em que isso seja mais importante hoje do que no Brasil. A disparidade entre os ricos e os pobres no Brasil é tão grande que, a menos que os ricos reconheçam esse problema e tomem medidas para corrigi-lo, grandes agitações sociais vão acontecer".

Sem ilusões, porém.

No princípio do ano de 1999, o governo federal extraíra do Orçamento Nacional recursos destinados ao combate à pobreza, de tal maneira que estes recursos tornaram-se menores do que os de 1998, após cortes em 25 programas. O Orçamento era cortado quase sempre, um dos instrumentos do "ajuste fiscal", mas os países ricos recebiam de bom grado os empregos suprimidos pelos países pobres. Em 1979, Estados Unidos, Japão, Canadá, Alemanha, França, Itália e Inglaterra, o **G-7**, dispunham de 30,1% dos desempregados do mundo; em 1998 eles contavam com somente 16,9%, o que representava a exportação de empregos pelos países pobres.[38]

Os legados dos governos de Itamar Franco e Fernando Henrique Cardoso

Política social

A política social do governo Itamar Franco era de emergência, na condição de sucessor do presidente Fernando Collor de Mello, cobrindo o período do último trimestre de 1992 ao final de 1994.

Escrevendo em 1994, Eduardo Giannetti da Fonseca discorria sobre o que foi chamado de *"laissez-faire* demográfico" no Brasil, o que era e é um fato verdadeiro, preocupante e de alto custo. Referindo-se aos "diferenciais de fecundidade", ele sublinhou:

> São as famílias de baixa renda e pouca escolaridade as que mais procriam no Brasil.

Todavia, apesar do perigo do *"laissez-faire* demográfico", nessa época já era quase dominante a ideia de reformar o organismo do Estado.

Nos anos seguintes ao término da ditadura militar, no tempo da Assembleia Constituinte, o bispo de Caxias-RJ, Dom Mauro Morelli, pedia a satisfação de necessidades históricas brasileiras:

> O caos em que o povo vive é menos grave do que a violação da lei. Isto reflete uma deturpação séria. (...) Temos que lembrar agora na República Nova os brasileiros que deram a vida pelo país. A consciência dos mártires do próprio povo é muito importante. Gente boa, de várias ideologias, entregou sua vida pelo povo.

No segundo ano de governo, em 1996, o presidente FHC deixava claro que o governo não era dos excluídos:

> Não vou dizer que ele (governo) é dos excluídos, porque não tem condição de ser. Aspiraria poder incorporar mais, mas não posso dizer que

seja. (...) O fato de nós nos regozijarmos porque estamos avançando não significa que estejamos contentes com o avanço.

O estabelecimento de políticas sociais por parte do Estado pode ou não suceder, sujeitando-se à ocorrência de mobilizações sociais ou de antecipação pelo governo em determinado momento. Como sustenta José Paulo Netto com clareza:

> Não basta que haja expressões da "questão social" para que haja política social; é preciso que aqueles afetados pelas suas expressões sejam capazes de mobilização e de organização para demandar a resposta que o Estado oferece através da política social. Por outro lado, há que considerar ainda que o Estado frequentemente — e isso ocorre sobretudo a partir dos anos 30 do século XX — se antecipa a essas pressões: antes que a pressão tome forma organizada e mobilizadora, o Estado se antecipa estrategicamente e já oferece uma solução neutralizadora de qualquer potencial transformador contido na demanda.

Na gestão de Cardoso, essa antecipação é o caso da Comunidade Solidária, dentre vários projetos.

O programa social mais visível do governo denominava-se Programa Comunidade Solidária, liderado pela esposa do presidente, Professora Ruth Cardoso. Tal Programa coordenava as ações do governo federal no campo da política social. Inicialmente, ele atuava na distribuição de cestas básicas e de leite; na compra de ônibus para transporte escolar e de material escolar; e também planejava programas de agentes de saúde.

Em cada programa, a Comunidade Solidária organizou uma comissão de representantes da localidade para administrá-lo, objetivando evitar que a ação do governo federal fosse utilizada pelos políticos locais. Mesmo assim, até as cestas básicas sendo distribuídas pelo Exército, não se impediu que prefeitos e outros políticos transformassem os serviços da Comunidade Solidária em cabos eleitorais.

A REPÚBLICA BRASILEIRA — 1951–2010 657

Em outubro de 1997, por meio de medida provisória, a União transferiu ao terceiro setor (só administrativamente nem público, nem privado), sem concorrência, a função de determinados órgãos da administração estatal, tornando-o livre de licitações, concursos e de tabelas de salários do funcionalismo. Empresas ou órgãos do Estado não poderiam atuar como os novos gestores de certas funções na educação, na cultura, na pesquisa, na proteção ambiental e na saúde.

Por estas diretrizes traçadas pelo ministro da Administração e Reforma do Estado, Luiz Carlos Bresser Pereira, criava-se o "setor público não estatal", ou terceiro setor, constituído pelas Organizações Sociais (OS). Tais Organizações Sociais constituíam associações civis, portanto organizadas de acordo com o Código Civil (prestação de serviços), descartando a legislação social contida na Consolidação das Leis do Trabalho (CLT) e barateando o custo da mão de obra.

As Organizações Sociais apareceram como fator de privatização de diversas áreas da Política Social no governo de Cardoso. Destinaram-se a prestar serviços públicos. Embora não lucrativas pela lei, as Organizações Sociais poderiam receber bens, financiamento e funcionários públicos, a fim de cumprir metas existentes no Contrato de Gestão, aprovado pelos ministérios. Os salários e o emprego de recursos pelas Organizações Sociais não obedeciam a normas e vinculações com a administração estatal e unicamente deviam constar do Orçamento Nacional.

Algumas funções típicas do Estado, como as militares, policiais e diplomáticas, estavam proibidas de constituir-se na forma de Organizações Sociais.

Na reforma do Estado, a educação e a saúde não eram funções típicas do Estado. Desapareciam inteiramente os atributos principais das políticas sociais dirigidas ao combate à pobreza e à desigualdade, porque tais políticas perderam a característica fundamental da universalidade e de ser públicas.

Em síntese, as Organizações Sociais submetiam-se aos seguintes princípios:

1) Devem ser associações civis sem fins lucrativos.

2) Possuem autonomia administrativa e financeira.

3) Deverão cumprir metas previstas em contrato negociado com o governo federal.

4) Poderão receber recursos, bens, equipamentos e funcionários do setor público.

5) Suas compras de bens e serviços poderão ser feitas sem necessidade de licitação.

6) Os empregados poderão ser contratados pelas regras do setor privado sem necessidade de concurso público.

7) Eventuais lucros dever ser totalmente reinvestidos na organização.

8) Deverão buscar receitas próprias para reduzir repasses de recursos da União. Em outras palavras, reduzir repasses de recursos diretos da União, porque as empresas privadas investem em programas sociais e seus investimentos são abatidos no Imposto de Renda, procedendo dessa maneira do Tesouro Nacional.

9) Poderão ter planos de cargos e salários próprios.

10) A fiscalização será feita pelo governo e por conselho com participação de integrantes da sociedade civil.

11) Deverão publicar relatórios anuais de suas atividades no "Diário Oficial" da União.

De tal modo se confirmam a liberalização, a privatização e a aplicação do Direito Civil e Empresarial num país onde o Poder Judiciário está longe de ter agilidade, meios práticos e estrutura organizativa para decidir com rapidez e justiça as lides decorrentes daí.

Em discurso do presidente da República, comemorativo ao Dia da Independência de 2000, ele demonstrava convicção e esperança:

Sabemos que o Brasil ficará mais perto do ideal de todos nós quando houver mais igualdade de oportunidades e isto só se consegue tendo como ponto de partida a educação.

(...) A saúde da mulher e da criança tornou-se nossa prioridade número um: o atendimento de mulheres durante a gravidez saltou de 2,5 para 8 milhões de consultas por ano.

(...) É com educação, saúde e emprego que vamos conseguir diminuir a pobreza no nosso país. Por isso, no orçamento para o próximo ano estes programas foram ampliados. Da mesma maneira, avançamos no programa de reforma agrária e no apoio à agricultura familiar.

Na véspera do Natal, em 24 de dezembro de 2000, a *Folha de S.Paulo* informava:

Grávida de sete meses, Antônia Moura Pereira, 22, foi abandonada pelo marido há dois meses e vive com dois filhos pequenos em uma casa com chão de barro no centro de Francinópolis.

Mesmo sem poder trabalhar e sem fonte de renda, ela não está cadastrada pela comissão municipal do Comunidade Solidária para receber cesta básica: "Aqui, se você está do outro lado, não recebe nada da prefeitura".

Informava ainda a mencionada edição do jornal:

Nas cidades consideradas miseráveis pelo Programa Comunidade Solidária, o comércio é sustentado pela troca de produtos. O principal argumento do governo federal para substituir a distribuição de cestas básicas por programas de complementação de renda é justamente a precariedade da economia dos municípios mais necessitados.

Pelos dados do Orçamento Federal, nota-se que a chamada "área social" foi vítima de excessivos "ajustes" (nome dado aos "cortes" pelos economistas no poder) durante o governo de Fernando Henrique Cardoso. Os cortes no Orçamento Federal atingiram brutalmente os ministérios da área social, somando no Orçamento de 1999 a cifra de 40,51% do ajuste total de 8,671 bilhões de reais. Somando-se os ministérios da Saúde, Educação, Planejamento, Previdência Social, Política Fundiária e Trabalho, perderam o montante de 3,51 bilhões de reais em projetos e atividades.

O maior decréscimo da área social sucedeu na Saúde Pública, o qual alcançou 1 bilhão de reais, isto é 6,6%. Perdas deram-se no Ministério de Política Fundiária, chegando a respectivamente 47,1%, ou 513 milhões de reais. O Ministério da Educação sofreu um corte de 574,7 milhões de reais, ou seja: 12,3%. O orçamento da Previdência e Assistência Social baixou 383,5 milhões de reais, ou seja: 12,7%; e Trabalho 11 milhões de reais, ou 12,5%.

Para tornar mais clara a situação social, observem-se os pagamentos de juros pelo Brasil; as tendências dos empréstimos do BNDES (Banco Nacional de Desenvolvimento Econômico e Social) e a concentração da renda; e os efeitos do acordo com o FMI (Fundo Monetário Internacional).

a) Pagamento de juros pelo Brasil em 1998: Conforme o IBGE (Instituto Brasileiro de Geografia e Estatística), os gastos federais com o pagamento de juros das dívidas interna e externa significaram mais que o dobro das despesas com saúde pública e educação somadas. Em outras palavras, em 1998, o governo do presidente Fernando Henrique Cardoso gastou 19,35% dos seus recursos para pagar os juros, ao passo que tal governo investiu em educação e saúde, em igual período, 8,39%, que totalizaram as despesas com ambas.

b) Empréstimos do BNDES para a área social em 1999: Os financiamentos da área social do BNDES (Banco Nacional de Desenvolvimento Econômico e Social) resumiram-se a unicamente 250 milhões de reais, correspondendo a 1,25% do total de 19,98 bilhões de reais emprestados pelo banco no referido ano.

c) Concentração de renda em 1999: A Síntese de Indicadores Sociais 1999 do IBGE (Instituto Brasileiro de Geografia e Estatística)

A REPÚBLICA BRASILEIRA — 1951-2010 661

mostrava um Brasil de desigualdades econômicas, sociais, raciais e regionais. Em 1999, no país, um rico ganhava o mesmo que 50 pobres. O 1% mais rico da população possuía 13,8% da renda total, e os 50% mais pobres tinham 13,5% do todo, indicando que estes detêm menos em números relativos também.

d) Efeitos do acordo com o FMI: Devido ao ajuste fiscal contratado com o Fundo Monetário Internacional, a administração fernandista reduziu os investimentos federais em áreas essenciais para o país: em 1999, o governo executou somente 17,13% dos recursos destinados a programas de proteção ao meio ambiente (ou 243.488.759,00 milhões de reais); 12,89% dos recursos destinados a programas de saneamento (ou 700.811.015,00 milhões de reais); e 1,72% dos recursos destinados a programas de habitação (ou 1.062.726.230,00 bilhão de reais).

Aspecto inescapável na apreciação do papel do terceiro setor e da atuação das Organizações Sociais (OS) concentra-se nos investimentos com isenção de impostos que as empresas realizaram em projetos sociais. O crescimento desses investimentos acelerou no Brasil no governo de Fernando Henrique Cardoso.

O Ipea (Instituto de Pesquisa Econômica Aplicada, órgão federal), em estudo realizado no Sul, Sudeste e Nordeste, dá a conhecer que 59% das empresas pesquisadas na região investiam de alguma forma em projetos sociais. Segundo informações divulgadas em 2002, tal investimento social representava quase 5 bilhões de reais, que depois seriam abatidos dos impostos a pagar pelas firmas, destinados à educação, saúde, alimentação, esportes e cidadania, tendo-se como base o Produto Interno Bruto (PIB) do país, em 2001.

Os 10 maiores investidores em projetos sociais, consoante o Orçamento Social em 2000, foram pela ordem: 1) Fundação Bradesco; 2) Fundação Banco do Brasil; 3) Fundação Roberto Marinho; 4) Fundação Victor Civita; 5) Instituto Itaú Cultural; 6) Vitae; 7) Instituto Ayrton Senna; 8) Fundação Vale do Rio Doce; 9) Fundação CSN; e 10) Fundação Abrinq.

Reforma do Estado e educação

Um dos pontos mais enfatizados pela administração FHC e pelos empresários se encontrava na política educacional.

Em 2001, penúltimo ano do governo, o presidente da República, em meio a elogios ao ministro da Educação, Paulo Renato Souza, anunciou o Programa Bolsa-Escola, atribuindo ao programa características de "maior programa de acesso ao ensino e de distribuição de renda da história do país". Segundo ele, "apenas em seu governo, com a aprovação do Fundo de Combate à Pobreza, o programa [Bolsa-Escola] teve alcance nacional, atendendo a mais de um milhão de crianças, desde o ano passado [2000]".

Frisou igualmente o presidente "que os 15 reais mensais pagos às famílias por criança matriculada aumentarão em média 15% a renda dos brasileiros mais pobres".[39]

De acordo com os documentos mais importantes sobre a reforma do Estado e a educação, objetivava-se no país o fortalecimento da ação estatal e, em consequência, o aumento da sua ação reguladora na economia de mercado. Isto significava que reformar o Estado consistia em reforçar "a capacidade de governo do Estado", implantando a administração pública gerencial, flexível, eficiente.

Dentre os quatro setores existentes no aparelho de Estado, correspondentes a formas distintas de propriedade, o dos serviços não exclusivos ou competitivos abrangia também a educação. Embora houvesse atividade exclusiva do Estado no subsídio à educação básica, o setor de serviços não exclusivos ou competitivos compreendia, de longe, a maior parcela dos serviços educacionais prestados simultaneamente pelo próprio Estado, por organizações públicas não estatais e privadas.

As reformas educacionais, sobretudo com a promulgação da nova Lei de Diretrizes e Bases da Educação Nacional (LDB), de 1996, expressavam muitas das tendências e medidas contidas na reforma do Estado. Tais tendências e medidas seriam apreciadas no que diz respeito ao amplo campo educacional e especialmente ao professor, autorizando indicações relacionadas com a participação e resistência.

A reforma do Estado e o seu significado para a política social e para a política educacional:

É importante discorrer a respeito de algumas das formulações expostas nos principais documentos oficiais, como o Plano Diretor da Reforma do Aparelho do Estado (PDRAE) e a Reforma do Estado dos Anos 90: Lógica e Mecanismos de Controle, visando melhor elucidá-las.

Pelos mencionados documentos, a reforma do Estado permitiria o crescimento sustentado da economia, possibilitando a correção das desigualdades sociais e regionais. Um de seus principais aspectos consistia no fortalecimento do Estado e, em consequência, da sua ação reguladora na economia de mercado. O governo acreditava que sua eleição representava confiança na capacidade de mudar o Brasil, criando um modelo de justiça social (Apresentação — PDRAE, p. 9, 12).

Deviam-se distinguir reforma do Estado e reforma do aparelho do Estado. A reforma do Estado abrangia diversas áreas do governo e também a sociedade brasileira, dirigindo sua atenção para a administração pública federal e orientando os Estados e os municípios. Já a reforma do aparelho do Estado era mais limitada, visando dar mais eficiência à administração pública, dirigindo-a para a cidadania (PDRAE, p. 17).

Na sua base, a reforma pretendia fortalecer as funções de regulação e de coordenação do Estado no âmbito federal, aos poucos descentralizando aos Estados e municípios a execução da prestação de serviços sociais e de infraestrutura.

Para isso, a reforma do Estado buscava:

a) reforçar a "governança": "a capacidade de governo do Estado", implantando a administração pública gerencial, flexível, eficiente, capaz de ampliar sua capacidade de concretizar "políticas públicas", atendendo o cidadão.

Segundo admitia, o governo de FHC tinha dificuldades com a "governança", mas não com a "governabilidade", que era o "poder para governar, dada sua legitimidade democrática e o apoio com que contava na sociedade civil" (PDRAE, p. 18-19);

b) modificar a forma de administração pública, assumindo a administração pública gerencial, que aparece na segunda metade do século XX, em razão do crescimento das funções econômicas e sociais do Estado, do desenvolvimento tecnológico, da "globalização da economia mundial", valorizando a eficiência e a qualidade na prestação de serviços públicos e, também, o desenvolvimento da cultura gerencial nas organizações.

Assim, seriam ultrapassadas duas outras formas anteriores de administração pública, tais como:

a) a administração pública patrimonialista, em que o Estado é extensão do poder do chefe e de seus auxiliares, transformando os cargos em prebendas;

b) a administração pública burocrática, criada na segunda metade do século XII, para combater a corrupção e o nepotismo, preocupada com controles administrativos, que constituem a razão de ser do funcionário (PDRAE, p. 20-1).

O Estado era definido como:

a) "organização burocrática que possui o poder de legislar e tributar sobre a população de um determinado território";

b) "a única estrutura organizacional que possui o 'poder extroverso', ou seja, o poder de estabelecer unilateralmente obrigações para terceiros, com extravasamento dos seus próprios limites".

Tomando outro ponto de vista, no aparelho de Estado existem quatro setores, a que correspondem diferentes formas de propriedade:

a) O núcleo estratégico: que faz leis, obriga seu cumprimento, formula, planeja e executa "políticas públicas" (Legislativo, Judiciário, Executivo), possuindo "necessariamente" propriedade estatal;

A REPÚBLICA BRASILEIRA — 1951-2010 665

b) As atividades exclusivas: resultam do "poder extroverso" do Estado (regulamentar, fiscalizar, fomentar) e só podem ser prestadas por ele: por exemplo, cobrança e fiscalização de impostos, a polícia, a previdência social básica, o serviço de desemprego, a fiscalização do cumprimento de normas sanitárias, o serviço de trânsito, a compra de serviços de saúde pelo Estado, o controle do meio ambiente, o subsídio à educação básica, o serviço de emissão de passaportes, etc. Igualmente neste caso, a propriedade precisa ser estatal.

c) Os serviços não exclusivos ou competitivos: são prestados simultaneamente pelo Estado, por organizações públicas não estatais e privadas, devendo a ação estatal estar presente por envolver "direitos humanos fundamentais, como os da educação e da saúde", ou "economias externas", disseminadas pela sociedade, sem gerar lucros. Por exemplo: universidades, hospitais, centros de pesquisa, museus. Quanto a este setor, a propriedade deve ser pública não estatal, na qual não se exerce o poder do Estado, tratando-se de serviço subsidiado, favorecendo parceria entre ele e a sociedade;

d) Produção de bens e serviços para o mercado: diz respeito às empresas, inclusive estatais, como as do setor de infraestrutura, voltadas para o lucro. A regra é a propriedade privada e a "propriedade estatal só se justifica quando não existem capitais privados disponíveis — o que não é mais o caso do Brasil — ou então quando existe um monopólio natural" (PDRAE, p. 51-55).

Elementos justificadores da reforma do Estado:

a) Dos anos 1930 aos anos 1960, o Estado colaborou com o desenvolvimento econômico e social. Desde os anos 1970, o Estado entrou em crise por causa do seu "crescimento distorcido" e do "processo de globalização", acarretando redução das taxas de crescimento econômico, elevação das taxas de desemprego e aumento da taxa de inflação;

b) "A grande tarefa política dos anos 90 era a reforma ou a reconstrução do Estado";

c) A crise atual [dos anos 1990] difere da crise do mercado nos anos 1920 e 1930, originada na insuficiência crônica de demanda.

Agora o motivo está na crise do Estado — do Estado intervencionista, "que, de fator de desenvolvimento, se transforma em obstáculo".

d) As respostas à crise do Estado, segundo as posições ideológicas:

1) "A esquerda tradicional, arcaica e populista, entrou em crise e ficou paralisada".

2) "A centro-direita pragmática — aqui definida como formada pelo *establishment* capitalista e burocrático nos países centrais e na América Latina — determinou aos países altamente endividados, primeiro (1982), obediência aos fundamentos macroeconômicos, sobretudo pelo ajuste fiscal e pela liberalização dos preços, para garantir o equilíbrio dos preços relativos; e, segundo (1985, com o Plano Baker), as reformas orientadas para o mercado (liberalização comercial, privatização, desregulação), que deveriam ser apoiadas politicamente por políticas sociais compensatórias direcionadas".

3) A direita neoliberal "agora ganhou adeptos, e assumiu uma atitude triunfante" propondo que o desenvolvimento viria com reformas voltadas para o "objetivo do Estado mínimo e do pleno controle da economia pelo mercado".

4) "A centro-esquerda pragmática, social-democrática ou social-liberal, diagnosticou com clareza a 'grande crise' como uma crise de Estado, delineou a interpretação social-democrática ou social-liberal da crise do Estado em substituição à interpretação nacional-desenvolvimentista, e adotou as propostas de centro-direita pragmática, tendo em vista a obediência aos fundamentos macroeconômicos."

5) "Uma grande coalizão de centro-esquerda e de centro-direita assim se formou. Uma coalizão que levou os governos, na América Latina, no Leste Europeu, em um grande número de países em desenvolvimento na Ásia, e mesmo nos países desenvolvidos, a promoverem a reforma do Estado para torná-lo menor, mais voltado para as atividades que lhe são específicas, que envolvem poder de Estado, mas mais forte, com maior governabilidade e maior governança" (Pereira, p. 7, 12, 15-18)

Dimensões analíticas da reforma do Estado:

O projeto político da reforma do Estado pretendia extrair a política de dentro do próprio Estado, submetendo-o unicamente a uma compreensão e a um funcionamento alicerçado no economicismo e no gerencialismo.

Não se tratava de uma concepção capaz de valorizar os técnicos; ao contrário, tratava-se do exclusivismo dos financistas. O poder político, definido como "governança" e "governabilidade", estava reduzido à forma empobrecida que combinava "administração pública gerencial" com "legitimidade democrática" pelo mero voto.

Dessa maneira, afastava qualquer entendimento um pouco mais amplo e menos superficial do poder político, que de fato aparece nas definições de Estado e de suas propriedades.

O Estado, como fenômeno sócio-histórico, passava por um processo de esquartejamento, a partir de critérios metodológicos que determinavam suas funções e suas propriedades.

Assim, até os tipos ideais epistemologicamente construídos por Max Weber, no início do século XX, para uso em sua obra, transformaram-se em "formas anteriores de administração pública", embora a base política do governo apolítico evidenciasse práticas patrimonialistas e burocráticas. A utilização muito livre, e com erros enormes, da tipologia weberiana ia por conta da eventual aparência científica do projeto de reforma do Estado.

Para justificar a reforma do Estado, colocava-se no passado longínquo o "desenvolvimento econômico e social", e, em seguida, apontavam-se a "redução das taxas de crescimento econômico", a "elevação das taxas de desemprego" e o "aumento da taxa de inflação", a partir dos anos 1970. Restava então aos anos 1990 a reforma ou "a reconstrução do Estado".

Porém, sem desenvolvimento econômico e social, os anos 1990 assistiram a taxas menores do que os anos posteriores a 1970. A segurança monetária elevou-se à posição do valor maior, a exigir a supressão da política econômica e da política social.

De acordo com documentos oficiais, a reforma do Estado nasceu de "uma grande coalizão de centro-esquerda e de centro-direita", sustentáculo da modernização responsável pela derrota, de um lado, da "esquerda-tradicional, arcaica e populista" e, de outro, da direita neoliberal.

Numa análise de alta superficialidade do gerencialismo, na qual as gestões e os gestores nem sequer atentavam na crise de acumulação do capital internacional, nas suas determinações históricas entrevistas na concorrência mundial e predatória, e exclusivamente nas finanças.

Seria suficiente percorrer algumas páginas escritas por Maurício Tragtenberg em 1979, professor na Escola de Administração de Empresas, da Fundação Getúlio Vargas de São Paulo, na qual era pesquisador no campo administrativo e gerencial, para não se ficar à flor da água:

> **Retomam-se nesta discussão as questões expressas pela dinâmica intensiva do desenvolvimento capitalista, que se realiza através de "centralização e concentração", e pela dinâmica extensiva, que se dá através da penetração das relações capitalistas de produção em áreas onde domina o pré-capitalismo, concretizadas na destruição dessas mesmas relações sociais e sua substituição por relações tipicamente capitalistas de produção.**
>
> Esse processo se efetiva, de forma desigual e combinada, onde as articulações pré-capitalistas se subordinam às relações capitalistas e constituem condições de seu desenvolvimento.

Mais adiante completa Tragtenberg sobre a educação, também em 1979:

> Fica evidente que problemas como a qualidade de ensino são prioritários nas redes escolares dos países de capitalismo desenvolvido. Nas áreas subdesenvolvidas, por ordem de importância, a luta contra o ingresso tardio na escola primária e a deserção no nível do primário e secundário são os problemas mais urgentes que devem ser atacados.

Por outro lado, é necessário acentuar que a ênfase na tecnologia educacional, fundamentada em modelos distantes da realidade social do país, em nada contribui para a melhora do nível de ensino em qualquer grau ou para a retenção dos alunos de primeiro e segundo graus na rede escolar. Isso porque a sua utilização é permeada por um véu ideológico sob o qual, através das teorias de aprendizagem com fundamento psicológico, o real permanece opaco e a fantasia atua como único elemento transparente. O desconhecimento da realidade socioeconômica concreta não pode ser suprido por nenhuma tecnologia educacional, por mais sofisticada que seja.

Em se falando de Max Weber, utilizado no texto da reforma do Estado do governo FHC, em outro passo Tragtenberg afirma em 1970:

Max Weber preocupara-se com algumas constantes de nossa civilização, a burocratização, o saber especializado, a sociedade de massas. **Para ele, a democracia deve opor-se à burocracia, como tendência para uma casta de mandarins diferenciada das pessoas comuns por títulos e diplomas.** [...]

Consequências gerais da reforma do Estado no campo educacional

A reforma do Estado dimensionava as reformas educacionais, ao fundamentar-se no economicismo e no gerencialismo, sob a égide do custo/benefício.

Aliás, a LDB de 1996 manifestava extensamente a ação reguladora do Estado na economia de mercado educacional. O campo da educação converteu-se em campo dos serviços educacionais. Explicitamente, "o subsídio à educação básica" foi a única atividade incluída entre "as atividades exclusivas", conforme os documentos oficiais sobre a reforma do Estado.

Mas em meio aos "serviços não exclusivos ou competitivos", prestados ao mesmo tempo pelo Estado, pelas organizações públicas não estatais e privadas, que envolvem "direitos humanos fundamentais", como os da educação, achavam-se as demais atividades educacionais.

Assim, os direitos sociais, relacionados na Constituição Federal de 1988, dentre os quais se encontram os direitos à educação, por meio de critérios mercadológicos de interpretação pedagógica, assumiram a condição de mercadorias transferidas aos consumidores, os alunos, que se reduziram a clientes.

Nesse quadro, não é difícil imaginar a transformação do trabalho docente.

Quando se vê a descomunal quantidade de escolarizados analfabetos, que não sabem sequer anotar números (nem se diga ler e escrever); ou a colossal quantidade de pós-graduandos que não leem ou escrevem correntemente; ou a luxuriante mercancia nas escolas e universidades: verifica-se que a reforma educacional do governo FHC conseguiu o impensável.

Aposentadoria como atividade financeira

O que se diz da Previdência Social no Brasil:

Marcos possíveis das preocupações contemporâneas com a Previdência Social Brasileira remontam à posse de José Sarney na presidência da República em 1985 e depois à promulgação da Constituição Federal de 1988. De um lado, a inflação incontrolável durante o governo de Sarney; de outro, a declaração presidencial de que o país seria ingovernável com a nova Constituição, depois de tê-la jurado.

Portanto, desde os últimos anos da década de 1980, se evidenciou que os problemas brasileiros se tornaram problemas internacionais, pois as soluções viriam de fora do Brasil.

A toada liberal (ou neoliberal) conquistou os técnicos, os burocratas, professores, filósofos, inúmeros jornalistas e a imprensa em geral, tão pouco livre ante as empresas multinacionais. Mais uma vez na América Latina, a contar do século XIX, e naturalmente no Brasil, falou-se do ideário liberal tipo exportação que nenhum país rico tomou rigorosamente como modelo, por sinal desde Adam Smith (1723-1790): abertura de mercado, controle da moeda, incentivo à importação para renovar tecnologia, abandono do mercado interno e produção dominantemente voltada ao mercado externo, liberação do trabalho e redução das despesas sociais de qualquer natureza.

Enquanto os latino-americanos acreditam na toada liberal tipo exportação, os países ricos defendem sua população e suas economias, fechando seus mercados consumidores e de trabalho.

A partir do final da década de 1980, a Previdência Social no Brasil transformou-se na instituição responsável pela falta de recursos para o investimento em infraestrutura no país (hospitais, escolas, estradas de rodagem, ferrovias(?), portos, inovação tecnológica etc.), como apontava o principal ideólogo do autodenominado "Consenso de Washington", John Williamson.

Desde o início do governo de Fernando Henrique Cardoso em 1995, procurou-se com sofreguidão instaurar o que se chamou de "capitalismo de fundos de pensão", escondendo que o déficit da Previdência Social provinha do desvio de recursos da Seguridade Social (e da Previdência) para outras finalidades.

Por certo, o déficit previdenciário provinha de algo mais: — do longo período de inflação com estagnação econômico-social e do vasto desemprego, porque o número de contribuintes não cresceu e os empregos não exigiam carteira assinada.

Estimativa feita pelo Dataprev (Empresa de Tecnologia e Informações da Previdência Social), com base em números do Cadastro Geral de Desemprego do Ministério do Trabalho, indicava:

PERDA DA PREVIDÊNCIA COM QUEDA DE EMPREGOS		
	Empregos eliminados	Estimativa da perda no ano (R$ milhões)
1990	922.741	691,59
1991	1.501.638	1.135,23
1992	2.149.684	1.625,16
1993	1.995.503	1.508,60
1994	1.721.062	1.301,12
1995	2.133.213	1.612,70
1996*	2.059.961	1.112,37

*Período de janeiro a junho

Anníbal Fernandes, especialista em Direito Previdenciário da Faculdade de Direito da Universidade de São Paulo (USP), esclareceu melhor o significado do déficit da Previdência Social:

> Como se não houvesse os credores da fantástica dívida externa, os especuladores financeiros, os latifundiários inadimplentes, os industriais de benefícios fiscais e os comerciantes açambarcadores. Cabe-nos denunciar onde anda a real iniquidade e para onde vai o suado dinheiro do povo brasileiro. Diante dessa exploração internacional até que o IPC [Instituto de Previdência dos Congressistas] é "fichinha" e se destina apenas a servir de biombo para que o governo FHC [Fernando Henrique Cardoso] sirva ainda mais e melhor aos seus amos internacionais.

Também Sérgio Pinto Martins, professor de Direito do Trabalho da Faculdade de Direito da Universidade de São Paulo (USP), aludiu igualmente às origens do déficit da Previdência Social:

> A arrecadação das contribuições previdenciárias foi usada para outros fins, como constituição e aumento de capital de várias empresas esta-

A REPÚBLICA BRASILEIRA — 1951-2010

tais e manutenção de saldos da rede bancária como compensação pela execução de serviços de arrecadação de contribuições e de pagamento de benefícios. No âmbito do Ipesp, o dinheiro das pensões foi usado até para construir delegacias. Deveria ser empregado para o pagamento dos benefícios dos funcionários.

A hostilidade ao idoso e ao aposentado conquistou professores, técnicos, políticos, os superficiais ou os comprometidos veículos de comunicação. Ventilam-se a quem quiser ouvir, aos quatro cantos, até o cansaço, frases como: o Brasil gasta mais do que os países ricos com os idosos; política social privilegia idosos e faz crianças mais miseráveis; servidor inativo custa mais do que toda a área social; o aposentado deverá deixar emprego; saiba como garantir a aposentadoria na previdência privada; Fernando Henrique procura conter aposentadoria de servidores; reformas da previdência não criam poupança; previdência social virou imobiliária falida; sobe contribuição para a previdência social.

Talvez uma síntese desta novela da reforma previdenciária, tão prolongada quanto insaciável, o bode expiatório dos idosos, ache-se nas explicações do deputado federal e ex-presidente do Partido dos Trabalhadores (PT), José Genoino, em 2003:

> O sistema de Previdência do Brasil é injusto e iníquo, não garante a dignidade da grande maioria dos aposentados e prejudica todos os contribuintes. Os únicos beneficiários desse sistema são uma pequena minoria de aposentados, proveniente de categorias do funcionalismo público, que constituem grupos especiais de privilegiados. (...) Quem postula uma posição de esquerda não pode ser contra a reforma da Previdência, já que ser de esquerda significa lutar pela justiça, pela igualdade e contra os privilégios.

Mas José Genoino não se beneficia ou não se beneficiou do IPC (Instituto de Previdência dos Congressistas), ou de coisa semelhante, gozando de vencimentos de aposentadoria proporcional ou não?

A realidade e o aposentado reformado:

No país predominou o trabalho escravo, cuja abolição sequer aos negros abriu alternativas de vida superior, ou ao menos de retribuição pelo seu passado. A abolição da escravatura legou, entre outras marcas, a notória discriminação na sociedade brasileira, de modo particular do trabalhador.

Este é e foi um dos motivos de a aposentadoria, mesmo esquálida, constituir motivo de sonho, de alegria e reconhecimento à maioria da população brasileira que trabalha. Sonho, alegria e reconhecimentos acalentados ao longo de toda a vida de labuta, em geral, sob inacreditáveis condições objetivas e subjetivas de trabalho, insegurança e desprezíveis salários.

Porém o que se tem visto, entre os aposentados, é e foi a perda da alegria, a sensação de ingratidão social e a reversão do sonho: sem dinheiro, os aposentados têm de regressar ao trabalho, retratando nitidamente o fantasma escravista que não desapareceu, voltar a trabalhar até a morte.

O aposentado brasileiro converteu-se no aposentado reformado e mais: foi o único punido pelo déficit orçamentário nas reformas previdenciárias de 1998 (de FHC) e de 2003 (de Lula), porque militares e parlamentares asseguraram seus direitos especiais.

Por seu lado, os servidores inativos tiveram de contribuir com 11% (onze por cento) sobre a parcela da aposentadoria que exceder R$ 2.508,72 (valor de 2004, no governo Lula). O Supremo Tribunal Federal (STF) declarou legal a cobrança previdenciária dos servidores públicos aposentados e pensionistas, em votação contraditória.

Os **votos vencedores**, que causaram a contribuição dos inativos durante a gestão de Lula, diziam lá pelas tantas, segundo o *Jornal do Advogado*:

> (...) a aposentadoria não retira dos servidores inativos a responsabilidade social pelo custeio, "senão que antes a acentua e agrava, à medida que seu tratamento previdenciário é diverso do reservado aos servidores da ativa".

A REPÚBLICA BRASILEIRA — 1951–2010

Já os **votos vencidos** notavam:

> (...) a quebra da relação jurídica previdenciária força "aposentados e pensionistas a efetuarem verdadeira 'doação' de parte de seus proventos em nome do princípio da solidariedade intergeneracional que, embora respeitável, nem por isso faz tabula rasa de outros princípios de igual dignidade contribucional, como a garantia contra a bitributação (CF, art. 154, I) e o princípio do não confisco (CF, art. 150, IV).

Outro voto vencido afirma que, no momento em que o servidor público preenche as condições de gozo do benefício, já não poderá, por nenhum ato legislativo (art. 59), ser obrigado a contribuir para o sistema previdenciário.

A realidade brasileira evidencia, e a cada minuto, estas contradições, porque a mesma sociedade que as cria também as revela e se revolta de forma dura. A aposentadoria não tem passado no Brasil de opressão e angústia para milhões. Sobre a Zona da Mata, no Nordeste, mesmo com incontáveis deputados e senadores nordestinos, em 1995, início do governo de Cardoso, noticiava-se que a "aposentadoria [era] ficção" e que "canavieiros [viviam] em média até os 47 anos", perguntando-se: aposentadoria por tempo de serviço ou por idade?

Os aposentados, se nunca saíram do trabalho, estão cada vez mais ativos, retornando a ele, se já tinham ido para casa. Em 2004 e 2005, segundo e terceiro anos do governo Lula, informava-se que 3 em cada 10 aposentados brasileiros sustentavam suas famílias; que no Rio de Janeiro apenas 15% dos aposentados trabalhavam para ficar ocupados, o restante voltou ao mercado de trabalho; e mais: que aposentados sustentavam a economia de 60% das cidades brasileiras.

A aposentadoria e o mercado:

De um lado os aposentados propuseram, em 2004, no governo Lula da Silva, Ação Civil Pública para conseguir a revisão de seus vencimentos, porque seus benefícios sofreram perdas de 15% nas alterações feitas na tabela de expectativa de vida, usada no cálculo do fator previdenciário. De outro lado, os aposentados e pensionistas exigiram a suspensão dos convênios para concessão de empréstimo com desconto em folha de pagamento, pois há descontos sem solicitação de empréstimo.

As aposentadorias têm estado no mercado financeiro, com capitalismo de fundos de pensão, empréstimos a aposentados e pensionistas com desconto em folha de pagamento (mesmo de quem nada possui e de quem sofre as agruras do fator previdenciário). As aposentadorias atestam o ataque financeiro às contribuições de gerações e gerações; o ataque financeiro aos proventos dos idosos necessitados (aqueles que não necessitam, não vão pagar juros em bancos).

A clareza meridiana dos interesses do mercado financeiro, dentre outros, encontra-se nas palavras da professora Rosa Maria Marques, da Pontifícia Universidade Católica de São Paulo, em 2003, período Lula:

> (...) Se a renda do servidor é baixa, não adianta incentivar porque ninguém irá contribuir para uma aposentadoria complementar. (...) as pessoas sabem com quanto terão que contribuir mas nunca o valor que vão receber. Além do mais, como a lógica de qualquer fundo é buscar rentabilidade, os recursos serão encaminhados para aqueles ativos que rendem mais, ou seja, os de caráter especulativo. (...) A aposentadoria das pessoas irá depender do comportamento do capital especulativo. E quando a bolha estoura, a aposentadoria vira pó. Isto porque nos fundos de pensão não existem prestador nem analisador de última instância e o Estado não se responsabiliza pelos resultados. Além disso, o fundo de pensão é um regime de capitalização individual, que quebra a solidariedade presente nos regimes onde há uma redistribuição de renda, caso do INSS [Instituto Nacional do Seguro Social].

O tema primordial dos "mestres na análise de gastos sociais" é que o Brasil "gasta mal", embora quase nunca alguns deles tenham assegurado que o Brasil gasta bem.

Do mesmo modo se provoca perda aos aposentados, em razão do cálculo errado do fator previdenciário, do empréstimo bancário aos aposentados e pensionistas com desconto em folha de pagamento, também se contrapõem idosos à população jovem. Para "os analistas de gastos sociais", os recursos dos jovens são devorados pelos gastos da Previdência Social, restando menos dinheiro para saúde e a educação?

A Previdência Social foi criada para reduzir a pobreza na velhice. Os idosos e os aposentados, no seu conjunto, não devem receber seus vencimentos como se fora uma dádiva paternal dos políticos e dos patrões, uma prebenda celestial, e sim recebê-los como resultado de uma vida de trabalho, que somente eles, os idosos e aposentados, em pessoa, podem defender, sem líderes.[40]

Conclusão do capítulo

O governo de Fernando Henrique Cardoso exauriu-se em meio a turbulências econômico-financeiras no Exterior, uma hora na Turquia, outra hora na Argentina, ainda outra hora nos Estados Unidos da América etc. Somaram-se a tais turbulências forte desconfiança e, mais do que isto, forte perda de esperança no futuro, com ameaças de CPIs (Comissão Parlamentar de Inquérito), denúncias diversas e com o enorme desgaste causado pelo "apagão" (crise energética e racionamento do uso de energia).

A falta de boa vontade dos membros do governo Fernando Henrique Cardoso para com a área social parece bem explicada nas palavras do chefe da Casa Civil, Clóvis Carvalho, também presidente da Câmara de Política Social: "falta um pouco mais de paixão nos homens do governo em relação à questão social". Entretanto, o presidente da República afirmava que estava mudando as práticas de políticas sociais no Brasil, alertando: "A política social é muito mais que alocar recursos, é ver o resultado e o desempenho na implementação dos programas".

Mas a formação do intitulado "setor público não estatal" (o terceiro setor com as Organizações Sociais — OS), acentuadamente na administração FHC, despojou a política social de seu planejamento, de sua universalidade e do controle orçamentário. Acima de tudo, o dito "setor público não estatal" excluiu a possibilidade de rigorosa e geral avaliação dos resultados que dizem respeito às metas das Organizações Sociais (OS). O que mudou efetivamente com o terceiro setor de forma satisfatória?

O presidente Fernando Henrique Cardoso e sua equipe governaram principalmente para fora do Brasil, para o Exterior ver, e bem menos para dentro do país, onde estavam os brasileiros. A Reforma do Estado valeu, de maneira especial, para a privatização dos serviços públicos, como a educação e a saúde (na qual as empresas de planos de saúde cantam aleluia!), sem alterar em nada a dolorosa e secular prática política no Brasil. Reformou-se, reformou-se, e o catastrófico modo de fazer política no Brasil e a miséria social ampliaram-se com o extenso crescimento demográfico entre os pobres.[41]

Notas

1. França, Eriberto. *Folha de S.Paulo*, 27 set. 1993, Opinião, p.1-2; negritos meus.

2. Cardoso, Fernando Henrique. *Jornal da Tarde*, 31 dez. 1992, Política, p. 6; Antunes, Ricardo. *A desertificação neoliberal no Brasil*, 2004, p. 9; negritos meus.

3. Franco, Itamar. *O Estado de S. Paulo*, 3 out. 1992, Política, p. 4, negritos e parênteses meus.

A REPÚBLICA BRASILEIRA — 1951–2010 679

4. Franco, Itamar. *Folha de S.Paulo*, 16 nov. 1992, Opinião, p. 1-2, negritos meus.

5. Franco, Itamar. *O Estado de S. Paulo*, 29 jan. 1993, p. 5, negritos meus.

6. Cf. *O Estado de S. Paulo*, 3 out. 1992, Notas e Informações, p. 3, destaque no texto e negritos meus.

7. Cf. *O Estado de S. Paulo*, 12 out. 1992, Notas e Informações, p. 3, negritos meus.

8. Cf. *Folha de S.Paulo*, 6 out. 1992, Brasil p. 1-6, negritos meus.

9. Cf. *Folha de S.Paulo*, 18 nov. 1992, p. 1-1, negritos meus.

10 Cf. *O Estado de S. Paulo*, 7 mar. 1993, p. 8; 25 abr. 1993, p. 7.

11. Lucena, Zenildo Zoroastro de. *Folha de S. Paulo*, 18 nov. 1992, Brasil, p. 1-7, negritos meus.

12. Franco, Itamar. *Jornal da Tarde*, 31 dez. 1992, p. 3, negritos meus.

13. Cf. *O Estado de S.Paulo*, 8 out. 1992, Política, p. 8.

14. Franco, Itamar. *O Estado de S. Paulo*, 9 jan. 1993, Política, p. 4; Antunes, Ricardo, cit., 2004, p. 21.

15. Cf. *O Estado de S. Paulo*, 9 jan. 1993, Notas e Informações, p. 3.

16. Serra, José. *Folha de S.Paulo*, 24 jan. 1993, Mais!, p. 6-11; Schilling, Flávia. *Corrupção: ilegalidade intolerável?*, 1999, p. 62-83; Beccaria, Marquês de. *Questões Criminais*, 2006, p. 28-9; Bauman, Zygmunt. *Modernidade e holocausto*, 1998, p. 48; Arendt, Hannah. *Eichmann en Jerusalén*, 2010, p. 35; Trevisan, Antoninho Marmo et al. *O combate à corrupção nas prefeituras do Brasil*, 2004, p. 23-23; negritos meus.

17. Cf. *Folha de S.Paulo*, 8 out. 1993, Brasil, p. 1-5; *O Estado de S. Paulo*, 17 ago. 1993, Política, p.5; 16 out. 1993, Notas e Informações, p. A3; *Jornal do Advogado*, 1993, n. 196, p. 7-8; negritos meus.

18. Cf. *O Estado de S. Paulo*, 16 out. 1993, Política, p. A4; 2 dez. 1993, Política, p. A5-A6; *Folha de S.Paulo*, 24 out. 1993, Brasil, p. 1-12; 14 nov. 1993, Brasil, p. 1-4; 3 dez. 1993, Arquivo Secreto, p. A-3, Brasil, 1-5; 16 dez. 1993, Opinião, p. 1-2; Brasil, p. 1-8; 22 jan. 1994, Superescândalo, p. A-1-A8; 1º jun. 1994, Brasil, p.1-4; 23 jun. 1994, Brasil, p. 1-8; 6 dez. 1994,

Opinião, p. 1-2; *Jornal do Brasil*, 6 jan. 1994, CPI da Corrupção, p. 3; negritos meus.

19. Bellando, Ovídio. *La Nación* (Buenos Aires), 3 abr. 1992, p. 6; Ribeiro, João Ubaldo. *O Estado de S. Paulo*, 4 abr. 1993, Política, p. 14; Cf. *O Estado de S. Paulo*, 21 abr. 1993, Plebiscito, p. 1; 22 abr. 1993, Plebiscito, p. 1-2; 25 abr. 1993, Política, p. 5-6; Cf. *Folha de S. Paulo*, 12 mar. 1993, Brasil, p. 1-9; 9 dez. 1994, p. 1-2; Callado, Antônio. *Folha de S. Paulo*, 27 mai. 1995, Ilustrada, p. 5-9; negritos meus.

20. Quércia, Orestes. *Folha de S. Paulo*, 25 dez. 1993, Opinião, p. 1-2, Fernandes, Florestan. *Folha de S. Paulo*, 27 set. 1993, Opinião, p. 1-2, Feuerwerker, Alon. *Folha de S. Paulo*, 27 set. 1993, Opinião, p. 1-2; *Folha de S.Paulo*, 27 jan. 1994, Opinião, p. 1-2; Franco, Itamar, *O Estado de S. Paulo*, 17 abr. 1993, Política, p. 8; Cf. *O Estado de S. Paulo*, 8 abr. 1993, Política, p. 4; 1 mai. 1993, Política, p. 8; 11 dez. 1993, Política, p. A4; *Shopping News*, 9 mai. 1993, p. 3; *Correio Braziliense*, 27 set. 1994, Eleições 94, p. 8; Weber, Max, 1970, p. 64-6, 68); negritos meus.

21. Cf. *O Estado de S. Paulo*, 17 ago. 1993, Política, p. 5; *Jornal do Brasil*, 6 jan. 1994, primeira página e página 4, itálico do texto; *Folha de S.Paulo*, 1º Mai. 1994. Especial, p. A-1-A-4, A-6, A-11; 13 mai. 1994, Brasil, p.1-8; 29 mai. 1994, Brasil, p.1-16; 3 ago. 1994, Especial, p. 7; 21 set. 1994, Supereleição-Especial, p. 2; 21 set. 1994, Brasil, p. 1-6; Chaui, Marilena, *Folha de S.Paulo*, 24 abr. 1994, Eleições 94, p. 6-8; Lula da Silva. *Folha de S.Paulo*, 21 set. 1994, Supereleição-Especial, p. 1; Freitas, Jânio de. *Folha de S.Paulo*, 21 set. 1994, Brasil, p. 1-5; 3 out. 1994, Opinião, p. 1-2; Marx, Karl, *Las luchas de clases em Francia*. 2. ed. Buenos Aires: Claridad, 1968, p. 13, 69; negritos meus.

22. Burckhardt, Jacob, apud Wright Mills, 1968, p. 11; Cf. *Folha de S.Paulo*, 16 out. 1994, Editorial, p. 1-2.

23. Cony, Carlos Heitor, *Folha de S.Paulo*, 15 abr. 1995, Opinião, p. 1-2.

24. Cf. *Folha de S.Paulo*, 26 ago. 1994, Opinião, p. 1-2; 16 out. 1994, 2º Turno, p. 1-19; 18 out. 1994, 2º Turno, p.1-10; 7 out. 1994, Especial, p. 1; 1º jan. 1995, Especial, p. 1, 7; O *Estado de S. Paulo*, 2 out. 1994, Extra, p. X2, X3; Freitas, Jânio. *Folha de S.Paulo*, 23 dez. 1994, Brasil, p. 1-5; Sandburg, Carl. *Lincoln*. Belo Horizonte: Itatiaia, 1965, v. 1, p. 164; negritos meus.

A REPÚBLICA BRASILEIRA — 1951–2010 681

25. Cf. *Folha de S.Paulo*, 2 jan. 1995, Anos FHC, p. Especial — 4-5; 25 fev. 1995, Ilustrada, p. 5-6; 3 mai. 1995, Brasil, p. 1-8; 20 jun. 1996, Brasil, p. 1-6; 22 jun. 1996, Brasil, p. 1-10; Cardoso, Fernando Henrique. *Folha de S. Paulo*, 2 jan. 1995, p. Especial — 12; 18 mar. 1995, Brasil, p. 1-5; 25 mar. 1995, Brasil, p. 1-5; 1º abr. 1995, Brasil, p. 1-6; Sulzbach, Maria Helena Mallmann. *Folha de S. Paulo*, 21 jun. 1996, p. 1-3; Weffort, Francisco C. *O Estado de S. Paulo*, 18 fev. 1997, Espaço Aberto, p. A2; Cardoso, Fernando Henrique. *O Estado de S. Paulo*, 20 mar. 1997, Cidades, C-8; Antunes, Ricardo, cit., 2004, p. 38; negritos meus.

26. Vieira, Evaldo A. *Poder político e resistência cultural*, 1998, p. 30-1; Coelho, Marcelo. *Folha de S. Paulo*, 27 jan. 1995, Ilustrada, p. 5-9; Costa, Lúcia Cortes da. *Os impasses do Estado capitalista*, 2006, p. 181; cf. *Folha de S. Paulo*, 22 jan. 1995, Brasil, p. 1-6; 20 jun. 1995, Opinião, p. 1-3; 16 jul. 1995, Brasil, p. 1-13; 6 ago. 1995, Brasil, p. 1-10; 16 ago. 1995, Brasil, p. 1-8; 31 mar. 1996, p. 1-2; 17 mai. 1996, Brasil, p. 1-6; 3 mar. 1997, Opinião, p. 1-2; 16 mai. 1997, Brasil, p. 1-14, 1-16; 18 out. 1997, Brasil, p. 1-4; 7 dez. 1997, Brasil, p. 1-10; 20 set. 1998, Especial — Eleições, p. 7; negritos meus.

27. Cf. Cardoso, again? *The Economist*, october 12th 1996, p. 46; Cony, Carlos Heitor. *Folha de S. Paulo*, 25 mai. 1997, p.1-2; *Folha de S. Paulo*, 19 mai. 1996, Brasil, p. 1-8; 29 jan. 1997, Reeleição, p. 15; 2 set. 1997, Brasil, p. 1-7; 3 out. 1998, Constituição, Especial p. 1; *O Estado de S. Paulo*, 23 mai. 1997, p. A4; 8 out. 1998, Sucessão, p. A-17; negritos meus.

28. Cf. *Justiça Eleitoral* — Eleições 1998 — Consulta de Resultados Eleitorais, Resultado da Eleição, Brasil, última atualização em 15/12/2005, consulta em 05/09/2013, às 18:28:08; cf. *Folha de S.Paulo*, 15 out.. 1997, Brasil, p. 1-14; 19 jul. 1998, Brasil, p. 1-13; 11 ago. 1998, Brasil, p. 1-8; 16 ago. 1998, Brasil, p. 1-13, 1-14; 23 ago. 1998, Especial — Eleições, p.12; 20 set. 1998, Especial — Eleições, p. 8; 7 out. 1998, Especial — Eleições, p.7-8; 9 out. 1998, Especial — Eleições, p. 8; 20 fev. 1999, Brasil, p. 1-5; 6 ago. 2000, Brasil, p. A11; 3 out. 2000, Eleições, p. A9; cf. *O Estado de S. Paulo*, 8 out. 1998, Política, p. A8; 11 mai. 1999, Política, p. A4; 9 nov. 2001, Política, p. A4; *Jornal da Tarde*, de *O Estado de S. Paulo*, 23 jan. 2002, Cidade, Caderno A, p. 5; *Veja*, 6 set. 1995, Economia e Negócios, p. 90-92; negritos meus.

29. Cf. *Folha de S. Paulo,* 2 jan. 1999, Discurso de Posse, p.1-9; 6 fev. 1999, Brasil, p. 1-4, 1-5; 5 mar. 1999, Brasil, p.1-8; 16 mai. 1999, Brasil, p. 1-5; 25 mai. 1999, Brasil, Segredos do Poder, p. 1-5, 1-6, 1-11, 1-12, 1-13, 1-14; 26 mai. 1999, Brasil, Segredos do Poder, p. 1-4, 1-9, 1-10; 20 jun. 1999, Brasil, p. 1-12; 20 jul. 1999, Brasil, p. 1-4; 25 ago. 1999, Brasil, p. 1-8; 2 dez. 1999, Brasil, p. 1-5; 23 abr. 2000, Brasil, p. 1-2, 1-4, 1-10; 21 mai. 2000, Brasil, p. A4; 13 ago. 2000, Brasil, p. A10; 14 set. 2000, Brasil, p. A8; 12 mai, 2001, Brasil, p.A6; 13 mai. 2001, Editoriais, p. A2; 19 mai. 2001, Brasil, p. A5; 24 mai. 2001, Brasil, p. A4, B1; 4 jul. 2001, Editoriais, p. A2; Freitas, Jânio. *Folha de S. Paulo*, 25 jul. 2000, Brasil, p.A5; *O Globo*, 9 abr. 1999, 2. ed., O País, p. 5; *Jornal do Brasil*, 8 set. 2000, Brasil, p. 5; *Jornal da Tarde*, de *O Estado de S.Paulo*, 10 abr. 2002, Caderno A, Economia, p. 18; negritos meus.

30. Maxwell, Kenneth. Das caravelas ao Carnaval. *Times Magazine*, s/d, Perspectiva, p. 14; Arias, Juan. *El País*, 4 abr. 2001, Internacional, p. 8; Weis, Luiz. *Jornal da Tarde, de O Estado de S. Paulo*, 13 jul. 2002, Caderno A-2; cf. *Jornal do Brasil*, Opinião do Leitor, 2 fev. 2001, p. 8; *Folha de S.Paulo*, 3 abr. 2001, Brasil, p. A2, A4; 1 jun. 2001, Brasil, p. A9; negritos meus.

31. Cf. *O Estado de S. Paulo*, 7 fev. 1993, Economia, p. 5; 17 fev. 1993, Economia, p. 6; 18 mar. 1993, Economia, p. 7; 23 mar. 1993, Economia, p. 3; 9 mai. 1993, Especial, p. 1; 22 mai. 1993, Economia, p. 5; 15 jun. 1993, Economia, p. 18; 3 jul. 1993, Economia, p. 6; 5 ago. 1993, Economia, p. 1; 7 nov. 1993, Economia, p. B3; 31 dez. 1993, Finanças, p. B5; *Folha de S.Paulo*, 27 set. 1993, Brasil, p. 1-7; negritos meus.

32. Cf. *O Estado de S. Paulo*, 9 jan. 1993, Economia, p. 8; 29 jan. 1993, Política, p. 5; *Folha de S.Paulo*, 5 mai. 1993, Brasil, p. 1-7; Franco, Itamar, *Folha de S.Paulo*, 31 dez. 1992, Brasil, p. 1-6; Haddad, Paulo, *O Estado de S. Paulo*, 9 jan. 1993, Economia, p. 8; Franco, Itamar, *O Estado de S. Paulo*, 14 fev. 1993, Economia, p. 5; Freitas, Jânio de. *Folha de S. Paulo*, 2 mar. 1993, Brasil, p. 1-5; Crusius, Yeda, *O Estado de S. Paulo*, 22 mar. 1993, Economia, p. 4; Franco, Itamar, *O Estado de S. Paulo*, 25 abr. 1993, Economia, p. 6; Franco, Itamar, 15 jun. 1993, Economia, p. 19; Franco, Itamar, *O Estado de S. Paulo*, 16 jul. 1993, Política, p. 4; Franco, Itamar. *O Estado de S. Paulo*, 27 jul. 1993, Economia, p. 3; negritos meus.

A REPÚBLICA BRASILEIRA — 1951–2010   683

33. Cf. *O Estado de S. Paulo*, 21 fev. 1993, Economia, p. 1 e 4; 20 abr., 1993,
Notas e Informações, p. 3; 25 abr. 1993, primeira página, Suas Contas,
p. 3 de Economia; 21 mai. 1993, primeira página; 8 dez. 1993, Economia,
p. B3; cf. *Folha de S. Paulo*, 29 jul. 1993, Brasil, p. 1-10; 5 out. 1992, Brasil,
p. 1-6; 25 out. 1992, Brasil, p. 1-10; 27 nov. 1993, Brasil, p. 1-6; 28 nov.
1993, Brasil, p. 1-7; 1 mar. 1994, Plano FHC, p. A-1; negritos meus.

34. Sarney, José, *Folha de S. Paulo*, 7 fev. 1997, p. 1-2; 31 jul. 1998, p. 1-2;
5 dez. 1997, p. 1-2; Biondi, Aloysio. *Folha de S. Paulo*, 17 out. 1996, p. 2-2;
cf. *Folha de S. Paulo*; 13 set. 1995, Brasil, p. 1-13; 21 jul. 1996, Opinião
Econômica, p. 2-2; 7 fev. 1997, p. 2-2; 13 abr. 1997, Dinheiro, p. 2-1; 1 mai.
1997, Brasil, p. 1-7; 9 jul. 1997, p. 1-3; 21 mar. 1998, Opinião, p. 1-2; 1 jul.
1998, Brasil, p. 1-7; *Estado de Minas*, 17 ago. 1997, Economia, p. 7; *O Estado de S. Paulo*, 23 mai. 1997, Economia, B3; *El Mercúrio*, 23 jul. 1997,
Economia e Negócios, p. B1, B2; *Clarin*, 4 set. 1997, A contas brasileiras,
p. 21; negritos meus.

35. Cf. *Folha de S. Paulo*, 17 ago. 1995, Brasil, p. 1-11; 31 mai. 1996, Brasil,
p. 1-4; 14 jun. 1996, Opinião, p. 1-2; 6 jul. 1996, Opinião, p. 1-2; 9 ago. 1996,
Dinheiro, p. 2-3; 25 ago. 1996, Contas Públicas, p. 1-15; 7 dez. 1996,
Opinião, p. 1-2; 29 nov. 1997, Brasil, p. 1-14; 18 fev. 1998, Trabalho, p. 2-8;
19 fev. 1998, Brasil, p. 1-13; 27 fev. 1998, Brasil, p. 1-4; 28 jul. 1998, Dinheiro, p. 2-12; 21 mai. 1999, Brasil, p. 1-4; 16 nov. 2001, Brasil, p. A4;
6 out. 2002, Brasil, p. A4; 16 out. 2002, Brasil, p. A6; *O Estado de S.
Paulo*, 4 abr. 1998, Economia, p. B1; 30 nov. 1998, Economia, p. B1; *Jornal do Brasil*, 10 mar. 1996, Negócios e Finanças, p. 1; *Diário Popular*, 25
jul. 2001, Trabalho, p. 11; negritos meus.

36. Cardoso, Fernando Henrique. *O Estado de S. Paulo*, 11 fev. 1995, Política,
p. A7; *Folha de S.Paulo*, 12 fev. 1997, Brasil, p. 1-5; *Folha de S.Paulo*,
11 set. 1998, Dinheiro, p. 2-3; *Folha de S. Paulo*, 24 set. 1998, p. 1-6; *O
Estado de S. Paulo*, 17 dez. 1998, Economia, p. B19; cf. *Folha de S. Paulo*,
12 out. 1996, Brasil, p. 1-5; 11 nov. 1997, Dinheiro, p. 2-1; 29 nov. 1997,
Dinheiro, p. 2-3; 14 nov. 1998, Dinheiro, p. 2-1, 2-14; cf. *Jornal do Brasil*,
11 nov. 1997, primeira página e Economia, p. 1; negritos meus.

37. Cf. *O Estado de S. Paulo*, 28 jun. 1996, Economia, p. B9; 1 nov. 1997,
Economia & Negócios, p. B1; 30 nov. 1997, Economia, p. 1-20 14 jul. 1998,

Política, p. A-6; 8 jan. 1999, Economia, p. B1; *Folha de S. Paulo*, 21 mai. 1995, Brasil, p. 1-16; 25 abr. 1996, Dinheiro, p. 2-7; 30 nov. 1997, Economia, p. 1-20; 8 ago. 1998, Dinheiro, p. 2-2; 11 set. 1998, Dinheiro, p. 2-7; 20 out. 1998, Dinheiro, p. 2-4; 14 jan. 1999, Especial, p. 1, 3; 5 dez. 1999, Brasil, p. 1-14; 7 dez. 2002, Dinheiro, p. B5; Rockfeller, David. *Folha de S.Paulo*, 3 set. 1999, Dois Brasis, p. 2-5; *Veja*, 23 mai. 2001, Brasil, p. 38-45; *O Globo*, 4 ago. 2001, Economia, p. 25; Soros, George. *O Globo*, 28 jun. 2002, Economia, p. 23; negritos meus.

38. Cf. *Folha de S. Paulo*, 21 fev. 1999, Dinheiro, p. 2-6; 28 fev. 1999, Brasil, p. 1-11; 20 ago. 1999, Pós-Privatização, Especial, p. 1; negritos meus.

39. Cf. *Folha de S. Paulo*, 2 fev. 1993, Opinião, p. 1-2; 5 abr. 1996, Brasil, p. 1-8; 15 out. 1996, Brasil, p. 1-10; 1 mar. 1998, Brasil, p. 1-8; 2 abr. 2000, Brasil, p. 1-11; 29 abr. 2000, Vale, p. 3-4; 11 out. 2000, Editoriais, p. A-2; 24 dez. 2000, Brasil, p. A-10; Netto, José Paulo. *"O materialismo histórico como instrumento de análise das políticas sociais"*, 2003, p. 15-16; *Pasquim*, s/, Entrevista com Dom Mauro Morelli; *Jornal do Brasil*, 8 set. 2000, Política, p. 3; *Diário de S. Paulo*, 19 dez. 2001, Brasil, p. A13; *O Estado de S. Paulo*, 9 mai. 2000, Economia, p. B5; *Gazeta Mercantil*, 15 abr. 2002, Nacional, p. A-4; *Diário Popular*, 26 jun. 2001, Política, p. 8; Fonseca, Eduardo Giannetti da. *Folha de S. Paulo*, 30 jan. 1994, Finanças, p. 2-6.

40. Vieira, Evaldo. Reforma do Estado e educação. In: Bicudo, Maria Aparecida Viggiani & Silva Júnior, Celestino Alves da (orgs.). *Formação do educador e avaliação educacional*, 1999, p. 263-9; Tragtenberg, Maurício. *Educação e burocracia*, 2012, p. 13, 19, 316; Fernandes, Anníbal. *Jornal do Advogado*, 206/1996; Martins, Sérgio Pinto. *Jornal da USP*, 24-30/03/2003; Genoino, José. *O Estado de S. Paulo*, 26 abr. 2003; Marques, Rosa Maria. *Jornal da PUC*, ago. 2003; cf. *Folha de S. Paulo*, 19 mar. 1995; *O Estado de S. Paulo*, 30 dez. 2004, 22 mai. 2005, 28 set. 2005; negritos meus.

41. Cf. *Folha de S.Paulo*, 3 abr. 1996, Brasil, p. 1-5; 30 abr. 1996, Opinião, p. 1-2; negritos meus.

Capítulo IX

Luiz Inácio Lula da Silva e o Partido dos Trabalhadores (PT)

Uma brasileira indignada desabafa no jornal *O Estado de S. Paulo*:

> Mas preciso reclamar: dos **motoristas** que não sei se são distraídos, mal-educados ou simplesmente **burros** (...); dos **políticos** *(75% deles, sou generosa)* que, pós-CPMF, tentam nos fazer engolir uma CSS que, sabemos todos, jamais será aplicada na compra de esparadrapo ou de uma aspirina, (...); na insistência em não **educar o povo**, para manter os currais eleitorais; nas maracutaias dos **sindicalistas**; nas desculpas da **Telefônica e telefonia celular, Eletropaulo, tevês a cabo, Sabesp, CET e outras empresas, que afirmam que o serviço "consta como feito" quando sabemos que não o foi**; das fraudes do Detran (e recursos indeferidos, multas descabidas e roubalheiras); da **falta de educação**, informação e preparo das pessoas que nos atendem nos telefones dos serviços públicos, esquecendo que somos nós que pagamos os seus salários — e que polidez (ainda) não paga imposto; dos **postos de saúde** (generalizo, que os há bons), que nos recebem como se estivessem nos fazendo um favor, quando também somos nós que os pagamos; dos **planos de saúde**, que nos cobram os olhos da cara para, na hora de maior necessidade, avisar que "uma cláusula do contrato" não

*nos dá direito a cobertura; e das **empresas aéreas**, que cancelam voos sem prévio aviso, nos fazendo perder compromissos e ainda por cima somem com a nossa bagagem.*[1]

Muito se tem indagado sobre a etiologia dessa síndrome geral da vida política e social no Brasil, síndrome secular, mas cada vez mais sofisticada, ameaçadora, vasta e calamitosa, cujas pequenas sequelas estão descritas no desabafo anterior, da brasileira indignada. Eis os ares predominantes no país, em pleno segundo governo Lula.

Possivelmente a caricatura de Angeli acerca do "dinheiro público" venha a contribuir com os demais pesquisadores dessa síndrome geral da vida política e social, que reduz o brasileiro, ao mesmo tempo, a um bufão numa farsa e a um trágico numa comédia:[2]

Escrevi um artigo denominado "As eleições de 2002 e a vontade popular", publicado neste mesmo ano. Exponho um ponto de vista sobre essas eleições.[3]

As eleições de outubro de 2002 fertilizaram as esperanças de milhões de brasileiros, de várias classes sociais.

Porém é indispensável assinalar que as enormes deformações da representação política continuaram mais presentes do que nunca. Falava-se de partidos de esquerda, de centro e de direita, sem explicar o que era isso, sem qualquer sentido. Quanto ao voto obrigatório, durante essas eleições, quase não se lembrou de que ele, no Brasil, se resume num fruto contaminado pelo autoritarismo e pelo corporativismo desde o princípio. E o voto obrigatório mais uma vez oprimiu a cabeça do brasileiro que tem demonstrado, de modo geral, ojeriza pelos chamados "políticos", tanto os que "vivem para a política" como os que "vivem da política" (para recordar a tipologia de Max Weber).

A REPÚBLICA BRASILEIRA — 1951–2010

Olhando as eleições de 2002, era possível observar muitas permanências: Paulo Maluf, Fernando Collor e Orestes Quércia perderam, mas Antônio Carlos Magalhães regressou ao Senado, com seu filho como suplente, e seu neto, Antônio Carlos Magalhães, elegeu-se deputado federal. Roseana Sarney tornou-se senadora. Jader Barbalho retornou à Câmara dos Deputados e elegeu um filho como deputado estadual.

Dentre os senadores eleitos, Antônio Carlos Magalhães obteve em torno de 2.995.559 votos; Roseana Sarney em torno 1.314.524 votos; Marco Maciel em torno de 1.799.895 votos; Tasso Jereissati em torno de 1.915.781 votos; Garibaldi Filho em torno de 714.363 votos. Para a Câmara dos Deputados, ganharam os candidatos: Antônio Carlos Magalhães Neto com aproximadamente 400.275 votos; José Roberto Arruda com aproximadamente 320.692 votos; Sarney Filho com aproximadamente 111.479 votos; Jader Barbalho com aproximadamente 344.018 votos.

*

À campanha para a presidência e a vice-presidência da República em 2002 apresentaram-se quatro principais candidatos: Luiz Inácio Lula da Silva (PT — Partido dos Trabalhadores), José Serra (PSDB — Partido da Social Democracia Brasileira), Ciro Gomes (PPS — Partido Popular Socialista) e Anthony Garotinho (PSB — Partido Socialista Brasileiro).

Os candidatos à presidência da República deram continuidade ao predomínio dos assuntos econômico-financeiros, de igual modo como vinha sucedendo no governo de Fernando Henrique Cardoso. Eram debatidos o superávit primário, o sistema de metas de inflação e a autonomia do Banco Central, praticamente ganhando tanta relevância quanto os problemas de todos os dias: segurança pública, saúde e educação. O temor da classe dominante, na escolha do sucessor de FHC, assumiu tais proporções que se passou a testar nomes de possíveis presidenciáveis, até do apresentador de televisão e empresário Sílvio Santos, um vendedor de alegrias e objetos.

Em pesquisa CNT/Sensus, simulou-se a participação de Sílvio Santos na condição de presidenciável, colocando-se ele no segundo lugar, com 17,8% de preferências, depois de Lula, tirando votos de todos os concorrentes e fazendo ver que, sem o animador televisivo, Lula pulava de 32,1% a 37,9%. Tendo conhecimento de que o banco de investimento Morgan Stanley rebaixara a dívida brasileira no Exterior, devido à possibilidade de vitória eleitoral do Partido dos Trabalhadores (PT), o candidato Luiz Inácio Lula da Silva condenou-o:

> O País é muito grande e tem capacidade extraordinária de crescimento. Essas instituições que eu nem conheço deveriam ter mais respeito pelo Brasil.
> (...) A impressão é que elas funcionam como eleitores de algum candidato que não do PT. (...) Respeito é bom e nós gostamos.

O próprio candidato do governo FHC, José Serra, isentava-se do papel que o Morgan Stanley lhe impusera, afirmando:

> [o Morgan Stanley] foi contaminado pelo "pesquisimo". O Morgan Stanley já cometeu muitos equívocos. (...) É muito cedo [para pesquisas]. Essa flutuação é normal.

A interferência das agências internacionais na campanha eleitoral de 2002 mostrou-se impetuosa. Dizia um "estrategista" de investimentos da Merril Lynch, denotando as garras do capitalismo financeiro internacional:

> Não deveremos ver esta semana resultados de pesquisas que agradem ao mercado com o candidato do governo (Serra) mais competitivo na corrida presidencial.

A REPÚBLICA BRASILEIRA — 1951–2010

O megaespeculador mundial (ou megainvestidor, como dizem correntemente), George Soros, dizia que os brasileiros estavam condenados a eleger José Serra ou mergulhar no caos, por ser a "profecia que se autocumpre". Ajuntava também o raciocínio seguinte: o capitalismo "global" não inviabilizaria o Brasil, que ele chamava de "o melhor aluno" do modelo econômico hegemônico.

Por outro lado, a Federação das Indústrias do Estado de São Paulo (Fiesp) sugeria um "pacto consensual" entre os quatro candidatos à presidência da República e o sistema financeiro, afiançando que "não haverá ruptura nos contratos, compromissos com as questões da inflação, da responsabilidade fiscal e com a busca do superávit primário", a fim de abrandar a crise e transitar com tranquilidade ao próximo governo, a ser eleito. O próprio ex-presidente José Sarney explicava seu apoio ao candidato do Partido dos Trabalhadores (PT), Luiz Inácio Lula da Silva, advertindo que ele poderia ser "uma fonte de estabilidade" e indicando que os setores conservadores e oligárquicos já o acolhiam:

> O Lula hoje é um homem vivido, amadurecido, conhecedor dos problemas e sabe que governar é governar com critérios. Ele hoje pode se constituir numa fonte de estabilidade. (...) Os banqueiros são mais objetivos que nós, políticos. Se o Lula apontar para um governo de estabilidade, serão os primeiros a investir. (...) O Brasil tem uma estrutura administrativa e econômica que qualquer presidente terá de administrar com realidade e não suposições. Temos condições de não ter medo do futuro.

Os candidatos foram recebidos pelo presidente da República, Fernando Henrique Cardoso, que lhes narrou os pormenores do acordo com o Fundo Monetário Internacional (FMI).

Comentando o instante vivido pelo país, Luis Fernando Verissimo interpretou com limpidez:

> Qual é exatamente o "caos" que viria com a eleição do Lula? Crise financeira, estagnação econômica, desemprego, um clima social explo-

sivo? Isso tudo já tem. Essa é a normalidade ameaçada. Até o pior efeito previsto de uma mudança de modelo, a fuga do capital especulativo, já começou, e o que o espantou não foi a cara feia do Lula, mas o reconhecimento de que esse modelo não se sustenta.

Relativamente a Luiz Inácio Lula da Silva e à futura atuação do Partido dos Trabalhadores (PT), **é imprescindível ter presente a extensa nota divulgada pelo candidato após o encontro com o presidente:**

> "Como já havíamos expresso na **Carta ao Povo Brasileiro**, (...) ocasião em que firmamos o compromisso de honrar contratos e controlar a inflação, com o rigor fiscal necessário, estamos conscientes da gravidade da situação (...)
>
> Quero reiterar a V. Exa. (...) o que afirmamos naquele dia: se vencermos as eleições começaremos a mudar a política econômica no primeiro dia. Tal compromisso é sagrado. No entanto, diante das turbulências financeiras das últimas semanas torna-se necessário agir de imediato. Não é possível esperar até que o próximo presidente tome posse, em 1º de janeiro de 2003...

As pesquisas Datafolha citavam a liderança de Lula nos dias mais próximos e no dia mesmo da eleição de 2002, para a presidência da República. Noticiou-se que no primeiro turno do pleito os governos estaduais e o candidato presidencial evidenciavam avanço político das "esquerdas", oposição ao governo de Fernando Henrique Cardoso. O candidato do Partido dos Trabalhadores (PT) foi o mais votado em 24 das 27 unidades da Federação brasileira, perdendo no Rio de Janeiro para Anthony Garotinho, em Alagoas para José Serra e no Ceará para Ciro Gomes.

Ao menos em novos parlamentares, o Congresso Nacional renovou-se, mais na Câmara Federal do que no Senado Federal. A taxa de renovação da Câmara dos Deputados ficou em torno de 46,8%, com base nos resultados oficiais da apuração dos votos. Já no Senado, ocorreu a renovação de 75% das 54 vagas em disputa, porém no total a taxa de renovação estava em pouco menos de 50%.

O jornal *Folha de S. Paulo* de 9 de outubro de 2002 exibiu um caso típico, que alargava o conhecimento do atraso político do Brasil. Dizia o diário:

> Há 40 anos um gabinete da Câmara é ocupado por membros de uma mesma família do Rio Grande do Norte — só muda o prenome. É o gabinete **"dos Rosado"**.

O influente jornal norte-americano *The New York Times* publicou editorial em 10 de outubro de 2002, intitulado "Uma mensagem de descontentamento do Brasil", confrontando o candidato presidencial Luiz Inácio Lula da Silva com o candidato José Serra. Sobre Lula, o jornal julgava-o "carismático", ao acrescentar:

> (...) um democrata empenhado e que levou décadas construindo um partido político nacional.
>
> (...) Washington precisa prestar atenção à mensagem dada pelos eleitores brasileiros no domingo: para que as reformas de livre mercado prevaleçam na América Latina, mais esforço tem de ser feito para estender seus benefícios de uma pequena elite para as dezenas de milhões atraídas por Luiz Inácio Lula da Silva.
>
> (...) O Brasil é uma terra de grandes desigualdades, que o próximo presidente terá de despender mais esforços para combater. Um abandono radical das ortodoxias econômicas, no entanto, tem o risco de afugentar investidores...

Aludindo a Serra, *The New York Times* aduzia as razões da derrota eleitoral, ainda que elogiando Fernando Henrique Cardoso. Ao tratar da campanha presidencial, o jornal dizia que ela foi

> afundada pelo atual desempenho econômico medíocre do Brasil e por seu estilo duro.[4]

A campanha presidencial de 2002 não apresentou surpresa. As conversas nas ruas do país davam sinal de exaustão e de desilusão com os discursos, promessas e medidas de política econômico-financeira e de política social, justificadas quase sempre de forma arrogante e tecnocrática pelos membros do governo cardosista. Não era mesmo possível criar condições semelhantes àquelas que permitiram as vitórias presidenciais de FHC. A rejeição da maioria dos eleitores já não podia ser superada ou vencida pelo entusiasmo das elites proprietárias, grandes, médias ou pequenas.

Luiz Inácio Lula da Silva, candidato do PT, foi eleito presidente da República, em 27 de outubro de 2002, depois de três derrotas sucessivas. Assim, o chefe do governo federal era pela primeira vez um operário, sem formação universitária, líder do Partido dos Trabalhadores, que se identificava como de esquerda. Com a apuração praticamente concluída do segundo turno, Lula obtivera 61,4% dos válidos (correspondente a mais de 52 milhões de votos), e José Serra, candidato do PSDB, chegara a 38,6% (correspondente a 32,8 milhões de votos). Porém o resultado final da eleição presidencial acabou sendo: Lula, com 57,59% dos votos e Serra com 36,41% deles.

O presidente eleito, Luiz Inácio Lula da Silva (PT), desde o primeiro momento, repetiu uma de suas preferidas contradições: a exigência de pagar "uma dívida social histórica" com a maior parte da população brasileira e o cumprimento dos compromissos econômicos firmados pelo governo de Fernando Henrique Cardoso. Esta era mais uma das contradições aceitas por Lula na *Carta ao Povo Brasileiro*, assinada antes das eleições de 2002.

Grosso modo, o presidente eleito esforçou-se por conciliar as reivindicações sociais presentes em sua candidatura com as expectativas e pavores do mercado econômico, representado sobretudo por investidores e empresários. Para demonstrar tais expectativas e pavores, não precisou mais do que a afirmação do secretário do Tesouro dos Estados Unidos da América, Paul O'Neill:

A REPÚBLICA BRASILEIRA — 1951–2010

> [As palavras de Lula] devem assegurar a eles [ao mercado] que não é um louco.

Nas declarações públicas após sua eleição, antes da posse como presidente da República, Lula marcou prioridades governamentais.

Durante a criação do Conselho de Desenvolvimento Econômico e Social, fórum multilateral destinado a tentar a celebração do pacto social, disse ele em 28 de outubro de 2002:

> A nossa vitória significa a escolha de um projeto alternativo e o início de um novo ciclo histórico para o Brasil. (...) Se ao final do meu mandato, cada brasileiro puder se alimentar três vezes ao dia, terei realizado a missão de minha vida. (...) Como disse ao lançar meu programa de governo, gerar empregos será minha obsessão.

Em 10 de dezembro de 2002, após conversa com o presidente norte-americano, George W. Bush, o futuro presidente brasileiro comentou em Washington:

> Estou convencido de que as relações brasileiras com o mundo têm de ser mais ousadas, não só do ponto de vista comercial, que nos interessa muito, mas do ponto de vista cultural e político. Eu disse ao presidente Bush que o governo brasileiro tem interesse em aprofundar sua relação com os EUA, mas com toda a América do Sul. O Brasil pode contribuir não só para o desenvolvimento da América do Sul, para a manutenção da paz e no combate ao narcotráfico, mas sobretudo para tentar diminuir a miséria do nosso continente.
>
> (...) [que] é favorável a uma verdadeira integração, mas não pode deixar de reconhecer que há uma situação de nítida desigualdade entre o norte e o sul das Américas [e que] essas assimetrias precisam ser corrigidas por novas práticas comerciais e por políticas de apoio ao desenvolvimento dos países mais pobres.

(...) Para crescer, o Brasil precisa aumentar o volume de seu comércio exterior e a ALCA (Área de Livre Comércio das Américas), para nós, pode representar uma verdadeira abertura do mercado dos Estados Unidos e do Canadá.

Para isso, trabalharemos para eliminar os subsídios, as barreiras tarifárias e não tarifárias, especialmente no setor agrícola.

Igualmente antes da sua posse, Luiz Inácio Lula da Silva anunciou projetos na primeira manifestação oficial:

1) Secretaria Nacional de Emergência Social, com a finalidade de centralizar políticas e recursos para o combate à fome;

2) Conselho de Desenvolvimento Socioeconômico, composto de empresários, sindicalistas, produtores rurais, banqueiros e economistas.

Ademais, se propunha o presidente eleito a instituir a Secretaria Nacional de Mulheres, a Secretaria de Combate ao Racismo, a Secretaria de Estímulo à Exportação, a Secretaria de Segurança Pública, o Ministério da Cidade e o Ministério da Agricultura e Reforma Agrária.

A posse de Luiz Inácio Lula da Silva

No dia 1º de janeiro de 2003, Luiz Inácio Lula da Silva assumiu a presidência com grande esperança dos brasileiros, pois 76% tinham expectativa de bom desempenho dele. Pela primeira vez, desde 1961, um presidente eleito diretamente pela população passou a faixa presidencial a outro presidente, escolhidos em iguais condições. No mesmo dia, 27 governadores igualmente tomaram posse nos Estados.

O ministério do presidente Luiz Inácio Lula da Silva formou-se de partidários do Partido dos Trabalhadores (PT), do Partido Popular Socialista (PPS), do Partido Verde (PV), do Partido Comunista do

Brasil (PC do B), do Partido da Social Democracia Brasileira (PSDB), do Partido Liberal (PL), do Partido Democrático Trabalhista (PDT), Partido Socialista Brasileiro (PSB), Partido Trabalhista Brasileiro (PTB) e de independentes.

O primeiro ministério do governo Lula compôs-se principalmente, **na área econômica**, de Antônio Palocci Filho (Fazenda), de Henrique Meirelles (Banco Central), Guido Mantega (Planejamento), Luiz Fernando Furlan (Desenvolvimento, Indústria e Comércio), Dilma Rousseff (Minas e Energia), Anderson Adauto (Transportes), Miro Teixeira (Comunicações), Roberto Rodrigues (Agricultura, Pecuária e Abastecimento), etc. **Na área política**, achavam-se José Dirceu (Casa Civil), Luiz Gushiken (Comunicação de Governo), Luiz Dulci (Secretaria Geral), Márcio Thomaz Bastos (Justiça), Celso Amorim (Relações Exteriores), Ciro Gomes (Integração Nacional), José Viegas (Defesa), Waldir Pires (Corregedoria Geral da União), general Jorge Armando Félix (Segurança Institucional) etc. **A área social, presumivelmente a mais destacada do governo lulista**, foi constituída por José Graziano da Silva (Segurança Alimentar e Combate à Fome), Cristovam Buarque (Educação), Humberto Costa (Saúde), Jacques Wagner (Trabalho), Ricardo Berzoini (Previdência e Assistência Social), Olívio Dutra (Cidades), Benedita da Silva (Assistência e Promoção Social), Tarso Genro (Secretaria de Desenvolvimento Econômico e Social), Nilmário Miranda (Secretaria Nacional dos Direitos Humanos), Emília Fernandes (Direitos da Mulher), Marina Silva (Meio Ambiente) etc.

Se contarmos também os "etc.", não são poucos os primeiros e os posteriores participantes do governo Lula. Uma composição resultante da soma de políticos, técnicos, funcionários públicos e sindicalistas, aliás com intensa racionalidade da burocracia sindical. Em sua posse no cargo de presidente da República, Lula disse que queria contar com a população brasileira, pelas seguintes palavras: "Com muita humildade, eu não vacilarei em pedir para que vocês me ajudem a governar, porque a responsabilidade não é apenas minha." Perante o Congresso Nacional, em seu primeiro discurso de presidente da República, Luiz Inácio Lula da Silva proclamou:

Mudança. Esta é a palavra-chave, esta foi a grande mensagem da sociedade brasileira nas eleições de outubro... (...) Foi para isso que o povo brasileiro me elegeu presidente da República: para mudar. Este foi o sentido de cada voto dado a mim e ao meu bravo companheiro, José de Alencar.

(...) Enquanto houver um irmão brasileiro ou uma irmã brasileira passando fome, teremos motivos de sobra para nos cobrir de vergonha. Por isso defini entre as prioridades de meu governo o programa de segurança alimentar que leva o nome de Fome Zero. (...) A reforma agrária será feita em terras ociosas, nos milhões de hectares hoje disponíveis para a chegada de famílias e de sementes que brotarão viçosas com linhas de crédito e assistência técnica e científica. Faremos isso sem afetar de modo algum as terras que produzem, porque as terras produtivas se justificam por si mesmas e serão estimuladas a produzir sempre mais,...

(...) Já disse e repito, criar empregos será a minha obsessão. Vamos dar ênfase especial ao Projeto Primeiro Emprego, voltado para criar oportunidades aos jovens que hoje encontram tremenda dificuldade em inserir-se no mercado de trabalho. (...) O pacto social será igualmente decisivo para viabilizar as reformas que a sociedade brasileira reclama e que eu me comprometi a fazer. A reforma da Previdência, reforma tributária, reforma política e da legislação trabalhista, além da própria reforma agrária.

(...) O empresariado, os partidos políticos, as Forças Armadas e os trabalhadores estão unidos. (...) O combate à corrupção e a defesa da ética no trato da coisa pública serão objetivos centrais e permanentes do meu governo. É preciso enfrentar com determinação — e derrotar — a verdadeira cultura da impunidade que prevalece em certos setores da vida brasileira.

(...) Apoiaremos os arranjos institucionais necessários para que possa florescer uma verdadeira identidade do Mercosul e da América do Sul. ... Inicio este mandato com a firme decisão de colocar o governo federal, em parceria com os Estados, a serviço de uma política de segurança pública muito mais vigorosa e eficiente. Uma política que, combinada com ações de saúde, educação, entre outras, seja capaz de prevenir a

Presidente LUIZ INÁCIO LULA DA SILVA

Na foto, Lula com boné e bola pertencentes a um movimento de trabalhadores. Luiz Inácio Lula da Silva, ex-sindicalista, foi eleito deputado federal e membro da Assembleia Nacional Constituinte de 1987 com a maior votação da época. Elegeu-se presidente da República por dois mandatos, tomando posse em 01/01/2003 e devendo governar até 01/01/2011. Em seu primeiro mandato, pôs em prática uma Reforma da Previdência, fixando contribuição sobre os rendimentos dos aposentados e maior regulação do sistema previdenciário do país. De modo geral, apesar da oposição, o governo de Lula melhorou em muito a estabilidade econômico-financeira, a balança comercial (com saldo positivo) e o número de empregos. Por conseguinte, reduziu o desemprego, o controle monetário e a inflação. No campo social, a gestão de Lula iniciou a transferência de renda por intermédio do Fome Zero, do Bolsa-Família e também do crescimento do salário mínimo acima da inflação. Lançou o Plano de Desenvolvimento da Educação (PDE) e o Programa de Aceleração do Crescimento (PAC). Durante seu governo, têm sido apresentadas inúmeras acusações de corrupção e de falta de cumprimento dos deveres impostos pelo cargo público (prevaricação), das quais a mais notória foi o Mensalão, que funcionou com a compra de votos de parlamentares para aprovar projetos governamentais ou partidários. Em setembro de 2008, o governo de Lula obtinha 64% de avaliação ótimo e bom, enquanto ele próprio alcançava avaliação superior a esta, com bom prestígio nacional e internacional. A crise econômica mundial em janeiro de 2009 apontava a balança comercial negativa, o que não ocorria desde janeiro de 2001.

violência, reprimir a criminalidade e restabelecer a segurança dos cidadãos e cidadãs.

Na realidade, Lula se fez acompanhar de velhos companheiros sindicalistas para conduzir o governo. Nas várias posições governamentais, é possível descobrir velhos companheiros sindicalistas. De Ricardo Berzoini a Luiz Gushiken, de Antônio Pallocci a Humberto Costa, de Delúbio Soares a Sérgio Rosa, de José Eduardo Dutra a Paulo Okamoto.

Verifique a situação de alguns sindicalistas ao tempo das eleições de 2006, no governo federal:

- **Jair Meneguelli:** presidente do Conselho Nacional do Sesi (Serviço Social da Indústria); foi presidente da Central Única dos Trabalhadores (CUT);

- **Paulo Okamoto:** presidente do Sebrae (Serviço Brasileiro de Apoio às Micro e Pequenas Empresas); foi diretor do Sindicato dos Metalúrgicos do ABC;

- **Luiz Gushiken:** ex-ministro da Secretaria de Comunicação de Governo; foi rebaixado para secretário do NAE (Núcleo de Assuntos Estratégicos da Presidência); esteve na origem da CUT;

- **Oswaldo Bargas:** secretário de Relações de Trabalho do Ministério do Trabalho, à época de Ricardo Bersoini; foi sindicalista;

- **Luiz Marinho:** ministro do Trabalho; presidiu a CUT; foi sindicalista;

- **Humberto Costa:** foi ministro da Saúde; ex-dirigente sindical; candidato ao governo de Pernambuco;

- **Delúbio Soares:** integrou a CUT; foi tesoureiro do PT;

- **Ricardo Berzoini:** foi ministro do Trabalho e da Previdência Social; foi da CUT e presidente nacional do PT;

- **Antônio Palocci:** foi ministro da Fazenda; foi presidente de sindicato, ligado a CUT;

- **José Eduardo Dutra:** dirigiu a Petrobrás; foi parlamentar no Congresso Nacional;
- **Sérgio Rosa:** presidente da Previ (Caixa de Previdência dos Funcionários do Banco do Brasil); foi ex-presidente do Sindicato dos Bancários de São Paulo;
- **Jorge Lorenzetti:** diretor licenciado do Banco do Estado de Santa Catarina; integrou a coordenação de campanha de Lula.

O presidente ainda revigorava certas ideias ditas anteriormente, ligadas à política externa, à honestidade, à corrupção, à fome, à paz etc., a exemplo da entrevista em Quito, no Equador; do discurso do Fórum Social Mundial, em Porto Alegre, em 25 de janeiro de 2003; e novamente da exposição na abertura do debate geral da 58ª Assembleia Geral da Organização das Nações Unidas (ONU), em setembro do mesmo ano:

Manter as relações mais profícuas possíveis com os Estados Unidos, abrir novos espaços com a China, a Índia, a Rússia e o mundo asiático e dar uma atenção especial à América do Sul e à África.

Não podemos mais aceitar bloqueios que duram 40 anos, como o feito contra Cuba. (...) Quero fazer talvez o governo mais honesto que já houve na História deste país, o governo que tenha a mais perfeita relação com a sociedade. (...) Eu sei a esperança que os socialistas do mundo inteiro têm no sucesso do nosso governo. (...) Por causa do Fórum Social, fui convidado para ir a Davos. Quando surgiu o convite, falei: o que eu vou fazer em Davos? E aí tomei a decisão. Muita gente que está em Davos não gosta de mim, sem me conhecer. Quero fazer questão de dizer em Davos que não é possível continuar uma ordem econômica onde muitos passam dias sem comer. Dizer a eles que é preciso uma nova ordem econômica mundial, em que o resultado da riqueza seja distribuído de forma mais justa, para que os países pobres tenham a oportunidade de ser menos pobres. (...) Nós somos pobres. Parte pode ser culpa dos países ricos. Mas, parte pode ser culpa de parte da elite sul-americana, que governou de forma subserviente, praticando os casos mais absurdos de corrupção.

Não podemos fugir a nossas responsabilidades coletivas. Pode-se talvez vencer uma guerra isoladamente. Mas não se pode construir a paz duradoura sem o concurso de todos. (...) É indispensável que as decisões deste Conselho [de Segurança da ONU] gozem de legitimidade junto à Comunidade de Nações como um todo. Para isso, sua composição, em especial no que se refere aos membros permanentes, não pode ser a mesma de quando a ONU foi criada há quase 60 anos. (...) Somos, com muito orgulho, o país com a segunda maior população negra do mundo. (...) O protecionismo dos países ricos penaliza injustamente os produtores eficientes das nações em desenvolvimento. Além disso, é hoje o maior obstáculo para que o mundo possa ter uma nova época de progresso econômico e social. (...) De que vale toda essa genialidade científica e tecnológica, toda a abundância e o luxo que ela é capaz de produzir, se não a utilizamos para garantir o mais sagrado dos direitos: o direito à vida? (...) Submeto à consideração dessa Assembleia a hipótese de criar, no âmbito da própria ONU, um Comitê Mundial de Combate à Fome, integrado por chefes de Estado ou de Governo, de todos os continentes, com o fim de unificar propostas e torná-las operativas. (...)

Do ponto de vista da política brasileira, o presidente Luiz Inácio Lula da Silva tinha em mente que sua liderança e a liderança do Partido dos Trabalhadores (PT), que aglutinavam parte expressiva dos esquerdistas e progressistas do Brasil, inclusive militantes e políticos eleitos, não poderiam errar ou enganar-se. Em entrevista dada a *El País*, em 23 de maio de 2003, o chefe de governo manifestou-se sobre o resultado do fracasso:

Se meu projeto fracassa, fracassa todo o movimento de esquerdas. (...) Meu partido não mudou ideologicamente, mas agora governa para todo o país.

A REPÚBLICA BRASILEIRA — 1951–2010   701

Em igual linha de raciocínio, o presidente do Partido dos Trabalhadores (PT), em 2003, José Genoíno, apressava e insistia em encaminhar para o Congresso Nacional os projetos de reforma tributária e da previdência, centrados na equidade:

> O PT não vai ser bombeiro de servidor público, nem de sem-terra, nem de sem-teto, nem de sindicato, nem de nada. Jamais apagarei incêndio. (...) Nosso futuro está amarrado no governo e só dará certo pois é um projeto coletivo. Se não der, nossas vidas políticas viram pó.[5]

Com efeito, a reforma da previdência não diminuiu grandemente a desigualdade das aposentadorias na burocracia estatal, mas no momento em que se discutia esta reforma as aposentadorias dos juízes, e de áreas afins, simbolizavam um desatino social e corporativo. A reforma da previdência poderia tocar na aposentadoria de mais de 80% dos desembargadores brasileiros. Ao menos em 17 Estados da Federação, concentrando a maioria dos magistrados, a média salarial estava acima do limite de 75% do salário de um ministro do Supremo Tribunal Federal (STF), órgão maior do Poder Judiciário.

Não foram poucas as oportunidades em que o governo do presidente Luiz Inácio Lula da Silva teve de responder no debate com o ex-presidente Fernando Henrique Cardoso. Numa das ocasiões, no discurso em 2003, no 22º Congresso da Internacional Socialista, o ministro da Casa Civil, José Dirceu, lembrou as três vezes que o Brasil quebrou, durante o período de governo FHC:

> Três vezes [o governo FHC] foi ao FMI [Fundo Monetário Internacional] e renegociou sua dívida externa porque estava impossibilitado de cobrir seu endividamento.

E reclamava José Dirceu, esclarecendo que o PT recebera "uma herança muito pesada e que no ano que vem [2004] o país iria precisar de investimentos de 48 bilhões de dólares para conseguir fechar as contas".

O governo lulista travou no Congresso Nacional uma batalha dura e sem descanso a fim de aprovar seus projetos, carecendo da coligação de outros partidos, com outros programas e interesses. Uma batalha congressual, que lhe custou a cara de partido de esquerda.

Foi o caso da aprovação da reforma da Previdência Social na Câmara Federal que implicou a pressão da cúpula partidária dos petistas, com exceção de três deputados federais do Partido. O restante da bancada do PT votou em bloco a favor da cobrança previdenciária dos servidores inativos. Os deputados Luciana Genro (RS), João Fontes (SE) e João Batista de Araújo, o Babá (PA), recusaram-se a votar favoravelmente à cobrança previdenciária dos servidores inativos e tiveram marcada a data da expulsão partidária. Houve, porém, resistência de outros oito deputados federais, que votaram a favor da reforma previdenciária, por pressão dos dirigentes petistas, apesar de contrários a ela. Estes oito deputados pressionados pela burocracia do PT foram: Ivan Valente (SP), Walter Pinheiro (BA), Chico Alencar (RJ), João Alfredo (CE), Maria José Maninha (DF), Mauro Passos (SC), Orlando Fantazzini (SP) e Paulo Rubens (PE).

À sua maneira, o presidente Lula procurava ampliar sua hegemonia política e a de seu partido, ficando mais próximo da população brasileira. Sua visita ao Quilombo dos Kalungas, no noroeste de Goiás, em março de 2004, significou o modelo desse esforço, conforme suas palavras:

> O Estado brasileiro está subordinado a aqueles que têm mais poder de fogo, conseguem audiência com o presidente, os governadores, os prefeitos e ganham mas em detrimento dos que ganham menos. A nossa vinda aqui é para mostrar que os tempos mudaram no Brasil.
>
> ... É possível tornar os sonhos das pessoas mais pobres e mais sofridas em realidade. Eu duvido que a maioria de vocês imaginou em algum momento ter a presença do presidente, do governador e de tantos ministros de uma única vez. Aliás, não sei quantas vezes presidentes visitaram quilombo.

A REPÚBLICA BRASILEIRA — 1951–2010   703

(...) Não queremos saber a que partido pertence cada um de nós. Nós queremos saber que vocês (kalungas) pertencem a um partido chamado Brasil, fazem parte da sociedade e, portanto, têm de ser tratados com decência e dignidade.

(...) O Brasil precisa de gente que tenha coragem de olhar na cara do povo e dizer não com a mesma sinceridade que diz sim.

(...) Não colocamos uma negra de ministra para ser enfeite em Brasília, mas para que ela levante os problemas dos negros e das negras do Brasil. A nossa passagem por aqui é para dizer que acabou o tempo em que os remanescentes de quilombos eram tratados como pessoas segregadas.

O Quilombo dos Kalungas, em Goiás, a 350 km de Brasília, comportava naquele tempo 4 mil descendentes de escravos fugitivos há 250 anos das minas de ouro. Nesse Quilombo, Lula inaugurou uma escola de alfabetização e assistiu a apresentações de cantadores. No mesmo momento em que o presidente da República discursava combatendo a segregação, o Comitê de Combate ao Racismo da ONU (Organização das Nações Unidas) exigia providências visando a diminuir as desigualdades raciais do Brasil, ressaltando que as leis antirraciais eram "raramente aplicadas" no país: "Apesar da ocorrência generalizada de ofensas de discriminação, as leis domésticas são raramente aplicadas".

O relatório da ONU falava da necessidade de serem tomadas "medidas urgentes" pelo governo brasileiro por causa da "persistência de desigualdades profundas e estruturais que afetam as comunidades negras, mestiças e de índios no Brasil". O relatório igualmente abordava a "segregação" vivida na zona rural e nas favelas.

Apesar das advertências da ONU, o Brasil liderou e comandou as forças de vários países no Haiti, visando a manter a ordem, controlando aeroportos, portos e estradas nesse país, disputando a iniciativa com os Estados Unidos da América. Verifique-se a seguinte **nota** divulgada pelas Forças Brasileiras:

Eu, general Floriano Peixoto, sou o comandante. Meu papel é de grande articulação. Aqui tem um brasileiro, um chefe da Minustah (Missão das Nações Unidas para a Estabilização do Haiti). A parte de segurança cabe a um general brasileiro. Não podemos perder a oportunidade de mostrar isso ao Brasil. Temos o maior contingente de tropas. A participação deles (EUA) é temporária.

Com isso, o batalhão brasileiro passou a distribuir 10 toneladas de comida e 22 mil litros de água em frente ao Palácio Nacional, a fim de abastecer 5 mil haitianos. Numa demonstração simbólica de poder em Porto Príncipe, no Haiti, hastearam-se duas bandeiras do Brasil diante do palácio, que foi destruído pelo terremoto. Pelas fontes jornalísticas, o general Floriano Peixoto Vieira Neto, chefe das forças de paz da ONU no Haiti, "não escondeu que a entrega dos alimentos serviu para, além de ajudar os haitianos, o Brasil marcar posição, segundo palavras dele, em relação ao controle da segurança em Porto Príncipe".

Em meados de janeiro de 2010, o ministro das Relações Exteriores do Brasil, Celso Amorim, divulgou que o governo brasileiro devia dobrar a ajuda financeira ao Haiti, destruído pelo terremoto do dia 12 do mesmo mês. De acordo com Celso Amorim, o dinheiro se destinava à reconstrução do Haiti.

A Minustah foi criada pela ONU em 2004 e reduziu a violência e deu início à reconstrução do Haiti. O Brasil havia atuado em operações de paz desde 1957, em nome da ONU. A ação das forças brasileiras, desde a missão de paz da ONU no Canal de Suez, no Egito, em 1957, esteve em 23 operações e duas missões civis. Com as mudanças históricas, o caráter da presença brasileira no Exterior se alterou, passando a enviar soldados, e ainda civis e policiais. Em 2010, o ministro das Relações Exteriores explicou com relação à Minustah:

A nossa presença é a longo prazo e a dos EUA, passageira. (...) O Brasil não está preocupado com liderança regional, mas em ajudar o Haiti, com respeito ao governo do Haiti. (...) O Haiti é uma obrigação do mundo.

A imprensa brasileira, desde os inícios do governo petista de Lula da Silva, veio apontando irregularidades ou ilegalidades ocorridas em gestões presidenciais anteriores e mesmo na gestão lulista, em certos casos apenas sugeridos. Salvo poucas exceções, muitas de tais irregularidades e ilegalidades não tiveram apuração com ampla divulgação dos resultados.

Também em dezembro de 2010, no final do governo do presidente Luiz Inácio Lula da Silva, o ministro das Relações Exteriores do Brasil anunciou o reconhecimento do Estado palestino nas fronteiras anteriores à Guerra dos Seis Dias de 1967, em resposta ao pedido feito pelo presidente da Autoridade Palestina (AP), Mahmoud Abbas. No reconhecimento do Estado palestino, o Brasil não alterou o apoio a negociações de paz nem as relações com Israel.

*

A imprensa brasileira, desde os inícios do governo petista de Lula da Silva, veio apontando irregularidades ou ilegalidades ocorridas em gestões presidenciais anteriores e mesmo na gestão lulista, em certos casos apenas sugeridos. Salvo poucas exceções, muitas de tais irregularidades e ilegalidades não tiveram apuração com ampla divulgação dos resultados.

Qualquer que seja a conclusão a ser extraída pelo leitor já cansado de saber de mais essas atribulações no Brasil, o certo é que a constante crise de dominação e de hegemonia na sociedade e no aparelho de Estado elimina normas duradouras e racionais, até formais, tendo inúmeras repercussões, dentre as quais o amplo desrespeito à moralidade burocrática.[6]

O Partido dos Trabalhadores (PT)

O que pôde significar o Partido dos Trabalhadores (PT) que, com seu líder Luiz Inácio Lula da Silva, galgou o poder na "Nova República", nas eleições presidenciais de 2002, no Brasil? Nos anos posteriores à sua fundação, a imagem mais expressiva para os observadores externos a ele era de um partido oscilante, variável, imagem cada vez mais descorada e empalidecida depois da publicação da *Carta ao Povo Brasileiro*, de 2002.

Após tal *Carta*, não mais se teve medo do PT.

Um pequeno ensaio, escrito por Bernardo Kucinski, denominado "O Partido Tardio dos Trabalhadores", põe à vista de modo equilibrado e lúcido aspectos marcantes deste Partido, dos quais se comentarão alguns. Em suas origens, o PT nasceu em 1977 da campanha dos metalúrgicos do ABC paulista, em busca de reposição salarial e benefícios, da qual em 1978 se seguiram greves em São Bernardo e em Diadema, envolvendo depois 300 fábricas e 300 mil operários no estado de São Paulo e em outras regiões brasileiras. Esta desobediência civil dos trabalhadores à proibição de greves apressou a decadência da ditadura militar.

A orientação primeira das intituladas "novas lideranças sindicais" (que não representavam "pelegos", subservientes ao regime militar) consistia em destacar a autonomia dos trabalhadores e não utilizar em suas mobilizações apenas greves, até as bem-sucedidas. O clima da época recendia desobediência e autonomia operária. Vários militantes e intelectuais viram possibilidade de forte mudança social no Brasil. A empolgação de muitos, pela autonomia e pela auto-organização operárias, não poderia ser dominante entre sindicalistas, formados na racionalidade e na técnica dos sindicatos, influenciadas pelo corporativismo. Este cuida unicamente de interesses imediatos e restritos, adotando um reformismo conveniente ao sindicalismo burocrático, um tanto contrário às teses socialistas.[7]

Aprovada a criação do Partido dos Trabalhadores no IX Congresso dos Metalúrgicos em Lins-SP, no ano de 1979, sucederam-se, em seguida, a divulgação da "Carta de Princípios" do PT, o lançamento do "movimento pelo Partido dos Trabalhadores" e a instituição deste Partido em fevereiro de 1980, no Colégio Sion, em São Paulo. Em junho deste ano, com novas greves e a prisão de Lula pelo governo ditatorial, instala-se o PT, referendado seu manifesto e aprovados o estatuto e plano de ação, tendo como signatários as chamadas "personalidades ilustres da esquerda e da intelectualidade brasileira e as mais expressivas lideranças do novo sindicalismo", segundo as palavras de

Bernardo Kucinski. Partido de massas, "comprometido com a democracia plena e exercida diretamente pelas massas", o PT apresentou-se como o caminho democrático das esquerdas e dos progressistas brasileiros, posteriormente à derrota da luta armada.

Em lugar da proposta da democracia direta, o Partido dos Trabalhadores ingressou na representação e no voto, embora adotando o mandato imperativo (impede seus representantes de votarem ou negociarem contra as resoluções do Partido). Além disto, os parlamentares do PT se obrigaram a dar ao Partido 1/3 de seus salários. Elementos essenciais à democracia interna do PT consistiram na recusa do stalinismo e dos métodos usados nos Partidos Comunistas e também a repulsa contra a ditadura brasileira. Tal resistência à ditadura pode ser exemplificada na negação da proposta gradualista de abertura política e na rejeição da anistia restrita, admitida pelos militares e apoiada pelo MDB (Movimento Democrático Brasileiro). O Partido dos Trabalhadores acabou incorporando militantes da luta armada e do exílio, familiares de presos políticos e de desaparecidos, vários tipos de ativistas, religiosos e intelectuais. Em 1986, o Partido limitou a aceitação de tendências políticas no meio de seus militantes, exigindo delas a obediência ao programa, à disciplina do partido, proibindo a dupla militância.

Com o tempo, o Partido dos Trabalhadores se tornou propriedade da elite partidária e da oligarquia alimentada pelos votos dos militantes e dos pobres, com lideranças personalistas, nacionais e regionais, do tipo família Suplicy, Viana e Tatto. O Partido, aos poucos, foi-se subordinando à ascendência dos parlamentares, convertendo-se em máquina eleitoral, em legalista e em realizador de mobilizações eleitorais.

Também com o tempo, o Partido dos Trabalhadores venceu os pruridos contra a dita "política de alianças"; e dando o dito por não dito, aliou-se aos partidos do campo popular etc. Uma obra clássica de teoria política, *Os partidos políticos*, de Robert Michels, elucida bem o funcionamento dessa elite partidária e política, demonstrando o papel da "lei de ferro da burocracia partidária" na social-democracia alemã dos inícios do século XX. Quem está embaixo não sobe e quem está em cima não desce, um indivíduo já nasce candidato e o outro, militante, cabo eleitoral ou pré-candidato eternos.

Quem estudar o sistema eleitoral brasileiro deparará alterações em cada eleição, baseadas no continuísmo político mais flagrante e no reacionarismo desavergonhado, distante do conservadorismo liberal. O Partido dos Trabalhadores pôs-se em confronto com esta prática tradicionalmente reacionária.

De outra parte, o PT teve de lutar contra o preconceito de classe social manifestado pelos meios de comunicação de massa (como emissoras de rádio, emissoras de televisão, imprensa escrita e outros), pela classe alta e pelas classes médias. Estes meios de comunicação muitas vezes nem parecem ser concessionários públicos, devendo submeter-se à Constituição Federal de 1988, pois, ao contrário, representam o frio patrimonialismo, explicitando a vontade dos proprietários e das famílias proprietárias dessas empresas, que figuram como grandes eleitores. O Partido dos Trabalhadores padeceu o que a maioria da população brasileira padece: o preconceito de classe social, fundamento de boato antigo e amplamente divulgado (país em que boa maioria mal lê e mal escreve — quando é possível), de que trabalhador como Luiz Inácio Lula da Silva não estava preparado para governar.

A "rede de movimentos populares" aliada ao PT conquistou posições estratégicas no governo e no Estado, e ainda levou-o a gozar de certa hegemonia popular, fundamental ao exercício do poder político. No interior do próprio Partido, uniram-se as mobilizações originadas no movimento sindical, nos movimentos sociais de base e nas tendências ideológicas minoritárias de orientação marxista.

Além dessa "rede de movimentos populares" ligados ao Partido dos Trabalhadores, outros movimentos sociais atuaram com seus próprios projetos políticos, como o MST (Movimento dos Trabalhadores Sem-Terra), a CUT (Central Única dos Trabalhadores), MTST (Movimento dos Trabalhadores Sem-Teto) e as CEBs (Comunidades

A REPÚBLICA BRASILEIRA — 1951–2010 709

Eclesiais de Base), mantendo relações e afinidades ideológicas com o Partido.

Em decorrência da vitória eleitoral nas eleições presidenciais de 2002, a pergunta que não para de irromper é: o Partido dos Trabalhadores tem significado um partido de esquerda ou um partido de direita, socialista, social-democrata, ou liberal conservador, segundo os parâmetros da história e da teoria políticas? Um ensaio denominado "O pêndulo de Lula", de Ricardo Antunes, colocou tal questão:

> Passada sua fase de encantamento pós-eleitoral, com o afloramento das adversidades e confrontações de fundo, o Governo Lula terá de mostrar de que lado o pêndulo está. A ideia midiática e falaciosa do pacto social pode vigorar por um certo período. Mas as forças econômicas, sociais e políticas em disputa tenderão a esgarçá-la rapidamente. Aí, então, será o grande teste do governo do PT. E esse será o pêndulo de Lula.

Numa óptica distinta, Maurício Tragtenberg, sem ilusões, sugeriu o destino do Partido dos Trabalhadores, a partir de suas origens:

> Embora o sindicalismo combativo tenha historicamente a tendência à ampliação e consequente burocratização concomitante, considerando o processo brasileiro, ele é uma das alavancas do PT; é muito claro perceber que cada instituição tem uma tendência a desdobrar suas funções, a perpetuar-se e a tornar-se seu próprio objetivo.

No Brasil da "Nova República", surgiu partido socialista, que na prática não tem sido contra a existência da propriedade particular. Com maior frequência, de tempos em tempos se tem organizado um partido social-democrata, que em sua atuação não se relaciona com a trajetória tradicional, sequer com a trajetória reformista traçada pelo político alemão Eduard Bernstein, no final do século XIX e no início do século XX.

Semelhante ao que aconteceu com partidos ocupados com causas operárias, o Partido dos Trabalhadores tem padecido com voraz crise capitalista iniciada no fim do século XX, causando extenso desemprego, aniquilação dos restos da burguesia nacional e enfraquecimento da ideologia socialista, dando projeção ao "sindicalismo de resultados" dos sindicatos populistas, em prejuízo da CUT, mais de cunho classista. Numa era histórica distinta das anteriores construções social-democratas, o PT tem sofrido com o impacto da última revolução tecnológica e com a dispersão industrial, cujas consequências mais evidentes foram o desemprego e a alteração da natureza da base operária.

O teólogo e escritor Frei Betto, que passou pouco mais de 1 ano e meio como assessor especial do amigo presidente Lula, com quem se relacionava há mais de duas décadas, publicou livro, *A Mosca Azul*, expondo reflexão sobre política e poder de acordo com sua experiência no Palácio do Planalto. E anotou em sua obra:

> Um pequeno núcleo dirigente do PT conseguiu em poucos anos o que a direita não obteve em décadas, nem nos anos sombrios da ditadura: desmoralizar a esquerda.

Num país historicamente atrasado como o Brasil do princípio do século XXI, sem doutrinas precisas, não há que procurar no socialismo ou na social-democracia de outros países um modelo para o Partido. De que modo desculpar a permanência do imposto sindical, ainda que sua eliminação ponha em risco os pequenos sindicatos? Chegou-se ao absurdo de não se admitir que os sindicatos e as agremiações tenham de ser mantidos pelos trabalhadores, sem o imposto sindical do paternalismo getulista.[8]

Sem dúvida, o discurso e as propostas do Partido dos Trabalhadores passaram por mudança através dos anos e das lutas políticas, distinguindo a fase de oposição e a fase do poder.

Lula na oposição em 1981, sobre o socialismo:

Sabemos que o mundo caminha para o socialismo.

Guido Mantega, ministro do Planejamento, na vitória em novembro de 2002, sobre o capitalismo:

Buscamos o capitalismo mais eficiente, mas humanizado. Não um capitalismo selvagem, com concentração de renda.

Aloizio Mercadante, líder do PT na Câmara Federal, na oposição em 2000, sobre o salário mínimo:

Esse aumento [do mínimo] é ridículo, não paga o copo de água mineral nem a tinta da caneta Mont Blanc que o ministro usou hoje aqui.

Lula, vitorioso em novembro de 2002, sobre o salário mínimo:

Se pudermos elevar o salário mínimo para R$ 240 ou R$ 250, vamos elevar. Se não houver condições, é preciso ter coragem de dizer isso ao povo.

Lula, na oposição em 2001, sobre os Estados Unidos da América e a ALCA (Área de Livre Comércio das Américas):

O PT se opõe à Alca porque será o fim da integração latino-americana.

Lula, vitorioso em 2002, sobre os Estados Unidos da América e a ALCA:

Para crescer, o Brasil precisa aumentar o volume de seu comércio exterior e a Alca, para nós, pode representar uma verdadeira abertura do mercado dos Estados Unidos e do Canadá.[9]

Coincidente opositório

De vários setores, a princípio simpáticos ao Partido dos Trabalhadores, como muitos sindicalistas ou adeptos da luta armada na recente ditadura militar, e certos católicos, emergiram apelos e denúncias em favor do cumprimento de sucessivas promessas feitas desde sua fundação ou ao longo das campanhas eleitorais. Determinados locais se converteram em símbolos da luta contra a ditadura militar no país, de que foi exemplo a Matriz de São Bernardo do Campo, no Estado de São Paulo, refúgio dos metalúrgicos nas greves, quando atacados pela repressão policial.

Em maio de 2004, durante a Missa dos Trabalhadores e Trabalhadoras, foram expostas as reivindicações da Igreja Católica, através do bispo Nélson Westrup e do padre Décio Rocco Gruppi. Este último leu documento da Conferência Nacional dos Bispos do Brasil (CNBB), nos seguintes termos:

> Vivemos numa situação de agravamento crescente das desigualdades sociais, com ameaças constantes de rompimento do tecido social. Dura realidade que faz do nosso País um campeão de má distribuição de terra, renda e riqueza.
>
> (...) Os credores podem esperar, mas os desempregados não.
>
> (...) Urgente implementação do plano nacional de reforma agrária para criação de empregos e produção de alimentos. O não cumprimento de suas metas tem gerado apreensão por parte dos trabalhadores e acirrados conflitos no campo." Exige "a imediata demarcação e homologação das terras indígenas e remanescentes de quilombos e a justa regulamentação do uso do subsolo.
>
> (...) Não somos portadores de soluções concretas para todos os problemas que afligem nossos irmãos trabalhadores, mas devemos fazer com que toda a realidade seja banhada pela luz do evangelho, somos solidários com os trabalhadores, os povos indígenas, os afrodescen-

dentes, os sem-terra, os sem-teto, os desempregados e os reduzidos ao trabalho escravo.

*

Do lado dos metalúrgicos, origem profissional do presidente Lula, houve contestações ao seu governo, não só por divergências políticas como ainda por questões organizativas, ou por ambas, como se comprova na "Carta aberta ao companheiro Lula", escrita por Eleno José Bezerra, presidente do Sindicato dos Metalúrgicos de São Paulo, em maio de 2004:

Não foi um erro o senhor ter autorizado a nomeação de dezenas de sindicalistas para cargos operacionais importantes nos ministérios? Eles não sabem como a máquina burocrática e administrativa funciona e perdem um tempo precioso em reuniões nas quais procuram entender como funciona o governo e como deveriam levar adiante as ações determinadas pelo Planalto e pelos ministros. Não adianta. Não podemos perder tempo aprendendo (às vezes mal) o que outros já sabem. Basta determinar que façam e vigiar para que façam direito e rápido, com competência e justiça e sem corrupção.

(...) Entendo também que herdamos uma situação muito difícil do governo anterior. Passamos boa parte do segundo mandato do governo passado criticando a política econômica ortodoxa, baseada em juros altos para supostamente manter a estabilidade econômica e pagar os juros da dívida, conforme determinado pelo FMI [Fundo Monetário Internacional]. (...) Mas cadê a nova política econômica anunciada em seu programa de governo? Seu ministro da Fazenda, um médico honesto e tranquilo, parece refém de uma equipe econômica mais radical e ortodoxa do que a que foi derrotada nas urnas. Seu presidente do Banco Central é um ex-banqueiro extremamente talentoso e competente — mas para garantir ganhos para os bancos, não para os cidadãos trabalhadores.

*

Embora destinadas constitucionalmente a defender o Brasil e manter a ordem legal, as Forças Armadas não se têm sentido parte do Poder Civil que as sustenta. Em certas ocasiões, elas se têm negado a obedecer às deliberações do governo federal e da sociedade brasileira, exibindo autonomia não concedida pela lei.

Em novembro de 2004, portanto um ano e onze meses após a posse, o governo do presidente Lula da Silva defrontou-se com o pedido de demissão do ministro da Defesa, José Viegas Filho, motivada por nota publicada pelo Exército, sem sua autorização. Em nota explicativa de sua demissão divulgada por ele, afirmava:

> Foi... com surpresa e consternação, que vi publicada no domingo, dia 17, a nota escrita em nome do Exército brasileiro que, usando linguagem totalmente inadequada, buscava justificar lamentáveis episódios do passado e dava a impressão de que o Exército, ou, mais apropriadamente os que redigiram a nota e autorizaram a sua publicação, vivem ainda o clima dos anos 70, que todos queremos superar. A nota divulgada no domingo 17 representa a persistência de um pensamento autoritário, ligado aos remanescentes da velha e anacrônica doutrina da segurança nacional, incompatíveis com a vigência plena da democracia e com o desenvolvimento do Brasil no século 21. Já é hora de que os representantes desse pensamento ultrapassado saiam de cena.
>
> É incrível que a nota original se refira, no século 21, a "movimento subversivo" e a "Movimento Comunista Internacional".
>
> (...) Não posso ignorar que aquela nota foi publicada sem consulta à autoridade política do governo. Assumo a minha responsabilidade. Agi neste episódio desde o primeiro momento. Informei Vossa Excelência [o presidente Lula], sugeri ações, convoquei, no próprio domingo 17, o comandante do Exército, entreguei-lhe um ofício que pedia a apuração das responsabilidades e a correção da nota publicada.

Aceitando o pedido de demissão do ministro José Viegas Filho, o chefe do governo nomeou para o cargo de ministro da Defesa o vice--presidente da República, José Alencar. O então ex-ministro José Viegas

A REPÚBLICA BRASILEIRA — 1951–2010 715

Filho cansou-se de medir forças com militares, subordinados ao Poder Civil e sujeitos à hierarquia das Forças Armadas. Parece que a reformulação da Escola Superior de Guerra constituiu um dos empecilhos na atuação do ex-ministro José Viegas Filho. A ideia era converter esta Escola em moderno centro de estudos e pesquisas sobre defesa, substituindo-a como "núcleo da velha doutrina de segurança herdada da ditadura", o que encontrou forte oposição dos militares.

*

Estorvos ao andamento das tarefas governamentais apareceram da mesma maneira no interior do grupo mais próximo do presidente Luiz Inácio Lula da Silva. Saliente-se o pedido de demissão do ministro Luiz Gushiken, da Secretaria de Comunicação de Governo e Gestão Estratégica (Secom). Gushiken representou o principal interlocutor dos fundos de pensão no governo de Lula, tendo realizado indicações para cargos e funções na área, tais como: conduziu um assessor à Secretaria de Previdência Complementar; escolheu petistas para presidir os fundos Previ, Funcef e Petros etc.

Antes de ser ministro, ele era sócio da Gushiken & Associados, firma destinada a prestar assessoria na área da Previdência. Quando colocou seu cargo de ministro à disposição do presidente da República, Luiz Gushiken alegou ataques da imprensa, devido a reportagens sobre a mencionada empresa, em dezembro de 2002, com nova razão social (Globalprev Consultores Associados), sem ele e a mulher como sócios. De fato, a *Folha de S. Paulo*, em julho de 2005, informou: "No ano seguinte [2003], o faturamento da companhia subiu para 1,051 milhão de reais, 595,36% superior ao obtido em 2002. São clientes da Globalprev os fundos Postalis, Portus, Cifrão e Capaf. A Secom gerencia recursos de publicidade oficial. Nessa área, Gushiken foi envolvido em um episódio delicado: as revistas *Investidor Institucional* e *Investidor Individual*, de Luís Leonel, seu cunhado, quase dobraram as receitas de publicidade vindas de anúncios de estatais na gestão Lula.

Os anúncios representavam 26% da publicidade até 2002 e passaram a 47,36% em 2003."[10]

"Mensalão"

Baseada em gravação realizada por empresários, a revista *Veja* mostrou o ex-chefe do Departamento de Contratação e Administração de Material da Empresa Brasileira de Correios e Telégrafos (ECT), Maurício Marinho, aceitando 3 mil reais em dinheiro como "adiantamento" a fim de que empresas pudessem "entrar no rol de fornecedores" da firma. Maurício Marinho, que fazia cobrança de propina nos Correios, era funcionário indicado pelo presidente do PTB, deputado Roberto Jefferson (RJ), segundo a revista *Veja*. Este deputado, influente no governo do presidente Fernando Collor de Mello, também no governo Lula participava de nomeações para as empresas estatais em troca de apoio aos projetos petistas.

No mês seguinte, junho de 2005, o presidente nacional do PTB, deputado Roberto Jefferson (RJ), confirmou em depoimento ao Conselho de Ética da Câmara Federal, sob juramento, o pagamento de um "mensalão" de 30 mil reais, dado pela cúpula do Partido dos Trabalhadores a parlamentares da base aliada. Sem provas materiais, o deputado disse que uma "CPI dos Correios e do Mensalão" poderia investigar suas denúncias. Referindo-se ao ministro-chefe da Casa Civil, José Dirceu, acrescentou: "Dirceu, se você não sair daí rápido, você vai fazer réu um homem inocente, o presidente Lula."

O ministro-chefe da Casa Civil da gestão petista, José Dirceu, na verdade um "superministro", antes se tinha deparado com irregularidades de seu assessor, Waldomiro Diniz, mas as acusações de Roberto Jefferson levaram-no a sair do governo Lula, 30 meses depois da sua posse. Suas alegações principais em junho de 2005 correram por conta do seguinte:

A REPÚBLICA BRASILEIRA — 1951–2010

> Durante esses dias eu tenho conversado reiteradas vezes com o presidente Lula e hoje pedi e comuniquei ao presidente que quero voltar à Câmara dos Deputados. (...) Aceitou o meu pedido de afastamento do governo.
>
> (...) Acredito que, na Câmara, a partir da semana que vem, eu vou poder esclarecer ao país, à opinião pública, os temas que hoje estão em debate na sociedade, tanto com relação às profundas transformações econômicas, sociais e políticas que estamos fazendo sob a liderança do presidente Lula, como das denúncias infundadas contra a minha pessoa, o meu partido e o meu governo.

Explicações como essas vieram de junho de 2005 em diante. O presidente Luiz Inácio Lula da Silva pronunciou-se sobre os acontecimentos igualmente neste mês, resoluto e com ênfase.

> Meus amigos, minhas amigas: hoje quero falar com vocês sobre um assunto muito sério: corrupção. (...) Quero começar esta minha fala dizendo duas coisas. Primeiro: o corrupto deve ser sempre punido, e sempre de forma exemplar. (...) Segundo: se tem um governo que tem sido implacável no combate à corrupção, desde o primeiro dia, é o meu governo.
>
> (...) Isso pode até dar a falsa impressão de que a corrupção tem aumentado, quando, na verdade, o que aumentou, e muito, foi o combate à corrupção e, em decorrência disso, aumentou naturalmente a quantidade de prisões e ações da Polícia Federal, que aparecem quase todos os dias na televisão e nos jornais. Nestes dois anos e meio já foram presas 1.006 pessoas acusadas de corrupção e a nossa polícia desbaratou redes do crime responsáveis por desvios de bilhões e bilhões de reais; esquemas que existiam há muitos anos e não eram investigados.
>
> (...) O meu objetivo é claro: fortalecer o país, proteger os brasileiros mais pobres e fazer crescer a economia.

Outras vezes, o presidente tornou a mencionar o "mensalão" em seus discursos, mostrando-se apreensivo com as descobertas provocadas pelas investigações. Em agosto de 2005, respectivamente nos dias 12 e 25 deste mês, falou sobre o assunto.

> Companheiros, ministros e ministras, estou consciente da gravidade da crise política. Ela compromete todo o sistema partidário brasileiro. Em 1980, no início da redemocratização, decidi criar um partido novo que viesse para mudar as práticas políticas, moralizá-las e tornar cada vez mais limpa a disputa eleitoral no país.
>
> (...) Quero dizer a vocês, com toda a franqueza, eu me sinto traído. Traído por práticas inaceitáveis das quais nunca tive conhecimento.
>
> (...) Eu não mudei e, tenho certeza, a mesma indignação que sinto é compartilhada pela grande maioria de todos aqueles que nos acompanharam nessa trajetória.
>
> (...) Se estivesse ao meu alcance, já teria identificado e punido exemplarmente os responsáveis por esta situação. Por ser o primeiro mandatário da Nação, tenho o dever de zelar pelo Estado de Direito.
>
> (...) O Brasil precisa corrigir as distorções do seu sistema partidário eleitoral, fazendo urgentemente a tão sonhada reforma política.

E de improviso:

> Queria, neste final, dizer ao povo brasileiro que eu não tenho nenhuma vergonha de dizer ao povo brasileiro que nós temos de pedir desculpas. O PT tem que pedir desculpas.

Dias depois, regressou o presidente Lula ao esclarecimento do que chamou de crise política, porém num discurso mais franco:

> Eu quero dizer o seguinte: não farei o que fez o Getúlio Vargas, nem farei o que fez o Jânio Quadros, nem farei o que fez o João Goulart. O meu comportamento será o que teve o Juscelino Kubitschek: paciência, paciência e paciência, porque a verdade prevalecerá.
>
> (...) E o povo vai saber quem praticou ou não corrupção neste país.

> (...) Quero fazer um alerta aos pessimistas: o resultado deste ano não será nenhuma Brastemp, mas será um bom resultado. O que eu não posso aceitar é que, a pretexto da eleição de 2006, as pessoas ajam de forma irresponsável, colocando em risco a oportunidade que este País tem de consagrar algumas políticas, tanto na macroeconomia quanto na política social.
>
> (...) Graças a Deus, a Câmara agiu com a maior prudência e votou os 300 reais [para o salário mínimo]. Se tivesse votado 384 reais, eu teria vetado apenas por uma questão de responsabilidade. Eu não posso brincar com o dinheiro que não é meu.

No mês seguinte, em 1º de setembro de 2005, as Comissões Parlamentares de Inquérito (CPIs) dos Correios e do "Mensalão" aprovaram relatório conjunto, recomendando a abertura de processo no Conselho de Ética da Câmara Federal contra 18 deputados federais por falta de decoro, e ainda por violação de leis representativas de delito comum.

O relatório conjunto de autoria do deputado federal Osmar Serraglio (PMDB-PR), da CPI dos Correios, e do deputado Ibrahim Abi-Ackel (PP-MG), da CPI do "Mensalão", assinalaram:

> Mais grave é a utilização de diretorias como forma de indução de empresas contratadas pela administração pública a contribuir para partido, como se isso não fosse adicionado ao custo dos serviços, onerando a população.
>
> (...) Vimos, para nossa tristeza e desencantamento, agentes políticos cuja atribuição legal e constitucional é cuidar do interesse público, darem as costas à sociedade, apunhalarem-se, traírem eleitores, em certos casos seus passados e os princípios a que, supostamente, vinculavam sua vida política.
>
> (...) Quem admite caixa 2 confessa ilícito eleitoral; o que, só por si, é merecedor de severa reprimenda, porque aceita a burla à eleição. Nada mais compromete a democracia que uma eleição viciada. Daí a necessidade de punição.

(...) Não há legitimidade em mandato financiado com caixa 2.

(...) Cabe constatar a migração exagerada em direção a determinados partidos e os métodos de cooptação utilizados. Para explicar esse nebuloso esquema, é perfeitamente plausível a tese de que os empréstimos foram simulados para dar aparência lícita a dinheiro de origem ilícita, que seria destinado ao bolso de políticos sob o falso argumento de dívidas passadas. **O que resta inconteste é o recebimento de dinheiro por parlamentares e dirigentes de partidos da base do governo na Câmara**. [negritos meus]

Merece assinalar que o relator da CPI dos Correios (Comissão Parlamentar de Inquérito), deputado Osmar Serraglio (PMDB-PR), fez algumas citações no texto final da comissão, indicando nomes de pessoas que deveriam ser indiciadas. Eram elas:

Marcos Valério Fernandes de Souza: prestou serviços a Delúbio Soares, então tesoureiro do Partido dos Trabalhadores (PT). Expõe o relator, deputado Osmar Serraglio: "A maneira com que desenvolveram um esquema de corrupção do sistema político ganhou proporções milionárias, nutrido pela proximidade com o Poder." Acrescenta o relatório: "Descobriu-se que o pacto contou com a participação dos bancos BMG e Rural. Os 'empréstimos' eram mera formalidade contábil e financeira. A verdadeira origem dos recursos eram cofres públicos."

Lula (Luiz Inácio Lula da Silva): "No relatório da CPI, Serraglio dedicou duas páginas para relatar se Lula sabia ou não do mensalão. Descreveu os depoimentos de Roberto Jefferson (PTB-RJ) e de Aldo Rebelo (PC do B-SP), que contaram ter avisado o presidente sobre o esquema. Usa uma linguagem rebuscada e, aparentemente, não chega a uma conclusão sobre o conhecimento ou não de Lula."

Henrique Pizzolato: O relator da CPI "pediu ainda o [seu] indiciamento, ex-diretor de marketing do Banco do Brasil e suspeito de envolvimento no esquema".

José Dirceu de Oliveira e Silva: Afirmou o relatório da CPI: "Várias pessoas confirmaram que o ex-ministro José Dirceu sabia dos empréstimos e do esquema do mensalão (...) Estava a par de todos os acontecimentos e coordenava as decisões, junto com a diretoria do PT."

Roberto Jefferson: "Em vez de sugerir claramente o indiciamento dos deputados federais que estavam envolvidos no esquema denunciado por Roberto Jefferson, o relatório recomenda que o Ministério Público faça investigação sobre se os 18 citados cometeram crimes."

Duda Mendonça: "Além de pedir o indiciamento do publicitário, o relatório confirmou que a rede de contas secretas do marqueteiro no exterior vai muito além da Dusseldort, aberta nos EUA para receber dinheiro do valerioduto."

Em torno do "mensalão" e demais investigações

Desdobramentos ocorreram em decorrência de confissões, indagações e diligências relacionadas às CPIs dos Correios e do "Mensalão".

Em dezembro de 2005 o deputado federal José Dirceu (PT-SP), ex-ministro chefe da Casa Civil do governo lulista, teve seu mandato cassado pela Câmara dos Deputados, por 293 votos a favor e 192 votos contra, ficando inelegível até 2015.

E mais: o deputado federal Roberto Jefferson, em entrevista à *Folha de S. Paulo*, "introduziu no vernáculo pátrio a palavra mensalão", cuja existência foi confirmada pelo governador de Goiás, Marconi Perillo, para quem "havia uma mesada para deputados". Revelações precipitaram-se: a) a atuação do publicitário Marcos Valério Fernandes de Souza e de suas 11 empresas, incluindo DNA e SMPB, foram confirmadas pela secretária Karina Somaggio; b) o próprio deputado Jefferson indicou a agência do Banco Rural, em Brasília, onde o "mensalão" era pago; c) o publicitário Duda Mendonça deu a conhecer que "até a campanha de Lula à Presidência foi paga com dinheiro do caixa 2"; d) foram feitos adiantamentos de dinheiro por serviços prestados que, em alguns casos, não foram comprovados.

Por conseguinte, o denominado "mensalão" pode ser entendido como pagamento regular a deputados federais em troca de apoio favorável ao governo do PT, em votações importantes e de auxílio às bancadas dos partidos governistas. Ainda aconteceu transferência de recursos para deputados abandonarem os partidos pelos quais tinham sido eleitos e assinarem ficha de filiação em partidos pertencentes à base governista. Em síntese, pagavam-se campanhas políticas a parlamentares que votaram assuntos de interesse do governo. Todo o dinheiro passava por caixa 2, sem declaração à Receita Federal e à Justiça Eleitoral.

As CPIs relataram a identidade dos 14 maiores depositantes das contas das 11 empresas de Marcos Valério Fernandes de Souza, na maioria agências de publicidade. Depositaram nas contas bancárias de Marcos Valério 3 empresas estatais, 5 empresas privadas, 4 órgãos estaduais e 2 ministérios. Pela ordem de valor dos depósitos em milhões de reais, as empresas foram: 1) Banco do Brasil (388,03), 2) Telemig (122,31), 3) Visanet (92,19), 4) Secretaria da Fazenda do Distrito Federal (Brasília — 64,11), 5) Eletronorte (41,33), 6) Ministério do Trabalho (40,75), 7) Amazônia Celular (36,48), 8) Correios (36,08), 9) Usiminas (32,05), 10) Secretaria da Fazenda de Minas Gerais (27,04), 11) Fiat (21,05), 12) Assembleia Legislativa de Minas Gerais (16,54), 13) Ministério do Esporte (11,65) e 14) Terracap (10,10).

De acordo com notícias da imprensa, o total movimentado por Marcos Valério Fernandes de Souza, entre 1997 e 2005, perfez 2,6 bilhões de reais. O tesoureiro do Partido dos Trabalhadores, Delúbio Soares, em negociação com o publicitário Marcos Valério, definia quais políticos receberiam dinheiro do tal "mensalão", dinheiro este pago pelos bancos BMG e Rural, ou com ajuda das corretoras Bônus-Banval e Guaranhuns. Consoante a imprensa, esta deve ter sido, pelo menos, a principal rota dos recursos do "mensalão".

Da mesma forma, as CPIs apontaram os deputados federais Roberto Brant (PFL-MG) e Romeu Queiroz (PTB-MG) como recebedores de dinheiro da Usiminas, repassado por uma das agências de publicidade de Marcos Valério Fernandes de Souza, dinheiro este não declarado à Justiça Eleitoral nem à Receita Federal.

O comportamento de muitos políticos resulta de uma prática política herdada de ditaduras, de estados de sítio, de estados de emergência, de favoritismo, da miséria social, prática política baseada na ideia de que somente se enriquece com o dinheiro público.

Exemplificando: sabe-se que a campanha do PSDB ao governo de Minas Gerais, em 1998, igualmente recebeu recursos pecuniários do publicitário Marcos Valério Fernandes de Souza. Na campanha à reeleição do candidato do PSDB ao governo de Minas Gerais, Eduardo Azeredo, em 1998, conforme os jornais *O Globo* e *Folha de S.Paulo*, uma das agências de publicidade de Marcos Valério repassou mais de 1,6 milhão de reais "para ao menos 70 pessoas ligadas à coligação que apoiava a candidatura".

O Grito dos Excluídos logo se juntou aos infinitos gritos contra a corrupção. A Igreja Católica, mesmo protegendo o presidente Lula, organizou em Aparecida-SP, em setembro de 2005, a Romaria dos Trabalhadores e do Grito dos Excluídos, constituída pelas pastorais sociais, pelas comunidades eclesiais de base (CEBs), apoiada pelo Movimento dos Sem-Terra (MST), com a colaboração da Central Única dos Trabalhadores (CUT). Os manifestantes enviavam uma mensagem: "Basta de corrupção. Punição, ética, transparência — é o que nós queremos", criticando também a política econômica e o neoliberalismo.

Não somente a Igreja Católica se mobilizou contra a corrupção. A ONU (Organização das Nações Unidas), por meio do Comitê de Direitos Humanos, reunido em Genebra, na Suíça, exigiu explicações do Brasil.

A ONU quis saber quantos no Brasil já foram condenados por crimes de corrupção. O governo federal respondeu que não havia como saber quantos já foram julgados e condenados por corrupção, nem por violação aos direitos humanos. O subsecretário de Direitos Humanos na época apontou que 1.200 pessoas foram presas por corrupção, dentre elas 819 políticos, porém juntou ao esclarecimento:

"Mas não há um sistema integrado que nos permita saber quantos já foram condenados por corrupção."

O quadro de ilegalidade e de impunidade em curso no país forçou o aparecimento da ideia de "impeachment" do governo do presidente Luiz Inácio Lula da Silva, num espaço mais amplo do que o da oposição radical. Com as denúncias do desvio de 10 milhões de reais verificado no Banco do Brasil, para o caixa 2 do PT, o presidente do PMDB, deputado Michel Temer, aventou esta hipótese, dizendo:

> É preciso aprofundar as investigações, mas, uma vez comprovadas as denúncias de desvio de dinheiro público e das contas do PT no Exterior, estará aberto o caminho para um processo de impedimento.

É evidente que a presidência da República não é a principal responsável pela impunidade brasileira. Quem cria as leis e o ordenamento jurídico são a Câmara dos Deputados e o Senado Federal (Poder Legislativo). Quem aplica as leis e o ordenamento jurídico é o Poder Judiciário (STF, STJ, Tribunais e juízes). Portanto, ilegalidade e impunidade correm por conta especialmente das oportunidades criadas pelo Poder Legislativo e da lentidão do Poder Judiciário. Com tudo isto, a presidência da República deve garantir a segurança pública (federal, estadual e municipal), dentro dos melhores padrões e resultados.

Lula não deixou de dar respostas positivas, procurando vencer a situação crítica causada pela corrupção. Uma de suas providências históricas mais expressivas consistiu no pedido de desculpas em solo africano pelo "grave erro da escravidão". Em viagem à África, visitando a ilha de Gorée, no Senegal, e a Casa dos Escravos, o presidente Luiz Inácio Lula da Silva fez um pronunciamento histórico:

> Eu queria dizer ao presidente Wade, ao povo do Senegal e da África que não tenho nenhuma responsabilidade pelo que aconteceu nos séculos 16, 17 e 18, mas que é uma boa política dizer ao povo do Senegal e da África perdão pelo que fizemos aos negros.

O Brasil contava com a maior população de origem africana fora da África e essas palavras emocionadas do presidente Lula, em presença do presidente do Senegal, Abdoulaye Wade, na companhia do ministro da Cultura, Gilberto Gil, constituíram ato de respeito à dignidade negra.[11]

Em meio a suas respostas positivas visando sobrepujar o ambiente político nefasto da corrupção descoberta, também no ano de 2005, o governo do PT, por decisão do chefe de Governo, intentou a integração física da América do Sul, financiada pelo Banco Nacional de Desenvolvimento Econômico e Social (BNDES). Em suas justificativas para tal, o presidente Lula pensou na tentativa do general Simón Bolívar, que pretendeu unificar os países da região no século XIX, esclarecendo durante cerimônia de formatura da nova turma de diplomatas, no Itamaraty:

> Estamos tentando conduzir, através de uma política de financiamento do BNDES, aquilo que Bolívar tentou fazer com a espada e outros pela luta.

Nessa cerimônia de formatura da nova turma de diplomatas, no Itamaraty, o ministro das Relações Exteriores, Celso Amorim, aproveitou a ocasião para defender a política externa, afirmando que o governo estava "caminhando na direção correta", e mais:

> O Brasil é um interlocutor importante em assuntos que vão da reforma das Nações Unidas à integração regional. (...) Frequentemente (a imprensa) imputa motivações de natureza ideológica à política externa, como se ela tivesse sido tomada de assalto por certos partidos.

O Núcleo de Assuntos Estratégicos (NAE) da Presidência da República preparou o Projeto Brasil 3 Tempos, em 2005, cuja finalidade estava em estipular objetivos a serem atingidos pelo país em 2007, 2015 e 2022, abarcando as reformas políticas, trabalhista, tributária e previdenciária, além da universalização da educação básica até 2022, quando cada brasileiro permanecerá 11 anos na escola. Tal Projeto buscava igualmente o aumento de investimentos públicos e privados em ciência, tecnologia e inovação.

Este Projeto Brasil 3 Tempos continha:

1) Dimensão institucional:

- A reforma política deveria fortificar os partidos políticos e ampliar a responsabilidade dos parlamentares;
- A reforma do sistema judiciário queria dar mais eficácia e agilidade à Justiça;
- A reforma tributária deveria desonerar a produção;
- A reforma trabalhista fortaleceria a negociação nas relações de trabalho.

2) Dimensão econômica:

- Redução do gasto público dos atuais 40% do Produto Interno Bruto (PIB) para aproximadamente 25% do PIB em 2022;
- Elevação da poupança nacional para 23% do PIB;
- Manutenção da inflação sob controle;
- Elevação das exportações, para que o Brasil exporte 3% do valor das exportações mundiais em 2022.

3) Dimensão sociocultural:

- Redução pela metade dos atuais índices de criminalidade e violência;
- Crescimento do nível de emprego à taxa superior a 2% ao ano;
- Redução da desigualdade social visando a situar o Brasil entre os 70 primeiros países do mundo, até 2022, segundo o Índice Gini.

A REPÚBLICA BRASILEIRA — 1951–2010

4) Dimensão territorial:

- Reordenamento do território brasileiro, contribuindo para a construção de uma federação mais equilibrada;
- Alteração da matriz brasileira de combustíveis, para que os biocombustíveis e o gás natural passassem a representar, ao menos, 30% da matriz brasileira, até 2022;
- Alteração da matriz brasileira de transporte de carga, com o modal rodoviário cedendo lugar ao ferroviário e ao marítimo/hidroviário.

5) Dimensão do conhecimento:

- Universalizar a educação básica, fazendo com que cada criança permaneça na escola por, pelo menos, 11 anos;
- Ampliar o acesso ao ensino superior, chegando a incluir 40% da população, na faixa entre 19 e 24 anos, neste ensino, até 2022;
- Aumentar os investimentos públicos e privados em Ciência, Tecnologia e Inovação, atingindo perto de 3% do PIB em 2022.

6) Dimensão global:

- Concluir a integração do Mercosul;
- Concretizar a Alca, num quadro de equilíbrio para os interesses brasileiros;
- Criar o bloco político-econômico da América do Sul.

7) Dimensão ambiental:

- O Brasil deve contar, em 2022, com cerca de 20% do mercado mundial de créditos carbono.[12]

A falência do Poder Legislativo, 3º ato?

Em diversos pontos o Congresso Nacional persistiu no funcionamento impopular, como demonstraram acontecimentos sucedidos nele, implicando senadores e deputados federais. Exemplos de práticas políticas condenáveis eram:

1) A renúncia ao mandato representativo livrava da cassação do mandato representativo os congressistas acusados de irregularidade pelos seus colegas. Em janeiro de 2003 o deputado federal Pinheiro Landim (sem partido-CE) livrou-se da cassação do mandato, evitando sua inelegibilidade por 8 anos, permitindo-lhe, por outro lado, concorrer na eleição seguinte. Bastava que o relatório do corregedor da Câmara Federal ou do Senado indicasse a abertura do processo de cassação de um de seus membros para que este renunciasse.

2) Um dos fatos modelares no tocante à renúncia do mandato representativo no Congresso Nacional, com a finalidade de escapar de sua cassação, aconteceu com o presidente da Câmara Federal, Severino Cavalcanti (PP-PE). Ele renunciou ao mandato depois de perder as condições políticas de continuar como deputado federal, em razão de ter sido acusado de cobrar propina para renovar contrato de concessão de restaurantes. Após a apresentação de prova de corrupção pelo empresário, o então presidente da Câmara Federal, Severino Cavalcanti, livrou-se da cassação de seu mandato de legislador por meio da sua renúncia, explicando:

> Voltarei. O povo me absolverá. O povo pernambucano mais uma vez não me faltará.
>
> (...) A elitezinha, essa que não quer jamais largar o osso, insuflou contra mim seus cães de guerra.
>
> (...) Não vou curvar-me à pressão dos poderosos. Não vou me render às necessidades da mídia, que me tem ultrajado com manchetes mentirosas.

A REPÚBLICA BRASILEIRA — 1951-2010   729

3) Embora os Códigos de Ética no Congresso Nacional proibissem que parlamentares relatassem matéria favorável a seus financiadores de campanha eleitoral, foi possível constatar a existência de "lobby" parlamentar. As doações financeiras para as campanhas de 1998 e de 2002 denunciaram que parlamentares responsáveis pela relatoria de determinados projetos receberam contribuições de setores e empresas beneficiados pelos seus pareceres. Verificou-se a ação de "lobby" parlamentar no sistema financeiro, no setor de medicamentos, no setor de armamentos e setor de futebol (CBF).

4) Em agosto de 2003, o presidente do Conselho de Ética e Decoro Parlamentar solicitava que a Mesa da Câmara Federal expedisse um "decreto (ato) imediatamente" impossibilitando o uso político dos Cargos de Natureza Especial (CNEs), porque estes funcionários destinados a funções técnicas e administrativas estavam trabalhando nos escritórios políticos das bases eleitorais de deputados. Na época eram 1.960 funcionários contratados sem concurso público, tendo causado despesa, em 2003, de 97 milhões de reais em salários.

5) Em 2001, a Mesa da Câmara Federal concedeu aos deputados o acréscimo de despesas correspondentes ao salário extra recebido devido à sessão extraordinária. Tais gastos com aluguel de escritórios e material, combustíveis, transportes e locomoção, deveriam ser empregados apenas no exercício do mandato parlamentar. No entanto, a própria Câmara dos Deputados divulgou que "boa parte deles [desses gastos] são eleitoreiros e não atendem aos requisitos legais", e em fevereiro de 2004 noticiou-se que várias das despesas ultrapassaram a verba para consumo de combustíveis.

6) Por meio de emenda à Constituição do Estado de São Paulo, os deputados estaduais mudaram as regras para dificultar as suas próprias cassações, permitindo que fossem dificultadas também as cassações de vereadores paulistas. Pela mencionada emenda, a perda do mandato dos deputados estaduais no Estado de São Paulo somente ocorreria se o parlamentar sofresse condenação criminal transitada em julgado, isto é, quando esgotados os recursos judiciais, em crimes

de reclusão, apenas relacionados à quebra de decoro parlamentar, como abuso de poder ou corrupção.

7) O Poder Legislativo consumiu muito tempo trabalhando para o Poder Executivo e demonstrou pouca iniciativa, apesar deste quase sempre contar com maioria parlamentar no Congresso Nacional. Isso porque os congressistas deveriam votar as Medidas Provisórias editadas pelo presidente da República. Entre fevereiro de 2003 e abril de 2004, o Congresso tornou lei, 73 propostas, sendo 67 delas (91,7%) iniciativas do Executivo e somente 6 (8,3%) de autoria do Legislativo. Das 73 propostas transformadas em lei, pelo menos 53 eram medidas provisórias. No entanto, a dependência do Poder Legislativo em relação ao Poder Executivo não tem sido irrestrita. Os congressistas em geral dão atenção e discutem o valor do salário mínimo e a atualização da tabela do Imposto de Renda da Pessoa Física, dentre outros assuntos oriundos do governo.

8) O Poder Legislativo apresentou, em determinado momento do primeiro governo Lula, o salário médio de seus funcionários em torno de 9 mil reais. A despesa do Congresso Nacional com o pagamento de seus servidores aumentou 229% de 1995 em diante, segundo dados da Secretaria de Orçamento Federal. Extraindo a inflação do período, o aumento real da despesa foi de 64%, ao passo que no Poder Executivo não ultrapassou 12%. O descompasso entre os salários de cada Poder derivou da autonomia do Judiciário e do Legislativo para decidir sobre sua despesa, bem como do fato de ambos, Judiciário e Legislativo, terem concedido vantagens salariais superiores.

9) No Aeroporto de Congonhas em São Paulo, no dia 8 de julho de 2005, o passageiro José Adalberto Vieira da Silva estava embarcando com destino a Fortaleza, quando foi surpreendido com 209 mil reais na mala e 100 mil dólares dentro da cueca. Conforme notícia do flagrante, "constatou-se em seguida que ele era assessor do líder petista na Assembleia Legislativa do Ceará — deputado José Nobre Guimarães, membro do diretório nacional do PT e irmão do presidente nacional da legenda, José Genoino".[13]

A REPÚBLICA BRASILEIRA — 1951–2010

10) Em três anos e meio de governo Lula (de 2003 a 2006), foram aprovadas 110 emissoras educativas, aproximadamente um terço delas a fundações ligadas a políticos.

Verifique-se exemplo de distribuição de TVs e rádios FM:

Deputados e ex-deputados federais: 1 televisão e 6 rádios FM;

Senadores e ex-senadores: 3 rádios FM;

Deputados e ex-deputados estaduais: 3 rádios FM;

Prefeitos e ex-prefeitos: 4 TVs e 9 rádios FM;

Vice-prefeito: 2 rádios FM;

Vereador: 1 rádio FM;

Ex-presidente municipal do PSDB: 1 rádio FM.

11) O Supremo Tribunal Federal (STF) possui competência de julgar ações contra presidentes da República, senadores, deputados federais e ministros. Os processos são demorados não só em razão de sua quantidade, como devido às questões desimportantes que entulham a pauta do STF. Por exemplo: em 2007, "no nome do deputado federal Paulo Maluf (PP-SP) — como réu e autor — havia processos por 10 tipos de crimes: entre agravos de instrumento, *habeas corpus* e recursos extraordinários, eram 86 ações".

Consoante investigação realizada pelo jornal *O Estado de S. Paulo* em 2007, de 513 parlamentares, 268 deputados federais em exercício tinham processos no STF.

Esses 268 parlamentares eram acusados de 387 crimes, com 36 tipificações. Deve-se lembrar sobretudo que não se consideravam processos movidos pelos próprios deputados e que não se levavam em conta os deputados daquela legislatura acusados no "mensalão" e nos "sanguessugas", porque os processos não especificavam por quais crimes respondiam.

12) O presidente do Senado Federal, Renan Calheiros (PMDB--AL), tornou-se acusado de ter despesas pessoais pagas por um lobista da empreiteira Mendes Júnior, beneficiada por uma emenda constitu-

cional proposta por Renan. Passados quatro meses, o Senado absolveu o senador por 40 votos a 35, e seis abstenções, mantendo seu mandato. Mesmo com a dimensão ética da acusação feita ao presidente do Senado Federal, estranhamente disse Calheiros: "O resultado da votação de hoje é uma vitória da democracia. Não guardo ressentimentos, nem mágoa. O único sentimento que me move é o do entendimento e do diálogo com os líderes."

13) Em meados de 2008, a Assembleia Legislativa do Estado do Rio de Janeiro manquejava em termos de credibilidade e respeito, enfrentando talvez a maior crise de sua história recente. Dos seus 70 deputados, 33 estavam na mira do Ministério Público Estadual, do Tribunal de Justiça, do Tribunal de Contas do Estado do Rio de Janeiro e do Tribunal Regional Eleitoral. Havia variadas acusações: estelionato, improbidade, formação de quadrilha e homicídio. Em 2008, 14 deputados estaduais do Rio de Janeiro foram incriminados de envolvimento na contratação de fantasmas para desviar benefícios, de envolvimento em milícia, em homicídio ou em lavagem de dinheiro. Disso tudo, na ocasião tinham sido cassados dois mandatos de deputado e libertado o preso "por iniciativa dos colegas".

14) Ainda em 2008, uma força-tarefa da Polícia Federal, a Polícia Civil e a Força Nacional promoveram a Operação Ressugere (Ressurreição, em latim) em Alagoas, para prender os deputados estaduais Antônio Albuquerque (sem partido), Cícero Ferro (PMN) e João Beltrão (PMN — então foragido). Afastados do mandato por decisão judicial, acusados de envolvimento no desvio de mais de 280 milhões do Poder Legislativo alagoano, tiveram prisão temporária decretada por crimes ligados à pistolagem, à formação de quadrilha, acusados de participar de dois crimes de mando.

15) Um editorial do jornal *O Estado de S.Paulo*, de 22 de junho de 2008, evidencia para todos os brasileiros o funcionamento do Poder Legislativo no Brasil, intitulado Coisas do Parlamento, conforme os seguintes trechos:

A REPÚBLICA BRASILEIRA — 1951-2010

Um estudioso que se dedicasse a pesquisar, pelas democracias do mundo, as características próprias dos Parlamentos, com certeza detectaria **três originalidades do Legislativo brasileiro**.

Verificaria, logo de saída, que, ao contrário do que acontece nas Casas legislativas de outros países, onde os parlamentares, sempre sentados em seus lugares, ouvem os colegas que falam da tribuna, sem conversas paralelas, **no Parlamento brasileiro ninguém fica sentado. Os parlamentares se aglomeram no centro do plenário, formam rodinhas de conversas, falam em seus celulares e, a não ser em sessões excepcionais (como as de cassação de mandato), demonstram nem estar ouvindo o orador do momento. Até os presidentes das Casas, aos quais são dirigidos os pronunciamentos, muitas vezes se mostram inteiramente voltados para conversas com seus auxiliares, ou sabe-se lá com quem, em seus celulares**.

A segunda característica do exclusivo Parlamento caboclo — (...) são as frequentes, insistentes, irrelevantes, insignificantes homenagens. A única atividade em que o Senado da República tem sido pródigo é na realização de sessões comemorativas, ou homenageantes, com uma média de três por semana.

(...) **E aqui chegamos à terceira característica exclusiva do Parlamento nacional: trata-se, indiscutivelmente, de um recordista mundial de recessos**. Depois de quase dois meses dedicados a votar medidas provisórias e a indicação — sempre algo de iniciativa do governo — de embaixadores e autoridades, o Senador vai parar. O presidente... anunciou que os líderes decidiram adotar o recesso branco na semana que vem. Assim, não haverá votações nem desconto no salário dos ausentes. [negritos meus]

16) **De novo: Fernando Collor de Mello**. Em junho de 2009, o jornal *Brasil Agora*, servindo-se de notícia originada na *Folha de S.Paulo*, informava que o senador e ex-presidente Fernando Collor de Mello (PTB-AL) não empregava a verba indenizatória como deveria, ou melhor, não usava a verba indenizatória em apoio ao serviço público do parlamentar. Pelo contrário, Collor de Mello se utilizava da

verba indenizatória para pagar a segurança privada da Casa da Dinda e para comprar refeições para sua residência. As conhecidas quentinhas enviadas ao lar do ex-presidente Collor variavam em número, conforme o dia.

17) Devido às críticas dos parlamentares à proibição de que seus familiares usufruíssem de passagens aéreas, o então presidente da Câmara Federal, deputado Michel Temer (PMDB-SP), decidiu levar ao plenário a fim de decidir a responsabilidade de resolver sobre o uso da cota de passagens aéreas. Anteriormente, o uso destas cotas de passagens aéreas era decidido somente pela Mesa Diretora da Câmara Federal. Consta que o deputado federal do PT, pelo Maranhão, Domingos Dutra alegara:

> Daqui a pouco estarei andando de jegue, morando em casa de palafita e mandando mensagem por pombo-correio.

Até parecia que esse Domingos Dutra não representasse os que andam de jegue e moram em palafita! Esta é a maior prova de que é imprescindível mudar a forma de representação política no Brasil, incluindo o mandato revogável. Outra reclamação do deputado federal Jovair Arantes (PTB-GO) ratifica a necessidade urgente de implantar o mandato revogável:

> Não posso mais trazer minha filha para dormir comigo?

Enquanto isso, em 83 dias a Câmara dos Deputados aprovou quatro projetos de lei, apreciou 12 medidas provisórias e só duas sessões não foram obstruídas por Medida Provisória.

18) O Senado Federal embaraçou-se ao examinar o seu número de diretorias e admitir que servidores ganhavam mais de 35 mil reais de salário, em março de 2009. A direção do Senado informou que, dos 181 cargos de diretor listados anteriormente, exclusivamente 38 eram de fato desta Casa do Congresso Nacional. Os demais 143 desses cargos estavam ocupados com subsecretários, coordenadores, secretários adjuntos que

A REPÚBLICA BRASILEIRA — 1951–2010 735

gozavam do "status" de diretor, recebiam como diretor, mas não exerciam essa função na prática. Na reunião de líderes com o presidente do Senado, José Sarney (PMDB-AP), e com o primeiro-secretário, Heráclito Fortes (DEM-PI), foi anunciado que, em 20 dias, o propósito era ter um novo organograma, mantendo, desses 38 diretores, no máximo 20.

19) Para se tornar um ex-senador e ter direito a usar pelo resto da vida o sistema de saúde bancado pelos cofres públicos bastava ocupar o cargo por apenas 6 meses. E melhorou, porque antes de 1995, para ter direito a usar pelo resto da vida o sistema de saúde do Senado Federal, bastava ter ficado na suplência por apenas um dia.

Em 2009, os 81 senadores da ativa e os 310 ex-senadores e seus pensionistas usufruíam de um sistema privilegiado de saúde que consumia perto de 17 milhões de reais por ano.

20) Também no ano de 2009, o Conselho de Ética da Câmara dos Deputados destituiu o deputado Sérgio Moraes (PTB-RS) da relatoria do processo contra o ex-corregedor da Câmara, Edmar Moreira (sem partido-MG), que disse se "lixar" para a opinião pública e não vê motivos para condenar Moreira.

21) Atos Secretos: em junho de 2009, em discurso, o presidente do Senado Federal, José Sarney, procurou dividir responsabilidades com os senadores relativamente a estes atos. Os denominados atos secretos consistiram em nomeações e medidas administrativas que não foram publicadas na intranet do Senado. Entre 1995 e março de 2009, editaram-se 663 atos secretos, período em que Agaciel Maia exerceu o cargo de diretor-geral do Senado Federal.

Porém discursou José Sarney:

> A crise do senado não é minha; a crise é do Senado. É esta instituição que devemos preservar, tanto quanto qualquer um aqui. Ninguém tem mais interesse nisso do que eu, até porque aceitei ser presidente.

Um movimento popular incluindo uma faxina para retirar a sujeira, defronte o Congresso Nacional, fez parte da pressão em favor da "Ficha Limpa". Em 4 de maio de 2010, a Câmara dos Deputados aprovou o projeto de lei "Ficha Limpa", cujo texto original foi proposto pelo Movimento de Combate à Corrupção Eleitoral, que recebeu mais de 2 milhões de assinaturas, coletadas por entidades como a Conferência Nacional dos Bispos do Brasil (CNBB). No dia 4 de junho de 2010, o presidente Lula da Silva sancionou a Lei da "Ficha Limpa", sem vetos, que serve de obstáculo à candidatura de pessoas condenadas na Justiça por um colegiado, mais de um juiz.

Por conseguinte, ficavam impossibilitados de candidatar-se os condenados por uma decisão colegiada. Ademais, também estavam impedidos de candidatar-se aqueles que renunciarem ao mandato a fim de evitar cassação dos direitos; que praticarem estupro, homicídios, crimes contra o meio ambiente, contra a economia popular, contra a fé pública, contra o patrimônio público, contra o mercado financeiro, tráfico de entorpecentes e crimes eleitorais.

Rumo às eleições de 2006

Em meados de novembro de 2005, Lula anunciou pela 1ª vez que iria disputar a reeleição para presidente da República. Em entrevista, Lula da Silva asseverou:

> (...) Gosto do debate, adoro o debate, gosto de polêmica, porque o povo vai se politizando, vai aprendendo. E vou sim disputar as eleições.
> (...) Eu vou repetir, se tiver que disputar as eleições outra vez, tenho material de sobra para mostrar a diferença do Brasil de 2006 para o Brasil de 2002, para o Brasil de 2000 e tantos anos que a gente queira comparar.
> (...) Eu leio pelo menos seis jornais por dia, leio três revistas, ouço noticiário, e o que eu tenho visto são as pessoas condenarem, a priori, o José Dirceu. Eu tenho visto as pessoas dizerem que o José Dirceu vai ter que ser punido, que não tem como ficar lá. E eu fico me perguntan-

A REPÚBLICA BRASILEIRA — 1951–2010

do qual o crime que José Dirceu cometeu? Porque, até agora, se você colocar todas as denúncias contra o José Dirceu em uma prensa, apertar, não vai sair uma gota, porque não tem.

Pouco antes das eleições de 2006, nas quais o presidente Luiz Inácio Lula da Silva se candidataria, eclodiu o tal dossiê Vedoin. Como se tem visto, não é incomum o aparecimento de escândalos no Brasil particularmente em período eleitoral.

Segundo informações disponíveis na época, Jorge Lorenzetti, ex-chefe do serviço de inteligência da campanha de Lula, "assumiu a responsabilidade pela operação destinada a comprar e divulgar um dossiê contra os tucanos montado pelos empresários Luiz Antônio e Darci Vedoin". Destinava-se o dossiê a ajudar na campanha do candidato Aloizio Mercadante ao governo do Estado de São Paulo, e dois enviados por Lorenzetti, para avaliá-lo, foram presos com 1,75 milhão de reais presumivelmente para Vedoin.

A crise brotada do dossiê Vedoin fez com que Lula mais uma vez viesse a defender seu mandato, com palavras extremadas:

> É preciso ficar de olho, porque tem gente neste país que ainda não aprendeu a viver na democracia. Tem gente neste país que falou: "Vamos deixar o operário entrar, ele não vai dar certo e depois a gente volta com toda a força". Só que os números mostram que nós demos mais certo do que eles e eles agora estão ansiosos para ver se existem outros meios, que não é da relação democrática da eleição, para evitar que as pessoas dirijam este país.
>
> (...) Eu quero saber de onde veio o dinheiro, sim; eu quero saber toda a tramoia que houve, mas sobretudo eu quero saber que diabo de conteúdo que há nesse dossiê, que pessoas cometeram a enroscada que cometeram. Que arapuca que é essa, em que as pessoas se meteram, se entrelaçaram por causa de um dossiê.

Em agosto de 2006, menos de dois meses das eleições presidenciais de 2006, acumulando denúncias, desencontros e adversidades com o

Partido dos Trabalhadores, o presidente Lula atingiu 50% das intenções do eleitorado e o principal oponente alcançou 27% dos votos, pela pesquisa Datafolha. Por tal pesquisa, o presidente venceria as eleições no primeiro turno.

Pesquisa do Ibope realizada a 19 dias da eleição: Lula possuía 50% da intenções de voto, contra 29% de Geraldo Alckmin, do PSDB. Igualmente nesta pesquisa, o presidente seria reeleito no primeiro turno, impulsionado pelos índices de aprovação do eleitorado mais pobre e menos escolarizado, de modo particular na região Nordeste do país.

O **programa de governo do presidente Luiz Inácio Lula da Silva em 2006**, ao ser comparado com o de 2002, mostrava-se mais generalizante em suas metas, particularmente nas principais delas:

Crescimento:

2002: O Brasil deveria "crescer em torno de 7% ao ano";

2006: "Crescimento mais acelerado da economia — bem acima dos níveis atuais — com preços estabilizados, equilíbrio fiscal..."

Ajuste fiscal:

2002: "Evitar que se consolide uma nova armadilha no país, aquela que estabiliza, mas impede o crescimento. Nosso governo vai preservar o superávit primário."

2006: "A continuidade da redução das taxas de juros ajudará a diminuir a dívida pública."

Emprego:

2002: "É preciso criar 10 milhões de empregos..."

2006: "Ampliará as oportunidades de emprego, trabalho e renda..."

Reforma agrária:

2002: "Aceleração do processo de reforma agrária e um programa de recuperação dos assentamentos já efetuados é indispensável para aumentar o emprego na agricultura."

2006: "Dar continuidade ao Plano Nacional de Reforma Agrária, mantendo a prioridade de implantar assentamentos com qualidade, recuperar os existentes, regularizar o crédito fundiário."

Dos outros candidatos às eleições presidenciais de 2006, Geraldo Alckmin gozava de superior destaque por ter sido governador do estado de São Paulo, pertencendo ao MDB e, depois, ao PSDB. Baseou inicialmente sua liderança no vale do Paraíba, estendendo-a em seguida ao estado inteiro. Dois meses antes do prazo de desincompatibilização, Alckmin deixou o governo do estado para concorrer à presidência da República, pelo PSDB, um partido cheio de candidatos a candidatos. Ao desincompatibilizar-se com o cargo de governador, Alckmin recebia avaliação positiva de 65% dos entrevistados paulistas, de acordo com o Ibope.

Os demais candidatos à presidência da República, possuidores de maior evidência, representavam o PSOL e o PDT, respectivamente a senadora Heloísa Helena e o senador Cristovam Buarque.

Eleita senadora por Alagoas em 1998, Heloísa Helena tornou-se líder do Partido dos Trabalhadores e da oposição no Senado em 2000. Em 2003 foi expulsa do PT por votar contra as determinações do partido no Congresso Nacional e em 6 de julho de 2004 participou da fundação do PSOL (Partido Socialismo e Liberdade), tendo sido em 2006 a primeira mulher a disputar eleição presidencial no Brasil. De sua parte, Cristovam Buarque, candidato à presidência da República pelo PDT (Partido Democrático Trabalhista), fora antes governador do Distrito Federal (Brasília), eleito pelo PT. Em 2002, elegeu-se senador e em 2005 transferiu-se ao PDT, convertendo-se em 2006 candidato à presidência por este partido.

Um artigo maroto da publicação alemã *Der Spiegel*, datado de 31 de outubro de 2006, intitulado "Lula: herói da classe trabalhadora e queridinho de Wall Street", apesar dos pesares, traz algumas notícias mais completas. Afirmou *Der Spiegel*:

Apesar das acusações de corrupção, os pobres o amam. No último domingo, esse apoio se traduziu em uma vitória eleitoral esmagadora do presidente brasileiro Lula da Silva. E ele agora está pensando em reformas.

(...) A "Batalha do Jobi" [no Rio de Janeiro, entre petistas e opositores] ... parece a princípio ser apenas um episódio bizarro da campanha. Mas ele também ilustra uma tendência perigosa no conflito político que ocorre no Brasil: o maior país da América Latina está mais dividido do que nunca. "A vitória é do Brasil" foi o slogan da camiseta usada por Lula quando ele apareceu para a imprensa na noite do domingo, após a sua acachapante vitória com 61% dos votos. Lula quer fechar a fissura que foi aberta pela campanha eleitoral.

(...) O ex-governador de São Paulo, um rígido tecnocrata e seguidor do Opus Dei, surpreendeu muita gente ao levar o adversário para um segundo turno. No entanto, na segunda etapa a impressão que se teve foi a de que os argumentos de Alckmin se esgotaram. Ninguém ganha uma eleição no Brasil somente com alegações de corrupção, especialmente contra o carismático Lula. Os pobres idolatram o presidente quase que como um santo. No presidente ex-engraxate e ex-camelô eles enxergam um membro da própria classe social.

(...) E ele não os desapontou. Milhões de pobres brasileiros foram capazes de se deslocar para a classe média baixa durante o governo de Lula, e a injusta desigualdade de renda — somente alguns países africanos apresentam uma desigualdade maior entre pobres e ricos do que o Brasil — foi reduzida durante o período em que ele ocupou a presidência. Agora Lula está colhendo as recompensas advindas da sua política econômica ortodoxa. A inflação está sob controle e a moeda brasileira, o real, nunca esteve tão forte. Alckmin pareceu não oferecer alternativas convincentes no que diz respeito às políticas econômica e social. E isso ficou bastante evidente nas urnas. Até mesmo Wall Street torcia por uma vitória de Lula. Os bancos jamais ganharam tanto dinheiro quanto durante o seu governo, e a Bolsa de Valores de São Paulo bateu recordes atrás de recordes.

(...) Com as suas políticas orçamentárias rígidas o seu governo foi capaz de criar as condições para uma redução das taxas de juros. Essa redu-

A REPÚBLICA BRASILEIRA — 1951–2010 741

ção foi especialmente benéfica para os pobres. Eles fazem a maior parte das suas compras a prestação. Ao mesmo tempo, Lula disponibilizou dinheiro para investimentos em amplos programas sociais. No Norte e no Nordeste, cidades inteiras vivem atualmente do "Bolsa Família", um programa social.

(...) "Pela primeira vez os pobres têm mais nos pratos e nos bolsos", gabou-se Lula no seu discurso de vitória em São Paulo.[14]

Assim, no primeiro turno das eleições de 1 de outubro de 2006, o presidente Luiz Inácio Lula da Silva do PT (Partido dos Trabalhadores) obteve 48,61% dos votos, vencendo o concorrente mais próximo, Geraldo Alckmin do PSDB (Partido da Social Democracia Brasileira), com 41,64% de votos válidos. A Câmara Federal renovou-se em pouco menos da metade de seus componentes. Dos 21 partidos que elegeram deputados federais, somente sete partidos superaram a cláusula de barreira, que exigia 5% dos votos válidos para a Câmara Federal: PMDB, PT, PFL, PSDB, PP, PTB e PSB. No Senado Federal, os partidos de oposição ao PT, casos do PFL e PSDB, levaram vantagem.

O presidente Luiz Inácio Lula da Silva foi reeleito em 29 de outubro de 2006 para o segundo mandato de 4 anos, a encerrar-se em 31 de dezembro de 2010. Deve ser lembrado que ele representou o primeiro presidente da história do Brasil na condição líder de um partido de esquerda, o primeiro operário e o primeiro sem diploma universitário. Em sua reeleição, atingiu em números absolutos 58,3 milhões de votos, contra 37,5 milhões dados a Geraldo Alckmin.

Como presidente reeleito, Lula declarou em primeiro pronunciamento:

... Eu penso que tudo isso me dá a segurança de dizer a vocês que vamos fazer um segundo mandato muito melhor do que fizemos o primeiro. (...) Continuaremos a governar o Brasil para todos, mas continuaremos a dar mais atenção aos mais necessitados. Os pobres terão preferência no nosso governo. As regiões mais empobrecidas terão no nosso governo uma atenção ainda maior, porque nós queremos tornar o Brasil mais equânime.

(...) Eu disse a vocês que nós manteremos uma política fiscal dura, porque eu aprendi, não na faculdade de economia, como os meus companheiros aprenderam, eu aprendi na vida cotidiana que a gente não pode gastar mais do que a gente ganha, porque senão um dia a gente vai se endividar de tal ordem que a gente não pode pagar a dívida que contraiu. Mas ao mesmo tempo eu tenho a convicção de que a solução dos problemas brasileiros não é mais fazer o povo sofrer com ajustes pesados que terminem caindo em cima do povo, mas que a solução está no crescimento da economia, no crescimento da distribuição de renda.

Logo após, o presidente reeleito se apresentou na TV, em 31 de outubro de 2006, manifestando-se:

... É preciso agilizar a votação de matérias importantes que já estão no Congresso, como o Fundo Nacional de Educação Básica, que vai aumentar em dez vezes os recursos para o ensino básico; a lei geral da micro e pequena empresa, que vai diminuir impostos e a burocracia para o empreendedor; e a reforma tributária que vai tornar mais justa a cobrança de tributos e reforçar o equilíbrio federativo. É necessário, igualmente, criar um clima de profunda responsabilidade republicana para a discussão e votação de reformas importantes, a começar pela reforma política.

(...) No que depender de mim, vou acelerar a solução de todas as pendências e estimular democraticamente os outros poderes a fazerem o mesmo. Continuarei empenhado em que os órgãos de investigação e da Justiça apurem todas as denúncias de corrupção e que os verdadeiros culpados sejam exemplarmente punidos.

Quando da sua diplomação como presidente da República, Lula chora como em 2002, falando, porém:

... Em momentos muito difíceis, o povo mais humilde do Brasil deu um exemplo ao Brasil. O povo mais humilde não precisou de intermediário para dizer a ele o que fazer nesse processo eleitoral. Ele assumiu a responsabilidade de dizer a ele o que fazer nesse processo eleitoral. Ele assumiu a responsabilidade de dizer em alto e bom som: eu quero votar do jeito que sei votar. E foi isso que garantiu a vitória de Zé Alencar e de Lula. Por isso, a nossa responsabilidade é muito maior.

O aparelho de Estado sofria no período uma metamorfose que envolvia especialmente as prefeituras municipais. Conforme dados do IBGE (Instituto Brasileiro de Geografia e Estatística), o número de servidores municipais cresceu 38,8% em seis anos, e 5,4% de 2004 a 2005. Quer dizer: em apenas um ano — 2005 — as prefeituras expandiram em 246.023 seu quadro de servidores. A tal expansão se somou o crescimento dos contratados sem vínculo formal (sem registro) — mais de 80% —, caindo o número de admitidos com carteira assinada em mais de 35%. Um economista e geógrafo do Instituto Brasileiro de Administração Municipal (Ibam) observava: "São muitos os encargos colocados sobre os municípios, principalmente nas guardas municipais e outros serviços que demandam muita gente, como os da área de saúde."

O IBGE também constatou que o transporte coletivo por vans, em 2005, se alastrava por mais da metade dos municípios brasileiros. Em 2.911 cidades (52,31% das prefeituras) essas vans estavam presentes. Foi constatado ainda pelo IBGE que 19,3% das cidades tinham ônibus operando sem regulamentação. No Brasil de 2005, outra forma alternativa de deslocamento nas cidades era o mototáxi: 47,12% dos municípios (2.622 deles) possuíam este tipo de serviço.

O emprego público, de alguma maneira, sempre consistiu no que se poderia ver como "uma oferta divina" para todos aqueles brasileiros não alçados à vida burguesa. Em termos gerais, o seu projeto pessoal não se situa ou não se situou na dedicação do servidor público ao bem público, mas antes se situa ou se situou em ter comportamento aleatório, errático, quase sempre distante dos objetivos da administração pública. Daí a importância do "quem indica" (QI), do político, do mandão local etc., da esfinge capaz de enquadrar na legislação de funcionário público e afastar da legislação privada do trabalhador. Notava um empregado público: "Tentei o concurso em primeiro lugar pela estabilidade. Como legítimo representante da classe média, tenho de admitir que é o que todos procuramos. Mas além disso, na minha área, o setor público é mesmo o melhor campo. Os salários são bem superiores ao que se paga à categoria na iniciativa privada."

O gerenciamento municipal demonstra que existia nos municípios a relação "abundância e desperdício", pois os 10 municípios que mais gastavam com a Câmara de Vereadores estavam entre os 22 com maior receita por habitante em 2005. De acordo com a Execução Orçamentária dos Municípios, da Secretaria do Tesouro Nacional, pode-se exemplificar: 1) Paulínia (SP); 2) São Francisco do Conde (BA); 3) Novo Santo Antônio (MT); 4) Quissamã (RJ); 5) Lagoa Santa (GO); 6) Madre de Deus (BA); 7) Santo Antônio do Leste (MT); 8) Alcinópolis (MS); 9) Santa Rita do Trivelato (MT); 12) Triunfo (RS).

A Controladoria Geral da União (CGU) traça "um retrato alarmante do país, indicando que a corrupção estava enraizada nas estruturas de poder local espalhadas de norte a sul". Para a CGU, 3 em cada 4 prefeituras brasileiras — ou seja: 77% — praticam graves irregularidades. O desvio de recursos públicos, por vezes, é feito de forma às claras, aos olhos da população. Consoante a CGU, órgão de controle do governo federal destinado a fiscalizar as verbas da União aplicadas nos municípios, foram descobertos centenas de casos de licitações manipuladas, de falsificação de notas fiscais e de prefeitos que contratam empresas de parentes para executar serviços para o município. Em 2006, informações oficiais apontavam oito estados em que 100% das prefeituras fiscalizadas apontavam graves problemas: Alagoas, Amazonas, Amapá, Ceará, Piauí, Sergipe, Rondônia e Roraima.

Malgrado tudo isso, um brasileiro foi para o espaço literalmente. O tenente-coronel Marcos César Pontes tornou-se o primeiro brasileiro a ir ao espaço. A nave Soyuz TMA-8, que levou ainda um russo e um americano, levou igualmente o tenente-coronel por 10 milhões de

A REPÚBLICA BRASILEIRA — 1951–2010

dólares pagos pelo governo federal. Nem a este custo, a maior parte da população do país tomou conhecimento da viagem sideral.[15]

A segunda posse de Luiz Inácio Lula da Silva

O contexto político no Brasil exibia extraordinária barafunda no que diz respeito aos interesses subsistentes na sociedade. As classes sociais, de modo geral, sentiam-se vitoriosas com a reeleição de Lula, seja trabalhadores, seja patrões (uma parte importante de banqueiros e das grandes multinacionais). O presidente da República chegou a reclamar em 18 de setembro de 2006: "A única frustração que tenho é que os ricos não estejam votando em mim. Sabe? Porque ganharam dinheiro como ninguém no meu governo."

No dia 1º de janeiro de 2007, o presidente Luiz Inácio Lula da Silva assumiu seu segundo mandato presidencial, juntamente com o vice-presidente, José Alencar. O governador José Serra, em sua posse em São Paulo, criticou a política econômica federal e disse que o país vivia uma crise moral.

A carga tributária no país bateu novo recorde em 2006, tocando a 823 bilhões de reais, isto é: 39,69% do Produto Interno Bruto (PIB). Estudo divulgado pela Confederação Nacional dos Municípios (CNM) anunciava que, nos últimos 6 anos (de 2001 a 2006), "a soma de tributos extraídos da sociedade não parou de crescer, aumentando 6,94 pontos porcentuais do PIB — 5,06 na União, 1,46 nos Estados e 0,42 na esfera municipal". Assegurava o aludido estudo que, "dos 823 bilhões de reais arrecadados em 2006, 562,9 bilhões foram coletados pelo governo federal. Do total, 92,8 bilhões de reais foram redistribuídos para Estados e municípios, segundo o Tesouro".

De 2003 a 2006, o presidente Lula assinou 234 Medidas Provisórias. Excetuando os dois mandatos de Fernando Henrique Cardoso, o presidente Lula ficou um pouco abaixo da média dos governos Sarney, Collor e Itamar. A edição e reedição de Medidas Provisórias se distribuíram da seguinte forma: José Sarney, 147 MP; Fernando Collor de Mello, 160 MP; Itamar Franco, 505 MP; Fernando Henrique Cardoso (1º mandato), 2.609 MP; Fernando Henrique Cardoso (2º mandato) 2.667 MP (até a aprovação da Emenda 32).

No discurso proferido perante o Congresso Nacional, ao assumir o segundo mandato por mais quatro anos, o presidente Luiz Inácio Lula da Silva enfatizou em 1º janeiro de 2007:

> ... Em que momento de nossa história tivemos uma conjugação tão favorável e auspiciosa: de inflação baixa; crescimento das exportações; expansão do mercado interno, com aumento de consumo popular e do crédito; e ampliação do emprego e da renda dos trabalhadores?
>
> (...) Nunca se combateu tanto a corrupção e o crime organizado. Muita coisa melhorou na garantia dos direitos humanos, na defesa do meio ambiente, na ampliação da cidadania e na valorização das minorias.
>
> (...) Sei que o investimento público não pode, sozinho, garantir crescimento. Porém, ele é decisivo para estimular e mesmo ordenar o investimento privado. (...) Para atingir estes objetivos, estaremos lançando, já neste primeiro mês de governo, um conjunto de medidas, englobadas no Programa de Aceleração do Crescimento, o PAC.
>
> (...) Dessa forma, nossa política social, que nunca foi compensatória, e sim criadora de direitos, será cada vez mais estrutural. (...) O Bolsa Família, principal instrumento do Fome Zero — saudado pelas comunidades pobres e criticado por alguns setores privilegiados —, teve duplo efeito. Por um lado, retirou da miséria milhões de homens e mulheres. Por outro, contribuiu para dinamizar a economia de forma mais equânime.
>
> (...) Reafirmamos, finalmente, nossos compromissos éticos em uma perspectiva republicana. (...) Por isso cresce a participação das mulheres na vida econômica, social e política do país. Cada vez mais, os negros ocupam o lugar que lhes é devido em um Brasil democrático. Assim

A REPÚBLICA BRASILEIRA — 1951–2010

como os povos indígenas, que reconquistam e consolidam a sua dignidade histórica.

O que se denominou de "entra-e-sai" no ministério de Lula estribava-se na posse de ministros diferentes, como Paulo Vannuchi (Direitos Humanos), Silas Rondeau (Minas e Energia), Nélson Machado (Previdência Social), Dilma Rousseff (Casa Civil), Patrus Ananias (Combate à Fome), Guido Mantega (Fazenda), Jorge Hage (Controladoria Geral da União), Waldir Pires (Defesa), Fernando Haddad (Educação), Luiz Marinho (Trabalho), Agenor Silva etc.

No início do segundo mandato do presidente Luiz Inácio Lula da Silva, o Brasil recebeu a visita do presidente norte-americano George W. Bush, para a euforia dos denominados empresários nacionais. Um deles registrou: "Assinando o entendimento, os Estados Unidos mostraram o respeito que têm pelo Brasil. Isto é muito bom, com perspectivas de negócios na área de energia." Outro empresário nativo assinalou: "Não há dúvida alguma de que o álcool será o combustível do futuro." Ainda outro empresário pátrio enalteceu: "Foi dado o primeiro passo."

Sobre a visita de George W. Bush, Marcos Azambuja, ex-secretário-geral do Itamaraty, observou:

> Não ficará de Bush no Brasil nem memória perdurável nem avenida, rua, praça, vila ou rio (ou mesmo um simples edifício de apartamentos) com seu nome. Nesta que foi, provavelmente, sua última visita ao Brasil, já que o tempo que lhe resta é pouco, o único tema que merecia a rotulação de novo e de interessante era como o programa brasileiro de etanol poderia vir a representar um papel maior no mercado americano e transformar-se em um fator de importância na política energética mundial. (...) Temos de nosso lado não pouco o que comemorar.
>
> (...) Fez bem o Brasil em não servir como instrumento dos interesses da política dos Estados Unidos na região. (...) Foi bom que Bush não tivesse massageado nosso ego com frases e fórmulas sedutoras (Nixon e Kissinger foram perigosas sereias) porque ao Brasil não convém que as

nossas credenciais apareçam como um reconhecimento externo antes do que expressão de um longo e persistente amadurecimento interno.

Em junho de 2007, o presidente da República mantinha-se tranquilo, num país em que reinava estabilidade, quando mais não seja a respeito de sua popularidade. Crendo nos números da pesquisa CNT / Sensus divulgada em 26 de junho de 2007, no 52º mês de governo, 64% aprovavam o presidente, a melhor avaliação dos últimos 2 anos e 4 meses, e somente 29,8% desaprovavam-no. Sua gestão era positiva em 47,5%, enquanto era negativa em 14%. Analistas ouvidos na época, com discordância, atribuíam ao cenário econômico; ao sucesso da administração lulista; à ação da Polícia Federal na sua expedição contra a corrupção; e aos efeitos da Bolsa Família.

As avaliações da administração lulista conservavam-se díspares com base nas regiões brasileiras. No Nordeste, ela era aprovada em 78,7%; no Norte / Centro-Oeste em 72%; no Sudeste abaixa para 55,4%; e no Sul abaixa mais para 52,7%.

As operações da Política Federal, comumente com denominações evocativas, pelo menos perante a população, contrastam e divergem das operações das Polícias Estaduais, cujo despreparo, mau desempenho e morticínio endoidece o brasileiro sensato.

A Polícia Federal nos primeiros cinco anos do governo Lula singularizou-se pelas seguintes investigações:

<u>2003</u>:

A Polícia Federal realizou 16 operações, com 223 presos, incluindo 122 servidores públicos e 39 policiais federais, sobressaindo-se as operações "Praga no Egito ou Gafanhoto" e "Anaconda";

<u>2004</u>:

A Polícia Federal realizou 42 operações, com 703 presos, incluindo 143 servidores públicos e 9 policiais federais, sobressaindo-se as operações "Vampiro", "Tamar" e "Beacon Hill";

2005:

A Polícia Federal realizou 68 operações, com 1.407 presos, incluindo 219 servidores públicos e 9 policiais federais, sobressaindo-se as operações "Cevada", "Narciso" e "Crepúsculo";

2006:

A Polícia Federal realizou 167 operações, com 2.673 presos, incluindo 385 servidores públicos e 11 policiais federais, sobressaindo-se as operações "Sanguessuga", "Saúva" e "Dilúvio";

2007:

A Polícia Federal realizou 166 operações, com 2.126 presos, incluindo 220 servidores públicos e 11 policiais federais, sobressaindo-se as operações "Furacão I e II", "Xeque-Mate", "Persona", "Navalha", "Farrapos" e "Oeste".

Em 2010, a Polícia Federal planejava construir nova estrutura operacional com a finalidade de coordenar os inquéritos nas 27 superintendências regionais, com vistas a identificar fraudadores do Tesouro em crimes contra a administração, tipificados no Código Penal. Nesse ano de 2010, noticiava-se que investigações da Polícia Federal detectaram 30 mil casos de corrupção.

*

À parte a ação da Polícia Federal, são importantes as autuações da Receita Federal com base em processos judiciais. Tome-se como exemplos os seguintes casos:

Beacon Hill:

Contribuintes identificados e autuados: 4.431;

Valor do crédito em fiscalização até 13/06/2007: R$ 1,023 bilhão;

<u>Merchants Bank, Safra Bank, MTB e empresa Lespan</u>:

Contribuintes identificados e autuados: 6.625;

Valor do crédito em fiscalização até 13/06/2007: R$ 1,763 bilhão;

<u>Audi Bank e Delta Bank</u>:

Contribuintes identificados e autuados: 375;

Valor do crédito em fiscalização até 13/06/2007: R$ 19,436 milhões;

<u>Israel Discount Bank</u>:

Contribuintes identificados e autuados: 678;

Valor do crédito em fiscalização até 13/06/2007: não disponível.

Notoriamente se verifica o funcionamento abstruso e pachorrento dessas instituições públicas (Polícia Federal, Receita Federal e outras), por quem nunca, ou quase nunca, a população brasileira ou internacional fica conhecendo a solução das investigações ou das autuações. Daí nasce a impressão de que nada aconteceu na decisão dos autos correspondentes às possíveis transgressões legais.

Ainda a vigilância externa parece ter trazido certos cuidados ao governo petista. Deixando de lado a tradicional diplomacia de pacificação, o governo baixou o decreto n. 6.592, de 2008, que regulamentou o Sistema Nacional de Mobilização, no qual se definiu o que pode ser considerada uma agressão estrangeira ao Brasil, aos brasileiros ou aos interesses do país. Tal decreto criou graus de advertência a quem ameaçar ou cometer "atos lesivos à soberania nacional, à integridade territorial ou ao povo brasileiro, ainda que isso não signifique invasão ao nosso território".

Nos termos do mencionado decreto, a Amazônia poderia ser uma região brasileira passível de atos lesivos à soberania nacional, mesmo que não expressasse invasão ao território. Em maio de 2008, o jornal norte-americano *The New York Times* publicou matéria intitulada "De quem é esta floresta amazônica, afinal?". Conforme o correspondente do jornal no Rio de Janeiro, "um coro de líderes internacionais esta[va] declarando mais abertamente a Amazônia como parte de um patrimônio muito maior do que apenas das nações que dividem o seu território". *The New York Times* citou o ex-vice-presidente norte-americano, Al Gore, que em 1989 dissera: "ao contrário do que os brasileiros acreditam, a Amazônia não é propriedade deles, ela pertence a todos nós".

Isto permite sempre recordar um trecho da revista *Seleções* do *Reader's Diges*t, de agosto de 1958, citado por Mary Anne Junqueira:

> [...] quando um americano inteligente e com amplos interesses olha em direção ao sul, ele fica "bewildered" (confuso) por um paradoxo. Ele vê nações estabelecidas há 400 anos atrás e ainda subdesenvolvidas, com vastas terras, diversos recursos e um tipo apenas de economia; democracias constitucionais controladas por ditadores, terras onde inumeráveis revoluções não resolveram problemas básicos. O interesse americano provavelmente diminui [...]. Uma das causas naturais do subdesenvolvimento da América Latina é a sua geografia de montanhas, florestas e áreas que alternam enchentes e secas.

Mas é possível lançar outras opiniões sobre essa internacional concupiscência amazônica. Exemplificando, alguns podem ver nos Estados Unidos da América um país expansionista, colonialista ou imperialista. No caso de Lincoln, ele se opôs à guerra Mexicano- -Americana de 1846, pela qual no acordo de paz o México cedeu 40% de seus territórios aos norte-americanos, contendo a Califórnia, e recebeu indenização de 15 milhões de dólares.

Deputado no Congresso dos EUA, Abraham Lincoln demonstrou claramente os propósitos de seu país:

> No Congresso dos Estados Unidos da América, Lincoln tomou partido contra a guerra do México, de 1846 a 1848. Declarava ele que os que sustentavam não se tratar de um ato de agressão faziam-no lembrar o fazendeiro de Illinois, que assim se expressava: "Eu não tenho ambições de terras. Quero apenas as que confinam com as minhas".

As conversas de Lincoln igualmente revelaram outros aspectos dos Estados Unidos, como se dá no caso do empreguismo público.

Lincoln ainda assistiu à corrida ao emprego público, na falta de trabalho mais seguro e mais bem pago. Ele viveu antes da consolidação da Revolução Industrial Norte-Americana, que geraria postos privados de trabalho muito mais satisfatórios do que os públicos. Países parecidos com o Brasil, nos quais a industrialização tardia assinalou a existência de um empresariado perna de pau, que carece de empreendimentos e tecnologias internacionais, o emprego público significou e significa dádiva divina, quanto a garantias, salários e pouco esforço nas atividades. Mas Lincoln indignava-se, da mesma forma que se indignam outras pessoas esperançosas de sociedade melhor.

Referindo-se à persistência dos cavadores de empregos, Herndon reproduziu uma das explosões de Lincoln:

> Se a sociedade norte-americana e o governo dos Estados Unidos da América se desmoralizarem e forem destruídos, isso será devido a esse desejo insaciável de ter um emprego público, a essa ânsia de viver sem esforço, sem trabalho e sem lavor, da qual nem eu mesmo estou livre.

A candidata Dilma Rousseff

No final do segundo ano do segundo mandato em 2008, o presidente Luiz Inácio Lula da Silva, em Roma, pela primeira vez de forma direta, deu a conhecer o nome de sua candidata à sucessão: Dilma Rousseff, a chefe da Casa Civil. Aos jornais italianos o presidente afirmou que Dilma possuía "uma potencialidade extraordinária para ser a candidata".

Para o *Corriere della Sera*, Lula disse: "Eu, na verdade, tenho um nome na cabeça. O de Dilma Rousseff, Casa Civil do governo. Ainda não falei com ela, mas creio que poderá ser uma boa candidata." E depois

A REPÚBLICA BRASILEIRA — 1951–2010 753

continuou: "Todos nós temos que trabalhar com muito afinco em 2009, sem pensar em campanha política. Quem estiver esperando que eu vá fazer campanha em 2009, pode começar a tirar isso da agenda."

O presidente Lula da Silva viajara a Roma, com a finalidade de assinar com o papa Bento XVI acordo referente às atividades da Igreja Católica no Brasil, principalmente ao ensino religioso nas escolas e até à isenção de impostos para igrejas e dioceses. O acordo não alterava o que está prescrito na Constituição Federal de 1988, porque o ensino religioso continuou facultativo não apenas para a religião católica como para todas as religiões. Neste sentido, o acordo destacou o caráter laico do Estado brasileiro e o tratamento equitativo quanto a outras religiões.

O nome de Dilma Rousseff certamente não apareceu como "insight" na cabeça de um presidente altamente experiente e arguto. Pesquisa realizada pelo Vox Populi em todo o país mostrava no final de junho de 2008 que 62% dos eleitores podiam votar no candidato apoiado pelo presidente Luiz Inácio Lula da Silva. Desses 62%, 21% votariam "com certeza" e 41%, "dependendo do candidato".

Dos 37 ministros do governo Lula, a chefe da Casa Civil, Dilma Rousseff, do Partido dos Trabalhadores, nas simulações de voto para a presidência em 2010, era a mais conhecida da população e empatava tecnicamente com Marta Suplicy, candidata também do PT à Prefeitura de São Paulo. A mencionada pesquisa da Vox Populi indicava, quando os dois nomes foram postos à prova para a eleição presidencial, que Dilma obtinha de 8% a 9% das preferências, segundo o cenário. Por sua vez, Marta Suplicy atingia de 8% a 10% igualmente de acordo com o cenário.

Dilma Vana Rousseff nasceu em 1947 no Estado de Minas Gerais, filha de um promotor de origem búlgara, que se naturalizou e possuía cidadania brasileira. Envolveu-se com a oposição à ditadura militar em 1967, enquanto cursava Economia em Minas Gerais. Entrou para vários grupos clandestinos e foi cofundadora do grupo de guerrilha chamado Vanguarda Armada Revolucionária Var-Palmares. Foi capturada pelos militares e policiais da repressão política e aprisionada por três anos, incluindo 22 dias de brutal tortura de eletrochoque.

Libertada no final de 1973, Dilma Rousseff transferiu-se para o estado do Rio Grande do Sul. Restaurados seus direitos pela anistia de 1979, ingressou no Partido Democrático Trabalhista, do líder Leonel Brizola. Ocupou cargos municipais e estaduais, como presidente da Fundação de Economia e Estatística do Rio Grande do Sul (1991-1993) e secretária de Energia, Minas e Comunicações (1993-1994).

Tornou-se secretária estadual de Minas no governo petista de Olívio Dutra (1999-2002), e mudou para o Partido dos Trabalhadores em 2001. Atuou na equipe de transição do governo de Luiz Inácio Lula da Silva e em seguida foi nomeada ministra de Minas e Energia. Ulteriormente, foi nomeada pelo presidente a ministra da Casa Civil, com a demissão de José Dirceu.[16]

Principal nome do governo petista para a sucessão do presidente Lula em 2010, a ministra chefe da Casa Civil Dilma Rousseff anunciou em abril de 2009 ter contraído grave enfermidade, de que se tratava naquela hora. Não obstante, anunciava além disto que mantinha o ritmo de trabalho.

Persistindo em sua campanha eleitoral à presidência da República, em novembro de 2009 Dilma Rousseff investiu contra a oposição, dizendo que as críticas oposicionistas mostravam "excesso de vaidade" e "falta completa de rumo". Desta maneira, perante aproximadamente 400 prefeitos e vice-prefeitos do Partido dos Trabalhadores, ela advertia que a administração e as privatizações de Fernando Henrique Cardoso "dilapidaram o patrimônio público" e que eles eram naquele instante "incapazes de formular um projeto para o país".[17]

Eleições de 2010 e a vitória de Dilma Rousseff

A educação pública tem sido um sonho caro, vendido por quase todo candidato a cargo estatal, a preço elevado. Promete-se um castelo, mas oferece-se um casebre, chegando, depois de eleito, até a

A REPÚBLICA BRASILEIRA — 1951-2010   755

sustentar escola pior do que a escola colonial construída pelos ingleses na Índia. Em nome da educação se faz tudo, lota-se de tecnocratas (que dizem saber como ensina); corta-se orçamento; frauda-se licitação; faz-se favoritismo; desvia-se merenda e material; etc., menos cumprir a promessa de garantir escola pública eficiente, qualificada e honrosa ao aluno.

Nas eleições de 2010, a educação metamorfoseou-se em elemento definitivo no discurso dos principais candidatos à sucessão presidencial. De um lado, Dilma Rousseff (PT) e Marina Silva (PV) planejavam aumentar o investimento na área educacional, assumindo o mesmo compromisso de elevar os gastos no setor de 5,1% do Produto Interno Bruto (PIB) em 2010, para 7%. Por seu lado, José Serra (PSDB) propunha-se a abrir mais 1 milhão de vagas em escolas técnicas.

O aborto reapareceu como tema de campanha e figurou um assunto arriscado à candidatura de Dilma Rousseff. A direção do Regional Sul 1, da CNBB (Confederação dos Bispos do Brasil), publicou nota denominada Apelo a Todos os Brasileiros, da Comissão em Defesa da Vida, e recomendou aos eleitores de 2010 que "independentemente de suas convicções ideológicas ou religiosas", dessem seu voto "somente a candidatos ou candidatas e partidos contrários à descriminalização do aborto". Pela diocese de Guarulhos-SP, o bispo d. Luiz Gonzaga Bergonzini escreveu em carta que: "Como é de conhecimento de todos, em 1/7/2010, iniciei uma campanha contra os candidatos favoráveis ao aborto, de todos os partidos, a qualquer cargo. O PT é o principal articulador dessa ação no Brasil e, também, do 'casamento' de homossexuais."

No primeiro turno das eleições presidenciais, acontecido em 3 de outubro de 2010, a candidata Dilma Rousseff obteve o primeiro lugar, com 47%, José Serra chegou a 33%, ficando em segundo lugar e podendo disputar o segundo turno, enquanto Marina Silva teve 19% dos votos, colocando-se fora do pleito eleitoral.

Muito da transferência de votos de Dilma Rousseff (PT) para Marina Silva (PV), nos últimos dias da campanha eleitoral do primeiro turno, deu-se pelo uso da internet, evidenciando a guinada de parte do eleitorado evangélico da petista para a candidata que compartilhava sua fé, contra a descriminalização do aborto. Ao mesmo tempo, tal transferência de votos acontecia pela mesma causa entre eleitores católicos de Dilma, ao escolherem outro candidato devido à pregação de padres e bispos contra a legalização do aborto.

Já antes das eleições de 2010, o presidente contestava as acusações de autoritarismo e criticava a mídia:

> A imprensa deveria assumir categoricamente que tem um candidato e tem um partido. O que não dá é para as pessoas ficarem vendendo uma neutralidade disfarçada.

A figura de Luiz Inácio Lula da Silva dominou as eleições presidenciais de 2010; ele se portou como o grande vencedor, tornando-se o primeiro presidente da República a eleger o sucessor e exibir um projeto de poder:

> Quando eu completei 65 anos de idade [quatro dias atrás], eu falei: "Tudo o que vier para mim, depois, é lucro!".
> (...) [Fica provado para] aqueles que governaram antes de nós, que nós construímos um novo patamar, um novo paradigma para que o Brasil nunca mais volte a ser o que era.
> (...) Eles [da oposição] não sabem o que é ser popular porque nunca estiveram perto do povo e aí confundem populismo com popular.

Ao final do segundo turno, a candidata do Partido dos Trabalhadores Dilma Rousseff venceu as eleições com 55 milhões de votos (56%), contra 43,4 milhões de votos (43,9%) dados ao candidato oposicionista, José Serra, do PSDB. A candidata Dilma alcançou mais votos no Distrito Federal (Brasília) e em 15 estados, incluindo Minas Gerais, onde nasceu.

Em meio a temas da ocasião, como o aborto, as principais promessas dos candidatos à presidência da República permaneceram em segundo plano. Mas algumas delas merecem destaque:

A REPÚBLICA BRASILEIRA — 1951-2010

<u>José Serra</u> (PSDB) prometeu, por exemplo, construir 400 km de metrô; alfabetização até os 8 anos; zerar o desmatamento; etc.

<u>Dilma Rousseff</u> (PT) prometeu pôr fim na pobreza extrema até 2014; reduzir o desmatamento; reforma tributária; reduzir a dívida pública; etc.[18]

Sob as feridas dos direitos recusados

Nos primeiros dias do mês de agosto de 2008, o ministro da Justiça, Tarso Genro, teve sua ficha lida por militar da reserva. Na oportunidade, ele e o secretário de Direitos Humanos da Presidência da República (Sedh), Paulo de Tarso Vannuchi, defenderam no Rio de Janeiro a abertura dos arquivos da ditadura militar em resposta à leitura de suas fichas em ato realizado no Clube Militar. No tocante à abertura dos arquivos da ditadura militar, sustentou o secretário Paulo de Tarso Vannuchi:

> Se existe uma ficha, essa ficha é de algum arquivo, algum documento? A ministra Dilma [Rousseff, na época chefe da Casa Civil] tem um pedido ministerial determinando transferir ao Arquivo Nacional todo e qualquer documento e ficha relacionados a informações do período da repressão política no regime autoritário. (...) (...) Se todos foram queimados não deveriam existir fichas de ninguém.

De sua parte o ministro da Justiça Tarso Genro igualmente insistiu na abertura dos arquivos da ditadura militar:

> Isso é uma necessidade, a história tem que ser conhecida por todo mundo. Nós temos é que verificar as mudanças que têm que ser feitas na lei, porque tudo tem que ser feito dentro do Estado de Direito e protegendo as questões que são de interesse do Estado. (...) Eu acho que

eles têm direito de fazer isso, porque nós estamos em um Estado de Direito. Se fosse uma ditadura, quem fizesse uma manifestação como essa poderia ser cassado.

Nesse período mencionado, ocorreram vários momentos do debate sobre se os torturadores deveriam ser anistiados. Em audiência no ministério da Justiça, o ministro Tarso Genro defendeu punição a militares, policiais e agentes do Estado responsáveis por práticas de tortura e outras violações de direitos humanos durante a ditadura militar. Para o ministro, essas práticas são crimes comuns.

A declaração do ministro da Justiça revoltou militares da ativa e da reserva, por significarem para eles "puro revanchismo" e, se for abrir feridas, que todas sejam abertas. Dias depois, o próprio Tarso Genro revelou o pedido a ele feito pelo presidente Lula, para que não deixasse a crise prosperar, pois a divulgação de sua ficha política não tinha importância, ajuntando o ministro: "Não estamos sob tutela militar".

Entre os brasileiros, a questão da anistia de 1979 mantém-se controvertida diante do que admitem a doutrina jurídica e a jurisprudência. Enquanto no Brasil "uma revisão da Lei de Anistia não deve prosperar no Judiciário", segundo um dos ministros do STF (Supremo Tribunal Federal) na época.

Em 29 de abril de 2010, esse STF, por 7 votos a 2, decidiu pela manutenção da Lei da Anistia sem alteração, não possibilitando assim a punição de agentes do Estado que praticaram tortura durante a ditadura militar (1964-1985). Os ministros negaram um pedido da OAB (Ordem dos Advogados do Brasil), que questionava a extensão da legislação promulgada pelo presidente João Baptista Figueiredo. Votaram pela manutenção da Lei da Anistia os ministros: Cármen Lúcia, Eros Grau, Ayres Britto, Cezar Peluso, Gilmar Mendes, Ellen Gracie, Marco Aurélio e Celso de Mello, enquanto Ricardo Lewandowski e Ayres Britto votaram pela revisão da Anistia. Consideraram-se impedidos os ministros Dias Toffoli (por ter atuado como advogado na ação) e Joaquim Barbosa (por licença médica).

Existem outros entendimentos diversos.

Ainda juiz, o espanhol **Baltasar Garzón**, famoso por ter decretado em 1998 a prisão do ditador chileno Augusto Pinochet, defendeu no mesmo agosto de 2008, em São Paulo, a punição penal para crimes contra a humanidade cometidos durante o período da ditadura militar brasileira. Sua explicação tomou o seguinte sentido:

> Há uma obrigação não só moral, mas legal de investigar os crimes praticados durante a ditadura. Quando se trata de crimes contra a humanidade, entendo que não é possível a anistia e que a prescrição também não é possível. Há a primazia do direito penal internacional sobre o direito local sempre quando o país [de] que estamos falando faz parte do sistema internacional de Justiça, como o caso do Brasil. (...) Creio que internacionalmente está cristalizada a doutrina jurídica de que esses crimes internacionais devem obter uma resposta da via penal, da Justiça penal.

A Ação Civil Pública n. 200861000114145, proposta pelo Ministério Público Federal e assinada pela Procuradoria Regional da República em São Paulo, em 12 de maio de 2008, expunha os principais elementos jurídicos da doutrina e da jurisprudência internacionais, em casos de tortura e de anistia. Dizia a aludida Ação Civil Pública pelo Ministério Público Federal:

> A definição de crimes contra a humanidade do Estatuto do Tribunal de Nuremberg foi ratificado pela Organização das Nações Unidas em 11 de dezembro de 1946, quando a Assembleia Geral confirmou "os princípios de Direito Internacional reconhecidos pelo Estatuto do Tribunal de Nuremberg e as sentenças de referido Tribunal", através da Resolução N. 9520. Note-se que o Brasil assinou a Carta das Nações Unidas (tratado que instituiu a ONU) em 21 de julho de 1945 e ratificou em 21 de setembro de 1945. Portanto, à época da edição da Resolução n. 95 [sic] acima citada, este país já havia afirmado, mais de uma vez,

estar comprometido com o "respeito às obrigações decorrentes de tratados e de outras fontes do direito internacional" (considerandos da Carta). Afirmou também que cumpriria as obrigações ali constantes, na qualidade de membro das Nações Unidas, todas voltadas a evitar sofrimentos à humanidade e a garantir o respeito aos direitos fundamentais do homem.

Dessa forma, o Brasil reconhece — e tem integrado ao seu sistema jurídico — o conceito de crime contra a humanidade. (p.38-9, negritos meus).

Continua a petição inicial da Ação Civil Pública — n. 200861000114145, proposta pelo Ministério Público Federal:

Como bem aponta [Antônio Augusto] CANÇADO TRINDADE, com base em decisão da Corte Interamericana de Direitos Humanos:

[q]uer a violação dos direitos humanos reconhecidos tenha sido cometida por agentes ou funcionários do Estado, por instituições públicas, quer tenha sido cometida por simples particulares ou mesmo pessoas ou grupos não-identificados ou clandestinos, "se o aparato do Estado atua de modo que tal violação permaneça impune e não se restabeleça à vitima a plenitude de seus direitos o mais cedo possível, **pode-se afirmar que o Estado deixou de cumprir com seu dever de assegurar o livre e pleno exercício de seus direitos às pessoas sob sua jurisdição**". "Caso Velásquez Rodriguez", n. 4, p. 72, par. 176, Série C, n. 5, p. 76, par.187"40". (p. 48 — negritos meus).

Finalmente, quanto à autoanistia, reconhecia a referida Ação Civil Pública, do Ministério Público Federal:

Ademais, a interpretação de existência de uma "anistia bilateral" supõe a outorga de uma autoanistia pelas Forças Armadas, a si mesmas e a seus agentes. Em 1979, o Brasil ainda vivia sob o regime ditatorial militar, que editou a citada Lei de Anistia.

A REPÚBLICA BRASILEIRA — 1951–2010

A jurisprudência das cortes internacionais, inclusive da Corte Interamericana de Direitos Humanos, nega validade às autoanistias concedidas por regimes autoritários. A simples existência delas já seria considerada uma violação ao direito internacional, pela qual o Brasil pode ser responsabilizado caso seus Poderes insistam na interpretação de bilateralidade. (p. 60-1 — negritos meus).

Sobre a autoanistia no Brasil, notificava a Organização das Nações Unidas (ONU), por intermédio sua comissária para os direitos humanos, Navi Pillay, no seguintes termos:

> A recente sentença da Corte Interamericana de Direitos Humanos exigindo que o Brasil revise sua lei de anistia é um marco crucial na luta contra a impunidade em uma região que ainda precisa entender melhor e confrontar as atrocidades cometidas durante os conflitos internos das últimas décadas.
>
> As leis de anistia que fazem vista grossa para os abusos de direitos humanos não só distorcem os registros históricos que todo país deve ter mas também minimizam o sofrimento das vítimas e prejudicam seu direito a conhecer a verdade e a obter uma reparação.
>
> (...) A posição da ONU sobre as anistias é claríssima: não são admissíveis se evitam o julgamento de pessoas que podem ser penalmente responsáveis por crimes de guerra, genocídio, crimes contra a humanidade ou violações graves de direitos humanos. Por outro lado, a anistia não deve pôr em perigo o direitos das vítimas a recursos legais, incluindo a reparação, nem pode limitar seu direito e o das sociedades de conhecer a verdade.

Nem com boa vontade se pode dizer que não há no Brasil um bloqueio ao reconhecimento pleno dos direitos humanos. Tem-se a impressão de que, transcorridos tantos anos, o Brasil volta a repetir o acontecido com a abolição da escravatura, em que ele está na condição de último país no mundo a eliminar a escravidão negra. Será que o país posará também como o último a concretizar os direitos humanos e prosseguirá exibindo crimes passíveis de julgamentos similares aos do Tribunal de Nuremberg, em 1946?

Em 12 de maio de 2010, o presidente Lula da Silva assinou o Decreto n. 7.177, pelo qual alterou nove pontos da terceira versão do Programa Nacional de Direitos Humanos (PNDH3), lançada em dezembro de 2009. As alterações no texto do Programa decorreu das reações de setores conservadores, que o criticaram duramente. Dentre estes setores, citem-se parte da Igreja Católica, ruralistas, grandes empresas de comunicação e as Forças Armadas.

Com tais alterações, a terceira versão do Programa Nacional de Direitos Humanos (PNDH3) <u>teve suprimidos</u> o apoio à descriminalização do aborto; a proibição à ostentação de símbolos religiosos em estabelecimentos públicos da União; a regulação dos meios de comunicação em relação ao cumprimento dos direitos humanos; a eliminação das expressões "repressão ditatorial" e "perseguidos políticos", substituindo as questões referentes à ditadura civil-militar (1964-1985) como violações de direitos humanos; proibição de que logradouros públicos recebam nomes de pessoas responsáveis por crimes de lesa-humanidade durante a ditadura; outra proposta de resolução de conflitos agrários, que previa a realização de audiência coletiva entre os envolvidos e o Ministério Público, antes da decisão de concessão de liminar judicial.

Plínio de Arruda Sampaio, um dos fundadores do Partido dos Trabalhadores, ex-deputado constituinte, naquele momento fora deste Partido, alegou que o governo federal esvaziou o Programa Nacional de Direitos Humanos (PNDH3) e dificultou as lutas populares pela busca de seus direitos, como, por exemplo, a punição aos torturadores do período da ditadura civil-militar. Rematou então Plínio de Arruda Sampaio:

> A característica do Lula é ceder a pressões, desde que elas não sejam as do povo. Ele cede a todas as pressões que não são populares, sejam do sistema externo, sejam da oligarquia interna.

O governo do presidente Luiz Inácio Lula da Silva deu seguimento às indenizações dos ex-presos políticos. A reparação pelas prisões políticas da ditadura militar não se cumpria apenas pelo governo federal. Aprovaram-se leis específicas para reconhecer danos físicos e psicológicos em pessoas detidas entre 2 de dezembro de 1961 e 15 de agosto de 1979, em vários estados, assim como Ceará, Paraná, Pernambuco, Rio de Janeiro, Rio Grande do Sul, Santa Catarina e São Paulo.

O pioneiro foi o Paraná, com a Lei 11.255, de 1995, cujo autor foi o ex-deputado estadual e na época prefeito, Beto Richa (PSDB), que ganhou menção honrosa da Anistia Internacional pela iniciativa. Outro precursor foi o Rio Grande do Sul, que indenizou 1.173 pessoas, perfazendo R$ 21,05 milhões, com base nas Leis 11.042, de 1997, e 11.815, de 2002. Naquele momento, a situação mais complicada estava no Rio de Janeiro, pois, segundo a Assembleia, dos 755 pedidos deferidos, só 140 haviam sido pagos.

O ex-presidente da República João (Jango) Goulart, deposto pelo golpe cívico-militar de 1964 e falecido durante exílio na Argentina em 1976, foi o primeiro ex-presidente anistiado por perseguição política no Brasil. Juntamente com sua viúva, Maria Tereza Goulart, recebeu anistia em 15 de novembro de 2008, dia da República, por unanimidade, pela Comissão de Anistia do Ministério da Justiça, em sessão especial da XX Conferência Nacional dos Advogados, em Natal-RN.

Com a anistia de ambos, concedeu-se à família do ex-presidente o direito a uma indenização de 625 mil reais, a ser paga em 10 anos, e à viúva, Maria Tereza Goulart, a pensão mensal de cerca de 5.400 reais, mais o direito à indenização no valor máximo de 100 mil reais. Portanto, transcorridos 23 anos do fim da ditadura militar, foram ofertadas as anistias do ex-presidente da República e de sua esposa, expulso e exilado no estrangeiro, embora tenha sido legal e legitimamente eleito pelo voto popular.[19]

Os últimos anos do governo Lula

No penúltimo ano do segundo mandato de Luiz Inácio Lula da Silva, era relevante a lista de expressivos quadros políticos que, por algum motivo, abandonaram o Partido dos Trabalhadores, desnaturando-o e caracterizando-o como gestor das crises capitalistas, evidenciando por fim seus interesses próprios de fundo pequeno-burguês.

Dentre ex-petistas de prestígio, contrários à política do Partido dos Trabalhadores e fora do PT, já contavam Paulo de Tarso Venceslau, Luiza Erundina, Pedro Dallari, Fernando Gabeira, Heloísa Helena, Francisco Oliveira, Cristovam Buarque, Hélio Bicudo e Marina Silva.

De outra parte, surgiram os "neolulistas", os que passaram a apoiar o governo de Lula da Silva, políticos tradicionais, reacionários, oligarcas, ou fartamente conhecidos, anos galácticos de distância dos princípios fundadores do Partido dos Trabalhadores.

A elevação do número de funcionários públicos não resultou em elevação da qualidade dos serviços prestados, como era de esperar-se. Pelo contrário, em certas circunstâncias tais serviços pioraram o funcionamento.

Assim, em 2009 apontava-se que a reprodução do quadro de pessoal e das verbas da Advocacia Geral da União (AGU) não reduziu os gastos definidos por sentenças da Justiça, pois eles mais que triplicaram na administração petista. Em 2002 o governo federal consumiu 2,2 bilhões de reais com sentenças da Justiça, equivalentes a 3,5 bilhões de reais em 2009, no entanto neste ano até novembro, já despendera 13 bilhões de reais.

A desonestidade avolumou-se imensuravelmente. Ondas de desonestidade ganharam intensidade e largueza, de governo para governo, chegando mesmo a contaminar o tecido social, um câncer incontido, a exigir tratamento coletivo e não individual, a exigir tratamento jurídico-político definido e definitivo, com jurisprudência límpida e última às questões.

Um leitor aflito clamava no deserto da vida pública do Brasil:

O reflexo da desonestidade de nossos políticos se espalha pelo país, em todos os setores. Exemplo disso é o caso dos PMs que foram encarregados de vigiar o carro abandonado pelos ladrões em Botafogo e o depenaram todo, furtando até os bancos do carro. E, assim, a desonestidade vai se espalhando, cada um querendo ser mais "esperto" do que os outros, seguindo o exemplo dado pelas nossas impunes autoridades. Triste Brasil!

Conclui, no mesmo dia, outro leitor mais esperançoso:

No mínimo, curiosa a matéria sobre o roubo de acessórios efetuado por policiais de um veículo furtado. A população já conhece muito bem o famoso "kit polícia" — chave de roda, macaco, pneu etc., que sempre desaparecem quando um veículo é recuperado pela polícia. Ainda bem que, desta vez, os policiais foram presos. Bem que essa moda podia pegar.

A desonestidade brasileira caracteriza-se por ter grandes dimensões no país, porém não é comum a todos os brasileiros.

O caso dos norte-americanos, sabido em 2009, é típico de preocupação externa. O chanceler Celso Amorim chamava a atenção para a necessidade de "maior franqueza dos EUA com a América Latina" e prevenia:

Pode ser que, quando o presidente [Barack] Obama venha a se concentrar nos temas da região, ele descubra que as relações dos EUA com a América do Sul já tenham se deteriorado. Espero que isso não ocorra.

Tratava-se da primeira reação pública do governo brasileiro ao documento do Pentágono encaminhado ao Congresso norte-americano, confirmando o que os Estados Unidos da América sempre negaram, isto é, que as finalidades das bases norte-americanas na Colômbia não eram somente o combate ao narcotráfico, mas de projeção de poder na região. O chanceler brasileiro, Celso Amorim, entendia que militares dos Estados Unidos na Colômbia preocupavam mais do que o presidente venezuelano Hugo Chávez falando em guerra.

Não demorou muito e a secretária de Estado dos norte-americanos, Hillary Clinton, advertiu países da América Latina, como o Brasil, sobre aproximação com Irã. Ela classificava como "péssima ideia" tal relacionamento e afirmou, em tom de ameaça, que se essa relação não mudar, haverá "consequências", sem dizer quais seriam. Afirmou Hillary Clinton:

> Se querem flertar com o Irã, [esses países] devem observar cuidadosamente quais poderiam ser as consequências. ... Esperamos que pensem duas vezes. E, se refletirem bem, nós os apoiaremos.

A crise econômica internacional de 2008 propagava-se progressivamente, à medida que a política interna e a política externa do governo federal pregavam trabalho e otimismo. Lula procurava evitar o que chamava de "pior efeito de toda crise", o pessimismo, e propunha ir para diante, "a crise fica menor quando se trabalha mais e reclama menos".

Sondagem CNT/Sensus divulgada no início de fevereiro de 2009 apontava que 50% dos brasileiros preferiam sacrificar o salário e reduzir a jornada de trabalho para não perder o emprego. Ainda mais, a sondagem mostrava que uma das principais consequências da crise econômica mundial, principiada em 2008, o desemprego, não maculou a imagem do presidente Luiz Inácio Lula da Silva.

Segundo essa sondagem CNT/Sensus, 84,0% consideravam aprovado o desempenho do governo Lula. Além do mais, eleitores se despediram do presidente Lula por carta. Ao longo de oito anos, o presidente Luiz Inácio Lula da Silva recebeu perto de 631.977 mil cartas e *e-mails*, e um admirador escreveu todos os dias. O tom das mensagens mapeava os altos e baixos do governo e nelas constavam

A REPÚBLICA BRASILEIRA — 1951–2010

quase sempre intimidade e expectativa, do seguinte modo resumida: "O senhor que é do povo como eu vai me entender...".

Escrevia-se a Lula em busca de dinheiro, remédio, emprego, uma casa, um empréstimo para comprar um carro e até a intervenção do presidente para ajudar marido e mulher a salvarem o casamento em crise. Nos escritos muito se apreciava o presidente Lula, como no caso desta carta:

> É uma honra para mim escrever para o senhor. Parabéns por governar nosso país, é o melhor presidente da história do Brasil. Espero que daqui a quatro anos volte à Presidência. Moro em Alvorada, no Rio Grande do Sul, e trabalho em Porto Alegre de porteiro, mas quero melhorar um pouco e por isso estou terminando os estudos.

Examinando o voto nordestino pró-Dilma, apontando sobretudo o voto nos Estados mais pobres do Brasil, a professora Tânia Bacelar, da Universidade Federal de Pernambuco, não viu o voto a Bolsa Família no Nordeste como compromisso político. Para ela, os beneficiários do Programa Bolsa Família "não são suficientemente numerosos para responder pelos porcentuais elevados obtidos por Dilma no primeiro turno: mais de dois terços dos votos no Maranhão, Piauí e Ceará e mais de 50% nos demais estados e cerca de 60% do total". E continuou: "O Nordeste liderou o crescimento do emprego formal no País com 5,9% ao ano entre 2003 e 2009, taxa superior à de 5,4% registrada para o Brasil como um todo, e aos 5,2% do Sudeste, segundo dados da Rais".[20]

Fim da renovação contratual da dívida externa com o FMI, aumento da renda e consumismo

Nos primeiros meses do governo Lula da Silva, o trabalhador brasileiro carregava a segunda maior carga tributária do mundo sobre seu salário. Ficava atrás somente da Dinamarca, cujo Estado oferecia e oferece um dos melhores serviços aos seus cidadãos. No Brasil, além dos serviços estatais de baixa qualidade, o governo arrecadava mais de um terço da renda anual do trabalhador, ou seja, 41,7% dela, conforme o estudo Radiografia da Tributação no Brasil, elaborado pelo Instituto Brasileiro de Planejamento Tributário (IBPT).

Segundo este mesmo IBPT, o brasileiro trabalhava 76 dias na década de 1970 para saldar impostos. Em 2002, era necessário trabalhar no mínimo duas vezes a mais do que na década de 1970 para quitar compromissos tributários, isto é, tinha de trabalhar 4 meses e 13 dias.

A carga fiscal transmitida pelo governo do presidente Fernando Henrique Cardoso cresceu, em 2002, pelo sexto ano consecutivo e atingiu 35,86% do Produto Interno Bruto (PIB). Isto significava que, de cada 3 reais movimentados pela economia brasileira em 2002, mais de 1 real foi recolhido em impostos.

Um leitor impressionado com a situação tributária no país, por sinal impressionado como deveriam estar os demais brasileiros, escreveu no jornal, em 2004, segundo ano do governo Lula:

> No Brasil os trabalhadores são os que mais sofrem com a mordida do Leão, pois são descontados na fonte. Aliás, lembre-se que eles não tem renda, e sim salário. Sempre que o Governo pensa em aumentar a arrecadação, o que vem logo à mente dos burocratas é a elevação da carga fiscal, mas ninguém apresenta um projeto para regulamentar a lei que permite à União cobrar imposto sobre as grandes fortunas, como determina a Constituição de 1988.

Se for levar em conta o número de empresas com dívidas tributárias no governo do presidente Luiz Inácio Lula da Silva, vai-se verificar que as condições fiscais delas não se alteraram nos dois primeiros anos de sua administração. A quantidade de empresas portadoras de dívidas tributárias com o governo federal elevou-se de forma alarmante nesses primeiros dois anos. As companhias inscritas na dívida ativa da União, que em 2002 somavam 4,369 milhões, em julho de 2004 já eram 5,433 milhões — um salto de 24,3%, equivalente a mais de 1 milhão de novos devedores, um recorde histórico.

Verificou-se igualmente que o valor recolhido antecipadamente todo mês ficava até 15 meses para ser devolvido ao contribuinte. Assim, os brasileiros de renda baixa tinham mais Imposto de Renda na fonte que os outros. O dinheiro da restituição do Imposto de Renda, que em 2004 mais de 6 milhões de pessoas físicas recebiam anualmente, nada mais era que a devolução de um empréstimo obrigatório feito à Receita Federal. Além de emprestar todos os meses uma parte do salário à Receita Federal, o valor era devolvido com correção inferior à de qualquer aplicação financeira.

À maneira de uma ladainha, se repetia que era necessário obter redução da dívida pública e superávit maior nas contas governamentais. Era gíria profissional dos economistas e dos contabilistas nada inteligível ao homem comum.

Na segunda reunião ministerial do governo de Luiz Inácio Lula da Silva foram discutidos cortes no valor dos investimentos. A prioridade nesta reunião ministerial concentrou-se na redução de 14 bilhões de reais no Orçamento de 2003, a fim de que o superávit primário destinado a pagamento de juros da dívida externa chegasse a 4,25%. O aperto fiscal do setor público atingiu valores recordes no primeiro semestre de 2004. Tal aperto fiscal no setor público, de acordo com dados divulgados pelo Banco Central, entre janeiro e junho de 2004, fez com que União, Estados, municípios e empresas estatais economizassem 46,183 bilhões de reais, também para o pagamento de juros da dívida externa.

Uma economia voltada à dívida pública e ao superávit primário visando a pagar juros pode ter tudo para abaixar o valor do dólar. O problema brasileiro é que nada desce quando o dólar desce, porém tudo sobe quando ele sobe.

O governo lulista cumpriu devidamente o que foi prescrito pelos credores e outros interessados nacionais. Arrecadou e economizou muito e, ainda assim, o esforço foi pouco diante da carga de juros a ser pagos pelo setor público em 2003. "O primeiro ano do governo de Luiz Inácio Lula da Silva foi também o de maior aperto fiscal na história do País", afirmou uma comentarista. E continuava ela: "A meta de superávit primário — que contabiliza receita menos despesas, exceto o pagamento dos juros — foi cumprida com folga de 1,2 bilhão de reais em relação ao previsto no acordo com o Fundo Monetário Internacional (FMI)."

Ora, "o maior aperto fiscal na história do País" satisfez as agências internacionais de financiamento como FMI; no entanto, para a sociedade e o Estado nem tanto. A relação entre a dívida pública líquida e o Produto Interno Bruto (PIB) alcançou 58,2% em 2003, aumentando quase 3 pontos percentuais em relação a 2002 e praticamente dobrando em 9 anos, pois em 1994 ela era de 30%. Ao mercado financeiro internacional essa alta relação entre dívida pública líquida e PIB, em certas condições, pode indicar a impossibilidade de um país liquidar suas dívidas.[21]

Enquanto se comentava o aperto monetário e o risco de inadimplência do Brasil, na cabeça da população eram injetados pelo ministro da Fazenda, Antônio Palocci Filho, otimismo e confiança, que ressalvava possível risco de atribulação externa.

Em março de 2003, logo no princípio do governo Lula, explicava o ministro Palocci:

A política de austeridade pode não permitir um grande crescimento, mas é possível preparar as bases para essa retomada; não é necessária uma etapa para estabilizar ou outra para crescer.

Em junho do mesmo ano, o ministro da Fazenda, Antônio Palocci, explicou durante a reunião ampliada do G-8 (os 7 países mais ricos do mundo, a Rússia, e 12 países convidados), na Suíça, que o governo brasileiro mantinha a política monetária, baixando a taxa de juros, complementando:

A REPÚBLICA BRASILEIRA — 1951–2010

Não queremos apenas reduzir um pouco a inflação. Queremos matar e esquartejar a inflação.

Em maio de 2004, por conseguinte 1 ano e 5 meses do começo do governo de Luiz Inácio Lula da Silva, o ministro da Fazenda, Antônio Palocci, avisava:

A economia está crescendo há quatro trimestres e muita gente ainda pergunta quando o Brasil vai começar a crescer.

Porém o ministro da Fazenda denotava dúvidas acerca de tal crescimento, como deixa transparecer poucos dias depois:

Espero que o País, os seus políticos, o seu governo, os seus agentes econômicos entendam que nós não podemos cair na tentação de fazer esforço de curto prazo. Um país como o Brasil, que tem dívida grande, que é um país continental, que tem muitos problemas estruturais, tem que chegar à conclusão definitiva de que nós só vamos resolver o nosso problema de crescimento se entendermos que precisamos de esforço de longo prazo, e que o esforço traz resultado.

O presidente expressava sua opinião de que a economia ainda era "altamente vulnerável", impedindo qualquer mudança de rumo. Em discurso na General Motors, em São Caetano do Sul-SP, expunha Luiz Inácio Lula da Silva:

É importante que todo mundo saiba que o Brasil ainda tem uma economia vulnerável, uma economia altamente vulnerável.

(...) Eu prefiro manter um plano, que é o único que pode fazer a economia brasileira dar certo, que é o plano da certeza, o plano da credibilidade.

(...) Vulnerável porque devemos muito; vulnerável porque parte da nossa dívida está dolarizada; vulnerável porque os projetos que queremos para uma verdadeira revolução na infraestrutura do País têm problemas. Nosso mandato é de quatro anos, mas nós fomos eleitos para criar as bases sólidas para [que] este país possa definitivamente se transformar numa grande economia.

(...) o Brasil não pode continuar a ser o paraíso das obras paralisadas como fomos durante muito tempo.

(...) Só no meu governo nós herdamos 40 bilhões de reais do Fundo de Garantia do Tempo de Serviço (FGTS), 4 bilhões da anistia e agora mais 12,4 bilhões da URV de 1993, dinheiro que não estava no Orçamento e que vamos ter de pagar porque a Justiça mandou. Nós não queremos deixar esqueleto no armário para nossos sucessores.

(...) Alguns anos atrás estava todo mundo achando que estava maravilhoso, que podia vender todas as empresas estatais, que podia vender tudo, que ia dar tudo certo. E agora tentam jogar nas costas do governo a falência dos Estados. Não é possível.

(...) Não esperem que eu seja mais do que um presidente da República. Eu só tenho a Constituição para cumprir. Não tenho os poderes de Deus para fazer os milagres que alguns acham que eu devo fazer.

Estudo realizado na Universidade Estadual de Campinas-SP (Unicamp) e divulgado pela *Carta Capital* mostrou que o empobrecimento da população brasileira no primeiro ano do governo lulista (2003) configurou-se "quase tão intenso quanto o ocorrido em 1990 — quando a taxa de crescimento do PIB (Produto Interno Bruto) despencou nada menos que 5,05%, em função do Plano Collor". Mostrou também que "foi ainda pior que o de 1999, ano da desvalorização cambial promovida pelo governo Fernando Henrique".

O estudo comparou os anos de 2002 e 2003: pelo menos 3,3 milhões de pessoas com renda familiar mensal entre 1 mil reais e acima de 5 mil reais "desceram na vida", ao passo que aumentou em cerca de 3,5 milhões de pessoas com renda familiar mensal abaixo de 500 reais. Na média nacional, conforme o referido estudo, a perda de renda foi de 7,2%, de 2002 a 2003.

A REPÚBLICA BRASILEIRA — 1951-2010 773

Com taxa de juros fixada em 25,5%, crescimento caindo de 2,8% para 1,5% e a meta de superávit primário (economia para pagamento de juros) dirigida a 4,25%, o panorama social no Brasil converteu-se em algo muito sério, extremamente penoso.

Em meados de 2003, uma fila de espera para uma vaga incerta de lixeiro no Rio de Janeiro reuniu 15 mil pessoas. Estas pessoas se juntaram em busca de um salário de lixeiro no valor de 610,00 reais, incluindo benefícios e exigindo massa corporal e a 4ª série completa do ensino fundamental. Em Perus-SP, no mesmo período do ano, na abertura de um Centro Educacional Unificado (CEU), foram anunciadas inscrições para 63 vagas de auxiliar de limpeza, de jardinagem e de piscina, copeira e encarregado. Tal oferta de vagas atraiu aproximadamente 1.500 pessoas, perfazendo a média de 28 trabalhadores por vaga.

No primeiro semestre de 2003, baseando-se em dados do IBGE (Instituto Brasileiro de Geografia e Estatística), cresceu o trabalho informal, caiu a renda do trabalhador e a taxa de desemprego alcançou 13% em junho. Como era de pressupor-se, o dinheiro do seguro-desemprego consumiu-se e ficou escasso.

O crescimento do número de desempregados no primeiro ano do governo Luiz Inácio Lula da Silva esgotou o dinheiro reservado ao pagamento do seguro-desemprego em 2003. Os recursos autorizados pela lei orçamentária somente foram suficientes ao pagamento dos benefícios do seguro-desemprego até os primeiros dias de novembro. A fim de dar continuidade ao seguro, o Ministério do Trabalho passou a depender da aprovação de verba extra pelo Congresso Nacional.[22]

O fim do ano de 2003 trouxe cenário de descrença. No último mês deste ano, o Instituto Brasileiro de Geografia e Estatística (IBGE) indicou que o mercado de trabalho no país era caracterizado por baixo nível de escolaridade, pela informalidade e pelo alto grau de concentração de renda. Em meio a outros fatores, tanto o analfabetismo quanto o analfabetismo funcional têm consequências diretas nos salários. Assim, metade dos 65,6 milhões de brasileiros trabalhadores naquele ano ganhava até 300,00 reais.

Não era por acaso que o salário médio do trabalhador brasileiro proporcionava um poder de compra inferior ao dos vizinhos: Equador, Venezuela, Colômbia, Argentina e Uruguai, para a consultoria Mercer Human Resource. Nessa classificação, o Brasil ficava na 33ª posição.

Restava ingressar no Terceiro Setor, um socorro. Era um socorro provisório, porque a pessoa trabalhava e trabalha em geral mediante contrato civil por tempo determinado, de prestação de serviço, quase sempre um tarefeiro, sem vínculo empregatício e sem direito social. Propagado durante o governo de Fernando Henrique Cardoso, o Terceiro Setor exibiu crescimento de 1996 a 2002, indo de 107 mil para 276 mil organizações. Embora instável, o Terceiro Setor surgiu como mercado de trabalho promissor, empregando 1,5 milhão de trabalhadores, isto é, três vezes mais do que o número de servidores federais na ativa. Ainda segundo a pesquisa denominada As fundações privadas e associações sem fins lucrativos no Brasil-2002, o Terceiro Setor pagava em salários e outras remunerações o valor de 17,5 bilhões de reais.

No contexto de desemprego, de trabalho informal e de atuação no Terceiro Setor, desde os primeiros momentos o governo Lula falou do Programa Fome Zero. Para o presidente, o Programa Fome Zero é um programa estrutural e não só emergencial, justificando-o da seguinte maneira:

> Hoje estamos dando um grande passo. E sei que, até atingirmos nossa meta, será uma longa caminhada. A fome não será vencida da noite para o dia, nem apenas com algumas medidas isoladas do governo.
>
> Não adianta apenas distribuir comida. Se não atacarmos as causas da fome, ela sempre irá voltar, como já aconteceu outras vezes em nossa história.
>
> (...) É preciso dar o peixe e ensinar a pescar.

A REPÚBLICA BRASILEIRA — 1951–2010   775

... Ensinar a pescar é libertar milhões de brasileiros, definitivamente, da humilhação das cestas básicas. É fazer com que todos, absolutamente todos, possam se alimentar adequadamente sem que precisem da ajuda dos outros.

(...) Vamos criar condições para que todas as pessoas no nosso país possam comer decentemente três vezes ao dia, sem precisar de doações.

(...) Faço aqui um apelo a todos os municípios, a todas as entidades sociais, aos sindicatos, às comunidades religiosas e às associações dos mais diversos tipos. Comecem já, hoje ainda se possível, a criar os conselhos de segurança alimentar em suas cidades. Tomem a iniciativa.

(...) Precisamos vencer a fome, a miséria e a exclusão social. Nossa guerra não é para matar ninguém. É para salvar vidas.

Mais de um ano e meio depois, em setembro de 2004, o presidente Lula relançou em Nova York a campanha mundial de combate à fome, numa ocasião em que haviam sido encontradas falhas no **Programa Bolsa-Família**, um dos principais sustentáculos da ação social do seu governo. Os 60 chefes de Estado e de governo, presentes na véspera da abertura da 59ª Assembleia Geral das Nações Unidas, foram convidados para o encontro denominado **Ação Contra a Fome e a Pobreza**, no qual Lula apresentou relatório do grupo técnico composto pelo Brasil, Chile, França e Espanha, reiterando o apelo para que a comunidade internacional pagasse sua dívida social com os países pobres.

No Brasil, desde o primeiro semestre, o governo Lula mostrou empenho em obter recorde no superávit primário (todas as receitas governamentais, deduzidos as despesas e o pagamento de juros), mas tal empenho não foi suficiente para pôr fim aos juros com a rolagem da dívida pública. O endividamento do país cresceu de novo e atingiu 55,4% do Produto Interno Bruto (PIB), no valor de 856,469 bilhões de reais, naquela época.

Nesses mencionados seis primeiros meses de governo, a administração lulista conseguiu superávit primário de 40,009 bilhões de reais, liquidando com folga de 5,509 bilhões de reais a meta de 34,5 bilhões de reais do acordo com o Fundo Monetário Internacional (FMI). No entanto, o país teve de desembolsar 74,265 bilhões de reais só com juros nominais acumulados da dívida no mesmo período.

A situação interna dos trabalhadores brasileiros ficou séria, a levar em conta as greves das categorias profissionais mais organizadas como a dos bancários em todo o país e a dos funcionários do Poder Judiciário de São Paulo, por 91 dias. Com elas, fizeram-se conhecidas a debilitação da Central Única dos Trabalhadores (CUT) e o fortalecimento da influência do PSTU (Partido Socialista dos Trabalhadores Unificado) e do PSOL (Partido Socialismo e Liberdade), bem como das correntes da esquerda petista, Democracia Socialista (DS) e Força Socialista (FS). Afirmava então o presidente nacional do PSTU, José Maria de Almeida, sobre as greves:

A derrota para o governo e para o seu braço pelego, CUT, foi acachapante.

Fim da renovação contratual da dívida externa com o FMI

Se os juros das dívidas (externa e interna) faziam tremer qualquer brasileiro respeitável, que não endoidecera, o mesmo não se podia dizer dos banqueiros, sempre respeitáveis e lúcidos. Os primeiros seis meses do governo Lula prodigalizaram os lucros bancários. O lucro de doze dos maiores bancos do país naquela fase foi superior ao apresentado durante todos os primeiros semestres dos oito anos do governo Fernando Henrique Cardoso, de 1995 a 2002. A consultoria Austin Asis classificou e divulgou a rentabilidade dos doze bancos que já haviam publicado balanço:

BANCO	RENTABILIDADE
Banespa (Santander)	50,2 %
Itaú (holding)	27,7%
BMG	26,0%
BicBanco	21,4 %
BBM	18,7%
Santos	18,6%
Bradesco	16,4%
HSBC	16,3%
ABN-Amro Bank	15,9%
BRP	14,7%
Schain	9,2%
Industrial	9,0%

Ante tal quadro tão promissor para os bancos, o presidente da Austin Asis comentou:

Aquilo que se falava que o governo FHC privilegiava os bancos, é verdade, mas o governo do PT também propiciou a mesma coisa.

Entretanto, a chuva de dinheiro não se limitou ao primeiro semestre de 2003.

Também no primeiro trimestre de 2004 os lucros somados por somente três bancos (Bradesco, Itaú e Caixa Econômica Federal) correspondiam a 60% (sessenta por cento) dos resultados médios de um conjunto de 51 empresas de capital aberto do setor produtivo e de serviços cujas ações eram negociadas na Bolsa de Valores de São Paulo (Bovespa).

Para ter-se ideia da totalidade, em dez anos (1994-2004) o aumento da concentração no setor bancário levou o lucro dos dez maiores bancos no Brasil a subir mais de 1.000% (um mil por cento). Ao longo desses dez anos, a concessão de crédito caiu sobremaneira; a receita com a cobrança de tarifas aumentou mais de seis vezes; as despesas com pessoal ficaram abaixo da inflação; e o número de reclamações ao Banco Central do Brasil voltou a crescer.

O Instituto de Estudos para o Desenvolvimento Industrial (IEDI) informou a queda da produção da indústria. O declínio da atividade industrial no primeiro semestre de 2003 impôs a certos setores da indústria alguns níveis de produção semelhantes, ou mesmo inferiores, aos de uma década atrás. O IEDI apontou recuo do volume produzido entre os produtos eletroeletrônicos, os produtos farmacêuticos, os materiais plásticos e cimento. Líderes de empresas deploravam as más condições das indústrias: *"Há dez anos, produzíamos 11 milhões de TVs. Hoje, 4 milhões."* Ou: *"O maior drama do setor de vestuário é que ele não é capitalizado. Vive do faturamento com cada coleção."*

Privatizadas também as tecnologias das empresas de grande porte e reduzidas igualmente a produção tecnológica e a pesquisa científica, lá foi o Brasil a Genebra, na Suíça, com a finalidade de propor acesso à investigação dos países ricos.

Em 2004, durante reunião da Organização Mundial de Propriedade Intelectual (OMPI), o Brasil apresentou proposta de novo regime de regras internacionais para assegurar que os "países em desenvolvimento" tivessem acesso aos resultados de pesquisas científicas financiadas pelos governos dos países ricos. Como asseverava o embaixador brasileiro em Genebra, Luís Felipe de Seixas Correa:

> Ninguém é contra as patentes, mas queremos que a estrutura dos acordos internacionais dê ênfase à questão do desenvolvimento dos países e não apenas à questão da proteção de invenções.

A REPÚBLICA BRASILEIRA — 1951–2010

Claro, tendo vendido empresas estatais com tradição de possuir tecnologia própria e sem herança educacional dirigida à pesquisa consequente, sempre cortando recursos destinados à pesquisa, principalmente nos inúmeros ajustes fiscais, lá vai o Brasil solicitar em Genebra o acesso aos resultados das investigações dos países ricos. Ora, ao mesmo tempo em que o Brasil expunha proposta do desenvolvimento para a OMPI, Japão e Estados Unidos falavam de um novo tratado internacional com maiores proteções aos proprietários de patentes.

O Instituto Brasileiro de Geografia e Estatística (IBGE) comprovou que unicamente um terço das empresas industriais realizou alguma inovação (como aprimorar processo produtivo ou lançar novo produto) entre 2001 e 2003. Os recursos investidos em ciência e tecnologia decaíram de 2000 a 2005, quando comparados ao percentual do Produto Interno Bruto (PIB), como segue:

Brasil PIB 2000 — 2005	
Ano	Percentual
2000	1,43%
2001	1,46%
2002	1,44%
2003	1,38%
2004	1,37%
2005	1,37%

Baixos eram os gastos com pesquisa e desenvolvimento em 2004, quando se comparava o Brasil com o percentual do Produto Interno Bruto (PIB) de outros oito países:

País	Percentual
Brasil	1,4%
Estados Unidos da América	2,7%
Japão	3,1%
Alemanha	2,5%
França	2,2%
Inglaterra	1,9%
Coreia do Sul	2,6%
China	1,4%
México	0,4 % (2001)[23]

O setor privado brasileiro compunha-se em 2006 de micro e pequenas empresas (MPEs), que representavam 98% do total de estabelecimentos. Estas empresas continuavam em expansão, de acordo com o Observatório das MPEs do Sebrae-SP. O número delas se elevou 22,1% entre 2001 e 2004, atingindo 5 milhões, especialmente no setor de serviços.

Onde estaria porventura o investimento externo? Excetuando o capital financeiro de cunho aventureiro, aproveitador e parasitário, o investimento externo achava-se, por exemplo, na aviação, no varejo, bebida, nas áreas financeira e de seguro, nas telecomunicações. Para a Associação de Comércio Exterior do Brasil (AEB), estimava-se em 2005 que entre 60% e 70% das exportações brasileiras seriam feitas por empresas de capital estrangeiro, dando causa aos comentários de seu vice-presidente: "Isso mostra o tamanho da nossa dependência em relação ao nível de atividade da economia mundial."

A política econômica monetarista do ministro da Fazenda, Antônio Palocci Filho, prodigalizou incentivos ao capital externo. No começo de 2006, o secretário do Tesouro Nacional, Joaquim Levy, explicava que a isenção de Imposto de Renda nas aplicações de estrangeiros em

A REPÚBLICA BRASILEIRA — 1951–2010

títulos públicos federais poderia atrair ao país cerca de 4 bilhões de dólares até o final do ano. E continuava Levy:

> Não se deve exagerar a importância de uma medida como essa. É uma medida tópica.
> (...) A queda do câmbio deve-se ao fato de os agentes econômicos terem uma boa perspectiva em relação às nossas exportações.

O governo do presidente Luiz Inácio Lula da Silva anunciou que 2005 seria o "ano dos investimentos". Porém, como deu no jornal, até maio deste ano o que se destinou a tais investimentos foi "um montante inferior ao do gasto de um dia com o pagamento de juros da dívida".

A verdade é que, se o ano de 2005 não significou o "ano dos investimentos", ele representou bem o fim de um ciclo com o FMI (Fundo Monetário Internacional).

Em maio de 2005, o presidente Lula anunciou a decisão de não renovar o empréstimo com o FMI, como aconteceu em 2003. O presidente lembrou que, ao tomar posse em 2003, renovou por um ano o acordo com esta agência internacional de financiamento. Para o presidente, o FMI "permitiu que o País "sobrevivesse" nos períodos de bancarrota e crises internacionais", atingindo o ponto de dizer que o "País já anda com as próprias pernas". O chefe de Estado afiançou que, embora não tenha renovado o acordo com o FMI, o governo fará economia e somente gastará em obras necessárias. E prosseguiu:

> Se pensássemos [como] há 10 ou 15 anos, eu conheço gente aqui no plenário e do meu governo que certamente estaria gritando na rua: Fora FMI. Embora não fomos nós que fizemos os acordos, todo mundo sabe que o Brasil quebrou três vezes e o Fundo deu sustentabilidade ao País.
> (...) Ninguém precisa dizer para nós que temos de ser responsáveis com os gastos públicos. Isto aprendemos dentro de casa.

Apesar dos pesares, o Fundo Monetário Internacional (FMI), ainda durante os festejos do governo brasileiro com o fim do acordo,

conservou o Brasil em"pequena lista de países sujeitos a uma espécie de regime de liberdade condicional", até maio de 2007,"a menos que o país acelere o pagamento de sua dívida de 22,5 bilhões de dólares com a instituição". Assim, monitorado pelo FMI, o país em junho de 2005 ainda se apresentava como o mais alto juro real do mundo, em 19,75% ao ano.

A política econômica sustentada em juros altos e baixa inflação tem acarretado a piora de um dos principais indicadores fiscais no Brasil: a relação entre dívida do setor público e o Produto Interno Bruto (PIB). Em julho de 2005, a dívida líquida do governo federal, mais a dos Estados, municípios e estatais perfizera 971,751 bilhões de reais, equivalente a 51,3% do PIB, mais ou menos o que sucedera em junho e em maio de igual ano. De outra parte, o superávit primário do setor público até julho de 2005, acumulado, apontava 6,27% do PIB, um recorde para quem planejara 4,25% do PIB.

Aumento da renda e consumismo

Existe amplo risco na apreciação de dados econômicos no Brasil. Na pesquisa destes dados comumente se observam flagrantes disparidades entre eles, induzindo por vezes a conclusões despropositadas. Dados e previsões a respeito da vida econômica e social no país precisam ser comparados; as suas fontes devem atestar padrão aceitável de confiança e respeito.

Um comentário do jornalista Clóvis Rossi bem demonstra os obstáculos a serem arrostados por quem deseja um mínimo de segurança em suas análises. Escreveu em 2005 Clóvis Rossi:

> A *Folha* pôs números no jogo de búzios que é, no Brasil, a previsão sobre o desempenho da economia feita pelos chamados analistas de mercado. Sobre como estaria a cotação do dólar no fim do ano, as consultorias cometeram um "ligeiro" equívoco de 22,7%. Erro parecido se deu no lançamento de búzios sobre o crescimento econômico: 29,14%.

A REPÚBLICA BRASILEIRA — 1951–2010 783

Nos juros, o erro ficou em "apenas" 12,5%. Em compensação, na balança comercial, o equívoco foi poderoso: 66,6%. Mas não se espante ainda: erraram por impressionantes 390% a previsão sobre o superávit externo. O melhor resultado foi o erro de 10% no superávit fiscal primário.

Retomemos então com o cuidado possível.

Após praticamente uma década de perdas, a renda do trabalhador brasileiro se elevou em 4,6% (805 reais) no ano de 2005. Em 9 anos a perda acumulada ainda era de 15,1%, como informava a Pesquisa Nacional por Amostra de Domicílios (Pnad), em 2005. A renda do trabalhador logrou, porém, em 2006 o maior avanço, 7,2%, causado pela retomada do crescimento e pelo controle rígido da inflação. Este aumento de renda derivava do trabalho, excluindo transferências como o Programa Bolsa Família e as aposentadorias, intensificando-se no meio dos trabalhadores mais pobres e nas regiões menos desenvolvidas, o Norte e o Nordeste.

Ainda assim, se passou a discutir o tamanho da camada mais pobre da população brasileira. Em 2002, ano da eleição do presidente Lula para o primeiro mandato, os domicílios mais pobres representavam 12,7% do total de domicílios urbanos no país. Calculava-se que no final do ano de 2006 deveriam representar 2,5% destes domicílios, correspondendo a 1,181 milhão de famílias, e eram 5,024 milhões há 4 anos.[24]

Outros aspectos da economia brasileira tornaram-se indicativos de maior confiança, tanto por parte da população, quanto dos especialistas em investimentos e finanças, nacionais e estrangeiros. Um aspecto impactante foi o fato de a moeda brasileira, o real, valorizar 97,24% no período de 31 de dezembro de 2002 a 12 de outubro de 2007, período de vigência dos mandatos do presidente Luiz Inácio Lula da Silva. Isto quer dizer que o real conseguiu valorização de quase 100% ante o dólar, em 5 anos.

Demais aspectos podem ser tomados. As vendas brasileiras no mercado mundial, no começo de 2007, registravam 17% do Produto Interno Bruto (PIB), contra 6% alcançados em 1996. Estudo do Banco Nacional de Desenvolvimento Econômico e Social (BNDES) evidenciou que a participação do Brasil nas exportações mundiais chegou a 1,16% em 2006, o patamar mais alto desde 1988.

A arrecadação federal bateu recorde em janeiro de 2007. A arrecadação federal foi de 38,577 bilhões de reais, um recorde para este mês, com alta de 10,5% em comparação com janeiro de 2006, em termos reais. Tal crescimento da arrecadação proveio de recolhimento de tributos atrasados, antecipação de pagamentos por parte de empresas e do bom desempenho do setor de petróleo. A arrecadação das receitas previdenciárias somou 11,302 bilhões de reais em 2007, com aumento real de 11,63%, comparando com janeiro de 2006.

Estimulada pelas vendas recordes, a produção de veículos em maio de 2007, até aquele momento, foi a maior da história da indústria automobilística brasileira, com 258,9 mil veículos, um salto de 15,9% em relação a abril/2007 e de 7,2% na comparação com o mesmo mês de maio do ano de 2006. Ao recorde de produção de carros correspondeu a ampliação do quadro total para 110,7 mil pessoas, o maior nível de emprego no setor automobilístico nós últimos 10 anos, de 1998 a 2007.

Aspecto fundamental foi que programas sociais forçaram alta súbita do consumo no Nordeste. Para o presidente da Federação do Comércio do Estado da Bahia (Fecomércio-BA) naquele instante, o crescimento da renda encaminhou as pessoas à compra de itens antes considerados supérfluos. Ele admitiu que os programas assistenciais do governo federal fossem o principal motivo para o comércio no Nordeste ter crescimento mais do que a média do país em 2006. Pelo IBGE (Instituto Brasileiro de Geografia e Estatística), as vendas no varejo tiveram expansão de 6,2% no Brasil e, em Estados nordestinos, o desempenho foi superior à média. Uma empregada doméstica justificava em Salvador-BA:

> Uma sacola é presente para minha filha: um alisador de cabelo, que vou dar de aniversário. A outra é para mim mesma, um ventilador novo.

Uma gerente de Marketing da segunda maior rede do Nordeste na venda de móveis e eletrodomésticos comentava:

> Os nordestinos são, no geral, mais imediatistas que os consumidores de outras partes do País, não se preocupam muito em poupar.

A REPÚBLICA BRASILEIRA — 1951–2010

Um Estado eternamente ineficiente faz eternamente infeliz a população brasileira.

O contribuinte no Brasil paga por serviços que deveriam ser oferecidos com qualidade pelo governo. A classe média, por exemplo, compromete 31,69% do seu rendimento para custear serviços. A acreditar na pesquisa do Instituto Brasileiro de Planejamento Tributário (IBPT) em setembro de 2007, com a finalidade de pagar serviços privados, como educação e saúde (os quais não são providenciados com qualidade pelo Estado), a relação entre renda e dias trabalhados destinados a custeá-los é a seguinte:

Renda entre	Dias trabalhados por ano
Até 3 mil reais	42 dias
3 mil a 10 mil reais	116 dias
Acima de 10 mil reais	117 dias

Caso a esses dias trabalhados para pagar serviços sejam somados os 156 dias necessários para saldar os impostos, todo o trabalhador da classe média, desde o início do ano até dia 29 de setembro, terá um único objetivo: pagar essas contas.

Depois disso, o brasileiro começará a trabalhar para se vestir, morar, adquirir bens, gozar férias ou fazer alguma poupança.

Tal constitui o que todo vivente no Brasil deveria saber.

*

Não só de obrigações, pagamentos e alegrias se alimenta a população brasileira. Na verdade, na verdade, há diversos motivos para comemorações.

A concentração bancária acresceu os lucros. A agência Austin Rating em 2007 concluiu que metade de todo dinheiro depositado nos bancos brasileiros (aproximadamente 730 bilhões de reais) era controlada por apenas três instituições financeiras: Banco do Brasil, Bradesco e Itaú, que lucraram 15,4 bilhões de reais. Estes três maiores bancos possuíam 37% dos depósitos em 1994 e em 2007 detinham 49%.

Desde 2005, os preços dos serviços subiram mais do que a inflação. Os preços dos serviços em São Paulo avançaram tanto que o Índice de Preços ao Consumidor (IPC-Fipe) foi superado de longe, em 2007. De janeiro a outubro deste ano, por este Índice, os preços de 62 serviços registraram alta de 4%, em média. Exemplificando, ficaram mais caros os serviços: doméstico, reparo no domicílio, conserto de equipamento doméstico, mudança, estacionamento, cinema, academia de ginástica, serviço de animal doméstico, cabeleireiro, barbeiro, alfaiate/costureira, sapateiro, lavanderia, cerimônia religiosa, assistência médica, médico, psicólogo, dentista etc.

Investigação sobre as Decisões de Consumo do Público de Baixa Renda mostrou que mais da metade (58,8%) desta população possuía, em novembro de 2007, quatro financiamentos contratados e 72% parcelava as compras. Sabe-se que o crédito faz parte do orçamento do brasileiro de baixa renda e, dessa maneira, os empréstimos avançam nas camadas de menor poder aquisitivo, apesar de o juro cobrado nos financiamentos ser alto.

Uma consequência do intenso consumo, o calote do consumidor aumentou 6,5%, no primeiro trimestre de 2008, comparando com igual período de 2007, segundo o Indicador Serasa de Inadimplência, que reuniu dados do país inteiro.

A *Folha de S. Paulo*, de junho de 2008, deu informação sucinta e geral a respeito do endividamento da população. Dizia o jornal:

> Endividamento cresce 47% em 26 meses. Mais de 15 milhões de clientes de bancos têm dívidas acima de 5.000,00 reais, aponta cadastro do BC [Banco Central]; dado já preocupa o governo. Universo de clientes com alguma dívida, mesmo que pequena, é de 80 milhões; cada consumidor tem, em média, 3 débitos diferentes.[25]

Guido Mantega, substituto de Antônio Palocci Filho no ministério da Fazenda, expôs nova orientação para a política econômica, distinguindo-se de mera prática ortodoxa do ministro anterior. Guido Mantega, no ano de 2007, deu entrevistas manifestando o papel do Estado na ativação de certos setores da economia brasileira. Note-se, em janeiro de 2007, o esclarecimento de seu intervencionismo estatal:

> Não existe desenvolvimento induzido pelo Estado, isto é coisa dos anos 60, 70. Agora, se o Estado não investe mais 20% do PIB, não precisa investir só 0,5%. Ele pode investir 1%, 1,5%, o que aumenta a oferta de infraestrutura, barateia custos, agiliza operações. Então é isso que estamos fazendo com algumas das medidas do **PAC** e outras iniciativas do governo. **O que nós queremos é que o setor privado se desenvolva, se expanda, assuma o seu papel. O setor elétrico é concessão, o setor de ferrovias é concessão, o setor rodoviário é concessão, os portos são concessões. Agora, se o Estado não der uma arrancada, o setor privado não se move na velocidade adequada**.
>
> (...) **Este não é um governo liberal, que segue o Consenso de Washington, que acha que tudo que o Estado faz é ruim, que os desequilíbrios regionais são resolvidos espontaneamente, que a pobreza vai ser combatida automaticamente pelo crescimento do País. Este é um governo que acha que tem que fazer uma política social acoplada a uma política econômica, que as desigualdades sociais se combatem com programas específicos e a participação do Estado e as diferenças regionais são diminuídas pela ação do Estado**.
>
> (...) A Constituição de 1988 colocou na rubrica Previdência o que era na verdade assistência social. Pessoas que nunca tinham contribuído para a Previdência passaram a ganhar uma aposentadoria. Não é aposentadoria, é uma renda, é renda mínima...

Em outra situação, em maio de 2007, o ministro da Fazenda, Guido Mantega, empolgou-se, talvez com razão, porque havia de fato um bom momento para a economia brasileira:

> **O ciclo virtuoso está implantado no País. O que muda em relação a outros momentos de bonança é que não temos apenas uma parte de indicadores econômicos e sociais que melhoraram, mas uma combinação inédita**. Isso nos garante a continuidade do processo.

Em outubro de 2007, o ministro Guido Mantega prestava esclarecimentos sobre os pilares do crescimento econômico no Brasil:

Hoje, o crescimento se dá com o controle da inflação. O segundo pilar é o mercado de consumo de massa. E o terceiro pilar é uma participação mais importante do Brasil no mercado internacional, é trabalhar com superávits comerciais e geração de moeda forte.

No campo econômico, o segundo mandato do presidente Lula da Silva na realidade começa com o lançamento do PAC (Programa de Aceleração da Economia) em janeiro de 2007, lançamento ambicioso que se caracterizou pela pompa de seu porte. O PAC arrolou aproximadamente 300 obras prioritárias, distinguindo a soma de 503,9 bilhões de reais em investimentos públicos e privados em 4 anos. Não trazia os pormenores sobre a origem do dinheiro, exceto o previsto no Orçamento federal, a parcela controlada pelo Poder Executivo, que seria na época 67,8 bilhões de reais.

Mesmo sem dizer que existia um pacote brasileiro de combate aos efeitos da crise internacional de crédito no país (crise surgida em 2008), o governo anunciou uma série de no mínimo 12 medidas, do dia 19 de setembro ao dia 16 de outubro do referido ano, conforme página *Folhaonline*. Ao mesmo tempo, o presidente Luiz Inácio Lula da Silva assinou a Medida Provisória n. 443, de 21 de outubro de 2008, autorizando os bancos públicos brasileiros (Caixa Econômica Federal e Banco do Brasil) a adquirirem participações em instituições financeiras no país sem passar por um processo de licitação.

Na cúpula do G-20 (reunião dos 20 países mais desenvolvidos), o presidente Lula incumbiu-se de demonstrar apreensão, crítica e rumo a ser tomado, no enfrentamento da crise da economia mundial, principiada em 2008:

(...) Para nós, o que importa é a ameaça de uma recessão generalizada e, na sua esteira, a perda de milhões e milhões de empregos, o aumento da pobreza e da exclusão. Não podemos permitir que o pânico que se instalou em muitos lugares atinja os setores produtivos. Cabe aos líderes mundiais, com serenidade e responsabilidade não nos deixarmos contaminar pelo medo. Mas esta é uma crise global, e ela exige soluções globais.

(...) Por muitos anos especuladores tiveram lucros excessivos, investindo o dinheiro que não tinham em negócios mirabolantes. Todos estamos pagando por essa aventura.

(...) O próprio Fundo Monetário Internacional estima que os países emergentes responderam por 75% do crescimento da economia mundial. Essa tendência se manterá em 2009.

(...) Em 2007, nosso PIB [Produto Interno Bruto] cresceu 5,4%, e esperamos que cresça 5% este ano. Esse crescimento está sendo feito com justiça social. Nos últimos anos, tiramos 9 milhões da miséria e outras 20 milhões se incorporaram aos contingentes da classe média no Brasil. Ampliou-se nosso mercado interno, o que nos protege em muito contra a turbulência internacional. Diversificamos nossos mercados de exportação.

(...) Desde 2007, o Brasil passou de devedor a credor nominal no mercado internacional. Nossas reservas internacionais somam mais de 200 bilhões de dólares, um aumento de 143 bilhões de dólares desde março de 2006.

O governo petista de Lula encontrava-se em momento propício ao desenvolvimento econômico e social.

O IBGE (Instituto Nacional de Geografia e Estatística) em sua Pnad (Pesquisa Nacional por Amostra de Domicílios) apontava um Brasil que prosseguia melhorando a renda, que diminuía a desigualdade e a pobreza, com aumento do emprego formal.

Condições especialmente favoráveis, coisas que não se viram antes.

O aumento médio da renda do trabalhador em 2008 subiu 1,7%. A taxa de desemprego desceu de 8,2% para 7,2%, menor patamar desde 1996. O número de brasileiros com telefones elevou-se a 82,1%, e 31,2% deles possuíam computador. Não obstante o forte crescimento econômico, o Brasil não reduziu o analfabetismo significativamente porque, de 2007 a 2008, ele recuou 0,1 ponto percentual. Verificou-se inclusive pequeno acréscimo no número absoluto de analfabetos adultos, de 14,136 milhões para 14,247 milhões.[26]

Revelou-se igualmente que o Estado ampliou seu poder nas empresas pois, entre 30 maiores multinacionais do Brasil, quase todas deviam ao Banco Nacional de Desenvolvimento Econômico e Social (BNDES). Além disto, 20 destas maiores multinacionais possuíam sócio estatal, ou têm parcelas de capital pertencentes ao BNDESPar, ou a fundos de pensão de estatais, bastante influenciados pelo governo.

Em 2010, o BNDES batia recorde de desembolsos para a América Latina, financiando a exportação de bens e serviços brasileiros na região, crescendo 77% em média ao ano, no segundo mandato do presidente Luiz Inácio Lula da Silva.

O PIB (Produto Interno Bruto) exibia alta recorde de 9% no 1º trimestre de 2010, correspondendo a 11,2% no ano, com risco de superaquecimento da economia brasileira. Mas como dava a conhecer o Pnad/IBGE de 2009, a renda continuava concentradíssima: os 10% mais ricos detinham 43% da riqueza e os 50% mais pobres ficavam com 18% dela.

A valorização do real contribuiu para o aumento da renda da população. Baseando-se em informações fornecidas pelo IBGE, descontada a inflação e atualizados os preços para 2009, os brasileiros gastaram quase 500 bilhões a mais durante os sete anos do governo Lula. O consumo das famílias saiu de 1,47 trilhão em 2002 para 1,97 trilhão em 2009.

O consumo das famílias, os gastos do governo e os investimentos das empresas foram surpreendentes em 2010. A demanda aumentou mais de 10% ao ano, fazendo com que as projeções para a alta da taxa básica de juros tivessem também de aumentar para conter a inflação. O fim da redução do IPI (Imposto sobre Produtos

Industrializados) para os automóveis causou muitíssimas vendas, devendo ultrapassar 320 mil unidades em março de 2010.

No ano eleitoral de 2010, o governo do presidente Luiz Inácio Lula da Silva apressou a inclusão de pelo menos 3,2 milhões de pessoas aos programas sociais. Comunicava que, em alguns casos, a meta estabelecida para 2010 era 70% maior do que todos os benefícios distribuídos em anos anteriores. Um panorama do desempenho dos programas sociais do governo Lula até 2009, um ano antes do seu término, pode ser delineado da seguinte forma:

1. Centros de detenção provisória (Justiça):

   De 2003 a 2009 o governo federal gastou 1,1 bilhão de reais com construção, reforma e ampliação de presídios.

2. Bolsa Família (Desenvolvimento Social):

   De 2004 a 2009 foram beneficiadas 12,4 milhões de famílias.

3. Projovem Adolescente (Desenvolvimento Social):

   Desde o início do programa, em junho de 2008, incluiu 487 mil jovens.

4. Programa Segundo Tempo (Esportes):

   Desde 2003, os convênios somaram o atendimento de 906.380 crianças e adolescentes.

5. Minha Casa Minha Vida (Cidades):

   Em 2009, antes do lançamento, a CEF (Caixa Econômica Federal) havia contratado o financiamento de 327.467 habitações.

6. Programa Caminho da Escola (Educação):

   Entre 2007 e 2009 foram entregues pelo programa 5.721 veículos.

O jornal *O Estado de S.Paulo*, em dezembro de 2009, noticiou que a classe C tinha descoberto o turismo.

O jornal noticiava mais: "O brasileiro está viajando mais. A entrada da classe média emergente no mercado de turismo foi um dos sustentáculos do setor em 2009 e dará fôlego ao crescimento dessa indústria em 2010. Os novos turistas da classe C conseguem encaixar as viagens em seu orçamento graças à recuperação econômica e ao aumento da confiança do consumidor, ao dólar baixo, que barateia os pacotes turísticos, e sobretudo às facilidades de financiamento". E, com algum entusiasmo, o jornal informava: "Nada sintetiza melhor a democratização no turismo no Brasil do que a atual febre dos cruzeiros marítimos."

O horizonte brasileiro no campo econômico-financeiro irrompia favorável em 2011. Antevia-se em 2010 que o Brasil seria outro em 2011, muito mais feliz, bastando crer nas expectativas positivas da seguinte estimativa de novembro de 2010, no final dos oito anos de governo Lula da Silva:

	Brasil em 2003	Brasil em 2011
Inflação (IPCA)	9,3%	Projeção inicial: 5%
Crescimento do PIB	1,15	Projeção inicial: 4,5%
Taxa de desemprego	11,2%	6,2%
Superávit fiscal primário (ante o PIB)	3,2%	2%
Saldo da balança comercial (em dólares)	13 bilhões	17 bilhões
Dívida pública (ante o PIB)	77%	59%
Taxa de juros (ao ano, Selic)	25,5%	10,75%
Risco-país (em pontos)	1400	174
Miseráveis na população	27%	15%
Reservas internacionais (em dólares)	37 bilhões	283 bilhões
Divida externa líquida (em dólares)	165 bilhões	O país é credor de 42 bilhões

A REPÚBLICA BRASILEIRA — 1951-2010

Alargando o quadro geral da situação econômico-financeira do Brasil, no término do governo Lula, deve-se verificar outros dados necessários à análise da conjuntura:

Coeficiente de Gini

Mede a desigualdade na distribuição de renda (quanto maior o valor, mais desigual é o país):

- Três países mais desiguais: Brasil: 56,7; Estados Unidos: 45; Japão: 38,1.
- Três países menos desiguais: Alemanha: 27; Espanha: 32; Itália: 32.

Índice de percepção da corrupção

Quanto maior a pontuação, menor a corrupção.

- Três países mais corruptos: Brasil: 3,7; Itália: 3,9; Espanha: 6,1.
- Três países menos corruptos: Canadá: 8,9; Alemanha: 7,9; Japão: 7,8.

Enfim, o binômio "aumento da renda e consumismo" retratou com perfeição aquilo a que se assistiu, de modo especial, na economia brasileira do segundo mandato do presidente Luiz Inácio Lula da Silva, levando em conta a grande maioria da população. Se é possível imaginar um "estado de felicidade ou de prazer", acarretado pelo orgasmo de consumir, esses quase quatro anos de gestão lulista dão o modelo completo.

Uma população sem ética de"vida boa", amassando o barro da pobreza e da carência, sem apreender ética da sobriedade e da solidariedade na família e na escola, mergulhou na crise individual da miséria e da ambição do alto consumo. Deixa-se com facilidade aprisionar pelo"marketing"anti-humano, agressivo e destrutivo, do comércio e das financeiras, da agiotagem, da mídia em geral etc.

Essa enorme parcela da população regressou para casa, repleta de badulaques e de dívidas, massacrada pela propaganda e pelo consumismo, isto é, pela compra em demasia, quase sempre artigos supérfluos. Conclusão: uma população brasileira sem poupança originada de seu trabalho, e sem condições de viver, sem mecanismo de defesa.[27]

O legado do governo de Luiz Inácio Lula da Silva

O jornal argentino *Pagina 12* tratou da "esquizofrenia informativa" na imprensa brasileira, ao informar sobre acidente de avião e apagões aéreos em 2007. Falou de passageiros entre "furiosos e aterrorizados".

Na verdade, quem ficou sujeito à "esquizofrenia informativa" foram e são os leitores, ouvintes ou telespectadores, entre "furiosos e aterrorizados" com a reiteração de notícias, assuntos mal interpretados, fragmentados e ocultos. As especulações e a multiplicidade de temas repetidos transformam leitores, ouvintes e telespectadores em seres obsessivos por matérias repetidas em determinado período de tempo, em nome da liberdade de imprensa e da liberdade de opinião, como querem diversos jornalistas e empresários.

Além das matérias corriqueiras da política nacional, das desgraças econômicas, assuntos relacionados com a política social (crimes, violência, desgraças em geral) constituíram e constituem material fascinante para atrair leitores ou ouvintes.

Eis um pouco desse material de política social no período Lula, crítico. Todavia nada de opiniões e soluções muito responsáveis a respeito dele.

Na verdade, na verdade, a grande parcela dos tópicos, abaixo mencionados, implora a séculos mudanças radicais na estrutura da sociedade brasileira, desta sociedade que tem reclamado e sido subjugada pelo conformismo, pela passividade e não agido.

A REPÚBLICA BRASILEIRA — 1951–2010

Portanto, teria cabido ao governo Lula promover estas mudanças históricas, profundas e radicais, que o Partido dos Trabalhadores se propôs realizar ao longo de várias campanhas e que a sociedade em grande parte clamou e clama: educação digna, saúde respeitável, com habitação saudável, eficazes previdência e assistência social.

Lula e o Partido dos Trabalhadores pregaram o socialismo democrático, pagaram alto preço em vida e em militantes, empolgaram seus partidários, não realizando, ao governar, as programadas mudanças revolucionárias na política, na política econômica e social, não inaugurando uma época de honradez e glória para os brasileiros.

Brasileiros que têm clamado e clamam por uma vida feliz e segura, libertos de uma polícia irresponsável e perigosa, protegidos por um Poder Judiciário forte e rápido. Um país em que ajam policiais e juízes sem ritualismo e burocracia, convencidos da justiça e da urgência, controlados realmente pelos habitantes do país.

1) Epidemia nacional, crack está em pelo menos 3.871 cidades brasileiras (2010);

2) Cinco milhões pagam por planos de saúde com problemas graves de assistência (2010);

3) Aos 15 anos, desafio do Programa Saúde da Família é diminuir desigualdade (2009: estando em 94% das cidades, mais de 50% dos moradores não são cobertos pelo serviço preventivo);

4) ONU (Organização das Nações Unidas) diz que Bolsa Família é limitado, porque o país precisa ir além do programa se quiser resolver a desigualdade social e a pobreza (2010).

Críticas:

a) Palavras de uma professora:

"Se você amplia o acesso à educação, a próxima pergunta a fazer é se essas crianças estão saindo das escolas mais bem preparadas. Sem isso, você não consegue realmente melhorar o capital humano."

b) Palavras de uma diretora:

"A gente sabe que a educação no Brasil ainda tem desafios enormes a enfrentar. Mas nem todas as barreiras são vencidas com a entrada da criança na escola ou renda."

5) Conceiçãozinha é um dos locais onde a população ataca os trens diariamente; quando os trens passam, comunidade corre para recolher os materiais que compõem sua "área de lazer". A comunidade de Conceiçãozinha, no Guarujá-SP, é o último obstáculo dos trens de carga para chegar ao Porto de Santos, o maior da América Latina (2007).

6) "Lista suja" do governo não reduz trabalho escravo. Exploradores de mão de obra não sanam problemas: desde 2000, foram libertados 23.318 trabalhadores (2007).

Crítica:

Palavras da UDR (União Democrática Ruralista): "Não acredito que haja trabalho escravo no Brasil por parte dos produtores rurais", diz o presidente da UDR, Luiz Antônio Nabhan Garcia.

7) Igrejas se armam contra assaltos. Aumento de roubos leva párocos a adotar câmeras e seguranças (2010).

Notícia:

"O castiçal de 1,84 metro da Paróquia de Santo Eduardo, no Bom Retiro, centro [São Paulo-SP], foi roubado em minutos. Fiéis dizem ter visto o ladrão carregar o utensílio no ombro e sair pela porta da frente, em plena tarde. (...) Já na Paróquia de São Januário da Mooca [São Paulo-SP], na lista de objetos roubados há um cálice e hóstias. (...) Na Paróquia Nossa Senhora dos Apóstolos, na Vila Monumento, zona sul [São Paulo-SP], pouco antes de começar uma missa, o padre notou

A REPÚBLICA BRASILEIRA — 1951-2010

a falta do microfone. O aparelho foi encontrado com um morador de rua."

8) Julgamento da validade de Lei da Ficha Limpa deixa Supremo Tribunal Federal (STF) dividido (2010).

Notícia:

"Retomado ontem, placar indicava 4 votos a favor pela aplicação imediata da lei, mas ainda faltavam 5 ministros que questionavam norma. (...) O Supremo Tribunal Federal (STF) retomou o julgamento que definirá se a Lei da Ficha Limpa pode impedir a candidatura neste ano de políticos condenados e daqueles que renunciaram aos mandatos para escapar de processos de cassação."

9) Disque 100 tem dificuldade de fazer com que casos de exploração sexual de menores sejam investigados e denúncias ficam pelo caminho (2010).

Notícia:

"Uma ligação anônima relata que adolescentes e crianças de 7 anos são prostituídos, sob o olhar atento de uma dupla de aliciadores na Avenida Cesário de Melo, em Campo Grande, no Rio. O denunciante sugere o envolvimento de policiais: entre 2h e 3h da madrugada, viaturas levariam uma ou duas vítimas, retornando mais tarde para deixá-las. (...) Ninguém sabe o resultado de tantas acusações, mas uma coisa é certa: parte dos relatos não dá em nada ou é arquivada por incapacidade das polícias e do Ministério Público de investigar e processar tamanho volume de informações."

10) São Paulo tem menos favela e mais favelado. Falta de terrenos e desocupações motivam queda inédita em São Paulo; mas população nesses locais cresce 3,7% ao ano (2009).

11) Por falta de interesse, 18% não vão à escola. Motivo causa baixa frequência escolar e punição aos beneficiários do Bolsa Família (2010).

12) 43% dos alunos matriculados em supletivo não terminam os estudos. Entre motivos estão necessidade de trabalhar, falta de interesse e dificuldade para acompanhar o curso, diz IBGE (2009).

13) Governo corta 570 vagas de Medicina ao reduzir oito cursos e fechar um (2010).

Crítica:

"A maioria das medidas foi tomada após especialistas supervisionarem cursos com resultado insatisfatório no Exame Nacional de Desempenho de Estudantes (Enade) de 2007" (2010).[28]

14) Funcionários da USP invadem reitoria. A Universidade de São Paulo (USP) é a maior universidade da América Latina em pesquisa, universidade pública brasileira que atende igualmente alunos carentes e outros (2010).

Notícia:

"Servidores grevistas da Universidade de São Paulo (USP) iniciaram uma ocupação por tempo indeterminado do prédio da reitoria, em protesto contra o corte de salário. Por volta das 10 horas, funcionários e alunos invadiram o edifício pelos fundos, após arrombarem um portão e quebrarem uma porta e uma janela. A parede de uma sala foi destruída a marretadas."

15) 55 instituições do ProUni têm notas ruins. Ministério da Educação (MEC) pode cortar do programa, que dá incentivos fiscais em troca de bolsas de estudos, os cursos superiores mal avaliados (2009).

Notícia:

"Das 55 universidades e faculdades reprovadas no 1º ciclo de avaliação, 23 mantêm desempenho insuficiente na 1ª etapa do 2º ciclo."

A REPÚBLICA BRASILEIRA — 1951–2010

16) Dobra o número de jovens na universidade. Taxa saltou de 6,9% para 13,9% de 1998 a 2008; ProUni e expansão das instituições são principais fatores; 31% param de estudar ao terminar o ensino médio (2009).

17) Universidades pedem apoio do BNDES (Banco Nacional de Desenvolvimento Econômico e Social). Setor quer uma linha especial de financiamento, com recursos públicos e condições melhores que as praticadas hoje (2009).

18) Em 23 países, Brasil é o que mais desperdiça aula com bronca, pois docentes de escolas gastam 18% do tempo das aulas para manter disciplina. A falta de compostura e de civilidade em família desorganizada representa um dos fatores nocivos à aceitação da ordem e da valorização do aprendizado pelos alunos (2009).

19) Para o IBGE, mais de 1,2 milhão de jovens estão ociosos no Brasil. Eles significam 5,37% dos brasileiros entre 18 e 24 anos e não trabalham, não estudam, não ajudam em casa (2009).

20) Fonte de 55% Organizações Não-Governamentais servem-se de dinheiro público. Livre das amarras da Lei de Licitações, entidades ganham espaço crescente (2004).

Crítica:

"Mas uma nova modalidade de negócios com o Estado cresce num ritmo assombroso, embaralhando a ética do público e do privado. Trata-se do terceiro setor, que não é empresa nem governo, e vem desenhando uma área cinzenta de intersecção com o Estado. No rastro da diminuição do Estado, do aperto na competitividade entre as empresas, e do florescimento da chamada sociedade civil no Brasil pós--ditadura, governantes nos três níveis e "donos" de ONGs e fundações bem situadas exploram uma gama infindável de áreas nas quais serviços podem ser contratados sem licitação, justificados pelo "notório saber" e embalados num espírito de "parceria" e "convênio", e não mais de relação comercial. (...) A sinergia crescente entre as ONGs e o governo levou o ex-presidente Fernando Henrique Cardoso — recém-fundador de uma ONG — a cunhar o termo "organizações *neo*governamentais. E aflige até mesmo uma parcela do setor" (2004).

21) Quase metade da verba destinada a ONGs (Organizações Não Governamentais) é desviada, avalia TCU (Tribunal de Contas da União). Estimativa é de que irregularidades levaram perto de 1,5 bilhão de reais dos 3 bilhões reservados para essas entidades (2007).

22) Decreto torna mais rigoroso repasse a ONGs (Organizações Não Governamentais). Medida resultará em economia de 1,5 bilhão de reais por ano para os cofres públicos (2007).

Comentário:

"A decisão torna os convênios mais transparentes e faz uma série de exigências preventivas para que sejam assinados. O decreto foi planejado depois do escândalo dos sanguessugas, quando foi descoberto pela Polícia Federal o desvio de cerca de 110 milhões do Orçamento destinado à compra de ambulâncias".

Conclusão do capítulo

O governo de Luiz Inácio Lula da Silva tornou irrealizável um verdadeiro programa socialista democrático, por diversas décadas no Brasil. Desfigurou e exauriu a confiança no programa de tal natureza, que permitisse a democracia capaz de dar maior grau de coletivização aos interesses populares.

A **Carta ao Povo Brasileiro**, divulgada em 2002, antes das eleições, apontou claramente o que seria a administração de Lula e do PT. E assim aconteceu, o governo petista de Lula conciliou as reivindicações sociais (privando-as de mobilizações necessárias e criativas) e as expectativas e pavores do mercado econômico-financeiro.

"Mudança", palavra utilizada fartamente na dita "Nova República" e prometida pelo presidente Luiz Inácio Lula da Silva e sua equipe, deixou-se ficar esquecida, banida ou vilipendiada. A "mudança" foi substituída por incentivos, às vezes assistencialistas e eleitoreiros, socialmente passivos e quase sempre modernizantes. A palavra "mudança" valeu principalmente ao Programa do Partido dos Trabalhadores, aos debates intelectuais e aos militantes, como mensagem político-partidária.

Não existe lembrança recente de tão rápida e completa tomada de posse do aparelho estatal como ocorreu com os petistas, ao longo do governo Lula. Como se houvesse uma "corrida em busca do ouro", a maioria da cúpula partidária e de seus protegidos assumiu individualmente a tarefa da fazer-se e de fazer para a "oligarquia do Partido".

Desarticulado o governo, autonomizados os membros da cúpula do Partido dos Trabalhadores, a gestão do presidente Lula da Silva caiu sob o império da mídia quase sempre adversa; caiu sob o domínio de uma oposição predatória, nem sempre verdadeira; caiu sob a força da própria oposição petista, quase sempre oportunista.

Sem contar com o Poder Legislativo, corroído pelo "presidencialismo de coalizão", o governo Lula conquistou em sua gestão o fim das renovações contratuais com o FMI (Fundo Monetário Internacional), aumentou a renda da população e o consumismo, ainda quando à custa do maior enriquecimento dos bancos, das empresas e dos plutocratas.

O primeiro governo do PT, com Lula, não se saiu bem nas tentativas de abrir os arquivos da ditadura militar, embora tenha continuado a indenizar suas vítimas.

Em vez de delinear as linhas mestras da política econômica vinculada à política social, caracterizada pela unidade, pelo planejamento e pelo relacionamento entre seus principais setores, cumprindo-o rigorosamente como direitos universais de promoção humana, o que se constatou foi a desagregação, a fragmentação e o caos mostrados nos tópicos acima, do <u>Legado do governo de Luiz Inácio Lula da Silva</u>.

Está registrado no livro *Atlas da exclusão social no Brasil*, de 2003, que:

> Agora, em 2003, frente a um novo governo [Lula], a esperança que renasce deve ser obrigatoriamente regada pela responsabilidade de todos. Os que detêm poder político e econômico têm maior influência e, portanto, responsabilidade maior. Porém superar a pobreza e a miséria cabe a todos que podem contribuir para que o debate resulte em medidas eficazes. Sem essa vitória sobre as condições sub-humanas de vida, nunca seremos uma nação livre e feliz.
>
> (...) As lacunas deixadas pela falta de reformas agrária, tributária e sociais tornaram o capitalismo brasileiro uma máquina de produção e reprodução de desigualdades.[29]

Notas

1. *O Estado de S.Paulo*, 14 jun. 2008, São Paulo Reclama, p. C2; negritos meus.

2. Angeli. *Folha de S.Paulo*, Opinião, 4 maio 2009, p. A2.

3. Cf. Vieira, Evaldo, 2002, p. 131-5.

4. Verissimo, Luis Fernando. *O Estado de S.Paulo*, 9 jul. 2002, p. A4; Sarney, José. *Jornal da Tarde*, de *O Estado de S.Paulo*, 14 jun. 2002, Política, caderno A, p. 4; Soros, George. *Folha de S. Paulo*, 8 jun. 2002, Brasil, p. A4; Piva, Horácio, *O Estado de S.Paulo*, 9 jun. 2002, Economia, B3; Lula da Silva, Luiz Inácio. *Jornal do Brasil*, 20 ago. 2002, Brasil, p. A4; cf. *O*

A REPÚBLICA BRASILEIRA — 1951–2010 803

Estado de S.Paulo, 30 jun. 2002, Nacional, p. A4; Brasil, primeira página; *Jornal da Tarde*, de *O Estado de S.Paulo*, 30 abr. 2002, Política, p. A4; 8 out. 2002, Eleições, Especial, p. 1; 9 out. 2002, Especial, p. 4, 16; 11 out. 2002, Eleições, Especial, p. 3; negritos meus.

5. Lula da Silva, Luiz Inácio. *Folha de S.Paulo*, 29 out. 2002, Eleições, p.2: 24 set. 2003, Mundo, p. A10; Lula da Silva, Luiz Inácio. *O Estado de S.Paulo*, 11 dez. 2002, Nacional, p. A4, A5; 2 jan. 2003, Posse, p. H4, H5; 17 jan. 2003, Américas, p. A13; 25 jan. 2003, Especial, p.H2; Lula da Silva, Luiz Inácio, *El País*, 29 mai. de 2003, Internacional, p. 2; Genoíno, José. *O Estado de S.Paulo*, 23 fev. 2003, Nacional, p. A10; cf. *Folha de S.Paulo*, 28 out. 2002, primeira página; 29 out. 2002, Eleições, p. 1. 2002, 5, 7-8; 1º jan. 2003, primeira página, p. A8; *O Estado de S.Paulo*, 2 jan. 2003, Posse, p. H2; grifo e negrito meus.

6. Cf. *Diário de S. Paulo*, 27 jul. 2003, Brasil, p. A16; 28 out. 2003, Brasil, p. A10; *O Estado de S.Paulo*, 8 ago. 2003, Nacional, p. A5; 13 mar. 2004, Nacional, p. A6; 21 set. 2006, Eleições 2006, p.A10; 23 jan. 2010, Internacional, p. A10; 24 jan. 2010, Internacional, p. A20, A21; *Veja*, 7 jul. 2004, Brasil, p. 42; *Istoé*, 14 jul. 2004, p. 27-33; grifo e negrito meus.

7. Cf. Vieira, Evaldo. *Autoritarismo e corporativismo no Brasil*. 3. ed. São Paulo: Edunesp, 2010.

8. Michels, Robert. *Os partidos políticos*. São Paulo: Senzala, 1977; Antunes, Ricardo. cit., 2004, p. 142-3; Tragtenberg, Maurício. *O dilema da estrela: branca ou vermelha?*, 2009, p. 54, 57, 60-61; Kucinski, Bernardo. *O Partido Tardio dos Trabalhadores*, 2001, p. 183, 186-192, 194-7; Betto, Frei. *Folha de S.Paulo*, 12 fev. 2006, Brasil, p. A8; grifo e negrito meus.

9. Lula da Silva, Luiz Inácio; Mantega, Guido; Mercadante, Aloizio. *Folha de S.Paulo*, 1 jan. 2003, Brasil, p. A12; itálico, grifo e negrito meus.

10. Bezerra, Eleno José, *O Estado de S.Paulo*, 2 mai.2004, p. 2; Viegas Filho, José. *Folha de S.Paulo*, 5 nov. 2004, Brasil, p. A4; Kramer, Dora. *O Estado de S. Paulo*, 6 11 2004, Nacional, p. A6; Alvarenga, Tales. *Veja*, 25 jan 2006, p. 61; cf. *O Estado de S.Paulo*, 2 mai.2004, Nacional, p. A4; 19 jan. 2006, Notas & Informações, p. A3; *Folha de S.Paulo*, 8 jul. 2005, Brasil, p. A4; grifo e negrito meus.

11. Cf. *O Estado de S.Paulo*, 15 mai. 2005, Nacional, p. A11; 20 jul. 2005, Nacional, p. A5; 13 ago. 2005, Nacional, p. A4; 26 ago.2005, Nacional, p. A4; 2 set. 2005, Nacional, p. A6, A8; 8 set. 2005, Nacional, p. A5; 27 out. 2005, Cidades/Metrópole, p. C9; 5 nov. 2005, Nacional, p. A19; 22 dez. 2005, Nacional, p. A4; 31 mar. 2006, Nacional, p. A8; Alencastro, Luiz Felipe de. *O Estado de S.Paulo*, 17 abr. 2005, Aliás, p. J4; *Folha de S.Paulo*, 17 jun.2005, Brasil, p. A4; 24 jun. 2005, Brasil, p.A5; 22 jul. 2005, Editoriais, p. A2; 27 jul.2005, Brasil, p. A10; 1 dez. 2005, Brasil, p. A4; grifo e negrito meus.

12. Cf. *O Estado de S.Paulo*, 24 abr. 2005, Nacional, p. A4; Lula da Silva, Luiz Inácio; Amorim, Celso. *O Estado de S. Paulo*, 2 set. 2005, Nacional, p. A11.

13. Cf. *O Estado de S.Paulo*, 18 jan. 2003, Notas e Informações, p. A3; 6 fev.2004, Nacional, p. A6; 30 mai. 2004, Congresso, p. A8; 13 mai. 2005, Nacional, p. A7; 9 jul. 2005, Nacional, p. A4; 22 set. 2005, Nacional, p. A4; *Folha de S.Paulo*, 31 jan. 2003, Brasil, p. A12; *Diário de S. Paulo*, 27 mar. 2004, São Paulo, p. A7; grifo e negrito meus.

14. Lula da Silva, *O Estado de S.Paulo*, 23 set. 2006, Nacional, p. A12; 19 nov. 2005, Nacional, p. A4; Glüsing, Jens. *Der Spiegel*, 31 out. 2006, UOL Mídia Global. tx1, tradução: Danilo Fonseca; cf. *O Estado de S.Paulo*, 30 ago. 2006, Nacional, p. A5, A9; 23 set. 2006, Eleições, p. A4; 1 out. 2006, Especial, p. H6, H8, H9; 1 jul. 2007, Nacional, p. A8; 13 set. 2007, Nacional, p. A10; 1 jun. 2008, Nacional, p. A4; 22 jun. 2008, Notas e Informações, p.A3; 12 jul. 2008, Nacional, p.A17; 25 abr. 2009, Nacional, p. A4; 14 mai. 2009, Nacional, p. A4; 15 jun. 2009, Nacional, p. A4; 7 ago. 2009, Nacional, p. A6; *Folha de S. Paulo*, 18 jun. 2006, Brasil, p. A5; 16 set. 2006, Brasil, p. A8; 24 abr. 2009, Brasil, p. A6; 26 abr. 2009, Nacional, p. A6; 17 jun. 2009, Brasil, p. A4; 15 jul. 2009, Brasil, p. A8; 5 jun. 2010, Poder, p. A4; *Destak*, 13 set. 2007, p. 04; *Brasil AGORA*, 26 jun. 2009, p. A16; *O Globo*, 25 mar. 2009, O País, p. 3; *Brasil de Fato*, 20 a 26 mai. 2010, Brasil, p. 7; grifo e negrito meus.

15. Cf. *O Estado de S.Paulo*, 2 abr. 2006, p. J6; 28 mai. 2006, Nacional, p. A4; 3 out. 2006, Eleições 2006, p. H1, H11; 1 nov. 2006, Nacional, p. A10; 25 nov. 2006, Nacional, p. A20; 15 dez. 2006, Nacional, p. A7; *Folha de S. Paulo*, 30 out. 2006, Eleições 2006, p. Especial 1, 6; grifo e negrito meus.

A REPÚBLICA BRASILEIRA — 1951–2010

16. Azambuja, Marcos. *O Estado de S.Paulo*, 11 mar. 2007, Nacional, p. A10; Junqueira, Mary Anne. *Ao sul do Rio Grande*, p. 58-59; Sandburg, Carl. *Lincoln*, 1965; cf. *O Estado de S.Paulo*, 2 jan. 2007, p. A1, A4-A5, A7; 7 jan. 2007, Nacional, p.A8; 6 mar. 2007, Nacional, p. A7; 11 mar. 2007, Nacional, p. A9; 27 jun. 2007, Nacional, p. A8; 25 nov. 2007, Nacional, p. A4, A15; 29 jun. 2008, Nacional, p. A8; 14 mar. 2010, Nacional, p. A4; *O Globo*, 14 nov. 2008, O País, p.5; "De quem é a Amazônia, afinal?, *NY Times, UOL Últimas*, 18 mai. 2008, 08 h 01; *Lulás Right-Hand Woman — Dilma Rousseff Becomes Chief of Staf, Brasília 1631, Online 3*, 10 mai. 2008, 13:18:19; grifo e negrito meus.

17. Cf. *O Estado de S.Paulo*, 26 abr. 2009, Nacional, p. A4; 8 nov. 2009, Nacional, p. A9; 30 abr. 2010, Nacional, p. A4; *Folha de S. Paulo*, 30 abr. 2010, Brasil, p. A4; grifo e negrito meus.

18. Cf. *O Estado de S.Paulo*, 18 jul. 2010, Nacional, p. A8; 26 set. 2010, Aliás, p. J4; 4 out. 2010, Eleições 2010, p. H1, H7; 17 out. 2010, Nacional, p. A18; 31 out. 2010, Eleições 2010, p. H12, H13; *O Globo*, 1 nov. 2010, *O País*, p. 1,12; grifo e negrito meus.

19. Vannuchi, Paulo de Tarso & Genro, Tarso. *Folha de S.Paulo*, 9 ago. 2008, p. 1-2; Genro, Tarso. *O Estado de S.Paulo*, 10 ago. 2008, Nacional, p. A4; cf. *O Estado de S.Paulo*, 9 ago. 2008, Nacional, p. A4; Garzón, Baltazar. *Agência Brasil*, 19 ago. 2008, 06h38; Ministério Público Federal, Procuradoria Regional da República de São Paulo, *Ação Civil Pública* — N. 200861000114145; *O Globo*, 16 nov. 2008, O País, p. 11; *Folha de S. Paulo*, 6 ago. 2010, Opinião, p. A3; grifo e negrito meus.

20. Bacelar, Tânia. *Carta Capital*, Rosa dos Ventos-Maurício Dias, p. 16; cf. *O Estado de S.Paulo*, 23 ago. 2009, Nacional, p. A10; 12 dez. 2009, Internacional, p. A14; 5 dez. 2010, Nacional, p. A9; *Folha de S. Paulo*, 4 fev. 2009, Brasil, p. A8; 7 dez. 2009, Dinheiro, p. B1; 15 nov. 2009, Mundo, p. A17; *O Globo*, 15 ago. 2009, Cartas dos Leitores, p.6; grifo e negrito meus.

21. Cf. *Jornal da Tarde*, de *O Estado de S.Paulo*, 12 mar. 2003, Economia, p. 14, caderno A; *Diário de S. Paulo*, 5 abr. 2003, Opinião, p. A8; 9 mai. 2003, p. B1; 4 out. 2004, p. A2; *O Estado de S.Paulo*, 11 fev. 2003, Nacional,

p. A4; 23 mai. 2003, Economia, p. B5; 31 jan. 2004, Economia & Negócios, p. B1; 8 fev. 2004, Economia & Negócios, p. B1; 17 out. 2004, Economia & Negócios, p. B1; 24 out. 2004, Economia, p. B8; *Folha de S.Paulo*, 31 jul. 2004, Dinheiro, p. B1; grifo e negrito meus.

22. Cf. *O Estado de S.Paulo*, 26 mar. 2003, Nacional, p. A5; 1 jun. 2003, Economia & Negócios, p. B1; 30 mar. 2004, Nacional, p. A4; 26 mai. 2004, Economia, p. B3; 29 mai. 2004, Economia, p. B3; *Cartacapital*, 17 nov. 2004, Seu País, p. 34; *Folha de S. Paulo*, 24 jul. 2003, Dinheiro, p. B6; 27 jul. 2003, Brasil, p. A8; 16 out. 2003, Dinheiro, p. B1; *Diário de S. Paulo*, 30 jul. 2003, Economia, p. B3; grifo e negrito meus.

23. Cf. *O Estado de S.Paulo*, 27 dez. 2003, Geral, p. A6; 9 mai. 2004, Economia, p. B7; 28 ago. 2004, p. A21; 19 set. 2004, Nacional, p. A4; 3 out. 2004, Economia, p. B5; 11 dez. 2004, Economia, B6; *Jornal do Brasil*, 15 jul. 2003, Economia & Negócios, p. A10; 1 ago. 2003, Economia e Negócios, p. A19; *Folha de S. Paulo*; 11 ago. 2003, Dinheiro, p. B1, B3; 21 jun. 2004, Dinheiro, p. B3; 12 fev. 2006, Dinheiro, p. B6; grifo e negrito meus.

24. Levy, Joaquim, *O Estado de S.Paulo*, 17 fev. 2006, Economia & Negócios, p. B1; Rossi, Clóvis. *Folha de S. Paulo*, 28 dez. 2005, Opinião, p. A2; cf. *O Estado de S.Paulo*, 29 mar. 2005, Economia, p. B5; 29 mai. 2005, Economia, p. B3; 20 jul. 2005, Economia, p. B5; 30 dez. 2005, Economia, p. B7; 12 nov. 2006, Economia, p. B10; 25 nov. 2006, Economia, p. B8; *Folha de S.Paulo*, 31 mai. 2005, Dinheiro, p. B3; 23 jun. 2005, Dinheiro, p. B1; 27 ago. 2005, Dinheiro, p. B1; 16 set. 2006, Dinheiro, p. B13.

25. Cf. *O Estado de S.Paulo*, 16 fev. 2007, Impostos, p. B7; 25 fev. 2007, Economia, p. B3; 29 abr. 2007, Economia, p. B3; 7 jun. 207, Economia, p. B7; 15 set. 2007, Economia, p. H1; 11 nov. 2007, Economia, p. B16; 13 abr. 2008, Economia, p. B4; *Valor online*, 15 out. 2007, 15h; *Destak*, 13 set. 2007, Seu Valor, p. 7; *Folha de S. Paulo*, 25 jan. 2007, Dinheiro, p. B12; 22 jun. 2008, Economia; grifo e negrito meus.

26. Mantega, Guido. *O Estado de S.Paulo*, 28 jan. 2007, Economia, p. B4; Mantega, Guido. *O Estado de S.Paulo*, 20 mai. 2007, Economia, p. B9; Mantega, Guido. *O Estado de S.Paulo*, 14 out. 2007, Economia, p. B19; Lula da Silva, Luiz Inácio. *O Estado de S.Paulo*, 9 nov.2008, Economia,

A REPÚBLICA BRASILEIRA — 1951–2010

p. B4; *Folhaonline*, Dinheiro, 16 out. 2008, 16h56; *Folhaonline*: http://www.1.folha.uol. com.br/folha/dinheiro/ult91u455919.shtml; 22 out. 2008, 09h29; *Folha de S. Paulo*, 23 jan. 2007, Dinheiro, p. B1, B3-B9; itálico, grifo e negrito meus.

27. Cf. *O Estado de S.Paulo*, 25 out. 2009, Economia, p. B3; 27 dez. 2009, Economia, p. B6; 13 mar. 2010, Economia, p. B10; 30 mar. 2010, Economia, p. B1; 18 abr. 2010, Economia & Negócios, p. B1; 2 mai. 2010, Nacional, p. A4; 9 jun. 2010, p. A1; *Folha de S. Paulo*, 19 set. 2009, Dinheiro2, p. B9; 8 mar. 2010, Dinheiro, p. B9; *Veja Especial, Edição Comemorativa*, nov. 2010, p. 77; *Veja*, 29 dez. 2010, edição 2197, p. 46-47; grifo e negrito meus.

28. Cf. *O Estado de S.Paulo*, 21 out. 2007, Nacional, p. A22; 25 nov. 2007, Economia, p. B14; 17 mai. 2009, Vida, p. A28; 23 mai. 2009, Vida, p. A32; 18 out. 2009, Metrópole, p. C1; 24 jan. 2010, Cidades/Metrópole, p. C5; 8 abr. 2010, Vida, p. A16; 25 abr. 2010 Vida, p. A26; 2 mai. 2010, Nacional, p. A6; 16 mai. 2010, Vida, p. A25; 5 set. 2010, Nacional, p. A15; 24 set. 2010, Nacional, p. A4; 14 dez. 2010, Metrópole, p. C1; *O Globo*, 24 ago. 2010, O País, p. 15; grifo e negrito meus.

29. Pochmann, Márcio & Amorim, Ricardo (orgs.). *Atlas da exclusão social no Brasil*, 2003, p. 20-21; cf. *O Estado de S.Paulo*, 29 ago. 2004, Dossiê Estado, p. H1-H8; 8 jul. 2007, Nacional, p. A4; 27 jul. 2007, Nacional, p. A5; 10 out. 2009, Vida, p. A22-A23; 9 jun. 2010, Vida, p. A16; *Folha de S. Paulo*, 17 jun. 2009, Cotidiano, p. C1; 19 set. 2009, Cotidiano, p. C4; Disponível em: http://www1.folha.uol.com.br/fsp/cotidiano/ff2602200901.htm; grifo e negrito meus.

Conclusão da Segunda Parte

A "Nova República", o Brasil e seus habitantes

Quem pode ser sereno em um país onde ambos os governantes e governados são sem princípio?

Henry David Thoreau[1]

1.

Finalizamos o exame da República Brasileira no período compreendido aproximadamente nos últimos 60 anos, do segundo governo de Getúlio Vargas em 1951 (antes ditador por 15 anos: de 1930 a 1945) ao governo de Luiz Inácio Lula da Silva, concluído em 2010.

Esse período abrange, na Parte I, os governos de Café Filho, Juscelino Kubitschek, Jânio Quadros, João Goulart. Também se encontram na Parte I o golpe de Estado de 1964, os governos ditatoriais do marechal Humberto de Alencar Castelo Branco, do marechal Arthur da Costa e Silva, do general Emílio Garrastazu Médici e do general Ernesto Geisel.

A **Parte II** contém o governo ditatorial do general João Baptista Figueiredo, findando o ciclo militar. Contém mais: a proclamação da "Nova República" por Tancredo Neves, os governos de José Sarney (devido ao falecimento de Tancredo), de Fernando Collor de Mello, Itamar Franco, Fernando Henrique Cardoso e Luiz Inácio Lula da Silva.

De acordo com a **Conclusão da Parte I**, tendo por centro a **República Brasileira** de Getúlio Vargas a João Goulart, é possível afirmar que **a política social se limitou a servir de estratégia de mobilização e de controle das populações carentes, pelo governo federal.**

Com o golpe militar de 1964, instala-se outra configuração da **República Brasileira**, sob forma de ditadura civil-militar por 21 anos, **convertendo a política social em estratégia de desmobilização social,** sem qualquer representatividade nos órgãos do setor, porquanto ela foi adotada como investimento ou encargo, pago mais uma vez por quem já recolhia impostos.

Essa estratégia de fazer da política social fator de desmobilização social perdura por governos posteriores ao encerramento, diga-se formal, da ditadura militar em 1985.

Veja-se na **Parte II** que **não há mudança substancial** nos governos da intitulada "Nova República" relativa à Educação, Saúde Pública, Habitação Popular, Previdência Social, Assistência, Alimentação, Criança e Adolescente.

A"Nova República"não modificou nada do aparelho de Estado criado pela ditadura militar, exceto as leis, constitucional e ordinária. Porém as leis não criaram a realidade, e sim a realidade é que criou as leis (em seu componente material e formal), incorporando nelas os conflitos e as contradições da sociedade.

Tal sociedade mal compreendeu essa "democracia", pois perduraram os maus-tratos às crianças, aos adolescentes, aos presos comuns, às mulheres e aos desprotegidos de rua. A educação e a saúde, incertas e inconsistentes, carregaram miríade de planos e de reformas custosos. Os graves crimes de desfalque nos fundos da educação, da saúde, da habitação, da previdência social, dos programas de alimentação particularmente infantil e das obras públicas fundamentais à sobrevivência do país, são julgados de modo extremamente moroso e sem agravantes dos prejuízos sociais, gozando de favores do rito jurídico. A desigualdade e a discriminação sociais de cor, sexo, idade, etnia, religião, riqueza, educação, cultura, política etc. persistem.

A conciliação gestada em 1984 e vitoriosa em 1985, com a eleição de Tancredo Neves, por via indireta, foi tramada com os militares. A conciliação, entretanto, acabou encenada pelo PMDB (Partido do Movimento Democrático Brasil) e pelo PFL (Partido da Frente Liberal), unidos na Aliança Liberal. A encenação recebeu, em grande parte, o beneplácito dos políticos, dos capitalistas nacionais e estrangeiros, da imprensa escrita, falada e televisionada, com o aplauso afetuoso de muitos da população brasileira (que não tem gostado de verter o próprio sangue, só se importando em verter o sangue alheio).

A conciliação entre os dantes perseguidores e os perseguidos, entre os tiranos e os tiranizados, realizou-se com pompa e circunstância. A morte de Tancredo Neves, a pouco tempo da posse na Presidência da República, foi conduzida com emoção pelo vice-presidente (em seguida, presidente da República) José Sarney. O novo presidente José Sarney se tinha distinguido como oligarca maranhense, apoiador do golpe militar de 1964, governador indicado (interventor) pelos golpistas, senador e presidente do PDS (Partido Democrático Social).

A posse de José Sarney na Presidência da República (Tancredo Neves não sobreviveu para fazer o que prometeu) iniciou na prática a "Nova República". Sarney e os governos posteriores limitaram-se quase tão somente a soluções formais dos conflitos e das contradições de uma sociedade de classes, desigual e injusta, como a brasileira.

Se o aparelho de Estado sofreu alguma alteração, foi alteração miúda decorrente de circunstâncias de momento.

O aparelho de Estado da ditadura militar subsistiu com escassa mudança, todavia mais modernizado, preservando o caráter de estamento burocrático petrificado, excessivamente autônomo ante a sociedade e, às vezes, impositivo. Em certas reivindicações, esses estamentos burocráticos do Estado têm produzido crises corporativas dentro do Executivo e do Legislativo, desconsiderando a vontade popular.

Os aparelhos ideológicos na educação, nos jornais e revistas, nas rádios e redes de televisão, na propaganda e enfim na cultura massificada, compunham não raro cartéis políticos e empresariais e sobreviveram na "Nova República", com opiniões semelhantes, em outras linguagens e em outros modos.

Nas palavras de Raymundo Faoro, os "donos do poder" estão aí:

> ... a Independência fora **fruto da transação**, entre o emancipacionismo dos senhores territoriais e a **nobreza burocrática** conduzida por D. Pedro I fora do seu leito absolutista. O artífice do equilíbrio das forças antagônicas, até a dissolução da Constituinte, foi José Bonifácio, a quem coube a missão de regular o ímpeto independentista, cuja dinamização era dada pelo elemento liberal, brasileiro. O Andrada agia, no fundo, como qualificado **membro da burocracia portuguesa**, de formação absolutista e monárquica, ocasionalmente contagiado pelo liberalismo.
>
> (...) **Ao ideal de que o povo deve dominar, fiscalizar e nacionalizar o governo, com a concretização da autonomia política, base do regime democrático, prevaleceu a realidade contrária, firmada na ascendência e predominância aristocrática, "oligárquica", no dizer da oposição**. Entendia a capa dominante, e com razão, que a sociedade brasileira não dispunha do mínimo de cultura para o trato dos negócios públicos, nem possuía a suficiente autonomia civil e econômica para livremente governar-se. **A verdade da observação enredava-se num círculo vicioso: o povo não tem capacidade para os negócios públicos porque a centralização não lhe permite imiscuir-se neles**. É a contradição de todos os **despotismos pedagógicos** que, reconhecendo a incultura, não a favorecem, senão que a obstam, para afirmar-se no poder.[2]

O príncipe de Lampedusa, no romance *O leopardo*, reproduziu aproximadamente a sensação de quem vive no Brasil da "Nova República":

Se queremos que tudo fique como está, é preciso que tudo mude. Fui claro?[3]

2.

As reformas constitucionais constituem costume político, mais ou menos presente no Brasil depois de 1830 durante o Império, convertendo-se em tema obrigatório na República, em especial depois da década de 1920. Aconteceram Reforma Constitucional em 1926, Constituições em 1934, em 1937 (outorgada), em 1946, em 1967, em 1969 (outorgada pelo Ato Institucional n. 5) e em 1988.

Uma classe cada vez mais subordinada, a classe dirigente no Brasil tem oscilado entre a inércia e a modernização imposta de fora, entre a promulgação de Constituição e a imediata proclamação de sua reforma. Dessa maneira, cada novíssima Constituição sempre surge atrasada, porque a classe dirigente exige outras regras diferentes daquelas que lhe eram aceitáveis ou favoráveis até recentemente, justificando-se com a necessidade de manter a estabilidade ou o crescimento do país.

Nunca no Brasil a política social foi tão acolhida como ocorreu na Constituição de 1988. Seus artigos 6º, 7º, 8º, 9º, 10º e 11 aludem à Educação (pré-escolar, fundamental, nacional, ambiental etc.), Saúde, Assistência, Previdência Social, Trabalho, Lazer, Maternidade, Infância, Segurança. A Constituição Federal de 1988 define direitos dos trabalhadores urbanos e rurais, de associação profissional ou sindical, de greve, de participação dos trabalhadores e empregadores em colegiados dos órgãos públicos, da atuação de representante dos trabalhado-

A REPÚBLICA BRASILEIRA — 1951-2010 813

res no entendimento direto com empregadores. Seu capítulo II, Título II (Dos Direitos e Garantias Fundamentais), descreve os direitos sociais.

Porém, não foram muitos os direitos sociais postos em prática ou ao menos regulamentados, quando exigem regulamentação. Relativamente a eles, o mais grave é que em poucos momentos da República brasileira os direitos sociais sofreram tão clara e sistematicamente ataques da classe dirigentes do Estado e dos donos do capital como depois de 1995, com o governo de Fernando Henrique Cardoso.

Tais ataques aos direitos sociais, a pretexto de algo que se pode pôr o nome de "neoliberalismo tardio", de "modernização" etc., se basearam em frágeis esquemas sobre o desenvolvimento do capitalismo. Estes esquemas dividiam o capitalismo e seus componentes, tipificando-o em capitalismo liberal (racionalidade, modernidade, Estado mínimo, Estado protetor), capitalismo organizado (racionalismo, modernismo, Estado-providência) e capitalismo desorganizado (racionalização, modernização, desregulação, convencionalidade e flexibilidade etc.).[4]

Os esquemas do capitalismo expõem seus traços organizativos e não o seu elemento fundamental, que é o processo de acumulação do excedente de capital. Esses esquemas desprezam a história e ignoram que o capitalismo está em nova fase de acumulação, derivada da revolução tecnológica e de outro tipo de industrialização, dos anos 1970 em diante.

Esta revolução tecnológica tem causado implacável crise estrutural no capitalismo, de caráter fortemente depressivo, com elevada monetarização (moedas, câmbio, títulos etc.) do capital e seu mais flagrante resultado: o aumento do desemprego. Muitos desses esquemas do capitalismo em vigor se restringem a ideologias pretensamente legitimadoras da baixa taxa global de acumulação do capital, manifestada no fim dos anos 1960 e princípio dos anos 1970.

Nos últimos anos da década de 1980, ao longo da década de 1990 e no começo da década de 2000, na política social e na política econômica debateu-se a falsa contraposição entre neoliberalismo e social-

-democracia, fazendo a diferença entre política social neoliberal e política social de cunho social-democrata.[5] Não deixa de ser excêntrico ter dado o nome de política social neoliberal a aquela política que negava os direitos sociais, garantia o mínimo de sobrevivência aos indigentes, exigia contrapartida para gozo de benefícios e vinculava o padrão de vida ao mercado, transformando-o em mercadoria.

O financiamento de políticas sociais virou desde a parte final da década de 1970 um tema de máxima glória e importância, devido à crise fiscal do Estado, às baixas taxas de crescimento da economia mundial e à comuníssima estagnação com inflação ("estagflação"). Naturalmente, as políticas sociais devem sempre passar por avaliação, em qualquer lugar e época, por constituir exigência obrigatória quando custeadas com recursos das sociedades. No Brasil, dos fins da década de 1980 em diante, a febre avaliatória ganhou dimensão de epidemia, e os avaliadores transfiguraram-se em demiurgos, com a justificativa de preservar o bem e o patrimônio públicos, como se antes tal obrigação não existisse, nem se colocasse como irrevogável.

As consequências políticas da supressão dos direitos sociais foram ao menos catastróficas. Tornou-se convicção mais ou menos extensa que as leis da economia seriam naturais e independentes das sociedades, sobrepunham-se a elas, concretizando-se teologicamente nos mercados e nos grupos deles originados.

Como efeitos da "teologia do mercado", arruinaram-se as classes sociais e os movimentos sociais, as teorias e as reflexões, transformados em "coisas" de todo desnecessárias. O capitalismo financeiro submeteu o processo produtivo, realizando mais lucro com a especulação do que com a produção. Os intitulados "ajustes estruturais" e/ou a "livre circulação dos capitais" debilitaram a produção em geral, sujeitando-a às aventuras do capitalismo financeiro e à "americanização" da cultura.

Eric Hobsbawm colocou o Brasil na posição de "candidato a campeão mundial de desigualdade econômica", de "monumento de injustiça social" e de "monumento à negligência social", por razões conhe-

A REPÚBLICA BRASILEIRA — 1951-2010   815

cidas.[6] A política econômica brasileira foi e é exemplar: mesmo em ocasiões de negação explícita de sua presença na economia, o Estado funcionou e funciona como salvaguarda e como propulsor do capital e dos capitalistas. Em condições de desemprego em massa, de privações ilimitadas, a intervenção estatal desviou-se e desvia-se da concretização dos direitos sociais contidos na Constituição Federal de 1988.

3.

O governo trabalhista de Tony Blair, de 1997 a 2007 na Inglaterra, difundiu o que chamava "terceira via" (nem direita, nem esquerda), como se fosse novidade, inovação digna dos últimos anos do século XX e dos primeiros anos do século XXI. Efetivamente, a "terceira via" resumiu-se à reunião de princípios liberais e conservadores, desligada da tradição social-democrata, a que se dizia pertencer. A "terceira via" foi e é expressão da penosa acumulação do capital, em meio à devastadora competição capitalista internacional, da qual são exemplos a crise principiada na década de 1970 e a recente crise de 2008 em diante.

Constantemente recolonizado pelos países capitalistas centrais, tanto na política e na econômica quanto na cultura, o Brasil não deixou e não deixa de ter seus partidários da "terceira via".

O economista inglês **John Williamson**, que trabalhou no Instituto de Economia Internacional, em Washington, foi considerado por certa gente o "pai do Consenso de Washington", no final da década de 1980. Tal "Consenso" deles consistiu num conjunto de reformas liberalizantes proposto como fórmula de desenvolvimento para os países "emergentes", especialmente da América Latina, a qual aqui virou símbolo da visão neoliberal na economia.

Em 1996, quando John Williamson tratou do tal "Consenso de Washington", o famoso conjunto de medidas de ajustamento e estabilização das economias dependentes, julgados recomendáveis pelos principais agentes políticos do capital internacional, inclusive Banco Mundial e Fundo Monetário Internacional (FMI), Williamson se distinguiu mais por aquilo que negou e menos por aquilo que afirmou. Consoante noticiário da *Folha de S.Paulo*, ele negou então:

> Williamson nega que tenha proposto "grandes mudanças" no receituário do Consenso de Washington em sua conferência. Mas admite ter "adicionado alguns passos" e "esclarecido alguns pontos" em relação ao Consenso. As alterações basicamente introduzem a necessidade de se agir com mais decisão no setor social, em particular na educação. Para o ministro Paulo Renato de Souza, um dos representantes do Brasil no seminário, as declarações de Williamson devem ter soado como boa música.

Perguntado, John Williamson se explicou, primeiro, em 1996:

> Não. Eu não acho que o que eu disse seja uma grande mudança em relação ao Consenso. Nove das dez recomendações do Consenso continuam lá, e a décima (abolição das barreiras que impediam a entrada de empresas estrangeiras nas economias latino-americanas) saiu por já ter sido cumprida.

Porém, em suas próprias palavras, em outro seminário no centro de convenções Expominas, no Brasil, em 2006 — note-se: em 2006 —, ele de novo explica e critica:

> ...o Brasil foi longe demais em seguir tudo o que fazem os países do Norte (países ricos), o que talvez não faça sentido nem para os países do Norte.
>
> (...) Eles [a área econômica do governo brasileiro] querem pertencer àquele clube [o pensamento econômico oficial dos países ricos], e então não dizem nada que acham que pode pegar mal no clube.

É como se diz, a colonização e a recolonização mental podem acabar gerando "o mais realista que o rei", em nome da inovação. O Brasil tem pago secularmente preço hercúleo e desumano em história e em vítimas, por seu "prazer" de recolonizar-se.

Desde 1990, no país se tornaram usuais, até de bom-tom, a confusão entre política social e política pública e também o emprego de diretrizes e de programas socioeconômicos criados pelas agências internacionais de financiamento, do tipo do Banco Mundial etc. No caso da política social, fez-se uso da privatização, da parceria do público com privado, da descentralização, da renda mínima (ou da renda básica, renda de existência, renda social etc.), do segundo cheque, do auxílio-gás, da bolsa-escola, da bolsa-alimentação, da bolsa-família, do programa de erradicação do trabalho infantil, do programa gente jovem e outros programas relacionados com a mulher, a maternidade, a criança, o adolescente, o velho, o negro, o homossexual.

Conhecidas teorias da administração de empresa do passado (como a "administração por objetivos") foram apresentadas no âmbito da política social como renovadoras e eficacíssimas. A essas teorias da administração de empresa adicionou-se a substituição, sempre que possível, do contrato de trabalho (baseado na legislação social) pelo contrato de prestação de serviço (fundado na legislação civil, com direito apenas a receber pagamento por tarefa realizada).

Na política social particularmente, difundiram-se os institutos, núcleos, fundações etc. no formato de Organizações Não Governamentais (ONGs), convertendo o custo/benefício e o mercado em bases insubstituíveis daquela política. Com isso, se alterou a essência da política social, à medida que os direitos sociais, inscritos na Constituição de 1988 como direitos da sociedade brasileira, foram trocados pela ação focalizada nos miseráveis, eliminando qualquer universalidade de direitos e qualquer planejamento.

A política social passou a ser refém do "terceiro setor", que afirmava e afirma, para os ingênuos, ser "fenômeno" nem público, nem privado, mas ao final pago pelo setor público (Tesouro Nacional), pois o capital privado aplicado no "terceiro setor" gozou e goza de isenção de Imposto de Renda etc. No Brasil, a renda mínima e outras rendas, por exemplo, revelaram a possibilidade de seus beneficiários ficarem fora do mercado de trabalho, por longo tempo ou sempre. Revelaram igualmente a separação entre trabalhadores com emprego fixo de um lado e desempregados ou subempregados de outro lado.[7]

4.

Em pleno século XXI, não pode possuir futuro promissor para seus habitantes um país possuidor de Código Penal contendo crime de desacato, nos termos abaixo:

> Artigo 331. Desacatar funcionário público no exercício da função ou em razão dela:
> Pena — detenção, de 6 (seis) meses a 2 (dois) anos, ou multa.

Como se o tempo não tivesse transcorrido e não pontificasse a Constituição Federal de 1988, tal artigo 331 do Código Penal Brasileiro entende, falsamente, que o brasileiro não pode reclamar ou até desacatar (desobedecer) o funcionário público descumpridor de seu dever.

Esta pesquisa e exposição do livro, baseada especialmente em documentos confiáveis, demonstram completamente e bradam pela urgência de inúmeras providências com a finalidade de respeitar a população brasileira:

A) Substituição imediata do "presidencialismo de coalizão" por um sistema político fiel à vontade popular;

B) Imposição de mandato revogável e indenizável para os membros dos Poderes Executivo, Legislativo e Judiciário, aqui compreendidos presidente da República, vice-presidente da

República, respectivos ministros, governador, vice-governador, respectivos secretários, prefeito, respectivos secretários, deputados federais, senadores, deputados estaduais, vereadores, juízes, desembargadores, procuradores, promotores e delegados de qualquer nível.

C) Forças Armadas e qualquer Polícia, organizadas nos termos do artigo 5º da Constituição Federal de 1988, o qual, por si só, simboliza toda a Constituição Brasileira.

D) Extinção pura e simples de qualquer "foro privilegiado", em qualquer esfera de poder público.

> "... E sobretudo não te iludas, alegando
> que tudo foi um sonho, que teu ouvido te enganou.
> Como se pronto há muito tempo, corajoso,
> como cumpre a quem mereceu uma cidade assim,
> acerca-te com firmeza da janela
> e ouve com emoção, mas ouve sem
> as lamentações ou as súplicas dos fracos,
> num derradeiro prazer, os sons que passam,...
>
> KONSTANTINOS KAVÁFIS[8]

Notas

1. Thoreau, Henry David. *A escravidão em Massachusetts*, anotado por Anthony Burns. Disponível em: <www.thoreausociety.org>.

2. Faoro, Raymundo, 1958, p. 141-62, 185-200, negritos meus.

3. Lampedusa, Príncipe de, 2002, p. 42.

4. Santos, Boaventura de Sousa, 1995.

5. Laurell, Asa Cristina, *Avançando em direção ao passado:* a política social do neoliberalismo, 1995, p. 151-78.

6. Hobsbawm, Eric, 1995, p. 397, 555.

7. Vieira, Evaldo, *Os direitos e a política social*, 2011, p. 111-2.

8. Kaváfis, Konstantinos. O deus abandona Antônio. In: *Poemas*, seleção, estudo crítico, notas e tradução direta do grego por José Paulo Paes; cf. *Folha de S. Paulo*, 8 set. 1996, Brasil, p. 1-14; *O Estado de S.Paulo*, 31 mar. 2006, Economia, p. B6.

REFERÊNCIAS

1. Periódicos

Afinal
A Gazeta
Brasil de Fato
Cambio 16
Contato
Correio da Manhã
Corriere della Sera
Correio Paulistano
Der Spiegel
Destak
Diário Carioca
Diário da Noite
Diário de Notícias
Diário de S. Paulo
Diário Popular
El País
Época
Exame
Folha da Manhã
Folha de S.Paulo
IstoÉ
Jornal da Manhã
Jornal do País
Jornal da Semana
Jornal da Tarde, de *O Estado de S. Paulo*
Jornal da USP, da Universidade de São Paulo
Jornal do Brasil
Jornal do Comércio
Le Figaro
Le Monde
Movimento
Mundo Ilustrado
New York Times
O Cruzeiro
O Estado de S. Paulo
O Globo
O Jornal
O Metropolitano
O Semanário
O Tempo
Opinião
Pagina 12
Senhor
The Economist
Times Magazine
Tribuna da Imprensa
Última Hora
Valeparaibano
Valor online
Veja

2. Publicações oficiais

BRASIL. *O comunismo no Brasil (Inquérito Policial Militar n. 709)*. Rio de Janeiro: Biblioteca do Exército Editora, 1967, v. 4. (V – A ação violenta.)

_____. *Brasil:* 14 anos de revolução. Brasília: Ipea, 1978.

_____. Ministério da Educação. Sesu. Programa de Integração da Universidade com o Ensino de 1° Grau. Diretrizes Gerais Para 1986. Brasília, 1986.

_____. Constituinte. *Diário da Assembleia Nacional Constituinte*. Brasília, 1987.

_____. *Diário da Assembleia Nacional Constituinte*. Brasília, 25 ago. 1987.

_____. *Diário do Congresso Nacional*. Brasília, 1991.

_____. Discurso. *Diário do Congresso Nacional*. Brasília, ano XLVI, n. 68, 5 jun. 1991.

_____. *Plano diretor da reforma do aparelho do Estado*. Brasília: Presidência da República, Câmara da Reforma do Estado, 1996.

_____. PEREIRA, L. C. B. *A reforma do Estado dos anos 90*: lógica e mecanismos de controle. Brasília: Mare, caderno 1, 1997.

_____. *Justiça Eleitoral, Eleições 1998*. Consulta de Resultados Eleitorais. Resultado da Eleição, última atualização em 15/12/2005, consulta em 5/9/2013.

_____. Secretaria Especial dos Direitos Humanos. Comissão Especial sobre Mortos e Desaparecidos Políticos. *Direito à verdade e à memória:* Comissão Especial sobre Mortos e Desaparecidos Políticos. Brasília, 2007.

_____. Ministério Público Federal. Procuradoria Regional da República de São Paulo, *Ação Civil Pública*, n. 200861000114145, 12 maio 2008.

CAFÉ FILHO, João. *Mensagem ao Congresso Nacional*. Rio de Janeiro: Presidência da República, 1955.

CASTELO BRANCO, H. A. *Aspectos da educação nacional*. Fortaleza: Imprensa Universitária do Ceará, 1964.

CONSTITUIÇÃO DA REPÚBLICA FEDERATIVA DO BRASIL. Brasília: *Diário Oficial*, 12 maio 1972.

CONSTITUIÇÃO DO BRASIL. São Paulo: Saraiva, 1968.

A REPÚBLICA BRASILEIRA — 1951–2010   823

DIRETRIZES DE GOVERNO E PROGRAMA ESTRATÉGICO DE DESEN-VOLVIMENTO. Brasília: Ministério do Planejamento e Coordenação Geral, 1967.

KUBITSCHEK, Juscelino. *Mensagem ao Congresso Nacional*. Rio de Janeiro: Presidência da República, 1956.

_____. *Mensagem ao Congresso Nacional*. Rio de Janeiro: Presidência da República, 1958.

LEMOS, Mário M. *Política Nacional de Saúde*. Brasília: Ministério da Saúde, 1973.

PLANO TRIENAL DE DESENVOLVIMENTO ECONÔMICO E SOCIAL (1963-1965). Brasília: Presidência da República, 1962.

PRIMEIRO PLANO NACIONAL DE DESENVOLVIMENTO. *São Paulo: Sugestões literárias*, 1971.

PROGRAMA DE AÇÃO ECONÔMICA DO GOVERNO (1964-1966). Brasília: Ipea, 1965.

PROGRAMA DE METAS DO PRESIDENTE JUSCELINO KUBITSCHEK. Rio de Janeiro: Presidência da República, 1958.

SEGUNDO PLANO NACIONAL DE DESENVOLVIMENTO. Brasília: Presidência da República, 1974.

3. Revistas

ASSOCIAÇÃO DOS ADVOGADOS DE SÃO PAULO (AASP).

CADERNOS CEDEC. São Paulo, Cedec/Brasiliense, ns. 1-2, 1978.

CENTRO DE ESTUDOS DE CULTURA CONTEMPORÂNEA (Cedec). São Paulo-SP.

CONJUNTURA ECONÔMICA. Rio de Janeiro, Fundação Getúlio Vargas.

CRONOS, EDUFRN: CCHLA, Natal-RN.

DESENVOLVIMENTO & CONJUNTURA. Rio de Janeiro, Confederação Nacional da Indústria.

ESTUDOS CEBRAP. São Paulo, Ed. Brasileira de Ciências/Brasiliense, n. 15, 1976.

ESTUDOS CEBRAP. São Paulo, Ed. Brasileira de Ciências/Brasiliense, n. 18, 1976.

INSTITUTO BRASILEIRO DE ANÁLISES SOCIAIS E ECONÔMICAS (Ibase), Rio de Janeiro.

INSTITUTO DE ESTUDOS AVANÇADOS. Universidade de São Paulo (IEA/ USP).

JBM. Brasília, Ministério da Saúde, n. 8 (S), maio 1964.

PANORAMA ECONOMICO. Santiago (Chile), n. 265, nov./dez. 1971.

REVISTA DA AMB. São Paulo, Associação Médica Brasileira, v. 6, n. 1, fev. 1960.

REVISTA DE ADMINISTRAÇÃO DE EMPRESAS. Rio de Janeiro, Fundação Getúlio Vargas, v. 12, n. 2, jun. 1972.

REVISTA CIVILIZAÇÃO BRASILEIRA. Rio de Janeiro, Civilização Brasileira, 1966/67, ns. 11, 12 e 14.

REVISTA DE CULTURA CONTEMPORÂNEA. São Paulo, Cedec/Paz e Terra, 1979.

REVISTA DE ESTUDOS SOCIOECONÔMICOS. São Paulo, Dieese, ns. 10-11, set./dez. 1962.

REVISTA EDUCAÇÃO & SOCIEDADE. São Paulo, Cortez e Moraes, n. 2, 1979.

REVISTA PAULISTA DE HOSPITAIS. São Paulo, Associação Paulista de Hospitais, n. 12, dez. 1973.

REVISTA PREVIDÊNCIA SOCIAL. Rio de Janeiro, INPS, 1968 (número especial: depoimento, livro branco), n. 10, 1969.

REVISTA SERVIÇO SOCIAL E SOCIEDADE, Cortez, São Paulo.

REVISTA UNIVERSIDADE E SOCIEDADE, São Paulo.

SAÚDE EM DEBATE. São Paulo, Cebes. ns. 7/8, 1978.

TEMA 2. São Paulo, Grêmio da FAU/USP, out. 1965.

25 ANOS DE ECONOMIA BRASILEIRA. Rio de Janeiro, Record, 1965.

4. Livros e artigos

ABREU, Hugo. *O outro lado do poder*. Rio de Janeiro: Nova Fronteira, 1979.

ALVES, Maria Helena Moreira. *Estado e oposição no Brasil*: 1964/1984. Petrópolis: Vozes, 1984.

ANTUNES, Ricardo. *A desertificação neoliberal no Brasil* (Collor, FHC e Lula). Campinas: Autores Associados, 2004.

ARENDT, Hannah. *Eichmann en Jerusalén*. 5. ed. Barcelona: Lúmen, 2010.

BAER, Werner. A *industrialização e o desenvolvimento econômico do Brasil*. Rio de Janeiro: Fundação Getúlio Vargas, 1966.

BANDEIRA, Moniz. *O governo João Goulart (1961-1964)*. Rio de Janeiro: Civilização Brasileira, 1977.

BARROS, Alberto da Rocha. *Origens e evolução da legislação trabalhista*. Rio de Janeiro: Laemmert, 1969.

BARROS, Roque S. M. de (Org.). *Diretrizes e bases da educação nacional*. São Paulo: Pioneira, 1960.

BAUMAN, Zygmunt. *Modernidade e holocausto*. Rio de Janeiro: Jorge Zahar, 1998.

BECCARIA, Marquês de. *Questões criminais*. Bauru: Edipro, 2006.

BENEVIDES, Maria Victoria de M. *O governo Kubischek — Desenvolvimento econômico e estabilidade política*. 2. ed. Rio de Janeiro: Paz e Terra, 1976.

BERGER, Manfredo. *Educação e dependência*. São Paulo/Porto Alegre: Difel/ UFRGS, 1976.

BIERRENBACH, Maria Ignês R. S. *Componentes políticos do planejamento social*. Dissertação de mestrado. São Paulo: PUC, 1980. (Mimeo.)

BOLAFFI, Gabriel. A *casadas ilusões perdidas*. São Paulo: Brasiliense, 1977.

BRAYNER, Floriano de Lima. *A verdade sobre a FEB*: Memórias de um Chefe de Estado-Maior na Campanha da Itália (1943-1945). Rio de Janeiro: Civilização Brasileira, 1968.

CAMPOS, Milton. *Testemunhos e ensinamentos*. Rio de Janeiro: J. Olympio, 1972.

CARDIM, Elmano. *Justiniano José da Rocha*. São Paulo: Nacional, s/d. (Col. Brasiliana, edição ilustrada, v. 318.)

CARDOSO, Míriam L. *Ideologia do desenvolvimento — Brasil*: JK-JQ. Rio de Janeiro: Paz e Terra, 1977.

CARLI, G. de. *Anatomia da renúncia*. Rio de Janeiro: O Cruzeiro, 1962.

CARNEIRO, Glauco. *História das revoluções brasileiras*. Rio de Janeiro: O Cruzeiro, 1965. 2 v.

CHAUI, M.; FRANCO, M. S. C. *Ideologia e mobilização popular*. São Paulo: Cedec/Paz eTerra, 1978.

CONTI, Mário Sérgio. *Notícias do Planalto* (A imprensa e Fernando Collor). São Paulo: Companhia das Letras, 1999.

CORRÊA, Marcos Sá. *1964*: visto e comentado pela Casa Branca. Petrópolis: Vozes, 1981.

_____. *1964*: visto e comentado pela Casa Branca. Porto Alegre: L&PM, 1977.

COSTA, Lúcia Cortes da. *Os impasses do Estado capitalista*: uma análise sobre a reforma do Estado no Brasil. Ponta Grossa/São Paulo: UEPG/Cortez, 2006.

COUTINHO, L. O *general Góes depõe...* 2. ed. Rio de Janeiro: Coelho Branco, 1956.

CUNHA, Luiz A. *Educação e desenvolvimento social no Brasil*. 2. ed. Rio de Janeiro:Francisco Alves, 1977.

CUPERTINO, Fausto. *População e saúde pública no Brasil*. Rio de Janeiro: Civilização Brasileira, 1976.

CURY, Levy. *Um homem chamado Geisel*. Brasília: Horizonte, 1978.

DÓRIA, Palmério; BUARQUE, Sérgio; CARELLI, Vincent; SAUTCHUK, Jaime. *A Guerrilha do Araguaia*. São Paulo: Alfa-Ômega, ago. 1978.

DREIFUSS, René A. *1964*: a conquista do Estado. Petrópolis: Vozes, 1981.

_____. Crise da universidade. *Revista Universidade e Sociedade*, entrevista, ano II, n. 3, jun. 1992.

DULLES, J. W. F. *Getúlio Vargas*: Biografia política. 2. ed. Rio de Janeiro: Renes, s/d.

A REPÚBLICA BRASILEIRA — 1951-2010

DUTRA, Eloy. *IBAD* — Sigla da corrupção. Rio de Janeiro: Civilização Brasileira, 1963.

FAORO, Raymundo. *Os donos do poder*. Porto Alegre: Globo, 1958.

FERNANDES, Florestan. Discurso. *Diário da Assembleia Nacional Constituinte*. Brasília, 25 ago. 1987.

_____. Discurso. *Diário do Congresso Nacional*. Brasília, ano XLVI, n. 68, 5 jun. 1991, seção I.

FERRANTE, V. L. B. *FGTS*: ideologia e repressão. São Paulo: Mica, 1978.

FERRARI, Fernando. *Escravos da terra*. Porto Alegre: Globo, 1963.

FERREIRA, Luís P. *Capitais estrangeiros e dívida externa do Brasil*. São Paulo: Brasiliense, 1965.

FERREIRA, R. M. F. *Meninos da rua*. São Paulo: Cedec, 1979.

FICO, Carlos. *O grande irmão*. Da operação Brother Sam aos anos de chumbo. O governo dos Estados Unidos e a ditadura militar brasileira. Rio de Janeiro: Civilização Brasileira, 2008.

FROMM, Erich. *O medo à liberdade*. 6. ed. Rio de Janeiro: Zahar, 1968.

GARBELY, Frank. *El viaje del arco Iris*. Los nazis, la banca suiza y la Argentina de Perón. Buenos Aires: El Ateneo, 2003.

GASPARIAN, F. *Capital estrangeiro e desenvolvimento da América Latina*. Rio de Janeiro: Civilização Brasileira, 1973.

GUIMARÃES, Alberto P. *Inflação e monopólio no Brasil*. Rio de Janeiro: Civilização Brasileira, 1963.

GUIMARÃES, Reinaldo (Org.). *Saúde e medicina no Brasil*. Rio de Janeiro: Graal, 1978.

HAMBLOCH, Ernest. *Sua majestade o presidente do Brasil*. Brasília: Universidade de Brasília, 1981.

HOBSBAWM, Eric. *Era dos extremos — O breve século XX*: 1914-1991. 2. ed. São Paulo: Companhia das Letras, 1995.

HOROWITZ, Irving L. *Revolución en el Brasil*. México: Fondo de Cultura Económica, 1966.

HUGGINS, Martha K. *Polícia e política*: relações Estados Unidos/América Latina. São Paulo: Cortez, 1998.

IANNI, Octavio. *Estado e planejamento econômico no Brasil (1930-1970)*. Rio de Janeiro: Civilização Brasileira, 1971.

_____. *O colapso do populismo no Brasil*. Rio de Janeiro: Civilização Brasileira, 1968.

JULIÃO, Francisco. *Que são as ligas camponesas?* Rio de Janeiro: Civilização Brasileira, 1962.

JUNQUEIRA, Mary Anne. *Ao sul do Rio Grande*. Bragança Paulista: EDUSF, 2000.

JUREMA, Abelardo. *Sexta-feira, 13*. 3. ed. Rio de Janeiro: O Cruzeiro, 1964.

KAVÁFIS, Konstantinos. *Poemas*. Rio de Janeiro: Nova Fronteira, 1990. (Seleção, estudo crítico, notas e tradução direta do grego por José Paulo Paes.)

KLEIN, Lúcia M. G. A *nova ordem legal e a redefinição das bases de legitimidade*. Dissertação de mestrado. Rio de Janeiro: IUPRJ, s/d. (Mimeo.)

KUCINSKI, Bernardo. O Partido Tardio dos Trabalhadores. In: D'INCAO, Maria Ângela. *Mudanças sociais após a redemocratização*. São Paulo: Cortez, 2001.

LAMOUNIER, B. (Org.). *Voto de desconfiança*. São Paulo/Petrópolis: Cebrap/Vozes, 1980.

LAMPEDUSA, Príncipe de. *O leopardo*. São Paulo: Nova Cultural, 2002.

LAURELL, Asa Cristina. Avançando em direção ao passado: a política social do neoliberalismo. In: *Estado e políticas sociais no neoliberalismo*. São Paulo: Cortez, 1995.

LEBRET, Rev. P. J. L. *Sondagem preliminar a um estudo sobre a habitação em São Paulo*. São Paulo: Departamento de Cultura, separata da *Revista do Arquivo*, n. C XXXIX, 1951.

LESSA, Carlos. Quinze anos de política econômica. *Cadernos do IFCH*, Campinas, Unicamp/Brasiliense, n. 4, 1975.

LUZ, M. T. As *instituições médicas no Brasil*. Rio de Janeiro: Graal, 1979.

MACHADO, J. A. Pinheiro. *Opinião x Censura*. Porto Alegre: L&PM, 1978.

MANFREDI, S. M. *Política*: *educação popular*. São Paulo: Símbolo, 1978.

MARTINS, Carlos E. *Capitalismo de Estado e modelo político no Brasil*. Rio de Janeiro: Graal, 1977.

MARTINS, Luciano. *Nação e corporação multinacional*. Rio de Janeiro: Paz e Terra, 1975.

MARX, Karl. *Las luchas de clases en Francia*. 2. ed. Buenos Aires: Claridad, 1968.

MASCARENHAS DE MORAES, J. B. *A F.E.B. pelo seu comandante*. São Paulo: Progresso Editorial, 1947.

MELLO, C. Gentile. *Saúde e assistência médica no Brasil*. São Paulo: Cebes/Hucitec, 1977.

MILLER, Sidney. *Pois é*, pra quê (canção popular).

MILLS, C. Wright. *A elite do poder*. 2. ed. Rio de Janeiro: Zahar, 1968.

MIRANDA, Nilmário; TIBÚRCIO, Carlos. *Dos filhos deste solo*. 2. ed., rev. e ampl. São Paulo: Editora Fundação Perseu Abramo, 2008.

MORAIS, Fernando. *Montenegro*: as aventuras do marechal que fez uma revolução nos céus do Brasil. São Paulo: Planeta, 2006.

MOTTA FILHO, Cândido. *O poder Executivo e as ditaduras constitucionais*. São Paulo: Estabelecimento Gráfico Phoenix, 1940.

MOURA, Aristóteles. *Capitais estrangeiros no Brasil*. 2. ed. São Paulo: Brasiliense, 1960.

NETTO, José Paulo. O materialismo histórico como instrumento de análise das políticas sociais. In: NOGUEIRA, Francis Mary Guimarães; RIZZOTTO, Maria Lúcia Frizon (Orgs.). *Estado e políticas sociais*: Brasil-Paraná. Cascavel: Edunioeste, 2003.

OLIVEIRA, Eliézer R. de. *As Forças Armadas*: política e ideologia no Brasil (1964-1969). Petrópolis: Vozes, 1976.

PACHECO, M. V. Assis. *A máfia dos remédios*. Rio de Janeiro: Civilização Brasileira, 1978.

PEREIRA, O. Duarte. *Multinacionais no Brasil*. Rio de Janeiro: Civilização Brasileira, 1974.

POCHMANN, Márcio; AMORIM, Ricardo. *Atlas da exclusão social no Brasil*. São Paulo: Cortez, 2003.

POSSAS, Cristina de A. *Saúde, medicina e trabalho no Brasil*. Dissertação (Mestrado) — Unicamp, Campinas, 1980. (Mimeo.)

RANGEL, Ignácio. A *inflação brasileira*. 2. ed. Rio de Janeiro: Tempo Brasileiro, 1963.

RIBEIRO, M. L. Santos. *História da educação brasileira (organização escolar)*. São Paulo: Cortez e Moraes, 1978.

ROMANELLI, Otaíza de O. *História da educação no Brasil (1930-1973)*. Petrópolis: Vozes, 1978.

SÁ, N. P. *Política educacional e populismo no Brasil*. São Paulo: Cortez e Moraes, 1979.

SANDBURG, Carl. *Lincoln*. Belo Horizonte: Itatiaia, 1965. 3 v.

SANTOS, Boaventura de Sousa. *Pela mão de Alice*: o social e o político na pós--modernidade. São Paulo: Cortez, 1995.

SANTOS, W. G. dos. *Cidadania e justiça*. Rio de Janeiro: Campus, 1979.

SCHILLING, Flávia. *Corrupção*: ilegalidade intolerável? Comissões parlamentares de inquérito e a luta contra a corrupção no Brasil (1980-1992). São Paulo: IBCCrim, 1999.

SERRAN, J. R. *O IAB e a política habitacional brasileira*. São Paulo: Schema, 1976.

SHERWOOD, F. P. *Empresas públicas*. Rio de Janeiro: Fundação Getúlio Vargas, 1964.

SILVA, F. A. P. *Conceito de saúde adotado pela população de Várzea-RN*. Dissertação (Mestrado) — PUC, São Paulo, 1980. (Mimeo.)

SIMÃO, A. *Sindicato e Estado*. São Paulo: Dominus/EDUSP, 1966.

SINGER, P. *A crise do "milagre"*. 2. ed. Rio de Janeiro: Paz e Terra, 1976.

SKIDMORE, T. E. *Brasil*: de Getúlio Vargas a Castelo Branco (1930-1964). Rio de Janeiro: Saga, 1969.

SOARES, G. A. Dillon. *A questão agrária na América Latina*. Rio de Janeiro: Zahar, 1976.

A REPÚBLICA BRASILEIRA — 1951-2010

SODRÉ, Nélson W. *História militar do Brasil*. Rio de Janeiro: Civilização Brasileira, 1968.

_____. *Vida e morte da ditadura*. Petrópolis: Vozes, 1984.

SOUZA, M. do C. Campello de. *Estado e partidos políticos no Brasil (1930 a 1964)*. São Paulo: Alfa-Ômega, 1976.

SOUZA, Otávio T. *História dos fundadores do Império do Brasil (Evaristo da Veiga)*. 2. ed. Rio de Janeiro: José Olympio, 1957.

STACCHINI, J. *Março 64*: mobilização da audácia. São Paulo: Editora Nacional, 1965.

STEPAN, A. *Os militares na política*. Rio de Janeiro: Artenova, 1975.

SUNDFELD, Carlos Ari. O fenômeno constitucional e suas três forças. *Revista do Advogado (20 anos da Constituição)*. São Paulo, AASP (Associação dos Advogados de São Paulo), n. 99, set. 2008.

SZMRECSÁNYI, T.; COELHO, F. S. (Orgs.) *Ensaios de história do pensamento econômico no Brasil contemporâneo*. São Paulo: Atlas, 2007.

THOUREAU, Henry David. *A escravidão em Massachusetts*. Anotado por Anthony Burns. Disponível em: <www.thoreausociety.org>.

TOLEDO, C. N. de. *ISEB*: fábrica de ideologia. São Paulo: Mica, 1977.

TRAGTENBERG, Maurício. O dilema da estrela: branca ou vermelha? In: *A falência da política*. São Paulo: Ed. da Unesp, 2009 (Col. Maurício Tragtenberg.)

_____. *Educação e burocracia*. São Paulo: Ed. da Unesp, 2012. (Col. Maurício Tragtenberg.)

TREVISAN, Antoninho Marmo; CHIZZOTTI, Antônio; IANHEZ, João Alberto; CHIZZOTTI, José; VERILLO, Josmar. *O combate à corrupção nas prefeituras do Brasil*. 3. ed. Cotia: Ateliê, 2004.

VARGAS, Getúlio. *O governo trabalhista do Brasil*. Rio de Janeiro: José Olympio, 1952. v. 1; 1954. v. 2.

VENÂNCIO FILHO, A. *A intervenção do Estado no domínio econômico*. Rio de Janeiro: Fundação Getúlio Vargas, 1968.

VIANA FILHO, Luís. *O governo Castelo Branco*. 2. ed. Rio de Janeiro: José Olympio, 1975.

VICTOR, Mário. 5 anos que abalaram o Brasil. Rio de Janeiro: Civilização Brasileira, 1965.

VIEIRA, Evaldo. Estado e miséria social no Brasil: 1951-1978: de Getúlio a Geisel. São Paulo: Cortez, 1983.

_____. A república brasileira: 1964-1984. 7. ed. São Paulo: Moderna, 1985.

_____. As políticas sociais e os direitos sociais no Brasil: avanços e retrocessos. Serviço Social & Sociedade, São Paulo, n. 53, ano 18, mar. 1997.

_____. O Conselho de Estado Napoleônico e o Conselho de Estado Imperial Brasileiro. In: _____. Poder político e resistência cultural. Campinas: Autores Associados, 1998.

_____. Reforma do Estado e Educação. In: BICUDO, Maria Aparecida Viggiani; SILVA JÚNIOR, Celestino Alves da (Orgs.). Formação do educador e avaliação educacional. São Paulo: Ed. da Unesp, 1999.

_____. Autoritarismo e corporativismo no Brasil (Oliveira Vianna & Companhia). 3. ed. São Paulo: Ed. da Unesp, 2010.

_____. As eleições de 2002 e a vontade popular. Cronos — Revista do Programa de Pós-Graduação em Ciências Sociais da UFRN, Natal-RN, v. 3, n. 2, p. 131-135, 2006.

_____. Os direitos e a política social. 3. ed. São Paulo: Cortez, 2011.

VOCABULÁRIO ORTOGRÁFICO DA LÍNGUA PORTUGUESA / Academia Brasileira de Letras. 5. ed. São Paulo: Global, 2009.

WALTERS, Vernon A. Missões silenciosas. Rio de Janeiro: Biblioteca do Exército, 1986.

WEBER, Max. Ciência e política: duas vocações. São Paulo: Cultrix, 1970.

YOUNG, Jordan M. Brasil 1954/1964: fim de um ciclo civil. Rio de Janeiro: Nova Fronteira, 1974.

WEFFORT, Francisco C. Sindicatos e política. Tese (Livre-Docência) — USP, São Paulo, s/d. (Mimeo.)

_____. O populismo na política brasileira. Rio de Janeiro: Paz e Terra, 1978.

ÍNDICE ONOMÁSTICO

A

Abi-Ackel, Ibrahim 719
Abramo, Perseu 330
Abreu Dallari, Pedro Bohomoletz de 764
Afif Domingos, Guilherme 412
Afonso Arinos. *Consulte* Franco, Afonso Arinos de Melo (sobrinho)
Agnew, Spiro Theodore 270
Albuquerque, Antônio 732
Albuquerque, Sandra Martins Cavalcanti de 322
Alckmin, Geraldo 738-739, 741
Aleixo, Pedro 197, 202, 263, 273, 286, 369, 396
Alencar Filho, Francisco Rodrigues de 702
Alencar, José Martiniano de 525, 696, 714, 743, 745
Alencar, Marcello 587
Alencastro, Luiz Felipe de 804
Alfredo, João 702
Alkmim, José Maria 107, 126, 204, 272
Almeida Filho, Luiz Cantanhede de Carvalho 306
Almeida, José Maria de 589, 776
Almeida, Sebastião Paes de 127
Alves, Aluísio 166, 393
Alves, João 538
Amadeo, Edward 641
Amado, Jorge 304

Amaral, José Maria do [almirante] 393
Amorim, Celso 695, 704, 725, 765-766, 804
Ananias, Patrus 747
Andrada, Bonifácio de 612
Andrade, Carlos Drummond de 358
Annan, Kofi 653
Antonil, André João [jesuíta] (João Antônio Andreoni) 512
Antonio Candido. *Consulte* Melo e Souza, Antonio Candido de
Antunes, João de Deus 538
Antunes, Ricardo Luis Coltro 515, 524, 566, 678-679, 681, 709, 803
Antunes Rocha, Cármen Lúcia 758
Aragão, Ronaldo 538-539
Aranha, Oswaldo Euclides de Souza 55, 59, 114
Arantes, Jovair 734
Araújo, João Batista de 702
Arcoverde, Waldir 378
Arendt, Hannah 530, 679
Arida, Pérsio 564
Arruda, José Roberto 687
Arruda Sampaio, Plínio Soares de 762
Assis, Armando de Oliveira 179
Atcon, Rudolph 311
Aureliano Chaves. *Consulte* Mendonça, Antônio Aureliano Chaves de
Aussaresses, Paul 337, 344, 387
Azambuja, Marcos Castrioto de 747, 805
Azevedo, Fernando de 150, 152, 512

B

Bacha, Edmar 555, 564

Baer, Werner 90-92, 176-177, 179, 265-266

Baleeiro, Aliomar de Andrade 97, 202-203, 263-264

Ball, George Wildman 212, 214

Bandeira, Antônio [general] 345

Bandeira de Mello, Celso Antônio 581

Bandeira, Luiz Alberto Moniz 263, 581

Baptista da Silva, Eliezer 468

Barbalho, Jader Fontenelle 687

Barbosa Gomes, Joaquim Benedito 758

Barbosa Lima Sobrinho, Alexandre 481

Barbosa, Ruy 595

Barelli, Walter 523

Bargas, Oswaldo 698

Barrizzelli, Nélson 618

Barros, Ademar Pereira de 36-37, 94, 183, 203

Barros, Alberto da Rocha 92

Barros, Reynaldo Emygdio de 508

Barros, Roque Spencer Maciel de 178

Bell, David 299

Beltrão, Hélio Marcos Pena 383-384, 389

Benassi, André 612

Benevides, Maria Victoria de Mesquita 174-175, 177, 261

Benevides Neto, Carlos Eduardo 538

Bentley, Robert 210-214

Bento XVI [papa] 753

Berger, Manfredo 177, 267

Berquó, Elza Salvatori 379, 389

Berzoini, Ricardo 695, 698

Bevilácqua, Clóvis 595

Bicudo, Hélio Pereira 764

Bielschowsky, Ricardo 175

Bierrenbach, Maria Ignês Rocha de Souza 176, 265

Bilac Pinto, Olavo 396

Biondi, Aloysio 683

Bittencourt, Clemente Mariani 148

Blair, Tony 815

Bloem, Rui 178

Bolívar, Simón [general] 725

Bonavides, Paulo 581

Bonfim, José Carlos 480

Borja, Célio de Oliveira 468, 480

Bornhausen, Jorge 468-469

Bouchardet, Mário 537

Bracher, Fernão Carlos Botelho 423

Brant, Roberto 722

Brayner, Floriano de Lima [marechal] 215, 264

Bresser Pereira, Luiz Carlos 427, 564-565, 657

Brito, Raymundo de Moura 314, 330

Brizola, Leonel de Moura 198, 410-412, 450, 456, 494, 547, 550, 553, 559, 600, 754

Bronstein, Lev Davidovitch [Leão Trotsky] 305

Buarque, Cristovam 695, 739, 764

Bueno, Antônio Henrique Bittencourt Cunha 202, 263

Bueno, Sérgio 589

Bulhões, Octávio Gouvêa de 115

Burckhardt, Jacob 680

Bush, George Herbert Walker 498, 585, 693, 747

C

cabo Anselmo. *Consulte* José Antônio dos Santos

Cabrera Mano Filho, Antônio 468

Cacciola, Salvatore Alberto 649-650

Café Filho, João Fernandes Campos 95-97, 112-114, 116, 120, 133-135, 141-142, 159, 175, 177, 808

Caldas, Eduardo Jorge 564

Calheiros, José Renan Vasconcelos 731-732

Callado, Antônio 541, 680

Calmon de Sá, Ângelo 468

A REPÚBLICA BRASILEIRA — 1951-2010

Calmon, João de Medeiros 429
Câmara, Manuel Arruda [monsenhor] 475
Câmara, Mário Leopoldo Pereira 116
Camargo Netto, Affonso Alves de 393, 468
Camilo Pena. *Consulte* Pena, João Camilo
Campos, Milton Soares 94, 181-183, 290
Campos, Roberto de Oliveira 116, 175, 322, 457-458, 511
Cançado Trindade, Antônio Augusto 760
Cândido, Raquel 538
Canrobert [general]. *Consulte* Costa, Canrobert Pereira da [general]
Cantoni, Wilson 151, 153, 178
Capozoli, Ulisses 329
Cardoso, Adaucto 263
Cardoso, Adauto Lúcio 202, 396
Cardoso, Alberto 564
Cardoso, Fernando [general] 523
Cardoso, Fernando Henrique 26-27, 368, 401, 446, 476, 515, 523, 547, 549-551, 553-566, 568-569, 571-573, 576-585, 588-601, 603-612, 615-616, 629-635, 638, 640, 642-646, 649-651, 654-657, 659-662, 664, 669-675, 677-678, 681, 683, 687-692, 701, 745-746, 754, 768, 772, 774, 776-777, 800, 809, 813
Cardoso, Miriam Limoeiro 176
Cardoso, Newton 462
Cardoso, Ruth 580, 656
Carli, Gileno de 261
Carlos Benevides. *Consulte* Benevides Neto, Carlos Eduardo
Carlos Fico. *Consulte* Fico da Silva Júnior, Carlos
Carlos Lacerda. *Consulte* Lacerda, Carlos Frederico Werneck
Carlos Lessa. *Consulte* Lessa, Carlos Francisco Theodoro Machado Ribeiro de
Carlos Luz. *Consulte* Luz, Carlos Coimbra da

Carneiro, Enéas Ferreira 559, 586, 588-589
Carneiro, Glauco 174, 264, 326
Carpinteiro Peres, José Jefferson 575
Carvalho, Cid 538
Carvalho, Clóvis 565, 677
Carvalho, Laerte Ramos de 178
Carvalho Pinto, Carlos Alberto Alves de 182, 198, 228
Casimiro Montenegro. *Consulte* Montenegro Filho, Casimiro [marechal do ar]
Castelo Branco, Humberto de Alencar [marechal] 26-27, 88, 107, 174, 203-204, 210, 214, 219-221, 259, 270-274, 277-278, 280-284, 290, 292-293, 296, 302-303, 306, 308-309, 313-314, 317, 320-322, 326-331, 340, 444, 457, 808
Castro, Antônio Barros de 626
Castro Neves. *Consulte* Neves, Henrique de Castro [brigadeiro]
Cavalcanti, José Costa [general] 359, 388
Cavalcanti, Severino 728
Cecchini, Marco Antonio Guglielmo 306
Chaui, Marilena de Souza 176, 552, 680
Chávez, Hugo 766
Cheide, Felipe 537
Chiarelli, Carlos Alberto Gomes 456, 494
Chico Vigilante. *Consulte* Santos, Francisco Domingos dos
Cícero, Marco Túlio 6
Cícero, Paulino 523
Clark, Mark Wayne [general] 216
Clemente Mariani. *Consulte* Bittencourt, Clemente Mariani
Clinton, Bill 583-584
Clinton, Hillary Diane Rodham 766
Clóvis Ramalhete. *Consulte* Maia, Clóvis Ramalhete
Clóvis Salgado. *Consulte* Salgado da Gama, Clóvis
Coelho Barreto, João Paulo Emílio Cristóvão dos Santos (João do Rio) 475

Coelho, Francisco da Silva 175
Coelho, Marcelo 681
Coelho, Moacir [coronel] 208
Coelho Neto, José Luiz [general] 345
Coelho, Nilo Augusto de Moraes 462
Coimbra, Arthur Antunes (Zico) 456
Collor. *Consulte* Mello, Fernando Affonso Collor de
Comparato, Fábio Konder 481, 513, 581
Conti, Mário Sérgio 411, 447, 511
Cony, Carlos Heitor 680, 681
Corrêa, Marcos Sá 263
Corrêa, Maurício 523
Correia, Genebaldo 538
Costa, Alexandre 523
Costa, Canrobert Pereira da [general] 33, 47, 96-97
Costa Couto, Ronaldo 393
Costa Dantas, José Ibarê 512
Costa e Silva, Arthur da [marechal] 26-27, 208, 210, 269-270, 272-273, 275, 278-279, 284-287, 295, 303, 309, 314-315, 317, 320-321, 327-331, 340, 354, 369, 808
Costa, Euclides Zenóbio da [general] 47
Costa, Humberto 695, 698
Coutinho, Lourival 88-89
Covas Júnior, Mário 410, 412, 570
Crittenberger, Willis Dale 215-216
Crusius, Yeda 622, 682
Cunha Bueno. *Consulte* Bueno, Antônio Henrique Bittencourt Cunha
Cunha, Luiz Antônio 91, 177
Cupertino, Fausto 92, 179, 268, 330
Cury, Levy 328-330

D

Dallari, Dalmo 581
Dantas, Francisco Clementino de San Thiago 193, 228, 261

Delfim Netto, Antônio 275, 364-365, 388, 425, 448, 457-458, 511, 520, 574
Denys, Odylio [general] 262
Denys, Rubem Bayma [general] 110, 393
Derzi, Flávio 538
Dewey, John 454
Dias, Álvaro 462
Dias, José Carlos 601
Dias Toffoli, José Antonio 758
Diniz, Waldomiro 716
Dino Fernandes. *Consulte* Fernandes, Itanildes Orlando
Dornelles, Francisco Oswaldo Neves 393, 427
D. Pedro II 355
Dreifuss, Renê Armand 263
Duarte, J. C. 329
Dulci, Luiz 695
Dulles, John W. Foster 88, 102
Durante, Mauro 523
Dutra, Domingos 734
Dutra, Eloy 263
Dutra, Eurico Gaspar [general] 34, 49, 51, 53, 71, 81, 94, 110, 559
Dutra, José Eduardo 698-699
Dutra, Olívio 695, 754

E

Eduardo Gomes. *Consulte* Gomes, Eduardo [brigadeiro]
Eisenhower, Dwight David ("Eiki") 58, 101-102, 173
Eizenstar, Stuart 635
Elery, Simara Nogueira 574
Eris, Ibrahim 486, 513
Ernesto Geisel. *Consulte* Geisel, Ernesto [general]
Estillac Leal. *Consulte* Leal, Newton Estilac [general]

A REPÚBLICA BRASILEIRA — 1951-2010

Eugênio Gudin. *Consulte* Gudin Filho, Eugênio

Evaristo da Veiga. *Consulte* Veiga e Barros, Evaristo Ferreira da

Eymael, José Maria 589

F

Fadul, Wilson 246-248, 267

Fantazzini, Orlando 702

Faoro, Raymundo 481, 513, 811, 819

Farias Mello, Marco Aurélio Mendes de 758

Farias, Paulo César Cavalcante (PC Farias) 479-481

Félix, Jorge Armando [general] 695

Fernandes, Anníbal 672

Fernandes, Emília 695

Fernandes, Florestan 150, 152-153, 178, 267, 402, 430-431, 447-448, 491, 497, 500, 513-514, 548, 566, 680

Fernando Henrique. *Consulte* Cardoso, Fernando Henrique

Ferolla, Sérgio Xavier [brigadeiro] 546

Ferrari, Fernando 183, 255, 268

Ferraz, Esther de Figueiredo 373-374

Ferreira, Ézio 539

Ferreira Filho, Aloysio Nunes 574

Ferreira, José de Castro 523

Ferreira, Luís Pinto 175, 266

Ferreira, Rosa Maria Fischer 331

Ferro, Cícero 732

Feuerwerker, Alon 680

FHC. *Consulte* Cardoso, Fernando Henrique

Fico da Silva Júnior, Carlos 181, 210, 213, 259, 264, 269, 270, 326

Fidel Castro. *Consulte* Ruz, Fidel Alejandro Castro

Figueiredo, João Baptista [general] 17, 26-27, 110, 273, 277, 337-355, 359, 362, 364, 365, 372-374, 378, 380, 382-391, 393, 414, 431, 445-446, 758, 809

Filho, Garibaldi 687

Fiuza, Ricardo 468, 538

Fleiuss, Max 512

Fleury Filho, Luiz Antônio 493

Flores, Mário César [almirante] 456, 468

Fonseca, Eduardo Giannetti da 684

Fonseca, Manuel Deodoro da [marechal] 535

Fontes, João 702

Fortes, Heráclito 735

Fortuna, Hernani 559

França, Eriberto 480, 515, 678

Francisco Dornelles. *Consulte* Dornelles, Francisco Oswaldo Neves

Francisco Julião. *Consulte* Paula, Francisco Julião Arruda de

Franco, Afonso Arinos de Melo (sobrinho) 193, 213, 396, 400

Franco, Gustavo Henrique de Barroso 646, 649

Franco, Itamar Augusto Cautiero 26, 482, 515-519, 521-524, 536, 544-546, 550-551, 553, 555, 560, 561-566, 573, 581, 593, 605, 613, 615-617, 619-620, 622-624, 627-629, 633, 648, 655, 678-680, 682, 746, 809

Franco, Maria Sylvia Carvalho 176

Franco Montoro. *Consulte* Montoro, André Franco

Franco, Wellington Moreira 462

Freire, Roberto 410, 624

Freitas Britto, Carlos Augusto Ayres de 758

Freitas Neto, Antônio de Almendra 574

Freyre, Gilberto de Mello 512

Fromm, Erich 454, 511,

Frota, Ivan Moacyr da 589

Frota, Sílvio [general] 276

Frota, Vivaldo 462

Fulbright, James William 209

Funaro, Dílson Domingos 423-425, 427

Furlan, Luiz Fernando 695

Furtado, Celso Monteiro 223, 227-228

G

Gabeira, Fernando Paulo Nagle 764

Galvão, Ney Neves 228

Galvêas, Ernane 364-365, 388

Gandra, Mauro 564

Garbely, Frank 511

Garotinho, Anthony 687, 690

Garzón Real, Baltasar 759, 805

Gasparian, Fernando 265, 328

Geisel, Ernesto [general] 17, 26-27, 259, 273, 276-277, 279-280, 289-290, 297-298, 303, 309, 314, 318, 321, 326, 328-329, 337-341, 343, 345, 359, 380, 391, 393, 398, 468, 808

General Lott. *Consulte* Lott, Henrique Batista Duffles Teixeira [general]

Genro, Luciana 702

Genro, Tarso Fernando Herz 695, 757, 758, 805

Getúlio Vargas. *Consulte* Vargas, Getúlio Dornelles

Gil, Gilberto 725

Goertzel, Ted G. 330

Góes Monteiro, Pedro Aurélio de [general] 34, 42

Golbery do Couto e Silva [coronel]. *Consulte* Silva, Golbery do Couto e [general]

Goldemberg, José 468, 494, 499, 514

Gomes, Carlos 559

Gomes, Ciro Ferreira 588-589, 687, 690, 695

Gomes, Eduardo [brigadeiro] 36, 47, 306-307

Gonçalves, Leônidas Pires [general] 393

Gordon, Abraham Lincoln 181, 213-214, 217-218, 274

Gore Jr., Albert Arnold (Al Gore) 751

Goulart, João Belchior Marques 26-27, 36, 44, 46, 94-97, 106-108, 111, 120, 171, 179--181, 183, 187, 192, 198-199, 201-205, 207, 210-211, 213, 218-220, 222, 226-233, 236-241, 243-248, 250-253, 255-258, 262--263, 265-268, 270, 317, 350, 363, 395, 397, 718, 763, 808-809

Goulart, Maria Tereza 763

Grau, Eros 581, 758

Gregori, José 611

Grünewald, Augusto Hamann Rademaker [vice-almirante] 270, 273, 369

Gruppi, Décio Rocco [padre] 712

Guazzelli, Sinval Sebastião Duarte 462

Gudin Filho, Eugênio 114-116, 175, 177, 202, 263, 457

Guedes, Carlos Luís 204

Guedes, Joaquim 92, 179

Guerra, Alceni Ângelo 500

Guevara, Ernesto ("Che") 190, 196, 261

Guimarães, Alberto Passos 176

Guimarães, José Nobre 730

Guimarães Neto, José Genoino 673, 684, 701, 730, 803

Guimarães, Reinaldo 92, 179, 268

Guimarães, Ulysses Silveira 338-339, 366, 389, 396, 412

Gushiken, Luiz 695, 698, 715

H

Haddad, Fernando 747

Haddad, Jamil 518, 523

Haddad, Paulo 518-519, 523, 622, 682

Hage, Jorge 747

Hargreaves, Henrique 523

Heck, Sylvio [almirante] 262

Hélio Beltrão. *Consulte* Beltrão, Hélio Marcos Pena

Helms, Richard McGarrah 209

A REPÚBLICA BRASILEIRA — 1951-2010   839

Helou Filho, Esperidião Amin 559
Herzog, Vladimir 345
Hilliard, John 311
Hingel, Murílio 518, 523
Hitler, Adolf 511
Hobsbawm, Eric 814, 820
Hoffmann, Rodolfo 329
Holanda, Sérgio Buarque de 368
Hudson, Derek 552
Huggins, Martha K. 206-207, 209, 264, 270
Hughes, Thomas Lowe 269

I

Ianni, Octavio 29, 90-91, 177, 264, 266, 328
Ibarê Dantas. *Consulte* Costa Dantas, José Ibarê
Ibsen Pinheiro. *Consulte* Pinheiro, Ibsen Valls
Itamar Franco. *Consulte* Franco, Itamar Augusto Cautiero

J

Jaguaribe de Mattos, Hélio 468
Jango. *Consulte* Goulart, João Belchior Marques
Jânio Quadros. *Consulte* Quadros, Jânio da Silva
Jatene, Adib Domingos 468, 564
Javits, Jacob K. 209
Jereissati, Tasso Ribeiro 567, 687
Jesus, João de Deus Barbosa de 589
João Beltrão. *Consulte* Siqueira, João Beltrão
João do Rio. *Consulte* Coelho Barreto, João Paulo Emílio Cristóvão dos Santos
João Goulart [Jango]. *Consulte* Goulart, João Belchior Marques
José Antônio dos Santos (cabo Anselmo) 388

José Dirceu. *Consulte* Oliveira e Silva, José Dirceu de
José Genoino. *Consulte* Guimarães Neto, José Genoino
Juarez Távora. *Consulte* Távora, Juarez do Nascimento Fernandes [marechal]
Jurema, Abelardo de Araújo 193, 261, 264
Juscelino Kubitschek. *Consulte* Kubitschek de Oliveira, Juscelino

K

Kaltman, Hélio 268
Kandir, Antônio 638-639, 645
Kennedy, Robert 307
Klein, Lúcia Maria Gomes 326
Knack, Geraldo [major] 110
Krause, Gustavo 519, 523, 564, 623
Kruel, Amaury 207-208
Kruel, Riograndino 208
Kubitschek de Oliveira, Juscelino 26-28, 34, 88, 93-103, 105-114, 116-127, 129-133, 135-146, 148, 153-166, 168-179, 182, 186- -187, 191, 194, 196, 198, 207, 222, 238, 260, 261, 317, 365, 397, 460, 622, 718, 808
Künzi, Charly 306-307

L

Lacerda, Carlos Frederico Werneck 33-34, 42, 46-47, 88, 90, 96, 98, 149-150, 171-172, 178, 183, 197, 202-203, 259, 261, 263, 272, 350, 396, 492
Lafer, Celso 468
Lamounier, Bolívar 328
Lampreia, Luiz Felipe 564, 635
Lando, Amir 479, 513
Leal, Newton Estillac [general] 42
Leão Trotsky. *Consulte* Bronstein, Lev Davidovitch
Lebret, Loues-Joseph [padre] 84, 92

Lemos, Mário Machado de 315, 330

Leonel, Benedito 564

Lessa, Carlos Francisco Theodoro Machado Ribeiro de 176

Levy, Joaquim Vieira Ferreira 328-330, 780-781, 806

Lewandowski, Enrique Ricardo 758

Lincoln, Abraham 181, 213-214, 217-218, 274, 563, 680, 751-752, 805

Lins e Silva, Evandro 581

Lira Neto, João Cavalcante de 512

Lobão, Edison 574

Lopes, Francisco 564, 649-650

Lopes, Lucas 126-127

Lorencatto, Mário 552

Lorenzetti, Jorge 699, 737

Lott, Henrique Batista Duffles Teixeira [general] 95-96, 107-109, 112, 170, 172, 179, 183

Lucena, Humberto 541-542

Lucena, Zenildo Zoroastro de [general] 519-520, 523, 564, 679

Ludwig, Rubem Carlos [general] 373

Luiza Erundina. *Consulte* Souza, Luiza Erundina de

Luiz Bergonzini, Gonzaga [bispo] 755

Lula da Silva, Luiz Inácio 17, 26-27, 357, 388, 410-412, 450-453, 456, 469, 511, 547, 551-555, 558-559, 588-590, 633, 674-676, 680, 685-695, 697-703, 705-706, 708-711, 713-718, 720-721, 723-725, 730-731, 736--743, 745-748, 752-754, 756, 758, 762-764, 766-771, 773-776, 781, 783, 788-795, 800-804, 806, 808-809

Luz, Carlos Coimbra da 96, 113

Luz, Madel Terezinha 267, 330

M

Macedo, Edir 590

Machado, Cristiano 36

Machado de Assis 31, 335

Machado, Marcelo Lavenère 481

Machado, Nélson 747

Maciel, Marco Antônio de Oliveira 393, 428, 558, 573, 687

Madi, Maria Alejandra Caporale 175

Magalhães, Antônio Carlos Peixoto de 393, 396, 476, 478, 553, 573, 580, 587, 687

Magalhães, Fernando 329

Magalhães Júnior, Jutahy 523

Magalhães, Juracy Montenegro 182, 299

Magalhães, Luís Eduardo 580

Magalhães Melo, Roberto 538

Magalhães Neto, Antônio Carlos 687

Magalhães Pinto, José de 203, 213

Magalhães, Raphael Hermeto de Almeida 443

Magri, Antônio Rogério 456, 464

Maia, Clóvis Ramalhete 481, 513

Malan, Pedro Sampaio 564, 645-646, 649

Malloy, James M. 92, 179, 268, 330

Malta, Rosane Brandão 467

Maluf, Paulo Salim 275, 353-354, 388, 391, 412, 492, 553, 570, 687, 731

Manfredi, Silvia Maria 267

Mangabeira, Otávio 183

Maninha, Maria José 702

Mantega, Guido 695, 711, 747, 786-788, 803, 806

Marco Maciel. *Consulte* Maciel, Marco Antônio de Oliveira

Marina Silva. *Consulte* Silva de Souza, Maria Osmarina

Marinho, Luiz 640, 698, 747

Marinho, Maurício 716

Marinho, Roberto Pisani 411, 450

Marques Moreira, Marcílio 468, 489-490, 499, 513

Marques, Rosa Maria 676, 684

Martins, Carlos Estevam 328

Martins, Luciano 328

Martins, Sérgio Pinto 672, 684

Marx, Karl 304, 549, 680

A REPÚBLICA BRASILEIRA — 1951-2010

Mascarenhas de Moraes, João Baptista [marechal] 214-216, 264

Mazzilli, Paschoal Ranieri 198-199, 204, 211-213, 262, 270

Médici, Emílio Garrastazu [general] 26--27, 209-210, 270, 273, 277, 279, 286-289, 296-298, 303, 309, 314-315, 317, 321, 327-330, 338-339, 370-371, 468, 808

Meira Matos, Carlos [general] 311

Meirelles, Henrique 695

Mellão Neto, João 468

Mello, Carlos Gentile de 92, 179, 268, 330

Mello, Ednardo D'Ávila [general] 110, 276, 345

Mello, Fernando Affonso Collor de 26-27, 410-412, 450-453, 455-470, 474-475, 477--479, 481-483, 485-491, 493-497, 500-501, 503-506, 508-518, 521, 524, 551-552, 563, 605, 624, 655, 687, 716, 733-734, 746, 772, 809

Mello Filho, José Celso de 758

Mello, Francisco de Assis Corrêa de [brigadeiro] 108, 270

Mello, Geraldo José da Câmara Ferreira de 462

Mello, Humberto de Souza [coronel] 110

Mello, Pedro Collor de 479

Mello, Sílvio Ferraz de 372, 389

Mello, Zélia Cardoso de 410, 456, 485, 513

Melo e Souza, Antonio Candido de 512

Mendes, Gilmar Ferreira 758

Mendes, Ivan de Souza [general] 393

Mendonça, Antônio Aureliano Chaves de 340, 393

Mendonça, José Eduardo Cavalcanti de (Duda Mendonça) 721

Meneguelli, Jair Antonio 698

Mercadante, Aloizio 711, 737, 803

Miller, Sidney 334

Mills, Charles Wright 405, 680

Milton Campos. Consulte Campos, Milton Soares

Minifie, James Macdonald 173

Miranda, Leonel 315, 330

Miranda, Nilmário 346, 388, 695

Monteiro, Euler Bentes 339, 387

Monteiro Francisco, Roberto Jefferson 575, 612, 716, 720-721

Monteiro, Sócrates da Costa [tenente--brigadeiro] 456, 468

Montenegro Filho, Casimiro [marechal do ar] 306-307

Montoro, André Franco 476, 523

Moraes Carvalho, Heloísa Helena Lima de 739, 764

Moraes, Sérgio 735

Morais, Fernando 329

Moreira Alves, José Carlos 401-402

Moreira, Edmar 735

Moreira Lima, Otávio Júlio [brigadeiro] 393

Morelli, Mauro (Dom) 655, 684

Moss, Gabriel Grün [brigadeiro] 262

Motta Filho, Cândido 29

Moura Andrade, Auro de 211

Moura, Aristóteles 91, 176

Moura, Nobel 537

Mourão Filho, Olímpio 204

Moura, Onaireves 537

Munhoz, Fábio Antônio 175

Mussolini, Benito 511

N

Nader, Feres 538

Napoleão, Hugo 523, 574

Nereu Ramos. Consulte Ramos, Nereu de Oliveira

Neto, Vasco Azevedo 589

Netto, José Paulo 684

Neves, Henrique de Castro [brigadeiro] 306

Neves, Tancredo de Almeida 26, 192, 199, 337, 353-355, 388, 390-398, 413-415, 417, 427, 445-447, 624, 809-810

Nóbrega, Fernando Carneiro da Cunha 166

Nóbrega, Maílson Ferreira da 427, 455--456, 483

Northfleet, Ellen Gracie 758

Nunes Leal, Vitor 512

O

Obama, Barack Hussein 765

Okamoto, Paulo 698

Oliveira Brito, Antônio Ferreira de 243

Oliveira, Eliézer Rizzo de 89, 174

Oliveira e Silva, José Dirceu de 695, 701, 716, 720-721, 736-737, 754

Oliveira, Francisco 764

Oliveira, José Aparecido 393

Oliveira, Luís de França [general] 208

Oliveira, Regis Fernandes de 403-404, 447

O'Neill, Paul 692

Oniz, Juan de 270

Oswaldo Aranha. *Consulte* Aranha, Oswaldo Euclides de Souza

P

Pacheco, Mário Victor de Assis 330

Padre Lebret. *Consulte* Lebret, Loues-Joseph (Padre Lebret)

Palocci Filho, Antônio 695, 698, 770-771, 780, 786

Parsifal Barroso, José 111

Passarinho, Jarbas 538

Passos, Mauro 702

Paula, Francisco Julião Arruda de 112, 175

Paulino, Afonso de Araújo 345

PC Farias. *Consulte* Farias, Paulo César Cavalcante

Pedro Simon. *Consulte* Simon, Pedro Jorge

Peixoto, Floriano [general] 704

Peluso, Antonio Cezar 758

Pena, João Camilo 365, 388

Pereira, Anderson Adauto 695

Pereira de Queiroz, Maria Isaura 512

Pereira, Mauro César 564

Pereira, Osny Duarte 91

Perillo, Marconi 721

Perón, Juan Domingo 44, 451

Perón, María Eva Duarte de (Evita) 451

Pierrucetti, Osvaldo 213

Pinheiro, Ibsen Valls 477, 512, 538

Pinheiro Landim, Francisco 728

Pinheiro, Walter 702

Pinochet, Augusto 759

Pinotti, José 574

Pires, Waldir 695, 747

Pisaneschi, Duílio 574

Piva, Horácio Lafer 802

Pizzolato, Henrique 720

Ponte, Luiz Roberto 574

Pontes, Marcos César [tenente-coronel] 744

Portela, Eduardo Mattos 373

Porto, Arlindo 574

Portugal, Paulo 539

Possas, Cristina de Albuquerque 92, 179, 330

Prado Kelly, José Eduardo do 396

Pratini de Moraes, Marcus Vinicius 468, 601

Q

Quadros, Jânio da Silva 26-28, 36, 107, 109, 171, 180-198, 205, 213, 222-225, 228-235, 238-241, 244-245, 248, 250-253, 256-262, 264-268, 350, 363, 451, 509, 514, 555, 623--624, 680, 682, 718, 808

Queiroz, Romeu 722

Quércia, Orestes 462, 478, 492-493, 544, 547, 549-550, 559, 680, 687

A REPÚBLICA BRASILEIRA — 1951-2010

R

Rabelo, Jabes 537

Rademaker. *Consulte* Grünewald, Augusto Haman Rademaker

Ramos, Nereu de Oliveira 96, 113

Rangel Mourão, Ignácio 265

Raposo Filho, Amerino [coronel] 208

Raunheitti, Fábio 538

Resende, Eliseu 524, 615-616, 623-625, 629

Rezek, José Francisco 458, 511

Rezende, Eliseu 574

Rhodes, William R. 423, 553

Ribeiro, Antônio 345

Ribeiro da Costa, Álvaro Moutinho 212

Ribeiro Fragelli, Nélson 393, 421-422

Ribeiro Gomes, Carlos Tinoco [general] 456, 463, 468

Ribeiro, João Ubaldo 543, 680

Ribeiro, José Geraldo 538

Ribeiro, Maria Luísa Santos 91

Richa, Carlos Alberto 763

Ricupero, Rubens 517, 550, 555, 562, 634

Roberto Campos. *Consulte* Campos, Roberto de Oliveira

Robinson, Randall 570

Rockfeller, David 654, 684

Rodrigues, Anadyr de Mendonça 609

Rodrigues, José Honório 410

Rodrigues, Newton de Almeida 474, 512

Rodrigues, Roberto 695

Romanelli, Otaíza de Oliveira 177, 267, 329

Rondeau, Silas 747

Roosevelt, Franklin Delano 623

Roriz, Joaquim Domingos 456

Rosane Collor. *Consulte* Malta, Rosane Brandão

Rosa, Sérgio 698-699

Rossi, Clóvis 782, 806

Rousseau, Jean-Jacques 434

Rousseff, Dilma Vana 26, 695, 747, 752-757, 767, 805

Ruiz, Thereza Tinajero 589

Rusk, David Dean 269

Ruz, Fidel Alejandro Castro 190, 193

S

Saad, Johnny (João Carlos Saad) 412

Saboya, Henrique [almirante] 393

Salgado da Gama, Clóvis 147-149, 178

Salgado, Plínio 94

Sandra Cavalcanti. *Consulte* Albuquerque, Sandra Martins Cavalcanti de

Sá, Nicanor Palhares 91

Sant'Anna, Carlos Corrêa de Menezes 393

San Thiago Dantas. *Consulte* Dantas, Francisco Clementino de San Thiago

Santiago Ferreira, Paulo Rubem 702

Santos, Boaventura de Sousa 819

Santos, Francisco Domingos dos 535

Santos, Júlio César [diplomata] 596

Santos, Luiz Carlos 574

Santos, Wanderley Guilherme dos 179, 268, 330

Sarney Filho, José 687

Sarney, José de Ribamar Ferreira de Araújo Costa 26-27, 390, 393-394, 396-398, 400-401, 405, 408, 413-415, 417-418, 420-430, 432, 434, 437, 440-441, 443, 445-446, 452, 455-456, 458, 465, 482, 485, 491, 510, 523, 550, 553, 564, 573, 587, 605, 635-636, 670, 683, 689, 735, 746, 802, 809-810

Sarney, Roseana 687

Saulo Ramos. *Consulte* Ramos, José Saulo Pereira

Sayad, João 415, 417-418, 420-421

Seixas Correa, Luís Felipe de [embaixador] 778

Seixas, Pedro Ivo [brigadeiro] 307

Sérgio Motta. *Consulte* Vieira da Motta, Sérgio

Serraglio, Osmar 719-720

Serra, José 329, 476, 564-566, 574, 577, 679, 687-692, 745, 755-757

Serran, João Ricardo 92, 179, 268, 331

Setúbal, Olavo Egydio de Souza Aranha 393

Sherwood, Frank 176

Silva, Agenor 747

Silva, Benedita da 695

Silva, Daniel 539

Silva de Souza, Maria Osmarina 695, 755, 764

Silva, F. A. P. 330

Silva, Golbery do Couto e [general] 110, 398

Silva, José Graziano da 695

Silva, Ozires 456

Silva Telles, Goffredo da 581

Silva, Vicente Paulo da 639

Silveira Serpa, Ivan da [almirante] 523

Sílvio Santos [Senor Abravanel] 412, 688

Simão, Azis 89

Simon, Pedro Jorge 221, 462

Singer, Paul 329

Siqueira Campos, José Wilson 587

Siqueira, João Beltrão 732

Skidmore, Thomas Elliot 88-91, 112, 174-176, 259, 265, 326

Smith, Adam 671

Soares, Delúbio 698, 720, 722

Soares de Sousa, Gabriel 512

Soares, Gláucio Ary Dillon 328

Soares, Jair de Oliveira 378

Soares, José Henrique 110

Sodré, Nelson Werneck 89, 174, 279-280, 326

Sodré, Roberto Costa de Abreu 202, 263, 275

Soros, George 651, 684, 689, 802

Sousa Costa, Artur de 520

Sousa, Octavio Tarquínio 334

Souza e Mello, Márcio de [brigadeiro] 273, 369

Souza, Luiza Erundina de 524, 764

Souza, Marcos Valério Fernandes de 720--723

Souza, Maria do Carmo Campello de 90, 174, 259

Souza, Paulo Renato 564, 662, 816

Souza Queiroz, Carlos Alfredo de 435, 449

Souza, U. J. 329

Stacchíni, José 264

Stepan, Alfred C. 326

Stephanes, Reinhold 468, 564

Stevenson, Adlai Ewing [embaixador] 190, 260

Sulzbach, Maria Helena Mallmann 571, 681

Sundfeld, Carlos Ari 402, 447

Suplicy, Eduardo Matarazzo 329, 535, 550, 587

Syrkis, Alfredo Hélio 589

Szmrecsányi, Tamás József Károly 175

T

Takayama, Itsuo 537

Tancredo Neves. *Consulte* Neves, Tancredo de Almeida

Tarso Vannuchi, Paulo de 757

Tarso Venceslau, Paulo de 764

Tatto, Jilmar 588

Tavares, Aurélio de Lyra [general] 273, 369

Távora, Juarez do Nascimento Fernandes [marechal] 94

Teixeira, Aníbal 538

Teixeira, João 537

Teixeira, Miro 695

A REPÚBLICA BRASILEIRA — 1951–2010 845

Temer, Michel 574, 724, 734
Thomaz Bastos, Márcio 695
Tibúrcio, Carlos 346, 388
Tinoco, Eraldo 494
Tito, Josip Broz [marechal] 190
Toledo, Caio Navarro de 176
Tourinho, Genival 344-345
Tragtenberg, Maurício 668-669, 684, 709, 803
Tristão de Athayde (pseudônimo de Alceu Amoroso Lima) 307
Truman, Harry 206
Tuma, Robson 574
Tuthill, John Wills 269

U

Ulysses Guimarães. *Consulte* Guimarães, Ulysses Silveira

V

Valente, Ivan 702
Vargas, Getúlio Dornelles 17, 25, 27-28, 33-51, 53-58, 60-65, 67-79, 81-92, 94-97, 104, 108, 113-114, 131, 136, 142, 147, 160, 164-165, 170-171, 174, 183, 198, 200, 231, 238, 258-259, 266, 326, 350, 378, 395, 397, 405, 443, 467, 535, 668, 718, 808-809
Vargas, José Israel 564
Vargas, Lutero 47
Vasconcellos Suplicy, Marta Teresa Smith de 753
Vaughn, Jack Hood 269
Veiga e Barros, Evaristo Ferreira da 334, 404, 447
Velloso, Gilberto 638
Venâncio Filho, Alberto 91, 266
Verissimo, Luis Fernando 689, 802
Verucci, Florisa 436, 449
Viana Filho, Luís 211, 272, 326

Viana Lobo, Lélio [brigadeiro] 523
Victor, Mário Mamede 259, 261, 264
Viegas Filho, José 695, 714-715, 803
Vieira da Motta, Sérgio Roberto 564-565, 578-579
Vieira, Evaldo Amaro 29, 91, 447, 681, 684, 802-803, 820
Vieira, José Eduardo Andrade 564-565
Vilela, Teotônio Brandão 435
Villela, Annibal 176
Virgílio Neto, Artur 476

W

Wade, Abdoulaye 724-725
Wagner, Jacques 695
Walters, Vernon Anthony 214-221, 264, 274
Weber, Max 540, 667, 669-680, 686
Weffort, Francisco Corrêa 88-90, 174-175, 262, 572, 681
Werneck, Dorothéa 564-565
Westrup, Nélson [bispo] 712
Whitaker, José Maria 116
Williams, Josh 570
Williamson, John 671, 815-816

X

Ximenes, Paulo César 564

Y

Young, Jordan M. 174, 261

Z

Zenóbio da Costa. *Consulte* Costa, Euclides Zenóbio da [general]

Sobre o autor

EVALDO VIEIRA estudou direito, ciências sociais e letras; é doutor em ciência política pela USP e professor titular da FEUSP. Foi professor titular na UNICAMP e na PUCSP; é tradutor, colaborador em jornais, em revistas e em obras coletivas, e autor dos livros: *Oliveira Vianna & o Estado corporativo* (São Paulo: Grijalbo); *Autoritarismo e corporativismo no Brasil* (São Paulo: Edunesp); *Estado e miséria social no Brasil: de Getúlio a Geisel* (São Paulo: Cortez); *O que é desobediência civil* (São Paulo: Brasiliense); *A República brasileira: 1964-1984* (São Paulo: Moderna); *Democracia e política social* (São Paulo: Cortez/Autores Associados); *Sociologia da educação* (São Paulo: FTD); *Poder político e resistência cultural* (Campinas-SP: Autores Associados); *Os Direitos e a política social* (São Paulo: Cortez); *A ditadura militar — 1964-1985, momentos da república brasileira* (São Paulo: Cortez). Também foi organizador da *Coleção Maurício Tragtenberg* (São Paulo: Edunesp), em 10 volumes.